A. Lecanu

Geschichte des Satans

A. Lecanu: Geschichte des Satans
Übersetzung aus dem Französischen
Copyright © by Area Verlag GmbH, Erftstadt
Alle Rechte vorbehalten
Einbandgestaltung: Björn Massmann für agilmedien, Köln
Einbandabbildungen: AKG, Berlin
Satz & Layout: Bernhard Heun, Rüssingen
Druck und Bindung: Bercker, Kevelaer
Printed in Germany 2003
ISBN 3-89996-013-0

Inhaltsübersicht

Einleitung 7
§ 1 Die Besessenheit 11
§ 2 Die Zauberei (Magie) und ihre Nichtigkeit 17
§ 3 Die satanische Ekstase 24
§ 4 Die Orakel 31
§ 5 Der Magnetismus 34

Geschichte des Satans

Erstes Kapitel. Gründung des satanischen Reiches 39
Zweites Kapitel. Ursprung der Goetie oder
    natürlichen Magie 45
Drittes Kapitel. Ursprung der Theurgie oder
    übernatürlichen Magie 49
Viertes Kapitel. Abgötterei – Fortschritt der Magie –
    Wahrsagerei 53
Fünftes Kapitel. Ursprung und Fortschritt der Mysterien –
    Geheime Gesellschaften 66
Sechstes Kapitel. Das Reich des Satans 76
Siebentes Kapitel. Jüdische Magie 83
Achtes Kapitel. Religiöser und sittlicher Zustand um die
    Zeit der Erscheinung des Christentums 90
Neuntes Kapitel. Ein Blick auf den in nichtchristlichen
    Ländern jetzt üblichen Satanskult 98
Zehntes Kapitel. Antichristianismus 105
  § 1 Eigentliche Gnosis 105
  § 2 Ophitismus und Manichäismus 111
Elftes Kapitel. Fortgesetzte Verehrung des Satans im
    Schoß des Christentums – Schisma und Häresien 117
Zwölftes Kapitel. Okzident – Dämonische Legenden –
    Eitle Glaubensmeinungen – Satanische Werke 127
Dreizehntes Kapitel. Elftes und zwölftes Jahrhundert –
    Die Herrschaft Satans über die Wissenschaft 140
Vierzehntes Kapitel. Zwölftes und dreizehntes Jahrhundert –
    Wiedererstehung des Gnostizismus – Direkter Satanskult .. 155
  § 1 Manichäismus 155
  § 2 Waldenser, Pasturellen, Illuminaten 162
  § 3 Sabbate, die Neugnostiker 168
  § 4 Der Werwolf 173
  § 5 Magische Archäologie; die romanischen Kirchen 176
  § 6 Die Königin Pedoka 182

Fünfzehntes Kapitel. Vierzehntes und fünfzehntes Jahrhundert 185
  § 1 Verzauberung durch Wachsbilder – Vergiftungsversuche
    im Großen 185
  § 2 Satansbeschwörung 190
  § 3 Magische Gebräuche im Besonderen: das verzauberte Licht,
    die Hand der Gehenkten, die Alraunwurzel 195
Sechzehntes Kapitel. Fortsetzung der Geschichte des
fünfzehnten und sechzehnten Jahrhunderts 201
  § 1 Astrologie 201
  § 2 Invasion der Franzosen in Italien – Vorbedeutungen
    und Vorhersagungen 208
  § 3 Aberglaube und eitler Glaube: Louise von Savoyen
    und die Astrologen 212
Siebzehntes Kapitel. Fortgesetzte Einwirkung des Satans
auf die Menschheit 220
  § 1 Verbindungen, Verbrüderungen und satanische Sekten:
    Cacuacs, Cagnards, Neugnostiker 220
  § 2 Kirchliche Rechtspflege in bezug auf das Hexenwesen 228
  § 3 Vorurteile bezüglich der Hexerei 234
  § 4 Der Krieg gegen die Hexen 238
Achtzehntes Kapitel. Dämonische Besessenheit 249
  § 1 Unfreiwillige, durch Ansteckung bewirkte
    Besessenheit 249
  § 2 Besessenheit durch magischen Zauber bewirkt 264
  § 3 Besessenheit durch freiwillige Hingabe
    an den Satan 268
Neunzehntes Kapitel. Achtzehntes Jahrhundert 277
Zwanzigstes Kapitel. Neunzehntes Jahrhundert 296

Anhang. Bemerkungen

A. Die Geschichte des Wunderbaren von M. Figuier 315
B. Ergänzende Beigabe bezüglich der Besessenheit
   der Röstar in Schweden 321
C. Ergänzungen in Betreff der Konvulsionäre von
   St. Medard 322
D. Die Zauberspiegel des Magnetiseurs Düpotet 327
E. Nähere Details über Cagliostro 330
F. Weitere Berichte über die Klopfgeister und
   drehenden Tische 333

Fußnoten 347

EINLEITUNG

„Bei Feststellung religiöser Ansichten muß das fünfzehnte Jahrhundert als maßgebend betrachtet werden." Wir stellen diesen Satz gleich voran, damit all die, welche hiermit nicht einverstanden sind, ihre Zeit nicht weiter verlieren, unserer Darstellung zu folgen.

Vielleicht wären auch einige Leser so schwach, sich von den Beweisen, die aus unseren Berichten hervorgehen dürften, überzeugen zu lassen, was sie schon zum Voraus als ein Unglück ansehen könnten.

Die menschlichen Dinge werden von zwei überirdischen Mächten regiert, von dem *göttlichen Worte* und von dem *Satan.*

Von dem *göttlichen Worte,* der schaffenden Kraft, dem unerschaffenen Licht, das jeden Menschen, der in diese Welt kommt, erleuchtet; dem Urquell des Guten, Wahren und Schönen.

Und von dem *Satan,* dem Fürsten des Bösen, der Finsternisse und der Zerstörung.

Sie dürfen jedoch nicht auf eine und dieselbe Stufe gesetzt werden, denn das Wort ist *Gott* und der *Satan* ist nur ein *Engel.* Da aber bei den Menschen der Satan den Vorzug gefunden hatte, hätte sein Einfluß die Oberhand erlangt, wenn nicht das Wort Mensch geworden wäre, um die menschliche Natur aus ihrer Erniedrigung wieder zu erheben.

Als der Sohn Gottes unter den Menschen geboren wurde, wählte er den Namen Jesus, und dieser Name bezeichnet sein Wirken in dieser Welt, denn „Jesus" heißt Heiland, Erlöser.

Die Mutter, die er sich vorherbestimmt hatte, die er mit seinen Gaben ausgestattet hatte, und mit einer außergewöhnlichen Heiligkeit geschmückt hatte, wußte dieser ausgezeichneten Ehre durch ihre Hingebung und freiwillige Mitwirkung zu entsprechen, und ward eine dritte Macht, von gleichfalls besonderem Rang: eine Macht der Vermittlung zwischen Himmel und Erde, der Fürsprache bei Jesus und des Schutzes gegen den Satan.

Das zweite Glied dieser Trilogie haben wir in der Geschichte der jungfräulichen Mutter besprochen, das dritte werden wir jetzt in der *„Geschichte des Satans"* vorführen.

Satan ist der Engel, der sich gegen Gott in Empörung erhoben hat; für uns aber ist dieses Wort kein Eigenname, es bezeichnet das ganze höllische Kriegsheer.

Die Überlieferung von dem Fall des Engels ist die allgemeinste und älteste, welche je unter den Menschen in Umlauf gekommen ist; so alt, daß man ihr an der Wiege des Menschengeschlechtes begegnet, und so allgemein, daß man keinen Punkt in Zeit oder Raum zu bezeichnen vermag, wohin sie nicht gedrungen wäre.

Der Fall des Engels ist eine der einleuchtendsten Glaubenslehren; jede Religion und jede Philosophie bewegt sich um denselben. Nur die pantheistische Philosophie allein verwirft ihn. Jedoch durch Ableugnung wird eine Erscheinung nicht erklärt, noch die Geschichte zum Schweigen gebracht.

Mag der Pantheist, um den Begriff des Sittlich-Bösen zu entfernen, auch behaupten, daß selbst das Natürlich-Böse nicht bestehe, daß Freude und Schmerz zwei ähnliche, gleichartige, unterschiedlose Empfindungen in ein und demselben Individuum sind, welches Gott ist, daß der Mörder und der Gemordete, der Räuber und der Beraubte eines und dasselbe göttliche Wesen in zwei besonderen, nebeneinander laufenden Beziehungen sind; daß Laster und Tugend ein und dieselbe Bezeichnung ist, mit einer unbedeutenden Änderung, um etwas auszudrücken, was von der rechten oder linken Seite betrachtet werden kann, aber immer vortrefflich, weil es göttlich ist; daß ich Gott bin und er ebenfalls Gott, derselbe Gott ist, wie ich, daß, wenn er mich beohrfeigt, oder ich ihn, dies das Verfahren eines Gottes gegen einen Gott ist, – er wird zuerst über eine so seltsame Lehre lachen.

Solche Dinge sagt man, schreibt man, druckt man; allein man denkt sie nicht, noch vermöchte man sie in das wirkliche Leben zu verpflanzen. Es gibt viele Sünden, welche der hartnäckigste Pantheist, der die Sünde leugnet, nicht mit kaltem Blut ansehen könnte.

Das Auftreten des Natürlich-Bösen und des Sittlich-Bösen in der Welt durch Vermittlung des gefallenen Engels, ist ein ebenso allgemeiner und alter Folgesatz, wie die Erinnerung an den Fall selbst, und was aus demselben abgeleitet worden ist, oder vielmehr sind es zwei gleichlaufende und gleichzeitige Anschauungen.

Er bildet die Grundlage der Mythologie der Griechen und Römer, der Ägypter, der Hindu und Perser, der Eisregionen des Nordens, der glühenden Zone Afrikas, der Inseln des stillen Meeres, wie der wilden Steppen Amerikas; er ist das Fundament jeder Religion, denn jede Religion besteht seit dem Anfang der Welt bis heute aus Bußübungen, Gebeten und Opfern, und spricht damit aus, daß die physischen Übel keine Notwendigkeit sind, da sie der Mensch durch einen übernatürlichen Beistand abwenden kann, und daß die moralischen Übel eine fremdartige Zutat sind, da man sich davor bewahren oder davon reinigen kann.

Allein ist denn der gefallene Engel mehr, als ein ideales Wesen? Kann ihn der von dem Lichte der Philosophie geleitete Verstand als eine Wirklichkeit betrachten? Ja, er kann es.

Und zwar vorerst in seiner Eigenschaft als Engel; betrachten wir das Dasein in seinen verschiedenen Abstufungen, von dem leblosen und unvernünftigen Geschöpfe bis zu dem Menschen, in welchem sich der Geist mit der belebten Materie vereinigt, so begreifen wir leicht, daß die Kette, um sich bis zu Gott zu vervollständigen, einige Ringe mehr nötig hat.

Warum sollte der Zwischenraum nicht durch Rangordnungen purer Geister ausgefüllt sein, von denen die niedrigste dem Menschen, und die höchste sich Gott nähern würde, ohne Verringerung der unermeßlichen Kraft zwischen dem Sinnlichen und dem Unendlichen, aber mit der Annäherung des Geschöpfes zum Schöpfer, des Dieners zum Herrn?

Wenn diese Darlegung auch keinen Beweis *a priori* bildet, so befriedigt sie doch die Vernunft; den Beweis *a posteriori* liefert die Gesamtheit der Erscheinungen der schaffenden Welt, und der Glaube vervollständigt ihn durch den Beisatz, daß die himmlischen Chöre in drei Mal drei Rangstufen geordnet sind.

Ist das Dasein engelhafter Wesen einmal angenommen, so ist das zufällige Auftreten des Natürlich-Bösen und des Sittlich-Bösen leicht zu erklären. In der Tat schließt die Individualität, dies heißt die Sonderung eines Wesens von Allem, was außer ihm ist, – eine Sonderung, auf der das Ich beruht – die Freiheit in dem denkenden und wollenden Wesen in sich; nun aber ist Freiheit nichts anderes als das Vermögen, zwischen ungleichartigen und entgegengesetzten Handlungen zu wählen; allein eine einzige schlechte Wahl genügt, die Unordnung herbeizuführen; diese Unordnung oder Zerrüttung heißt, wenn sie aus freiem Antriebe gewählt worden ist, die Sünde, die Sünde aber macht die Strafe notwendig; wenn aber auf die Strafe Auferstehung folgt, anstatt daß Buße sie begleiten würde, so pflanzen Sünde und Zerrüttung sich ewig fort. Dies ist es, was die Vernunft erkennen und begreifen kann.

Nun aber lehren uns der Glaube und die Überlieferungen des Menschengeschlechts, daß der Engel, nachdem er mit so vollkommener Freiheit erschaffen wurde, aus freiem Antriebe die Ausschreitung wählte, sich empörte, im Bösen verhärtete, und aus dem himmlischen Reiche vertrieben wurde: nicht *alle* Engel, aber doch ein Teil derselben.

Die aus der ersten Prüfung ihrer Freiheit siegreich hervorgingen, wurden im Guten bestärkt, und erfreuen sich mit Gott einer Glückseligkeit, die um so süßer ist, als dieselbe ihr eigenes Verdienst ist, das sie durch Kampf gegen Gefahr sich errungen haben.

Jene hingegen, die Feinde Gottes geworden sind, wirkten nach Verhältnis ihrer Verkehrtheit und Widerspenstigkeit auf den *Menschen* ein. Der Mensch ließ sich verleiten, und willigte in der eitlen Hoffnung, sich zu erhöhen, in einen Versuch ein, welcher seinen Naturzustand änderte, und ihn den Gesetzen des Todes und der Sünde unterwarf.

Dieses Faktum ist in der Schöpfungsgeschichte offenbar nur bruchstückweise dargestellt, oder unter dem Schleier einer Allegorie verhüllt; drei Punkte treten aber daraus mit vollkommener Klarheit hervor: 1) der Mensch übte einen Akt des Glaubens dem Satan gegenüber, und nahm seine Führerschaft an; 2) er vollbrachte einen Akt der Lostrennung und des förmlichen Ungehorsams gegenüber seinem Schöpfer; 3) er sah sich entweder physisch oder moralisch, sei es nun vermöge des Aktes, den er eben vollbracht hat, sei es durch göttliche Züchtigung, in einen Zustand versetzt, den er vordem nicht kannte, und der als erste Gemütsbewegung seine Überraschung und Beschämung weckte.

Der *Anstoß* zur *Auflehnung* ging von eben demjenigen aus, der zuerst aus der Ordnung getreten war; diese Folgerung beruht auf der Logik der Tatsachen. Es gibt keinen Grund, die Beziehungen zu leugnen, die zwischen den reinen unmateriellen und den an das Fleisch geketteten Geistern stattfinden können. Wenn der Mensch einen Einfluß auf die verschiedenen Reiche ausübt, die ihm in dieser sichtbaren Welt untergeordnet sind, warum sollte dann er dem Einfluß jener Wesen entrückt sein, die vermöge ihrer Natur über ihm stehen?

Indem der Satan in den Schoß der irdischen Schöpfung das in seiner Person verkörperte Böse einführte, setzte er sich unter der Menschheit fest; und wenn wir von dem Satan reden, so darf man nicht vergessen, daß dieser Name sowohl die ganze Schar der aufrührerischen Geister, wie den Führer der Empörung bezeichnet. In der Tat läßt die heilige Schrift vermuten, daß diese Menge gefallener Engel in Klassen unter der Leitung eines einzigen Oberhauptes eingeteilt sei: und so ist das Reich des Bösen in allen Dingen dem Reiche des Guten entgegengesetzt.

Die fortwährende Einmischung des Satans in die allgemeinen und besonderen Ereignisse dieser Welt wirkt auf den Fortgang oder Wechsel beinahe aller menschlichen Dinge ein.

Jedermann sieht, daß die Geschichte vom ersten Kapitel an berichtigt werden muß, weil die Geschichtschreiber diesen wichtigen Punkt allzu sehr vernachlässigt haben.

Der Satan ist eine offenkundige und scheue, eine stolze und höhnische, eine furchtbare und unbeständige, eine grausame und unfaßbare Macht. Der Satan verstellt sich, um zu verführen, er verspricht, um zu betrügen, verleugnet sich, um irre zu führen, waffnet sich mit Wut, um seine Beute zu quälen.

Für den Treulosen gibt es immer eine Seite für die Bejahung, eine Seite für die Verneinung und er zieht aus der einen, wie aus der anderen seinen Gewinn.

Nach dem Plane der Vorsehung ist der Satan das Feuer, dessen der höchste Herr sich bedient, um die Bewegung zu prüfen, zu leiten, zu mildern, zu zerstören, zu erneuern und hervorzulocken, wodurch er die Welt ihrer Bestimmung entgegenführt. Ein furchtbares Element, dessen Aufgabe Zerstörung ist, dessen Macht aber eine kundige Hand zu zügeln, zu lenken und nützlich zu machen weiß.

Unter diesem Gesichtspunkte und in dieser Beschränkung wird der Satan im Evangelium als Fürst dieser Welt bezeichnet. Allein dieser feindliche Fürst ist selbst in der Ausübung seines Hasses noch der Diener Gottes, er vermag sich dieser Stellung nicht zu entziehen.

Dem Menschen gegenüber ist der Satan allezeit der Versucher, der zu ihm spricht: Iß von dieser Frucht, und du wirst glückselig sein und nicht sterben.

Da wir der arglistigen Schlange auf ihren vielfachen krummen und verborgenen Wegen nicht folgen können, werden wir wenigstens auf sie hinweisen, wo sie sich zeigt. Wir werden auf ihre Gegenwart aufmerksam machen, so oft wir ihren unmittelbaren Einfluß gewahren, und die sie so hartnäckig leugnen, werden sie wohl mit vollen Augen sehen müssen.

Dies ist der beschränkte Kreis, den wir unserer Aufgabe gezogen haben, und die wir nun geraden Weges in Angriff nehmen wollen.

§ 1 Die Besessenheit[1]

Es ist Sitte geworden, von dem Satan in der Geschichte der Besessenheit zu schweigen, indem man sie in die Klasse der Geisteskrankheiten, der Krampfanfälle oder Betrügereien zählte. Zwar fehlt es nicht an zahlreichen Beispielen von Betrügereien, und ist die Besessenheit in vielen Punkten mit natürlichen Krankheiten verknüpft; allein bei der wahren Besessenheit zeigt sich eine Menge von Erscheinungen, welche weder die Natur noch Kunst hervorzurufen vermag, die man vergebens wegzuleugnen suchen würde, weil sie dessen ungeachtet Tatsachen bleiben, und die man somit in Betracht ziehen muß.

Schon im elften Jahrhundert klagte Psellus, daß die Ärzte zu wenig Aufmerksamkeit auf die außernatürliche Seite verwendeten, und bei allem einen natürlichen Verlauf annahmen, obwohl er unmöglich sei. Er sprach sich mit vielem Mut gegen diesen unsinnigen und unseligen Materialismus aus.

Anders war jedoch die Lehre der Alten gewesen: Aëtius, Alexander von Trallos, Cölius Aurelius, Galenus, Aristoteles hatten ihre Nachfolger darauf aufmerksam gemacht, daß bei den Krankheiten, die damals unter dem Namen „heilige" bekannt waren, wie das Alpdrücken, die Fallsucht, die Mutterkrankheit (Hysterie), die Hypochondrie und die Krampfanfälle, dann insbesondere bei den periodischen und den Geisteskrankheiten im Allgemeinen ein göttlicher Charakter sich finde, den man sorgfältig beobachten müsse, weil gegen dieselbe dem Arzte kein Mittel zu Gebote stehe. Sie hatten sogar rein moralische und religiöse Heilmittel für diejenigen Kranken bezeichnet, welche sie mondsüchtig, wäldersüchtig (nympholeptisch) und von den Göttern getroffen nannten, weil sie bei dem Mangel jeder Vorstellung satanischen Einflusses, während sie darin doch eine außernatürliche Macht erkennen mußten, diese Erscheinungen für göttliche hielten.

Ihre Nachfolger erachteten es für besser, diese Macht nicht anzuerkennen, weil sie in der Tat zuweilen ihren Kundgebungen durch die Heilung der Krankheit abhelfen konnten, die eben dieser Macht als Mittel und Anhaltspunkt für ihr Wirken diente; denn wie wir sehen werden, hat der Satan, wo keine förmliche Anordnung Gottes vorausging, zum Handeln eine physische Anlage bei jener Person nötig, die er zu quälen beabsichtigt. Indem aber die Ärzte die Heilkunde materialisierten, hätten sie, anstatt, was über der materiellen Natur ist, zu leugnen, wohl besser getan, zu sagen, daß sie demselben keine Aufmerksamkeit widmeten.

Katholische Gottesgelehrte haben um des Friedens willen dieses falsche System angenommen; allein indem sie den Feinden des übernatürlich Wunderbaren einräumten, daß die Besessenheiten vom Teufel wohl bloß natürliche Krankheiten sein könnten, sind sie zu weit gegangen, weil sie hiermit einen Eingriff in das Evangelium sich erlaubt haben.

Christian Gruner war einer der ersten, die es versuchten, die im Evangelium erwähnte Besessenheit als einen rein natürlichen Vorgang darzustellen.[2] In seine Fußstapfen traten Grotius, Jahn, Semler, Rosenmüller, Wegscheider und viele andere, besonders deutsche Schriftsteller. Wollte man ihnen glauben, so hätten Christus und seine Jünger, um sich verständlich zu machen, hinsichtlich der angeblich bösen Geister sich der alltäglichen Redeweise bedient, wie Josue, als er die Sonne stille stehen hieß; ferner behaupten sie, daß die heilige Schrift, indem sie mehr als einmal die Bezeichnung „Geister" gebrauche, wo es sich um gewöhnliche Krankheiten und selbst um Gesinnungen und Leidenschaften der Menschen handle,[3] wohl auch die Benennung „Dämonen" habe gebrauchen können, wo es sich um außerordentliche Krankheiten handle.

Allein gegen dieses System sind zwei Haupteinwürfe zu erheben: der erste ergibt sich aus dem achten Kapitel des Evangeliums des heiligen Matthäus in Betreff der Schweine der Gerasener, die sich scharenweise in den See stürzten, nachdem der Herr den Teufeln gestattet hatte, sie in Besitz zu nehmen; der zweite aus dem immerwährenden Gebrauch der Kirche, die sich bei Besessenen stets befehlender Formeln gegen den Teufel, und keiner Gebetsformeln Gott gegenüber, ja sogar Beschwörungsformeln bediente, um die Teufel aus den von den Geistern beunruhigten Orten und Häusern auszutreiben; hier kann kein Gedanke an eine Krankheit Platz greifen.

Zwar ermahnt die Kirche ihre Diener, ehe sie ihnen Beschwörungen vorzunehmen erlaubt, mit größter Behutsamkeit und Vorsicht zu Werke zu gehen, damit sie nicht durch arglistige Kunstgriffe und leeren Schein getäuscht, natürliche Krankheiten mit außernatürlichen Plagen verwechseln; allein diese Ermahnung trägt fast das Gepräge eines Lehrsatzes an sich, denn wenn alles immer natürlich, Trug oder Lüge wäre, so hätte man keine Vorsicht zu gebrauchen, sondern sich nur fern zu halten.

So ist z.B. der Veitstanz wohl eine bloß natürliche, oft sogar ansteckende *Krankheit*, und die Kunst des Arztes vermag sie zu heilen. Wenn sie aber von der klaren und plötzlichen Durchschauung der Gedanken anderer, von dem Blick in die Ferne und durch Hindernisse, von einer genauen Kenntnis von Begebenheiten, denen der Kranke durchaus fremd ist, und dem Verständnis von Sprachen begleitet ist, die er nie gelernt hat: ist dieses alles ebenfalls ein natürlicher und bloß krankhafter Zustand?

Ja, das Gelüst der Schwangeren ist eine natürliche *Krankheit*, und in dieser Ausartung des Geschmackes führt der Kranke seinem Magen eine

Menge Stoffe zu, die nicht zur Nahrung dienen, wie Stein- und Glasscherben, Haare, Wachs, Insekten; allein wenn er durch den Mund größere Massen auswirft, als seine Eingeweide fassen zu können scheinen, wenn erwiesen ist, daß er sie sich nirgends verschaffen konnte, somit auch sich nicht selbst zugeführt hat, wenn sich damit bei einem sonst religiösen Menschen Gotteslästerungen und rasender Haß gegen Gott, Kenntnis von Sprachen oder den Gedanken anderer verbinden, ist auch dieses natürlich?

Ja, der Mensch kann sich durch Übung eine wunderbare Geschmeidigkeit und Behendigkeit erwerben; Beweise dafür liefern die Seiltänzer, die Taschenspieler, die Gaukler; allein an den Mauern hinanzuklettern, auf den Dächern zu wandeln, sich in einen solchen Reif zu krümmen, daß die Stirn rückwärts die Fußsohle berührt, mit dem Kopf in der Minute fünfzig oder sechzig Male auf Brust und Rücken zu schlagen, das Verständnis des Griechischen, des Lateinischen, des Hebräischen auf einen Wink zu erlangen und zu verlieren, und wenn dies arme, fromme und züchtige Nonnen sind, die unter ganz anderen Lebensverhältnissen erzogen wurden, – kann man da auch behaupten, daß dies natürlich ist?

Wie eine Fliege auf Zimmerdecken zu gehen, wie ein Blatt, welches der Herbstwind aufhebt, und wieder fallen läßt, von einem Orte zum anderen getragen werden, wird man auch dieses als natürlich erklären?

Heftig und mit voller Schwere gleich einer Säule, von einer Decke, wie ein Kronleuchter, der sich losgemacht hat, herabzufallen, ohne sich den geringsten Schmerz zu verursachen oder irgendeine Verletzung zuzuziehen; wird man auch dies als natürlich erklären, besonders wenn diese Vorgänge mit dem Vermögen des zweiten Gesichts und der Sprachengabe verbunden sind?

Zwar gab es eine Zeit, wo man dem Satan zuviel zuschrieb, wo man seine unmittelbare Einwirkung überall, in den Stürmen, den Seuchen, den unbekannten Krankheiten, den unglücklichen Ereignissen und unvorhergesehenen Zufällen zu finden glaubte. Gegenwärtig verbannt man ihn überall; allein die Wahrheit liegt in der Mitte, und so läßt er die menschliche Vernunft, wie das Pendel einer Uhr sich über der Linie des Wahren hin- und herschwingen, ohne ihr jemals Ruhe zu gestatten.

Gleichwohl gab es zu allen Zeiten auch Männer von tieferer Überlegung und geraderem Sinn, die sich von allem Sektengeist und aller Systemmacherei frei hielten, die Wahrheit um ihrer selbst willen suchten, und überall auf sie hinwiesen, wo sie derselben gewahr wurden, aber sie nicht in ihren Besitz bringen konnten. Unter den großen Meistern der Heilkunde des siebzehnten und achtzehnten Jahrhunderts, unter den Schriftstellern, welche die Geisteskrankheiten behandelten, trugen mehrere durchaus kein Bedenken, die unmittelbare Einwirkung Satans, dies heißt, die Besessenheit vom Teufel in solchen Zuständen anzunehmen, welche der Kunst und der Wissenschaft trotzen, und sich jeder Prüfung entziehen, und diese Männer beugten sich vor den unbestreitbaren Tatsachen. Solche waren der gelehrte Fernel, Ambrosius Paré, der Vater der neueren Chirurgie; der Protestant Johannes Wier, dessen Ruf als Schriftsteller und als Arzt in Deutschland so groß war; Felix Plater, dessen gelehrte Werke über ihre Zeit hinausreichten; Sennert, Thomas Willis; und ihre Namen werden noch mit derselben Achtung genannt, welche großen Autoritäten gebührt.

Die Besessenheit vom Teufel ist zuweilen eine Prüfung, welche Gott seinen Heiligen auferlegt; zuweilen die Strafe für ein großes Vergehen, und alsdann vermag man weder die Mittel dagegen, noch das Organ zu bezeichnen, in welchem es seinen Hauptsitz hat. Zuweilen ist sie des Menschen eigenes Werk, der sie wünscht und sucht, der sie sich oder seinem Nachbar einimpft; diese letztere werden wir alsbald in Betracht ziehen.

Seit den Zeiten des Evangeliums dient ihr meistens eine Krankheit als Leitmittel, wodurch sie entweder in einer Seuche oder durch Ansteckung immer weiter verbreitet wird. Zur Zeit einer Pest entsteht sie aus einer Vergiftung, einer heftigen Erschütterung der Einbildungskraft, wie aus der Berührung von Besessenen.

Dies scheint zwar unglaublich zu sein, ist aber dennoch wahr; wir werden es dartun.

Daraus folgt, daß der Satan seine Tätigkeit an einen krankhaften Zustand knüpft, und daß die Besessenheit dem Laufe und Wechsel der Krankheit folgt. Man könnte behaupten, die Besessenheit verursache die Krankheit; wir glauben jedoch, daß meistens die Krankheit der Besessenheit vorausgeht und von dieser nur bestärkt wird. *Görres*, der unter den neueren Schriftstellern diese Frage in medizinischer, geschichtlicher und religiöser Beziehung in seiner Mystik am kundigsten behandelt hat, behauptet ohne Bedenken, daß „die satanische Krankheit, in welcher die Besessenheit bestehe, ihre Wurzel in den Organen des menschlichen Körpers habe, und daß sie deshalb, wie alle Krankheiten des Leibes ebenfalls ihre Ursachen, ihre Anlagen, ihren Verlauf, ihren Wechsel, ihre beständigen oder bald hervortretenden, bald verschwindenden Symptome, und im Tode oder in der Heilung ihr Ende habe."[4] Daraus schließt er, daß sie vom Arzte in Verbindung mit den *Dienern* der Kirche behandelt werden kann, und daß ihr beiderseitiges Wirken sich nicht nur nicht ausschließt, sondern verstärkt, da es der doppelten Natur des Menschen, wie der zweifachen Natur der Krankheit entspricht. Und dies ist in der Tat auch die Anschauungsweise der Kirche; anstatt den Arzt auszuschließen, ruft sie ihn herbei, und meistens ist er es, der aus Unwissenheit oder Unglaube zum großen Nachteile seiner Kranken die Kirche ausschließt.

Es gibt jedoch noch ein drittes Heilmittel, das man ebenfalls in Betracht ziehen muß, nämlich den festen und entschiedenen Willen des Kranken, geheilt zu werden, und sein Widerstand gegen die Einwirkung Satans. Zuweilen krümmt sich der arme Kranke in furchtbaren Krämpfen, die er nicht zu bemeistern vermag, und deren er sich nicht einmal immer bewußt ist; zuweilen ist es aber auch eine schwache und willenlose, zuweilen eine hoffärtige Seele, die gerne besessen ist, die sich nach dem Satan sehnt, ihn herbeiruft, die den entscheidenden Wendungen oder den Beschwörungen entgegenkommt, um jedermann von der Wirklichkeit der Besessenheit zu überzeugen; und wenn der Beschwörer nur einigermaßen eine hohe Vorstellung von seinem Werke hegt, oder damit zu prunken gedenkt, so findet der Satan Gefallen an einer Wohnung, die ihm bereitet worden ist, er bleibt darin und spottet beider. Warum sollte er vor Feinden fliehen, die ihn rufen, und zu ihm sprechen; der eine: Komm doch, um zu zeigen, daß ich besessen bin; der andere: Komm doch, um zu zeigen, welche Macht ich über dich habe? – Wir werden dieses alles in den Fällen von Besessenheit sehen, die wir zu besprechen haben werden. Wir werden auch Seelen von anderer Sinnesart finden, die aus eigenem Antriebe auf dem Wege innehalten, und zu dem Satan sprechen: weiche von mir; und andere, die ihre Heilung dadurch bewirken, daß sie sich Zerstreuungen ergeben und die Erinnerung an die Krankheit ersticken. Wir werden Besessene finden, welche die Besessenheit suchen, indem sie sich aus freiem Antriebe an solche Orte und zu solchen Zusammenkünften begeben, wo sie mitgeteilt wird; welche besessen bleiben, so lange sie es in ihrer Verstocktheit bleiben wollen, und sich selbst wieder heilen, wenn die Behörden ihre Versammlungen gesprengt haben, und sie sich genötigt sehen, sich anderen Dingen zu widmen. Wir werden Besessene finden, welche durch die alleinigen Gebete der Kirche geheilt werden; zu diesem Zwecke aber müssen die Beschwörer demutsvollen Sinnes sein, mit Einfalt des Herzens ihr geistliches Amt ausüben, und allen Prunk und jedes Gepränge ferne halten. Sie müssen dem Satan gebieten, und nicht mit ihm plaudern, sagt mit Recht der Inquisitor Sprenger.

Es ist nicht immer geraten, das Werk der Beschwörung vorzunehmen. Hat der Beschwörer sich einige Fehler vorzuwerfen, so macht sie der Satan durch den Mund des Besessenen offenbar; hat er etwas Lächerliches an sich, oder weiß er die Sprache, deren er sich bedient, nicht wohl zu führen, so überschüttet ihn der Satan mit Schmach; die Beispiele dafür sind zahlreich, aber zu unwichtig, um angeführt zu werden. Zuweilen wird der Beschwörer von dem Besessenen grausam mißhandelt; die Apostelgeschichte bietet uns ein Beispiel dafür, und dies ist nicht das einzige, das man kennt. Zuweilen wird der Beschwörer selbst besessen; davon wird uns die Geschichte Louduns furchtbare Züge liefern.

Wie wir bemerkt haben, wird die Besessenheit auch durch *Ansteckung* mitgeteilt, teils unwillkürlich, wenn man sich unklugerweise dem Besessenen nähert, teils mit Wissen, wenn der Zauberer oder der Besessene sie demjenigen mitteilt, den er in dieser Absicht ins Auge faßt, berührt, oder ein Zaubermittel berühren läßt. Dieses alles wird unglaublich, unmöglich erscheinen. Unglücklicherweise nützt das Leugnen nichts; es sind Tatsachen, die man ohne Widerrede anerkennen muß. Der Satan teilt seine Natur durch Berührung und Zaubermittel mit, wie der Herr seine Wesenheit und seine Gnaden durch das Abendmahl und die übrigen Sakramente mitteilt. Die satanischen Sakramente, wenn man sich so ausdrücken dürfte, bilden den Gegensatz zu den göttlichen Sakramenten.

Das *Zaubermittel* ist ein Gegenstand, welchen der Zauberer in besonderer Meinung berührt oder geweiht und mit der satanischen Kraft angeschwängert hat, und an welchen der Satan – wir wissen nicht mit Willen oder wider Willen, für eine bestimmte Zeit oder für immer geknüpft ist.

Der Gelehrte, welcher alle Verfahrenswege und Mittel kennen und anwenden würde, ohne selbst mit der satanischen Kraft angeschwängert zu sein, wäre kein *Zauberer*, und würde kein Resultat erzielen.

Die satanische *Anschwängerung* (Imprägnation) wird in verschiedenen Graden und mit verschiedenen Wirkungen durch Auflegen der Hände, Berührung, Einblasen, Salben mitgeteilt, wie die göttlichen Sakramente von solchen, welche den Charakter eines Dieners Gottes empfangen haben. Gelehrsamkeit genügt also ebensowenig, um Zauberer, wie um Priester oder Bischof zu sein; und jedes Zauberwerk hat seine besonderen Mittel und Formeln.

Wenn der im Dienst des Teufels geweihte Gegenstand keinen anderen Zweck hat, als durch die Macht Satans wunderbare Dinge hervorzurufen, so heißt er einfach *verzaubert*; wenn er eine Krankheit, Tollheit oder Besessenheit vom Teufel hervorbringen soll, wird er *Zaubermittel* genannt; soll er den Tod herbeiführen, nennt man ihn *Zaubergift*; es gibt aber Zaubergifte von verschiedenen Arten und Namen, die auf verschiedene Weise geweiht werden, und den Tod auf verschiedenen Wegen herbeiführen.

Die Wirkung der diabolisch geweihten Gegenstände ist untrüglich, unausbleiblich; es gibt jedoch drei Mittel, sich davon zu befreien: die Gebete der Kirche, die Zerstörung der Zaubermittel, wenn man ihrer habhaft wird, und die Vermittlung eines mächtigeren, dies heißt, stärker angeschwängerten Zauberers, der sie *hebt*, wie diese Kunst sich ausdrückt. Alsdann geht aber in allen Fällen die Wirkung auf den zurück, welcher die Gegenstände geweiht hatte.

Dieses alles ist äußerst seltsam, ja unglaublich, wie früher schon erwähnt. Man glaube jedoch nichts davon, bis wir es, wo sich Gelegenheit bietet, durch Tatsachen erhärten werden.

Was ist der *Ursprung* dieser satanischen Anschwängerung? Wer hat sie zuerst empfangen und wieder mitgeteilt? Kann man sie unmittelbar von dem Satan empfangen? Wir wissen es nicht. Vielleicht! Wir sehen den Strom fließen, allein wir kennen die unterirdischen Kanäle nicht, die zu seiner Quelle führen.

Auch darf man nicht glauben, daß der Satan, indem er demjenigen, der sich zu seinem Diener gemacht hat, oder dem Gegenstand, der ihm geweiht wurde, auf diese Weise seine Kraft mitteilt, jemals eine Wohltat erweise. Nein, er teilt sich nur mit, um Böses, nie aber um Gutes zu stiften.
– Die unkräftigsten aller Zaubermittel sind die *Schutzmittel* (Präservative). Der mächtigste Zauberer vermag nicht, sich gegen eine Krankheit zu schützen oder davon zu befreien. Er kann weder für sich, noch für seine

Freunde den geringsten Nutzen aus seiner Macht ziehen; er ist nicht imstande – wir wiederholen es – sich Gesundheit zu geben, seine Streitsache zu seinen Gunsten zu wenden, sich unverwundbar zu machen, einen Schatz zu entdecken, sich um einen Pfennig reicher zu machen, sein Leben um einen Tag zu verlängern, ein Schaf seiner Herde zu retten. Mächtig im Bösen, vermag er nichts Gutes zu tun.

Warum aber hat Gott die Welt so furchtbaren Feinden preisgegeben? – Sie sind nur in einem gewissen Maß furchtbar; niemals werden sie große Dinge vollbringen. Niemals werden sie eine Stadt, ein Heer, eine Provinz, ein Reich zugrunde richten. Er hat ihnen die Welt überlassen, die sein Werk ist, wie er sie den Betrügern, den Dieben, den Mördern überlassen hat, – doch nur in beschränkten Grenzen – und indem er neben das Übel das Gegenübel gesetzt hat, da ja die Kirche zu schützen und zu heilen die Macht besitzt.

§ 2 *Die Zauberei (Magie) und ihre Nichtigkeit*

Die *Magie*, oder die *gelehrte Zauberei*, die in Berechnungen, Kunstgriffen und Forschungen lebt, ist nichts und bewirkt nichts. Schon insofern hat der Schöpfer eine große Wohltat gewährt, als er nicht gestattete, daß die Macht, den Menschen in der Ferne, ohne Gefahr für sich selbst, durch verborgene Mittel zu schaden, in ein System gebracht, und in die Reihe der Wissenschaften erhoben wurde; denn alsdann wäre die Welt der Willkür eines einzigen Menschen preisgegeben worden. Es ist eine große Wohltat, daß der Mensch durch Zaubermittel sich nicht selbst retten oder helfen kann; denn was würde sonst aus den Tugenden werden, die wir Nacheiferung, Fleiß, Klugheit, Weisheit nennen? Die Zauberei würde an die Stelle der Arbeitsamkeit und Vorsorglichkeit treten, und das Menschenherz würde in Trägheit untergehen.

Alle Gelehrten, welche diese Magie, wie sie in den Büchern entwickelt ist, geprüft haben, gestehen ohne Umschweife zu, daß sie nichts, weniger als nichts ist, und daß man vergeblich etwas von ihr erwartet. Niemand spricht sich über sie mit größerer Geringschätzung aus, als der berühmte *Jamblichus*, der doch dieses Gebiet so genau kannte: „Wer möchte zu behaupten wagen", sagt er, „daß in den Künsten der Zauberei einige Wahrheit zu finden sei? Höchstens soviel, daß die Zauberer die Augen durch eitlen Schein täuschen können."[5] Der berühmte Campanella, der sich im Mittelalter, wenn auch nicht durch seine Erfolge in der Magie, doch wenigstens durch seine Schriften so großen Ruf erwarb, fährt, nachdem er die Geheimnisse der Kunst entschleiert und die Wunder bezeichnet hatte, welche sie hervorbringen sollen, folgenderweise fort: „Wenn dieses alles wahr wäre, so gäbe es für niemand auf Erden mehr eine Sicherheit. Glücklicherweise hat Gott nicht so leicht gemacht, was so verderblich werden könnte. Mit einem einzigen Wink würden wir das Heer der Türken zu

Staub vernichten."⁶ Hat nicht Cornelius Agrippa, der sich auf demselben Gebiet einen ausgedehnteren und dauernderen Ruhm als Campanella bereitete, an mehr als einer Stelle seiner Abhandlung *„Über die Eitelkeit der Wissenschaften"* laut die Nichtigkeit der Zauberei verkündet und mit Schmerz auf die Zeit zurückgeblickt, die er mit dem Studium derselben vergeudet hatte?

Würde die Zauberei auch nur einige Kraft und Wirksamkeit in sich tragen, hätte dann nicht *Nero*, der mächtigste Kaiser der Welt, der weder Verbrechen noch die Schätze des Reiches sparte, um ihre Geheimnisse zu ergründen und auszubeuten, wenigstens einen Teil dessen gefunden, was er gesucht hat? Es gelang ihm nicht; denn Plinius gesteht, daß dieser Fürst die traurige Erfahrung ihrer Ohnmacht geerntet habe. – Wenn man Millionen verschleudern, dem Satan seine Seele verkaufen, sein Leben hingeben und opfern, ja ihn bitten muß, sie anzunehmen; wenn man diese Bitte oft wiederholen, und sich mit vielfachen und unerdenklichen Verbrechen beflecken muß, um sie wirksamer zu machen: so konnte niemand sicherer Erhörung finden, als jener Marschall *Retz*, dessen entsetzliche Geschichte wir erzählen werden; nun aber gestand derselbe auf dem Scheiterhaufen mit bitterer Reue: daß er *niemals* etwas erwirkt habe.

Denn glücklicherweise ist die Zauberei keine Wissenschaft oder Kunst, und hängt es nicht von dem ersten, der da kommt, ab, nach seinem Willen die bestehende Ordnung Gottes umzustürzen.

Und zudem ist es wenigstens zweifelhaft, ob der Satan, selbst wenn er könnte, sich auf diese Weise zum Sklaven aller Leidenschaften des Menschen machen, und sich verpflichten wollte, allen ihren Anforderungen zu entsprechen. Sein eigentliches Werk, wie er es auffaßt, wie er es zugunsten seiner Hoffart und seines Hasses gegen Gott und Menschen durchführen will, würde dadurch bedeutend gestört werden; der Herr würde zum Diener herabgesetzt, und er könnte nicht mehr für seinen ausschließlichen Gewinn arbeiten. Zwar hat ein unwissender Hirte, der das traurige Privileg der satanischen Anschwängerung besitzt, mehr Teil an diesem Werk als der gelehrteste Akademiker oder der mächtigste Fürst; allein auch der Erstere vermag nichts Großes in wichtigen Dingen, und beinahe nichts über allgemeine Ereignisse durch Magie zu erzwecken.

Ein großer Irrtum wäre der Glaube, als könnte der Satan, dieses engelhafte Wesen, das weder Sinne, noch einen Körper, noch natürliche Begierden hat, durch irgendein natürliches Mittel, Worte oder Handlungen, Drohungen oder Beschwörungen, Opfer oder Formeln geködert oder *genötigt* werden. Wer hat ihn also dienstbar gemacht? Seine innere Natur? Keineswegs. – Sein Wille? Da wäre der Satan sehr gütig. – Der Schöpfer? Dies ist niemals behauptet worden. Im Gegenteil. Der Schöpfer, der aus sich selbst niemand versuchen will, noch versuchen kann, hat den Satan weder zum Diener, noch zum Herrn, sondern zum *Versucher* der Bösen gemacht.⁷

Es ist eine schon vom hohen Altertum anerkannte Tatsache, daß den engelhaften Wesen durch die Handlungen der Menschen kein Zwang angetan werden könne. Der Illuminate Jamblichus, dieser Widersacher des Christentums und Anhänger der Mysterien und des Satansdienstes bietet einen beträchtlichen Teil seines Buches auf, um den Beweis dafür zu liefern; so weit war selbst die heidnische und antichristliche Philosophie in dieser Beziehung durch eine zweitausendjährige Erfahrung aufgeklärt worden. „Die Götter und die Teufel", sagte er, „die Engel und die Erzengel (denn das Christentum hat ihn diese Worte aussprechen gelehrt) geben sich der Macht des Menschen in keiner Weise bloß; sie fügen sich den Wünschen derselben nur, wenn es ihnen gefällt, – aus Rücksicht oder Güte."[8] Man kann sich wohl denken, von welchen Gefühlen der Güte die Götter, welche das Heidentum anrief, gegen den Menschen beseelt sein konnten.

Aber ist dies wohl auch der Glaube, die Lehre, das Verfahren *der christlichen Kirche*, deren Ausspruch in dieser Sache entscheidend sein muß, weil sie sich allezeit und vorzugsweise mit der Geisterwelt beschäftigt hat? Ja, dies ist ihre Meinung, ihre Lehre, ihr Verfahren.

Die älteste ihrer Entscheidungen ist die des Konzils zu *Ancyra*, welches um das Jahr 314 gehalten wurde. „Es sollen die Bischöfe und Priester", sagt die heilige Versammlung, „alle Mittel aufbieten, um dem Volk begreiflich zu machen, daß jene elenden Weiber, die sich rühmen, in gewissen Nächten auf ungewöhnlichen Tieren zu reiten und auf diese Weise durch die Luft sich zu Tänzen und Ergötzungen zu begeben, die von Herodias oder Diana, der Göttin der Heiden geleitet werden, nur im Geist und nicht in der Wirklichkeit verrückt sind; daß dies Ausschreitungen einer tollen Einbildungskraft und keine Tatsachen, teuflische Betrügereien und keine göttlichen Werke sind. Ein Christ, der es wagen sollte, zu behaupten oder zu glauben, daß der Satan die Stelle Gottes des Schöpfers einnehmen, die Wirkungsweise eines Geschöpfes in gute oder böse umtauschen und dessen Natur und Charakter verändern könne, wäre schlechter als ein Ungläubiger oder Heide."[9]

Das dritte Konzil zu *Tours* vom Jahr 813 verpönt ebenfalls das Treiben der Zauberer aufs strengste und ermahnt die Seelenhirten, die Gläubigen darüber zu belehren, daß die Verzauberungen, das Nestelknüpfen und andere Geheimnisse der Magie, aus sich selbst keine Wirkungen auf die Gesundheit der Menschen oder Tiere hervorbringen können.[10] Fünf Jahrhunderte später war der heilige Bernhard bei dem Konzil zu Rom genötigt, Abälards Verdammungsurteil zu veranlassen, weil er behauptet hatte, daß durch Zauberformeln und Nestelknüpfen der Teufel zu jedem beliebigen Werk gezwungen werden könne. Es war dies die achtzehnte Irrlehre, welche dem Verfasser des „Ja und Nein" zur Last gelegt wurde.[11]

Alle Konzile des *fünfzehnten* und *sechzehnten* Jahrhunderts verwendeten eine besondere Sorgfalt drauf, die damals nur zu weit verbreiteten Künste der Zauberei zu bekämpfen, und den Gläubigen das Sündhafte dieser Art

Satansdienst, die Nichtigkeit der angewendeten Mittel, ihn selbst zu versuchen oder zu nötigen, und die notwendige Erfolglosigkeit der Versuche darzutun.

Wie oft sind nicht die Sterndeuterei und die astrologischen Schutzgehänge als eine trügerische und eitle Kunst gebrandmarkt worden? Man ließ es an nichts fehlen: weder an Verordnungen noch Konzilen, noch päpstlichen Bullen.[12]

Nichts ist entschiedener, entscheidender und unzweideutiger als die *Bullen* der Päpste *Sixtus V.* und *Urban VI.* von den Jahren 1586 und 1634 gegen die Sterndeuterei (Astrologie), oder vielmehr gegen alle Zauberkünste.

In der Bulle Coeli et terrae vom 9. Januar 1586 erklärt der Erstgenannte, daß die Wahrsagerei in allem und allzeit eine trügerische Kunst sei, daß der Teufel, da er die Zukunft nicht kenne, sie nicht zu offenbaren vermöge; daß die Versprechungen der Zauberer Lügen und das Vertrauen ihrer Schüler törichte Leichtgläubigkeit sei. Er bedient sich der entschiedensten Ausdrücke, um die Geheimnisse der Kunst im Allgemeinen und in jedem ihrer einzelnen Zweige zurückzuweisen. Nichts findet Gnade vor ihm, weder die Kunst, aus den Sternen, aus der Hand, aus dem Wasser wahrzusagen, noch die Schwarzkunst, Hexerei, noch irgendwelche andere Art, den Teufel zu befragen, worüber er sich ausführlich verbreitet. In der Besorgnis, er möchte seine Gedanken nicht deutlich genug ausgedrückt haben, faßt er das Gesagte zusammen und kommt wiederholt darauf zurück, um von neuem zu erklären, daß die Geheimnisse der Zukunft Gott allein gehören und daß es eine Vermessenheit und Gottlosigkeit sei, sie mit ihm teilen zu wollen.

Dies sind also die *Grundsätze* der *Kirche*, wie sie von ihr nicht nur bei dieser, sondern auch bei vielen anderen Gelegenheiten ausgesprochen wurden. Dies sind auch die Lehrmeinungen, wie sie von den *Vätern* und *Kirchenlehrern* überliefert wurden; wir werden uns darauf beschränken, hier und dort einige Zeugnisse aufzuführen.

Tertullian hat sogar zweimal erklärt, daß in seinen Augen die Zauberei nur ein bloßer Trug sei.[13] Der heilige *Chrysostomus* verkündete denselben Grundsatz von der Kanzel herab,[14] desgleichen *Tatian* in seiner Rede gegen die Griechen. Der heilige *Augustin* und der heilige *Thomas* sprechen sich entschieden gegen die Wirklichkeit der Verwandlung von Menschen und Tieren aus, geben aber die Möglichkeit einer von dem Satan hervorgebrachten Täuschung zu, und der heilige Augustin hält es nicht für unmöglich, daß der Fürst der Finsternis die Menschen durch die Lüfte entführen könne; dies ist in der Tat auch die Lehre der Geschichte und der Kirche, obwohl der Ausleger Ludwig Vivès und der Gottesgelehrte Navarra es leugnen.

Im Betreff der Zauberformeln, Schutzgehänge (Amulette) und Liebestränke ist die Ansicht der Gottesgelehrten und Väter fast durchaus die gleiche; alle verkünden die Nichtigkeit dieser Mittel. Der heilige *Epiphani-*

us erklärt, daß die Verzauberungen und Zaubertränke in den Herzen keine Umwandlung hervorzubringen vermögen. Der heilige Thomas, Ciruelo, Suarez sind der gleichen Meinung, nur bemerken sie dabei noch, daß dieselben, obwohl an sich unschädlich, dennoch zufälligerweise schädlich werden können, wenn der Teufel sie zuweilen als Mittel benützt, seine Bosheit auszuüben.[15] Ein ebenso gerechter als treffender Vorbehalt; wir werden auch dartun, unter welchen Umständen dies geschieht.

„Wenn das Brot, das den Menschen nähren soll, ihm zu nichts dient, solange er es an seinem Hals trägt", sagt *Origines*, „wozu sollen denn Gegenstände, die keinen Zweck haben, dienen, wenn man sie in derselben Weise trägt? Darum werft euere Schutzmittel in das Feuer, und seht, ob sie die Macht haben, sich selbst zu schützen."[16]

Die Astrologie und die astrologischen Schutzgehänge sind stets unter demselben Gesichtspunkt betrachtet worden, ungeachtet der Bedenken Bonaveturas, Cajetans, Peters von Ailly und Thomas von Aquin: es wäre überflüssig, in diesem Punkt sich über Einzelheiten zu verbreiten.

Der heilige Augustin wagt es nicht zu entscheiden, ob die Zauberer die Macht haben, durch ihre Bezauberung die Seelen Verstorbener herbeizurufen; der kühnere Tertullian aber behauptet, daß keine Zauberkunst die Seelen der Heiligen von dem Ort ihrer Herrlichkeit und Ruhe wegzunötigen vermöge.[17]

„Wenn es", sagt der heilige *Athanasius*, „den Seelen der Verstorbenen gegönnt wäre, sich den Lebenden sichtbar zu machen, so würde der Satan dies dazu benützen, den Menschen Erscheinungen vorzuspiegeln und sie zu täuschen." Unglücklicherweise geschieht dies, und die Voraussetzung des großen Kirchenlehrers verwandelt sich in Wirklichkeit. „Die Erscheinungen sind Täuschungen", sagt der Gottesgelehrte *Soto*, „denn die Seelen können sich weder einen anderen Leib bilden, noch auf unsere Sinne einwirken, da sie selbst ohne Sinne sind." Der heilige *Thomas* zeigt die gleiche Anschauungsweise. „Die Seelen", sagt er, „können dem Leibe, den sie verlassen haben, nicht die Bewegung, und der Satan kann ihm nicht das Leben zurückgeben. Außerdem sind die Seelen der Heiligen seiner Gewalt nicht unterworfen und den Seelen der Verstorbenen ist es nicht gegönnt, ihre Kerker zu verlassen."[18]

Von denjenigen, welche die Wirklichkeit der Erscheinung zugegeben haben, betrachteten die meisten sie als wahrhafte Wunderwerke; allein unter diesem Gesichtspunkt nimmt die Frage eine andere Gestalt an.

Das erwiesene *Unvermögen* des Satans, wirkliche Wunderwerke hervorzubringen, namentlich solche, die dem Menschen zum Nutzen gereichen, oder wenigstens seine so häufige Weigerung, denen, die ihn anrufen, zu entsprechen, war gerade die Ursache, welche die Zauberer des Altertums nötigte, jene Winkelzüge und Betrügereien zu begehen, die man ihnen so viel zum Vorwurf machte; eine Ursache, welche sie zuweilen in die Notwendigkeit versetzte, ihre Ohnmacht zu gestehen. „Erzählt mir den Traum, den ich gehabt habe, und erklärt ihn mir", sprach Nabuchodonosor der Große zu den Zauberern von Assyrien, die vom Staat unterhalten wurden. – „Fürst, antworteten sie, erzählt selbst euren Traum, und wir werden ihn erklären. – Ich habe euch vorausgesagt, daß ich mich desselben nicht mehr erinnere, und ich sehe, daß ihr nur Zeit zu gewinnen sucht, um euch miteinander zu verständigen, und mich dann durch eine trügerische Antwort zu täuschen, dies soll nicht geschehen; erzählt den Traum und erklärt ihn: an der Wahrheit des Berichts werde ich die Wahrheit der Deutung erkennen. – Fürst, niemals hat ein König, wie groß er auch gewesen sei, von Zauberern solche Dinge verlangt, nur die Götter können sie wissen, und die Götter verkehren nicht mit den Menschen. Wir bitten dich, erzähle den Traum, außer dem vermögen wir nichts. – Alsdann sollt ihr sterben."[19] Der Ausspruch wurde vollzogen; da erschien der Mann Gottes und löste die gestellte Aufgabe.

Wir wollen es nicht versuchen, die eigentliche (innere) Macht der engelhaften Wesen oder das Maß derjenigen Gewalt zu untersuchen, welche dem Satan nach seinem Fall noch übrig blieb; viele bedeutende Schriftsteller haben diese Frage behandelt, und wir ziehen es daher vor, auf ihre Werke zu verweisen: welches aber auch immer die Macht des Satans sein mag, so ist sie notwendig untergeordnet und wirkt nur innerhalb gewisser Schranken in solchen Beziehungen und Umständen, wie Gott sie zuläßt.[20]

Diejenigen, welche über böse Geister geschrieben haben, dehnen den Kreis dieser Zugeständnisse allzu weit aus, während ihn die Rationalisten auf nichts reduzieren. Es ist jedoch eine geschichtliche oder vielmehr allgemein beobachtete Tatsache, welche dem Blick der Gebildeten ebensowenig als dem der Gottesgelehrten entgeht, nämlich daß die Macht des Satans in seinem unmittelbaren Verkehr mit den Menschen im Schoß des Christentums unendlich *mehr beschränkt* ist als bei den ungläubigen Völkern. Dort herrschen, wie sie immer geherrscht haben, die Besessenheit und alle Werke der teuflischen Zauberei. Und alle Gottesgelehrten erklären, daß die satanische Kraft durch die Erlösung des Menschengeschlechts hinsichtlich der von ihr Berührten in sehr enge Schranken gebannt sei.

Die Neulinge auf dem Gebiet der Philosophie behandeln diese Fragen viel zu leichtfertig, für sie ist alles, was ihren Gesichtskreis übersteigt – Unwissenheit und Vorurteil; sie bedenken aber nicht, daß sie die wenigen Kenntnisse, die sie besitzen, vom Christentum überkommen haben, dem sie jedoch nur wenig Dank hierfür zollen, und daß die unseligsten Vorurteile aus einem anmaßenden Halbwissen entstehen, das alles nach einem System planlos angeeigneter Ideen beurteilt.

Drei Sätze können ohne Furcht vor einer Widerlegung aufgestellt werden: 1) Da der Satan ein böses und feindliches Wesen ist, wird er sich niemals *dienstbar machen*. Es ist also unnütz, Wohltaten von ihm zu verlangen; wenn er etwas zu gewähren scheint, so wird er es nur tun, um desto sicherer zu täuschen und zu betrügen. 2.) Bei seiner unkörperlichen Natur

vermag keine Handlung des Menschen ihm beizukommen oder ihn zu *nötigen:* es ist also eine große Schwachheit, an die Wirksamkeit der Zaubersprüche und die innere Kraft der Beschwörungsformeln zu glauben.
3.) Was an sich nichtig und machtlos ist, kann durch den Willen oder die Zulassung des Allmächtigen, dem der Mensch keine Regeln oder Schranken vorzeichnen kann, *zufälligerweise wirksam* werden. Nun aber hat der Allmächtige vorausgesehen, zugelassen und gewollt, daß der Mensch vom Teufel versucht werde: die Zauberei ist ein Werk der Versuchung; man darf also von ihrer inneren (angeborenen) Ohnmacht nicht auf ihre unbedingte Wirkungslosigkeit schließen. Alle Lehrer der Theologie, welche die zufällige und untergeordnete Macht des Satans, und somit in unmittelbarer Folge die zufällige und unsichere Macht der Anrufungen und Zaubermittel anerkennen, verkünden das wesentliche und innere Unvermögen dieser Mittel. Die meisten, welche die einzelnen Werke untersuchen, die dem Satan und seinen Gesellen von der Leichtgläubigkeit des Volkes zugeschrieben werden, erklären, daß diese Leichtgläubigkeit schlecht begründet sei und diese gerühmten Werke außer dem Bereich seiner Macht liegen.

Bei dieser Anschauungsweise stellten jedoch die Gottesgelehrten und Kirchenlehrer weder die Existenz des Satans, noch seine Bosheit, noch seine Macht, noch die zufälligen Kundgebungen derselben in Abrede, auch entschuldigen sie die Versuche derjenigen nicht, die mit ihm in Verkehr zu treten suchen. Daraus folgt an letzter Stelle, daß Beschwörungen durchaus gerechtfertigt sind und die Strafe der Exkommunikation eine befugte und rechtmäßige ist.

In der Tat ist im Schoß des Christentums nichts mehr zu beklagen, als dieses elende, finstere Treiben, weil es das Widerspiel des Christentums ist; nichts ist herabwürdigender im Schoß der christlichen Zivilisation, und nichts verderblicher für die Sittlichkeit; denn die Zauberei ist stets von gewissen anderen Gewohnheiten und einer eigentümlichen Art von Abscheulichkeiten begleitet, die wir mehr als einmal hervorzuheben haben werden.

„Der Geist der Weissagung ist dem Menschen eingeboren", sagt Graf de Maistre, „und er wird nicht aufhören, in der Welt zu gären."[21] Die Neugierde, hätte er sagen sollen, denn hinsichtlich des Geistes der Weissagung behaupten die gelehrtesten Meister dieser Künste im Gegenteil, daß alle natürlichen Mittel eitel und an sich wirkungslos sind: die Gottheit allein ist die Seele der Weissagung, wenn sie sich mitteilen will; der Mensch vermag hierin schlechterdings nichts; und alles, was er aus seinem eigenen Inneren schöpft, ist nur Täuschung oder unsichere Mutmaßung.

Dies hat Jamblichus ausführlich und genau dargetan: er widmet diesem einzigen Punkt die einunddreißig Kapitel des dritten Abschnitts seines Buches. „Das Wahrsagen ist kein Menschenwerk, weder Natur noch Kunst können es verleihen. Weder die Verzückung, als Erregung des Leibes oder der Seele, noch Musik, noch Wasser, Feuer, Getränke, Schlaf, Erforschung der Eingeweide, des Fluges der Vögel, Sterndeuterei, Lose, Träume, Begeisterung, Verzauberung, Schwermut, Trunkenheit, Raserei, alles dies vermag an sich selbst keine Quelle der Wahrsagung zu bieten. Die Götter allein verleihen dem Menschen den Geist der Weissagung, ob sie ihn nun bis zu ihnen erheben, oder bei diesen Vorgängen in seine Seele niedersteigen, mit anderen Worten, ob sie ihn in den Zustand der Verzückung oder Besessenheit versetzen. Man muß jedoch wohl acht haben, denn es gibt böse Geister, Gegengötter, die zuweilen an der Stelle der wahren Götter erscheinen." So lautet der Satz, den er behauptet.

Und wir teilen seine Meinung. Das Zeichen dieser Besessenheit, göttlicher Einwohnung, Selbstvergessenheit, Entrückung, – denn er gebraucht alle diese Ausdrücke – ist die *Ekstase* (Verzückung). Es gibt, bemerkt er dabei, eine göttliche und eine diabolische.

Dies wissen wir, was er aber nicht anerkennen wollte, ist, daß die göttliche Ekstase nur den Dienern und Freunden des wahren Gottes, nicht aber den Dienern und Anhängern der Götter des Heidentums zuteil wird. Wenn einzelne, wie Balaam, oder die Wahrsagerin von Endor, von dem göttlichen Geist beherrscht wurden, so sind dies Ausnahmen, die man nicht in Rechnung bringen darf; außerdem herrscht überall der satanische Geist.

§ 3 *Die satanische Entzückung*
(Satanische Ekstase)

In der Tat ist und war die Ekstase allezeit das hauptsächlichste und allgemeinste Mittel der satanischen Offenbarungen, mag man nun rein natürliche Erscheinungen als satanische betrachtet oder mag der Satan sich dieses Mittel zu Nutzen gemacht haben, um mit denen, die ihn anrufen, in Verkehr zu treten.

Jene Ekstase, die von natürlichen Krankheiten, wie von Mutterwut, Fallsucht, Krampf herrührt, verwandelt sich oft in Besessenheit; wir werden einige Beispiele davon sehen; um so mehr, wenn sie zum Zweck der Wahrsagung, dies heißt, zwecks eines Verkehrs mit dem Satan auf künstlichem Weg erzeugt wurde. Die Mittel dazu sind zahlreich, das letzte, das man gefunden hat, der Magnetismus, ist weder das bequemste noch das mächtigste. Rasche Kreisbewegungen, Tanz, Musik, starrer Blick, gewisse Getränke und Salben bringen entschiedenere und schleunigere Wirkungen hervor.

Jamblichus gesteht, das einzige und alleinige Mittel der Wahrsagung sei die Ekstase, weil nur in diesem Zustand die Seele, den Sinnen und der Materie entrückt, mit den Göttern in Verkehr treten kann. Auch wurden die meisten Diener der Götter, namentlich der Orakel redenden Götter in Ekstase versetzt. Schon damals kannten die Alten alle Mittel, die wir jetzt kennen: Jamblichus spricht von Tanz und Musik; Apulejus von Getränken, Salben und Magnetismus; das Cicco, die Wasser der Lethe und der Mnemosyne haben in der Geschichte der Mysterien einen berühmten Namen hinterlassen; das Nepenthes und das Thalassege wurde zu demselben Gebrauch verwendet, (sowie ein gewisser betäubender Gerstenbrei) wenn man den für göttlich gehaltenen Schlaf im Tempel Äskulaps suchte.

Die Zauberer aller ungläubigen Nationen, und die Diener der Götter in der ganzen heidnischen Welt, auch der heutigen, kennen und gebrauchen diese Mittel.

Die Fakire Indiens verschaffen sich dadurch einen köstlichen Sinnesrausch, daß sie ihre Nasenspitze betrachten. Die Kirchengeschichte des vierten Jahrhunderts berichtet uns von gewissen Mönchen auf dem Berg Athos, die sich auf einer hohen Stufe der Heiligkeit glaubten, weil sie in der starren Beschauung ihres Bauches zuletzt Ströme Lichtes daraus hervorquellen sahen und in Entzückung (Ekstase) gerieten. Man gab ihnen zum Spott den Beinamen Omphalopsychen, dies heißt Menschen, die ihre Seele im Nabel haben.[22]

Man hat jüngst die Kunst erfunden, einen Kranken bis zur vollkommensten Unempfindlichkeit einzuschläfern, indem man ihn auf einen leuchtenden Gegenstand von geringer Größe und in der Entfernung von etwa zehn Zoll vor seinen Augen blicken läßt, ein Verfahren, welches die bedenklichsten chirurgischen Operationen gestattet, ohne das Schmerzgefühl zu erwecken; vordem hauchte man Chloroform ein, noch früher wendete man den mesmerischen Schlaf an und bei jeder Entdeckung schreit man Wunder. Es sind jedoch alte und wieder aufgefrischte Künste der Griechen. Bei größerer Erweiterung des Wissens würde man noch viele andere Wunder finden, ohne sich darüber so sehr zu verwundern.

Bei den Bilh in Hindustan erheben sich die Barva oder Propheten durch Gesang und Musik bis zur Verzückung. Ehe sie einen Neuling in ihre Körperschaft aufnehmen, prüfen sie an ihm die Macht der Harmonie.[23]

Bei den Nadossi, einer Völkerschaft Nordamerikas, unterwerfen die Priester des großen Geistes ihre Jünger der Wirkung einer gewissen Bohne, welche ihnen die Gabe der Zuckungen und der *Weissagung* mitteilen soll. Mit nicht geringerem Eifer pflegen die Diener der Religion in Japan die Kunst der Ekstase. Das Gleiche ist bei den Kamtschadalen, den Jakuten und den meisten Völkern Polynesiens der Fall; dazu muß man auch die Kannibalen, die Galibi, die Wilden von Paraguay, die Mexikaner, die Peruaner, die Darier und die Lappländer nennen. Die tanzenden und heulenden Derwische der Türkei, die Assana Algeriens, die Ruffei Indiens, die Schaberonen Tibets erheben sich durch die Entzückung zu Erscheinungen von einer Seltsamkeit, die selbst im Angesicht der unbestreitbarsten Wirklichkeit allen Glauben übersteigt.

Ebenso merkwürdig ist, daß die verschiedenen Verfahrensarten, welche die Entzückung hervorbringen, auch zu verschiedenen Arten derselben führen, die je nach ihrer Entwicklung in Klassen eingeteilt werden können. So ist die Wirkung des Haschisch oder des Opiums nicht immer dieselbe; die Wirkung, welche die mesmerischen Einschläferungsmittel hervorbringen, ist sehr abweichend von jener, welche die Betäubungsmittel hervorbringen, und diese selbst haben verschiedenen Erfolg, je nachdem man sie äußerlich oder innerlich anwendet. Das Haschisch erzeugt glänzende Vorstellungen von Geistererscheinungen, und versetzt in eingebildete Welten; das Opium verursacht ruhigere und üppigere Trugbilder; die Hexensalbe läßt scheinbar an Gelagen, Belustigungen und Tänzen Anteil nehmen; die mesmerischen Einschläferungsmittel teilen der Seele die Fähigkeit mit zu reisen und in große Entfernungen und durch Hindernisse zu sehen. Zum Zweck des Verkehrs mit den Geistern gebrauchen einige Völkerschaften Ozeaniens einen aus der Kava gezogenen Saft; die Kamtschalen den Saft der Pastinaka. Bei den Inkas atmete der Kazike, ehe er seine Orakelsprüche gab, den Wohlgeruch des Kohabba-Saftes ein; die mexikanischen Priester bestrichen ihre Glieder mit einer stinkenden Salbe, die ihre Sinne erstickte. Um ihren Mut so weit zu erhöhen, daß sie keine Gefahr mehr achten, gebrauchen die Hottentotten die Bakka, die Türken das Asserol, welches eine Berauschung ähnlich der Weintrunkenheit, aber ohne Schwindel oder Zittern verursacht.[24] Die Zauberer der Völker im Norden Europas schlummern beim Lärm ihres Tamtam ein; die der Völker im Norden Amerikas aber, indem sie Beschwörungsformeln singen und sich im Kreis drehen.[25]

Alles dieses erscheint vielen ganz natürlich: mag sein! Wie aber soll man vom Standpunkt der Naturgeschichte aus gewisse Erscheinungen erklären, die sich im Zustand der Entzückung entwickeln, wie folgende: Eine magnetisierte Person liest durch den Umschlag eines Briefs, durch das Gehäuse einer Uhr, hört mit den Fingern, sieht mit dem Bauch, schaut die Gedanken anderer, versetzt sich im Geist an Orte, wohin sie nie gekommen ist und beschreibt sie. Diese letzte Fähigkeit ist beinahe allen Entzückten gemein, sie war es denen des Altertums, wie uns Jamblichus in seiner Abhandlung *„Von den Mysterien"*, Cicero in seiner Abhandlung *„Von der Wahrsagerkunst"*, Philostratus in seinem Roman *Apollonius von Tiana* versichern.

Wenn die Aissaua und die tanzenden Derwische den höchsten Grad ihrer Begeisterung erreicht haben, so zerschneiden, zerstückeln, durchstechen sie sich die Zunge, die Arme, die Brust, wälzen sich auf brennenden Kohlen, liebkosen mit Wollust glühende Eisenstangen, lassen sich von Skorpionen stechen, von Schlangen beißen, ohne daß nach dem Erwachen aus ihrer Raserei eine Spur, eine Erinnerung, eine Wirkung zurückbliebe. Es ist dies ein Schauspiel, dem die Bevölkerungen der großen Städte, acht Tage vor dem Ramadan, in allen mohammedanischen Ländern beiwohnen. Etwas Ähnliches war der Bela bei den Negern auf Martinique im Jahr 1786, als der Gouverneur Franz von Neuchateau ihn unter Androhung strengster Strafen untersagte.

Der Fakir Indiens, welcher den höchsten Grad der Heiligkeit erreicht hat, dies heißt zur Verzückung gelangt ist, bereitet sich durch Kasteiungen und Fasten für die Prüfung mit dem Haken vor, und gibt sich zu einem Schauspiel für die zahlreichen Volksmassen hin, welche die Hauptfeste der Götzen bei den berühmten Pagoden, besonders die Bairamfeste herbeiziehen. Die Zeremonie findet auf folgende Weise statt: Dem Heiligen werden seine Kleider abgenommen, ein Diener des Götzen gibt ihm einen Schlag mit der Hand auf die Lenden, daraus entsteht plötzlich eine Geschwulst, durch welche man einen eisernen Haken zieht: alsdann erhöht man den Kranken mit Stricken und Rollen an einen Galgen, an welchem er sich allen Bewegungen eines durch den Wind bewegten Drehbaumes ergibt, während die frommen Scharen unter ihm vorbeiziehen, um die Heiligung zu empfangen. Wenn man nach dieser mehrstündigen Übung den Kranken vom Haken erlöst, verschwindet auf einen neuen Schlag mit der Hand die Geschwulst an seiner Seite und die Wunde ist geheilt.

In Tibet schwingt sich der Schaberon unter abgemessenen Gesängen der Lama, seiner Standesbrüder, bis zum höchsten Grad ekstatischen Deliriums, alsdann öffnet er sich mit einem Säbel den Bauch, nimmt seine Eingeweide heraus, und läßt sie auf dem Tisch vor ihm liegen; nach einer Stunde solcher Qual, für welche er empfindungslos zu sein scheint, und nachdem er während dieser Zeit geweissagt und die an ihn gerichteten Fragen beantwortet hat, bringt er die Eingeweide an ihren Ort zurück, zieht die Ränder seiner Wunde gegeneinander, hält sie mit der Hand zusammen und fährt mit der anderen darüber, wie um sie einmal zu bestreichen, – und die Wunde ist geheilt. Die Gesänge werden auf derselben Tonstufe, auf welcher sie innegehalten haben, fortgesetzt und sinken allmählich bis zur tiefsten Note herab. Der Bokte, dies heißt der Heilige, wird alsdann entmagnetisiert und tritt in das gewöhnliche Leben zurück. Am Arm seiner Mitbrüder geht er von dannen, blaß und schwach infolge des ungehinderten Blutverlusts, den er erlitten hat, aber ohne daß eine andere Erinnerung davon zurückbliebe oder ein anderer Unfall daraus entstünde. Dieses Schauspiel wird den Völkerschaften von Tibet und der Tartarei, die es stets mit Lust sehen, häufig geboten.[26]

Wenn dies alles natürlich ist, so mögen es die Naturalisten doch erklären. Wenn dieses alles natürlich ist, so mögen doch die Ärzte darin Mittel für die Heilkunde suchen. Die Leugnung von Tatsachen ist nur ein Geständnis von Unwissenheit und das Verharren in einem solchen Leugnen – knabenhafter Eigensinn.

Und alle diese Erscheinungen sind weder neue Entdeckungen, noch an gewisse Orte gebundene Vorgänge: Das Altertum kannte sie, und die Schriftsteller reden davon, wie von gewöhnlichen Dingen, die weder der Bekräftigung noch der Beweise bedürfen. „Diejenigen, welche die Gottheit in Besitz nimmt", sagt Jamblichus, „unterwerfen ihr eigenes Leben dem göttlichen Leben, so daß sie nur mehr ein Werkzeug desselben sind, oder sie ertöten es gänzlich, um nur in dem göttlichen Leben zu leben. Ihr Leben ist in dasjenige des Gottes, der in ihnen wohnt, derart umgewandelt, daß sie ihre Sinne nicht mehr gebrauchen, daß ihr Wachen nicht mehr dem unsrigen gleicht, daß sie nichts, was vorgeht oder ihnen Gefahr bereiten könnte, wahrnehmen, daß ihre Handlungen nichts Menschliches mehr in sich haben, und sie sich von ihrem früheren oder gegenwärtigen Zustand keine Rechenschaft geben können. Ihr Geist hat weder ein Bewußtsein seiner selbst, noch von irgend etwas eine deutliche Rückerinnerung."

Zu den zahlreichen Beweisen, womit man die Wirklichkeit eines solchen Zustandes erhärten kann, muß man die *Empfindungslosigkeit* der Verzückten – sogar gegen die Einwirkung des Feuers zählen; wie wenn das göttliche Feuer, welches sie innerlich beseelt, das sinnliche Feuer, welches ihre Glieder berührt, überwältigen würde. Man kann sie wiederholt mit glühendem Eisen berühren, ohne daß sie die Glut empfinden, und dies beweist, daß das tierische Leben sie verlassen hat. Manche kann man mit Spießen durchbohren, auf manche die Schneide einer Axt setzen, bei anderen vermögen die Messer, welche ihre Arme zerfleischen, die Empfindung nicht zu erwecken. In diesem Zustand sind ihr Dasein und ihre Handlungen allen Gesetzen entrückt, denen die Menschheit unterworfen ist: Der Gott, der sie beseelt, führt sie, wohin der Mensch aus sich nicht gelangen kann; er schleudert sie in die Flammen, ohne daß sie brennen, sie gehen auf glühenden Kohlen, selbst auf dem Wasser, wie der Priester von Castabala es getan hat.[27]

„Gibt es besseren Beweis dafür, daß die Entzückten ihre Werke nicht selbst vollbringen, daß sie nicht mehr das menschliche, noch auch das tierische, sondern das übernatürliche und göttliche Leben des Gottes leben, der in ihnen wohnt und wirkt?"[28]

Jamblichus ist nicht der einzige, der solche Erscheinungen erwähnt; Virgil spricht von den Priestern auf dem Berg Sorakte, die durch große von Fichtenholz flammenden Glutmassen und auf glühenden Kohlen gingen. Statius erzählt von dem Priester der Göttermutter, die auf dem Berg Ida verehrt wurde, daß er sich die Glieder mit schneidendem Eisen zerfleischte, und in seinem rasenden Lauf die Felder mit Blut bespritzte, ohne die Schmerzen zu beachten, welche die Wunden hätten verursachen müssen.

Unter den Ekstatischen des Altertums nennt man Hermotinus von Klazomenä, Epimenides von Kreta, Aristäus von Prokonesus, Karmente, die Mutter Euandrus, Nikostrate; Plotinus, Jamblichus, Carneadus und die meisten Neuplatoniker ergeben sich ebenfalls der Entzückung. Die Baciden begeisterten sich bis zum Wahnwitz, um zu weissagen; die Bacchantinnen scheuten, wenn sie den höchsten Grad der Begeisterung erreicht hatten, weder Eisen noch Flammen mehr; die Korybanten (Priester der Göttin Cybele) pflegten in einem solchen Zustand sich selbst zu verstümmeln.

Wenn wir uns daher mit zögerndem Glauben über die so unbedeutenden und kleinlichen Erscheinungen der Zeiten verwundern, in denen wir leben, so kommt dies daher, daß unsere in der Zivilisation vorgeschrittenen Jahrhunderte solchen Unfug nicht mehr dulden und derselbe so verschwinden mußte; sowie daß die Macht des Satans durch das Christentum beschränkt wird und der große Versucher der Menschheit nicht mehr alles vollbringen kann, was er zu unternehmen wünscht.

Die Entzückung (Ekstase) hat, aus welcher Ursache sie immer hervorgehen mag, drei Grade: der *erste* ist eine bloße Erschlaffung (Lethargie); der Leib hat für den Augenblick jedes Vermögen und jede Empfindung verloren; dies ist der Zustand der Fallsüchtigen (Epileptiker) und solcher, welche Chloroform eingeatmet haben. Wenn der Anfall der Erschlaffung in kurzen Zwischenräumen, und besonders wenn absichtlich herbeigeführt sich häufig erneuert, so erhöht sich die Entzückung zum *zweiten* Grad; die sensitiven Kräfte bleiben noch immer erstickt, dagegen entwickelt sich das Vermögen der Mitteilung; der Entzückte tritt in Verkehr mit einer Person, die durch Wort und Berührung auf ihn einwirkt: dies ist der Zustand des Traumredens und solcher, an denen die Magnetiseure ihre ersten Versuche machen. Im *dritten* Grad hat der Entzückte Erscheinungen, von denen er seinem Medium Rechenschaft geben kann: dies ist der Zustand des Hellsehens der Magnetisierten, der Kranken im Fieberwahn, solcher, die sich mit Haschisch, Opium, Tollkraut, Bittersüß und anderen Stoffen berauscht haben, der Zustand gewisser durch Wein oder Tabak hervorgebrachter Betäubungen. In einem noch höheren Grad ist die Beschauung der Seele ständiger, und sie tritt in unmittelbaren Verkehr mit der geistigen Welt. Sie erschaut die Gedanken anderer, sieht, was an entfernten Orten vorgeht, versteht Sprachen, die sie nie gelernt hat, und gebraucht, obwohl sie sich im Zustand der Erschlaffung befindet, ihre Sinne zum Reden und zum Handeln; allein oft findet in den Geisteskräften solcher Entzückten eine Unordnung statt, und sie scheinen wie von der Stelle gerückt (Entrückte).

Hier scheidet sich der Weg nach zwei entgegengesetzten Richtungen, wovon die eine zu *Gott,* und die andere zum *Satan* führt.

Ist der Entzückte ein gottesfürchtiger Mensch, so sind seine Gesichte gottselig, frei von Irrtum, die heiligen Engel sind seine Führer, und das Licht, welches ihm leuchtet, ist das göttliche Licht. Gleichwohl gibt die Kirche, obschon sie solche Offenbarungen duldet oder selbst gutheißt, sie dennoch nicht zu glauben vor, und nimmt sie weder zur Grundlage noch zur Norm ihrer Entscheidungen. Ihre einzige und unwandelbare Richtschnur liegt in der heiligen Schrift und der Überlieferung; alles übrige gilt nur als ein Gegenstand der Erörterung oder eine Quelle der Erbauung. Wenn sich die Entzückung noch um einen Grad erhöht, alsdann wird sie *Entrückung,* und von den Gesetzen der Anziehungskraft und Bewegung befreit – erhebt sich der Leib in die Luft, um da zu verbleiben; er verändert seinen Ort, ohne sich zu regen, gleich einem leichten Blatt, aber regelmäßig und nach dem Willen der Seele. Die Beispiele solcher Verzückungen finden sich in der Geschichte der Heiligen sehr zahlreich vor, wir brauchen sie hier nicht anzuführen. Allein niemals trifft man am Ende dieses Weges Blutvergießen, Greuelszenen, Schrecknisse oder Lächerlichkeit.

Beim Eingang auf den anderen Weg erscheint der Satan dem, der ihn sucht, und wird sein Licht und Führer; zuweilen auch dem der ihn nicht suchte, den aber eine mißgeleitete Wißbegierde auf Abwege an die Grenzen der Natur und in ein dem Urteil der Zukunft unzugängliches Reich führte.

Die Seele, welche freiwillig und ohne einen Beweggrund der Heiligung jener Sinne sich entäußert, die ihr Gott zu Werkzeugen ihres Handelns verliehen hat, kann Gott nicht wohlgefallen, weil sie sich in eine andere Ordnung versetzt, als die er festgestellt, und sie ihm nicht entgegenkommen kann. Dies ist eine zweite verbotene Frucht, nach der sie greift, um das Gute und Böse besser zu erkennen, und sie wird dazu wieder von demselben Versucher wie ehedem eingeladen. Dieser Weg ist also sündhaft, gefahrvoll und betrüglich; das Licht, das hier leuchtet, ist nur satanisches Licht.

Wie der vorige, führt auch dieser Pfad zur *Entrückung*: der Körper wird ohne bewegende Kraft entrückt, in die Lüfte getragen, auf jegliche Weise gerüttelt und verrenkt, auf die entsetzlichste Weise zerstoßen, zerquetscht, zerfleischt, ohne daß eine Krankheit oder Tod darauf folgen würde. Die Geschichte der Besessenen im Evangelium ist zur Genüge bekannt; wir berufen uns nur noch einmal auf Jamblichus in Betreff solcher Fälle von Verzückung und Besessenheit in der *teuflischen Ekstase*, welche unser Grauen nicht so sehr erregen, und dies wird einen weiteren Beweis dafür bilden, daß es auf diesem Gebiet nichts Neues gibt.[29]

Nachdem der Verfasser jene durch Ekstase bewirkte *Inspiration*, die er die göttliche nennt, und die wir Besessenheit nennen, ebenfalls in drei Grade geschieden hat, fährt er dann fort: „Man sieht Inspirierte, deren ganzer Leib eine gewaltige Erschütterung erfährt, andere, die in nur in einzelnen Gliedern erschüttert werden, und wieder andere, die in vollkommener Ruhe bleiben ... Man sieht solche, deren Leib in die Länge, andere, bei denen er in die Dicke wächst, andere, die mitten in die Lüfte entrückt werden, und wieder andere, welche ganz entgegengesetzte Erscheinungen erfahren. Die gleiche Mannigfaltigkeit kann man in ihrer Stimme bemerken, denn sie weicht auf jegliche Weise von der menschlichen Stimme im natürlichen Zustand ab."[30]

Die Kunst, in Ekstase zu versetzen, war die große Kunst der Orakel. Allein hier bietet sich eine vielbesprochene Frage dar: War der Satan der Vermittler der Orakelsprüche? Fontanella und P. Baltus haben sie im verneinenden Sinn gelöst und dabei ist die Erörterung stehen geblieben.[31]

§ 4 Die Orakel

Der böse Geist kennt die Zukunft nicht. Dies verkündet der christliche Glaube,[32] dies lehrt die Vernunft; muß man aber deshalb mit Fontanella, mit Hieronymus, Fransozius, mit Jaquelot und vielen neueren Schriftstellern[33] annehmen, daß in der Erteilung der Orakelsprüche alles eitler Trug war? Die meisten Kirchenväter und Gottesgelehrten versichern, daß der Teufel die Gedanken der Menschen nicht kenne, wenn sie sich nicht durch irgendein äußerliches Zeichen offenbaren,[34] und daß der Dämon ihm seine eigenen mitteilen könne, dürfte man nach der Ansicht des gelehrten Papstes Benedikt XIV. nicht allzu kühn behaupten,[35] denn seine Macht ist in Folge seiner Erniedrigung und der Erlösung des Menschengeschlechts beschränkt worden. Ohne besondere Zulassung der Gottheit vermag er schlechterdings nichts; nun aber ist nicht anzunehmen, daß Gott ihm gestatte, den Menschen so oft zu täuschen, als dieser ihm Gelegenheit bietet, oder ihm so oft Aufklärung zu geben, als er solche verlangen möchte. Und zudem ist keine der den Orakeln zugeschriebenen Antworten so beschaffen, daß sie auf die Vermittlung eines übermenschlichen Wesens hindeuten würde. Sie sind alle zweideutig, oder stimmen mit dem Ereignis nur durch gezwungene Auslegung zusammen. Als zum Beispiel Nero das Orakel in Delphi fragte, bis zu welchem Alter er zu leben hoffen dürfe, gab ihm dieses zur Antwort, daß er das dreiundsiebzigste Jahr zu fürchten habe; er lebte nicht so lange, allein sein Nachfolger Galba war in diesem Alter, als er den Thron bestieg. Dasselbe Orakel gab dem Krösus im Augenblick einer entscheidenden Schlacht auf seine Anfrage zur Antwort, daß, wenn er über den Fluß Halys setzte, ein großes Reich zugrunde gehen werde; nun aber mußte dies der Fall sein, wie sich immer der Kampf entscheiden mochte. In allen übrigen Aussprüchen ist weder mehr noch Besseres zu finden. Soll man sich also über solche Armseligkeiten wundern oder sie notwendig dem Teufel zuschreiben? Vielleicht; was soll man einem Frager antworten, der um etwas fragt, was man nicht weiß?

Die meisten *Kirchenväter*, in deren Tagen die Orakel noch bestanden, haben sich darüber nur mit der tiefsten Geringschätzung ausgesprochen. Man kann im besonderen den heiligen Cyrillus, Prudentius, den heiligen Justinus, den heiligen Athanasius nennen.[36]

Niemand hat sich aber darüber mit größerer Verachtung ausgedrückt, als Clemens von Alexandria: „Prahle, wenn du willst", spricht er,[37] „mit deinen ungereimten, unverschämten Orakeln: mit denen von Klaros, des pythischen Apollo, von Didymus, Amphiraus, Amphilochus. Du kannst dazu auch die Wahrsager, die Ausleger der Träume und Wunderzeichen und jene so hochgeschätzten Leute zählen, die aus dem Bauch reden, sowie jene, die aus Mehl und Gerste wahrsagen. Doch nein, hülle vielmehr all dieses samt dem Geheimnis der ägyptischen Mysterien und der etruskischen Schwarzkunst in den dichtesten Schleier; denn es ist nur Trug und Blendwerk, höchstens der Spiegelfechtereien der Gaukler würdig und solcher, die Ziegen oder Raben zu Weissagungen über die Zukunft abrichten."

Diese Anschauung war in der Seele des heiligen Kirchenlehrers so tief eingewurzelt, daß er sie wiederholt in seinen *Ermahnungen an die Heiden* ausspricht. Eusebius teilte sie, denn während er zugibt, daß die bösen Geister an der Verkündung der Orakelsprüche einigen Anteil hatten, zeigt er, daß sich unter ihren gerühmtesten Antworten nicht eine einzige findet, welche der Verwunderung wert wäre. Tatian redet entschieden im gleichen Sinn in seiner *Rede gegen die Griechen*; ebenso Origines im siebten Buch *gegen Celsus*. Nicht weniger deutlich drückt sich der heilige Chrysostomus in seiner vierten Homilie über Johannes aus. Mit einem Wort: die Orakel waren schon lange vor dem Erscheinen des Christentums in Abnahme und mehrere bereits in großen Mißkredit gekommen, oder gar zum Schweigen gebracht worden. „Das Orakel zu Delphi redet nicht mehr", sagt Cicero, „es ist seit langer Zeit verstummt." – „Die göttliche Vorsehung wendet sich von uns ab", sagt Hesiodus; „die Götter nehmen uns unsere Orakel." – „Es gibt zu Delphi kein Orakel mehr", sagt Juvenal. – „Das Orakel zu Delphi ist verstummt, seitdem die Großen die Zukunft fürchten", sagt Lukan. – „Von allen unseren Orakeln bleiben uns nur mehr die Wasser von Mykalä, in der Landschaft Didymus, die von Klaros und das Orakel auf dem Parnassus", sagt Porphyrius.[38] – Plinius bezeugt dieselbe Tatsache, Statius ebenfalls, Plutarch schrieb eine Abhandlung über das Aufhören der Orakel. Demnach schien dies verführerische Institut selbst ohne Verkündung des Christentums abgenützt zu sein, und dieses großartige und prunkhafte Blendwerk, das die Welt getäuscht hatte, erlosch von selbst.

Wäre aber dies der Fall, so dürfte man daraus nicht folgern, daß der Teufel denselben fremd geblieben sei, denn durch ihre Berührung mit dem Evangelium lebten sie in ungewohntem Glanz wieder auf, und kämpften mit einem Eifer, der ihre Niederlage nur um so deutlicher machte.

Ebensowenig darf man sich zu jener Folgerung hinreißen lassen, wenn man sieht, wie die meisten Orakel auf ein natürliches Verfahren sich stützen, zu unredlichen Mitteln greifen, oder sich auf Lügen ertappen lassen. So redete Pythia, die Priesterin des Orakels Apollos zu Delphi offenbar zugunsten Philipps; das Orakel des Jupiter Ammon erklärte Alexander als Sohn Jupiters; andere, und wohl die meisten, wendeten betrügerische Verfahrensarten an. Die abgöttischen Priester unserer Tage, – denn auch sie haben ihre Orakel – bedienen sich der verschiedenartigsten Geheimmittel, um das Volk glauben zu machen, daß die Götter reden oder Zeichen geben. Ähnliche Geheimmittel waren auch im Altertum nicht unbekannt. Als auf Befehl des Kaisers Theodosius der Tempel des Serapis zu Alexandria zerstört wurde, fand man, wie Theodoret versichert, unterirdische Gänge, die von einem entfernten Punkt her mit dem Mund des Götzen in Verbindung standen. Das Standbild Beels, welches Daniel zu

Babylon in Stücke zertrümmerte, hatte bereits einen unverwerflichen Beweis für solche Betrügereien geliefert. Folgt aber daraus schon, wie Van-Dale und *Fontanella* – der das Werk des ersteren im Auszug wiedergab – behauptet haben, daß in der Verkündung der Orakelsprüche alles nur Spiegelfechterei war? Die Menge von Tatsachen einer und derselben Art beweist durchaus nicht, daß es nicht auch solche von einer verschiedenen Art gebe. Wenn nun aber die Beispiele von Betrügerei und Kunstgriffen auch zahlreich und zur Genüge erhärtet sind, so ist doch nicht minder erwiesen, daß die Diener der Orakel sogar die Verzückung (Ekstase) und den magnetischen Schlaf in Anwendung brachten; wir glauben sogar, daß dieses das hauptsächliche Verfahren war, und in der letzten Zeit die Wirkung des Teufels evident zutage tritt.

P. Baltus hat ausführlich dargetan, daß die Diener der Orakel gewöhnlich in Ekstase sich versetzen. „Was in der Frage von den Orakeln unumstößlich bleibt", sagt der gelehrte Kardinal d'Ailly[39], „ist, daß alle von den Priestern der Orakel dem Apollo zugeschriebenen Antworten nur sinnlose, im Wahnwitz gesprochene Worte waren. Denn man darf nicht glauben, fährt er fort, wie so viele dafür halten möchten, daß der Teufel diesen Leuten immer zu Diensten stand. Weder er, noch ihr Gott redete, sondern sie selbst in ihren Anfällen *der Tollheit* oder *des Wahnsinns* (alienato mentalis)." Derselbe Schriftsteller räumt auch ein, daß eine große Menge natürlicher Ursachen in der Seele wunderbare Wirkungen hervorbringen, und ihr eine gewisse Voraussicht in die Zukunft verschaffen können. Deshalb schließt er aber die *Mitwirkung des Satans* in bestimmten Fällen nicht aus.

In der Tat ist der von Van-Dale aufgestellte, und von Fontanella wiederholte Satz ein zu kühner Widerspruch gegen die Behauptung aller Schriftsteller der ersten Jahrhunderte des Christentums. Man muß sehen, mit welch triumphierender Miene der heilige Justinus, Tertullian, Lactantius, der heilige Cyprian, Minutius Felix, der heilige Athanasius, Eusebius, der heilige Hieronymus[40] den Priestern der Götzen den Verfall ihrer Orakel, das Verstummen ihrer Priester, die Flucht ihrer Dämonen oder das Geständnis ihrer Ohnmacht vorhalten, zu dem sie in Gegenwart der Christen gezwungen werden. Die Tatsache war unzweifelhaft, offenkundig, häufig erneuert, unbestreitbar, denn die Verteidiger des christlichen Glaubens führten sie in dieser Weise an, ohne einen Widerspruch zu befürchten, und warfen sie ihren Gegnern, wie eine Herausforderung vor: „Lasset einen Christen kommen", sagten sie zu ihnen, „welchen ihr immer wollt, und wenn nicht seine Anwesenheit allein euer Orakel zum Schweigen oder eure Götter zu dem Geständnis zwingt, daß sie nur Teufel aus der Hölle sind, so mögt ihr den Christen töten, wir überlassen ihn euren Händen."

Außerdem redet hier auch die Geschichte, und keine Spitzfindigkeit wird etwas gegen Tatsachen vermögen, die so fest erhärtet sind, wie zum Beispiel die folgenden: erstlich die Beseitigung der Reliquien des heiligen Babylas auf Befehl des Kaisers Julian, weil ihre Nähe das Orakel Apollos in der Vorstadt Daphne zu Antiochia verstummen machte; dann der Martertod des heiligen Saturnin zu Toulouse, der dadurch veranlaßt wurde, daß seine Gegenwart als Missionar in jener Stadt das Orakel zum Schweigen brachte.

Man kennt den Vorgang, der sich im Jahr 362 bei einem Opfer begab, welchem Kaiser Julian beiwohnte. Der Götzenpriester, voll Bestürzung über die Wunder, die er gewahrte, schrie laut auf, daß die Götter durch die Anwesenheit eines Getauften behindert würden. Julian selbst erbebte vor Schrecken, die größte Aufregung herrschte in der Versammlung. Ein junger Soldat von der kaiserlichen Leibwache war es, der durch seine Anwesenheit all diese Unruhe verursachte. Er bekannte sich als Christ, warf seine mit edlem Gestein verzierte Halbpicke weg, und ging von dannen, um dem Satan seine Freiheit wieder zu geben. Prudentius, in dessen Lebenszeit diese Begebenheit vorfiel, hat sie in seiner Apotheose in sehr schönen Versen besungen.

Wir werden zwar im Verlauf des Werkes auf diese Frage zurückkommen; allein wir mußten schon jetzt darauf hindeuten, daß man sie nicht so leichtfertig, wie einige Schriftsteller getan haben, behandeln, noch sich auf einen ausschließlichen Standpunkt stellen darf, wenn man sie richtig beurteilen will. Alle vorgeführten Betrügereien haben nachgewiesenermaßen stattgefunden, allein dies ist nur eine Seite des großen Baues.

§ 5 Der Magnetismus

Zu den Mitteln, deren die Alten sich bedienten, um die mit Wahrsagen verbundene Entzückung (Ekstase) hervorzurufen, muß man auch den Magnetismus[41] oder die dämonische Anschwängerung (Imprägnation) zählen. Die Orakel zu befragen, war ein allzu feierliches und kostspieliges, oft auch zu fern liegendes und schwieriges Mittel; diesem Übelstand sollte der Magnetismus abhelfen. Lassen wir Apulejus reden. Der Zauberei angeklagt, sprach er zu seiner Verteidigung vor dem Prokonsul zu Afrika: „Ich erinnere mich, in den Werken des Philosophen Varro, eines ebenso gelehrten als anmutigen Schriftstellers unter anderen Dingen auch folgendes gelesen zu haben: ‚Einige Bewohner von Trallos hatten ihre Zuflucht zu Zaubereien genommen, um zu erfahren, welchen Ausgang der Krieg mit Mithridates nehmen werde, als ein Kind, welches im Wasser das Bild Merkurs betrachtete, in sechzig Versen verkündete, was geschehen werde.' Ich erinnere mich auch, darin gelesen zu haben, daß ein gewisser Fabius, welcher fünfhundert Denare verloren hatte, bei einem Zauberer namens Nigidius Auskunft suchte. Dieser unterwarf dem Einfluß des Zaubers einige Kinder, welche dann entdeckten, wo ein Teil des Schatzes verborgen und wohin die übrigen Denare gekommen waren; sie fügten noch bei, daß einer im Besitz des Philosophen M. Cato sei. Cato gestand in der Tat, daß er ihn von einem seiner Klienten als Angeld für Gebühren erhalten habe. Ich könnte diese Beispiele mit vielen ähnlichen Tatsachen bekräftigen, die man bei den Schriftstellern in Menge findet."

Man wird zugeben, daß dies dem Magnetismus sehr ähnlich erscheint, allein die Fortsetzung jener Verteidigung hebt alle Zweifel. Apulejus fügt nämlich bei: „Im Hinblick auf diese Tatsachen halte ich es für erwiesen, daß die menschliche Seele, besonders in der Jugendzeit, dem Alter der Unschuld, teils durch die Macht des Zaubers, teils vermöge der Betäubung, welche die schlafbringenden Salben herbeiführen, derart von allen sinnlichen Dingen abgezogen und sozusagen abgeschlossen werden kann, daß sie ihren eigenen Leib vergißt und in ihre unsterbliche und göttliche Natur zurückkehrt. Und so blickt sie während des Schlafes ihres Leibes im Schoß der Gottheit in die halb entschleierte Zukunft."

Die Magnetiseure haben uns niemals mehr oder bessere Aufklärung gegeben, und was die Verwandtschaft, die zwischen ihnen und ihren Vorgängern besteht vollends offen legt, sind die Worte, womit unser Schriftsteller fortfährt: „Jedermann wird zugeben, daß, wenn ein solcher Versuch gelingen soll, das Kind schön sein muß, damit es den Göttern wohlgefällig sei und gesund, damit nicht die Seele in den Banden einer bresthaften Natur verstrickt bleibe. Nun aber ist das Kind, das ich der Anklage gemäß dem Zauber unterzogen haben soll, ein armer, häßlicher und gebrechlicher Tropf, der täglich zwei oder drei Mal von der Fallsucht ergriffen wird. Nun urteilt, ob es wahr sei, daß ich nur daran denken konnte, ihn zu solchen Zwecken zu benützen, und somit, ob die gegen mich gerichtete Anklage wegen Zauberei begründet ist."[42]

Wir haben den Wert einer solchen Art und Weise, sich zu verteidigen, nicht zu beurteilen: allein wir dürfen nicht unbeachtet lassen, daß nach dem Geständnis der Magnetiseure die Fallsüchtigen für ihre Versuche am meisten geeignet sind.

Wenn man einwenden wollte, daß Apulejus nicht von den bei den Schülern Mesmers gebräuchlichen Schlafmitteln rede, so würden wir darauf entgegnen, daß die Schlafmittel der Kindheit der Kunst angehören, und daß sie zwischen einem mächtigen Magentiseur und einer Person von günstiger Leibesbeschaffenheit gänzlich unnütz werden; da genügt ein Hauch oder selbst nur ein Blick.

Man hat also in unseren Tagen nichts *erfunden*, man hat nur *wiedergefunden*.

Der *Magnetismus* auf *erster* Stufe ist nur ein schlafsuchtartiger lethargischer Schlummer; im *zweiten* Grad entwickelt er eine Fähigkeit, welche die Jünger der Kunst das zweite Gesicht nennen, und vermöge welcher man bestimmte, aber in großer Entfernung befindliche, verborgene, verlorene, unter undurchdringlichen Hüllen verdeckte Gegenstände sieht, Ereignissen beiwohnt, die anderswo vorgehen, eine lange und mit vielen Umständen verflochtene Vergangenheit – sobald man nur einen damit in Beziehung stehenden Gegenstand berührt – oder die Geschichte eines

Menschen enthüllt, sobald man einen ihm zugehörigen Ring, oder eine Flechte seines Haares betastet.

Die Eingeweihten der Kunst behaupten, daß dieses *zweite Gesicht*[43] sogar auf die Kenntnis der Zukunft sich erstreckt; allein die Behauptung kann nicht bewiesen werden; höchstens mögen die Personen, die sich ihren Versuchen unterziehen, das Ereignis vorsehen, das aus bereits gegebenen Ursachen erfolgen muß. Dies ist sicherlich viel, und zuviel für jene, die hierin nur Natürliches suchen; nicht zuviel für uns, die wir darin ein dämonisches Werk erblicken.

Nachdem der Leib das Vermögen verloren hat, der Seele Empfindungen mitzuteilen, findet sich diese in eine außerordentliche Lage versetzt, vermöge welcher sich in ihr neue Fähigkeiten zeigen werden; es entwickelt sich eine neue Art, von äußeren Dingen Bewußtsein zu erhalten oder durch Organe mannigfache Einsichten zu gewinnen, die dafür nicht geeignet sind: mit dem Nacken oder dem Bauch zu sehen, mit der Fußspitze zu hören; – und dies soll natürlich sein! Glaube es, wer will, behaupte es, wer es wagt. Noch mehr – die Seele wird zugleich gegenwärtig und abwesend sein; abwesend an dem bestimmten Ort, um zu sehen, was dort vorgeht, und gegenwärtig dort, wo ihr Leib ist, um der fragenden Person zu antworten! – Und doch sind dies unbestrittene Tatsachen.

Allein der Magnetismus schwingt sich aus diesem niedrigen Gebiet zu *Höhen*, wo jede Forschung fruchtlos wird, weil sich da nichts mehr nachweisen läßt, z. B. wenn er die Seele in imaginäre Welten trägt und sie in Verkehr mit den höheren Geistern setzt. Ist dies wahr? Wir kennen auf diesem Feld mehr als eine schamlose Lüge. Sind nicht, wenn der Magnetisierte nicht lügt, seine erstaunlichen Gesichte von derselben Art, wie jene der Trunkenheit oder des Fiebers, wie jene, welche das Napel (Teufelswurz), der Stechapfel, das Haschisch, das Opium hervorbringen? Und wenn diese Gesichte sich in einem dem Glauben, Gott und den Gesetzen der Sittlichkeit widersprechenden Sinn aneinanderreihen und unterordnen, ist dann der Teufel nicht beteiligt dabei? Wenn der Mensch irgend etwas in einer unnahbaren Welt zu suchen wagt, wo ihm weder der Glaube noch die Vernunft mehr als Leitstern dienen können, was liegt denn Überraschendes darin, wenn er dort einen teuflischen Führer findet, der ihn irre leitet?

Solange der Magnetismus hier stehen blieb, war die Frage vielleicht immer noch eine offene; allein seitdem er sich bis zur wirklichen, offenbaren, unbestrittenen Besessenheit, bis zur leiblichen Entrückung durch die Lüfte erhoben, ist kein Zweifel mehr möglich; dies ist des *Satans* Werk; er steht am Ziel und kann nicht ermangeln, auch beim Anfang zu sein.

Die Magnetiseure erzählen uns von ihren Traumwandlern (Somnambulen); allein dies ist eine falsche Bezeichnung; ihre Traumwandler sind keine solche, weil sie nicht wandeln, und nichts aus freiem Antrieb tun; sie gleichen vielmehr den Traumrednern.

Ein halber Traumwandler steht in der Nacht auf, verwechselt das Fenster mit seiner Zimmertür, stürzt und zerquetscht sich in seinem Fall. Ein vollkommener Traumwandler steht auf, geht mit Leichtigkeit über die Dächer, kehrt durch das Dachfenster zurück, und legt sich nach einem Gang, den kein Mensch mit kaltem Blut zu vollbringen vermöchte, wieder nieder; er weiß nichts davon und es ist ihm nichts zugestoßen. Ist er ein Landmann, so reinigt er seine Pferde, führt sie zur Tränke und von da zurück, bindet sie wieder an und weiß am folgenden Tag nicht, wie er das erklären soll, was er bei seinem Erwachen sieht. Ist er ein Gelehrter, so zündet er seine Lampe an und beginnt zu schreiben. Bringt ihr zwischen seine Augen und sein Papier einen undurchsichtigen Körper, so schreibt er dennoch, liest das Geschriebene wieder, ändert und berichtigt es mit aller Genauigkeit, ohne nur um ein Wort oder einen Buchstaben zu fehlen. Ist er fest eingeschlafen und legt ihr ihm eine Binde vor, so gewahrt er es nicht und setzt seine Arbeit fort. Löscht ihr aber die Kerze aus, die ihm nur scheinbar dient, so zündet er sie gelassen wieder an, ohne eure Dazwischenkunst oder eure Anwesenheit zu ahnen.

Alles dies ist außerordentlich, unerklärlich; ist es aber auch natürlich? Vielleicht! Wir können es indessen zugeben, ohne uns dadurch zu verfangen, denn diese Erscheinungen haben weder in näherer noch in entfernterer Beziehung irgendeine Verwandtschaft mit denen des Magnetismus. Dies ist das äußerste Beispiel des *natürlichen* Nachtwandelns; das *magnetische* Nachtwandeln führt ganz andere und viel wunderbarere Wirkungen mit sich: wir haben sie oben angedeutet.

Man sieht magnetisierte Personen nach dem Willen des Magnetiseurs von der Erde sich erheben; dasselbe ist bei den Besessenen der Fall. Man hat solche um die Kronleuchter eines magnetischen Saals schweben sehen; dasselbe ist bei den Besessenen der Fall. Es begegnet der magnetisierten Person oft, daß sie „*Er* oder *Sie*" sagt, wenn sie von sich selbst redet, wie wenn ein fremdes Wesen an ihre Stelle getreten wäre; dasselbe ist bei Besessenen der Fall. Der Magnetiseur lähmt nach seinem Willen dieses oder jenes Glied der magnetisierten Person; dasselbe ist bei dem Beschwörer gegenüber dem Besessenen der Fall. „Alle Nachtwandler, die man in der Krisis entfesselt, versichern, daß ein ihnen unbekanntes Wesen ihnen leuchte und beistehe", sagt der gelehrte Deleuse in seiner kritischen Geschichte des Magnetismus; dasselbe ist bei den Besessenen der Fall. Die unwissendsten Personen reden, wenn sie magnetisiert sind, in den gewähltesten Ausdrücken von den Wissenschaften, auf die man ihre Aufmerksamkeit lenkt; dasselbe ist bei den Besessenen der Fall. Die magnetisierte Person liest die Gedanken anderer, gehorcht Befehlen, die noch auf keine Weise ausgesprochen wurden; dasselbe ist bei den Besessenen der Fall.

Man möge aus diesen wenigen Vergleichungen den Schluß ziehen.

Allein er ergibt sich schon aus den Tatsachen; denn die magnetisierten Personen werden zuweilen eigentlich besessen, und verfallen in die furchtbarsten Krämpfe, welche der Magnetiseur, der bei diesem Anblick selbst in Bestürzung gerät, nicht mehr zu bemeistern vermag. Indem er sich zuweilen an dem Feuer brennt, welches er unbesonnenerweise angezündet hat, ergreift ihn der Teufel, den er angerufen hat, rüttelt ihn, schleppt ihn hinweg und bemächtigt sich seines ganzen Wesens. Wenn man den Bericht von einigen ins Übersinnliche hinübergreifenden Versuchen liest, die in den letzten Jahren vorgenommen wurden, denkt man unwillkürlich an die letzten Szenen Loudons und an die entsetzlichen Anfälle von Besessenheit, welche einige Beschwörer im Verlaufe ihres Verfahrens erlitten, wo der Satan plötzlich den Besessenen verließ, sich des Beschwörers bemächtigte und ihn wie ein schwankes Rohr bog und rüttelte, mit dem der Wind spielt.

Der Magnetismus ist eine Abart der Zauberei und Satan ist der Vermittler.

Die Magnetiseure haben uns lange von einer unnachweisbaren Flüssigkeit vorgeredet, die nach ihrer Aussage das Mittel wäre, wodurch sie ihre Wunderwerke hervorbringen. Wollte man dies zugeben, so müßte man anerkennen, daß es nur physische Wirkungen erzeugen kann, nun aber ist der Magnetismus weit über die physische Natur hinausgegangen; doch bleibt es immer noch besser, schlechthin und einfach auf eine Erklärung zu verzichten, welche die Vernunft nicht gelten lassen könnte und für welche es keinen Beweis gibt.

Der Satan ist die bewegende Kraft der tanzenden Tische, er ist der Geist, der aus ihnen redet; wir werden es an seinem Ort zeigen; er ist es, der auf die Anrufungen an die Geister antwortet; auch dieses werden wir zeigen. Doch es ist Zeit, unsere Geschichte zu beginnen.

GESCHICHTE DES SATANS

Erstes Kapitel

Gründung des satanischen Reiches

Iᴍ Hɪᴍᴍᴇʟ ᴇʀʜᴏʙ sɪᴄʜ ᴇɪɴ Eʀᴢᴇɴɢᴇʟ bei der Betrachtung seiner eigenen Schönheit und Macht voll Stolz gegen Gott, er sagte sich los von dem Schöpfer, dessen Freigebigkeit ihn so glänzend ausgestattet hatte, er zog eine große Anzahl Engel mit in seine Empörung, und sie weigerten sich, den göttlichen Befehlen zu gehorchen.

Einige Schrifterklärer sind der Ansicht, der Mensch sei in doppelter Beziehung – seiner Seele und seinem Leibe nach – dem Bilde Gottes gemäß erschaffen worden; so daß seine Seele dem ähnlich wurde, wie Gott in seinem Urzustand war, sein Leib aber dem, wie er zufolge der Menschwerdung in der Zeit sich zeigen sollte. Demnach wäre die von aller Ewigkeit her beschlossene Inkarnation des göttlichen *Wortes* durch die Sünde nicht endgültig festgesetzt, sondern nur ihre Verwirklichung modifiziert worden, und das Gebot, das Gott den Engeln gegeben hat, hätte von diesen gefordert, in seinem *Wort* die mit der Gottheit vereinigte menschliche Natur anzubeten. Da aber der Mensch in der Reihe der geistigen Wesen die unterste Stufe einnimmt, so weigerte sich der stolze Erzengel, eine Bedingung anzunehmen, die er als eine Erniedrigung seiner Würde betrachtete.[1]

Diese Deutung kann wahr, aber auch falsch sein. Sie berührt eben jene tiefen Geheimnisse, über welche Gott kein Licht verbreiten wollte und denen wir unsere Wißbegierde unterwerfen müssen.

Wie dem auch sein mag – der aufrührerische Erzengel wurde samt seinem Anhang von dem Angesicht Gottes verstoßen, zu einer Hölle verurteilt, die er überall mit sich trägt und für ein letztes Gericht am Ende der Zeiten aufbehalten.[2]

Ein anderer Engel zeichnete sich vor allen durch seinen Eifer für die Sache des Allerhöchsten aus, und stellte sich an die Spitze der treugebliebenen Heerschar; durch diese Hingebung machte er sich würdig, in der Rangordnung um eine Stufe erhöht zu werden und er trat an die Stelle des Erzengels, den er aus dem Himmel gestürzt hatte. Es war *Michael*, dessen Name: *„Wer ist wie Gott?"* bedeutet. Und das war das Kriegsgeschrei, das er ausstieß, als der aufrührerische Erzengel dem Allmächtigen sich gleichstellen wollte.

Doch all dies ist nur die menschliche Ausdrucksweise und ein Bild, das der irdischen Welt entlehnt, uns Geheimnisse verbirgt, deren Inhalt und

Form von unserem Begriffs- und Urteilsvermögen nicht erfaßt werden kann.

Der Engel, der aus dem Himmel gestürzt, seiner Herrlichkeit entkleidet, aber gleichwohl von seinem Stolz nicht geheilt war, erschien von da an als der unversöhnliche Feind dessen, der die Ursache seines Mißgeschicks gewesen war: erstlich des Menschen und dann besonders des göttlichen Wortes in Hinsicht seiner Inkarnation. Hierin liegt in der Tat der Hauptpunkt des Kampfes, wenigstens soweit wir ihn zu erkennen vermögen.

Gott erschuf alle vernünftigen Wesen frei; sklavische Diener wären seiner nicht wert gewesen. Er wollte, daß sie sich der Glückseligkeit, für welche er sie erschaffen hatte, auch würdig machen und dieselbe gerade deshalb um so höher schätzen sollten: daher die Prüfung und die Versuchung.

Der gefallene Engel ward das *Werkzeug* der *Versuchung* an den Menschen.[3] Um ihn zu verführen, bot er ihm, was weder in seiner Macht noch in seinem Willen gelegen gewesen wäre: die Schönheit; was nicht wünschenswert war: die Erkenntnis des Bösen; und was der Mensch bereits besaß und durch ihn verlieren sollte: die Unsterblichkeit.[4] „Esset von dieser Frucht und ihr werdet nicht sterben, eure Augen werden sich öffnen, ihr werdet Gott gleich sein und das Gute und Böse erkennen." (1. Mos. 3, 5.)

Mag man nun diese biblische Darstellung in ihrer Einfachheit annehmen oder darin mit einigen Schriftauslegern eine Allegorie, deren Sinn uns nicht geoffenbart wurde, und somit ein Vergehen anderer Art suchen: immer bleibt es gewiß, daß in jenem Augenblick sich für den Menschen *alles veränderte*. Die Erde bedeckte sich mit Disteln und Dornen, die Tiere, welche bis dahin folgsame Diener gewesen waren, wurden Fremdlinge oder Feinde; der Boden begann mit seinen Reichtümern zu geizen – fortan mußte man sie ihm mit der Anstrengung des Armes im Schweiß des Angesichts entreißen; der Tod mit seinem entsetzlichen Gefolge von Übeln und Leiden kam in die Welt. Und um das Maß des Unheils zu füllen, wurde der Mensch selbst verändert; er erkannte sich nicht mehr, er schämte sich, er floh, er war nackt; und Gott unterwarf ihn größtenteils der Herrschaft jenes Feindes, den er ihm vorgezogen hatte. Er legte in seine Natur den Keim aller Begierden, ließ ihm die Vernunft als Leitstern auf seinen Wegen, das Gewissen als Gedenktafel seiner Vergehungen, um in seinem Innern Trieb und Gegentrieb, das heißt, einen Streit, einen peinlichen und unaufhörlichen Kampf einzuführen.

So wurde durch Mitteilung der Sünde des Stammvaters das ganze Menschengeschlecht für alle Zeiten entadelt und verderbt. – Ein unbegreiflicher Glaubenssatz, der sich mit der Gerechtigkeit und Güte Gottes nicht zu vereinbaren scheint, der aber gleichwohl eine so offenbare Wahrheit enthält, daß kein anderer Ausweg bleibt, als in Demut sich dem unerforschlichen Ratschluß des Allerhöchsten zu unterwerfen.

Das Gute und das Böse bestehen derzeit in der ganzen Natur und im ganzen Weltall nebeneinander und zwar in solchen Verhältnissen, daß das Böse vorherrscht und das Gute als rein zufällig erscheint. Nun aber konnte die Welt unmöglich in diesem Zustand aus den Händen eines weisen, gütigen und gerechten Schöpfers hervorgegangen sein. Alle Systeme, welche der menschliche Geist erfunden hat, um solche Abweichung zu erklären, verstoßen gegen den gesunden Verstand. Gott konnte die Welt nicht so gestalten, wie sie ist; um so weniger, als ihm, während das Ganze seines Werkes eine unbegrenzte Macht und Weisheit bekundet, eine ungeheure Ungerechtigkeit im Einzelnen nachgewiesen werden könnte. Es genügt, nur einige Punkte anzudeuten: Der Unschuldige, der Gerechte leidet und geht zugrunde; das Kind, das nicht geboren zu werden verlangte, an das Leben sich klammert und langsam dahinsiecht, leidet und stirbt, ehe es eine einzige gute oder böse Handlung vollbracht hat. An der empfindungslosen Pflanze, die ohne Bewußtsein wächst, würde man es begreifen; schwerer begreift man es schon an dem unvernünftigen Tier, das da lebt; an dem vernünftigen Wesen aber, das von seinen Rechten und seinem Wert Bewußtsein hat, bleibt es unerklärlich.

Vor allen wird gerade am Menschen der Umsturz der Ordnung am augenfälligsten und unbegreiflichsten, wenn man eine ursprüngliche Sünde und Entwürdigung nicht annehmen will.

Der Mensch besteht nämlich aus zwei Substanzen, wovon die eine niedrig und sinnlich, dem elenden Staub entnommen, außer Gestalt und Umfang nichts eigenes an sich trägt; die andere mit Vernunft begabt, engelgleich, zur Betrachtung des Guten, Schönen und Wahren berufen, ihre Bestrebungen zum Schöpfer emporrichtet. Nun aber ist eben diese, allein edle und heilige der anderen unterworfen, ihr, die nicht einmal ein Bewußtsein von sich hat und zwar so, daß sie wie eine niedrige Sklavin den tierischen Begierden und Leidenschaften dienen muß, die in dem Wesen der anderen entstehen, und daß sie mit unaufhörlicher Anstrengung ihre schönsten und erhabensten Fähigkeiten darauf verwenden muß, gleich den Tieren die Erde aufzuwühlen, um sich Nahrung zu suchen – noch dazu mit dem Unterschied, daß die Tiere die ihrige schon zubereitet finden, während der Mensch nur die Stoffe antrifft, die erst zugerichtet werden müssen. Um diesen einzigen Punkt, Nahrung und Kleidung bewegen sich seit sechstausend Jahren alle Gedanken der Menschen und sie preisen den glücklich, der mehr Nahrung und Kleidung besitzt, obwohl alle in ganz gleichem Maß derselben bedürfen. Welch demütigende Erniedrigung! Welch verkehrte Anordnung!

Der Mensch wollte die verbotene Frucht kosten und ist nun verurteilt, zu essen, um zu leben; er wollte die göttliche Schönheit erlangen, und er ist nun von allen lebenden Wesen allein verurteilt, sich zu bedecken; er wollte das Böse erkennen, und nun durchdringt ihn das Böse, es würdigt ihn herab, es drückt ihn zu Boden.

Das ist das *erste Werk* des Satans und zugleich das göttliche Strafgericht.

Der aufrührerische Engel, der all diese Übel verursacht und dessen himmlischen Namen wir nicht kennen, heißt in der menschlichen Sprache *Satan*, das ist Verführer; er wird *diabolus* – Teufel das ist der Gestürzte oder Stürzende genannt; er heißt *Dämon*, das ist Geist des Bösen, oft auch *Belial*, das ist der Verkehrte und Widerspenstige.

Seine *Aufgabe in der Welt* besteht somit darin, Böses zu verursachen, sündhafte Gedanken zu erwecken, die Leidenschaften und Begierden des Leibes und der Seele zu schüren, Unfrieden, Zwietracht, Haß, törichten Stolz und Hang zu Raub und Mord zu erregen.

Wie eine Wolke legt er sich zwischen den menschlichen Geist und das göttliche Licht, um Dunkelheit zu erzeugen oder gleich einer trügerischen Leuchte irre zu führen. Er verspricht alle Güter und gibt nur Schmach und Reue; er ruft und lockt, als wollte er beistehen und helfen, aber er weicht zurück und spottet und lacht über das Böse, das er angestiftet hat. Er hält sich an den Grenzen der Schöpfung, um, soviel er vermag, die Übel, Plagen und Drangsale zu vermehren, – an den Grenzen der Natur, um sich des Geistes, der ihre Geheimnisse erforschen will, zu bemächtigen, ihn zu täuschen und irre zu leiten, indem er an die Stelle der Wissenschaft falsches Wissen, an die Stelle der Wunder Blendwerke setzt. Den geringsten fremdartigen Keim, der sich mit oder ohne sein Zutun in der Menschheit findet, zieht er an sich, befruchtet und entwickelt ihn, um daraus Revolutionen, Greueltaten, Umwälzungen, Kriege, Ketzereien und Spaltungen in der menschlichen Gesellschaft hervorzubringen. Der Nachäffer Gottes, will auch er seine Altäre, seine Verehrer, seine Apostel haben und nach seiner Art Wunder wirken.

Dies ist das Werk, welches wir ihn mit einer Beharrlichkeit vollbringen sehen, die nur ihm eigen ist, die seit dem Fall des Menschen währt und bis an das Ende der Welt währen wird.

Allein Gott überließ sein Werk nicht der Willkür des Versuchers; er verhieß den Menschen einen Heiland gegen das Böse und kündete Satan einen Rächer der Treulosigkeit an: „Feindschaft", sprach er zu ihm, „will ich setzen zwischen dem Weib und zwischen dir, zwischen deinem Geschlecht und ihrem Geschlecht, sie wird dir den Kopf zertreten, und du wirst ihm mit der äußersten Anstrengung in die Ferse zu stechen suchen";[5] allein nichts konnte den höchsten Herrn nötigen, die Erfüllung zu verzögern oder zu beschleunigen, noch sie in dem Augenblick, den er gewählt hatte, verhindern.

Der erste Triumph Satans nach jenem, den er im irdischen Paradies gewonnen hatte, bestand darin, daß er in dem Herzen Kains die Eifersucht erweckte, ihn zu einem abscheulichen Mord antrieb, und als der Herr von ihm Rechenschaft über das unschuldige Blut Abels forderte, an Gott jene stolze und höhnische Antwort richtete: „Weiß denn *ich*, was aus meinem Bruder geworden ist oder bin ich wohl sein Hüter?"[6]

Doch welche Tücke! Er, der die Seele des Verbrechers so lange gestachelt hat, bis der Mord verübt war, der ihren Trotz bis zur Verachtung Gottes gesteigert hat, überläßt sie plötzlich der eigenen Schwäche und zeigt ihr kein anderes Rettungsmittel als Verhärtung in der Sünde und Verzweiflung. „Meine Bosheit ist zu groß", sprach Kain, „als daß du sie mir vergeben könntest; verweise mich von deinem Angesicht, wie ich es verdient habe. Doch was dann? Mir bangt es ebenfalls, als Opfer zu sterben."[7]

Dies war das *erste verfluchte* Geschlecht: die Gewohnheit zu sündigen, pflanzte sich in demselben fort; *Lamech*, der fünfte Nachkomme Kains, übertraf noch seinen Stammvater, indem er zwei Mordtaten beging, und dann von gleicher Furcht ergriffen, siebzig Mal sieben Mal den verfluchte, der sie an ihm rächen würde. Auch die Mißachtung oder wenigstens die Nichtachtung Gottes erbte sich in demselben fort und verbreitete sich durch dasselbe in die übrigen Zweige der Menschenfamilie, so daß *Enos*, der Sohn Seths und Enkel Adams, sich genötigt sah, einen öffentlichen äußeren Kult einzuführen, um in den Menschen das Andenken an ihren Schöpfer wieder zu erwecken.[8]

Allein Satan bereitete sich noch einen umfassenderen und großartigeren Triumph, die Vertilgung des ganzen Menschengeschlechts in Folge der allgemeinen Sittenverderbnis, und besonders der Verbreitung eines recht schändlichen Lasters. Als es nur mehr *einen* Gerechten auf Erden gab, beschloß Gott wirklich, die Menschheit in den Wassern der Sintflut zu ertränken, mit Ausnahme dieses einzigen Gerechten, welcher die Welt mit einem neuen Geschlecht bevölkern sollte, das vielleicht ebenso töricht, aber nicht so allgemein den Ausschweifungen und Lastern ergeben wäre.[9]

Die *Sintflut!*[10] Wie viele sogenannte Gelehrte haben nicht auf Grund von Systemen, die sie für wissenschaftlich ausgaben, indessen nur die Furcht eines trügerischen, das heißt, satanischen Wissens waren, über dieses Wort vornehm gelächelt! Es war, sagten sie, ein ganz natürliches Ereignis, einer der großen Wendepunkte in der Natur, eine notwendige Umwälzung, welche lange vor der Erschaffung des Menschen stattgefunden hat. Was würden sie aber jetzt sagen, nachdem in den Trümmerhaufen, welchen die Sintflut zurückgelassen hat, zahlreiche Werke von Menschenhand und zahlreiche Überreste von Menschen aufgefunden wurden? Und diese großen Gelehrten, die ihre Beobachtungen überall, nur nicht aus der göttlichen Wissenschaft schöpften, und die uns so geläufig erklärten, wie die Sintflut auf ganz natürliche Weise durch das Erkalten der Erdoberfläche und das Bersten der festen Rinde eintreten mußte, vergaßen einen wichtigen Punkt; sie sagten uns nicht, wie sie auf ebenso natürliche Weise hatte enden müssen, und wie die Erde, nachdem sie ein Jahr von dem kochenden Wasser überflutet gewesen war, das ihrem Schoß entquoll, sich wieder mit Grün bedecken konnte.

Der Satan hat triumphiert; in einem Akte der Gerechtigkeit, welchen die heilige Schrift mit dem Namen Reue über die Erschaffung des Menschen bezeichnet, hat Gott die Oberfläche der Erde umgestaltet und das sündhafte Geschlecht vertilgt. Es bleibt nur noch ein Keim der Menschheit – nur acht Personen bleiben übrig – die Welt bevölkert sich wieder, allein auch der Satan nimmt sein Werk wieder auf.

Noe, der Vater der kommenden Geschlechter, fällt in eine Schlinge, vielleicht in eine große Sünde; er trinkt Wein bis zur Trunkenheit. In diesem Zustand wird er von zweien seiner Söhne geschont und in Schutz genommen, von dem dritten verspottet und beschimpft.

Aus ihm erwächst ein *neues, verfluchtes Geschlecht:* über die Nachkommenschaft *Kanaans*, des Sohnes Chams, der seinen Vater Noe verspottet hatte, wird von dem Patriarchen der Fluch ausgesprochen. Wir werden es bald mit allen Lastern befleckt, allen Ausschweifungen ergeben und von Gott der Vertilgung geweiht, im Lande Kanaan wiederfinden. Das Schwert Josues und der Söhne Israels wird das göttliche Urteil zu vollstrecken haben.

Währenddessen vermehrt sich Noes Nachkommenschaft und die Menschen sind so zahlreich geworden, daß die Ebenen von Senaar ihre Menge nicht mehr zu fassen vermögen. Es ist der Zeitpunkt gekommen, wo sie den Erdkreis unter sich teilen und sich trennen müssen, um Nationen zu bilden. Zuerst aber wollen sie eine Stadt gründen, die ihren Ausgangspunkt bezeichnen und ihnen als Mittel- und Sammelpunkt dienen soll; allein ein satanischer Gedanke, ein Gedanke eitler und törichter Hoffart mischt sich in ihr Verhalten: sie wollen auch einen großartigen Turm bauen, dessen Spitze sich bis zum Himmel erheben und dessen gewaltige und unzerstörbare Masse ihr Andenken bei den kommenden Geschlechtern verewigen soll. Eitles Vorhaben: Gott läßt Verwirrung in ihre Sprachen kommen, sie verstehen einander nicht mehr, und sind nun gezwungen, sich zu trennen. Das stolze und nutzlose Werk bleibt unvollendet.[11]

Von da an vergrößert und erweitert sich unser Gesichtskreis, es bilden sich Nationen und mit ihnen die menschliche Wissenschaft, die satanische Wissenschaft, die von Gott absehen lehrt, vermischt sich damit in immer wachsenden Verhältnissen. Die Bedürfnisse mehren sich, je mehr die Nationen an Ausdehnung gewinnen und indem sich die Erforschung der notwendigen Mittel in ihren Wegen verirrt, führt sie zur Abgötterei; zwischen den Nationen bildet sich der Verkehr, dessen Werkzeug das verfluchte Geschlecht ist, und während es überallhin die Erzeugnisse der verschiedenen Länder führt, verbreitet es zugleich seine schändlichen Sitten und Gewohnheiten; sie lockt die neugierigen und neuerungssüchtigen Menschen aller Nationen zu ihrem verwerflichen Opferkult; es werden die geheimen Gesellschaften und, was dasselbe ist, die Mysterien gegründet, ihre rätselhaften Sagen bilden die Grundlage der Göttergeschichte. Die Genußsüchtigen oder Wißbegierigen werfen sich, in der Meinung kürzere Wege einzuschlagen, um so eher an das Ziel zu gelangen, auf die Mysterien, die geheimen Wissenschaften, die Geistersehrei (Theurgie), Zauberei (Magie), Wahrsagerei (Divination), Hexerei (Sortilegium). Der Satan begünstigt alle diese Verirrungen, er treibt dazu an, er unterstützt sie, indem er sich von Zeit zu Zeit in einer vielleicht natürlichen, vielleicht außernatürlichen Erscheinung offenbart, die eben genügt, um die Aufmerksamkeit zu erregen und die Einbildungskraft zu fesseln, nicht aber um dem Menschen einen Nutzen zu bringen. Orakel entstehen in tausendfachen Gestalten, die Kunst der Priester ersetzt das Wirken des Satans, so oft dieses verweigert wird, und der Zweck wird ebenso wohl erreicht. Der Gesichtskreis verdunkelt sich in dem Maße als die Wolken des Truges sich häufen; Gott entschwindet dem Blicke und am Ende herrscht der Satan überall bis zu der bestimmten Stunde, wo der verheißene Messias das himmlische Licht hernieder bringt. Alles dieses werden wir der Reihe nach entwickeln.

Zweites Kapitel

Ursprung der Goetie oder natürlichen Magie

JEDE WISSENSCHAFT BERUHT AUF WAHRNEHMUNG und bildet sich aus geordnet zusammengestellten Beobachtungen. Die falsche Wissenschaft oder der Irrtum stützt sich auf unsichere Grundsätze, auf mangelhafte Beobachtungen, auf besondere, zu sehr verallgemeinerte Wahrnehmungen, auf übereilte Schlüsse und überhaupt auf Haß und Hoffart.

Zwischen die Notwendigkeit und seine Schwachheit, zwischen die Unwissenheit und das Bedürfnis des Wissens gestellt, wandte sich der Mensch zur Beobachtung, um sich zu unterrichten, da er frühzeitig begriffen hatte, daß Wissen und Können ein und dasselbe sind.

Vor allem mußte der Instinkt der Haustiere oder der wilden Tiere, welcher hinsichtlich der Naturerscheinungen, die ihre Erhaltung oder ihr Wohlbefinden berühren, so genau und zuverlässig ist, die Aufmerksamkeit des Menschen erregen. Der Käfer kündigt das Ende des Regens oder einer Überschwemmung an, indem er sogleich wieder erscheint, sobald sich der Himmel aufheitert; die Hühnervögel deuten das Gegenteil an, indem sie, wenn es regnen soll, des Morgens für den Abend und des Abends für den folgenden Morgen emsig Futter sammeln. Die wilden Tiere fliehen, zittern, verbergen sich, ächzen beim Herannahen eines Gewitters, einer Sonnenfinsternis oder eines Erdbebens. Die Schwalbe erhebt sich hoch über den Bereich des Blicks, wenn die schöne Witterung andauern soll; ist aber der Regen nahe, so streift sie beinahe die Erde. Die Art und Weise, wie die meisten Vögel ihre Nester anlegen oder einrichten, zeigt an, ob die Jahreszeit kalt oder warm, trocken oder regnerisch sein werde. Die Seevögel kündigen dem Matrosen Windstille oder Sturm vierundzwanzig Stunden voraus an. Die Raben verkünden durch ihr Krächzen, ihren Flug und ihre Scherze – die Hühner durch ihr Geschrei, ihre Art zu spielen oder zu laufen, die Stürme und Orkane; der Laubfrosch klettert bis zum Wipfel der Bäume, wenn das Wetter schön werden soll, die Kröte quakt, wenn Regen nahe ist. Diese und tausend andere Beobachtungen sind heute noch üblich. Sie mußten schon am Anfang gemacht werden; sie wurden gemacht und dienten dazu, einen Zweig der Wissenschaft der *Vorhersagung* zu begründen. Noch einen Schritt und man stand bei der Zeichendeutung, bei den weissagenden und geheiligten Tieren, bei der Verehrung und Anrufung derselben. Satan war's, der zu diesem Schritt drängte – und vielleicht war er schon getan.

Der Zufall, die unbekannte Ursache so vieler Ereignisse, wurde und wird heute noch von törichten Leuten als das Werk der Gottheit betrachtet. Der Gedanke erhebt sich stets zu der ersten Ursache, wenn er die nächste und unmittelbare nicht kennt. Allein es gibt glückliche und unglückliche Zufälle, günstige und mißliche Ereignisse. Wie soll man nun erkennen und vermeiden, was Unglück, und herbeiführen, was Glück bringen kann? Gibt es nicht Menschen, Tiere oder Dinge, deren unerwartetes Erscheinen Glück oder Unglück verkündet, vielleicht auch veranlaßt und verursacht? Gibt es nicht Tage, an denen alles gelingt, und andere, an denen sich alles widrig gestaltet? Könnte man nicht den Zufall lenken, sich ihn günstig machen, und die Mittel ergründen, wie man seinen Schlägen ausweichen und sich gegen sie schützen könnte?

Hier bilden sich nun drei Zweige der menschlichen Wissenschaft, aber einer Wissenschaft, die um so gewisser falsch ist, als sie von falschen Voraussetzungen und vom Unbekannten ausgeht: *Die Zauberei*, welche den Zufall befragen, leiten und zum Vorteil zu wenden lehren will; die *Zeichendeuterei*, welche aus unvorhergesehenen Ereignissen die entferntesten Schlüsse darüber zu ziehen lehrte, was zu fürchten oder zu hoffen ist; die geheime *Kunst der Schutzmittel*, Talismane, Amulette, Angehänge, Zaubermittel jeder Art, die man nur zu tragen braucht, um Glück zu haben und dem Unglück zu entgehen.

Was tut aber der Satan? Er redet den Menschen ein, daß die Zauberei nur insofern wirksam sei, als sie durch die Schwarzkunst (Magie) geweiht werde; daß die Zeichendeuterei eine göttliche und somit heilige Wissenschaft, ein Gegenstand besonderer Pflege sei; und als Schutzmittel gibt er dann eine Feder, einen Zahn, ein Auge jener Tiere, die man bereits als geheiligt oder göttlich betrachtet, weil man sich gewöhnt hat, ihren Instinkt zu Rate zu ziehen; in Ermangelung dieser geweihten Gegenstände genügt es, eine unanständige Gebärde zu machen oder ein unflätiges Bild zu tragen. So steht am Ende aller Wege allezeit das Böse.

Hierin liegt auch eine der mutmaßlichen Quellen der Abgötterei; wir werden bald sehen, daß die ersten Gegenstände der Verehrung, die man Götzenbilder nannte, wenigstens sehr klein, und leicht zu verbergen waren.

Das *Studium* der *Sternkunde* (Astronomie) führte zur Sterndeuterei (Astrologie) und diese zum Sabaismus, dies heißt, zur Verehrung der Gestirne; der erste falsche Schritt veranlaßt den zweiten, und dieser geht dem Fall voraus. Die periodische Wiederkehr derselben Gestirne am Horizont, welche den unwandelbaren Gang der Jahreszeiten bestimmten, jedoch mit einer erstaunlichen Mannigfaltigkeit besonderer Vorgänge inmitten allgemeiner, stets gleicher Wirkungen; und der Gang der Jahreszeiten, die ebenso unvermeidlich dieselben Erscheinungen im Leben, Gesundheit und Krankheit hervorriefen, mußte notwendig Veranlassung geben, auf einen Einfluß der Gestirne im Allgemeinen und gewisser Gestirne im Besonderen auf die ganze Natur und auf jedes einzelne Wesen in derselben zu schließen. Die Landplagen, Seuchen, Dürre, Überschwemmungen, eigentümliche, obwohl rein örtliche Krankheiten wurden daher der Wiederkehr einiger Gestirnverbindungen zugeschrieben. Indem aber die regelmäßige Wiederkehr eben dieser Konstellationen in vielfachem Zusammenhang mit den Stellungen der Planeten stand, wie die glücklichen oder unglücklichen Erscheinungen im Leben, Gesundheit und die Erzeugnisse der Natur mit der Wiederkehr der Jahreszeiten sich verbinden, so wurden auf Grund dieser Einflüsse allerlei Wahrscheinlichkeitsberechnungen angestellt und die Sterndeutereien traten ins Dasein.

Nachdem der Einfluß einmal zugegeben war – und es war unmöglich, ihn nicht zuzugeben – blieb nur mehr ein Schritt zu den Anrufungen und Beschwörungen, wodurch die schädlichen Einflüsse verringert und die günstigen verstärkt werden sollten. Zudem wußte man, oder glaubte man wenigstens zu wissen, daß jedes Gestirn, wie jeder Teil der Natur einem Engel, einem Schutzgeist, einem übernatürlichen Wesen, wie es auch immer heiße, untergeben sei. Daher datiert wenigstens zum Teil die Verehrung der Gestirne.

Wenn aber der Mensch zu sich selbst zurückkehrt und die vielfachen und mannigfaltigen Erscheinungen seiner eigenen Natur in Erwägung zieht, so wird er Stoff zu zahlreichen Beobachtungen und eine Menge von Rätseln finden, deren Lösung zu tausend Verirrungen führen kann.

Was wird aus der Seele des *Verstorbenen*? Bringt nicht sie jenes nächtliche Rauschen und Leuchten, jene Schrecken in der Finsternis hervor? Wacht nicht die Seele der Guten über Verwandte und Freunde, die sie im Leben zurückgelassen hat, um ihnen Gutes zuzuwenden; und ist nicht die der Bösen, der Unglücklichen, deren Blut nicht gerächt wurde, auf das äußerste zu fürchten? Gibt es denn kein Mittel, in Verkehr mit ihnen zu treten, den Zorn der einen zu besänftigen oder sich zu Nutzen zu machen, die Freundschaft der anderen zu erhalten, sie zu befragen, um von ihnen nützliche Aufklärungen zu erhalten, da sie ja, aller Bande der körperlichen Materie entledigt, alles sehen, alles wissen, überall gegenwärtig sind? – Daher datiert die *Verehrung der Geister*, der Haus- und Familienschutzgeister, die Anrufungen, die Geisterbannung. Alles dies gehört der *Geisterseherei* (Theurgie) an.[1]

Und die *Träume*, eine weitere unerklärliche Erscheinung! – Gott hat sich zuweilen dieses Mittels bedient, um mit den Menschen zu verkehren. Die Seele versetzt sich in die Ferne, schaut klaren Blickes und sieht oft richtig;

wie oft hat sich nicht das Bild eines Traumes nach kurzer Zeit verwirklicht? Er ist also ein Mittel, das Verborgene, das Zukünftige zu erkennen. Und weil er ein Mittel ist, so muß man darauf eine Kunst gründen, die Regeln festsetzen, die Anhaltspunkte bestimmen, um ihn richtig zu deuten. Ist er ein göttliches Mittel, so muß man ihn anwenden, um Gott zu befragen. So entsteht *die Traumdeuterei*, und man findet Mittel, jene heftigen Träume hervorzubringen, welche sich mächtig der Einbildungskraft und dem Gedächtnis einprägen.

Und das Nachtwandeln (Somnambulismus) mit seinen so erstaunlichen Erscheinungen; *der Alp*[2] mit seinem Kobold, der sich auf die Brust der Schlafenden setzt, und ihnen die Kehle zuschnürt; die Schwermut (Hypochondrie), die Fallsucht (Epilepsie), die Mutterplage (Hysterie), der Wahnsinn (Manie) und andere heilige Krankheiten, wie die ältesten Ärzte sie nannten, mit ihrer eigentümlichen, dem Einfluß der Planeten und besonders des Mondes unterworfenen periodischen Wiederkehr, wegen deren man noch heute von ihren „Phasen" spricht – ähnlich wie man von „Mondphasen" redet; werden nicht alle diese Vorgänge von Geistern, von übernatürlichen Wesen hervorgebracht, die sich der unglücklichen Kranken bemächtigen, sie beherrschen, sich an die Stelle ihrer Seele setzen? Es gibt kein Mittel, ihnen Linderung oder Heilung zu verschaffen oder die Ursache ihres Zustandes zu erklären. Dieses alles ist also göttlich.

Wenn aber solche Personen die Wohnung einer Gottheit sind, so sind sie auch ihre Organe, man muß sie also befragen. In Ermangelung wirklicher Krankheiten muß man solche auf künstliche Weise hervorbringen; die Mittel dazu fehlen nicht. Hier liegt der Ursprung der *Orakel*.

Der Bauchredner, mit eben so seltener als eigentümlicher Fähigkeit begabt, erhob sich zu noch größeren Ehren. Man glaubte, seine Eingeweide seien der Wohnsitz einer Gottheit und seine Stimme, die man deutlich vernahm, ohne daß die Lippen sich bewegten, galt für eine göttliche. Und er selbst, weit entfernt, einen Wahn zu zerstören, der seiner Eigenliebe schmeichelte, und ihm Geld, Ehren und Ansehen verschaffte, unterstützte und nährte ihn. Dies war ein neues Mittel, Orakel zu schaffen, und es verdoppelte seine Macht, indem es sich mit den vorausgehenden verband und die Marktschreierei zu Hilfe nahm.

Neuere und eingehendere Untersuchungen haben dargetan, daß die Gestalt und die Linien der Hand in inniger Beziehung zu der persönlichen Leibesbeschaffenheit und dem Zustand der Entwicklung der geistigen Fähigkeiten stehen. Gelehrte Ärzte haben kein Bedenken getragen, diese Frage zu untersuchen, und zu versichern, daß man bei Krankheiten aus dem Zustand der Hand kostbare Winke erhalten könne. Mehrere haben es als einen allgemeinen Satz aufgestellt, zwischen der Bildung der Hand und den geistigen Fähigkeiten bestehe ein solcher Zusammenhang, daß man gewöhnlich von der Vollkommenheit der Hand selbst auf die Vollkommenheit des Gehirns schließen dürfe. Camper, einer der fleißigsten Beobachter der neueren Zeiten, hat weiter gefunden, daß zwischen den Eingeweiden und den Händen eine eigentümliche Verwandtschaft statt habe.³

Dasselbe Studium führte zur Physiognomik, einer Wissenschaft, die nicht ganz unfruchtbar wäre, wenn sie sich in ihren geziemenden Schranken hielte und die Ausnahmen nicht beinahe ebenso zahlreich wie die Regeln wären. In den jüngsten Zeiten haben Schriftsteller von mehr Geist als Gründlichkeit sie von Folgerungen auf Folgerungen zur Phrenologie geführt, die noch in der Kunst, aus der Form des Gehirns zu wahrsagen, besteht und ebenfalls nicht ganz ohne Bedeutung ist.

Allein die Physiognomik ist ein verhältnismäßig noch neues Studium, wenigstens findet man im hohen Altertum keine Spuren davon. Vielleicht erschien es, da es jedermann zugänglich ist, und jeder es nach seinem Belieben betreiben kann, den alten Forschern ihrer Aufmerksamkeit nicht würdig genug.

Die anderen Zweige dagegen, die wir genannt haben, zeigen sich schon seit der Zeit der Judenzerstreuung. Job, der in jenen fernen Zeiten lebte, erwähnt die Kunst, aus den Händen zu wahrsagen; er erwähnt auch die Hahnenwahrsagerei, eine der Vervollkommnungen der Kunst der Zeichendeuterei; er bezeichnet die Gestirnverbindungen mit Namen, die wir heute noch kennen, und die alle der Sterndeuterei angehören.[4]

Drittes Kapitel

Ursprung der Geisterseherei (Theurgie)[1] oder übernatürliche Zauberei, auch Schwarzkunst genannt

Es ist ein Lehrsatz des christlichen Glaubens, daß der Schöpfer den Engeln die Obhut über seine Werke anvertraute und daß die Völker wie die Menschen ihre Schutzengel haben. Dieser Lehrsatz gehörte auch zu den Glaubensmeinungen der Juden; das Buch Job liefert bereits den Beweis dafür, daß er älter ist als die Gründung der Nation und über den Kreis hinausreichte, in welchem das Geschlecht Abrahams seine Tätigkeit entwickelte. Es zeigt uns zugleich den Glauben an eine satanische Macht, welche feindselig gegen den Menschen, eifersüchtig auf sein Glück und begierig, ihm zu schaden, mit der Zulassung Gottes innerhalb bestimmten Schranken wirkt und schafft und selbst auf die Elemente und die physische Natur sich erstreckt, wenn Gott sie ihm preisgibt.[2] Dasselbe Buch, eines der ältesten Denkmale der menschlichen Literatur, zeigt uns auch, daß der Glaube an Geister, die mit dem Menschen in Verkehr treten, Eingang und Verbreitung gefunden hat,[3] ebenso auch der Glaube an das Fortleben der Seele und an die Klagen, welche an die göttliche Gerechtigkeit von jenen Unglücklichen gerichtet wurden, die dem Bösen zum Opfer gefallen waren.[4]

Außer dieser sichtbaren und greifbaren Welt gab es also noch die Welt der Geister: Gott und seine Engel, den Satan und seinen Anhang; Geister über die Natur und deren Wesen und Wirken unerklärbar war, die Seelen der Guten und der Bösen; und diese unsichtbare Welt, die mit der sichtbaren in fortwährender und tausendfältiger (natürlicher) Berührung stand, trat auch in (geistigen) Verkehr mit ihr.

Von da zu einer unmittelbaren Verehrung und zu mehr oder weniger abergläubischen Gebräuchen war nur ein kleiner Schritt; denn es mußten den Geistern, deren Beistand man nötig hatte, passende Namen gegeben werden; alsdann durfte in allen unerwarteten, unerklärlichen, überraschenden oder übergewaltigen Ereignissen die Vermittlung eben dieser Geister vermutet werden; und der Satan konnte auch die Menschheit allmählich auf solche Wege drängen, die sie von Gott hinwegführten.

Dies sind die Pfade, auf denen die Welt der Vielgötterei, einem ausschweifenden *Götzendienst* und dem Gebrauch der Schwarzkunst, dem Verkehr mit den Dämonen, den bösen Geistern und den verworfenen oder rachesuchenden Seelen entgegenging.

Und der Mensch vergaß den Schöpfer, um diesen ihm näherstehenden *Göttern* seinen Weihrauch zu streuen.[5]

Ja! Er vergaß ihn in dem Maße, daß nirgends, außer bei der Nachkommenschaft Abrahams, eine Erinnerung an ihn herrschend blieb. Denn man darf nicht glauben, daß Jupiter, der größte, erhabenste Gott in den Augen der Griechen und Römer, ein ewiger Gott, Schöpfer und Herr aller Dinge geblieben sei; nein, er wurde nur der größte dieser angenommenen Götter, wenn auch nicht vermöge der Anciennität und Rechtmäßigkeit seiner Ansprüche, so doch wegen seiner Vollgewalt; denn wären alle anderen vereint an einer Kette gehangen, er hätte sie alle mit seiner Fingerspitze aufgehoben, sagt uns die alte heidnische Götterlehre.

Demgemäß bleibt die Behauptung der Schrift, daß alle Götter der Nationen *Dämonen* sind, festbegründet und unumstößlich erwiesen, mag man nun das Wort Dämon im Sinne eines Engels vom Anhang des Satans oder in dem von der griechischen Sprache angedeuteten Sinn als *Genius* oder *Geist* auffassen, der dem Volksglauben gemäß die Obhut über irgendeinen Teil der Schöpfung zu führen hat.[6]

Nun aber muß man aus diesen angenommenen Göttern in die erste Reihe diejenigen setzen, die am Himmelsgewölbe prangen und der Erde das Licht spenden: die Sonne, den Mond, den schönen Planeten Venus, den schönsten aller Sterne Sirius – oder wenigstens jene Geister, die ihre Bewegungen leiten. Der *Sonnengott* hieß Baal, Osiris, Bacchus, Herkules, Apollo, je nach dem Land und den verschiedenen Befugnissen und Sagen, womit sie von den Gründern der Mysterien in der Folge beehrt wurden. Der *Mondgott* hieß Beelsama, Atergatis, Dagon, Derceto, Cabar, Hekate, Isis, Astarte, Juno, Diana, je nach den verschiedenen Umständen. Venus allein hatte nur einen Namen, aber eine Menge von Beinamen und diesen entsprechende Sagen. Sirius erhielt die Namen Adonis, Horus, Merkur und Anubis. Jupiter hatte das ganze Himmelsgewölbe unter seiner Leitung, vordem aber war er dasselbe, was die Sonne und im Anfang der *Allmächtige* war.

Unter diesen Göttern erster Ordnung standen Götter niedrigeren Ranges, die Götter der Erde, des Meeres, der Winde, des Krieges, der Ernten, des Todes; auf einer noch tieferen Stufe – die Parzen, Nymphen, Tritonen, Dryaden, Faune, Waldgötter in unbegrenzter Zahl, so daß jeder Gegenstand seinen Gott hatte: die Blume, das Land, die Tautropfen, das Geräusch, der Wiederhall, der Blitzstrahl, die Stechmücke, die Seufzer, die Gebärden, die Träume, das Gähnen, das Niesen, der Hunger, die Kälte, die Hitze, jede Kunst, jedes Gewerbe, das Wissen, die Unwissenheit, die Liebe, der Haß, der Neid, der Diebstahl, der Mord, die Standhaftigkeit, die Wankelmütigkeit, das Ja, das Nein, mit einem Wort alles, was sich durch die menschliche Sprache ausdrücken läßt.

Alsdann kommen die *großen* Halbgötter: die Seelen der Helden, der Weisen und Mächtigen, die auf Erden gelebt hatten; dann die *kleinen* Halbgötter: die Seelen der Vorfahren und tugendhaften Menschen, unter dem Namen Manen und Laren *(manes, lares domestici)*; ferner die Geister von bösen Menschen, von solchen, die eines gewaltsamen Todes gestorben sind, von Kindern, welche vor dem rechten Alter, wie man sagte, dies heißt vor dem Alter der Mannbarkeit aus dem Leben gerafft wurden, bösartige kleine Halbgötter, bekannt unter dem Namen *Lemuren (lemures),* die aller Bosheiten gegen die armen Sterblichen fähig waren.

Und wen verrät diese schändliche Götterlehre, die dem Mord und dem Ehebruch, dem Betrug und der Blutschande huldigt? Den Satan. Er ist der Jupiter, der allerhöchste, allergnädigste Gott, den die Menschen anbeten. Der Elende! Er legt sich den Namen des Ewigen bei, *Jov;* er nennt sich den Vater der Menschen, *Jupiter* oder *Ju-pater,* er maßt sich den Namen Gottes an, *Zeus, Deus;* er nennt sich Gott des Lichtes, *Diespiter!* Und Gott, den wahren Gott, verweist er in den Hintergrund. Gott ist nicht mehr der Ewige, die Zeit ist es, – Saturnus Kronos, gleichsam ein schwacher, grausamer und gefräßiger Alter, der seine eigenen Kinder verschlingt, ein blinder und ohnmächtiger Gott, der vom Fatum beherrscht wird, denn Kronos tut nicht, was er will, sondern was das Schicksal gebietet. Jupiter aber, der durch List der Gefräßigkeit seines Vaters entgangen ist, verstand es gut, ihn zur Vernunft zu bringen, sich an dessen Stelle zu setzen und die Ordnung im Weltall wiederherzustellen. Fortan regiert *nur er* unter dem Himmelsgewölbe, *er sammelt* die Wolken und schleudert den Blitz; er läßt sich auf dem Olympus anbeten, er läßt den Adler in die höchsten Lüfte schweifen und verleiht allen Wesen Bewegung und Leben.

Nicht *er* ist mehr der Hoffärtige, der Neidische, der Aufrührerische; im Gegenteil hat der Aufruhr gegen ihn stattgefunden; die Titanen wollten den Himmel ersteigen, doch er bewaffnete sich mit seinem Blitz und schmetterte diese vermessenen Erdensöhne zu Boden.

Werft euch nieder, Sterbliche, und *betet den Satan an.* Wenn euch die den Urhebern eurer Tage schuldige Ehrfurcht als eine zu schwere Bürde erscheint, so denkt an das Verhalten Jupiters gegen Saturnus; solltet ihr Böses tun können, wenn ihr dem heiligsten der Götter nachahmt?

Wenn ihr Neigung zur Blutschande oder zum Ehebruch fühlt, so erinnert euch nur der Namen Juno, Latona, Leda und so vieler anderer; wenn noch schändlichere Lüste euch drängen, so denkt an Ganymedes;[7] wenn noch abscheulichere, so denkt an Philyra, denkt an Europa. Wird der höchste Gott an euch sein eigenes Tun verdammen können? Im Gegenteil, er muntert euch auf und geht euch voran.

Quält euch das ehrgeizige Verlangen, einstens in die Reihe der Götter aufgenommen zu werden? Ihr könnt Anspruch darauf erheben, nachdem Ixion, der Mörder seines Schwagers, von Jupiter selbst trotz aller Einwendungen der übrigen Götter zugelassen worden ist; und wenn er in der Folge in die Hölle verwiesen wurde, so geschah dies, weil er die Eifersucht seines Wohltäters erregt hatte, denn es gibt kein anderes Verbrechen, als das, die Götter persönlich zu beleidigen, und keine andere Tugend, als Mannhaftigkeit.

Wenn euer Ehrgeiz nicht hoch emporstrebt, wenn ihr nicht einstens ein Gott zu werden, sondern nur in dem anderen Leben glückselig zu werden begehrt, so höret: ihr werdet sterben und vielleicht drei Mal, vielleicht neun Mal wieder zum Leben kommen; jedesmal werdet ihr gerichtet und in den düsteren Tartarus verwiesen, wo die Finsternisse herrschen, oder in die elysischen Felder aufgenommen, wo man sich erträglich langweilt; nach drei oder neun unsträflichen Wanderungen durch das menschliche Leben – hierin sind die Meister der Götterlehre nicht einig – werdet ihr auf die glücklichen Inseln gebracht. Wenn dagegen nicht alle Lebenswege sündlos waren, so werdet ihr immerwährend an den Ufern des Styx umherirren.

Welch schöne Zukunft! Und was ist dann das Laster? Was die Tugend? Was soll man wünschen, was soll man fürchten? Warum sich einen Zügel anlegen?

Und auf welche Weise verehrte man endlich diese erdichteten Gottheiten? Mit einem Kultus der Liebe? O nein. Mit Gebet? Noch weniger. Mit Anbetung? Daran dachte man nicht mehr. Man verehrte sie mit dem Kultus des Eigennutzes, indem man sie anrief, um einen glücklichen Ausgang seiner Unternehmungen zu erwirken, man versöhnte sie, um nicht von ihrer Seite Hindernisse zu finden, man sättigte sie mit dem Blut der Opfer, um ihren Zorn zu besänftigen oder ihre Gunst zu erwerben; denn alle diese Götter waren böse, grausam, eifersüchtig, neidisch und führten fast immer Krieg gegen einander.

Und noch begnügte sich der Satan nicht mit einer harmlosen Verehrung derselben, er forderte nicht selten, daß ihnen mit verbrecherischen oder schändlichen Handlungen gehuldigt, und ihre Diener entehrt und unter der Menschheit herabgewürdigt werden sollten. Verehrung und Diener waren solcher Gottheiten würdig.[8]

Nicht die Einbildungskraft allein hatte sie geschaffen; das Bedürfnis, die bösen Leidenschaften, Eigennutz und Furcht hatte hier mitgewirkt. Lucanus ist der Wahrheit näher, als man glaubt, wenn er die Furcht die Mutter der Götter nennt.

Auch war die Verehrung, die man ihnen widmete, nichts anderes, als ein *Verkehr* mit den *Geistern*. Ein abscheulicher Verkehr, wenn sich die Verehrung an die bösen Götter richtet, an den Gott Rubigo, der die Sicheln rosten macht, an die Furcht, an die Nacht, an das Fieber, an die Rache, an die Götter des Todes und der Hölle, an Kocytos, an Erebus, an den schwarzen Tartarus, die Flüsse der Unterwelt. Opfer von Menschen, von Kindern zur Nachtzeit, in tiefen Gräben dargebracht, Hunde, Kröten, Geifer von Amphibien, Nachteulenfedern, Verwünschungen, Heulen, Blasphemien und was sonst alles wurde erdacht, um ihre Gunst zu erwirken?

Und die im Besitz dieses eitlen Wissens waren, das heißt, der Kenntnis jener ganzen erdichteten Heerschar des Himmels und der Hölle, ihrer Rangordnung und ihrer Verehrung, der Anrufungen und Anfragen; ferner der Naturwissenschaften hinsichtlich der Verkündung der Orakelsprüche, der Auslegung der Träume und der Wunderwerke der Natur, der Lufterscheinungen, der Blitze und des Donners, der heiligen Krankheiten der Seele und des Leibes, legten sich den schönen Namen *Weise* oder *Magier* bei und wurden als solche die Ratgeber der Könige, die Propheten der Nationen und die Statthalter der Provinzen. Unter diesem prahlerischen Titel, in diesen Eigenschaften und mit diesem Ansehen erscheinen sie bereits im höchsten Altertum, in der Geschichte Persiens und Ägyptens; allein schon diese stolzen Magier waren nur armselige Zauberer, oft genötigt, höchst zweideutige Wunder zu wirken, weil sie für viele keine passenden Mittel und für wichtige Fragen keine genügenden Kenntnisse besaßen.

Vom äußersten Osten breiteten sich diese Benennungen und Eigenschaften, diese Gebräuche und Versuche nach den übrigen Teilen des Erdkreises und selbst bis in die Eisregionen des Nordens aus. Bei allen heidnischen Völkern, mögen sie sonst zu den zivilisierten gehören oder nicht, ist der Magier stets der Weise im Dorf wie beim Heer, in der Stadt, wie am Hof, wo es einen Hof gibt; er ist der Mächtige, zu dem man seine Zuflucht nimmt, der Ratgeber, bei dem man Belehrung sucht.

Viertes Kapitel

Abgötterei – Fortschritt der Magie – Wahrsagerei[1]

Als Zeitpunkt für das entschiedene Überhandnehmen dieser eitlen Glaubensmeinungen, dieser schändlichen Gebräuche und der Abgötterei kann man jene Epoche bezeichnen, in der Gott den Abraham berief und ihn von den Nationen der Erde ausschied, um sich ein besonderes Volk zu schaffen, bei dem sein Name sofort erkannt, sein Dienst allein gepflegt und der Satansdienst verabscheut werden sollte; dies heißt, ungefähr tausend Jahre nach der Sintflut, und zweitausenddreihundert Jahre vor der

Ankunft des Messias. Die alleinige Tatsache dieser Ausscheidung würde es schon andeuten, allein es gibt noch bestimmtere Anzeichen hierfür.

Kurze Zeit nach seinem Einzug in das verheißene Land, dreißig Jahre vor der Geburt Isaaks, stand Abraham, wie uns die Schrift sagt, in freundschaftlichen Beziehungen zu Saadik, der als König von Jerusalem[2] und Priester des höchsten Gottes Brot und Wein zum Opfer brachte. Diese doppelte Bemerkung ist nicht ohne Absicht eingeflochten worden: der höchste Gott wurde also auf Erden noch erkannt und hatte Priester, die ausschließlich ihm huldigten. Es gab also neben ihm, im Wettstreit mit ihm und unter ihm noch andere Götter, welche Priester hatten. Es gab also noch andere Opfer, die nicht so tadellos, und eine andere Gottesverehrung, die nicht so lauter war wie jene. Es war also die Vielgötterei mit ihren Gebräuchen schon damals auf Erden eingebürgert.

Und hinsichtlich der Abgötterei reichen die ersten Anzeichen, die uns das älteste aller Bücher, die Schöpfungsgeschichte, hierfür liefert, bis in das hundertsiebenundachtzigste Jahr nach der Berufung Abrahams hinauf. Jakob flieht aus dem Haus Labans; sein Weib Rachel nimmt die Götzenbilder ihres Vaters mit sich und als dieser kommt, um sie zurückzufordern, verbirgt sie dieselben unter Stroh, setzt sich darauf, um sie zu verheimlichen, und schützt ein Unwohlsein vor, weshalb sie ihren Sitz nicht verlassen könne. Er untersucht in allen Richtungen das Zelt samt den Gerätschaften, findet nichts und ahnt nichts.[3] Götzenbilder, die auf solche Weise entwendet, verheimlicht und gesucht wurden, hatten keinen großen Umfang und glichen dem nicht, was man später Götzenbilder nannte, dies heißt Standbilder von der Größe und Gestalt des Menschen.

Und dennoch erkannte der Götzendiener Laban den Herrn und schwor bei seinem Namen; allein für seinen eigenen Gebrauch hatte er besondere Gottheiten. Ebenso verhielt es sich mit den Völkern von Kanaan und Palästina, mit denen Abraham und Isaak vordem in Verkehr gestanden waren. So nahm der Götzendienst und die Vielgötterei unter dem Schein besonderer Andachten unmerklich überhand, was in kurzer Zeit zum Vergessen des wahren Gottes führen mußte.

Sieben oder acht Jahre nach diesem Ereignis gab Jakob seinen Knechten, um sie von aller Abgötterei zu reinigen, neue Kleider und vergrub ihre Götzenbilder und Ohrgehänge unter dem Terebinthenbaum von Bethel. Dieser letztere Umstand zeigt zur Genüge, worin damals die Abgötterei bestand.[4]

Auch in Ägypten hatten sie schon Eingang gefunden, da die Zauberei dort herrschte. Der Sabäismus hatte dort ebenfalls seine Priester und Altäre. Als Joseph, der Sohn des Patriarchen Jakob, noch jung nach Ägypten kam, fand er mehrere Städte der Sonne geweiht. Es gab Wahrsager, welche die Träume auslegten, andere, welche die Kunst, mittels eines Bechers zu wahrsagen, ausübten. Vom göttlichen Geist erfüllt legte selbst Joseph, im Namen des Herrn, Träume aus, welche die Anhänger des Satans nicht hätten auslegen können, und als er in der Folge inmitten eines abergläubischen Volkes, das er mit irdischem Brot wohl zu nähren, aber nicht geistig zu fördern vermochte, verlassen hatte und sozusagen verloren stand, ließ er seine Diener in dem Glauben, daß ihm sein Becher zum Wahrsagen diene und daß er aus ihm jene tiefe Weisheit schöpfe, die von den Ägyptern so sehr bewundert wurde.[5]

Denkmale aus der Zeit Abrahams oder selbst noch ältere zeigen, daß die Verehrung von Neit, von Phtha, von Ammon-Ra, von Osiris damals bestand und sogar in großer Blüte war. Für die Priester waren dies nur die astronomischen Bilder des wahren Gottes, das Volk aber verehrte darin bereits die Gestirne, da das Priestertum aus seinem Glauben ein Geheimnis machte.

Als vier Jahrhunderte später die Nachkommenschaft Jakobs, die nun ein zahlreiches Volk geworden war, aus Ägypten hinwegzog, war die Vielgötterei, wie es scheint, dort zu entschiedener Herrschaft gelangt. Die Frage, welche Moses an den Herrn richtet, da er ihn zu seinem Volk sendet: „Ich will die Söhne Israels aufsuchen und ihnen sagen: Der Gott eurer Väter sendet mich zu euch; und wenn sie mich um den Namen dieses Gottes fragen, was soll ich ihnen dann antworten?" beweist, daß in Ägypten mehrere Götter bekannt waren und der wahre Gott selbst unter den Söhnen Israels nicht mehr unterschieden wurde.[6]

Oder vielmehr sank ihre Abgötterei bis zur Verehrung der Tiere herab. Als sie nach ihrer Wegführung aus der Gefangenschaft sich selbst eine Religion schaffen wollten, verfertigten sie, während Moses auf dem Berg Sinai sich mit Gott unterredete, ein Bild, dem sie die Gestalt eines Kalbes gaben, und tanzten um dasselbe unter dem Gesang: „Sieh, Israel, deine Götter, welche dich aus dem Land Ägypten hinweggeführt haben!" Sie hatten erst einige Tagesreisen zurückgelegt, und ein solcher Vorgang kann nur als ein Rückfall in ihre früheren Gewohnheiten angesehen werden.[7]

Jethro, der Priester von Madian, dessen Tochter Moses zum Weib genommen hatte, war sicherlich ein Priester der falschen Götter, da er in seinem Erstaunen beim Anblick der großen Wunder, welche Moses in Ägypten im Namen des Herrn gewirkt hatte, ausrief, daß der Herr höher als alle Götter sei.

Man kann den Grad, bis zu welchem die Abgötterei in Ägypten damals gekommen war, nicht besser beurteilen, als wenn man die Verbote erwägt, welche Gott seinem Volk vorhält: „Du sollst keinen Gott haben außer mir, Du sollst dir kein Bild oder Darstellungen von Menschen oder von Dingen machen, die am Himmel über euren Häuptern oder auf der Erde oder im Wasser unter der Erde sind, um ihnen irgendwelche Verehrung oder Huldigung zu erweisen."[8]

Sie verließen also ein Land, wo alle diese Abbildungen vorhanden waren und Verehrung genossen.

Eben dieses Land wurde immer mehr dem Einfluß der *Gaukler, Schwarzkünstler* und *Zauberer* preisgegeben. Pharao wußte nichts Dringlicheres und erdachte nichts Klügeres, als deren mehrere um seine Person zu sammeln, um sie dem großen Wundermann der Hebräer entgegenzustellen. In der Tat ahmten sie einige seiner Wunderwerke nach, sei es durch die Macht des Satans, sei es nach Meinung einiger Bibelerklärer durch die geschickte Anwendung ihrer Kunstgriffe.[9]

Das Land, in welches die Hebräer zogen und die umliegenden Gegenden waren ebenfalls nicht ganz rein in diesen beiden Punkten. Als Balak, König von Moab, den Krieg gegen Israel unternehmen wollte, ließ er Balaam, den sündigen Propheten, kommen, damit er seine Feinde verfluche, um sie dann desto sicherer besiegen zu können, denn Balaam genoß einen großen Ruf in diesem Fach; seine Segnungen brachten stets Glück, und seine Verwünschungen stets Unglück.[10]

Balaam war einer jener Marktschreier, welche die Zauberei inmitten eines unwissenden, abgöttischen und lasterhaften Volkes als Gewerbe ausübten, der aber den wahren Gott kannte, den der Geist Gottes zuweilen beherrschte, und wider seinen Willen von dem Herrn zu reden nötigte, damit der Name des Gottes des gerechten Lot unter seinen Nachkommen nicht gänzlich in Vergessenheit gerate.

Das Land, dessen Eroberung die Hebräer unternahmen, war den Zeichendeutern preisgegeben, welche aus dem Flug und dem Gesang der Vögel wahrsagten; den Traumdeutern, welche die Träume auslegten, auf Gräbern schliefen und Zaubertränke gaben oder nahmen, um sich oder anderen weissagende Träume zu verschaffen; den Magiern, den Wahrsagern, den Bauchrednern, welche glauben ließen, sie seien Wahrsager und ein Gott rede aus ihnen; den Schwarzkünstlern, welche teils durch Gift, teils durch Verwünschung die Leute mit bösem Zauber umstrickten; den Zauberern, welche günstige Zaubermittel gaben oder mit Zauberworten Wunderwerke verrichteten; den Geisterbeschwörern, welche die Toten befragten und vielleicht Lebende opferten, um aus den zuckenden Eingeweiden sich Rat zu holen. Man konnte sich dem Baal oder Moloch weihen, indem man durch Flammen ging, und vielleicht gab es schon Moloche von Eisen, eine Art metallener, mit menschenähnlicher Büste gekrönter Öfen, in denen man zu Ehren des falschen Gottes lebende Kinder verbrannte, und welche die Schrift mit dem Namen Glutbecken bezeichnet.[11]

Und fragt man, welche Wirkung solche Mittel, und welches Ergebnis solche Anrufungen hervorbrachten, so antworten wir, daß es weder so unbedeutend sein konnte wie einige allzu rationalistische Philosophen vermuten, denn der Satan ist eine Macht und die ihn anrufen, verdienen seine Beute zu werden; noch vielleicht auch gerade so beträchtlich, als viele Lehrer der Geisterkunde annehmen, denn der Satan ist eine abhängige Macht, welche ohne die Zulassung des Schöpfers nichts vermag, eine höhnische und trügerische Macht, welche nur solches tut, was ihr Reich mehren, niemals aber was den Menschen Freude oder Nutzen bringen kann. Wir werden es im Verlauf dieser Darstellung sehen.

In solchem Zustand befand sich also das Reich des Satans in Ägypten, in Arabien, im Land Kanaan und den benachbarten Ländern, im sechszehnhundertundzweiundsechzigsten Jahr nach der Sintflut, im sechszehnhundertfünfundvierzigsten Jahr vor der Ankunft des Messias.

Auch die Erinnerungen der Profangeschichte, welche bis zu diesen Zeitpunkten hinaufreichen, zeigen, daß der Götzendienst, die Vielgötterei und die Zauberei in den übrigen Teilen des Erdkreises herrschten und dort der höchste Gott in noch tiefere Vergessenheit gekommen war, als in den Ländern, die wir eben genannt haben.

Arnobius behauptet, daß man in den Kriegen zwischen Ninus und Zoroaster, dem König von Baktrien, auf beiden Parteien zu den Geheimnissen der Zauberei seine Zuflucht nahm. Der heilige Epiphanius berichtet, daß Nimrod, der Gründer von Baktra, die Kenntnis der Sterndeuterei und Zauberei dort einheimisch machte.[12]

Cassian setzt die Erfindung der Zauberei in die Zeit Jareds, des vierten Nachkommen Chams. Die Sammlung der Vedas, der heiligen Bücher Indiens, enthalten mehrere Beispiele von Zauberei. Die Gesetze Manus bezeichnen genau jene Versuche der Zauberei, die einem Brahmanen erlaubt, und jene, die ihm verboten sind. Und alle noch übrigen alten Denkmale Indiens beweisen, daß von dieser Zeit an die so einfachen Begriffe vom Schöpfer und der Schöpfung, vom Fall des Menschen und seiner Erniedrigung, von der Sintflut und ihren Ursachen tief unter einer Menge von Irrtümern begraben waren, so daß man unmöglich weder von Gott, dem Ursprung oder der Bestimmung des Menschen oder seinen Pflichten eine Kenntnis haben konnte. Ein sinnlicher und wunderlicher Gott, mehrere Schöpfungen und Weltzerstörungen aus lächerlichen Ursachen und mit ebenso lächerlichen Mitteln, verschiedene Urbilder der Menschheit und endlich ein letzter Brahma, welcher verschiedene Geschlechter der Menschen erzeugt hatte, von denen die einen aus seinem Haupt, die anderen aus seinen Schultern oder seinen Füßen hervorgegangen waren mit der Bestimmung, in solcher Weise und ohne Vermischung einander untergeordnet zu verbleiben, ohne irgend eine Verbrüderung, ohne eine Zukunft jenseits dieser Welt, ohne andere Pflichten, außer jenen, welche die gesellschaftlichen Verhältnisse und diese im Besonderen auferlegen; so daß die Reichen die Glücklichen und Herren, stets glücklich, reich und Herren, die Handwerker stets Handwerker, die Sklaven stets Sklaven, die Rechtlosen stets rechtlos bleiben und die Berührung der unteren Klassen mit den höheren stets diese letzte befleckt, ohne daß die unteren dadurch geadelt würden: dies ist noch heute der Glaube Hindustans. Waltet hier nicht die Vergessenheit Gottes und die Herrschaft des Satans?

Die Magier von Persien, Babylonien und Chaldäa hatten, anstatt die heiligen von ihren Vorfahren ererbten Überlieferungen aufrecht zu erhalten, den *Satan* stolz als *Nebenbuhler Gottes* auftreten lassen. Der Schöpfer, der Ewige, der Mächtige bestand für sie nur mehr in der Erinnerung; sie hatten ihn in ein Meer unzugänglichen Lichts zurückgedrängt, wo er von den Handlungen und Huldigungen der Menschen nur mehr wenig bemerkte. Der Menschheit gegenüber gab es nur mehr zwei übernatürliche

Geister: Ormuzd, das Prinzip des körperlichen Lichts und des Guten, und Ahriman, das Prinzip der Finsternisse und des Bösen. Ormuzd war nicht sowohl Schöpfer als Ordner der geschaffenen Dinge und Ahriman der Zerstörer, der Tod- und Leidenbringer, und der Urheber des Sittlich-Bösen. Der fortwährende Kampf dieser beiden beinahe gleichmächtigen Kräfte galt zur Erklärung aller Erscheinungen in dieser Welt. Ormuzd empfing Huldigungen und Verehrung, weil er gut war; Ahriman eine der vorigen unähnliche Verehrung und andere Opfer, weil er böse und furchtbar war.

Wie wir bereits bemerkt haben, waren im Altertum, wie in den neueren Zeiten einige Schriftsteller der Meinung, die Empörung des Satans sei eine Auflehnung gegen das göttliche Wort gewesen. In der Tat erhält dieser Gedanke bei der Erwägung, daß der Satan sich stets vorzugsweise als Widersacher des Wortes gezeigt hat, „durch welches und für welches alles erschaffen worden ist" – und im Hinblick auf jene uralte Lehre der Perser – einen großen Anschein von Wahrscheinlichkeit. Wir geben ihn für das, was er wert ist.

Nachdem auf solche Weise die Glaubenslehre verfälscht worden war, denn stets geht das Übel von dieser Seite aus, mußten auch die Religionsübungen auf Abwege geraten. Man setzte die Wohnung von Ormuzd, der Quelle des Lichtes, in die Sonne, als den Brennpunkt desselben. Daher die direkte Verehrung der Sonne. Daher die Huldigung und Gebete beim Aufgang dieses Gestirns; daher die Abschiedsgrüße und Gebete bei dessen Niedergang, auf daß es am folgenden Tag wiederkomme, der Welt seine Wohltaten zu spenden. Daher die Verehrung des Feuers, das ein Sinnbild, ein Ersatz und wohl ein Ausfluß der Sonne selbst ist, weil es ja durch ihre Strahlen erzeugt wird. Deshalb auch die Unterhaltung eines heiligen und ewigen Feuers und die Erbauung von Pyräen oder Feuertempeln.

Die Denkmale dieses widersinnigen Kultus reichen in eine sehr ferne Zeit zurück, denn nicht nur die Propheten Sophonias, Oseas, Isaias, sondern Moses selbst deutet mit dem Wort *Chamanim*,[13] Herde oder vom Feuer geschwärzte Orte, darauf hin.

In den späteren Zeiten hatte jedes Haus sein eigenes Feuer; man wendete die größte Sorgfalt an, das Feuer des häuslichen Herdes nicht zu verunreinigen. Vor einer Feuersbrunst warf man sich auf die Knie, und wenn man sie bei ihrem Ausbruch zu löschen suchte, so geschah es mit Erde und nicht mit Wasser, dem entgegengesetzten Element, das als Erzeugnis Ahrimans galt.

Der grausame Ahriman, der Gegenstand des Schreckens und geheimer Verwünschungen empfing Speise- und Trank-, Menschen- und Tieropfer zur Besänftigung seines Zorns und als Ersatz für seine Ansprüche. Allein unmöglich würde man sich einbilden, wer dieser grausame, den Menschen zum Haß dargestellte Ahriman ist; er ist der Sohn Gottes, die zweite Person der anbetungswürdigen Dreieinigkeit! – Der gute Fürst, der treffliche Ormuzd, ist der Satan selbst; was ihren gemeinsamen Vater Zaruan,

Zeruam oder Zerdeust betrifft, – denn der Satan und das göttliche Wort sind Brüder, – so wurde er wie in den anderen Göttergeschichten in den Hintergrund verwiesen. Diese Verkehrung fand in den letzten Zeiten unter dem Einfluß des Manichäismus statt. Die Anhänger dieser Religion, die Ghebern oder Parsen haben sich nicht selten als Unmenschen und Barbaren zu erkennen gegeben. Es bestehen von ihnen noch einige kleine Niederlassungen in Indien, allein ihre Sitten haben sich ihrer Schwäche wegen gemildert.

Damals war man also weit entfernt von der Erkenntnis und Anbetung des wahren Gottes; allein damit ist noch nicht alles gesagt, denn man *verabscheute* sogar den wahren Gott. Die Religion der Feueranbeter wurde schon in einer frühen aber unbekannten Zeit festgestellt oder umgewandelt und man bezeichnet den Reformator mit dem wahrscheinlich erdichteten Namen des *ersten Zoroaster*. Der zweite Zoroaster lebte ungefähr sechshundert Jahre vor unserer Zeitrechnung; wir besitzen von ihm ein Buch über die Glaubenslehre, unter dem Titel Zend-Avesta oder das lebendige Wort.

China war nicht weiser, obwohl es einige ziemlich genaue Erinnerungen bewahrte; allein diese Erinnerungen blieben bei der Sintflut stehen. Gott galt bereits nur mehr als der Geist des sichtbaren Himmels und die ganze Religion bestand einzig darin, den Seelen der Vorfahren Opfer darzubringen, nicht um sie zu erlösen, sondern um sich ihnen wohlgefällig zu machen, sowie darin, ihr Grab in einem fortwährend tadellosen Zustand zu erhalten. Das Andenken an die guten Engel hatte man verloren, und das der bösen bewahrt, welch Letzteren man jede Art von Opfern und Gaben darbrachte, um sich vor ihrer Bosheit zu sichern oder sie zu entwaffnen. Ja man errichtete ihnen sogar Standbilder, die einen häßlicher und erschreckender als die anderen, und stellte sie einander gegenüber, damit sie sich selbst gegenseitig Furcht einflößen sollten.

Und von dieser Art ist die Religion Chinas heute noch, wo sie nicht durch die Lehre des Fo ersetzt wurde; und seine Weisen lehren das Volk nicht zum Geist des Himmels beten und ihn fürchten, sondern die bösen Geister anzuflehen und zu scheuen und besonders den Geist der verschiedenen schlimmen Menschen oder der toten bösen Tiere, welchen sie Manitu nennen. Nach ihrer Anschauung gibt es nichts Gefährlicheres als den Manitu eines toten Hundes. Wenn sie das Austreten eines Flusses verhindern wollen, so weihen sie das Bild eines wütenden Stieres, der mit den Hörnern droht und stellen ihn an das Ufer. Allein der Geist des Flusses achtet nicht immer auf den Geist des Stieres, denn zuweilen begräbt der Fluß den ehernen Stier in seinem schlammigen Grund.

Wenden wir unseren Blick auf näher gelegene Länder, so erkennen wir mit Schmerz, daß Griechenland und Kleinasien um dieselbe Zeit in einen Zustand noch größeren Irrwahns, zu einer noch vollständigeren Gottvergessenheit und zu noch verwerflicheren Religionsübungen gelangt waren. Der Argonautenzug, der Epigonenkrieg und die Belagerung Trojas, die ältesten Ereignisse, welche die Weltgeschichte erwähnt, stellen uns überall nur die Vielgötterei, ohne irgendeine Erinnerung an Gott den Schöpfer, nur den Götzendienst, dämonische Magie, die Wahrsagerei und die unmenschlichste Schwarzkunst dar. Opferte nicht der große König Agamemnon Kinder und sogar seine eigene Tochter, um in ihren Eingeweiden nach günstigen Anzeichen zu forschen und sich die Götter, das Meer und die Winde geneigt zu machen?[14] Waren nicht Jupiter, Juno, Mars, Apollo, Merkur, Pallas und jene ganze Sippschaft, die für Götter gehalten wurden, offenbar von allem entäußert, was an Gott erinnert hätte?

Zu jener Zeit war die griechische Welt der Ausbeutung von seiten der *Wahrsager* preisgegeben; nichts geschah ohne sie, noch weniger gegen sie. Sogar der Name Wahrsager und Wahrsagerei (θεουργος, θεουργια; lateinisch: *divinus*, *divinatio*) erhöhte ihr Ansehen, weil er göttliche Personen, göttliche Kunst bedeutet.

Die Geschichte hat die Namen einer großen Menge von Wahrsagern verherrlicht und stellt sie uns in Verbindung mit den berühmtesten Namen und mit den Berichten aller großen Ereignisse dar. Bei den Kriegern preist sie den Mut und die Kraft, welche die Taten ausführt, bei den Wahrsagern die Geschicklichkeit, welche alles leitet, die Einsicht, welche alle Vorkehrungen trifft, und die Heiligkeit, die alles voraussieht.

Ohne hier von dem fabelhaften *Branchus* zu sprechen, dem Sohn Apollos; von *Nikostrate*, der Mutter Euanders, eines Zeitgenossen Fauns; von dem Zyklopen *Telemus*, dem Sohn Neptuns und der Nymphe Eurina; von *Japix*, dessen Schwester Hermione von ihrer Tischgenossin Isis mit Gunstbezeigungen überhäuft wurde; von *Tages*, einem Enkel Jupiters, welcher den Völkern Etruriens die Geheimnisse der Zeichendeuterei offenbarte; von der Nymphe *Bagoë*, die ihnen die Kunst, aus der Beobachtung des Blitzes zu wahrsagen, lehrte und deren Schriften auf dem Kapitol neben den sibyllinischen Büchern aufbewahrt wurden; von *Prometheus*, dem Sohn des Japetus, dem Erfinder der Kunst, aus dem Feuer die Zukunft zu künden; von *Deukalion*, der nicht sowohl durch seine Entdeckungen in der Kunst, die Träume auszulegen, als durch die Art und Weise berühmt ward, wie er nach der Sintflut die Welt wieder zu bevölkern suchte; von *Xenokrates*, welcher die häusliche Zeichendeuterei erfunden haben soll; von *Tiresias*, der in Folge der Eifersucht der Juno geblendet wurde und dem Jupiter die Gabe der Weissagung verlieh; von seiner Tochter *Galanthis* oder Daphne, welche den auf Alkmene gelegten Zauber löste; von dem Skythen *Abaris*, der auf dem Pfeil durch die Luft eilt;[15] von *Polyidus*, dem Sohn des Cöranus, welcher dem Bellerophon das Geheimnis, sein Pferd Pegasus zu bändigen, entdeckte, und von andern mehr oder weniger fabelhaften Wahrsagern gibt es noch eine größere Anzahl, deren Dasein und Einfluß auf die geschichtlichen Ereignisse der ersten Jahrhunderte besser nachgewiesen erscheint.

Der Argonautenzug zählte unter seinen Teilnehmern den *Idmon*, den Sohn des Abas; einen zweiten *Idmon*, Sohn des Apollo und der Asteria;

Mopsus, Sohn des Amphikus und der Chloris; *Amphiaraus*, Sohn des Oikles, des Sohnes von Antiphatus, König der Lästrigonen, der ein Sohn des göttlichen Melampus und Enkel des Flusses Orimisus und der Nymphe Egesta war; *Phryxus*, Sohn des Atamas und der Nephele, welcher den Widder mit dem goldenen Vlies tötete.

Der Epigonenkrieg erwähnt zum zweiten Mal den Namen des Amphiaraus, eines der sieben gegen Theben verbündeten Fürsten.

Mit dem trojanischen Krieg verknüpfen sich die Namen der Wahrsager: *Kalchus*, Sohn Testors; *Lampusa*, seine Tochter, welche lange Zeit das Orakel der Kolophonier war: *Laokoon, Helenus,* die unglückliche Kassandra, alle drei Kinder des Priamus; *Phrylis*, Sohn Merkurs, welcher dem Palamedes die Idee zu der Herstellung des für Ilium so verhängnisvollen hölzernen Pferdes eingab; *Mopsus* von Argos, nicht zu verwechseln mit dem Gefährten des Jason, noch mit jenem anderen Mopsus, dem Sohn Apollos und der Manto, der beim Tod seiner Mutter Erbe des Orakels von Klaros wurde.

Mopsus von Argos flüchtete sich mit dem Amphilochus nach Cilicien und gründete die Stadt Mopsueste, der er seinen Namen gab; *Amphilochus* gründete Mallos, wo er seine Orakelsprüche verkündete.[16] Noch mehrere andere Städte hatten ihre Existenz ebenfalls Wahrsagern zu verdanken; Klaros wurde von *Manto* gegründet; *Oenus*, Sohn einer anderen Manto, der in Folge der Mißgeschicke im Haus des Laios aus Böotien geflohen war, erbaute die Stadt Mantua, der er den Namen seiner Mutter gab.

Zu den bekannten Wahrsagern des entfernten Altertums sollte man auch *Musäus* zählen; allein man weiß nicht, zu welcher Zeit er lebte, ja es scheint, als habe es mehrere Musäus gegeben, von denen einer Zeitgenosse des Orpheus war oder vielleicht einer noch früheren Zeit angehörte; ein zweiter Musäus, Sohn des Antiphemus lebte zur Zeit des Perserkrieges. Der Verfasser der vermischten Aufsätze *(Stromata)* versichert, daß die dem Onomakritus zugeschriebenen Orakelsprüche von dem letzteren ausgingen. Er hatte einen Enkel seines Namens, welcher eine Theogonie und ein Gedicht über die Himmelssphäre verfaßte.[17]

Es ist durchaus nicht unsere Absicht, diese Berichte vor den Richterstuhl der Kritik zu bringen. Gleichwohl bleibt es gewiß, daß die Gegenwart des Wahrsagers bei großen Unternehmungen stets als eine der Hauptbedingungen des Gelingens betrachtet wurde; wir können seine Rolle nicht besser als mit der eines Ingenieurs unserer Zeit vergleichen, der indessen weniger aus seinem Geist als aus der Wissenschaft zu schöpfen pflegt. Als ein Mann von Talent und Gelehrsamkeit, als Naturkundiger, Arzt und zugleich Priester der Götter blieb der Wahrsager sicherlich nicht bei den Äußerlichkeiten stehen, welche die Blicke der Menge fesselten, noch bei den Zeremonien, womit die Geheimnisse der Kunst verschleiert wurden. Seine so stark in Anspruch genommene Verantwortlichkeit wäre außerdem ohne Schutz geblieben.

Die Kunst der Wahrsagerei wurde eine Wissenschaft, welche durch Beobachtungen fortwährend bereichert und in den Familien durch Erbe fortgepflanzt wurde. Und ein solches Studium, das vielleicht gründlicher war, als man zu glauben versucht sein dürfte, führte zu mehr als einer nützlichen Entdeckung. Polixo von Lemnos, Priesterin Apollos, soll die Vorzüge der Siegelerde entdeckt haben. Melampus fand die Nieswurz und gebrauchte sie, um die von einer Tollwut befallenen Frauen von Argos und dann die Töchter des Prätus zu heilen. Nach der Angabe von Theopompus fand *Bacis* das Mittel, die Frauen von Lacedämon in einem ähnlichen Fall zu heilen.[18] Es gab übrigens drei Wahrsager namens Bacis; der älteste war von Eleone in Böotien, der zweite von Athen und der dritte von Kaphye in Arkadien; die Heilung der Lakedämonierinnen wurde von diesem letzteren bewirkt, der auch Alethes und Cydus genannt wurde.[19]

Das hohe Ansehen, welches die Wahrsager bei den Alten genossen, läßt sich aus der Sorgfalt beurteilen, womit die Geschichtsschreiber uns ihre Geschlechtsregister aufbewahrt haben, sowie aus einigen anderen nicht minder bedeutsamen Tatsachen: Die vor Troja lagernden Griechen betrachteten die Seuche, von der sie heimgesucht wurden, als eine Strafe für das Unrecht, welches dem Chryses, dem Wahrsager und Priester Apollos dadurch zugefügt wurde, daß ihm seine geliebte Tochter geraubt wurde. Die Bewohner von Apollonia erwiesen dem Euenius, dem sie wegen Fahrlässigkeit in der Bewachung der Herden die Augen ausgestochen hatten, beinahe göttliche Ehren. Sie erkannten ihre Untat und beeilten sich sie zu sühnen, als sie ihre Herden von einer entsetzlichen Seuche gelichtet sahen.[20] Apollo bestrafte die Ermordung des Karnus durch Hypotes, Sohn des Phylas, mit einer Pest, welche den Peleponnes verheerte. Hypotes wurde verbannt und Griechenland führte das Fest des Karnischen Apollo, sowie das der Karnier ein, welches zu Sparta neun Tage hindurch begangen wurde.

Diese Anschauungsweise, die von den Wahrsagern selbst angeregt worden war und von den Orakeln sorgfältig aufrechterhalten wurde, nämlich die Meinung, daß die vom Himmel verhängten Plagen die Strafe für die Freveltaten seien, welche gegen die Günstlinge der Götter verübt würden, hatte die Welt den Wahrsagern unterworfen, so daß sie sich erst nach langer Zeit aus dieser Abhängigkeit zu erheben vermochte.

Karnus, in der Landschaft Akarnanien geboren, Sohn Jupiters und der Europa und Günstling Apollos, leitete im Krieg der Herakliden alle Bewegungen des Heers der Argiver, weshalb er den Beinamen Hegotor, dies heißt Führer, erhielt. –

Fast immer war es ein Wahrsager, welcher auf diese Weise die Bewegungen der Heere leitete. Hirtia, die Tochter des Ägypterkönigs Sesostris, bestimmte ihren Vater, die Eroberung von Kolchis zu unternehmen. Theoclus unterstützte mit seinen Kenntnissen das Heer der Lakedämonier im messenischen Krieg. Dieser Wahrsager aus dem berühmten Geschlecht der Jamiden, zählte Eumantis von Elea zu seinen Ahnen.[21] Kallias aus demselben Geschlecht hielt sich zu dem Hof Tellis, des Tyrannen von

Sybaris, und spielte eine bedeutende Rolle in dem unglücklichen Krieg, welchen dieser Fürst gegen die Krotoniaten unternahm und welcher die Zerstörung Sybaris zur Folge hatte. Allein Kallias, dessen Ratschläge mißachtet worden waren, hatte sich frühzeitig zurückgezogen, um auf die Seite von Kroton überzugehen.[22]

Deiphonus, Sohn des Evenius von Apollonien, begleitete das Heer der Korinther im Krieg gegen Mardonius. *Tisemenes*, Sohn des Antiochus, war der Wahrsager des vereinigten Heeres der Griechen; er kämpfte bei Plataä mit.[23] Die mit den Persern verbündeten Griechen hatten ihrerseits Hippomachus von Leukas und Mardonius den gelehrten Hegesistratus als Ratgeber bei sich. – *Agias*, der Enkel des Tisemenes, zeigte dem Lysander die Mittel, sich der Flotte der Athener bei Aegospotamos zu bemächtigen.[24]

Die Wichtigkeit, welche diese Wahrsager an den Erfolg ihrer Ratschläge knüpften, kann man aus der reiflichen Überlegung ihrer Ansprüche und aus der Gewandtheit beurteilen, welche sie anwenden mußten, sowie aus der Bedeutung der Unternehmungen selbst, in denen sie eine so einflußreiche Rolle spielten. Der Wahrsager Kalchas, der nach der Einnahme von Troja nach Klaros geflüchtet war, suchte den Mopsus zu verdrängen, vermochte es aber nicht. Dem König Amphimachos von Lycien riet er einen Kriegszug an, der einen unglücklichen Erfolg hatte, und nach dieser doppelten Niederlage gab er sich aus Verzweiflung den Tod.[25]

Ferner gab es auch solche Wahrsager, die ihren Mitbürgern in der Tat ausgezeichnete Dienste leisteten. Im Verlauf der Kriege zwischen Phokis und Thessalien war ein Heer der Phokäer, das auf dem Berg Parnassus von allen Seiten eingeschlossen war, nahe daran, die Waffen zu strecken, als der Wahrsager *Tellias* die List ersann, einen Teil der Truppen mit Leichentüchern zu bekleiden, Gesicht und Hände der Soldaten mit Kreide zu bestreichen und sie in diesem Zustand auf die Thessalier zu werfen. Diese glaubten Gespenster vor sich zu haben und ließen sich in ihrem Schrecken in Stücke hauen. Die Phokäer aber errichteten dem Tellias als dem Retter des Vaterlandes aus Dankbarkeit ein Standbild.

Die Dienste der Wahrsager wurden zuweilen mit noch höheren Preisen bezahlt. *Melampus* erhielt die Königsherrschaft über einen Teil von Argolis, weil er die Frauen von Argos von ihrer Verrücktheit geheilt hatte. Einen anderen Teil davon erhielt er zugunsten seines Bruders Bias, als er die Tochter des Prätus geheilt hatte. So war und blieb von da an Argolis in drei gleich große Königreiche unter den Geschlechtern der Prätiden, der Melampiden und der Bianchiden geteilt.[26]

Schon in den entferntesten Zeiten des griechischen Altertums erschienen drei Geschlechter von Wahrsagern mit Ehren geschmückt: das der *Telliaden*, welchem Hegesistratus angehörte; das der *Jamiden*, der Nachkommen des Jamus, des Wahrsagers von Elea, des Sohns Apollos und der Euadne, zu welchem Kallias, Theoklus und Eumantis gehörten; und das der *Klytiaden*, der Nachkommen des Klytus, des Sohns Alkmeons und der Promethea durch Deukalion, Hellen, Aeolus. Diesem letzteren Geschlecht gehörten Amphiaraus, Oikles und Melampus an. Theodamas, Sohn des Melampus, verstand die Sprache der Vögel.

Alles, was sich an das Andenken dieser Günstlinge der Götter verknüpft, ist wundersam. Der Wahrsager *Tiresias*, der Bruder der Nymphe Chariklo, lebte sieben Menschenalter, dies heißt, sieben mal neunzig Jahre, wie Hyginus versichert, oder nach Lucian sechs Menschenalter, oder wenigstens fünf nach der Berechnung des Agatarchides.[27]

Und nicht die Männer allein waren mit der ehrenden und gefährlichen Aufgabe betraut, die Nationen zu belehren und zu leiten. Mehr als eine Frau, die von gleichem Geist durchweht oder mit derselben Gewandtheit begabt war, erhob sich zu ähnlichem Ansehen. Wir haben bereits die Namen von mehreren genannt; es sind denselben noch die Priesterinnen so vieler Orakel in Griechenland und Italien, die Druidinnen der Gallier beizuzählen; Pomponius Mela hat auch die weissagenden Jungfrauen auf der Insel Sein, an der Spitze der Halbinsel Armorika mit Ehren gekrönt. Es ist bekannt, welch ausgedehnten Einfluß einige Wahrsagerinnen auf die Völkerstämme der alten Deutschen ausübten; man braucht nur an *Velleda* zu erinnern, die sich durch ihre Vaterlandsliebe und die Verkündung einer großen Niederlage der römischen Legionen berühmt gemacht hat, und an die Sibyllen, deren tatsächliche Existenz von den Griechen stets bezweifelt oder bespöttelt – denn die Griechen warfen sich auf alles, ohne an irgend etwas, ohne selbst an ihre Götter zu glauben, – deren Weisheit aber von den Männern stets zu Rate gezogen und als heilige Sage immer mit dem tiefsten Geheimnis und der größten Hochachtung behandelt wurde. Die Griechen befragten die Sibyllen in ihren Privatangelegenheiten und stellten sie auf Theatern dar;[28] die Römer zogen ihre Bücher über öffentliche Angelegenheiten zu Rate und ließen jeden, der es gewagt hätte, ihre Geheimnisse auszuplaudern, in einen Sack nähen und in das Meer werfen.

Zu den berühmten und wirklich von der Geschichte anerkannten Wahrsagern muß man auch jenen *Agesias* aus der Familie der Jamiden, der Priester Jupiters zu Olympia zählen, der von Pindar in seinem sechsten olympischen Gesang gefeiert wird; dann *Agias*, Enkel des Tisamenes, aus demselben Geschlecht, dessen Gabe der Weissagung von Lysander benützt wurde; *Demonachus*, der zu Lacedämon unter der Herrschaft Theopompus weissagte; *Thrasybulus*, der zu Mantinea weissagte, während Aratus den archäischen Bund leitete: *Agathinus*, Sohn desselben, dem die Bewohner von Pellene zu Olympia ein Standbild errichteten,[29] sämtliche aus dem Geschlecht der Jamiden. Wie es scheint, pflegten die letzteren vorzugsweise die Kunst, aus dem Feuer zu wahrsagen.

Wenn es aber bei der Weissagung mannigfaltige Verfahrensarten gab, so kam hierbei sicher die Geschicklichkeit des Wahrsagers, sie anzuwenden, sehr in Betracht; außerdem wäre ihr Gewerbe allzu bedenklich gewesen. Schon im höchsten Altertum bestanden *Sammlungen* von *Orakelsprüchen*, die mit erdichteten Namen unterzeichnet waren, wie Orpheus,

Linus, Musäus, Bacis, Abaris, die Sibylle von Kumä. Die Sibylle von Eritrea, Marsus, die Nymphe Bagoe – fingierte Personen, die eine wirkliche Nachkommenschaft hatten. In Italien wurden diese Sammlungen von Priesterkollegien, die im Staat einen hohen Rang einnahmen, aufbewahrt und ausgelegt. Die falschen Priester (des Mars) und die Decemviren Roms sind in der Geschichte hinlänglich bekannt. Cicero versichert uns in seiner Schrift von der Wahrsagung, daß zur Zeit des Krieges mit Veji die Vejenser ebenfalls eine Sammlung heiliger Orakelsprüche besaßen, von denen sie mit großer Ehrerbietigkeit redeten, und deren Geheimnisse sie nur selten mitteilten.

In Griechenland waren solche Sammlungen Gemeingut geworden; jede Stadt, jede Familie hatte ihre eigenen; manche waren Eigentum der Chresmologen oder Glücksverkünder, die sich in mehrere Genossenschaften abteilten. Die Orphiker besaßen eine solche, ebenso die Baciden; diese weissagten in Anfällen von Wahnsinn. Desgleichen die Sibyllen; gleichwohl wird nicht behauptet, daß die letzteren vollkommener Orakelsprüche sich bedient hätten, obwohl in der Folge zahlreiche Sammlungen unter ihrem Namen zutage kamen, die aber von Fälschern ihnen zur Last gelegt worden waren.[30]

Der Wahrsager Onomakritus besaß eine dieser Sammlungen, die er weit mehr zu seinem Vorteil, als zur Enthüllung der Wahrheit benützte; und deren Verfasser Musäus gewesen sein soll. Aus Athen verbannt, benützte er sie, um Xerxes zum Krieg gegen Griechenland zu bestimmen und sich hierdurch für ihre gemeinsamen Beschwerden zu rächen; es gelang ihm auch, indem er dem persischen König die Orakelsprüche zeigte, welche den Griechen Unglück verkündeten, jene hingegen verheimlichte, die für dieselben günstig lauteten. Es ist bekannt, was für Xerxes daraus erfolgte und welche ungeheure Kriegsmacht ihm Griechenlands Länder und Meere verschlangen.[31]

Auf diese Weise und bis zu diesem Punkt war die Menschheit von der gesunden Vernunft abgewichen. Man stelle sich vor, wie ein mächtiger Fürst in Gegenwart eines Gauklers, der ihn hintergeht und nur eine Belohnung zu erwirken beabsichtigt, über den Frieden der Welt mit Würfeln entscheidet. So handelte Xerxes; so handelte der große König von Assyrien, Nabuchodonosor, als er des Friedens müde war, Krieg zu führen beschloß, ohne zu wissen, wen er bekriegen soll. Er schoß aufs Geratewohl Pfeile ab, und das Los fiel auf Jerusalem. Xerxes und Nabuchodonosor aber galten als Weise bei ihren Zeitgenossen.[32]

Auf diese Art und bis zu diesem Punkt hatte der Satan die Menschheit auf ihren Wegen irre geleitet, nachdem er in ihr die Erkenntnis des wahren Gottes erstickt hatte. Zugleich stürzte er sie in eine schmachvolle Sittenlosigkeit, welche durch die Mysterien wesentlich gefördert wurde, ein Mittel, das um so gefährlicher wirken mußte, da es unter einem unschuldigen, ja sogar religiösen Schein auftrat.

Fünftes Kapitel

Ursprung und Fortschritt der Mysterien – Geheime Gesellschaften

*E*S IST ZEIT, DIE MYSTERIEN[1] UND DIE Göttergeschichte endlich ihres dichterischen Schmuckes zu entkleiden, und zu diesem Zweck genügt es, auf ihre Quellen zurückzugehen.

Die Phönizier, die fluchbeladene Nachkommenschaft Chams, sind die Erfinder der Mysterien, und beinahe die ganze Göttergeschichte ist aus den symbolischen Legenden der Mysterien hervorgegangen.

Zweck, Mittel und Geheimnis der Mysterien waren allezeit die Verderbnis der Sitten. – Jene Verderbnis, die mit den Flammen ihres immer weitergreifenden Feuers Sodom, Gomorrha, Segor, Adama und Seboim beleuchtete, als diese Städte von den Feuern des Himmels und der Erde verzehrt wurden. Diese fünf Städte waren vom phönizischen Stamm bewohnt und bildeten eine Ausnahme nur in dem Übermaß ihrer Verderbnis.

Die *Phönizier* sind die Erfinder der Mysterien und in ihrer Schule lernten die Juden den Kultus und die Geheimnisse des Adonis oder Thamuz (Thamus), des abscheulichen Mannweibs, kennen; denn wie alle Gelehrten zugeben, sind die *Kabiren-Mysterien* die ältesten; nun aber sind die heiligen Worte dieser schändlichen Orgien phönizische und die Verehrung der Kabiren (in der Stadt Beyrut in Phönizien) reicht in eine Zeit zurück, die sich in der Nacht der Jahrhunderte verliert.[2] Es ist also nicht notwendig, wie so viele Schriftsteller tun, der Vermutung Raum zu geben, – ohne den Beweis dafür beizubringen – daß Philosophen von der Sekte der Gymnosophisten, bei denen die Mysterien schon im höchsten Altertum bestanden hatten, von den Ufern des Ganges gekommen seien, um auf der Halbinsel Meroe in Äthiopien eine Gelehrtenschule zu gründen, und daß die Mysterien sich von da nach Ägypten verpflanzt und von Ägypten aus über die übrigen Länder des Erdkreises verbreitet haben. Nein, es herrscht zu viel Erfindung und Dichtung in solchen Hypothesen, die von der Geschichte auf allen Seiten widerlegt werden; die Wahrheit liegt näher, obwohl sie nicht so reizend ist. Die Mysterien waren niemals die Pflanzschule der Philosophie, sondern des Lasters; wie es scheint, waren sie den Gymnosophisten niemals bekannt, obgleich sie eine doppelte, eine geheime und eine öffentliche Lehre hatten, was jedoch mit den Mysterien nur in sehr entferntem Zusammenhang steht. Die Phönizier sind es, welche sie über den ganzen Erdkreis ausgedehnt haben.

Herodot ist der Meinung, daß Melampus, welcher die Mysterien in Griechenland einführte, von Kadmus selbst eingeweiht worden sei, als er eine Kolonie von Tyriern nach Böotien führte, und bemerkt dazu, daß nach der allgemeinen Annahme alsdann Samothrazien den Kabirendienst von Griechenland erhalten habe und nach der Aussage der Ägypter die Wahrsagekunst und die Orakel aus Phönizien gekommen seien.

Die Phönizier bedeckten mit ihren Kolonien Cilicien, Pisidien, Karien, Bithynien, Thrakien, die Insel Zypern, Rhodos, die des ägäischen und des kretischen Meeres, Griechenland, Illyrien, Sizilien, Sardinien, Spanien, die Balearen, Syrien, Arabien, die Ufer des persischen Meerbusens, einen Teil der Küsten von Afrika, Gallien und die Inseln Britanniens. Es ist unmöglich, daß diese gewinnsüchtigen und kühnen Handelsleute, deren Flotten schon lange vor denen Salomons die Meere durchfurchten, und deren Karawanen das Festland von Afrika schon drei oder vier Jahrhunderte vor Moses durchzogen, die Halbinsel Meroe, die ihrem Vaterland so nahe lag, nicht gekannt haben sollten; Meroe, dieses zweite irdische Paradies, wo in Fülle die Palmen, die Rebe, das Getreide gedeiht, dieses Land des Elfenbeins und des Ebenholzes, reich an Eisen und Zinn, Silber, Gold und kostbaren Steinen; allein dies hat hier nichts zu bedeuten.

Sie verbreiteten also über den ganzen bewohnten Erdkreis den Kultus und die Mysterien der Kabiren. Man findet sie auch schon an vielen Orten im höchsten Altertum eingeführt. Odysseus und Agamemnon, die vor dem trojanischen Krieg darin eingeweiht worden waren, trugen Bänder als Zeichen ihrer Weihe, Odysseus an seinem Hauptschmuck und Agamemnon an seinem Gürtel. Dieses Gürtels bediente sich Agamemnon, um sein Ansehen geltend zu machen, und die Zwistigkeiten zu schlichten, die sich im Lager der Griechen erhoben. Kastor und Pollux, Jason, Orpheus sollen die Weihe vor dem Zug nach Kolchis erhalten haben, denn jedermann glaubte, daß diese Weihe Glück bringe und gegen Gefahren schütze.[3]

Wenn man dem Bericht des Pausanias glauben darf, so bestand der *Kabirendienst* zu *Theben* bereits vor dem Epigonenkrieg; derselbe Schriftsteller versichert, daß jener Kult durch diesen unseligen Krieg sehr beeinträchtigt worden sei und die Koen genötigt waren, abzuziehen. Alle diese Tatsachen bestätigen den Bericht Herodots.

Als Dardanus die Stadt Troja gründete, führte er dort zugleich den Kult und die Mysterien der Kabiren ein. Wie man glaubt, brachte sie Aeneas nach Italien,[4] und es sind wahrscheinlich dieselben, die in Folge der eingetretenen Veränderungen im Lauf der Zeiten die Mysterien der guten Göttin wurden, die von den übrigen Mysterien so weit verschieden sind, und die man in Italien seit den frühesten Zeiten findet. Mit anderen Worten: Zügellosigkeit und Verderbnis eilen der Geschichte voraus und die Menschen erscheinen uns böse und verdorben, ehe sie sich heldenmäßig zeigen. Oder vielmehr führte eben ihre Verderbnis die ersten Ereignisse herbei, welche wichtig genug waren, um von der Geschichte verzeichnet zu werden.

In Ägypten war *Memphis* der Mittelpunkt der Einweihung; dort wurden die Mysterien in zwei Klassen geteilt: die kleinen oder die der Isis, welche um die Frühlingstag- und Frühlingsnachtgleiche, und die großen, oder die des Osiris und Serapis, welche um die Herbsttag- und Herbstnachtgleiche und das Sommersolstitium gefeiert wurden.[5]

Die Mysterien veränderten sich bei ihrer Verbreitung wohl den Zeremonien und dem Namen, nicht aber dem Zweck nach; man erfand immer wieder neue, und es kamen dieselben unter anderer Gestalt wieder in das Land, in dem sie entstanden waren. Es gab solche von Mithra, Bacchus, Cybele, von Atys und Adonis; zu den berühmtesten und unsittlichsten muß man die des Kotitto in Thrakien zählen, von wo aus sie nach Griechenland, Korinth und Athen überpflanzt wurden; und die des Bacchus Sabasius in Phrygien, die mit den Mysterien des Kotitto in allen Beziehungen wetteiferten, wenn sie dieselben nicht übertrafen.

Zu welcher Zeit und von wem wurden diese sträflichen Gesellschaften in *Griechenland* eingeführt? Wir haben bereits den Namen Kadmus erwähnt; einige Schriftsteller sprechen von Jasion, Bruder des Dardanus, von Melampus, von Orpheus; allein Jasion war nur der durch seine eifrige Proselytenmacherei allbekannte Verbreiter derselben. Man sagt auch, die Götter hätten ihn mit dem Blitz erschlagen, weil er diesen neuen Kultus geoffenbart hat; er hätte es wenigstens verdient. Orpheus, sagt der vielkundige Aristoteles, war der allgemein angenommene Name einer erdichteten Person, und die einen lassen ihn auf die gleiche Weise wie Jasion sterben, die andern sagen, er sei von den Frauen Thrakiens im Zorn über sein geringschätzendes Benehmen erdrosselt worden. Dieser fabelhafte Bericht ist ein guter Wink.[6]

Von den alten Orphikern Griechenlands weiß man ebensowenig, wie von ihrem Ursprung; die der letzten Jahrhunderte hatten von Pythagoras neue Einrichtungen erhalten. Sie hatten die ägyptischen Gebräuche angenommen und betrachteten Bacchus als den Oberherrn der Götter, der von Jupiter entthront worden war, aber einstens seinen Rang und seine Macht wieder in Besitz nehmen werde. Wir werden den gleichen Lehrsatz auch bei den Gnostikern finden; hier aber ist es der Satan, der von Gott entthront worden war, und nun um die Wiedererlangung seines rechtmäßigen Ranges kämpft, voll Zuverlässigkeit, ihn endlich noch zurückzuerobern. Der Satan ist immer derselbe.

Das äußere Lehrgebäude der Orphiker, das ganz mit Symbolen, Allegorien und Geheimnissen überladen war, wurde nur von der kleinen Anzahl der Theleten oder Vollkommenen verstanden, die unter den Epopyten oder Eingeweihten ausgewählt wurden. Die Theleten durften, wenigstens öffentlich, nur Gemüse zu sich nehmen und hatten sich von jedem blutigen Opfer zu enthalten. Es sind die Manichäer, sechs Jahrhunderte vor Manes. Dies ist die orphische Lebensweise, von der Plato redet, der übrigens die Orphiker mit stolzer Geringschätzung behandelt, und sie als Marktschreier schildert, die von Haus zu Haus gehen und die Glückseligkeit des Himmels um den Preis der Einweihung in ihre Orgien darbieten. Theophrast spricht sich in derselben Weise von ihnen aus. Plutarch erzählt uns, ein Lazedämonier habe eines Tages einem von ihnen, der ihm die Wonnen der anderen Welt pries, zur Antwort gegeben: Warum eilst du denn nicht, sie zu genießen?[7]

Die *Pythagoräer* hatten sich durch ihre schändlichen Sitten den Behörden von Kroton anstößig gemacht und wurden schmählich aus der Stadt gejagt; allein die Mitglieder des Bundes zerstreuten sich in Griechenland und ergaben sich den Mysterien des Bacchus, wo sie dieselben Elemente wiederfanden. Sie steckten die Schule von Alexandria an. Maximus von Tyrus, Philostratus, Plotinus, Jamblichus, Porphyrius, Proklus und die meisten Neuplatoniker waren Pythagoräer.

Die Mysterien *Mithras* – behauptet man – seien von Zoroaster eingeführt worden; damit will man aber vielleicht nur sagen, daß sie bis zu einem hohen Altertum hinaufreichen und die Zeit ihrer Gründung nicht bestimmt werden kann. Man darf sie nicht mit der Religion Zoroasters verwechseln, in welcher sie nur eine Nebensache bilden.

In *Rom* wurden sie um die Zeit des Triumvirats eingeführt, begannen aber erst unter der Regierung Trajans zu blühen. Von Italien aus verbreiteten sie sich schnell nach Gallien. Die ägyptischen Mysterien hatten in Rom während der Diktatur Sullas Eingang gefunden.

Ein Grieche, dessen Heimat und Name unbekannt geblieben sind, hatte in *Etrurien* ungefähr zwei Jahrhunderte vor Christus die Mysterien des *Bacchus* eingeführt.[8]

Die *sittliche* Richtung der Mysterien ist allzu bekannt, als daß es hier notwendig wäre, auf Einzelheiten einzugehen; es genügt, auf einige Tatsachen hinzuweisen. Die Mysterien wurden ohne Ausnahme auf das heimlichste begangen, was sie schon verdächtig machen muß:[9] Die dichtesten Wälder, die düstersten Höhlen hatten kaum Schatten genug, um sie zu verbergen. Auf diese Weise wurden die Mysterien Mithras,[10] ebenso die Mysterien der Kabiren,[11] ebenso die Bacchusfeste gefeiert. Ein unsittliches Symbol wurde dabei in feierlichem Zug und unter abgöttischer Verehrung wie ein Hinweis oder ein Aufruf zur Unzucht umhergetragen. Wie Pausanias,[12] Herodot,[13] und Eustatius versichern, zeigt es sich auch in den Mysterien der Kabiren. Clemens von Alexandrien erwähnt es mit Entrüstung.[14] Weder den Bacchusfesten, noch den ägyptischen Mysterien, noch auch denen der guten Göttin war es fremd; ja es fand sich sogar in den Mysterien der Themis. Auch der Mithra-Stier hatte, nach der Erklärung des Porphyrius,[15] für die Eingeweihten eine erotische Bedeutung. Die Enthaltsamkeit, welche den Bewerbern und jenen, die sich zur Feier der Mysterien vorbereiteten, geboten war, hatte einen anderen Zweck, als den der Heiligung. Petronius gibt traurige Enthüllungen über diese beklagenswerten Zusammenkünfte.

Einige Schriftsteller des letzten und selbst auch des gegenwärtigen Jahrhunderts, die alles mit Enthusiasmus begrüßen, was dem Christentum widerstrebt, geraten in Entzücken über die Mysterien und suchen in deren Legenden einen wundersamen Sinn zu finden; für die einen enthalten sie die Sternkunde, für die anderen die Naturgeschichte unter dem Schleier der Allegorie, für viele eine gelehrte und reiche Götterlehre. Wenn man jedem einzelnen von ihnen glauben will, obwohl nicht alle dasselbe darin finden, so offenbart sich in den Mysterien der glänzende Geist der morgenländischen Völker in seiner ganzen Fülle. Man bewundert überdies die Menge der Eingeweihten, ihre bedeutsamen Gewänder und die Pracht der Zeremonien. Man vermutet, daß die geheimen Lehren, die solchen Forschern, wie sie gleichwohl zugestehen, unbekannt geblieben sind, erhabene und wundersame Aufklärungen bieten. Mit etwas weniger Philosophie und mehr Wissen und Geradheit wären sie anderer Meinung geworden.

Auch wir würden uns an den Gedanken erfreuen, daß die ersten Mysterien von Weisen gegründet wurden, welche Gott auf eine vollkommenere Art zu dienen, und ihn ihren Vereinsgenossen in ausgedehnterem Maß zu offenbaren gesucht hätten; allein wenn wir die Geschichte befragen, so lautet die Antwort ganz anders: sie berichtet nur von ihrer Unsittlichkeit. Es scheint, und es ist auch unsere Überzeugung, daß diese Unsittlichkeit nur deshalb mit so vieler Vorsicht geheim gehalten wurde, weil sie alles Maß überschritt. Der Leser wird uns, wenn er billig ist, ohne Beweise glauben; wir beschränken uns darauf, daß wir die Quellen bezeichnen, wo er sie nach Muße selbst suchen kann.[16]

Ja in Ermangelung der Zeugnisse gleichzeitiger Schriftsteller könnten wir die unsittliche Richtung der Mysterien aus den Verfolgungen entnehmen, denen sie selbst in Rom zur Zeit der größten Sittenverderbnis ausgesetzt waren. Im Jahre 700 nach Roms Erbauung unter den Konsuln Domitius Calvinus und Valerius Messala wurden die Mysterien der Isis *verboten*, und die Tempel zerstört.[17] Dasselbe geschah fünf Jahre später unter dem Konsulat des Aemilius Paulus,[18] zum dritten Mal während der Regierung des Augustus,[19] zum vierten Mal während der des Tiberius,[20] und von da an wurden die Mysterien der Isis aus Italien verwiesen. Von welcher Art mußten sie also sein, um dem Schamgefühl eines Tiberius anstößig zu werden!

Otho, Domitian, Caracalla brachten sie wieder zu Ehren, sie waren dieser Fürsten auch würdig. Nach dem Vorbild des babylonischen Beel hatte die tugendsame Isis in Rom Haine, die ihrem Dienst geweiht waren, und die *Gärten der Götter* hießen.

Hadrian verpönte die Mysterien Mithras, allein unter Commodus, der sich einweihen ließ, kamen sie wieder in Aufnahme. Die Bacchusfeste, die in Italien im fünfhundertsiebenundsechzigsten Jahr Roms unter dem Konsulat des Posthumius Albinus und des Marcius Philippus verboten wurden, schildert uns Livius mit den entsetzlichsten Farben: Gewalttätigkeiten jeder Art, Betrügereien, Vergiftungen, Ausschweifungen, Mordtaten bei voller Versammlung und unter dem Schall der Flöten und Pauken, deren Lärm das Geschrei des Opfers erstickte, Ausführung von so geschickt vorbereiteten Meuchelmorden, daß keine Spur mehr davon zu finden war; solches berichtet er von ihnen, und derart waren die Anklagen, welche die Konsuln gegen diese schändlichen Mysterien vor den Senat brachten, und welche eine strenge Entschließung der versammelten Väter zur Folge hatten. Siebentausend Personen aus allen Ständen wurden für schuldig befunden und in die Kerker geworfen; eine große Anzahl wurde hingerichtet oder mit entehrenden Strafen belegt. Die Eingeweihten hatten sich durch die gemeinsame Anteilnahme an bösen Handlungen wechselseitig verpfändet; niemand durfte unsträflich bleiben, damit es keine Ankläger oder Zeugen gebe.

Durch so strenge Maßregeln wurden die Mysterien des Bacchus gleichwohl nicht ausgerottet; denn wie mehrere Inschriften bezeugen, wurden sie noch während der Regierung Domitians gefeiert. Auch in Griechenland hatten ihre Ausschweifungen die Besorgnis der Obrigkeiten erregt, und Cicero erwähnt ein Gesetz, wodurch sie in Theben streng untersagt wurden.

Das Zeremoniell der Mysterien beruhte auf einer romanhaften *Legende*, deren halbverschleierter Sinn einen anderen verdeckte. Die meisten Schriftsteller des Altertums und der neueren Zeit haben sich dadurch irre leiten lassen; Cheremon, Dionysius Chrysostomus, Clemens von Alexandria, Makrobius haben darin nichts Tieferes gefunden. „Alle diese Mysterien", sagt Clemens von Alexandria, „die uns nur Mordtaten und Gräber darstellen, alle diese religiösen Trauerspiele hatten eine gemeinsame, aber verschiedenartig ausgeschmückte Grundlage; und diese Grundlage war der scheinbare Tod und die Wiederauferstehung der Sonne, der Seele des Weltalls, der Ursache aller Bewegung und alles Lebens in der diesseitigen Welt und die Quelle unserer Geister, dieser losgetrennten Teile des ewigen Lichts, dessen Quelle und Herd jedes Gestirn ist." Julius Firmicus versichert uns, daß man bei den Mysterien des Bacchus, die um das Wintersolstitium gefeiert wurden, ein Lied zu Ehren der wiederauflebenden Sonne sang.[21]

Also wären der sterbende Herkules, der von Typhon ermordete Osiris, der von den Titanen erschlagene Bacchus, der von seinen Brüdern getötete Cadmillus, der von einem Eber zerrissene Atis, alsdann wären alle diese dem Leben wiedergegebenen Gestalten nichts anderes als eine astronomische Erdichtung, welche das Ende eines Sonnenjahres und den Anfang eines neuen bedeuten sollte; und das unsittliche Wahrzeichen, welches bei allen Mysterien umhergetragen worden ist, wäre nur das Sinnbild der Fruchtbarkeit, welche die wiederauflebende Sonne der Erde mitteilt? Sollte dies der letzte Sinn der Mysterien sein? Hieße nicht, sich mit einer solchen Deutung zu begnügen, ebenso viel, als den Schatten für die Wirklichkeit ansehen, und in die Schlinge fallen, welche die Gründer gelegt haben?

Ebensowohl könnte man sagen, daß in den Freimaurerlogen die Erbauung des salomonischen Tempels, der Tod Adonirams, die Auffindung seiner traurigen Überreste, und das Streben, einen so grausamen Mord zu rächen, alles, Grundlage, Form, Zweck und Geheimnis der Freimaurerei seien.

Jene alten Legenden, die nach Belieben erfunden, und nach den Bedürfnissen des Augenblicks gestaltet wurden, wie jene, auf die wir eben hingewiesen haben, wurden überall von der uneingeweihten Menge als Geschichte aufgenommen, und bilden jene Göttergeschichte, die jedermann kennt, und vor welcher christliche Schriftsteller ob ihres Reichtums und ihrer Mannigfaltigkeit in Entzücken geraten. Die Göttergeschichte ist aus den Mysterien ganz vollendet hervorgegangen, wie Minerva ganz gerüstet aus dem Haupt Jupiters. Die Mannigfaltigkeit kam daher, daß, nachdem sich derselbe Stoff je nach den verschiedenen Orten zuletzt verschieden gestaltet hatte, auch dieselbe erdichtete Person nach dem Verlauf einiger Zeit sich nicht mehr ähnlich sah. Man war also genötigt, deren mehrere unter dem gleichen Namen gelten zu lassen. Daher drei oder vier Herkules, ebensoviele Jupiter, daher drei Bacchus, nach der Berechnung von Diodorus[22] und Philostratus, oder sogar fünf nach der Berechnung von Cicero[23]. Die Gründer der Mysterien legten dieser Dichtung so wenig Wichtigkeit bei, daß sie es nicht einmal der Mühe wert fanden, sie wechselseitig in Übereinstimmung zu bringen.

Ja, dies ist der Ursprung jener griechischen und römischen Göttergeschichte, vor welcher die Welt so lange ihr Haupt beugte, die aber vielleicht für das Volk nicht in dem Grad, wie wir glauben, und für die Gebildeten in keiner Weise Glaubenssache war. Dies sind die Erdichtungen, welche so viele Männer von hervorragendem Wissen vom Standpunkt der Geschichte aus erforscht haben.

Die Eingeweihten stellten in ihren Zeremonien die verschiedenen Teile der zu ihrem Gebrauch verfaßten fabelhaften Legenden vor, wie heute noch die Freimaurer in ihren Logen bezüglich der Säulen und des Tempels Salomons tun; allein dies war nur ein Spiel, eine Belustigung, die einen anderen Ausgang nahm; in Ermangelung einer deutlichen Erklärung wurden sie durch den Myrtenzweig, welchen die von Eleusis immer in der Hand trugen, fortwährend daran erinnert.

Die Einweihungen fanden oft unter Umständen statt, welche der Berechnung gemäß auf die Einbildungskraft einen lebhaften Eindruck hervorbringen mußten. „Die Seele", sagt ein alter Schriftsteller, von welchem uns Stobäus in seinem Wörterbuch eine Stelle aufbewahrt hat, „erfährt dieselben Aufregungen wie im Sterben. Anfänglich sind es nur Irrungen und Ungewißheiten, mühsame Gänge, peinliche und erschreckliche Wanderungen durch die dichten Finsternisse der Nacht. An den Grenzen des Todes und der Einweihung angekommen, erblickt man alles unter einer fürchterlichen Gestalt, welche ganz geeignet ist, Schrecken, Zittern, Furcht und Grauen einzuflößen." Dionysius Chrysostomus spricht sich auf die gleiche Weise darüber aus.[24] Auch Apulejus schildert die Schrecknisse seiner Einweihung mit ergreifenden Ausdrücken.[25]

Bei den Mysterien Mithras scheint es sich jedoch anders verhalten zu haben. Der Aufzunehmende stellte den Umlauf der Sonne vor; er starb und lebte dann wieder auf. Die Einweihung zerfiel in mehrere Abstufungen, deren Sinnbilder der Löwe, die Hyäne, der Rabe, der Sperber waren. Die Eingeweihten empfingen eine Art Taufe und wurden auf der Stirn mit einem glühenden Eisen gezeichnet.[26] In ihren Schoß legte man eine goldene Schlange, wie bei den Mysterien des Bacchus Sabasius. Sie stiegen eine Treppe von sieben Stufen hinan und gingen durch sieben Pforten von verschiedenen Metallen, welche den sieben Planeten geweiht waren; alsdann durch eine achte, die Pforte der Fixsterne, und der Eingang zur höchsten Glückseligkeit.

Wenn die Mysterien im allgemeinen einen unseligen Einfluß auf die *Glaubensmeinungen* und die Sitten der Welt ausübten, so kommt der größte Teil vielleicht den Mysterien Mithras und den Kabiren zu.

Außer den Legenden, welche als Text zu einem geheimnisvollen Zeremoniell dienten, hatten die Mysterien auch ihre Psychologie und Theodicee; so lehrte man in denen Mithras, daß die Seele, ein Strahl oder Teil der göttlichen Wesenheit, beim Hinscheiden aus diesem Leben sich wieder zum Himmel erhebe, um sich wieder in ihren Urquell zu versenken, und daß sie, ehe sie zum höchsten Himmel gelangt, durch die verschiedenen Ordnungen der Sternbilder wandern müsse, um sich in jeder derselben durch eine längere oder kürzere Prüfung von den Makeln zu reinigen, womit sie sich während des Lebens befleckt hatten, und die Übungen der Einweihung hatten den Zweck, diese Wanderung zu verkürzen und zu erleichtern. In der Tat hatte sie der Eingeweihte schon auf Erden vollbracht, er war durch die Pforte der Sterne gegangen; er war also fortan rein und konnte in Erwartung der Glückseligkeiten des künftigen Lebens die des gegenwärtigen genießen.

Sollte man vielleicht noch darauf aufmerksam machen müssen, daß diese Lehre, deren Folgerungen so verwerflich sind, gleichwohl hinsichtlich der Punkte von der Fortdauer der Seele, der Bußübungen im anderen Leben, einer Befleckung und Erbsünde, einem Gott, Schöpfer, dessen Wesenheit das All erfüllt, – aus feststehenden Glaubenssätzen entsprang, und daß sie davon nur ein Abklatsch zu bösen Zwecken oder vielmehr ein Widerspiel zugunsten schlimmer Sitten ist?

In Übereinstimmung mit derselben Vorstellung, nach welcher die Seele durch die Regionen der Planeten wandert, um sich in ihre Wohnung im Himmel zu erheben, stellten die Ägypter die Planeten unter der Gestalt von Nachen mit Rudern dar. Nach ihrer Anschauung war der Mond der erste Nachen; wenn er die Spitzen seiner Sichel wie ein umgestürztes Fahrzeug gegen die Erde kehrte, so war er leer; in dem Maß, als er sich mit Seelen füllte, wendete er sich ab und entlud sich sodann auf dem nächsten Planeten, der ebenfalls eine solche Fahrt zu machen hatte.

Da aber die Planeten, die Zeichen des Tierkreises und die Sternbilder schon damals in der Sternkunde mit dem Namen und der Gestalt verschiedener Tiere bezeichnet wurden, sagten die Eingeweihten in ihrer bildlichen Sprache, daß die Seele nach diesem Leben stufenweise vom Menschen in den Löwen, in den Stier, in den Widder, in den Hund übergehe, und so ihre Wanderung zum Himmel vollbringe. Indem nun das Volk, welches die Geheimnisse dieser Sprache nicht kannte, sie in ihrer augenfälligsten Bedeutung auffaßte, folgerte es daraus die Seelenwanderung; und diese Glaubenslehre verbreitete sich in ganz Asien und beinahe über den ganzen Erdkreis, obwohl mit Schattierungen und Abweichungen. In Folge eben dieser Lehre legt der fromme Inder heute noch ein großes Gewicht darauf, daß er im Sterben den Schweif einer Kuh in der Hand halte, damit seine Seele unmittelbar in den Leib des Tieres übergehe. Vielleicht handelte es sich im Anfang um den Mithra-Stier, der wohl eben derselbe wie der des Tierkreises sein könnte; vielleicht befand sich irgendein Sternbild der Kuh auf der Höhe des obersten Grades nach damaliger Sternkunde. Auch ist es wahrscheinlich, daß die Verehrung der Siamesen und Cochinesen für jene Stiere, die inmitten der Städte und auf dem Land ganz vertraut in aller Freiheit unter ihnen leben, und deren Mist sie als kostbares Zaubermittel aufnehmen, ein Seitenstück derselben Glaubensmeinungen ist. Arme Menschheit!

Anstatt also in den Mysterien irgendeine Weisheit oder Philosophie oder die ursprüngliche Überlieferung und die ersten Glaubenslehren des Menschengeschlechts suchen zu wollen, darf man darin nichts anderes zu finden hoffen, als eine irrgläubige Freimaurerei, deren Zweck, da er damals weder in der Politik noch in den religiösen Leidenschaften liegen konnte, einzig auf Gebräuche und Handlungen sich beschränkte, welche von der öffentlichen Meinung verworfen wurden; eine Freimaurerei, deren Legenden, indem sie als Glaubenslehre geltend gemacht oder von Uneingeweihten falsch gedeutet wurden, dazu beitragen, die Nation auf jene Abwege religiöser Irrtümer zu führen, denen die christliche Lehre ein Ziel setzen sollte.

Die Götterlehre der Kabiren-Mysterien sollte eine nicht minder hohe Bestimmung haben und einen nicht weniger unseligen *Einfluß* ausüben; dieser Einfluß dauert mittels der Freimaurerei heute noch im Schoß der christlichen Menschheit fort, ohne daß es möglich wäre, sein Ende vorherzusehen, er beherrscht selbst die Regierungen und sucht überall an die Stelle ihres Wirkens das seinige zu setzen. Eusebius hat uns das Glaubensbekenntnis dieser Mysterien aufbewahrt.[27] In die erste Reihe setzte es den Gott ohne Namen, den Ewigen, den man nicht mit seinen Ausflüssen verwechseln darf, und von dem allmählich und gleichsam stufenweise alles ausgeht bis zur Materie; auf diese Weise nehmen alle Dinge an der göttlichen Natur teil, und es gibt nichts, was Laster und Tugend genannt werden könnte. Erste und notwendige Folge: Befreiung von jedem Zügel und Zwang, soweit es der persönliche Vorteil eines jeden gutheißt. In den Glaubensbekenntnissen der verschiedenen Religionen bleibt der Satan wenigstens in seiner Eigenschaft als Widersacher Gottes und das Böse im Gegensatz zum Guten; in dem Glaubensbekenntnis der Mysterien aber verschwindet der Begriff vom Satan und seinen Werken gänzlich und alles wird heilig und göttlich. Das Böse selbst ist geheiligt, weil es sich in ein Mittel Gott zu verherrlichen verwandelt.

Zweite Folge – zum Heil für diejenigen, die ihre Gedanken bis zur Höhe der ersten vielleicht nicht erheben könnten; die Quietisten unserer letzten

Jahrhunderte behaupteten: der mit Gott in der Beschauung vereinigte Mensch sündigt nicht, was immer seine Werke sein mögen, weil man im Schoß Gottes nicht sündigen kann; ebenso behaupteten die Eingeweihten: Da der Mensch durch die Einweihung heilig geworden ist, sind seine Werke heilig. Hinsichtlich seiner früheren Werke haben ihn die Zeremonien der Einweihung mit der göttlichen Gerechtigkeit ausgesöhnt, und in Anbetracht seiner Zukunft hat er beim Hinscheiden aus dieser Welt nichts zu fürchten, weil er die zum Eintritt ins künftige Leben erforderlichen Prüfungen und Reinigungen schon früher vollzogen hat.

Öffentlich das Volk mit schönen Schaustücken ergötzen, sich außerordentlich fromm gebärden, um ihm Ehrerbietigkeit einzuflößen, insbesondere ein strenges Geheimnis bewahren, darauf beruhen die Mysterien. Dieses Geheimnis muß aber traurige Wirklichkeiten verbergen, Wirklichkeiten, die mit der öffentlichen Meinung im Widerspruch stehen, da bei einer so eifrigen und so wenig beschränkten Proselytenmacherei ein Akt der Unverschwiegenheit die Todesstrafe nach sich zog, und bei jenen so prunkhaften Aufzügen, von denen uns Apulejus berichtet, die Hauptpersonen vermummt und mit erborgten Namen bezeichnet waren.[28]

Die *Orphiker* lehrten, Isis regiere die Welt durch eine Stufenleiter von Geistern, von welchen die einen den anderen untergeordnet seien. Plato und Pythagoras bekannten sich zu denselben Grundsätzen. Der höchste, in ein Lichtmeer versenkte Gott aber war für die niedrigen Geister unzugänglich, und obwohl er sie erleuchtete, doch unsichtbar für sie. Die Menschen, für welche er noch unzugänglicher ist, können nicht zu ihm gelangen. Die niedrigeren Gottheiten, mit denen sie allein verkehren können, schenken den Gebeten, Opfern, Anrufungen und allen Mitteln, welche die Zauberkunst anzuwenden weiß, eine geneigte Aufmerksamkeit.[29] Es scheint in der Tat, als seien die Gebräuche des Verkehrs mit den Göttern durch *Zaubermittel* (magische Theurgie) schon im Anfang ein unzertrennliches Anhängsel der Mysterien gewesen.

Diodorus behauptet, da, wo er die Überlieferung der Phrygier von Rhea oder Cybele berichtet, und von ihrem Kultus spricht, daß sie für eine große Zauberin gehalten worden sei. Herodot ist der Meinung, Melampus habe in der Kunst der Wahrsagung große Geschicklichkeit besessen; in der Tat wird er von allen Schriftstellern des Altertums zu den Zauberern, ebenso wohl wie Orpheus und die Kabiren gerechnet, und unter diesem Namen muß man die Priester und ihre Götter verstehen; man schreibt denselben sogar die Einführung der Zauberei unter den Menschen zu, die solche Geheimnisse wohl nie kennengelernt hätten, wenn sie ihnen nicht vom Himmel gebracht worden wären.

In den letzten Zeiten der römischen Republik übten die Eingeweihten der verschiedenen Mysterien alle Arten von Zauberei. Namentlich die Diener der Isis sah man mit der leinenen Tunika bekleidet und mit der Wolfskopf-Larve vermummt, von Haus zu Haus die Gnade der Weihe anbietend, um die Gebühr betteln, welche als Preis derselben bestimmt war, und ihr Wissen im Fach der Wahrsagung ihren Schülern zur Verfügung geben.

Die Sekte der Orphiker machte in den ersten Jahrhunderten des Christentums große Fortschritte; und wie man weiß, war jene Periode die Zeit der Geisterbeschwörungen, der Zauberei und der schändlichen Versuche der Nekromantie. Nero erscheint mit Glanz auf dem Verzeichnis der Eingeweihten, Julian schließt es.

Theodosius belegte die Mysterien mit einer allgemeinen Ächtung im Jahr 438; allein diese Ächtung vernichtete sie nicht. Sie waren damals eigentlich keine Mysterien mehr, sondern reine Gnosis und eine andere Schule der Verderbnis und der Zauberei, von deren Ursprung und Entwicklung wir am gehörigen Ort reden werden.[30]

Dies ist der Ursprung der geheimen Gesellschaften, welche die Welt überschwemmen; seit zwei Jahrhunderten aber ist ihr Zweck ein anderer, obwohl kein besserer. Auch darüber werden wir seinerzeit sprechen.

Sechstes Kapitel

Das Reich des Satans

*W*ÄHREND DER SATAN IN DIESER WEISE die Welt auf den Weg der Sittenverderbnis mittels der Mysterien führte, die hierzu die Anleitung gaben, beherrschte er die Geister durch die verschiedensten Arten eines entwürdigenden oder sträflichen Aberglaubens.

Vorerst die *Orakel*. Jene zu Dodona, zu Delphi und die des Jupiter Ammon in Libyen galten für die ältesten und wurden auch immer zu den berühmtesten gezählt. Es erhoben sich solche zu Heliopolis und zu Theben in Ägypten, zu Mopsus in Cilicien, zu Patara, zu Phaselis, zu Klaros, zu Epidaurus, zu Didymus, zu Mikalä, zu Rom, dann immer weiter in allen Ländern des Erdkreises und oft mehrere in ein und derselben Provinz. Apollo war nicht der einzige auf dem Gebiet der Weissagung; man gab ihm Jupiter, Vulkan, Mars, Venus, Isis, Serapis, selbst den Räuber Trophonius als Nebenbuhler und in den letzten Zeiten einige Nichtswürdige – so abschreckend wie Räuber, nämlich Hephästion und Antinous.

Viele Orakel wurden durch die *Pythien* vermittelt, arme Bauchrednerinnen, in deren Eingeweiden, wie man glaubte, die Götter redeten, und die von den Priestern durch Getränke und Räucherungen, die nicht selten für ihr Leben gefährlich waren, in Entzückung versetzt wurden.[1]

Allein dies war nicht das einzige Verfahren; die Habsucht der Priester hatte die Mittel zu vervielfältigen gewußt: hier war ein Standbild, welches mit dem Kopf nickte, hier ein Götzenbild, welches redete, oder eherne Gefäße, die gegeneinander anstießen; dort ein Unsichtbarer, der in Prosa oder Versen antwortete. Zu Heliopolis und zu Mopsus legte der Fragende seine Angelegenheit in gesiegelten Briefchen nieder, und es wurde ihm auf dieselbe Weise erwidert. Zu Sparta begaben sich die Amtsherren in den Tempel der Pasiphae zum Schlaf, um während desselben über die Angelegenheiten des Staates und die Handhabung der Gerechtigkeit erleuchtet zu werden. Die Tempel des Äskulap zu Epidaurus und Rom waren nicht weniger berühmt; die des Jupiter Olympios zu Agesipolis, der Juno bei Oetile, des Serapis zu Kanope genossen die gleichen Privilegien. Allein da nicht alle Träume als weissagend gelten konnten, nahmen die Schläfer zu vorbereitenden und gewaltsamen Mitteln ihre Zuflucht. Amphiaraus verordnete ein vollkommenes Fasten während eines ganzen Tages, nachdem man sich drei Tage vorher des Weins enthalten hatte. Als die Bewohner von Kalabrien den Podalyrus, Sohn Äskulaps, befragen wollten, begaben sie sich, in noch bluttriefende Hammelfelle gehüllt, auf sein Grab, um dort zu schlafen. Anderswo gebrauchte man Gerstenbrei mit Mohnsaft vermischt; in die Höhle des Trophonius stieg man nicht anders hinab, als nachdem man von dem Wasser der Mnemosyne getrunken hatte, welches eine mit Entzückung verbundene Berauschung hervorbrachte. Wenn die nichtige Kunst, Träume zu erzeugen und auszulegen, wenigstens doch nur lächerlich ist, so verhält es sich dagegen anders mit der *Geisterbannung* (Nekromantie), der vermeintlichen Kunst, mit den Toten zu verkehren. Die Alten haben uns von solchen Beschwörungen entsetzliche Schilderungen hinterlassen. Properz führt uns eine Geisterbannerin vor, wie sie mit aufgelösten Haaren auf den Gräbern umherirrt oder in der Asche des Scheiterhaufens halbverbrannte Gebeine sammelt. Lucan läßt uns an ihrem Keuchen, ihrem Geschrei und Geheul und an halb erstickten Seufzern, die sich ihrer Brust entwinden, teilnehmen; er zeigt sie uns, wie sie mit Schlangen bewaffnet, die Leichnahme geißelt oder über den Rand einer Grube sich beugt, und auf ihrem Grund die Gottheiten der Hölle zusammenruft.[2] Horaz[3] schildert sie uns mit den Federn der Nachtvögel geschmückt, umgeben von Schlangen, Zypressen und Trauerpflanzen, die sie auf den Gräbern pflückt; von Knochen, die sie den Zähnen gieriger Hunde entrissen hat, und giftigen, mit dem Blut und Geifer der Amphibien besudelten Kräutern. Er schildert sie, wie sie bis an das Knie ein kleines Kind einscharrt, das sie trotz all seiner Tränen und Jammerrufe sterben läßt, um aus dem Mark seiner Knochen Salben, Getränke und Zaubermittel zu bereiten; denn es war nicht der einzige Zweck der Geisterbanner, die Seele der Verstorbenen erscheinen zu lassen, – sie suchten in den Gräbern auch Gifte und Zaubertränke oder Mittel von wunderbarer Wirksamkeit.

Wenn die Phantasie der Dichter diese Bilder noch düsterer und unheimlicher darstellt, als die Wirklichkeit war, so sind doch solche Tatsachen nur allzuwohl erwiesen. Herodot beschuldigt Agamemnon, zwei Kinder geopfert zu haben, um in ihren Eingeweiden sein Schicksal zu erforschen, als widrige Winde die Abfahrt seiner Schiffe verhinderten. Diese grausame Kunst, die einen Zweig der Schwarzkunst bildet, nannte man Anthropomantie; Julian der Abtrünnige wendete häufig dies Mittel an. Theodoretus[4] und der heilige Gregorius von Nazianz[5] beschuldigten ihn mehr als einmal, in nächtlichen Opfern Kinder getötet zu haben, um ihre Eingeweide zu befragen oder ihre Seelen aufzurufen. Die Zeit enthüllte diese furchtbaren Geheimnisse; man fand Kisten mit Leichnamen und Gebeinen gefüllt, man fand Leichname in den Pfützen, in den Gossen und an den geheimsten Orten der Paläste, die er bewohnt hatte. Zu Kares in Mesopotamien schloß er sich eine Nacht in einen Tempel ein, und ließ, als er herauskam, die Türen versiegeln; zwei Jahre später fand man darin den Leichnam eines Weibes, das an den Haaren aufgehängt gewesen und dessen Eingeweide herausgerissen waren. Man nimmt nicht ohne Wahrscheinlichkeit an, daß der Kaiser durch ein solches Mittel in sein zukünftiges Geschick und das seines Reiches habe Einsicht gewinnen wollen. Ähnliche Vorwürfe erhebt die Geschichte gegen Maximin, Maximian, Licinius und den Tyrannen Maxentius. Heliogabalus ließ zu diesen Zauberopfern die Kinder der angesehensten Familien entführen, besonders solche, die ihren Eltern die liebsten waren, um, je mehr Tränen und Leid er durch diese unmenschliche Barbarei verursachte, desto leichter die Gunst der grausamen Hölle-Gottheiten sich zu erwerben.

Das Werk dessen, der „ein Menschenmörder und Lügner von Anbeginn"[6] war, das Werk des *Satans* zeigt sich hier auf eine ganz augenfällige Weise. Es lag nicht in seiner Absicht, den Preis für solche Frevel zu bezahlen, sondern nur sie zu veranlassen. Ob er sie zuweilen mit einer Antwort vergalt, wissen wir nicht. Wenn aber ein Priester der Orakel oder der Götzen an dem Opfer teilnahm, so antwortete gewiß dieser an seiner Stelle. Solchen Leuten war nichts geläufiger als List und Trug; sie konnten nicht umhin, das auszuführen, was der Satan tun wollte.

Die ägyptischen Priester, die wenigstens in diesem Punkt nicht so tief gesunken waren, veranstalteten allerlei Blendwerke, um Schatten hervorzubringen, die von den Zuschauern für übermenschliche Erscheinungen gehalten wurden. „In den Bürgerzwisten, und so oft sich die Behörden nicht vereinbaren konnten, versammelten die Götzenpriester das Volk, und riefen Osiris auf, damit er selbst den Streit schlichte. Alsdann erblickte man auf der Mauer des Tempels eine Lichtmasse, die anfangs schwach und entfernt, dann aber nah und näher rückte, sich verdichtete und in ein offenbar göttliches und übernatürliches Angesicht mit lieblichen aber ernsten Zügen und von ausgezeichneter Schönheit verwandelte. Hiernach hätte es niemand mehr gewagt, dem Willen des Gottes zuwiderzuhandeln."[7]

Der Glaube an Geister und Gespenster, der für schwache Seelen eine fortwährende Ursache des Schreckens bildet, der sich jedoch auf natürliche Tatsachen, auf eine Menge geschickt ausgeführter Betrügereien, auf eine instinktmäßige Furcht, deren der Mensch nicht Herr ist, und sicherlich auch auf zahlreiche Erscheinungen stützt, in denen mehr Wirklichkeit haftet, als man glaubt, steht mit der Schwarzkunst in inniger Verbindung. Es ist ja die Seele der Verstorbenen, welche der Schwarzkünstler konsultieren will. Und vergißt Horaz darum in seinen Verwünschungen gegen Canidia nicht, der Hexe mit dem Zorn der Seele des unglücklichen Kindes zu drohen, das sie ihrer Blutgier zum Opfer bringt.

Dieser allgemein verbreitete Glaube veranlaßte eine Menge Betrügereien und Kunstgriffe, die gewöhnlich mit Erfolg gekrönt wurden; es wird genügen, einige Beispiele aufzuführen. Während des ersten messenischen Krieges begaben sich Aristomenes und einer seiner Freunde, als Kastor und Pollux verkleidet, mitten unter die Lakedämonier, während sie eben das Fest dieser Heroen feierten, machten sie betrunken und besiegten sie in ihrer Betäubung. Perikles ließ sich von einem als Pluto verkleideten Freund in dem diesem Gott geweihten Hain in Gegenwart der Anführer seines Heeres den Sieg verheißen, worauf diese höchst erstaunt und begeistert mit jener Zuversicht in den Kampf gingen, welche immer den Sieg verleiht.

Gabinius verkleidete während des Bürgerkriegs zwischen Cäsar und Pompejus die Weiber von Salone als Furien und sandte sie ab, die Belagerer zu erschrecken; und es gelang ihm so mit leichter Mühe, seine Feinde zu zerstreuen.

Selbst die großen und mächtigen Nationen, welche die Welt unterjochten, ließen sich von den Priestern des lächerlichsten *Aberglaubens* knechten. Isaias zählt die Hexenmeister und Zauberer Babylons nach Tausenden; Daniel[8] erwähnt im Vorbeigehen vier Klassen von Wahrsagern, die am Hof Nabuchodonosors zur Zeit der Gefangenschaft in hohem Ansehen standen. Die *Chartumin*, Wahrsager *(arioli)*, die *Asaphim*, Traumdeuter *(magi)*, die *Mechasphim*, Zauberer *(malefici)*, die *Chasdim*, Chaldäer oder Sterndeuter *(Chaldaei)*. Und die Sterndeuterei herrschte nicht nur am Hof Persiens oder Assyriens, sondern von einem Ende der Welt bis zum anderen. Bei den Römern jedoch erhielt die Kunst, aus dem Flug der Vögel zu weissagen *(augurium)* den Vorrang vor jedem anderen Aberglauben. Der Augur war der eigentliche Lenker aller Angelegenheiten, des Privatmannes wie des Staates, von der Heirat des letzten Bürgers bis zu den Volksversammlungen; er gab den Ausschlag bei der Wahl der Würdenträger, bei den Bewegungen der Heere, bei Friedensverträgen und Kriegserklärungen; das Zwölftafeln-Gesetz sprach gegen jeden den Tod aus, der einer Entscheidung des Augurs nicht Folge leisten sollte. Die ersten Familien Roms fanden sich hoch geehrt, wenn eines ihrer Glieder zur Augurenwürde oder Bewachung der Aussprüche der Sibylle erhoben wurde.

Selbst die Priester obersten Ranges, die Flamines und Archi-Flamines, waren gegen jene nur arme Wahrsager, welche die Aufgabe hatten, den Willen der Götter aus den tausend Einzelheiten eines Opfers zu erkennen; aus dem Umstand, wie das Schlachtopfer den Tod erduldet, wie seine noch zuckenden Eingeweide beschaffen waren, wie das Feuer des Scheiterhaufens geflammt hatte, welche Richtung der Rauch genommen hatte, wie die Brände erloschen waren, wie die Asche sich verteilt hatte. Und alle diese Beobachtungen bildeten verschiedene Zweige der heiligen Wissenschaft der Priester; wie die Thymatik (Deutung der Weihrauchwolken), die Extiscipin (Weissagung aus den Eingeweiden) die Pyroskopie (Weissagung aus der Gestalt der Opferflammen), die Kapnomantie (Verständnis des Opferrauches), die Spodomantie (Kenntnis und Deutung der Opferasche).

Zwar machten sich die gebildeten Geister von einem großen Teil dieses Aberglaubens frei, aber nicht von allem und jedem; sie erlaubten sich sogar, darüber zu spotten, und blieben ihm doch in mehr als einem Punkt unterworfen. *Cicero,* der auf die Götter nicht viel hielt, und einmal sagte, daß er nicht begreife, wie zwei Wahrsager einander ansehen können, ohne zu lachen, hatte in seinem Haus zu Atma einen Traum, den er als göttlich betrachtete, und auf den er viel Gewicht legte. *Cato,* der Censor, gab einem befreundeten Senator, der ihn wegen eines bedrohlichen Wunders, das sich in seinem Haus ereignet habe, um Rat fragte, zur Antwort: Darin liegt nichts Wunderbares, daß die Ratten deine Sandalen zernagt haben; etwas anderes wäre es, wenn deine Sandalen die Ratten zernagt hätten; allein er wäre nicht so beruhigt gewesen, wenn ihm etwas ähnliches begegnet wäre, ihm, der nicht weiter zu gehen wagte, wenn ihm eine Maus in den Weg kam. Er glaubte, daß man mit Zauberworten verrenkte Knochen wieder zurechtsetzen könne; sein Rezept war folgendes: kräftig zu singen *G. F. Motas danata dardarics astolaries. Cäsar,* welcher den Mut gehabt hatte, den Rubikon zu überschreiten, wagte nicht, in seinen Wagen zu steigen, ohne zuvor eine gewisse Zauberformel zu sprechen. Der Senator Servilius Nonnius trug Schutzgehänge (Periapten), um sich von seinem Augenleiden zu heilen; Perikles und Bion, die wegen ihrer Weisheit bei den Griechen so berühmt waren, trugen solche als Präservativmittel gegen die Pest.

Wenn wir von diesen Männern, welche unter ihren Zeitgenossen eine hervorragende Stelle einnahmen, zu den unteren Klassen der Gesellschaft herabsteigen, so finden wir da alle Arten der Wahrsagerei in Ausübung und Geltung: die *Rhabdomantie* oder die Kunst, mittels Haselnußruten zu wahrsagen, die aufs Geratewohl nach einer zu diesem Zweck hergerichteten Scheibe geworfen werden. Dies ist der Ursprung der Runenschrift. Die *Belomantie,* die Kunst, aus den eisernen Spitzen der Pfeile zu wahrsagen: daraus entstand die Keilschrift; die *Aleuromantie,* die Kunst, aus Teig zu wahrsagen, woher Apollo den Beinamen Aleuromantis erhielt; die *Astragalomantie,* die Kunst mit Würfeln –, die *Kaptromantie,* mit einem Spiegel – die *Hydromantie,* mit Wasser – die *Aktinomantie,* mit einer Axt – die *Koskinomantie,* mit einem Sieb – die *Alektromantie* mittels eines Hahns, der mit dem Kopf unter dem Flügel eingeschlafen ist, – die *Agatomantie,* mittels zerstoßenen Agats, – die *Alphitomantie,* mittels kleiner Brote zu wahrsagen, worin Lorbeerblätter eingelegt sind, – doch wer vermöchte alle aufzuzählen?

Und die schicksalkündenden *Lose!* Die zu Dodona, welche eines Tages der Affe des Königs der Molosser so unehrerbietig über den Haufen stieß;

die zu Präneste, die von einem gewissen Numerius Suffucius in einem Felsen gefunden wurden; die des Euripides, des Musäus, Homer, Virgil, welche allein von den Agyrten, den Priestern der Cybele, gedeutet werden durften!

Überall herrschte die Wahrsagerei aus Losen oder Würfeln *(sortilegium)*, überall die Zauberei *(magia)*, und das Volk zitterte vor den Zauberern, weil es ihnen eine grenzenlose Macht zuschrieb. Es bildete sich ein, sie könnten mittels der Verzauberungen die Sterne vom Himmel herabziehen, das Wasser der Flüsse zu ihrer Quelle zurückführen, die härtesten Felsen in Stücke zerbrechen, den Toten das Leben wiedergeben, die Gewitter zusammentreiben, die Ordnung der Jahreszeiten verkehren, im Schoß der Wolken Reisen unternehmen, Stürme erregen, Pferde im gestreckten Lauf plötzlich aufhalten, sich in Wölfe verwandeln u. dgl. Man beschuldigte sie, daß sie die Unfruchtbarkeit der Felder verursachten, nach Belieben Krankheit und Tod austeilten, im Kreis der Familien Haß und Zwietracht säten, die bestbewahrten Geheimnisse offenkundig machten, die sorgfältigst verschlossenen Türen ohne Schlüssel öffneten und auf ihre Feinde Wahnsinn und tolle Liebe zu schleudern vermochten. Tibull, Ovid, Virgil, welche diese traurigen Anschauungen so beredt zu schildern wissen, haben zu ihrer Verbreitung beigetragen; übrigens waren sie auch nicht ganz grundlos. Jener Meinung der Alten, nach welcher die Zauberer mit schwerem Gewicht auf die Gräber niederdrückten, um die Seelen der Toten herauszupressen, muß man das Sprüchlein zuschreiben, das sie zum Abschied an ihre Freunde und Verwandten richteten: *Möge die Erde dir leicht sein! (Sit tibi terra levis!)*

Nach dem Bericht des Pausanias konnte der Priester des Jupiter Lycius in Zeiten der Dürre auf die benachbarten Fluren um den Lyceus regnen lassen. Zu diesem Zweck hatte er nur mit einem Eichenstab in eine Quelle zu schlagen, die vom Gipfel des Berges niederfloß. Wie man glaubte, waren noch viele andere Götterpriester im Besitz solcher Machtvollkommenheiten, und daher kam die große Ehrerbietung und Ergebenheit für sie von seiten des Volkes.

Diese Menschenklasse war nicht zu entschuldigen, wenn sie hierin das Volk täuschten; allein sie waren es noch weniger, wenn sie für die Diebe die Hand der Hingerichteten zubereiteten, jene berüchtigte Hand, die wir im Mittelalter wieder auftauchen sehen werden; oder wenn sie zugunsten eines tödlichen Hasses jene Wachsbilder formten, in deren Brust die Schwachen und Feigen, von ohnmächtiger Begier zu schaden erfüllt, im Hinblick auf einen Feind Nadeln steckten, und ihn im gleichen Augenblick zu verwunden glaubten. – Es war eines Nero würdig, diese unheimlichen Mittel, Böses zu tun, zu versuchen; bald erkannte er wohl deren Erfolglosigkeit;[9] allein die Erfahrung, welche er daraus schöpfte, sollte seine Sinnesverwandten in den folgenden Jahrhunderten nicht klüger machen.

Der letztgenannte Brauch war auch den Griechen nicht fremd, denn Plato erwähnt ihn an mehreren Stellen seiner Abhandlung von den Gesetzen; er verlangt, daß die Behörden solche Versuche, obwohl damit keine Gefahren verbunden seien, mit aller Strenge unterdrücken; es sind Dinge, sagt er, die schwer zu begreifen und schwer zu glauben sind; es gibt auch nur wenige, die etwas darauf halten.

Zur Zeit, als das Christentum Geltung gewann, hatten diese Verführungsmittel in *Griechenland* ihr Ansehen großenteils verloren. Die Griechen, ein unbesonnenes und leichtfertiges, aber mit feinem Gefühl ausgestattetes Volk, benützten alles, ja sogar die Orakel, ohne jedoch viel Gewicht auf sie zu legen. Man liest schon in einer von Clemens dem Alexandriner zitierten Stelle aus Hesiod: Kein Wahrsager vermag die Geheimnisse des Herrn der Welten zu durchschauen. Später sagt Pindar in seinem zwölften olympischen Gesang: Kein Mensch hat je von den Göttern ein unzweifelhaftes Zeichen erwirkt, das ihm die Zukunft enthüllte. Sophokles erklärt in einem Chorgesang des Königs Ödipus, daß die Wahrsager Betrüger seien, und Euripides läßt durch den Chor seiner Iphigenie in Aulis behaupten, daß die Täfelchen der Musen nur erfunden worden seien, um Lügen zu beglaubigen. Er fügt dann bei: Wenn zuweilen der Zufall einem Wahrsager zu Hilfe kommt, so liegt doch in seinen Orakelsprüchen immer mehr Trug als Wahrheit. Die Ratschlüsse der Götter verlieren sich ins Unbekannte, sagt er anderswo.[10] Auch hatte Griechenland am Ende nur mehr die wissenschaftliche und dichterische Seite seiner alten Überlieferungen bewahrt; der Glaube hatte sich fern von den heiligen Stätten geflüchtet, und die Tempel, die nicht mehr mit der Ehrfurcht und Pietät ihrer Gründer betrachtet wurden, waren in der Anschauung des Volkes zum Rang von Kunstmuseen herabgesunken; als Ersatz des Glaubens aber wollte sich nichts finden.

Doch was mußte jetzt, da alle Grundsätze eines überlieferten Glaubens, alles Gefühl der Ehrfurcht oder Scheu erloschen waren, da die Lehren einer Philosophie mangelten, die zudem nie in die Massen herabdringt, da jeder Zügel und jede Weihe fehlten, aus der öffentlichen Sittlichkeit werden? Der heilige Paulus sagte es uns durch ein Gemälde, das er angesichts der Wirklichkeit entworfen hatte. „Gott hat die Götzendiener den schändlichsten Lastern überlassen: ihre Weiber und ihre Männer lernten sich mit aller Schande beflecken, und sich dem verwerflichsten Trieb ergeben. Darum sieht man sie voll jeglicher Ungerechtigkeit, voll Bosheit, Hurerei, Geiz und Missetaten; sie sind neidisch, mordsüchtig, zänkisch, arglistig, eifersüchtig; Ohrenbläser, Ehrabschneider, Verleumder, übermütig, hoffärtig, prahlerisch, hinterlistig, widerspenstig gegen die väterliche Gewalt, leichtfertig, treulos, lieblos, ohne Glauben, ohne Herz."[11]

Der Satan mußte zufrieden sein; von einem Ende der Welt bis zum anderen wurden seine Werke geübt. Greifen wir jedoch der Sittenschilderung im einzelnen nicht vor, da sie ohnedies bald ihre Stelle finden wird.

Siebentes Kapitel

Jüdische Magie[1]

*D*IE JUDEN WUSSTEN SICH VOR DEM abscheulichen Götzendienst, dem die benachbarten Nationen huldigten, nicht zu bewahren und zogen sich dadurch als Züchtigung von seiten Gottes jene achtmalige Knechtschaft zu, in die sie vor der Einsetzung des Königtums gebracht worden waren. Wenn sie von da an auch etwas weniger betört waren, so blieben sie gleichwohl auch nicht immer weise, endlich aber brach ein letztes Unglück herein, um ihre letzten Verirrungen zu strafen, nämlich die große siebzigjährige Gefangenschaft. Man muß es sehen, mit welchen Ausdrücken und wie sehr die Propheten ihnen die Abgötterei, Zauberei und die Feier der schändlichen Mysterien des Heidentums vorwerfen. Kein Blatt erscheint uns beredter, als das folgende des Propheten Ezechiel. Der Sohn Buzis, der damals nach den Ufern des Flusses Chobar in Babylonien verwiesen worden war, wird im Geist zum Tempel in Jerusalem entrückt, und der Herr spricht zu ihm: „Menschensohn, durchbrich die Wand und schau, was sie tun. Und ich sah die Wände mit abgöttischen Bildern bedeckt, mit Abbildungen von Gewürm und Getier, und allen Götzen des Hauses Israel, und siebzig Männer aus den Ältesten des Hauses Israel, an ihrer Spitze Jezonias, des Saphan Sohn, huldigten diesen Götzen mit Weihrauch, und der Tempel war mit einer Wolke von Weihrauch erfüllt. Und als ich mich gegen das große Tor auf der Nordseite wendete, sah ich noch größere Greuel: da waren Frauen, welche den Adonis beweinten; im inneren Vorhof – zwischen Vorhalle und Altar – waren fünfundzwanzig Männer, den Rücken gegen den Tempel und das Angesicht gegen Osten gekehrt, welche den Aufgang der Sonne erwarteten, um ihre Gebete an sie zu richten.[2]"

Die siebzigjährige Gefangenschaft, welcher wiederholt große Mißgeschicke und ebensoviele Warnungen vorausgegangen waren, leistete endlich Genugtuung für solche Verblendung. Jene Juden, welche davon zurückkamen, waren bekehrt und gebessert.

Da sie aber in Betreff der Zaubereien hinter den übrigen Völkern nicht zurückbleiben oder sich eines Vorteils berauben wollten, den alle Nationen so hoch schätzten, schufen sie sich eine Zauberei für ihren eigenen Gebrauch, die im Zusammenhang mit ihrer Religion stand und von den anderen Zaubereien ebenso verschieden war, wie ihre Religion von den fremden. Sie bezeichneten sie mit dem Namen *Kabbala* und schöpften sie aus der Interpretation angeblicher Überlieferungen, die bis zu einer unbekannten Zeit zurückreichen und auf unbekannte Prinzipien sich stützen.

Einige Schriftsteller der neueren Zeit wollen den Ursprung der Kabbala in den Lehren der Religion Zoroasters suchen, in welche die Juden während ihrer Gefangenschaft eingeweiht worden waren; allein dieser Gedanke ist sicherlich grundlos, denn die Kabbala enthält nichts, was der

Lehre Zoroasters ähnlich wäre. Sie ist in Judäa selbst aus den Verwirrungen einer spitzfindigen Schrifterklärung entstanden, und wenn sie je etwas anderem als sich selbst gleicht, so würde sie vermöge ihrer Lehrsätze eher den Anschauungen der Kabiren-Mysterien nahe kommen.

Die Kabbala zerfällt in zwei Hauptteile, die Merkava und die Bereschit. Die *Merkava* ist die gelehrte Kabbala, welche von Gott und den engelhaften Wesen handelt. Das Wort Merkava, welches „Wagen" bedeutet, ist eine Anspielung auf den geheimnisreichen Wagen in den Weissagungen Ezechiels. Bereschit ist das erste Wort der Schöpfungsgeschichte; die Kabbalisten wählten es, um jene andere Art von Kabbala auszudrücken, die auf Wunder ausgeht.

Das Wort Kabbala, welches „Annahme" bedeutet, ist selbst auf kabbalistische Weise aus dem Korrelativum *Mororah* gebildet, welches Überlieferung bedeutet.

Die Kabbala bestand als Bibelerklärung zur Zeit der Lagiden, weil man in der Übersetzung der Septuaginta zahlreiche Spuren davon findet. Sie bestand als Zauberei im ersten Jahrhundert des Christentums, da Josephus einige Werke dieser Art erwähnt, welche dem Salomon zugeschrieben werden. Diese gingen verloren, und das älteste kabbalistische Buch, das auf uns gekommen ist, scheint der *Zohar* von Simon Ben Jokai, einem Zeitgenossen des Joseph, zu sein. Man betrachtet es als die Grundlage der neueren Kabbala.

Wir werden es unterlassen, der Merkava in ihren hochfahrenden und eitlen Betrachtungen zu folgen, es wird uns genügen, auf den Vorteil hinzuweisen, welchen der Satan aus diesem Mittel zu ziehen wußte, um das religiöse Glaubensdogma zu verfälschen.

In den Augen der Kabbalisten geht die Schöpfung im Schoß Gottes selbst vor sich, infolge einer Wellenbewegung, die er von Anbeginn dem unerschaffenen Licht mitteilte, das seine eigene Wesenheit ausmacht. Diese Bewegung erzeugt zehn Wellen, die zehn Sepphiroth oder Ausstrahlungen Gottes und die zehn erschaffenen Welten, die an Vollkommenheit einander untergeordnet sind wie die Wellenkreise, welche durch einen Schlag auf der Oberfläche des Wassers entstehen, einander an Stärke in dem Maß untergeordnet sind, in welchem sie sich vom Mittelpunkt entfernen. Daraus folgt, daß alles dem Bilde Gottes, wie das Kleid der Gestalt des Leibes entspricht.

Auf diese Weise wird schon die Schöpfung geleugnet; alles entsteht durch Ausströmung von Gott, alles ist die Wesenheit Gottes selbst. Alles ist Gott. So sind wir schon mit dem ersten Schritt beim Pantheismus angekommen, welcher die Persönlichkeit, sowie das sittlich Gute und Böse nicht gelten läßt. Die neueren Kabbalisten geben diese Folgerung zu, wie sie auch von vielen der alten zugestanden werden.

Doch dies ist nicht alles. – Das unerschaffene Licht ist unkörperlich; daraus folgt, daß die Materie nur eitler Schein ist und in Wirklichkeit nicht besteht, und daß als notwendige Konsequenz alle Handlungen, die wir mit unseren Gliedern zu verrichten scheinen, keine Realität haben, und somit weder Gutes noch Böses und ihre Wiederholung weder Laster noch Tugend begründen können.

Auf der ersten Stufe der Emanationen erscheint *Adam Kadmon*, der unendliche, der göttliche Mensch; auf der letzten der irdische Adam der Mikrokosmos alles Bestehenden. Aus dem Adam Kadmon gehen die vier Welten hervor; *Asiluth*, die von den *Pasuphim*, himmlischen, nach dem Bild des Adam Kadmon gestalteten Geistern bewohnt wird; *Briah*, die von den *Cherubim*, den *Seraphim*, den *Malachim* und den *Beni Elohim*, d.h. von Geistern bewohnt ist, die stufenweise sich selbst, alle aber den Pasuphim untergeordnet sind; *Jesirah*, die von den *Klippoth*, und *Asiah*, die vom Menschen bewohnt ist. Als die Klippoth sich des Gehorsams gegen die Beni Elohim entziehen wollten, lenkten sie den Menschen auf ihre Seite; da sie aber dieses Ziel auch mit seiner Hilfe nicht erreichen konnten, brachten sie aus Rachsucht in ihrer Welt und in der des Menschen Unordnung und Verderbnis über alle Dinge. *Belial* ist der Oberste aller Klippoth, *Lilith* ist sein Weib.

Auf diese Weise verschwindet der Begriff von den puren Geistern, der Begriff von der Sünde; die Empörung geht nicht bis auf Gott zurück, und dem Menschen gegenüber bleibt sie nur eine zufällige Unordnung. Wenn der *Messias* kommt, hat er keine andere Aufgabe, als die Ordnung wieder herzustellen.

Die niedere vom Menschen bewohnte Welt ist von einer Menge Geister von verschiedenen Naturen bevölkert, welche je nach ihrer Natur in den vier Elementen wohnen; diese Geister haben zweierlei Geschlecht, und ihre Bestimmung ist, dem Menschen Freund und Diener zu sein. Die praktische Kabbala lehrt die Mittel, mit ihnen zu verkehren. – Der Mikrokosmos, der Abriß aller Welten, nimmt von dem ersten den Gedanken, von dem zweiten die Vernunft, von dem dritten die Leidenschaften, von dem vierten die natürlichen Begierden. Die meisten Kabbalisten geben ihm mindestens *zwei* Seelen: die eine ist die Quelle des Denkens und Wollens, in der anderen entstehen die Leidenschaften und das Gefühl; manche beschenken ihn mit einer dritten, welche jener der Tiere gliche, dies heißt der bloße Instinkt wäre. Dieses fremdartige Gemisch löst sich wieder in Folge des Todes, jedoch nicht augenblicklich, sondern allmählich und langsam, indem es von Welt zu Welt zurückwandert, wo jeder Teil wieder in sein Verwandtes heimkehrt, bis der letzte von dem anderen gänzlich getrennt, sich in den Schoß Gottes versenkt.

Wenn eine solche Lehre nicht der Widerspruch gegen alle göttliche oder menschliche Moral ist, so gibt es keinen mehr. Wenn da noch Pflichten übrig bleiben, so können sie nur auf Übereinkunft oder Schicksalsrücksichten beruhen; wenn Gesetze, so fehlt ihnen die Weihe. Hier bleibt keine Hoffnung, weder für die Tugend noch für das Unglück; das einzige Paradies des Menschen ist die Erde. Darum zeigt uns auch das Evangelium, daß zur Zeit des Erlösers viele Juden über dieses Leben hinaus keine Hoffnung trugen, und die meisten die Güter dieser Welt als die einzigen Gaben Gottes betrachteten.

Wie soll man aber von diesen Höhen zur *Bereschit* oder zur Zauberei der Kabbala niedersteigen? Immer durch die Schrifterklärung, denn die Schrifterklärung ist der Weg und das Mittel zur Kabbala.

Die Schrifterklärung hat drei Verfahrensarten: die *Themura*, die *Gematrie* und die *Notarik*. Die Themura besteht in der Versetzung der Buchstaben eines Wortes oder Satzes, und führt zu der großen Kunst des Anagrams, der Steganographie oder der Kenntnis der Geheimschriften, und zum Rückwärtslesen, wobei man einen Satz bei dem letzten Wort oder ein Wort bei dem letzten Buchstaben zu lesen anfängt. – Die Gematrie besteht darin, daß man jeden Buchstaben als Zahlenwert, jedes Wort als ein aus mehreren Nummern gebildetes Ganzes betrachtet; daraus ergibt sich, daß, indem man ein Wort durch ein anderes von gleichem Wert ersetzt, neue Verbindungen und neue Sätze entstehen, welche oft ungekannte Geheimnisse enthüllen. – Die Notarik ist die Kunst der Halbsäulen *(cippus)* und der Akrosticha. Der so ruhmreiche Name der Machabäer z. B. ist auf kabbalistische Weise aus den Halbsäulen des folgenden Satzes gebildet: *Ma kamoch ba elim Jehovah,* wer ist gleich dir, o Herr! unter den Starken?

Mittels dieser Verfahrensarten fand man in der Schrift alle Namen der Engel und Geister, dies heißt, der Klippoth, so viele man nötig hatte; indem man alsdann den Buchstaben ihrer Namen den doppelten Wert, den wahren und den Nennwert, den sie besitzen, beilegte, hatte man wirksame Mächte in der Hand, und die Zauberei der Kabbala war geschaffen.

Die zwölf einfachen Buchstaben entsprechen den zwölf Zeichen des Tierkreises, den zwölf Monaten des Jahres, den zwölf Gliedern des menschlichen Leibes; denn er hat zwölf, nicht mehr und nicht weniger. Die sieben zusammengesetzten entsprechen den sieben Grenzen aller Dinge, als da sind, oben und unten, Nord und Süd, der Aufgang, der Untergang und die Mitte, welche der Thron der göttlichen Weisheit ist.

Was sind überdies die Buchstaben? Sind sie nicht Bestandteile der Worte? Was sind aber Worte anderes, als die Namen der Dinge? Was ist ferner der Name eines Dinges anderes, als seine eigene Wesenheit? Daher konnte auch der gelehrte Reuchlin mit Recht sagen, daß die Kabbala eine symbolische Theologie sei, in welcher Worte und Buchstaben nicht die Zeichen, sondern vielmehr die Seele der Dinge, *res rerum* seien. Name und Ding können also eines für das andere genommen werden; in beiden findet sich die gleiche Kraft, der gleiche Wert. Der Name Gott, der eben Gott selbst ist, wie es überdies geoffenbart wurde, ist also ebenso mächtig wie Gott. Da Jehovah das Urbild aller Dinge ist, ist sein Name der Inbegriff des Weltalls; wer ihn ausspricht, nimmt die ganze Welt in den Mund, er erschüttert Himmel und Erde, und voll Bestürzung fragen sich Engel, welcher kühne Sterbliche es gewagt habe, die Elemente in solche Bewegung zu versetzen.

Wenn das Aussprechen des Namens schon so viel Gewalt hat, so kann er geschrieben nicht weniger besitzen. Schreibe also diesen furchtbaren Namen und trage ihn: du wirst unverletzlich, das Weltall wird dir untertan, du wirst allmächtig sein. Auf diese Weise sind wir beim *Talisman*, das heißt bei der magischen Kabbala angekommen. – Ehe wir auf die Einzelheiten derselben eingehen, fragen wir den gelehrten Kabbalisten nur, ob das Wort Brot und das Wort Geld selbst in hebräischer Sprache gesprochen und geschrieben, wohl einem gedeckten Tisch oder einer gefüllten Börse gleich zu schätzen wären?

Die Magie der Kabbala beschränkt sich fast ganz auf die Kunst der Schutzgehänge (Amulette). Es gibt davon mehrere Gattungen, die man je nach der Art, wie sie gefertigt werden, *Thephilim*, *Theraphim* und *Tetaphot* nennt. Man kann sie in zwei große Klassen einteilen: in die astrologischen und die biblischen Schutzgehänge.

Die *astrologischen* Schutzgehänge,[3] die aus den Prinzipien der Astrologie in Verbindung gebracht mit der Schrifterklärung entstanden waren, gehören in die Klasse der Abraxas und erhielten den Namen *Siegel*. Es gibt ein Siegel des Mondes, ein Siegel der Sonne, ein Siegel des Saturn, usw. Letzteres stellt ein rechtes Auge dar, und hat als Inschrift den göttlichen Namen *Abgaitar* und den Namen des Engels *Raphael*. Das Siegel Jupiters stellt das linke Auge dar, und trägt als Inschrift den göttlichen Namen *Karchhochetan* und den Namen des Engels *Gabriel*. Venus hat eine rechte Hand, den göttlichen Namen *Hakbathnach* und den Namen des Engel *Zadechiel* und so noch andere.

Die *biblischen* Schutzgehänge sind von vielerlei Art: die einen tragen als Inschrift den Namen Gottes, die anderen Namen von kabbalistischen Engeln; die dritten einige Aussprüche der Schrift, die auf den vorgesetzten Zweck sich beziehen; die vierten sind nach der Zahlenkunst entworfen.

Sicherlich sind jene Schutzgehänge, welche einen Namen Gottes tragen, die heiligsten und kräftigsten, allein die Kunst ist schwer, obwohl die Regeln bekannt sind. Vorerst muß man den Namen zur Inschrift zu wählen wissen; da gibt es einen Namen *Heptakontadyagrammaton*, dies heißt mit zweiundsiebzig Buchstaben, – einen Namen *Tessarakontadyagrammaton*, aus zweiundvierzig Buchstaben, – einen Namen *Dodekagrammaton*, aus zwölf Buchstaben gebildet. Dies sind die wirksamsten; nur kann man dabei so viele Irrtümer in der Art und Weise, die Buchstaben zu formen begehen, denn jeder hat seine Tage, seine Stunden und seine eigenen Mittel, ohne von den Einzelheiten der Anfertigung zu reden, daß man auf solche Schutzgehänge nur mit geringer Zuversicht zählen kann. Das *Tetragrammaton*, der Name mit vier Buchstaben, welcher *Schemhamphoras* genannt wird, wäre also bei weitem der beste; allein da bieten sich andere Schwierigkeiten dar, denn es gibt wenigstens vier Namen mit vier Buchstaben, *Jaij, Agla, Jehovah, Elohim*; welches ist aber der wahre Schemhamphoras? Viele Schriftsteller entschieden sich für Jaij, welcher den Vorzug hat, daß er eine Halbsäule bildet; er ist nämlich aus den Anfangsbuchstaben der

Worte *Jehovah, Adonai, Jah, Jaddud* gebildet, welches göttliche Namen sind, und sein Zahlenwert ist einunddreißig, derselbe wie der des Wortes „Ell", des ersten von den Namen Gottes. Nun entgegnet man aber, daß dieser Vorzug durch einen Mangel aufgehoben werde, da die Halbsäule nicht vollkommen sei, weil die Worte, aus denen sie gebildet ist, keinen Satz ausmachen. Agla sei vorzuziehen, wenigstens als vollkommene Halbsäule, da es aus den Anfangsbuchstaben der Worte *Atah gabor leolam, Adonai*, du bist ewig mächtig, o Herr, zusammengesetzt ist, eine Bedeutung, die jedem Zweck, den man sich vornehmen mag, entspricht. Gleichwohl scheint die Mehrheit der Meinungen vorzugsweise auf Jehova hinzuströmen; Elohim ist wenig beliebt, und dennoch gibt es bei dem Wort Jehovah bedeutende, ja unlösbare Schwierigkeiten; wie soll man es aussprechen, wie soll man es schreiben?

Ohne von der Veränderung in den Schriftzeichen und vielleicht auch in der Sprache zu reden, welche unter der Verwaltung Esdras vor sich ging, einer Veränderung, welcher die Kabbalisten nicht die geringste Beachtung gönnen, während sie doch für den Wert der Grundsätze ihrer Kunst von größter Wichtigkeit ist, so bleibt es immer gewiß, daß dieser Name nicht gesprochen wird, wie er geschrieben ist, und es ist sehr wahrscheinlich, daß er jetzt nicht mehr geschrieben wird, wie ihn Moses geschrieben hat. Die Kabbalisten behaupten, daß ihre Väter aus Ehrfurcht für diesen anbetungswürdigen Namen, und damit er nicht in das Gebiet des Alltäglichen herabsinke, die ursprüngliche Schreibweise geändert hätten: Eine solche Behauptung könnte wohl wahr sein, und sie scheint dies um so mehr, als sie seit dem sechsten Jahrhundert des Christentums beharrlich wiederholt wird. Alle alten Bibelhandschriften und solche aus den ersten Jahrhunderten waren das Werk der israelitischen Schriftgelehrten, die alle oder beinahe alle von der Kabbala angesteckt waren. Schon am Ende des sechsten Jahrhunderts behaupteten die Juden, daß die Art, wie der Name Gottes gesprochen oder geschrieben werden soll, für jedermann ein Geheimnis sei; außerdem, sagten sie, könnte jeder Wunder wirken und wäre jeder imstande, die Gesetze der Natur umzustürzen. Zudem bemerkten sie noch, daß die Propheten und heiligen Gottesmänner kein anderes Geheimnis gehabt hätten; daß es bei Josue, nachdem er von Moses unterwiesen worden war, genügt habe, in der gehörigen Weise diesen anbetungswürdigen Namen auszusprechen, um die Sonne zum Stillstand zu bringen. Sie behaupteten weiter, der Heiland habe sich dieses Namens heimlich bemächtigt, indem er sich in das Heiligtum eingeschlichen habe, wo er ihn auf ein Stückchen Pergament kopierte, das er hierauf in einer an seinem Fuß absichtlich gemachten Wunde verborgen habe, um sich entfernen zu können, ohne daß der Diebstahl von den Priestern oder den goldenen Cherubim, welche zur Wache des Allerheiligsten aufgestellt waren, bemerkt wurde. Sie vergaßen, daß es zur Zeit des Erlösers weder eine Bundeslade noch Cherubim mehr gab. Die weniger unterrichteten Juden jener Periode beschuldigten den Sohn des Zimmermanns, wie sie ihn nannten, in allem Ernst, daß er seine Wunder durch den Namen Beelzebub, den Fürsten der Dämonen, gewirkt habe. Es ist wahr, daß sich hier etwas Kabbala zeigte. Und in der Tat war sie damals in der Blüte, was in Ermangelung anderer Beweise schon aus jenem Namen und jener Klassifikation zu entnehmen wäre; allein es gibt noch entscheidendere Zeugnisse dafür. Schon damals warf der Heiland den Schriftgelehrten vor, daß sie mit ihren angeblichen *Überlieferungen* das Gesetz verfälschten. Eine sehr deutliche Anspielung auf eben diese Überlieferung macht auch der heilige Apostel Johannes in der Offenbarung: „Es wird eine Zeit kommen", sagt er, „wo niemand kaufen oder verkaufen kann, außer wer den Namen oder das Malzeichen des Tieres oder die Zahl seines Namens hat. Wer Verstand hat, berechne die Zahl des Tieres; es ist eines Menschen Zahl und seine Zahl ist sechshundertsechsundsechzig."[4] Unter der großen Anzahl von Namen, denen diese Zahl entspricht, führen wir nur die symbolischen Namen des Antichrists an: *Teitan, Lampetis, Lateinos, Artemos.* Die Zahl sechs schließt einen geheimnisreichen Sinn in sich, der noch viel geheimnisreicher ist, wenn sie wie hier, dreimal wiederholt wird, um so mehr als die Summe das Produkt von sechs ist, wenn es zweimal mit sich selbst, alsdann mit drei multipliziert wird, und zu diesem Produkt das von dreimal sechs addiert wird.

Hinsichtlich jener Schutzgehänge (Amulette), welche die Namen von Engeln tragen, haben wir bereits gesagt, daß ein Teil auf eine ziemlich willkürliche Weise angefertigt wird; man wählt auch solche, die sich in der Bibel schon ganz und zwar auf eine nicht weniger willkürliche Weise zusammengesetzt finden; zum Beispiel das Wort Schiauriri, welches viele Personen mehrmals und in der Form eines Winkelmaßes geschrieben bei sich tragen, um die Augen zu heilen. Der Verfasser der Genesis bezeichnet, indem der von der Blindheit redet, mit welcher die Engel die lasterhaften Bewohner Sodoms schlugen, ihre Handlungen durch das Wort: *beschiauriri.* Wer erkennt nicht hieraus, daß Schiauriri der Engel des Gesichts ist und daß sein Name vor Blindheit bewahrt.

Die Schutzgehänge, welche als Inschrift einige Stellen der Schrift enthalten, sind die einfachsten; die Wahl der Sätze wird durch den Zweck bestimmt, den man erreichen will. Man schreibt sie auf Pergamentstreifen, die man dann als Stirn- oder Armbänder trägt, gemäß der Aufforderung im zweiten und fünften Buch Moses,[5] auf Stirn und Händen die Erinnerung an die großen Wunder einzugraben, welche Gott zugunsten der jüdischen Nation gewirkt hat.

Es gibt auch eine besondere Inschrift namens Mesusah welche aus V. Buch Moses Kap. VI. V. 4-9. und Kap. XI. V. 13-21. besteht. Diese Stellen enthalten die eindringlichsten Ermahnungen hinsichtlich der Beobachtung des Gesetzes, und schließen in folgender Weise: „Dies schreibe auf die Schwelle und die Tür deines Hauses."[6] Darum wird die Mesusah in ein Futteral eingehüllt, an den Türen der Wohnung aufgehängt, wo sie jeder beim Ein- und Austritt mit dem Finger berührt, und den Finger küßt, der sie berührt hat. Wer möchte aber, wenn man von der groben Deutung absieht, den frommen Gebrauch tadeln? Ist er nicht eine immerwährende Aufforderung zur Beobachtung des göttlichen Gesetzes und eine rührende Erinnerung an das ferne Vaterland?

Da den Kabbalisten die Bibel für alles galt, suchten sie in der Bibel, was nicht darin war, und fanden es auch eben vermöge der Art und Weise, wie sie es suchten. Nachdem sie die Zahlen der Namen Gottes und der Engel berechnet hatten, bildeten sie daraus magische Vierecke, dies heißt Zahlenwerte, die in solcher Ordnung gestellt waren, daß man sie nach einer beliebigen Reihe zusammenzählen konnte, ohne daß sich die Gesamtsumme veränderte; alsdann schrieben sie dieselben, Aberglauben auf Aberglauben häufend, auf Jungfernpergament, um ihnen größere Macht zu geben. Jungfernpergament nennt man dasjenige, welches aus dem Fell eines Tieres, das noch nicht befruchtet worden ist, bereitet wird.

Mit der Kunst der Schutzgehänge verband sich die Kunst der *Beschwörungen*. Welche Engel und Geister mußten nicht mittels der unwiderstehlichen Macht der geheimnisreichen Namen Gottes gebannt werden? Wenn die Heiden mittels der Zauberei die Engel und die Seelen der Verstorbenen beschwören konnten, durften dann die Juden, die doch im Besitz der wahren Wissenschaft waren, zurückbleiben? Man drängte also in die seltsamsten Formeln die Worte Agla, Sabaoth, Tetragrammaton, Ell, Elohim und alle diejenigen zusammen, denen man die größte Macht zuschrieb; und um diesen Formeln ein größeres Ansehen zu verschaffen, setzte man sie auf die Rechnung Salomons, der doch zu weise war, um sich je mit solchen Albernheiten zu beschäftigen. Wenigstens hatte er nicht gesagt, daß Gott Schutzgehänge mit Inschriften auf der Stirn und an den Händen trage und sich auf die Knie werfe, um seine Gebete zu verrichten.

Achtes Kapitel

Religiöser und sittlicher Zustand der Menschheit um die Zeit der Erscheinung des Christentums

Während sich die antike Glaubenslehre in Judäa zu verfälschen begann, sank die Beobachtung des Gesetzes zu äußerlichen Übungen herab, und die pharisäische Strenge verwandelte sich in Heuchelei; die Sadduzäer ließen dem Menschen keine andere Hoffnung und keinen anderen Trost, als die Güter des gegenwärtigen Lebens; die Kabbala führte tausendfältigen Aberglauben ein; und obwohl Herodes den Tempel in aller Pracht wiederaufbauen ließ, begünstigte er dennoch die Sitten und Gebräuche des Heidentums; noch ein Jahrhundert in dieser Richtung, und das Gesetz Moses wäre von neuem unter all diesem wuchernden Unkraut verschwunden.

Die griechische und römische Welt hatten den Begriff von Gott gänzlich verloren; es blieben nur Gottheiten übrig, welche die Einbildungskraft erzeugt hatte und welche ebensowohl wie die fabelreiche Religionslehre, die damit verknüpft wurde, der Vernunft und dem gesunden Verstand widerstrebten.

Selbst die Idee der Gottheit war in der allgemeinen Achtung so tief gesunken, daß man die Götter nicht zu beschimpfen glaubte, indem man in ihre Reihen blutdürstige Tyrannen wie Augustus und Tiberius, schamlose Wichte, wie Hephästion und Antinous, Buhlerinnen, wie Acca Laurentia, Lais und Lamia, Räuber wie Teophonius und sogar Tiere, wie die Ziege Amalthea, das Pferd Akteon und den Hund Agriodos einführte.

Was Ägypten, diese alte Wiege der abendländischen Zivilisation betrifft, so war hier das Übel noch größer, denn der Götterpalast, dies heißt, das Paradies jener Zeit war beinahe ausschließlich von Tieren bewohnt. Außer der Katze Oelurus, den Stieren Apis und Muevis, dem Bock Azazel von Mendes hatte jeder Bezirk, jede Stadt, jedes Dorf seinen Gott aus der Tierwelt; und diese Götter hatten Priester, und Priester und Volk beteten sie an, richteten Gebete an sie und brachten ihnen Opfer dar, und zuweilen führten benachbarte Bezirke ihrer Götter wegen erbitterte Kriege miteinander.

Es war wohl ein schönes Schauspiel, ganze Massen Volk vor einem Hund auf die Knie fallen zu sehen; ein Affe oder eine Katze mußte sich in lustigen Zuckungen winden, wenn sie den Duft des Weihrauchs hinnahmen. Und wären sie auch mit Vernunft begabt gewesen, so hätten sie doch über so verblendete Verehrer gelacht, die ihre Bewegungen als Orakel betrachteten.

Neun ägyptische Städte, Koptos, Aesinoe, die beiden Krokodilopolis, Ombos, Theben, Elephantine, Syene, Philes beteten die Krokodile an; Oxyrinchus verehrte einen Hecht; Pelusium und Kasium Zwiebel, und zwar auf eine Weise, daß ihre Erklärung unstatthaft ist;[1] Athribis und Buto die Spitzmäuse; Hermonthis, Heliopolis und Memphis einen Stier; Momemphis, Chusa und Aphroditopolis eine Kuh; Papremis einen Bären; Lykopolis einen Wolf; Herakleopolis ein Wiesel; die beiden Hermopolis und Babylon einen Affen; die beiden Hierakompolis einen Sperber; Sais eine Eule; Theben einen Adler; Latopolis einen Goldbrassen; Lepidotum einen Karpfen; Metelis, Terenuthis und Knuphis Schlangen; Taposiris den Senf; allein alle aufzuzählen, würde zu weit führen.[2]

Nicht klüger waren die Morgenländer, weil sie Sonne und Mond zum Gegenstand ihrer Anbetungen wählten: zu Babylon unter den Namen Baal und Baaltis, Adab und Atergatis in Syrien, Adramelech und Anamelech in Assyrien; Aglibelus und Malachbelus zu Palmyra: ohne die Verehrung zu rechnen, welche den Planeten und den glänzendsten Sternen, sowie einer Menge von Luftgeistern jeden Geschlechtes und Ranges erwiesen wurde, deren Geschichte ebenso wunderbar, wie die griechische und römische Göttergeschichte und nur nicht so reich an Abscheulichkeiten ist. – Die sogenannten barbarischen Völker, wie die Britannier, die Gallier, die Germanen unterscheiden sich von diesen allen nur durch eine einfachere Religion und rohere Anschauungen. Der grausame Moloch der Phönizier aber herrschte in ganz Afrika.

Und alle diese Götter forderten Menschenopfer, Menschenblut, reichliches Blut: Menschenopfer und zahlreiche Opfer, Männer, Weiber, Kinder, und besonders Kinder forderte Moloch; zahlreiche Menschenopfer begehrten die Götter der Druiden in Britannien, Gallien und Germanien; Menschenopfer forderten die Götter Griechenlands, Menschenopfer die Götter der Römer. Ja, die Römer, welche in den eroberten Ländern die Menschenopfer abschafften, schlachteten solche bei ihnen selbst zu Rom: wie viele wehrlose Bürger jener Nationen, denen sie Schrecken eingejagt haben, haben sie nicht auf dem Forum oder an den Grenzen des Reiches lebendig begraben! Menschenblut, Opfer von Kindern beiderlei Geschlechts forderten die Götter Griechenlands; die grausame Diana Orthosia, die sich auf Tauris an Menschenopfern weidete, war den Lakedämoniern nicht unbekannt. Wenn sie ihr in den letzten Zeiten keine Lebenden mehr darbrachten, so geißelten sie zu ihren Ehren wenigstens ihre Kinder auf die grausamste Weise, um ihr Blut zum Opfer zu bringen; Menschenopfer forderten die Götter des Morgenlandes, wie die Assyrier und Babylonier zeigten, welche von Salmanassar entsandt wurden, um nach der Vernichtung des Reiches Jeroboams Samaria wieder zu bevölkern.[3] Menschenblut forderte Baal, und in Ermanglung eines anderen nahm er das seiner Priester.[4]

Mit unziemlichen Handlungen ehrte man Moloch, den Gott von Tyros, Sidon, Samaria, Karthago; die Venus, die Göttin der Griechen und Römer; die Isis, die Göttin der Ägypter; Bel, den Gott Babylons; die Milytta, die Göttin der Assyrier. Werfen wir jedoch einen Schleier über diese Abscheulichkeiten, und lassen wir noch unreinere Gottheiten in Vergessenheit ruhen. Schweigen wir von den Kollegien der Priester und Priesterinnen, welche dem Dienst dieser unlautern Gottheiten geweiht waren und zu einer solchen Ehre nur gelangen konnten durch Verzichtleistung auf ihre eigene Ehre. Ebensowenig können wir die unanständige Form vieler Götterbilder beschreiben, die öffentlich verehrten Bildnisse bei ihren Namen nennen, oder auch nur andeuten, welche zu Rom und zu Memphis von den Frauen der edelsten Familien in feierlichem Zug umhergetragen wurden.

Unflat als Gottheit, – Menschenblut und Kot als Opfer – die herabgewürdigte Menschheit als Opferpriester aufgestellt: dies galt hier als höchstes Wesen – als Gottesdienst – als Priestertum.

Und bei dieser Gottesverehrung handelte es sich nicht um Anbetung, nicht um Liebe, nicht um Gebete; nur die Juden und Christen wußten Gott anzubeten und anzuflehen, sie allein wagten, ihn zu lieben. Hinsichtlich der falschen Götter handelte es sich lediglich darum, sich ihr Wissen oder ihre Macht zu Nutzen zu machen, ihren Zorn zu besänftigen, sich von ihrer Rache loszukaufen oder gegen ihre Verfolgungen zu schützen, indem sie die einen Götter den andern entgegenstellten; eine selbstsüchtige Gottesverehrung, reine Magie, Theurgie (magischer Verkehr mit Geistern) vom Anfang bis zum Ende. Aus diesem Grund wurden für schimpfliche Götter eine schimpfliche Gottesverehrung und für verabscheuungswürdige Götter entehrte Priester erfordert; denn die Götterlehre hatte im Himmel die Vorbilder aller Laster untergebracht, die Tugend aber war darin nicht zu finden. Von den Tausenden, welche den Olymp bewohnten, wurde eine einzige Gottheit tugendhaft genannt, nämlich Isis, und man weiß, um welcher Tugend willen; eine einzige wurde keusch genannt, nämlich Diana, man muß aber den Namen Endymion vergessen; den Beinamen keusch gab man auch der Lucina, allein im entgegengesetzten Sinn; ein einziger Gott, Jupiter, wurde jemals gut genannt, allein dies geschah aus Schmeichelei. Nicht eine einzige Tugend findet sich im Himmel der Heiden, dafür aber alle Arten von Lastern und Ausschweifungen.

Welcher Art mußten aber die Tugenden und Sitten der Verehrer solcher Gottheiten sein? – Bloß öffentliche Tugenden und Sitten, deren Maß und Richtschnur das Gesetzbuch war, oder vielmehr – es bestanden solche überhaupt nicht, da die Dinge, welche wir Tugenden und Sitten nennen, in der menschlichen Sprache nicht einmal einen Namen hatten. Das Wort *virtus*, welches man zur Bezeichnung des Begriffs Tugend wählte, kommt von *vir*, das heißt ein kraftvoller Mann und bedeutet den Mut des Bürgers; das Wort *mores*, die Benennung für Sitten, kommt von *mos*, daß heißt Brauch und Herkommen, so daß die guten Sitten in der Übereinstimmung mit den (selbst bösen und sträflichen) Gebräuchen, und die bösen in allem dem bestanden, was davon abwich. Man schließe nun von einem solchen Geschlecht die Nächstenliebe, die *caritas* aus, denn bei den Römern bedeutete dieses Wort Eigenliebe; es kommt von *caro*, Fleisch, und erstreckt sich vom Vater und Mutter auf die Kinder.[5] – Man sondere die Nation in zwei Teile, von denen der eine aus Sklaven, der andere aus Herren mit Gewalt über Leben und Tod besteht, umgebe sie mit Weichlichkeit und Wucher, unterdrücke in ihnen die Furcht vor der Hölle und die Hoffnung des Paradieses, und man wird alsdann eine schwache Vorstellung von jenem Zustand fassen können, in dem sich die heidnische Welt befinden mußte, in dem sie sich wirklich befand.

So weit hatte der Satan die Menschheit gebracht, als Gott den *Messias*, den er vor fünftausend Jahren verheißen hatte, gerade zu der Zeit in Judäa erscheinen ließ, als diese Menschheit im Begriff war, in ihr Verderben zu stürzen und sich selbst aufzulösen; gleichwie er den Abraham eben damals berufen und ausgeschieden hatte, als die Vielweiberei und der Götzendienst auf dem Erdkreis überhand nahmen.

Anfänglich ein schwaches Kind, wird er von dem Haß Satans verfolgt, der ihm in der Wiege den Tod zu geben versucht, und um seinen Zweck desto sicherer zu erreichen, durch die Hände des Herodes Tausende von andern Kindern hinschlachten läßt. Wenn er sodann gewahrt, daß ihm eben dasjenige entschlüpft ist, auf das er es abgesehen hatte, so freut er sich doch wenigstens darüber, eine so große Untat veranlaßt, so viele Tränen entlockt und so große Ströme von Menschenblut hervorgerufen zu haben.

Wie dann der göttliche Heiland das Mannesalter erreicht und nun eine himmlische Lehre zu verkünden beginnt, die einen vollkommenen Widerspruch gegen die auf dem ganzen Erdkreis als Wahrheit verbreiteten Lehren des Satans bildet, und Beispiele gibt, die in vollkommenem Gegensatz wider die ebenfalls überall als Richtschnur des Guten und Bösen angenommenen Gebräuche und Gewohnheiten stehen, verfolgt ihn der Satan von neuem, indem er allen Haß, alle Leidenschaften, alle Vorurteile gegen ihn aufregt, und da er seine Stimme nicht zu ersticken vermag, ihn dem schimpflichsten Tod überliefert, damit dieses Wort, das er fürchtet, zum Schweigen gebracht, und die Lehre, die er haßt, unter einem Berg von Schmach und Schande begraben werde.

Allein vermöge eines Wunders, das der Satan nicht in Berechnung gezogen hat, entrichtet der Messias eben durch den Tod, den er erduldet, Gott den Preis für alle Missetaten, welche der Satan veranlaßt hat; die messianischen Beispiele und Lehren werden dem Herzen und dem Gedächtnis von zwölf Männern anvertraut, welche den Auftrag erhalten, sie über den Erdkreis zu verbreiten; der göttliche Geist, welcher fünfzig Tage darauf über sie herabkommt, erfüllt sie mit größerem Mut, als je ein Held besessen hat, mit mehr Weisheit, als je bei Philosophen gefunden wurde, mit höherer Macht, als die Fürsten der größten Länder und die Beherrscher der weitesten Reiche je in sich getragen haben.

Jetzt dann werden die himmlischen Tugenden, die heilige Wahrheit, die göttlichen Offenbarungen, in das Herz der Menschen eingepflanzt, um mitten im Reich des Satans den Staat Gottes zu gründen. Diese anfänglich so schwache und kleine, aber zu großem Wachstum bestimmte Macht zersetzt und zerteilt die Bestandteile der von dem Satan mit so vieler Sorgfalt, Arglist und scheinbarer Übergewalt gegründeten Reiche, und bildet aus ihren Trümmern neue Staaten und Reiche, die sich christliche nennen.

Die Schlange ist also überwunden, es ist ihr der Kopf zertreten worden, aber immer noch sucht sie in die Ferse zu stechen, unter der sie darniederliegt.

Sie stellt Glaubenssatz gegen Glaubenssatz, Sittenlehre gegen Sittenlehre, Kirche gegen Kirche auf; dieses Werk heißt Gnostizismus. Sie widersetzt sich mit Feuer und Schwert drei Jahrhunderte lang, und dieser Widerstand heißt Christenverfolgung. Durch verderbliche Lehren, durch Schisma und Häresie ruft sie Spaltungen hervor, und dies bezeichnet man mit Arianismus, Nestorianismus, Protestantismus, Jansenismus, Donatismus, Mohammedanismus, Orthodoxismus und hundert anderen Namen. In den niederen Schichten der Gesellschaft unterhält sie die Unwissenheit, die schlechten Sitten, die Künste der Magie, den Kultus des Fleisches, die

Gewohnheiten des Heidentums. Zuweilen kommt das Ärgernis von oben durch die schlimmen Fürsten, die Lehrer der Wissenschaften und der Philosophie; allein dies alles sind eitle Bemühungen, vorübergehende Triumphe: die Kirche der Zwölf gewinnt nach und nach allen Boden wieder, den sie verloren hat; vergebens ist der Sturm über das Schifflein dahingebraust, vergebens haben es die Fluten des Meeres bedeckt; das göttliche Werk geht der Eroberung der Welt entgegen, bald schneller bald langsamer, aber zu aller Zeit und ohne Stillstand.

In der göttlichen Weltordnung bildet der Satan die Opposition. Bei diesem Werk der Finsternis und des Unheils, das er im Schoß der christlichen Gesellschaft vollbracht hat, werden wir ihm fortan folgen.

Was die Nationen betrifft, welche fortwährend unter seiner Herrschaft blieben, so hat er sie in einen solchen Zustand geistiger Verkommenheit, sittlicher Entwürdigung oder Versumpfung geführt, daß bei den meisten eine Wiedergeburt unmöglich ist, und viele ausgestorben sind oder sich selbst ausgerottet haben. Für sie ist das Licht des Evangeliums und der christlichen Zivilisation, was das Tageslicht für die Nachtvögel ist; sie fliehen es, weil sie es nicht begreifen, und besonders weil sie es nicht ertragen können. Als die Europäer Amerika entdeckten, fanden sie dort nur mehr Überreste von ehemals großen und blühenden Nationen, oder unter dem Namen von Volksstämmen unförmige Trümmer anderer Überreste von Nationen, die ebenfalls eine große Rolle gespielt hatten. Die Denkmale und Ruinen, womit Amerika bedeckt ist, zeugen von einer Zivilisation, die in ferne unerforschte Jahrhunderte hinaufreicht.

Man darf in der Tat nicht glauben, daß die Eingeborenen Amerikas Urstämme von Völkern sind; sie sind nur zerstreute Trümmer, die sich nicht mehr zusammenzuhalten vermochten. Und was Josue als Werkzeug der Vorsehung in Palästina vollbrachte, geschah hier durch die Spanier und Portugiesen: die Austilgung unwiederbringlich verlorener Völker. Es ist nicht unsere Absicht, die Grausamkeiten zu rechtfertigen, welche man den Eroberern zur Last legt, ebensowenig als die Ausrottung der Bewohner von Hai oder Jericho durch Josue; dieses alles bedarf keiner Rechtfertigung; Gott hat es getan. Nur schickten die Spanier ihren Soldaten Missionare voraus, was Josue nicht tat.

Die Franzosen und die Engländer jedoch, weniger auf Eroberungen bedacht, drängten, um sich Raum zu verschaffen, jene Völkerschaften, die sich nicht in ihre Gesittung fügen wollten, und auch nicht mehr fähig sind, sich mit irgendeinem zivilisierten Volk zu verschmelzen, in die Wüsten und Wildnisse zurück, wo sie denn allmählich aussterben.

Seit drei Jahrhunderten haben die christlichen Missionare Schweiß und Blut in Strömen vergossen, um diese Wilden zu bekehren, und Werke vollführt, deren nur Missionare fähig sind. So haben sie ihre eigene Heiligung gewirkt und eine Menge fremder Seelen gerettet. Und doch, ohne ihr Verdienst verkleinern zu wollen, was war das Ergebnis ihrer Bemühungen? Wo sind die bekehrten, für die Zivilisation gewonnenen Völkerschaften, wo sind jene Völkerschaften, die auch nur das Bedürfnis erkannt hätten, ihre Nacktheit mit einem Kleid zu verhüllen? Dies ist ein bis jetzt zukunftsloses Unternehmen, weil es keine Priesterschaft hat und es unmöglich ist, dort eine solche heranzuziehen. Seit drei Jahrhunderten leben diese Unglücklichen im Dämmerlicht des Christentums und der christlichen Zivilisation, ohne davon etwas zu begehren, zu begreifen oder sich anzueignen, außer den Feuergewehren und dem Pulver, womit sie sich gegenseitig leichter vertilgen können, oder dem Branntwein, womit sich jeder selbst schneller aufzureiben vermag.

Haben jene schönen und blühenden Niederlassungen zu Paraguay, von denen die Jesuiten so viel Aufhebens machten und für deren Schicksal Europa so große Teilnahme zeigte, irgendwo anders als auf dem Papier existiert? Oder wenn sie, was eben bestritten wird, bestanden haben, was ist davon übriggeblieben?

Ebenso wie amerikanische, so gibt es auch polynesische Völkerstämme; allein seit den zwanzig oder dreißig Jahren, während welcher die europäischen Missionare die Inseln des großen Ozeans mit ihrem Schweiß und Blut tränken, um dort mit ihrem Wort und großartigem Beispiel das Evangelium zu verbreiten, haben sie nicht eine einzige christliche Kirche von Dauer gegründet. Warum? Weil es bis da noch nicht gelungen ist, die Notwendigkeit der Arbeit, der Bekleidung und der Errichtung von Häusern ihnen begreiflich zu machen. Die einen wie die anderen gleichen dem Haustier, welches oft eine Ruhebett zurechtrichten sieht und sich darauflegt, oder, das ein glänzendes Halsband trägt: es wird niemals einen Platz bequem machen lernen, und wenn das Halsband entfällt, wird es um so schneller entlaufen, ohne je daran zu denken, es aufzuheben.

In diesen Zustand hatte der Satan die Völker gebracht, die lange Zeit unter seiner Herrschaft standen, und wohl muß der Schöpfer sie einer Wiedergeburt für unfähig finden, da er, anstatt sie zum Licht und zur Zivilisation zu berufen, andere Volksstämme zu ihnen schickt, welche sie zurückdrängen, sie vertilgen und an ihre Stelle treten.

Viele asiatische Völker sind vielleicht einer Wiedergeburt unfähig, weil sie die Mannhaftigkeit verloren haben. Ihre Natur widerstrebt jenen Opfern, welche die Tugend auferlegt, ihr Mut ist zu schwach für das Heldenwerk, welches die Religion in ihren Anfängen fordert, ihr Geist ist unempfänglich für die Wahrheiten, welche der Glaube lehrt. Die Römer unter Augustus konnten Christen werden, weil sie Männer waren; die unter Augustulus taugten zu nichts mehr, als zum Futter für die Barbaren.

Es findet in der Menschheit eine von Stamm zu Stamm fortschreitende Verschlechterung statt, welche die abgelebten Familien und Völker zum Rand der Vernichtung führt, wenn nicht ein von der Vorsehung angeordnetes Ereignis sie zur rechten Stunde wieder aufrichtet. Auf diesen so tatsächlichen und wahren Gedanken ist in Europa das öffentliche und das private Recht gegründet. Wofür sonst der Erbadel, den die Gesetze eines Tages abschaffen können, zu dem man aber in der Wirklichkeit immer wieder zurückkehren muß? Wofür die Erblichkeit der Güter? Woher die Erblichkeit der Schande und der Verachtung? Woher bringt das Kind, das zur Welt kommt, Fähigkeiten und Anlagen, Triebe und Neigungen mit, die je nach der Völkerschaft oder Familie, welcher es angehört, so verschieden sind, und die von der Erziehung niemals gänzlich ausgerottet werden können? Das Laster nimmt also Fleisch an im Menschen, wandelt sein Wesen allmählich um und führt es dem Verfall entgegen.

Nur selten findet das Gegenteil statt; auch ist stets die göttliche Gnade nötig, um das Gute zu unterstützen, während man im Bösen nur dem natürlichen Hang und dem Antrieb Satans zu folgen braucht. – So ist denn von den Negerstämmen nichts mehr zu hoffen, ebensowenig von den mohammedanischen Völkern. Sie lassen sich nicht bekehren, sie lassen sich nicht umwandeln, sie sind dessen nicht mehr fähig. Das Gebrechen ist verjährt, und ihre Natur ist in solchem Grad herabgewürdigt, daß jene Kinder, die ihnen aus der Wiege weggenommen und sodann von christlichen Händen mit der größten Sorgfalt erzogen werden, sich vor dem Alter der Mannbarkeit der Vormundschaft entreißen – gezähmten Wölfchen gleich, die, solange sie jung sind, schmeichelhaft und folgsam bleiben, sobald aber Krallen und Zähne gewachsen sind, den Wäldern zueilen.

Alle Länder, die sie bewohnen, entvölkern sich gerade vermöge ihrer Sitten und ihrer Religion; und es ist dies um so besser. Sie wären schon längst nicht mehr – weder in Europa noch in Kleinasien –, wenn die christlichen Völkerschaften jener Länder, die sie inne haben, katholische Völkerschaften gewesen wären. Man erinnere sich an die Geschichte Spaniens von Pelagius bis auf Isabella. Allein was vermag ein Zweig, der vom Stamm losgerissen und der Verdorrung geweiht ist?

Karl X. beging einen großen Fehler, indem er das schismatische Königreich Griechenland errichtete. Vielleicht ist er eben zur Sühne für diesen Mißgriff in die Verbannung gegangen.

Man rede nicht von der Macht des schismatischen Rußlands; durch die nahe bevorstehende Umwälzung wird es dem Katholizismus und anderen Zielen entgegengeführt; alsdann aber wird es nicht mehr Rußland sein, sondern ein Konglomerat aus mehreren verschiedenartigen Nationen.

Neuntes Kapitel

Ein Blick auf den in nichtchristlichen Ländern
jetzt üblichen Satans-Kult[1]

BEI DEN BARBARISCHEN VÖLKERN HAT DIE ZAUBEREI nie aufgehört die wichtigste Religionsübung zu bilden und bei mehreren macht sie sogar das ganze Wesen der Religion aus.

In den unzivilisierten Ländern entscheidet der Zauberer über die Schicksale der Menschen und des Staates. Er bezeichnet die für alle Kämpfe und Raubzüge günstigen Tage und Stunden; er bestimmt für Jagd und Fischfang die geeigneten Stellen und heilt die Kranken durch Anrufung der Geister.

In allen unzivilisierten Ländern ist es, wenn das Meer tobt und wütet, ein böser Geist, der es peitscht; wenn die Winde sausen, so sind es Dämonen, welche den Sturm zusammentreiben; wenn die Vulkane Flammen speien, so sind es Dämonen, welche das im Schoß der Erde verborgene Feuer anfachen. In den Augen der Nationen Polynesiens ist *Pel*, wenn der Boden unter den Füßen erbebt, wenn Ströme flüssigen Schwefels aus dem Schlund feuerspeiender Berge hervorbrechen, gewaltig und furchtbar ergrimmt.

Der armseligste, der roheste, der niedrigste aller Menschenstämme, der Negerstamm, der in manchen Ländern von dem Menschen nur die Gestalt und das Sprachvermögen bewahrt zu haben scheint, ist auch am meisten dem Aberglauben unterworfen, und kein anderer gibt sich wohl den Zauberern mit größerem Vertrauen hin. Die ewige Lieblingsbeschäftigung des Negers von Guinea z. B. ist, *Grigri* zu sammeln, sie nach angenommenen Regeln herzurichten, seine Pfeile und Lanzen mit ihnen zu schmücken, ihnen Geschenke darzubringen, ihnen Ehren zu erweisen und Gebete vorzumurmeln. Eine Feder, ein Beinchen, ein schillerndes Insekt, das Auge eines Schakals, ein Zahn einer Schlange, eine lebendige Schlange, ein Landkrebs, dies sind seine Schutzgeister, seine mächtigen Götter.

Allein der Aberglaube der schwarzen Völkerschaften ist nicht immer so harmlos; man braucht nur an die *grausamen Zauberkünste* der Kaffern und an die Menschenopfer zu erinnern, welche die Giagas von Bengela dem Dämon darbringen, den sie Mokisso nennen, Opfer, denen einen ganzen Tag andauernde Beschwörungen vorausgehen und Festgelage mit Menschenfleisch folgen. Dies ist der vollständigste Sieg, den der Satan über die gefallene Menschheit davongetragen hat, da er die Menschen dahin brachte, daß sie sich selbst aufzehrten. Jedermann zittert vor der Macht der *Gangas* von *Kongo*; sie wissen den Sturm abzuwehren, Krankheiten zu beschwören, Plagen auf die Erde herabzurufen; der König selbst neigt sich vor ihrem Obern, der den Titel Schalombo führt. Die *Albinos* von Loange sind Zauberer von Geburt und leben dafür auf Kosten des Staates;

ihre Mokissos sind jedoch nicht so grausam wie die von Bengela. Auf *Madagaskar* besteht eine Fabrik von wundertätigen Talismanen, wovon die Zauberer der Provinz Matotan das ausschließliche Monopol besitzen.

Auf den *Neu-Hebriden* und der Inselgruppe *Viti* sind die Zauberer Ärzte und Priester zugleich, aber alle ihre Wissenschaft in diesen beiden Gebieten beschränkt sich auf Beschwörungen, Bezauberungen und Hexerei.

Die Inseln Tikopia, Vanikoro, Borneo, die Inselgruppe Nitendi, Salomon, Celebes sind mit guten und bösen Geistern bevölkert, welche die Zauberer vor der Jagd, dem Fischfang, dem Kampf, den Festgelagen, den öffentlichen Feierlichkeiten, in Krankheiten, bei Unfällen, bei jeder Gelegenheit durch Geschrei und krampfhafte Zuckungen anrufen.

Auf Tikopia unternimmt man niemals eine Seefahrt, ohne vorher ein mit Blumen bedecktes und mit Federn geziertes Kanot in das Meer geworfen zu haben, um die Geister des Sturms dadurch zu beschwören, daß man ihrem Zorn dies zur Speise darbringt. Das gleiche taten die Ägypter und andere Völker des Altertums. Auf Nitendi und den Salomoninseln sind die Zauberer wahre Besessene, Verzückte, die vom Geist des Satans bis zur Ekstase aufgeregt werden, der sie zu Boden stürzt, entführt und in Empfindungslosigkeit und heftige Gliederverzerrungen stürzt. Bei ihrem Erwachen oder wenn der Geist sie verläßt, entschlüpft ein schriller, durchdringender, gedehnter Schrei ihrer Brust. Die Zauberer der *Celebesinseln* senken und verschließen den Kopf in die Brust des noch zuckenden Schlachtopfers und ziehen ihn, von Blut triefend, erst dann wieder zurück, wenn sie in ekstatische Raserei geraten sind. In den unkultiviertesten Ländern, wo man selbst der Gottheit keine Verehrung erweist, wo man nur mehr an den Dämon glaubt, den ewigen Gegenstand des Volksschreckens, wie auf Borneo, ist die Zauberei nur desto unmenschlicher und alltäglicher.

Die unglücklichen Bewohner von *Neuholland* sind immer in Todesängsten vor tausend Schrecknissen, welche durch das Erscheinen der Geister, besonders der Seelen der Verstorbenen verursacht werden. Es ist unter den strengsten Strafen verboten, in einer Hütte zu pfeifen, um nicht die Geister herbeizuziehen, oder auf der Reise, um nicht die bösen Kobolde aufzuschrecken, während gewisser Wochen den Namen eines Verstorbenen auszusprechen, um nicht seine Seele heraufzurufen; – die einen ähnlichen Namen tragen, müssen ihn für jene Zeit hindurch ändern. – Und ist es zuweilen notwendig, die Geister zusammenzurufen, so ist dies die Sache der *Mulgaradok* und der *Korredaï*, die allein das Geheimnis und die Befugnis dazu besitzen. Diese Zauberer haben die Macht, Winde und Wogen zu entfesseln und zu stillen, Krankheiten und Unfälle zu erzeugen und abzuwehren. Mit ihrer Macht ist nur die Furcht, die Ehrerbietigkeit und das Vertrauen zu vergleichen, das sie einflößen. Sie gehen vor den Leichenzügen her und schlagen mit ihren Spießen nach allen Richtungen, besonders in die Gebüsche, um die bösen Geister aufzuschrecken und fortzutreiben; sie schneiden magische Zeichen in die Rinde der nahestehenden Bäume ein, beschreiben Kreise um das Grab und pflanzen darauf Rindenstücke von gewissen Bäumen ein, um die bösen Geister abzuhalten. Man kann ein Korredaï werden, wenn man eine Nacht auf einem Grab zubringt, weil man auf diese Weise den Geist des Verstorbenen in sich aufnimmt.

Der Islam hat bei jenen schwarzen Völkerschaften, die sich zu ihm bekennen, weder an den Glaubensmeinungen noch an den alten Zauberpraktiken etwas geändert.

In Gorea zum Beispiel sind die Marabut zugleich Priester, Richter, Ärzte und Zauberer. Wenn die Männer vor dem Dolch dieser neuen Freischöffen zittern, die ihre Urteile selbst vollstrecken, so zittern die Weiber nicht weniger vor der Macht des *Mama Cambo*, eines grausamen Dämons, der durch ein großes und seltsames Götzenbild von Baumrinde dargestellt wird, das nach dem Willen der Marabut den Kopf bewegt, die Arme rührt und Strafurteile gegen solche ausspricht, die so unglücklich waren, sein Mißfallen zu erregen.

Was die schwarze Rasse und die unzivilisierten Nationen im allgemeinen kennzeichnet, ist hauptsächlich die Trägheit, dies heißt, die Scheu vor jeder körperlichen Anstrengung und jeder geistigen Tätigkeit, wo nicht ein Bedürfnis drängt. Der Neger gedenkt der Vergangenheit nur in Betreff seiner Rachsucht und fühlt am Morgen nur dann eine Besorgnis, wenn er nicht von Zaubermitteln (Fetisch) umgeben ist. Womöglich noch träger, nehmen die Ozeanier und die Wilden Amerikas sich nicht einmal die Mühe, sich vor Übeln zu bewahren; sie begnügen sich vielmehr, wenn ein Unheil eintritt, es den bösen Geistern zur Last zu legen. Und wenn sie sich um die Freundschaft dieser bösen Geister bewerben, so geschieht es nur, um mit ihrem Beistand etwas Böses auszuführen, denn ohne ihre angeborene Bosheit, eine kindische, rasche, reizbare, erbarmungslose, rachsüchtige Bosheit, die an keine Wiedervergeltung denkt, hätten diese Völker keine Religion, nicht einmal den Dämonenkult, der sie ihnen ersetzt.

Auf den *Antillen* hatten die Karaiben ihre „Boye", deren vornehmste Obliegenheit darin bestand, die guten Geister herbeizuziehen, und die „*Mabuya*" zu vertreiben. In Guayana haben sie allezeit ihre „Piasch", welche die Kranken mit Zauberwerkzeugen besuchen, deren wichtigstes in einer großen mit Kieselsteinchen gefüllten Kürbisflasche besteht, welche sie unter Anrufung des „Schuahu" schütteln und mit Behendigkeit hin und herdrehen.

Die Bewohner der Ufer des *Tuamini* und des Cano *Pimichin* hegen die größte Ehrfurcht vor dem „Botuto", der heiligen Trompete, welche die Zauberer an den Tagen der großen Beschwörungen erschallen lassen. Die berühmteste dieser Trompeten, der vornehmsten Zaubermittel (Fetisch), die keine Frau bei Todesstrafe ansehen darf und denen Früchte und Getränke zum Opfer gebracht werden, wird am Zusammenfluß des Temi aufbewahrt. Zuweilen ist der große Geist selbst so gnädig sie zu blasen.

Die Müyska in der Provinz Kondimarka, die Wilden *Brasiliens*, der Provinz *Alvellos*, die *Koreana*, die *Botokudo* kennen keinen anderen Kultus als den der Geister und namentlich des Dämons, dem sie den Namen „Famagota", Juruphuri, Sarauhe, Tipapakijin beilegen. Die Botokudo teilen die „Janschu", welche sie anrufen, in zwei Klassen, in höhere und niedere Geister. Diese Nationen und beinahe alle der neuen Welt im allgemeinen verehren auch die Schlange, ebenso alle oder beinahe alle schwarzen Stämme. Wir werden es in Indien wiederfinden.

Die Puri Brasiliens beschreiben im Sand einen Kreis um ihre Versammlungs- und Vergnügungsplätze, damit die bösen Geister ihre Beratungen und Belustigungen nicht stören sollen. Ihre „Paje" sind zugleich Priester, Zauberer, Sterndeuter, Wahrsager und Ärzte; die ganze Heilkunde aber besteht darin, den Geist zu beschwören. In Chile bedienen sich die „Maschi" gleich ihren Standesbrüdern in Lappland einer Zaubertrommel; gleich ihnen verfallen sie in Ekstase und erleiden furchtbare Konvulsionen. Sie rufen den Teufel unter dem Namen *Ouankubu* an.

Die Patagonier, eine der stumpfsinnigsten und beklagenswürdigsten Nationen von ganz Amerika, oder vielmehr der ganzen Welt, bevölkern die Elemente mit einer Menge von Geistern, die viel mehr Böses als Gutes wirken, und es ist ihre beständige Sorge, sich dagegen zu schützen. Eine entsetzliche Furcht ergreift sie bei dem Namen *Galischü*, dem obersten aller dieser Geister. Sie haben Zauberer beiderlei Geschlechts, die zugleich Priester und Ärzte sind, und nach ihrem Tod selbst böse Geister werden. Man sieht sie mitten unter den Anfällen und Ausbrüchen einer frenetischen Ekstase weissagen, mit flammendem Auge, emporstehenden Haaren, mit schäumendem Mund, überdies mit einer kleinen Trommel und einer mit Kieselsteinen gefüllten Kürbisflasche versehen am Bett der Sterbenden den Geist der Krankheiten beschwören, oder auch gleich den alten Orakelpriesterinnen sich auf einen Dreifuß setzen und wie diese in den Zuckungen eines Schmerzes winden, der sie zuweilen sogar dem Tode nahe bringt.

Auf diese Weise hat die Zauberei bei den unzivilisierten Völkern einen unbeschränkten Einfluß erlangt und sie auf die tiefste Stufe der Verkommenheit herabgewürdigt, indem sie dieselben der Herrschaft des Satans unterwarf. Die Nationen Polynesiens liefern uns neue Beispiele hierüber; in dieser Beziehung gibt es keinen Unterschied zwischen dem gelben, dem kupferfarbigen oder dem weißen Menschenstamm. Alle haben Zauberer, die bei ihnen das Priesteramt und die Heilkunst ausüben; die Obliegenheiten ihres Priesteramtes bestehen darin, die Dämonen und die bösen Geister zu beschwören; die der Heilkunst darin, Verzauberungen aufzuheben. Das gleiche ist auf den Sandwichinseln, auf Nuka-Hiva, Waihu, Pomotu, Tahiti, Tonga-Tabu, in Neuseeland, auf Rotuma, auf den Mulgravainseln, auf den Karolineninseln und allerwärts der Fall.

Die Tahua oder die Zauberer von Nuka-Hiva sind gewandte Gaukler, furchtbare Konvulsionäre, trügerische Bauchredner, welche die Dämonen austreiben, die in den Wogen des Meeres brüllen, im Sturm pfeifen, mit dem Blitz zucken oder im Flügel der Insekten summen. Sie tanzen einen satanischen Reigen um das Lager der Sterbenden, um der Seele die Trennung vom Leib zu erleichtern. Die Bewohner von Tonga-Tabu haben ihre Geister in Rangstufen und Reihen geordnet, um welche die Kabbala sie beneiden dürfte. Ihre Zauberer, die den Orakelpriesterinnen gleichen, übertreffen diese vielleicht noch in der Stärke ihrer Anfälle satanischer Besessenheit. Wenn die Inspiration den Zauberer beschleicht, wird er schwermütig und düster, er scheint einen peinlichen Kampf gegen die hohe Macht zu bestehen, die ihn allmählich überwindet. Ist er endlich bezwungen, so redet er mit leiser, dann fester und zuletzt mit überlauter Stimme; seine Worte kommen gepreßt, gedrängt, gestoßen hervor. Steigert sich sein Zustand zu noch höherem Grad, so wird er von einem epileptischen Zittern befallen, von Schweiß überronnen, sein Gesicht runzelt und entstellt sich, die Zähne beginnen zu klappern, die Lippen sich zu schwärzen, der Puls geht rasch und unregelmäßig, die Brust keucht: alsdann entströmen seinen Augen reichliche Tränen, die ihm Linderung bringen, und er kommt wieder zu sich.

Der Tohunga, oder der Zauberer auf Neuseeland, ist zugleich Astrologe (Sterndeuter), Augur (Wahrsager aus dem Flug und Gesang der Vögel) und Rhabdomant (Wahrsager vermittels besonderer Ruten und Stäbe); seine vornehmste Obliegenheit aber besteht darin, die *Waidua* oder bösen Geister zu beschwören. Solche Tatsachen wären unzählige anzuführen und würden sich doch immer nur wiederholen; wir schließen daher mit einer letzten Bemerkung, nämlich, daß die Bewohner der Diebsinseln, welche vor ihrer Bekehrung keine Kenntnis von Gott hatten und in deren Sprache sich nicht einmal ein Wort fand, um ihn zu bezeichnen, gleichwohl den Satan ganz gut kannten, dem sie den Namen Kaifi gaben, und für seinen Dienst drei Klassen von Zauberern, die Makana, die Mangatschang und die Kamti hatten.

Die Anbetung des Satans ist jedoch nicht der *letzte* Grad der Degradation, in welche dieser seltsame Gott die Menschheit stürzte; wer sich einmal dazu verstanden hat, ihm göttliche Ehren zu erweisen, muß auch auf dieser abwärts führenden Leiter noch einige Stufen tiefer steigen. Wir haben gesehen, wie die Ägypter Katzen, Hunde und lebendige Affen anbeteten; ja sie beteten sie auch nach ihrem Tod noch an, was sich aus den ungeheuren Leichenstätten entnehmen läßt, welche mit diesen sorgfältig und im Dienst der Religion einbalsamierten Gottheiten angefüllt sind. Es wird nicht berichtet, daß sie in dieser Beziehung weitergegangen wären; allein die Bewohner von Kleinasien, Tibet, China und Annam gehen noch darüber hinaus, indem sie sogar den Manitu eines toten Hundes anbeten. Wer sollte glauben, daß eine ganze Stadt zu Ehren eines toten Hundes, der im Leben wegen seiner Wildheit berühmt gewesen war, an bestimmten, ihm geweihten Tagen in feierlichem und prunkhaftem Zug, auf einer vergoldeten Bahre in einem mit Goldpapier überzogenen und mit Räucherwerk umgebenen Porzellangefäß, etwas, das wir nicht zu nennen wagen, etwas, das er wohl in den Anwandlungen seiner niederen Gelüste gekostet haben mußte, umhertragen, und in aller Demut vor seinem Götzenbild niederlegen mochte? Genügt dies? Ist die Menschheit auf diese Weise hinlänglich herabgewürdigt? Ach nein! Der Hund konnte in seinem Leben ein Kind verzehrt haben; wenn man nun solche anfüttern würde, um sie zu Ehren seines Manitu und vor seinem Bilde zu schlachten, so wäre die Huldigung noch viel heiliger. Was ist ein Menschenleben gegen die Seele eines toten Hundes? Wird sie aber auch so gnädig sein, dieses Opfer anzunehmen? Was hat man ihr besseres darzubringen?

Die Peguanen, die Bewohner von Arakan und Laos, verehren den Geist auf eine ganz besondere Weise und bringen ihm Opfer dar; ihre Priester, die „Talapoine", sind überall mächtige Zauberer.

Der Lamaismus, der Buddhismus und die Religion des Konfuzius erweisen dem Teufel keine unmittelbare Verehrung, aber die Religion der Taosse, die sich neben denselben in den chinesischen Provinzen erhält, kennt ihn und ruft ihn an; ja man kann sagen, die Verehrung des Teufels bilde den Hauptteil derselben mit den Gebräuchen der Zauberei aller Art, mit ihren Horoskopen (die Vorhersagung des Schicksals aus dem Gestirnenstand in der Geburtsstunde – auch Nativitätenstellerei genannt –), ihren Schutzgehängen, ihren Liebeszaubern und Unsterblichkeitsträumen. Die Immabo, diese Einsiedler der Berge Japans, für welche das Volk so große Ehrfurcht hegt, sind ebenfalls große Zauberer, und dies gibt ihnen den vornehmsten Anspruch auf die öffentliche Achtung.

Die Religion Mohammeds ist frei vom Satansdienst; allein wieviel satanischer Aberglaube kursiert nicht unter den Mohammedanern, besonders unter den Anhängern der Lehre Alis. Ein Perser hat vielleicht noch mehr Schutzgehänge, als ein Neger von Guinea Grigri besitzt.

Wir haben von dem *Schlangenkult der Inder* gesprochen; es ist dies ein wohl ausgedachter, auf Lehrsätze gestützter Kult, und deshalb ein um so größeres Übel. Die Brahmanen bezeigen allgemein eine große Ehrfurcht für die Gänse und die behaubte Schlange. Auf Java werden zu Ehren der Gänse und der Schlange Prozessionen veranstaltet und ihre vergoldeten Bildnisse auf vergoldeten Tragsesseln umhergetragen. Die Standbilder, die sich am Eingang der Tempel befinden, sind, wie um dem Nahenden Ehrfurcht einzuflößen, mit Schlangen umringt. *Wischnu* ruht auf Schlangen und vornehmlich auf der berühmten Schlange Adisseschen, einem tausendköpfigen Ungeheuer, welche das Weltall trägt. Auf Ceylon und dem Festland ruhen die Buddha ebenfalls gemeinhin auf Schlangen.

Es ist bekannt, in welchem Maß der Schlangendienst in der alten Welt verbreitet war. Ägypten war sein Mittelpunkt, wenn nicht auch seine Heimat: die ägyptischen und äthiopischen Priester trugen, wie uns Diodorus von Sizilien berichtet, Schlangengestalten in ihrem Kopfputz verschlungen.[2] Sie unterhielten heilige Schlangen und viele Ungetüme, wie heute noch die Völkerschaften von Juida, und die Isiaken vollendeten die Verbreitung dieses widerlichen, abgeschmackten und gefährlichen Kultes über den ganzen Erdkreis.

Es ist einer der größten Triumphe des Satans, daß er sich unter derselben Gestalt verehren läßt, die er angenommen hatte, um die Menschheit herabzuwürdigen, und sie auf den Weg des Todes und der Hölle zu führen.

Was ist aber der Erfolg dieser Huldigungen? Er besteht in *satanischen Offenbarungen*, die zahlreich und beglaubigt genug sind, um sie zu nähren und fortzupflanzen. Glaubt man etwa, sie wären so viele Jahrhunderte hindurch fortgesetzt worden, wenn sie nie etwas bewirkt hätten? Oder es wäre zum Beispiel in China die Verehrung der Geister noch immer eine Religion, wenn die Geister niemals ein Zeichen ihrer Macht geben würden? Und die Schaberonen Tibets wären immer noch Gegenstand der Ehrfurcht ihrer Völkerschaften und selbst ihrer Lama, wenn sich in ihnen niemals eine für göttlich gehaltene Kraft offenbaren würde?

In Indien ist nichts gewöhnlicher als Götzenbilder, welche sich durch Worte oder Bewegungen des Kopfes aussprechen. Diese Götzenbilder, wird man sagen, sind ja gleich dem Beel von Babylon; es ist möglich, wir schließen dabei eine Betrügerei nicht aus; allein wenn es Gegenstände sind, die von selbst ihren Platz verlassen, Personen, die durch unsichtbare Gewalt von einem Ort zum anderen getragen werden, kann man auch hier den Vorwurf der Betrügerei geltend machen?[3]

Wenn in China die Bewohner der Ufer des Meeres oder der Flüsse sich bei gemeinsamen Festen versammeln, wozu jedes Dorf einen mit seinen Rudern ausgerüsteten Nachen herbeibringt, um aus dem Erfolg zu beurteilen, welches Dorf den mächtigsten Schutzgeist habe, und wenn diese auf die Erde gelagerten Nachen sich von selbst bewegen, unter dem Spiel der Ruder, die von keiner Hand berührt werden, vorrücken, und wie auf den Fluten dahingleiten sieht, kann man da auch eine Betrügerei vermuten?

Wenn in Tibet der Schaberon, Groß-Lama oder Buddha einer Lamaserie mit Tod abgeht, so wenden sich seine Jünger an den benachbarten Schaberon, der den besten Ruf genießt, um von ihm zu erfahren, wo ihr Meister sein neues Leben wieder begonnen habe. Dieser bezeichnet gewöhnlich ein Kind von sechs bis zwölf Jahren, das sich in einem entfernten Ort befindet. Die Lama suchen es auf, und bei ihrem Anblick muß das Kind in seine Lamaserie zurückzukehren verlangen; es muß ohne Zögern Gegenstände erkennen, die es während seines vorigen Lebens zu seinem Gebrauch hatte, und die man ihm zur Prüfung unter andere vermengt vorlegt. Würde die Prüfung nicht befriedigen und das Kind sich später von keinem außernatürlichen Geist beseelt zeigen, so würden sie es verlassen und sich in die Lamaserien begeben, wo sich wunderträchtige Schaberonen befinden, und deshalb reichliche Almosen zugebracht erhalten. Wir werden uns aber über diese Beispiele noch weiter verbreiten.[4]

Zehntes Kapitel

Antichristianismus

Während der zwölf Jahre, in welchen die Apostel sich in Judäa aufhielten, um denen das Evangelium zu verkünden, welche die Erstlinge des Glaubens empfangen sollten, bekämpfte sie der Satan hierin, indem er alle Arten von Hindernissen und Verfolgung wider sie aufbrachte. Sobald sie die Grenzen von Judäa überschritten und sich unter die Nationen zerstreut hatten, stellte der Satan, indem er die Elemente der geheimen Gesellschaften und Mysterien in eine einzige Kirche vereinigte, sodann die Verirrungen der Vernunft und die sittengefährlichen Grundsätze in ein Lehrgebäude zusammenfaßte, dem ganzen zum Gewand die sinnlichen Vergnügungen, und als Lockmittel die Blendwerke der Zauberei gab, – den Aposteln *seine* Apostel, den Lehren seine Lehren, den Wunderwerken seine Wunderwerke, der Kirche seine Kirche entgegen. Ein Werk der Finsternis, wie alles, was der Satan schafft, das sich aber wie ein Aussatz auf das emporkeimende Christentum legte und ihm große Nachteile bereitete; verächtliche und gehaltlose Wunderwerke, die einzigen, welche der Satan hervorzubringen vermag; Lehren, die viel mehr Geheimnisse als jene des Christentums enthielten, allein Geheimnisse voll Wahnwitz und Torheit, denen die Vernunft nicht beistimmen kann, weil sie lächerlich sind. Das apostolische Werk hieß Christentum, das satanische Gnostizismus, vom griechischen Wort *Gnosis*, welches menschliche Erkenntnis bedeutet. Indem sich der Gnostizismus im Lauf der Zeit veränderte, brachte er den *Ophitismus* und den *Manichäismus* hervor.

Simon der Zauberer und der Diakon Nikolaus, die aus der Schule der Apostel hervorgegangen waren, erhoben am ersten die Fahne des Aufruhrs wider sie; allein das Werk kam noch nicht sogleich zustande.

§ 1 *Eigentliche Gnosis*

Die Mysterien des Heidentums hatten der Sittenverderbnis zum Schleier gedient; der Gnostizismus[1] suchte alle Ausschweifungen durch ein geschickt zusammengefügtes Lehrsystem zu rechtfertigen, welches das Laster in Tugend, den Teufel in Gott, und Jesus in den Teufel verwandelte.

Die Kirchenväter legten großes Gewicht darauf, diese verabscheuungswürdigen Lehren zu bekämpfen, ein Beweis dafür, daß sie bei den meisten Eingeweihten Glauben fanden. Die Lehrer selbst aber konnten sie nicht überzeugen, denn diese betrachteten sie nur als ein geistiges Spiel, stets bereit, die Formeln zu wechseln, ohne deshalb aufzuhören, Gnostiker zu bleiben, gleich dem Proteus in der Sage, der immer neue Formen annahm, und doch immer Proteus blieb.

Wer neue Glaubenssätze aufstellt, kann sich selbst nicht glauben, ohne ein Narr zu sein.

Die ersten Häupter der gnostischen Schule waren nach Simon und Nikolaus ungefähr in nachstehender Reihenfolge: Menander, Cerinth, Ebion, Saturnin, Basilides, Cerdon, Karpokrates, Tatian, Marcion und Valentin.

Cerinth war von Geburt ein Jude; er lebte unter der Regierung Domitians und war lange Zeitgenosse des heiligen Apostels Johannes; ja es scheint sogar, als habe der Apostel, um die Irrtümer des Cerinth zu widerlegen, sein Evangelium geschrieben, in welchem er so viele Züge der Gottheit Jesu Christi hervortreten läßt.

Außer Cerinth gehörten zu jener Zeit auch Menander, Ebion, Saturnin, vielleicht auch schon Basilides, die Simoniten und Nikolaiten hierher, denn diese zwei Sekten sind wirklich die ersten, und dies ist zudem eine von den meisten Geschichtsschreibern anerkannte Tatsache.[1]

Basilides stammte aus Alexandria. Er lebte am Ende des ersten und am Anfang des zweiten Jahrhunderts. In der Götterlehre der Mysterien nahm er bedeutende Veränderungen vor. Nach ihm erzeugt *Bythos*, der höchste Gott, *Nous*, den Gedanken; aus Bythos und *Nous* geht *Logos*, das Wort hervor; alsdann aus Logos und Nous *Phronesis*, die Klugheit; von *Phronesis* und *Logos* entsproßt *Dynamis*, die Kraft; aus *Dynamis* und *Phronesis Sophia*; die Weisheit. *Sophia* erzeugt *Abraxas*, welcher durch Vereinigung mit seiner Mutter die dreihundertfünfundsechzig Himmel, die dreihundertfünfundsechzig Chöre der Engel, welche sie bewohnen, und die Tausende von geringeren Geistern hervorbringt, die in der ganzen Natur zerstreut sind. Basilides lehrte die Seelenwanderung, wahrscheinlich nach dem System der Kabiren. Allein größeren Ruf, als durch alle seine Lehren, hat er sich durch die Erfindung der Abraxas erworben. Wir werden noch auf diesen Gegenstand zurückkommen.

Offenbar konnte der Erfinder selbst an solche Träumereien nicht glauben, die er aus seiner eigenen Einbildung planmäßig und nach Muße zusammengestellt hatte; wenn sie nicht gar eine jener vom Geist des Irrtums eingegebenen satanischen Offenbarungen waren, wie wir sie in den jüngsten Jahren bei der Erscheinung des Tischrückens wiederfinden werden.

Die *Simoniten* faßten die Lehre von der Abstammung der göttlichen Wesen anders auf. Nach ihnen erzeugte *Bythos* den Verstand, Ennoe. Diese beiden Kräfte übten eine doppelte Tätigkeit aus; die äußere Tätigkeit brachte die sichtbaren Dinge hervor; aus der inneren Tätigkeit erzeugten sich drei Verbindungen (Syzygien): *Nous* und *Epinoe*, der Geist und der Gedanke; *Phone* und eine zweite *Eunoe*, die Stimme und der Verstand; *Logisma* und *Enthymesis*, die Vernunft und die Überlegung.

Karpokrates, Zeitgenosse von Basilides, Saturnin, Valentin, Kolobarsus, stammte aus Alexandrien. Er lehrte wie Basilides, daß die Handlungen des Menschen indifferent seien, daß die Leidenschaften in ihm von den Engeln angeregt werden, und daß es ein Vergehen wäre, den Begierden der Natur etwas zu versagen. Seine Schüler prägten sich unter dem Ohrläppchen mit einem glühenden Eisen ein Merkzeichen ein, um einander zu erkennen. Sein Sohn Epiphanius, der im Alter von siebzehn Jahren starb, erlangte große Berühmtheit in dieser Sekte; er verfaßte mehrere Werke, um die Lehren seines Vaters zu unterstützen, und verkündete ohne Scheu die Grundsätze des Kommunismus mit den ausgedehntesten Konsequenzen. Seine Schüler sollen ihm Altäre errichtet haben.

Die Schöpfungsgeschichte und Götterlehre *Valentins* bildeten das vollkommenste und kunstreichste System des ganzen Gnostizismus, zugleich aber auch das gefährlichste gegenüber dem Christentum, dessen Grundsätze es sich aneignete, um sie mit einer seltenen Niederträchtigkeit zu verunstalten.

Valentin teilte das göttliche Wesen in drei Abstufungen mit dreißig Personen, aus deren Vereinigung das Pleroma, wie er es nennt, d.h. die Fülle der göttlichen Wesenheit sich bildet. Die erste Abstufung umfaßt zweimal vier höchste Wesen oder acht Äonen, die nacheinander aus der Vereinigung der zwei vorhergehenden entspringen, mit Ausnahme des *Bythos* oder ewigen Urquells, der das Leben mitteilt und nicht empfängt. Die zweite Abstufung besteht aus zehn Äonen und die dritte aus zwölf. Die letzte von diesen ist *Sophia*, die Weisheit; und hier endet die göttliche Natur, und dieser Endpunkt bildet selbst wieder einen Äon mit dem Namen *Horos* oder Grenze, welcher die ganze göttliche Wesenheit umfaßt, ohne Gott zu sein.

Wie aber der Gedanke im Menschen lebt, ohne Mensch zu sein, eben so finden sich im Schoß Gottes drei andere Äonen, nämlich der Gesalbte oder *Christos*, der heilige Geist, oder *Pneuma Hagion*, die von Bythos allein erzeugt werden, und der Heiland oder *Soter*, der aus der gegenseitigen Liebe der göttlichen Äonen hervorgeht.

Bei *Sophia* beginnt die Schöpfung. Aus dem Mißvergnügen dieses Äon, der sich durch seine Stellung auf der letzten Abstufung gedemütigt findet, entsteht eine Mißgeburt, die aus dem *Pleroma* verwiesen wird, von *Christos* eine Gestalt erhält und Achamoth oder Mutter des Lebens genannt wird. Beim Anblick ihres Mißgeschicks von Schmerz erfüllt, wird *Achamoth* von *Pneuma Hagion* getröstet. Aus ihren Tränen entsteht das Element der Materie, aus ihrem Lächeln das tierische Element und aus ihrer Vereinigung mit *Pneuma Hagion* das geistige Element. Unförmliche, verworrene Elemente, ein wahres Chaos, ohne Zusammenhang und ohne Leben.

Allein aus der Vereinigung von *Christos* und *Achamoth* geht ein *Demiurgos*, ein ordnender, obwohl blinder Äon hervor, welcher, so gut es eben geht, drei Welten mit den Erzeugnissen seiner Mutter bildet und sie nach dem Vorbild des Pleroma gestaltet. So entstehen Leiber aus einem kleinen Teil des Elements der Materie, Seelen aus einem kleinen Teil des tierischen Elements, Geister aus einem kleinen Teil des geistigen Elements. Indem dann Achamoth und Demiurgos einen gegliederten Leib, eine Seele und einen Geist vereinigen, bilden sie den irdischen Menschen, *Choik,* das Ebenbild des *Anthropos,* des zweiten Äon, der zweiten göttlichen Vierheit.

So gestaltet lebte der Mensch sich selbst genügend, aber in einer tiefen Unwissenheit hinsichtlich seines Wesens und Ursprungs, als *Sophia Christos* sendete, um ihn zu belehren. *Christos* konnte diese Aufgabe nicht vollenden, ohne für einige Zeit Mensch zu werden; er entführte deshalb dem blinden Demiurgos eine Seele, bildete sich in dem Schoß eines Weibes namens Maria einen Leib, ließ bei seiner Taufe den Äon Soter in denselben niedersteigen und nahm den Namen *Jesus* an. Nachdem er den Menschen alle diese Geheimnisse geoffenbart hatte, überlieferte er seinen Leib, den niedrigen Staub, den Händen der Juden, gab seine Seele an den Sammelort des tierischen Lebens zurück, trennte sich von Soter und kehrte in den Schoß des Pleroma zurück. Davon wissen aber Juden und Christen nichts, die doch die einen wie die anderen die wahre Wissenschaft zu besitzen glauben, die sie also nicht verstehen und nur zu bedauern sind.

Dies ist jenes schöne und herrliche System der Gottesgenealogie, jene reiche Theorie der Geisterlehre, die selbst in unseren Tagen so viel bewundert wird, und die gerade selbst samt ihren Bewunderern nur zu bemitleiden wäre, wenn sie nicht in der Absicht auf gewisse praktische, leicht zu entdeckende Konsequenzen wäre erfunden worden; sie heißen: es gibt kein Gericht nach dem Leben, keinen Himmel zu hoffen, keine Hölle zu fürchten. Es gibt weder eine Sünde noch eine Erlösung, weder Tugenden noch Laster, nichts sittlich Gutes oder Böses. Die drei Wesenheiten, aus denen der Mensch besteht, wirken jede ihrer Natur gemäß, das Leben vereinigt sie ohne sie zu verschmelzen und aneinander zu ketten; wenn der Tod die Freiheit wiedergibt, kehrt jede in ihr Element zurück und alle Persönlichkeit verschwindet.

Die *Sitten* der Gnostiker waren einer Lehre ganz angemessen, die nur erfunden wurde, um ihnen zur Aufmunterung und zur Beschönigung zu dienen. Es ist in dieser Hinsicht keine Ausnahme zu machen, außer etwa zugunsten der Sekte der Apotaktiker oder Enkratiten, die nie sehr zahlreich war, und jene der Montanisten. Zwar verwarf Montanus den Namen Gnostizismus, allein er bekannte sich zu einem Teil seiner Lehren, und die ekstatischen Frauen, deren Beistand er in Anspruch nahm, um Wunder zu wirken, erscheinen uns der Unzucht in besonderem Grad verdächtig. Simoniten, Cerinthianer, Valentinianer, Basilidianer, Ebioniten, Markosianer, Priscillianisten, alle müssen in Betreff der Sitten auf eine Stufe gestellt werden; und was auch einige neuere Schriftsteller sagen mögen, die ersten Jahrhunderte des Gnostizismus waren nicht reiner als die letzten. Es herrscht in dieser Beziehung nur eine Stimme unter den Geschichtsschreibern und den Kirchenvätern: Tertullian, Origenes, St. Irenäus, Eusebius, St. Hieronymus, Theodoret sprechen sich darüber alle auf die gleiche Weise aus und sind allein glaubwürdig.

Alle gnostischen Sekten pflegten auch die *Zauberkunst,* sei es als ein notwendiges Zubehör, wodurch sie den Einfluß der Wunder des Christentums bekämpfen zu können glaubten, sei es als ein Lockmittel von seiten der Häupter gegenüber dem Volk. Simon rühmte sich, die Seelen aus der anderen Welt herbeirufen, die Standbilder beleben und mit Bewegung begaben, sich selbst unsichtbar machen, durch Berge dringen, Ketten abstreifen, und die Türen der Gefängnisse öffnen zu können. Er erzählte, daß er einstens seine Sichel zum Schneiden geschickt und daß sie allein so viel wie zehn Schnitter verrichtet habe. Er besaß das Geheimnis, wenn er die Taufe spendete, einen Funken hervorzulocken, den er als den heiligen Geist erklärte. Derartige Wunder werden ihm noch viele zugeschrieben.[3]

Sein Schüler, der Samaritan *Menander,* widmete sich gleich ihm den magischen Künsten. Er erfand jene physische und moralische Verjüngung des Menschen durch Entbehrungen, Läuterungen und Waschungen, welche seine Nachfolger, die Illuminaten unserer Tage (denn er gab seiner Lehre den Namen Illuminismus), in einem gewissen Kreise so berühmt machen sollten.

Karpokrates besaß eine ganz eigentümliche Art Magie, indem er die Welt mit guten und bösen Geistern bevölkerte und ihnen alle Vorfälle dieser Erde zuschrieb; auch hatte er eine Menge Rezepte erfunden, um sich mit diesen Genien in Rapport zu setzen, sie aufzurufen, zu beschwören, zu bannen. Zaubermittel, Liebestränke, Reiz- und Schutzmittel, Wahrsagerei, alle Verfahrungsweisen der Magie standen ihm zu Gebot, sagt der heilige Irenäus[4] und durch sie hielt er sich, wie er prahlte – die Elemente in Dienstbarkeit. *Priscillian,* sagt Sulpicius Severus,[5] ward sogar zweimal gerichtlich überwiesen, daß er sich der Magie ergeben habe. Die Gnostiker üben nicht – äußert Eusebius[6] – die Wissenschaft der Hexerei gleich den anderen Übeltätern insgeheim aus; vielmehr tragen sie dieselbe zur Schau und brüsten sich damit. Die *Helkesiaten* widmeten sich so sehr der Astrologie, daß das Volk sie immer nur mit dem Namen Pronostiker (Vorherwisser) bezeichnete.[7] Die *Priscillianisten*[8] übertrafen sie noch in dieser Kunst, sagt der heilige Gregor der Große. Sie machten das Heil eines jeden von dem Einfluß der Gestirne abhängig und lasen am Firmament sein Schicksal vom Augenblick der Geburt an. Die *Messalianer*[9] maßten sich das ausschließliche Privileg an, die Träume zu deuten und pflegten mit Beharrlichkeit die Kunst, schicksalskündende Träume zu erzeugen.[10] Die *Karpokratiten* gründeten Schulen für Magie, erfanden neue Rezepte, neue Geheimnisse, und warfen sich zu Reformatoren dieser Kunst auf.[11] Die *Markosianer* widmeten sich speziell der Wissenschaft der Zaubermittel und Wundertränke; sie besaßen auch Ekstatische.[12] Markus selbst wirkte öffentlich Wunder. Dasjenige, das er am öftesten ausführte, bestand darin, das Wasser in einer Flasche in Blut zu verwandeln; vielleicht färbte er es auf geschickte Weise rot, wie unsere Marktschreier und Taschenspieler zum großen Erstaunen des Pöbels noch heutzutage es machen.

Gewisse Sekten haben die Kunst, Ekstasen herbeizuführen, auf einen so hohen Grad der Vollkommenheit gesteigert, daß er bis jetzt – nicht einmal von den Magnetisierten überschritten wurde. *Montanus* hatte zu diesem

Geschäft zwei Frauen eingeschult: Priscilla und Maximilla,[13] welche die Rollen von Prophetinnen spielten und während ihrer Verzückungen mit den Engeln und mit Gott selbst Unterredung zu haben glaubten. Sie kündeten dem Reich Unheil vorher, das nicht zur Tat werden sollte; sie verfielen in Wut, in Raserei und drückten sich in geheimnisvoller Sprache aus. Der ernste Tertullian, der von einer derselben genarrt worden war, spricht sich hierüber in seinem Traktat von der Seele mit Bewunderung aus; er versichert, daß sie das Geheimnis besaß, die verborgensten Gedanken zu durchschauen; sie gab in ihren Ekstasen die Heilmittel an, welche den Kranken zuträglich waren. Perpetua und Quintilla erwarben sich ebenfalls großen Ruf in eben dieser Sekte: Quintilla hatte der Sekte der Kainiten angehört. Nicht minder berühmt machten sich Philomena und Marcellina unter den Karpokratianern. Diese letzteren hatten ebenso wie die Basilidianer Vereine von Prophetinnen, die mit einer wunderbaren Macht über die Dämonen ausgestattet waren.[14]

Mit noch größerem Eifer jedoch pflegten die *Basilidianer* die Wissenschaft der *Abraxas*. Es war eine große Kunst, jene göttlichen Talismane zu fertigen, deren Kraft nichts zu widerstehen vermochte. Man mußte zu diesem Behuf einen kostbaren Stein von besonderer Gattung auswählen und ihn an bestimmten Tagen und Stunden und unter gewissen Verhältnissen zurichten. Der Meinung des gelehrten heiligen Hieronymus zufolge ist *„Abraxas"*, von Basilides erfunden, der Korrelativname für *Mitra*;[15] sein Zahlenwert beträgt wie der des Wortes meitras – 365, eine Zahl, die mit der Reihe der Emanationen des Pleromas, der Zahl der Himmel, der Engel und Tage im Jahr in Verbindung steht.[16] Dieses Wort war immer mit einigen magischen Zeichen begleitet – zuweilen mit einer Sternfigur oder einem Herkules, wie er den neméischen Löwen bändigt.

Abraxas und Meitras (Mitra) sind furchtbare Namen, sagt Apulejus – welche die Kraft besitzen, die gewaltigsten Ströme zu ihrer Quelle zurückzutreiben, die brausenden Wogen des Meeres augenblicklich zu stillen, die wütendsten Stürme plötzlich zu bändigen, das Tageslicht auszulöschen, mit einem Schleier das Antlitz der Nachtgestirne zu verhüllen, die Sterne vom Himmel herabzuziehen, den Anfang des Tages oder das Entfliehen der Nacht zu verhindern, das Gewölbe des Himmels zu erschüttern, das Erdreich zu erweichen, die Quellen zu verstopfen, die Berge zu ebnen, die Toten wiederzubeleben, die Götter in die Hölle zu stürzen und das Licht, das die Welt erleuchtet, vom Aufenthalt der Lebenden zum Wohnplatz der Toten überzutragen.

Die Gnosis entlehnte einen Teil ihrer Symbole den Sternensystemen Persiens und Ägyptens; von den Persern erborgten sie nämlich die zwölf Zeichen des Tierkreises, welche bei den Markosianern zu Sinnbildern der zwölf Äonen sich gestalteten; von den Ägyptern die in sich selbst zusammengerollte Schlange, das Sinnbild des fortgesetzten Laufes der Sonne um den Erdball; die Schlange mit dem Haupt eines Greifen oder auch eines Menschen – von Strahlen umgeben als Sinnbild der Sonne auf ihrem höchsten Stand; den Greif und Wolf als geheimnisvolle Bilder; den Widder als Sinnbild von *Ammon-Ra,* das Prinzip der Wiederherstellung der Geschöpfe; den Bock, das Sinnbild des wollüstigen Gottes von Mendes und Panoplia. All diese Zeichen trifft man auf den Abraxas wieder.

Aber es gab in der Gnosis noch etwas Unreineres, als die Gnosis selbst, wenn dies je sein kann, nämlich den Ophitismus.

§ 2 *Ophitismus und Manichäismus*

Mit Unrecht hat man geglaubt, daß die Ophiten dem Verfall der Gnosis ihre Entstehung verdanken; sie reichen vielmehr über jene Epoche hinauf, und man weiß den genauen Zeitpunkt ihrer ersten Erscheinung ebensowenig, wie den Ort ihrer Geburt. Ihre Lehre ist ein vollständiges System und steht sozusagen seitwärts der Gnosis.

Marcion, Schüler Cerdons, stellte die Grundprinzipien auf; übereinstimmend mit der Lehre seines Meisters behauptete er, daß Kain, der Bewohner von Sodom, dann Core, Dathan und Abiron durch Jesus Christus wären aus der Hölle gezogen worden, während Noe, Abraham und die übrigen Patriarchen dort geblieben wären; daß die Materie und das Fleisch insbesondere das Werk des bösen Prinzipes sei, weshalb er die Ehe verwarf, weil sie bestimmt wäre, dies Werk fortzusetzen, ohne gleichwohl die Wollust zu verdammen. Ehe noch ähnliche Lehren vollständig das Tageslicht erblickt hatten, wurde er wegen des Ärgernisses, das er durch seine schlechten Sitten gab, aus dem Königreich Pontus vertrieben.

Der Zweck solcher Grundsätze war Freigeisterei und Zügellosigkeit, aber die allerschmählichste und ihr Resultat ein Haß gegen Gott, der bis zur Raserei, zur Gotteslästerung und Herausforderung des Himmels sich steigerte.[17] Ihnen ähnlich waren die Kainiten, Nikolaiten, Adamiten, Sethianer, Stratiotiker oder Borborianer[18] – so genannt wegen der besonderen Art und Offenkundigkeit ihrer Ausschweifungen. (*Borboras* – Schmutz.) Man nannte sie auch Barbelioten nach dem Namen des übrigens sehr wenig bekannten Äon Barbelo, unter dessen Schutz sie sich gestellt hatten.

In der Dogmatik der *Ophiten*[19] ist „Bythos" immer das höchste Wesen und „Sige" seine erste Ausstrahlung. Diese gebären den Christus, eine Art geistigen Messias heraus, der nichts mit der Menschheit zu tun hat; und Achamoth, das Mannweib.[20] Achamoth bildet die Welt und gibt dem Jaldabaoth,[21] der sie einzurichten hat, seine Entstehung. Jaldabaoth erschafft sechs Beihelfer: Yar, Sabaoth, Adonai, Elohi, Oraios und Astaphaios, welche mit ihm die sieben planetarischen Welten bilden. Der Mensch, der Bewohner der letzten von diesen, raubt Jaldabaoth einen Teil seines Lichtes und zieht sich so seinen Ingrimm zu; darum sandte ihm Jaldabaoth den grausamen Ophiomorphos, den bösen Geist mit Schlangenschweif, Menschenleib und Hahnenkopf, den Versucher, der auch Michael und Sammael genannt wird und ihn betrog, indem er ihm den verderblichen Rat erteilte, sich von der Lebensfrucht zu enthalten; allein Achamoth sandte ihm alsdann seinen guten Geist, die Schlange Ophis, welche ihm ersprießlichere Ratschläge gab. – Die irdische Schlange, ein lebendiges Bild Ophis, empfing also statt seiner die Anbetung der wahren Pneumatiker, denn die Ophiten nahmen diesen schönen Namen für sich allein in Anspruch; sie nährten zahme Schlangen, bedienten sich derselben bei der Feier ihrer Mysterien und ließen die Kleider, die Nahrungsmittel, ja sich selbst von ihnen berühren, um hierdurch ihren Segen zu gewinnen.[22]

Der Ophitismus spaltete sich in mehrere Sekten, die in ihrer Weltentstehungslehre einander sehr widersprechen; doch stimmen sie alle in der Behauptung zusammen, daß Bibel und Evangelium das Werk des Versuchers Ophiomorchos seien und daß man das Gegenteil von dem üben müsse, was darin vorgeschrieben ist. Auch widmeten sie all denen besondere Verehrung, deren Namen die heiligen Bücher den Menschen zur Abschreckung hingestellt haben: wie Kain und Judas.

Der mannweibliche Äon – Achamoth, bei den verschiedenen Sekten auch unter den Namen Sophia, Mete, Prounikes bekannt, hatte als Abzeichen einen langen Bart, hängende Brüste und streckte seine Arme gegen die Ränder eines eiförmigen Kreises aus, dessen Peripherie durch eine verschlungene Schnur gebildet war, welche die Ringe einer Kette vorstellte. Diese Kette war eben die der Äonen,[23] unter denen sieben eine um so wichtigere Rolle spielten, da sie die ersten in dem Sternsystem waren; nämlich Ophiomorchos, der unter dem Bild eines Löwen figurierte, Sariel unter dem eines Stieres, Raphael erschien als Schlange, Gabriel als Adler, Thautabaoth als Bär, Erathaoth als Hund, Tartaraoth oder Onoel als Esel. Diese Genien scheinen mit den nördlichen Sternbildern gleichen Namens in Verbindung zu stehen, und Origenes sagt uns, daß diese verschiedenen Benennungen und die der Äonen im allgemeinen bei den Beschwörungen in der Magie angewendet wurden. Die Ophiten pflegten in der Tat diese verwerfliche Kunst mit allem Eifer. Da sie weiter keine außernatürlichen Mächte anerkannten, so konnten sie auch nur ihre Äonen anrufen und nur durch die Zauberformeln und andere Mittel der Magie sie beschwören. – Nur jene Idee von Gott, den Engeln und Heiligen, wie sie die monotheistischen Religionen aufstellen, gestatten die Nebenidee eines demütigen vertrauensvollen Gebets.

Die ophitischen Sekten waren immer eifrig bestrebt, ihre Lehren auf die Nachwelt dadurch zu übertragen, daß sie auf eine Menge Denkmäler frivole Bilder meißelten, und dazu in griechischen und arabischen Lettern eine Unzahl Inschriften fügten, deren Sinn immer lautet: Verleugne dich selbst und sei glücklich! – Besonders liebten sie die Darstellung der Schlange, ein doppelsinniges Bild,[24] dessen Verehrung bei ihnen allgemein üblich war.

Die Ophiten erteilten ihren Kandidaten eine zweite Taufe, indem sie dieselben durch ein Feuer gehen ließen. Auch legt man ihnen zur Last, in ihre Eucharistie menschliches Blut und noch Ärgeres – ob einer schmählichen Hinneigung zum Molochdienst – gemischt zu haben. Als greuliche Menschenfresser, wie sie waren, verzehrten sie hierbei das Fleisch kleiner Kinder. Diese Beschuldigung, welche die Väter der Kirche offen ausgesprochen hatten, wurde von philosophischen Geschichtsschreibern unserer Tage als absurd verworfen. Durch die Hartnäckigkeit aber, mit der sie seit dem ersten Jahrhundert bis auf das fünfte immer wieder neu vorgebracht wird, gewinnt sie an Zuverlässigkeit. Jene Anklage diente in den ersten Jahrhunderten den heftigen Christenverfolgungen sogar zum Vorwand, weil die Heiden die christlichen Gnostiker von den Ophiten nicht unterschieden. Was aber bei den ersten nicht zutraf, galt nur zu sehr von den letzteren.[25]

Nun übrigt uns noch, die Gnosis in ihrer letzten Umbildung, dem *Manichäismus* zu betrachten.

Der Manichäismus[26] ist eine an der Quelle geschöpfte Gnosis, aber weniger tief und weniger reich als diese. Eine Gnosis mit unedler Sprache und in zerlumptem Gewand. Der Syrier Cerdon, der gegen das Jahr 140 nach Rom gekommen war, hatte den Grund hierzu durch ein neues System gelegt, das das doppelte Prinzip Zoroasters zum Ausgangspunkt nahm und die Moral der Gnosis beibehielt, eine Moral, die in den einzigen Satz zusammengefaßt war, daß das Fleisch das Werk des bösen Prinzips ist. Der Sklave Curbikus, seitdem unter den Namen Manes (Mani, Manchäus) bekannt, in der Schule des Magiers Terebinthus erzogen und in dem Glauben Persiens unterrichtet, nahm seinerseits im folgenden Jahrhundert das Werk Cerdons wieder auf.

Im Manichäismus ist die hohe Gotteslehre des Zend-a-Vesta verunstaltet. Ahriman oder der Satan ist hier nur mehr der Geist der trägen Materie. Die Materie ist Gott, der Satan ist Gott, alles ist Gott. Wie in der Gnosis findet sich auch hier eine Kette von Äonen, aber die zwei vorzüglichsten sind nur mehr die zwei Genien der zwölf Himmelszeichen.

Sophia oder Achamoth gilt immerhin als Mutter des Lebens, ist aber nur mehr die Seele der Materie. Es gibt einen Bythos oder Gott, aber dieser Gott hat eine doppelte Macht, die eine für das Gute, die andere für das Böse: und diese beiden Mächte bekämpfen sich; die eine erschafft den Geist, die andere die Materie. Die Materie und der Geist vereinigen sich im Menschen, in den Tieren, Pflanzen, zuletzt in allem. Auch das Christentum leiht diesem unlauteren System seine Elemente – der Sonnengeist wird Mensch, d.h. Jesus. Aber warum inkarniert er sich? Um Manes, zwölf Schüler, zweiundsiebzig Gläubige und eine kleine Gemeinde Vollkommener einzusetzen, die beauftragt sind, den Geist durch Verdauung der Lebensmittel und andere minder ehrbare Handlungen von der Materie loszuschälen. Jeder Geist, der nicht auf solche Weise sich entbunden hat, irrt von einem Körper in den anderen, nach Maßgabe der Bildung und Scheidung der organisierten Wesen.[27] So haben wir hier die Seelenwanderung; andererseits aber auch eine Erinnerung an die Seelenlehre der Mysterien. Der von der Materie entfesselte Geist erhebt sich nämlich zur Region des Mondes, klärt sich in diesem Gestirn durch ein Bad, das vierzehn Tage andauert, dann in der Sonne durch ein Verweilen von vierzehn weiteren Tagen in der Flammenhitze, und kehrt endlich in den Schoß Gottes zurück. Diejenigen, welche die Aufgabe hatten, den Geist zu reinigen, indem sie ihn in obiger Weise von der Materie losschälten, nannte man Catharer, d. h. Reiniger; denselben Namen gab man auch der ganzen Sekte der Apotaktiker, aber in einem anderen Sinn.

Diese plumpe Glaubenslehre war höchstens für das Volk geeignet. Die Anhänger erfaßten bald ihren wahren Sinn und leiteten den moralischen Satz ab, daß allein die Handlungen der Vollkommenen einen Wert haben, die der übrigen Menschen aber gleichgültig seien, daß es folgerichtig kein moralisch Gutes oder moralisch Böses gebe und die Vergnügen der Welt das einzige Paradies des Menschen bilden.

So sind wir denn der Mühe überhoben, uns über die Sitten der Schüler Manes zu verbreiten; wir merken nur an, daß ihre Verdorbenheit weniger offenkundig war, als die der meisten übrigen Gnostiker, ohne deshalb weniger tief zu sein. Die unzweideutigen Zeichen des allgemeinen Abscheus, die mächtige Stimme der Kirchenlehrer und die Verfolgungen von seiten der Staatsgewalt hatte sie die Kunst der Verstellung gelehrt.

Sie waren in zwei Grade geteilt: Zuhörer und Vollkommene. Die Zuhörer schieden sich in Gläubige und Auserwählte. Der Vorstand, der Rat der Zwölf und das Kollegium der Zweiundsiebzig bildeten keine besondere Klasse, sondern eine aus der Reihe der Vollkommenen erwählte Regierung. Der letzteren gab es nur in geringer Zahl und man gelangte zu dieser höchsten Stufe, in welcher endlich der geheimnisreiche Sinn der Symbole kundgegeben wurde, erst nachdem man lange Zeit unter den Zuhörern geweilt und große Proben überstanden hatte.

Die Manichäer als geheime Gesellschaft, wie die Gnostiker organisiert, hatten ein dreifaches Erkennungszeichen: Wort, Gebärde und Berührung.[28] Durch den äußeren Schein des Christentums geschützt, ward es den wachsamen Augen der Kirchenväter oft schwer, sie zu erkennen, wenigstens verrieten sie sich nicht durch die Kundgebung einiger ihrer eigentümlichen abergläubischen Gebräuche.

Auch ohne Hinweis auf das, was Beausobre in seiner Geschichte der Manichäer angezogen hat, könnte ihr starres Festhalten an den magischen Künsten konstatiert werden. Der heilige Augustin klagt sie derselben geradezu an, der heilige Leo meldet das nämliche insbesondere von den Priscillianisten,[29] die eine der vorzüglichsten Sekten des Manichäismus war und dann von den übrigen im allgemeinen. Der Gelehrte Mosheim hatte wenig Mühe, zu demonstrieren, daß die Magie eine natürliche Folge ihrer Lehrsätze war.[30]

Die ersten christlichen Kaiser verfolgten höchst eifrig die Überreste heidnischen Aberglaubens und die Ausübung der Magie. Die lange Dauer ihrer Bemühungen ist der beste Beweis von der *Hartnäckigkeit* des Irrwahns, den sie bekämpften. Schon vor dem Auftauchen des Christentums war die Magie durch die Gesetze verpönt, aber die traurigen Beispiele einzelner Großer hinderte zu oft die Wirkung der Gesetzgebung. So hatte Marc Aurel bei dem Kriegszug gegen die Markomannen Zauberer in seinem Gefolge. Er ließ sie Talismane weihen, die er sodann an den äußersten Grenzen des Reichs eingrub, um die Feinde abzuhalten. Ein Beweis, daß Weisheit und Philosophie nicht dasselbe sind.

Im Jahr 319 und 337 erneuerte Konstantin die Edikte gegen die Zauberei;[31] Konstantin II. desgleichen im Jahr 357. Valentinian, Valens, Theodosius erneuerten sie ebenfalls. Arkadius fügte im Jahr 389[32] neue hinzu; allein alle gaben der Magie durch ihre Verbote noch größere Wichtigkeit, weil sie sich vor ihrer Macht beugten. Konstantin widerrief sogar teilweise seine ersten Verfügungen durch die Erklärung, daß er nicht die nützliche Magie zu untersagen beabsichtigt habe, d.h. diejenige, welche die Welt vor den Plagen des Himmels bewahren hilft. Konstantius verbannte die Magier unter dem Vorwand, daß die Zauberei die Ruhe der Toten, die Harmonie der Elemente und Jahreszeiten störe, die Ernten vernichte und Krankheiten verursache. Gab es wohl eine stärkere und feierlichere Empfehlung?

Julian brachte sie wieder zu Ehren. – Leo glaubte, ihr den letzten Schlag beizubringen, aber auch er neigte sich vor ihrer Macht.[33]

So herrschte also die Magie im vierten Jahrhundert mit aller Vollkraft ringsher im Reich, und ungeeignete Maßregeln verliehen ihrem Blendwerk eine Art gesetzliche Weihe. Da erschien der Manichäismus, schirmte sie in seinem Schoß und zog sie durch sein eigenes Wachstum groß.

Ein Weib – „Agape", die Schülerin eines Ägypters namens Markus, der nach dem Bericht des heiligen Hieronymus ein Schüler des Manes und in den Geheimnissen der Magie sehr bewandert war, führte vor dem Ende des vierten Jahrhunderts den Manichäismus in Spanien ein. Sie gewann den Redner Helpidius und später den berühmten Priscillian, welcher der Gründer einer neuen Sekte wurde, und seine Umtriebe über alle nördlichen Regionen Galliens ausgoß.[34]

Als der heilige Augustin ums Jahr 383 nach Rom kam, gab es auch dort Manichäer. Die Zahl derselben vermehrte sich seit der Zerstörung Karthagos im Jahr 439, weil viele von jener Häresie angesteckte Bewohner der Stadt in Italien sich eine Zufluchtsstätte gesucht hatten. Der heilige Leo verfolgte sie mit all dem Eifer, von dem er beseelt war und löste ihre Versammlungen auf. Kaiser Valentinian vereinte seine Anstrengungen mit denen des Papstes; aber die Verfolgung und Verbannung, statt die Sekte zu zerstören, zerstreute nur ihre Elemente und dehnte das Unheil noch weiter aus. Die Kaiser Justin und Justinian wendeten dieselben Mittel an und erreichten dieselben Resultate.[35] Doch was tun?

Am Ende des neunten Jahrhunderts waren die Manichäer in Armenien, wo man sie nach dem Namen eines ihrer ersten Häupter Pauliziner nannte, so zahlreich vorhanden, daß sie lange und blutige Kriege gegen Kaiser Basilius, den Mazedonier, zu führen imstande waren.[36]

Peter von Sizilien berichtet uns, daß sie bei fortwährend kräftiger Verteidigung gegen diesen Fürsten eine Menge Missionare nach Bulgarien sandten, und daß die Ketzerei dort tiefe Wurzeln schlug. Thrakien war schon lange Zeit angesteckt.[37] Dieselbe Häresie richtete in Persien, Syrien, Mesopotamien während der Regierung des Kaisers Anastasius große Verheerungen an; dann auf Sizilien unter dem Pontifikat Gregor des Großen.[38]

Seit der Mitte des fünften Jahrhunderts hatten die Gnostiker, Ophiten und Manichäer der westlichen Provinzen, die alle derselben Acht verfallen waren, ihre Lehren und Gebräuche, wie ihre Interessen in eins verschmolzen. Schon Theodoret macht keinen Unterschied mehr zwischen ihnen.[39]

Die neuen Mysterien traten nicht mehr vor die Öffentlichkeit, sondern wurden nur insgeheim und in weniger lärmenden und minder zahlreichen Versammlungen fortgesetzt; es waren keine Mysterien mehr im eigentlichen Sinn des Wortes, sondern Diana-Jagden, Habondazüge,[40] Sabbate. Wir werden dies alles im Mittelalter wiederfinden.

Es ist unsere Aufgabe nicht, die Geschichte der *Verfolgungen* zu schreiben; dieses große und denkwürdige Blatt der Weltannalen gehört der Kirchengeschichte oder selbst der allgemeinen Geschichte an. Immerhin ist nicht zu vergessen, daß der Satan zur selben Zeit das Werk Christi von außen mit Feuer und Schwert angriff, als er es innen durch die eben bezeichneten Mittel bekämpfte. Die Verfolgung, deren Beginn in das Jahr 64, das zehnte Regierungsjahr Neros fällt, sollte erst im Jahr 325 aufhören, als Konstantin der Kirche den Frieden schenkte. Während dieser Zwischenzeit von zweihundertsechzig Jahren hatte die christliche Gesellschaft keinen einzigen Tag Ruhe oder Frieden; es verstrich kein Jahr, vielleicht keine Woche, daß auf einem oder dem anderen Punkt des Reichs nicht christliches Blut floß und die Verfolgung wurde in vierzehn verschiedenen Unterbrechungen so ausgedehnt und schrecklich, daß man mehrmals der Meinung war, es nahten die vom Evangelium bezüglich des Weltendes vorhergesagten Zeiten; namentlich während der Regierung der Kaiser Decius und Diokletian. Die Zahl der Opfer war unter der Herrschaft des letzteren so beträchtlich, daß die Geschichtsschreiber jene denkwürdigen Epochen als die Ära der Märtyrer fixiert haben. Was auch immer die Feinde des Christentums, denen daran liegt, seinen Ruhm und Triumph so viel als möglich zu verringern, dazu sagen, es ist nicht möglich, auch nur annäherungsweise die Zahl der Glaubensbekenner in dieser Zwischenzeit von zwei und einem halben Jahrhundert abzuschätzen; sie erhob sich gewiß auf mehrere Millionen.

Hoffte der Satan wohl, das Christentum im christlichen Blut zu ertränken? Vielleicht; doch was auch immer der Ersatz war, sein Haß gegen den Menschen war immerhin befriedigt, weil menschliches Blut in großen Strömen floß.

Haßt der Satan mehr die Menschheit oder das Christentum? *Er weiß es.* In diesem Fall griff er die Menschheit an unter dem Vorwand des Christentums; er bürdete den Christen die Seuchen, die Hungersnöte, die Landplagen, das Mißgeschick im Krieg auf, indem er all das Unheil dem Zorn der Götter zuschrieb, der durch die Gotteslästerungen und den greulichen Frevel der Christen gereizt worden war. Er erregte den Zorn und die Eifersucht der heidnischen Priester, die ihre Tempel leer, ihre Orakel stumm werden sahen. Vergebliche Anstrengung! – Der Satan konnte – durfte nicht siegen. Sein Triumph beschränkte sich auf das Böse, das er geübt hatte, der Himmel aber bevölkerte sich mit seinen Opfern, und das Blut der Märtyrer wurde zum Samen für neue und zahlreiche Blüten des christlichen Glaubens.

Elftes Kapitel

Fortgesetzte Verehrung des Satans im Schoß des Christentums – Schisma und Häresien

Bevor das Christentum die hohe Idee und das erhabene Werk der göttlichen Liebe aller Welt verkündet hatte, verschmolzen Zauberei und Götterverehrung ineinander – bildeten nur einen Kult. Der göttliche Plato, um die Sprache seiner Schüler zu reden, nannte die Magie nie anders als Götzendienst.[1] Apulejus macht diese Bemerkung, und man muß hören, in welchen respektvollen Ausdrücken er in seiner Apologie hiervon redet. „Du beschuldigst einen, daß er ein Zauberer sei", sprach er zu seinem Ankläger, „aber bedenk doch, daß die Magie die Verehrung der Götter ist, die Kenntnis der himmlischen Dinge, die Kunst, die Unsterblichen zu ehren, daß sie ihre edle Quelle in Zoroaster und Ormuzd hat, die sie den Persern lehrten, bei welchen es ebensowenig jedermann erlaubt ist, Magier – als gestattet ist, König zu sein; denn die Magie ist ein königliches Vorrecht. Sie ist auch und zwar bei allen Völkern ein Vorrecht des Priestertums und wenn es ein Verbrechen ist, Magier zu sein, so ist es auch ein Verbrechen, die Priesterwürde zu tragen."

Die *Barbarenhorden*, welche das römische Reich zerstörten, hatten keine so hohen Ideen, noch so viel Weisheit oder Wohlberedtheit und doch hegten sie dieselben Ansichten. In Gallien und Germanien spielten die Druiden die doppelte Rolle von Magiern und Götzendienern. Die Druiden waren, wie Cicero sagt, in der Kunst, Konjekturen zu machen, und in der Astrologie wohl bewandert.[2] Tertullian fügt bei, daß ihre Priester ganze Nächte bei den Gräbern der Krieger und Weisen zubrachten, um während des Schlafs höhere Einflüsterungen zu erhalten. Neun geheiligte Jungfrauen hatten nach der Erzählung des Pomponius Mela ihren Wohnsitz auf der Insel Sein, an der westlichen Spitze der Halbinsel Armorika, und beschworen die Winde und Wogen, um den Schiffen ein günstiges Meer zu verschaffen. Sie wußten die Gestalt verschiedener Tiere anzunehmen, die Krankheiten durch Zaubermittel zu heilen, und die Zukunft vorherzusagen. Man nannte sie Gallicenen oder Barrigenen. Diodor von Sizilien redet von gewissen Propheten, welche Menschenopfer schlachteten, um in ihren Eingeweiden mit Aug und Ohr die dunkle Zukunft zu ergründen *(auscultatio et extispicium)*. Er versichert, daß die abscheulichen Gebräuche bis zu den fernsten Zeiten zurückreichten und daß die Cimbrer sie nach Gallien verpflanzten.[3] Die Gallier hatten noch die *Bakeren*, welche die Gestirne, und die *Eubagen*, welche die Eingeweide der Opfer und den Flug der Vögel zu erforschen pflegten.[4]

Kein Volk übertraf sie in dieser letzteren Kunst, sagt Justin, ausgenommen vielleicht die Basken,[5] die nicht weniger leichtgläubig und nicht weniger abergläubisch waren, fügt Lampridius bei. Die Gallier legten so großen Wert auf die Ornithomantie (Wahrsagerei aus dem Gesang und Flug der Vögel), daß die Bewegungen ihrer Heere immer nach dem Flug der Vögel eingerichtet wurden, und so geschah es, daß eines derselben bis nach Pannonien geführt wurde.

Außer den abergläubischen Gebräuchen, die sie in bezug auf die Präservative und Amulette mit den Griechen und Römern gemein hatten, besaßen sie noch eigene; solche, die sich an die Eichenmispel und Schlangeneier knüpften. Die Eichenmispel war das große und allkräftige Schutzmittel gegen den Donner und gegen ansteckende Krankheiten, sie war ein glücklicher und wirksamer Segen der Felder, Dörfer und Häuser. Der Besitz eines Schlangeneis aber brachte Glück für alle Unternehmungen.[6]

Die Völker Germaniens blieben in der Ausübung der Wahrsagerkunst hinter den Galliern keineswegs zurück. Sie trieben die Kunst, aus dem Flug und den Eingeweiden der Vögel, aus der Beschaffenheit der Lose und der Stellung von Stäben oder Ruten (Rhabdomantie)[7] die Zukunft zu erforschen. Sie unternahmen kein wichtiges Geschäft, ohne zuvor das Wiehern der weißen Rosse zu prüfen, die als Orakel betrachtet und auf den heiligen Wiesen genährt wurden. Sie schlachteten Menschenopfer in der Absicht, deren Eingeweide in dem Augenblick, da sie noch von der Lebenswärme zuckten, über den Ausgang des Krieges und den Erfolg wichtiger Verhandlungen zu Rat zu ziehen.

All dies ist unvernünftig – empörend; aber es zeugt eben von der Herrschaft des Satans, die immer und überall auf Vernichtung des Menschen und Erniedrigung der Menschheit abzielt.

Als die Völker diesseits des Rheins, die Sachsen, Brukterer, Salier, Chamaver, Angrivarier, Sicambrer und diejenigen, welche den fränkischen Bund bildeten, die germanischen Wälder verließen, um in Gallien ein anderes Vaterland auf einem fruchtbareren Boden und unter milderem Himmel aufzusuchen, brachten sie auch neue Gebräuche der Magie mit, die man zu denen hinzufügen muß, welche die Gallier von den Römern ererbt hatten, und zu denen, welche sie schon vorher selbst besaßen.

So brachten sie unter anderem die Kunst der *Runen* mit, die bei dem größten Teil der nordischen Völker sehr im Schwung war.

Es gab Sieges-Runen, welche Weisheit, Geist und Mut verliehen und zu allen Arten von Sieg verhalfen. Die Krieger ätzten sie auf das Stichblatt und die Scheide ihres Degens; andere trugen sie auf Pergamentblättchen geschrieben bei sich. Sie mußten mit dem zweimal gezeichneten Buchstaben *tyr* versehen sein. Die Schiffer schrieben die Meer- und Fluß-Runen auf das Hinterteil, Steuerruder, die Masten und Segel der Schiffe, um das Fahrzeug und die Ladung vor jedem Unfall zu bewahren. Diejenigen, welche Prozesse führten, Streitsachen auszufechten, Rechte geltend zu machen hatten, versteckten die Schirm-Runen in den Zelten, die als Gerichtshof für die Rechtspflege dienten; ja sogar unter die Sitze der Richter. Die Trink-Runen, die auf den Henkel der Kannen und auf die Becher eingegraben waren, hüteten die Trinker vor Berückungen, die man ihnen im Rausch hätte machen können; zur größeren Sicherheit zeichneten sie sich dieselben noch auf die Hand und schrieben den Buchstaben *naud* auf ihren Nagel. Die Ärzte gebrauchten die Hilf-Runen, um den Weibern zu einer glücklichen und leichten Entbindung zu verhelfen; allein dies war nur der geringere Teil der Kenntnis eines tüchtigen Arztes. Er mußte das Geheimnis der Rinde-Runen von Grund auf besitzen, um sie richtig und an die allein passende Seite auf die Rinde der Bäume zu schreiben und so Krankheiten zu heilen, Unfälle abzuwenden, Verzauberungen zu heben, den Blutfluß zu stillen, Wunden zu schließen. Die Herz-Runen gaben den Feigen Mut; man schrieb sie auf die Brust in die Gegend des Herzens. Die Kraft-Runen malte man sich an jenes Glied, das man am häufigsten gebrauchen mußte; auf die Arme für die Arbeit, auf die Schenkel für den Marsch.[8]

Und diese Figuren und Bilder erweckten im sechsten, siebenten und achten Jahrhundert zahlreiche und energische Einsprache von seiten der geistlichen Behörden auf den Grund hin, daß sie eine Anrufung des Satans enthielten, die durch die Taufe geweihten Glieder des Leibes entehrten und daß das prahlerische Vorzeigen der damit Bezeichneten nicht selten die Gesetze des Anstands verletzte.

Diese und hundert andere ähnliche Gebräuche schleppten sich noch Jahrhunderte lang im Schoß der neu bekehrten Völker neben dem christlichen Glauben armselig hin; es genügt, die *Gesetzgebung* der damaligen Zeit zu fragen, um hierfür zahlreiche Beweise zu erhalten. In der Tat bildete die Unterdrückung der mit Hilfe der Magier verübten Verbrechen für die Gesetzgeber lange Zeit einen der wichtigsten Gegenstände ihrer Sorgfalt. Die Barbaren, die ebensowenig in den dämonischen Künsten als in der Zivilisation vorgeschritten waren, verstanden nur die grobe und rohe Magie, aber so, wie sie dieselbe kannten, machten sie auch von ihr Gebrauch. Giftmischerei, Hexerei (*veneficia et maleficia*), Vernestlungen (*ligamina*), Zaubermittel und Lose (*incantamenta et sortes*), Hexenversammlungen und greuliche Gastgelage, das sind die Gebräuche, gegen welche die Gesetzbücher – so lakonisch in manchen Punkten – mit der größten Ausführlichkeit ankämpfen.[9]

„Wenn ein Weib ein anderes Weib durch Behexung hindert, Mutter zu werden, so soll sie 2050 Heller Strafe zahlen", sagt das salische Gesetz im siebenundzwanzigsten Abschnitt. „Wenn der Gifttrank von eben dem genommen wurde, der ihn für einen anderen zugerichtet hatte, so soll der überlebende Giftmischer zu 2000 Pfennig verurteilt werden. Derjenige, welcher auf einen anderen einen Zauber geworfen, oder der ihn durch Knotenknüpfen an was immer für einen Ort festgebannt hat, soll eine Strafe von 2000 Pfennig zahlen. Wenn eine Hexe einen Menschen verschlungen hat", sagte anderswo dasselbe Gesetz, „ so soll sie dies mit 200 Sous Strafe büßen."

Nichts ist drolliger, als zu sehen, wie ein Barbar bei dieser Gelegenheit über andere Barbaren sich lustig macht. „Man muß nicht glauben", sagt Rotharik im Codex der lombardischen Gesetze, „daß ein Weib einen Menschen lebendig verschlinge, denn dies ist unmöglich."[10] Allein Rotharik spöttelte über das, was er nicht verstand, wie es so vielen anderen gegangen ist. Es war nicht die Rede von ganz oder lebendig verschlungenen Menschen, sondern von unglücklichen Opfern, die in Stücke gehauen, gebraten und gegessen wurden, wie wir bald sehen werden.

Der Gold-Sou, von welchem das Gesetz redet, hatte nach der zuverlässigsten Schätzung einen Wert von ungefähr fünfzehn Franken unseres Geldes; 200 Sou waren also ungefähr 3000 Franken (1400 Gulden), gewiß eine hohe Summe für eine Zeit, wo im Vergleich mit der unsrigen die Seltenheit der Münze so groß war.

„Wenn jemand", fährt das nämliche Gesetz fort, „einen anderen anklagt, ein Herbourg[11] (d.h. ein Beckenträger) zu sein oder mit anderen Worten: die ehernen Kessel zu den Hexengelagen getragen zu haben,[12] und er kann seine Aussage nicht beweisen, so soll er 62 Sous Strafe bezahlen." Es scheint, daß damals die Injurienklage verboten und die Entehrung erlaubt war, weil dem Ankläger gestattet war, seine Beweise vorzulegen. Das Wort Herbourg ist in gewissen Provinzen noch nicht aus der Sprache verschwunden; es gibt sogar Familien, die einen solchen Namen führen.

Das ripuarische Gesetz enthielt ähnliche Bestimmungen.[13] Wir werden das, was das eine und andere unlieb übergeht, durch die Auseinandersetzung der Artikel des Gesetzes der Westgoten über den nämlichen Gegenstand zu ergänzen suchen.[14]

„Wenn jemand", sagt das letztere, „die Zauberer, weissagenden Priester oder Wahrsager bezüglich des Zeitpunktes um Rat fragt, wann der Tod eines Fürsten oder einer anderen Person eintritt, so soll er die Freiheit verlieren und Sklave werden, wenn es ein Freigeborener ist; seine Güter sollen eingezogen und er soll gegeißelt werden. Ist er ein Sklave, so soll er verschiedene Foltern erleiden, und verbannt werden, um dann als Sklave im Lande jenseits des Meeres zu dienen." – „Ein Freigeborener, der Giftmischerei getrieben hat, soll mit der schmählichsten Hinrichtung gestraft werden, wenn seine Untat den Tod zu Folge hatte; wo nicht, so soll er der freien Willkür des Beschädigten anheimgegeben werden." – „Die Hexenmänner, diejenigen, welche Unwetter herbeiführen, oder andere durch Vermittlung des Satans in Tollheit versetzen, sollen öffentlich mit 200 Geißelstreichen geschlagen und in entehrender Weise geschoren werden. Man soll sie zehnmal um die benachbarten Felder treiben, und dann ins Gefängnis werfen. Ihre Mithelfer aber sollen in Gegenwart des Volkes 200 Peitschenhiebe erhalten." – „Der Sklave oder Freigeborene jedweden Geschlechts, der Zauberei getrieben oder Nestelbänder geknüpft hat, sei's gegen Menschen, Tiere oder überhaupt gegen etwas, das sich frei bewegt, dann gegen die Felder, Weinberge oder Bäume; der mit dem Satan Verträge geschlossen hat oder zu schließen versucht, um jemandem die Stummheit, Krankheiten, den Tod oder irgendeinen Schaden an Leib oder Gütern anzutun, soll mit 200 – öffentlich zu erteilenden Peitschenhieben bestraft, dann ins Gefängnis gesperrt und seines Vermögens beraubt werden."

Dies sind die Gesetzesvorschriften der Franken und Westgoten bezüglich der Magie. Das burgundische Gesetz beobachtet hinsichtlich dieses Artikels ein Stillschweigen, das um so merkwürdiger ist, als dieses Volk damals das zivilisierteste in Gallien war. Wie konnte ihm die Magie unbekannt bleiben?

Das genannte Verbrechen mußte wohl damals sehr verbreitet sein, um solche Verfolgung und solche Vorsichtsmaßregeln ins Leben zu rufen. Gleichwohl erhob sich jene Kunst von Tag zu Tag noch mehr, wenn man aus den Gesetzen und Verordnungen der folgenden Jahrhunderte hierüber urteilen darf. Bis zur Regierung Karls des Großen wurde kein Konzil, keine Nationalversammlung gehalten, in der nicht von der Magie die Rede war, sei es, um sie durch neue Gesetze zu unterdrücken, sei es, um die alten Gesetze aufzufrischen.

Das Konzil von Auxerre redet von Charaudeurs oder Loswerfern, gegen welche sich auch der heilige Eligius, Bischof von Noyon, etwas später erklären mußte, und die wir noch bei Moritz von Sully, Bischof von Paris, im zwölften Jahrhundert erwähnt finden.[15]

Niemand zweifelte daran, daß diese Gebräuche Überreste des Heidentums waren. Moritz von Sully behauptet es geradezu; ebenso ein Konzil von Rouen ungefähr ums Jahr 630: „Man muß", sagen die Prälaten, „die Gebräuche gewisser Hirten, Jäger und anderer Personen: Zaubersprüche über Brot, Kräuter oder Zettel herzusagen, und diese (letzteren) dann in Bäumen oder auf Kreuzwegen zu verbergen, um ihre kranken Tiere zu heilen und das Unglück anderen zuzuwenden – ernstlich verfolgen oder vielmehr gänzlich ausrotten. Es liegt am Tag, daß solche Gebräuche Überreste des Heidentums sind."

„Wir wollen", sagt Childerich III. in einer Verfügung vom Jahr 742, „daß jeder Bischof darauf bedacht ist, in seiner Diözese die heidnischen Gebräuche auszurotten, denen sich das Volk noch überläßt, ebenso wie die unheiligen Opfer zu Ehren der Toten, die Hexereien, Wahrsagereien, Denkzettel (Phylakterien), die Zeichendeuterei, die Verzauberungen und das Schlachten von Opfern. Alles muß abgeschafft werden, was vom Heidentum noch übrig ist, und besonders die Gott entehrenden Feuer, Nedrate genannt." Ohne Zweifel dieselben, von denen in einem Kapitular Karlmanns vom Jahr 743 unter dem Namen „Nodfir" die Rede ist. Der erste Funke hierzu wurde durch das Reiben zweier Holzstücke hervorgebracht.

Das Verzeichnis wäre unvollständig, wenn wir nicht auch aus der Rede des heiligen Eligius über denselben Gegenstand einige Einzelheiten ausheben würden.[16] „Wir beschwören euch bei allem, was es nur Heiliges gibt", sagt der Kirchenfürst, „von den abscheulichen Gewohnheiten des Heidentums abzustehen; weiset von euch all die Gaukler, Zauberer und Wahrsager und alle, welche Zaubersprüche und Zaubermittel anfertigen. Sie zu Rate zu ziehen heißt auf den Vorzug und die Gnade der Taufe Verzicht leisten. Fort mit den Auslegern des Vogelflugs und des Niesens! Wenn ihr eine Reise antretet oder ein Werk beginnt, so achtet nicht darauf, welcher Vogel eben singt, bewaffnet euch vielmehr mit dem Zeichen des Kreuzes. Wählt nicht ängstlich den Tag, um euch auf den Weg zu begeben oder eure Arbeit zu beginnen; alle Tage gehören Gott an, und wir empfangen sie gleicherweise aus seiner freigebigen Hand. Die ängstliche Rücksicht auf Glücks- und Unglückstage, auf den Mondwechsel, sodann die Ausgelassenheiten und lächerlichen Possen in den ersten Tagen des Januar, die Alteweiberpuppen, die Maskeraden, die närrischen Spiele, die nächtlichen Gelage, die Neujahreinweihungen, die Zügellosigkeit, mit der man sich in jener Zeit den Genüssen hingibt, die brennenden Scheiterhaufen, die Gesänge, die man beim Niedersitzen anstimmt, sind lauter verwerfliche Gebräuche."

Die beim Eintritt der Nacht veranstalteten Schmausereien,[17] von denen hier der Bischof von Noyon redet, erinnern an die auf offenem Felde den Göttinnen „Mairen"[18] und der Göttin „Habonde" (Göttinnen des Überflusses) dargebrachten Mahlzeiten, wenn es nicht ein und derselbe Brauch ist.

Der Redner fährt also fort: „Niemand mache am Fest des heiligen Johannes oder eines anderen Heiligen Sonnenwendkreise oder Schutzlinien; niemand beschäftige sich mit Tänzen und Verfertigung von Losen. Niemand singe die Gesänge des bösen Geistes. Niemand rufe seinen Namen an: weder Orkus noch Neptun, weder Diana noch Minerva, noch den Genius noch ein anderes satanisches Wesen." Wörtlich: keine andere „Albernheit" dieser Art *(ineptia)*. „Schenkt dem Donnerstag", fährt der Prälat fort, „keine besondere Beachtung, weder im Monat Mai noch zu einer anderen Zeit; es genügt, auf Feste und Sonntage achtzuhaben, niemand hänge Lampen oder Votivgegenstände an den Tempeln, Ecksteinen, Brunnen, Bäumen, Häusern oder an Kreuzwegen auf." Die Gewohnheit, von der hier der Bischof von Noyon redet, war schon tief eingewurzelt. Die Bischöfe sahen sich endlich genötigt, die Grenzpfähle und Meilenzeiger eingraben zu lassen; sie ließen Kreuze statt der Götzenbilder an den

Kreuzwegen setzen; sie gaben den durch den Aberglauben berühmt gewordenen Quellen den Namen irgendeines Heiligen, um sie zu weihen, und vertauschten so den Gegenstand ihrer Verehrung und die Gewohnheiten, die sie nicht ausrotten konnten.

„Legt an den Hals von Menschen oder Tieren keine Amulette", sagt der Prälat weiter, „selbst nicht, wenn sie von Klerikern gemacht worden wären oder wenn sie Stellen der heiligen Schrift enthielten. Denn all dies ist nichtig, unnütz, teuflisch und eines Christen unwürdig. Nehmt keine Opferfeier noch Zauberhandlungen auf den Feldern vor; laßt eure Herden nicht durch die zwei Teile eines gespaltenen Baumes, noch durch unterirdische Gänge hindurchziehen; man möchte sonst glauben, ihr weihet sie dem bösen Geist. Ihr Weiber tragt keinen Bernstein mehr an eurem Hals, prägt nicht den Namen oder das Bild Minervas auf eure Wäsche oder Gewänder. Flehet vielmehr um den Segen des Herrn! Schreit nicht, wenn die Sonne sich verfinstert! Gebt den Namen „Herr" weder der Sonne noch dem Mond, schwört nicht bei ihrer Macht, glaubt weder an ein Verhängnis, ein Geschick noch an die Aussagen der Astrologen. Wenn euch ein Unfall zustößt, so laßt beiseite die Wahrsager, Zauberer, Hexenmeister und Gaukler. Nehmt eure Zuflucht weder zu Denkzetteln noch zu Quellen, Bäumen oder Weggöttern, denn all dies würde euch zu nichts dienen; zu heiligen Dingen und zur Barmherzigkeit Gottes nehmt vielmehr eure Zuflucht!"

So wahrten – im Vorbeigehen gesagt – die Fürsten der katholischen Kirche ihre Religion schon im voraus gegen jene Vorwürfe des Obskurantismus und Aberglaubens, die in unseren Tagen gegen sie erhoben werden sollten.

Wenn man diese Angaben durch die Verfügung eines Kapitulars von Karlmann vom Jahr 749 ergänzt, das eine lange und eigentümliche Reihe abergläubischer Gebräuche jener Zeit enthält,[19] so erfährt man, daß nicht selten in der Stille der Wälder Mysterien gehalten wurden, daß der Mist der Rinder und Pferde in gewissen Fällen zum Wahrsagen und das Gehirn mehrerer Tiere zu magischen Zwecken verwendet wurde, daß man in Lumpen gehüllt und mit Fackeln in der Hand nächtliche Umzüge hielt; daß die Hexenmeister über Figuren von Teig oder Hadern, über künstlichen Händen und Füßen Zauberei trieben, um abwesenden Personen Krankheiten oder Tod zu verursachen; daß man den Zauberern die Kraft zuschrieb, dem Mond zu gebieten, und durch seinen Einfluß den Mut der tapfersten Krieger zu schwächen.

Es gibt kaum einen derartigen Brauch, der sich nicht aufs neue in den Kapitularen Karl des Großen, Pippins Königs von Italien, Ludwig des Frommen und Karl des Kahlen erwähnt findet, was um so klarer ihren zähen Bestand im Schoß der christlichen Gesellschaft beweist. Die Wahrsager, Astrologen unter dem Namen Mathematiker, die Hexenmeister, Zauberer, Giftmischer, Auguren, Nestelknüpfer,[20] Wettermacher, Teufelsbeschwörer, Schatzgräber sind dort namentlich aufgeführt. Die Zaubertränke, Amulette, Denkzettel, Lose, Traumauslegungen, die Pakten und Briefchen zur Heilung der Kranken sind dort unter verschiedenen Strafen und manchmal sogar unter der des Todes verboten.

Man findet dort die Gebräuche der Kabbala[21] und des Schlangenkults deutlich erwähnt; der Gesetzgeber wagt es sogar, in allzu *offenen Ausdrücken der unreinen* Mischung zu erwähnen, womit die Zauberer das eucharistische[22] Opfer besudelten, ähnlich der Eucharistie der Ophiten und der manichäischen Mahlzeiten. Man erfährt, daß es Bauchredner gab, die unter dem Namen Pythonen[23] auftraten. Man trifft alldort den Beweis, daß in jener so vorgeschrittenen Zeit noch Menschenfresser in Europa existierten. Man glaube ja nicht, letzteres Verbrechen sei im Gesetz nur erinnerungs- oder gewohnheitshalber aufgeführt; denn ein zweites Kapitular des großen Kaisers, das in Sachsen veröffentlicht wurde, redet in einer so unumwundenen Weise davon, daß es nicht möglich ist, nur den mindesten Zweifel aufkommen zu lassen: „Wenn irgend jemand" – ist dort gesagt – „unter dem Vorwand, daß ein Mann oder Weib eine Hexe sei und Menschen fräßen, sie selbst ißt oder anderen zu essen gibt, nachdem sie am Spieße gebraten worden sind, der soll mit dem Tod bestraft werden."[24] So redet einer der einsichtsvollsten Gesetzgeber der christlichen Zeit; wie läßt sich vermuten, daß er bei der Abfassung eines solchen Gesetzartikels nur eingebildete Verbrecher im Auge hatte?[25]

Während die neuen Völkerschaften, welche berufen waren, das Gebiet der Kirche in den Provinzen des Nordens zu besetzen, in den halb zerrissenen Schlingen ihrer alten Barbarei, ihres Aberglaubens und der abscheulichsten Gebräuche, in denen der Satan sie festzuhalten suchte, sich also abquälten, säte der nämliche Satan Zwietracht in den Schoß der Kirchen des *Orients* und *Afrikas* vermittels der *Häresien*, und gab so den ungebildeten und rohen Völkern auch rohe Beschäftigung, den denkenden und streitsüchtigen Völkern aber Klügeleien und elende Spitzfindigkeiten als Geistesnahrung.

Kaum hatte das durch seine Veranlassung auf den Schafotten vergossene Blut der Christen zu fließen aufgehört, als – seit dem Beginn des vierten Jahrhunderts die Gnosis in den unteren Schichten der Christenheit wie ein schlammgeborenes Ungeziefer allenthalben sich regt, indem *Arius*, ein Priester Alexandrias aus beleidigtem Stolz und um durch Aufwieglung der Geister Rache zu üben, die Behauptung aufzustellen sich unterfing, daß Jesus Christus nicht Gott war. Diese beklagenswerte Neuerung fand bei vornehmen und arglosen Leuten nur zu leichten Eingang. Der Arianismus breitete sich immer mehr aus und eroberte eine Provinz des Reiches nach der anderen. Wir beabsichtigen nicht, seine lange Geschichte darzulegen: Verfolgung, Verbannungen, Wortkämpfe, Konzilien und Gegenkonzilien, offene Feindseligkeiten und stromweise vergossenes Menschenblut, das ist sein Verlauf in Kürze gesagt. Die Unruhen dauerten zweihundert Jahre und bedeckten das orientalische Reich, Spanien, Gallien, Italien und Afrika mit Trümmern. Hätte der Satan triumphiert, so wäre das Christentum von der Erde vertilgt worden, noch eher als durch die Gnosis, weil hier der äußere Schein gerettet blieb – Moral und Religionsübung; aber ohne den Glauben an die Erlösung, die doch das Hauptdogma, und an die Eucharistie, welche das Zentrum aller Glaubenssätze ist.

Während Arius seine Irrlehren in Ägypten ausstreute, spalteten die beiden *„Donate"* die Kirche Afrikas durch eine der traurigsten Schismen, welche je die Herde Christi verwundet haben. Es geschah dies bei der Wahl des Bischofs von Karthago, namens Cäcilian, der ob der Strenge seiner Doktrin und seines Lebens die Ehre gehabt hatte, einigen allzu einflußreichen Personen zu mißfallen.

Bald danach traten die *Mazedonianer* auf, welche die Gottheit des heiligen Geistes leugneten. Schwach und klein in ihrem Beginn dehnte sich diese Häresie, nachdem sie die Form gewechselt hatte, immer weiter aus und verheerte allmählich den ganzen Orient, ja sie besteht noch, weil dieser Lehrsatz in Verbindung mit Nichtanerkennung des römischen Primats der Hauptpunkt ist, der die griechische Kirche von der lateinischen trennt. Wenn die orthodoxen Griechen, wie sie sich nennen, nicht mehr die Gottheit des heiligen Geistes leugnen, so verwerfen sie wenigstens sein Ausgehen vom göttlichen Wort.

Das fünfte Jahrhundert sah die *Pelagianer*, welche die Notwendigkeit der Gnade und als unvermeidliche Folge auch die Notwendigkeit der Menschwerdung und Erlösung verwarfen, weil sich die Menschheit demgemäß ohne göttlichen Beistand retten konnte; die *Nestorianer*, die Jesum Christum in zwei Personen schieden, eine göttliche und eine menschliche, wodurch in anderer Weise der Wert der Erlösung aufgehoben wurde, weil die menschliche Person, da nur sie imstande war zu leiden und zu sterben, nichts für die Menschheit gewirkt hat, als daß sie eine vollkommene himmlische Lehre durch die göttliche Person verkündete. Darauf folgten die *Eutychianer*, die in Jesus Christus die menschliche Natur unterdrückten und in der göttlichen aufgehen ließen, wodurch alle Realität bei Ertragung der schmerzlichen Leiden des Erlösers unmöglich gemacht wurde. Es blieb nur mehr ein eitler Schein und leerer Schatten auf dem göttlichen Berg Calvaria. Im einen wie im anderen Fall verlor die seligste Jungfrau ihren schönen Titel „Mutter Gottes", weil sie nur einem Menschen das Leben gegeben hat, – wie Nestorius – und weil sie nur zum Schein Mutter war, – wie Eutyches lehrte.

Inmitten dieser Zerwürfnisse, die von dem Satan angeregt und unterhalten wurden, ging der orientalischen Kirche das Band der Einheit zu Verlust. Spaltung folgte unaufhörlich auf Spaltung, die Zügel der Disziplin wurden gelockert, es erlosch das Vertrauen der Gläubigen zu den Bischöfen, der Bischöfe zu ihren Patriarchen. Die Gemeinden verloren durch dieses beständige Schwanken zwischen den verschiedenen und mannigfachen Lehren ihre Festigkeit und Sicherheit im Glauben, und wo Disziplin und Glaube ermattet sind, da verschlimmern sich die Sitten.

Dies traf in der Tat bald zu; in kurzem blieb nur mehr der Name und äußere Schein des Christentums. Unwissende, streitsüchtige, hochmütige Mönche in voller Empörung gegen ihre Bischöfe, kein Eifer für die Ausbreitung des Glaubens und die Verbesserung der Sitten, weil alle Aufmerksamkeit auf den Wortkampf gerichtet war; ein unwissendes und nach jedem Wind der Lehre sich drehendes Volk, das diesen Veränderungen keine besondere Wichtigkeit beilegte und sich nur an der Leichtigkeit vergnügte, mit der sie das Joch der christlichen Sittenvorschriften von sich abschütteln konnten: so war von dort an fast jene ganze Provinz der Kirche beschaffen, welche die griechische Sprache redete.

Seit langer Zeit war der Katholizismus auch in Afrika erloschen; der Vandale Genserich hatte ihn unter Trümmer begraben und im Blut ertränkt; es blieb nur mehr der Arianismus übrig, den er dort hingetragen und über den Schutthaufen gepflanzt hatte. Die Bevölkerung, die er dort zurückließ, weit weniger zahlreich, als jene, die er vertilgt hatte, verlor allmählich mit der kriegerischen Kraft, die er ihr aufgeprägt hatte, auch die letzten Spuren des christlichen Glaubens und Lebens. Jesus Christus konnte weder hier noch dort mehr seine Kirche erkennen. Der Diener der göttlichen Rache erschien: *Mohammed* gründete seine Religion und sein Reich im Jahre 632.

Genserich war der Würgeengel dieser afrikanischen Kirche gewesen, die so groß, so mächtig und blühend, aber schon zur Zeit des großen Bischofs von Hippo zerspalten und eben deshalb empfänglich war, noch schädlichere Lehren aufzunehmen. In der Tat ließ sie sich durch den Manichäismus schmachvoll besudeln und tief anfressen. Mohammed wirkte nach beiden Richtungen hin, indem er mit Entschiedenheit denjenigen Glauben, den Genserich gepflanzt hatte, ausrottete und mit aller Kraft die griechische Kirche zersplitterte, so daß nur wenige Reste mehr übrig blieben.

Also gewährt Gott dem höllischen Engel die Macht zu versuchen und dann die Gewalt, Rache gegen diejenigen zu üben, die seinen Verführungen unterlagen; so daß er selbst der Rächer der Verbrechen ist, deren Verübung er zugelassen hat.

Die blutigen Zwiste und Gott schändenden Untaten der *Bilderstürmer* brachten im achten Jahrhundert die frühere Spaltung und Glaubenserschütterung im Schoß der orientalischen Kirche noch vollends zur Reife; im neunten Jahrhundert dann trennte sie Photius, Patriarch von Konstantinopel durch ein *Schisma* von der okzidentalischen Kirche; woher es kam, daß ihr die mächtige Hilfe der Fürsten des Westens entzogen wurde, und daß zu gleicher Zeit der Glaube im Herzen ihrer Kinder zerfiel. Zwei Drittel vertauschten nun das Kreuz gegen den Halbmond aus Liebe zum Leben; das andere Drittel ergab sich der Knechtschaft in der eigenen Heimat.

Zwölftes Kapitel

Okzident – Dämonische Legenden
Eitle Glaubensmeinungen – Satanische Werke

Diejenigen, welche sich den abscheulichen Gebräuchen der Satansverehrung, von der wir oben geredet haben, überließen, waren um so weniger zu entschuldigen, als ihre Absichten nicht besser waren als ihre Werke; sie wußten sehr gut, daß es der böse Geist war, den sie anriefen, und daß es seine Macht war, zu der sie ihre Zuflucht nahmen. Als die beiden Königinnen Fredegunde und Brunehilt um teures Geld die renommiertesten Hexenmeister und Zauberer an sich zogen, wußten sie recht wohl, daß sie mit Gesellen des Satans in Verkehr traten, und daß es satanische Gewalt war, die sie zu ihren verwerflichen Zwecken ausbeuten wollten. Als Fredegunde an ihrem Hof einer Prophetin Aufnahme gewährte und sie vor aller Welt beschützte, ein Weib, das sich mit der Auffindung verlorener und gestohlener Sachen abgab, das den Händen der Häscher Ageriks, des Bischofs von Verdun, entflohen war, so geschah jene Begünstigung nicht aus Mitleid oder Barmherzigkeit, sondern einzig, um dieses Talent auszunützen.

Solches Gebaren und Vorgehen unterhielt in allen Gemütern – wenn nicht die Furcht oder Liebe, so doch die Idee des Satans, so daß er unmöglich in Vergessenheit sinken konnte.

Die Moralisten benützten das, um die Sitten durch eben jene Ideen zu bessern, die gerade im Umlauf waren: sie entwarfen schreckliche Bilder von der Macht des Satans, von der göttlichen Rache, den Strafen des anderen Lebens und fügten sie in fabelhafte Erzählungen.

König *Dagobert* ist einer der ersten, der auf den Schauplatz tritt. Ein sizilischer Mönch namens Johann sah seine Seele in den Händen der Dämonen – wie Aymoin erzählt.[1] Dieser Fürst, mit dem Beinamen Salomon Frankreichs, hatte nicht immer ein erbauliches Leben geführt, darum bemächtigten sich nach seinem Tod auch die Dämonen seiner Seele; sie schleppten ihn in den höllischen Nachen, als die heiligen Dionys und Martin herzutraten, um sie ihnen streitig zu machen. Man kam auf beiden Seiten überein, daß man zu einem neuen Gericht schreiten, daß die guten Werke gegen die bösen abgewogen und dann nach Recht und Gerechtigkeit verfahren werden sollte. Man weiß nicht genau, was geschehen wäre, wenn eine dienstgefällige Hand nicht die Abtei St. Denis in die Waagschale der guten Werke geworfen hätte. Das enorme Gewicht der vom Monarchen gestifteten Abtei löste alle Bedenken und die Heiligen trugen den König ins Paradies unter dem Gesang des Psalms: „Glücklich derjenige, den du erwählt und berufen hast in deine ewigen Wohnungen."

Diese Geschichte, mehr lehrreich als lieblich – ein unzartes Gemisch heidnischer und christlicher Ideen, mußte lange Zeit hindurch die Hand der Künstler bei ihren Darstellungen leiten. Man sieht dies Thema auf einer großen Anzahl Denkmäler ausgeführt, unter anderen auf dem Grab des Fürsten selbst zu St. Denis.

War einmal der Anfang gemacht, so bedurfte es nur der Nachahmung und Verschönerung. Da jedoch die Einbildungskraft in diesen Jahrhunderten trauriger Dürre nicht in Flor kommen wollte, so waren die Fortschritte in dieser Hinsicht nur gering und überall und immer blieb es der nämliche Stoff mit einziger Veränderung der Personen. Man wußte nichts besseres, als die Geschichte aufzuwärmen und auf *Karl den Großen* anzuwenden. So erschien sie denn in neuer Gestalt:

Turpin, Erzbischof von Reims und einer der besten Freunde des edlen Kaisers, hörte eines Tages, da er im Gebet bei dem Opfer der heiligen Messe begriffen war, einen so großen Lärm in der Straße, daß er nicht umhin konnte, seine Andacht zu unterbrechen und sich nach der Ursache, die ihn hervorbrachte, zu erkundigen. Es war eine Herde Dämonen, die sich eben anschickten, dem Gericht Karl des Großen, der eben gestorben war, beizuwohnen, um seine Seele zu reklamieren. Er nahm ihnen das Versprechen ab, ihm bei ihrer Rückkehr über den Vorgang Bericht zu erstatten, und kehrte dann zurück, um mit noch größerem Eifer zu beten. Aber sieh! O wunderbare Kraft des Gebetes und der guten Werke! Der heilige Michael, der heilige Dionys und der heilige Apostel Jakobus kamen eben noch zur rechten Zeit, zwingen die Dämonen, ihre Beute fahren zu lassen, und legen in die Wagschale der guten Werke alle die Steine, das Holz und die übrigen Materialien, die Karl zur Erbauung der Kirchen, Spitäler und Klöster verwendet und die großen Summen Gold und Silber, die er zur Dotierung und inneren Einrichtung derselben ausgegeben hatte; das Gute gewinnt über das Böse die Oberhand und die Dämonen ziehen sich mit Schimpf und Schande zurück.[2]

Diese zweite Geschichte sollte später nochmals aufgefrischt und auf andere Personen übertragen werden, unter welchen Gervais, der Nachfolger Turpins auf dem bischöflichen Stuhl zu Reims, eine wichtige Rolle spielt.

Karl Martell hatte zu solchen moralischen Erzählungen nur zu viel Veranlassung gegeben, darum wurde er auch ohne Gnade verdammt, und – was das merkwürdigste ist – mit Leib und Seele. Der heilige Eucher, Bischof von Orleans, soll dies durch Offenbarung Gottes inne geworden haben und um diese angebliche Eröffnung noch mehr zu erhärten, fügte man bei, daß Fülrad, erster Kaplan Pippin des Kleinen, den Sarg des Verdammten untersucht habe, um sich zu überzeugen, ob sein Körper wirklich verschwunden sei; daß er den Boden des Sarges verbrannt gefunden und nach dem Bericht Dionys des Karthäusers nur eine gewaltige Schlange gesehen habe, die sich in stinkenden Rauch auflöste.

Die Moralisten Englands hatten etwas besseres, als all dieses gefunden, nämlich fürchterliche Beschreibungen des *Fegefeuers* und der Hölle. Beda venerabilis, der zuerst davon redet, berichtet,[3] daß einer seiner Landsleute, namens *Drithelmus*, der wunderbar ins Leben zurückgerufen worden war, seine Zeitgenossen durch die Erzählung dessen in Schrecken setzte, was er im Fegefeuer geschaut hatte; dort gab es tiefe Täler voll Feuer und Flammen, und hohe, mit Eis und Schnee bedeckte Berge, Tausende von Seelen, die abwechselnd in Feuer und Eis getaucht, durch diese Peinigungsweise schreckliche Qualen litten, und daß sie durch die Wirkung der Gebete und guten Werke der Lebenden einige Erleichterung fanden. Drithelmus war durch dieses Schauspiel derart geängstigt worden, daß er sein zweites Leben ganz und gar in der strengsten Abtötung zubrachte, indem er behauptete, daß die härtesten Arbeiten ihm süß schienen, im Vergleich zu dem, was er gesehen hätte.

Gregor von Tours hatte zwar auch schon etwas ähnliches von König *Gontran* und seinem Bruder Chilperich I. erzählt, aber es scheint, daß seine Zeitgenossen nicht versäumten, daraus Nutzen zu ziehen; denn es ist von derartigen Reisen in das Totenreich keine Rede mehr bis zur Zeit Karl des Kahlen.

Ein Fabeldichter geriet auf den Einfall, diesem Monarchen eine Entrückung zuzuschreiben, während welcher er das Fegefeuer und die Hölle unter Geleit eines Engels durchlief, der ihm aus übergroßer, schwer zu begreifender Vorsicht den Ariadnefaden an die Hand gebunden hatte, um sich in den weitläufigen finsteren Labyrinthen nicht zu verirren. Er sah dort die höchsten Persönlichkeiten und seltsamsten Wunder, aber Wunder, welche, obgleich in derselben Manier gehalten, doch all das weit hinter sich lassen, was die Heiden vom schwarzen Tartarus und dem Reich Plutos erzählen. Tantalus, Ixion, Sisyphus, die Danaiden sind nichts dagegen. Übrigens war diese Dichtung eine kräftige Lektion für böse Regenten, habgierige Minister, ehrgeizige Höflinge und ungeistliche Prälaten.

Karl der Kahle lernte nicht viel auf seiner abenteuerlichen Fahrt oder wenigstens trug er wenig Nutzen davon, denn er wurde einige Zeit danach von einem anderen Fabulisten im Fegefeuer angetroffen. Karl erschien da im elendesten Zustand, in stinkenden Morast getaucht, mit Wunden bedeckt, von Würmern zernagt, halb in Lumpen gehüllt, Haare und Bart zerzaust. Voll Traurigkeit empfahl er sich den Gebeten des Besuchers namens Berthold. Dieser ließ, sobald er zur Erde zurückgekehrt war, Messen für ihn lesen, und der unglückliche Fürst wurde hierdurch getröstet, wie man später erfuhr, denn Berthold ging mehr als einmal in diese Schattengemächer. Er sah dort bei seinen verschiedenen Besuchen die angesehensten Persönlichkeiten damaliger Zeit: Prälaten, Könige und Minister. Er gab den Lebenden die Ursache der über jene berühmten Toten verhängten Strafen an und ließ für sie beten.

Berthold oder sein Pseudonym gab sich bald für einen Inspirierten, einen Erleuchteten aus, und man nahm ihn beim Wort. Angesehene Personen ließen sich überlisten, ohne zu prüfen, ob die angeblichen Visionen in allen Punkten mit der gesunden Vernunft und dem kirchlichen Glauben übereinstimmen, ob seine Beschreibungen nicht vielmehr der Mythologie als dem Evangelium entsprächen. Hinkmar, Bischof von Reims nahm keinen Anstand, den einen oder anderen durch eine laute Approbation die

Weihe zu geben, indem er sie seinen Diözesanen und Suffraganen in einem Zirkular erzählte, das er in ähnlichem Betreff an sie gerichtet hatte.[4]

Die Absicht Bertholds war dieselbe wie die seiner Vorgänger: den Lastern der Lebenden Einhalt zu tun, indem er die durch die Toten gegebenen Ärgernisse öffentlich geißelte, um die Gerechtigkeit Gottes zu zeigen, der seine unverjährbaren Rechte in jenen Fällen ausübt, wo die Gerechtigkeit der Menschen unterließ, ihre Pflicht zu tun. Wenn einige Kirchenfürsten, wie Jesse, Enée, Ebbon, Leopardelle zu den Flammen verdammt wurden, so geschah dies, weil sie die Kirche durch eine Aufführung geärgert haben, die noch heutzutage im Andenken des Volkes lebt. Wenn Karl der Kahle gestraft wurde, so geschah es, weil er nach der Bemerkung von Loup de Ferrieres und Dionys, des Karthäusers, seinen Höflingen und Laien kirchliche Benefizien gegeben hatte. Man schaute ihn dort, nicht um ihn zu entehren, sondern um in der Weise des Lucanus andern eine gute Lehre zu erteilen.

Die nämliche Absicht erkennt man auch bei einer anderen Vision, die einem Mönch der Abtei Reichenau namens *Wettin* zugeschrieben wurde, der im Jahr 824 lebte. Sie ist den vorgehenden mit Ausnahme geringer Einzelheiten so ähnlich, daß es unnütz erscheint, sie zu berichten. Dieser erblickte nämlich Karl den Großen, sodann verschiedene – bekanntermaßen der Simonie schuldige Prälaten und einige Höflinge des Kaisers in der Hölle.

Die berühmte Geschichte der Bekehrung des heiligen *Bruno*, die durch so viele Denkmäler und durch die Legenden einiger Breviarien des fünfzehnten Jahrhunderts gefeiert wurde, scheint keinen größeren Wert noch einen anderen Sinn als die vorhergehenden zu haben; da sie aber das Verdienst besitzt, sich von den bisher betretenen Pfaden zu trennen, so wollen wir sie im Detail berichten.

Man hielt eben das Totenamt für einen Doktor der Universität von Paris; es war dies im Jahr 1082, obwohl die Universität erst hundertachtzehn Jahre später gegründet wurde; oder nach einer anderen Lesart für einen Kanoniker namens Raymond, von welchem übrigens nirgends weiter Erwähnung geschieht. Der Sarg war in den Chor der Basilika gestellt. Als der Lektor zu den Worten der Lektion kam: *Responde mihi!* (Antworte mir!) erhob sich der Tote und schrie mit fürchterlicher Stimme. „Ich bin angeklagt vor dem gerechten Gericht Gottes." Die Umstehenden flohen vor Schrecken und der Gottesdienst blieb unterbrochen. Am anderen Tag wurde die Feierlichkeit wiederholt, der Tote erhob sich aufs neue bei denselben Worten und schrie: „Ich bin verurteilt nach dem gerechten Gericht Gottes." Neuer Schrecken und neue Unterbrechung. Am dritten Tag antwortete er: „Ich bin verdammt durch das gerechte Gericht Gottes." Man ging wegen dieses seltsamen Ereignisses zu Rate und kam zu dem Entschluß, das kirchliche Begräbnis dem Verdammten zu verweigern. Einer der Zuschauer namens Bruno, der noch mehr in Schrecken geraten war als die übrigen, gelobte – vielleicht auch in Folge der ernstlichen Betrachtung über die Vergänglichkeit der irdischen Dinge, – der Welt für immer zu entsagen und den Rest seines Lebens in harter Buße zuzubringen. Dies ist die sagenhafte Geschichte der Gründung des Karthäuserordens.

Cäsarius, Zisterziensermönch, Novizenmeister im Kloster Heisterbach und Verfasser mehrerer asketischer Werke, in welchen er eine Menge Anekdoten aufgereiht hat, die geeignet sind, die Aufmerksamkeit zu fesseln und die Frömmigkeit der Zöglinge anzufachen, wobei er mehr auf die Wirkung als die Wahrheit seiner Berichte Rücksicht nahm, hat unter allen Schriftstellern jenem wunderbaren Ereignis die meiste Berühmtheit verschafft, ohne jedoch dessen Erfinder zu sein. Cäsar von Heisterbach starb ums Jahr 1240. Keiner der Zeitgenossen des heiligen Bruno hat auf diese Vorgänge angespielt,[5] und die Beweggründe des frommen Einsiedlers waren, wie bekannt, ganz andere.

Wenden wir uns jetzt zu einer weniger düsteren Erzählung, die an Wert und Poesie alle übertrifft, von denen wir eben geredet haben, und die im Hinblick auf die Weltleute verfaßt worden war. Oderik Vital, der sie berichtet hat,[6] unterschiebt die Vision einem Priester der Diözese Lisieux namens *Gauchelmus* und bezeichnet als Datum das Jahr 1091.

Als nämlich Gauchelmus[7] einst den Kranken die Tröstungen der Religion gebracht hatte und bei seiner Heimkehr nächtlicher Weile einen Wald durchschritt, wurde seine Aufmerksamkeit auf einen großen Lärm hingelenkt, der sich in kurzer Entfernung von ihm erhoben hatte. Die Neugier siegte über den Schrecken; er trat näher und verbarg sich. Hier sah er nun die ganze Prozession der Verdammten vorüberziehen, wobei er viele vornehme Personen erkannte, die erst seit kurzem gestorben waren: Prälaten und Äbte, Mönche und Weltgeistliche, hohe Adelige und arme gemeine Leute, unbarmherzige Herren und schamlose Knechte, stolze Burgherren, ungerechte Richter und hartherzige Soldaten, liederliche Weibspersonen, ausgelassene Minnesänger, lügnerische Höflinge, brutale Junker, – alle Stände waren vertreten. Die Schänder heiliger Orte, die Unterdrücker der Witwen und Waisen, die Hochmütigen, Weltlichgesinnten, Unmäßigen; alle waren da, aber alle im traurigsten Aufzug! Sie saßen auf feurigen Rossen so glühend, wie rotes Eisen, die sie dahinrafften in immerwährendem, unwiederbringlichem Lauf. Gern wünschten sie abzusteigen! Nein, fort, immer fort, unglücklicher Verdammter! Gern schüttelten sie wohl von ihren Händen diese Ringe, Juwelen und Waffen; von ihren Füßen diese Sporen, diese Gamaschen; von ihren Häuptern diese Casquete, diese Kronen, von ihren Schultern diese Ketten, die sie mit unauslöschlichem Feuer brennen. Nein, nein, nie! – Trage das Werkzeug deiner Strafe, elender Genosse des Teufels! Was ehedem dein Stolz gewesen ist, macht jetzt deine Qual aus. Gerne möchte er wohl der Mühlsteine entledigt werden, die er an den Fersen schleppt – dieser Herr und ehemalige Besitzer einer Zwangsmühle, der sich auf Kosten seiner Untertanen bereicherte! – Gern möchten andere von den während ihres Lebens gestohlenen Gegenständen befreit sein, die sie jetzt, auf ihren Schultern gebunden, mit mehr als felsenschwerem Gewicht drücken. Diese Plünderer der Schwachen, diese frechen Straßenräuber, aber nein! Immer, immer sollst du sie tragen, elender Höllengeselle!

Als Nachtrab hinter der Prozession kam eine große Anzahl Reittiere, gesattelt und gezäumt, wie wenn sie ihrer Herren gewärtig wären. Eines derselben näherte sich Gauchelmus, und dieser streckte die Hand aus, um es zu streicheln; als er es aber berührte, fühlte er sich wie von glühendem Eisen gebrannt und er stieß einen durchdringenden Schrei aus, der ihn verriet. Alsbald wurde er von den Dienern umgeben, die ihn malträtierten, um ihn wegen seines Vorwitzes zu strafen; sie bedeckten ihn mit Wunden oder vielmehr mit Brandmalen, bis einer, weniger schuldbar, wie es schien, als seine Gesellen und der nur im Fegefeuer war, dazu kam und ihn befreite. Dieser letztere war es auch, welcher Gauchelmo, der bisher mehr erstaunt als belehrt war, alles erklärte. Er empfahl sich seinem Gebet wie dem einzigen Freund und gab ihm mehrere Aufträge und manch Kunde für die Lebenden mit. Er sagte ihm, daß die Rappen, welche ohne Reiter dem Zug folgten, für noch lebende Personen, die er ihm bezeichnete, bestimmt seien, und nannte ihm denjenigen mit Namen, der das Pferd bekäme, an dem er sich so heftig gebrannt. Gauchelmus machte die Namen der Toten ohne alle Schonung publik und war rücksichtsvoll genug, die der Lebenden zu verschweigen.

Orderic Vital behauptet, daß er Gauchelmus gekannt und die Brandwunden jener fatalen Nacht gesehen habe, doch fügt er in Absicht auf solche, welche die Sache näher betrachten wollen, bei, daß er diese Geschichte nur zum Zweck der Erbauung, zur Befestigung der Gerechten und Bekehrung der Sünder geschrieben habe.

Beenden wir all dieses durch eine minder schaurige Erzählung und werfen wir einen Schleier auf viele andere der nämlichen Art, wie die vorhergehenden.

Der gute König *Gontram* war eines Tages auf dem Feld unter der Hut eines seiner Soldaten eingeschlafen und träumte, daß er reise, sagt der Chronist Reginon, und ungemein ermüdet am Rand eines Flusses sich niederließ und eine Brücke suchte, die ihm den Übergang möglich machte. Da er sie endlich gefunden hatte, überschritt er den Fluß, trat in eine am Fuß eines Berges weit gehöhlte Grotte, in welcher er einen großen Schatz erblickte und kehrte dann auf demselben Weg wieder zurück. Bei seinem Erwachen hätte der Fürst, der immer in Geldnot war – denn er gab alles für Almosen und zu Zwecken der Wohltätigkeit aus – gern seinen Schatz wiedergefunden, aber er hatte den Weg dahin vergessen. Nun aber war folgendes vorgefallen: Der Soldat hatte ein Wiesel – ohne Zweifel die Seele des Königs – aus dem Mund des eingeschlummerten Monarchen herausspringen sehen, er hatte bemerkt, wie es das Feld durchlief, seinen Degen über einen Bach legte und ihn vergebens zu überschreiten versuchte; er hatte es kurze Zeit unter einen Steinhaufen schlüpfen, zurückeilen und wieder in den Mund des Königs hineinspringen sehen, der dann bald darauf erwachte. Als Gontram den Traum seinem treuen Wächter erzählt hatte, war der Berg, die Höhle und der Schatz nicht schwer aufzufinden. – Aimon, Reginon und Siegbert verbürgen die Wahrheit des Ereignisses.[8] Der Mönch Helinand[9] setzt es in eine nähere Epoche und schreibt es einem Soldaten vom Gefolge des Erzbischofs von Reims, Heinrich, Bruder Ludwig des Jüngeren zu, was die Sache nicht wahrer noch wahrscheinlicher macht.

Diese christliche Mythologie trug keineswegs dazu bei, die Zahl der abergläubischen Meinungen, die aus dem Heidentum stammten, noch den Glauben des Volkes an Hexen und Magier zu verringern; in der Tat war es auch jetzt mehr als je der Zauberei ergeben, diese aber verfolgt von jetzt an neue Tendenzen, noch schwankende und unsichere Zwecke, oder verrät wenigstens ein Streben nach einer neuen Anschauungsweise, die wir bald sich entwickeln sehen werden. Alle Gedanken waren dem *Wunderbaren* zugekehrt, aber öfter den satanischen als den göttlichen Wundern. Die damaligen Chroniken strotzen von bedrohlichen und unheilkündenden Wundern: hier dringt ein Wolf in die Kirche, ergreift mit den Zähnen das Glockenseil und beginnt zur Messe zu läuten; dort trifft man Wölfe, die wie Ziegen blöken und demzufolge nur böse Geister sein können; anderswo vergießen die steinernen Standbilder in den Kirchen Ströme von Tränen; noch anderswo regnet es Steine; sie fallen drei Tage lang auf das Haus eines Herrn in Burgund; ein ähnlicher großer Regen fand zu Joigny statt. Manchmal war es Getreide, kleine Kröten oder kleine Fische, kleine Sterne, Honig, Wolle. Nichts war so gewöhnlich als der Blutregen. König Robert, der die Nachricht von einem derartigen Ereignis erhalten hatte, schrieb hierüber an mehrere Bischöfe, um ihre Meinung über ein so großes Wunderzeichen zu hören.[10] Die Prälaten antworteten damit, daß sie eine Reihe ähnlicher Wunder anführten. Als Karl der Kahle die Stadt Angers belagerte, ließ sich eine Wolke Heuschrecken, die ein Sturm von Afrika bis nach Frankreich getragen hatte, auf den benachbarten Feldern nieder; man hielt sie für böse Geister. Und was konnten sie anders sein als Dämonen? Hatten sie nicht sechs Flügel, steinharte Kinnladen, marschierten sie nicht in Schlachtordnung einher, die Plänkler voran?

Doch dies alles wurde noch von dem übertroffen, was uns die Schriften des seligen *Agobard*,[11] Bischofs von Lyon, gestorben im Jahre 840, berichten.

„In diesem Lande", sagt der gelehrte und fromme Bischof,[12] „bildet sich fast jedermann, groß und klein, arm und reich, alt und jung ein, daß die Menschen nach Belieben Hagel und Donner hervorbringen können.[13] Jedermann sagt, wenn es donnert: dies ist ein gemachtes Gewitter, und wenn man fragt, was ein gemachtes Gewitter ist, so antwortet jedermann, daß dies ein durch die Wettermacher erzeugtes Gewitter ist."

„Es gibt eine Menge Menschen, die töricht und leichtgläubig genug sind, sich einzubilden, daß aus dem imaginären Land Magonien[14] Leute in Wunderschiffen auf den Wolken herabsegeln, welche das von den Wettermachern zugrunde gerichtete Getreide ankaufen. Wir hatten eines Tages große Mühe, aus den Händen des aufgeregten Volkes drei Männer und ein Weib zu befreien, welche die Menge aus diesen Luftschiffen gefallen wähnte und an den zur Hinrichtung bestimmten Platz führte, um sie zu steinigen."

Nachdem er durch triftige Gründe bewiesen hatte, daß Gott allein die Gewitter sammeln und den Blitz schleudern kann, fährt der Prälat also fort: „Arme Betörte! Begehrt doch von den Wettermachern ein wenig Wasser für eure ausgedörrten Felder, denn es muß leichter sein, Wasser als Hagel zu bewirken, oder bittet sie, auf euren Baumgarten regnen zu lassen und die Ernte, die nebenan reift, zu verschonen. Immer trug ich größtes Verlangen, einen Wettermacher kennenzulernen; aber ich konnte nie dazu gelangen, sie haben mich alle von einem zum anderen geschickt, und jeder einzelne gestand zu, daß er selbst keiner sei. Der Glaube an die Wettermacherei ist überall und die Wettermacher sind nirgends. Die ärmsten Leute und solche, die weder Almosen geben noch auch den Zehnten entrichten, legen einen Teil ihrer Ernte beiseite, um damit jenen Individuen Geschenke zu machen, die sie als Herren der Gewitter betrachten. Diese aber nehmen oft mit Verwunderung, gewöhnlich aber mit Vergnügen solche Gaben an.

„Hat man sich nicht vor einigen Jahren bei Gelegenheit einer Seuche, welche das Hornvieh ergriff, eingebildet, daß Grimaldi, Herzog von Benevent, Feind des christlichen Kaisers, Leute mit Wagen voll vergifteten Pulvers umhersandte, um es durch Kinder auf Wiesen und Felder, in Brunnen, Quellen und Flüsse zu streuen? Außerdem, daß man, um ein Reich von der Größe eines karolingischen zu vergiften, mehr Wagen Pulver nötig hätte, als es Staub im Herzogtum Benevent gibt, und um es auszustreuen, mehr Kinder erforderlich wären, als es ernähren kann, so wäre es sehr seltsam, daß dieses Gift das Hornvieh tötete, ohne den anderen Tieren zu schaden. Gleichwohl brachte man eine Menge Leute mit Gewalt in Gewahrsam, die dieses Verbrechens verdächtig wurden; man metzelte einen Teil derselben nieder und warf die anderen auf Bretter gebunden in die Rhone. Was aber noch unglaublicher ist: wir haben viele dieser Unglücklichen gesehen und ihr Geständnis gehört, daß sie Zauberer wären und zur Ausstreuung des Pulvers beigetragen hätten.

„So viele und so abgeschmackte Torheiten sind in dieser elenden Welt im Umlauf, daß es zweifelhaft ist, ob die Heiden trotz ihrer Geneigtheit alles zu glauben und in Anbetracht ihrer Blindheit sich herbeigelassen hätten, denselben ihre Aufmerksamkeit zu schenken." – So der Prälat.

Könige und Fürsten teilten diese Irrtümer mit dem Volk. Die *Kapitulare* Karl des Großen, Ludwig des Frommen und Karl des Kahlen, welche die strengsten Strafen über solche Zauberer verhängen, die Gewitter machen, beweisen dies zur Genüge. Während der Regierung dieser Herrscher bemerkte man mehrere Nordlichter, und man ermangelte nicht, sie auf Rechnung der Magie zu setzen. Im Jahr 927 brachte ein ähnlicher Lichtschein die Stadt Reims in Aufruhr. Dies Himmelszeichen kündete eine große Pest an, sagt der Chronikschreiber Flodoard. Nikolaus Chesneau versichert in seinen nachträglichen Bemerkungen zur Chronik Flodoards, daß diese Zeichen der Pest durch die Zauberkünste der Hexenmeister verursacht worden seien; dann aus Furcht, eine gottlose Äußerung gemacht zu haben, verbessert er sich und fügt bei: oder vielmehr durch den Zorn Gottes, der gegen die Zauberer gereizt ward.

Zauberer gab es in der Tat überall und alles war damit erfüllt. „Man sieht nur Zauberer", sagt *Hinkmar*, Erzbischof von Reims.[15] „Hier sind es Magier oder Schadenbringer *(maleficiatores)*, wie man sie wegen der Größe der Übel nennt, die sie erzeugen, da Geistesbeschwörer, welche vorgeblich die Toten wieder zum Leben erwecken, dort Wasserdeuter, welche die Dämonen aufrufen und sie mittels gefüllter Wasserflaschen um Rat fragen; weiterhin gibt es Marktschreier, welche Opfer schlachten und Gebete an die Götzenbilder richten; an anderen Orten Opferbeschauer, welche die Eingeweide der Opfer erforschen. Wir sehen Auguren nach den Vögeln gaffen, Wahrsagerinnen aus dem Bauch reden, Astrologen oder Mathematiker von drei oder vier Arten, Zauberer, die nach göttlichen Anzeichen wahrsagen, Gaukler, welche die Augen der Zuschauer berücken. Es gibt Abergläubische, welche die Begegnung eines Geistlichen fürchten, es gibt Nestelknüpfer und solche, welche die Hunde vor dem Stock eines Baumes bellen machen, wie nach einem wilden Tier. Dieser trägt verzauberte Kleider, jener ist von den Zauberern mit Narrheit geschlagen, ein anderer ist durch die Magier verzaubert worden und stirbt an Entkräftung; ein dritter ist noch fahl wie der Tod, weil er von Lamien[16] (Hexen, die Blut saugten) gesäugt wurde."

Sogar am Hof der Fürsten gab es Magier. Der berühmte jüdische Arzt *Sedecias*[17] verstand, einen Baumgarten zu zwingen, sich mitten im Winter mit Blumen zu bedecken, augenblicklich Blätter und Früchte hervorzutreiben; er bevölkerte ihn dann mit Vögeln, die ihren Gesang ertönen ließen. Er verschlang manchen Reiter samt Waffen, Gepäck und Roß, ganze Wagen mit Fuhrmann und Pferden. Er hackte Menschen in Stücke, ließ das Fleisch sieden und brachte sie wieder zum Leben zurück. Er flog mitten in der Luft und ließ eine Menge Stimmen hören wie von Hunden und Jägern.[18]

Diejenigen, welche mit den Taschenspielerkünsten unserer modernen Eskamoteure, Bauchredner und Gaukler vertraut sind, werden ohne Zweifel nicht zugeben, daß die Gewandtheit Sedecias notwendig dämonisch war. Man hat zu allen Jahrhunderten ähnliche Wunder gesehen, die nur auf der Geschicklichkeit des Künstlers und der Überraschung der Zuschauer beruhten. Die Alten hatten ihre Eurykleen oder Bauchredner und andere Landstreicher, die um ihr Theater Scharen von Neugierigen versammelten, die sie durch Blendwerke unterhielten und an die sie zuletzt Arznei- und Zaubermittel verkauften. Atheneus redet in seinen Dyphnosophisten und Apulejus in seinen Metamorphosen von jenen ausgezeichneten Künstlern, die Feuer aßen und Flammen spieen, die Degen verschlangen und sich mit Spießen durch und durch stachen. Die Marktschreierei ist nicht neu, wir zweifeln, daß sie im Fortschritt begriffen ist.

Aber die Jahrhunderte, deren Geschichte wir schreiben, sahen wahre Gesellen des Satans, die sich den verwerflichsten Werken gewidmet haben: Erleuchtete, Kabbalisten und in Ekstase versetzte Besessene.

Einer der ersten in Rücksicht auf das Alter ist ein Erleuchteter (Illuminate) von Bordeaux namens *Didier*, der mit dem heiligen Petrus und Paulus in Briefwechsel zu stehen und mächtiger als der heilige Martin und wie einer der Apostel zu sein wähnte. Man führte ihm von allen Seiten Kranke zu, die er durch Berührung und Auflegung der Hände heilte, besonders Gichtbrüchige, denen er ihre Glieder zu reiben und kräftig zu strecken gebot. Er fiel häufig in Ekstase, sah, was an entfernten Orten sich begab, durchdrang die Gewissen, tadelte öffentlich die geheimsten Fehler und vorzüglich das Böse, das man über ihn ausgesprengt hatte. Dies geschah im sechsten Jahrhundert.

Gregor von Tours redet von einem Holzhauer aus Bourges,[19] der in Folge eines Bienenschwarms in Entzückung verfiel. Er durchwanderte, von einer Wahrsagerin namens Maria begleitet, den größten Teil von Gevaudan und gab sich für den Messias aus. Eine unglaubliche Menge Leute hingen sich an seine Schritte. Er heilte die Kranken durch Berührung, er sagte die Zukunft vorher, mit einem Wort, er wirkte so viel Wunder, daß diejenigen, die ihn als Gesandten Gottes anzuerkennen sich weigerten, ihn wenigstens in Verbindung mit dem Teufel glaubten. Wir glauben dies ebenfalls und auch nicht minder von dem, der ihm vorangeht, und denjenigen, die nachfolgen.

Adalbert, Illuminate des achten Jahrhunderts, besaß, wie er sagt, wunderbare Reliquien und Amulette von noch größerer Wunderkraft, die ihm ein Engel von den äußersten Enden der erschaffenen Welt gebracht hatte. Die Geschichte dieser Reliquien und Talismane klingt in der Tat seltsam und es ist erstaunlich, welch hohen und heiligen Personen sie anvertraut und an welchen Orten des Himmels und der Erde sie niedergelegt worden waren, bis sich endlich Gott entschloß, sie geradewegs durch einen seiner Sendboten an Adalbert zu übermachen, dem sie übrigens schon vom Anfang an bestimmt waren. Er teilte an seine Schüler die Abfälle seiner Haare und Nägel aus, er kannte die Zukunft und las die Gedanken der Menschen. Geht hin in Frieden, sagte er zu den Personen, die sich an ihn wandten; ich kenne eure Sünden, sie sind euch nachgelassen, und zeigte jedermann einen Brief, den ihm der Sohn Gottes geschrieben hatte![20] Adalbert lehrte seine Schüler ein Gebet, womit man vom Himmel die größten Gnaden und die größten Wunder erwirken könnte; es hieß also: „Allmächtiger Herr und Gott, Vater unseres Herrn Jesu Christi, Alpha und Omega, der du auf dem höchsten Thron über alle Cherubim und Seraphim erhaben herrschest, ich bitte und beschwöre dich, Engel Uriel, Engel Raguel, Engel Cabuel, Engel Michael, Engel Inias, Engel Tabuas, Engel Sabaoth, Engel Simiel, mir zu gewähren ..." Hier nennt man die gewünschte Gnade. All dies war nichts neues, noch von neuer Erfindung; diese Formel war auf einem zu Rouen unter dem Pontifikat des Papstes Zacharias gehaltenen Konzilium verdammt worden. Sie ist unter den Kapitularen Hirards, des Erzbischofs von Tours,[21] im Jahr 859 aufgeführt. Es ist die Kabbala und die Lehre der Illuminaten, die wieder erwachten – vielleicht ineinander verschmolzen; es scheint, daß der Satan ihnen wirksame Hilfe brachte; allein die Tatsachen sind zu wenig studiert und mangelhaft dargelegt, als daß man über dieselben jetzt ein gediegenes Urteil fällen könnte. Adalbert wurde gefangengesetzt, er blieb lange Zeit in Haft und endete dort sein Leben.

Eine gewisse Wahrsagerin namens *Thiota* erfüllte im Jahr 847 die Stadt Mainz mit dem Gerücht ihrer Vorhersagungen und der Furcht vor dem jüngsten Tag, dessen Eintritt sie noch für dasselbe Jahr prophezeite. Ihre Wirksamkeit war von keiner langen Dauer. Die Behörden verurteilten sie zur öffentlichen Geißelung, nach welcher sie nicht mehr prophezeite.[22]

In dieser Zeit erschien auch das berüchtigte Buch *Jetsirah* oder Abrahams, eines der Grundelemente der modernen Kabbala. Die Kabbala, die damals von den Juden mit unvergleichlichem Eifer gepflegt wurde, verschlang fast allein alle anderen geheimen Wissenschaften.[23] Der unermüdliche Agobard, erklärter Feind des Aberglaubens seiner Zeit, bekämpfte sie in seinen Schriften und empfahl sie der Aufmerksamkeit des Kaisers und der Behörden, und um seiner Angabe mehr Nachdruck zu geben, verständigte er sich mit zwei seiner Kollegen, Bernhard, Bischof von Wien, und Eaof, Bischof von Cavaillon. Lassen wir diese Prälaten reden: „Die Juden", sagen sie, „machen sich einen körperlichen Gott, der, wie der Mensch, verschiedene Glieder und Organe für die verschiedenen Sinne und Lebensfunktionen besitzt, nur geben sie ihm ungegliederte und unbiegsame Finger, weil er seine Hände nicht zur Arbeit gebraucht. Sie setzen ihn auf einen Thron, der von vier Tieren gehalten, herumgetragen und in einem großen Palast aufgestellt wird. Sie lassen ihn an eine Menge Dinge denken; da aber unter seinen Gedanken eine Anzahl eitle, überflüssige und unausführbare sich befinden, so verwandeln sie diese in Dämonen. Sie machen sich Bilder von diesem abenteuerlichen Gott und beten sie an. Sie lehren, daß die Buchstaben des hebräischen Alphabets ewig sind, daß jeder derselben große Geheimnisse in sich birgt und verschiedenen Partien der erschaffenen Dinge vorgesetzt ist. Sie behaupten, daß es mehrere Erden, mehrere Höllen und mehrere Himmel gibt, von denen einer Rocha, d. i. Firmament, heißt. In diesem sind die Mühlen Gottes, in welchen er das Manna mahlen läßt, das den Engeln zur Nahrung dient. Sie sagen, Gott habe Trompeten, von denen eine tausend Ellen lang ist. Doch wozu noch mehr berichten? So verunstalten sie alle Glaubenssätze des alten Testaments; und nicht nur dies, sie unterweisen auch die Christen in der Mißachtung des Neuen, indem sie sagen, Jesus sei nur ein Schüler Johannes des Täufers gewesen, habe selbst Schüler gewünscht und einem den Namen Petrus wegen seiner harten Auffassung gegeben. Ihrer Meinung nach war Jesus ein Zauberer, der der Tochter des Tiberius versprach, daß sie Mutter würde, ohne aufzuhören, Jungfrau zu sein, und daß er sie nur einen Stein gebären machen konnte. Wegen dieser Tat verurteilte ihn Tiberius zum Tode, sein Leib wurde in ein Grab gelegt, das am Ufer eines Stromes lag, der – aus den Ufern getreten den Sarg mit fortriß. Pilatus ließ ihn zwölf Monate lang suchen, und da er ihn nicht fand, publizierte er, Jesus sei von den Toten erstanden und wollte deshalb, daß er wie ein Gott angebetet würde." Dies ist der Bericht des von dem Prälaten unterzeichneten Briefes an den Kaiser, und so entstellten die Juden in den Augen der Christen die Geheimnisse der christlichen Religion. Wagenseil, der seinerseits diese und viele andere ähnliche Gotteslästerungen in einem besonderen Werk gesammelt hat, hat sie mit Recht „Höllenflammen vom Satan ausgespieen" genannt.

Neben den Kabbalisten gab es auch *Schwärmer*, die in großen Massen sich erhoben, die der Satan sichtlich mit seinem Siegel bezeichnete und die von da an die Vorspiele zu den Szenen der Cevennen und des Gottesackers St. Medard bildeten. Es sind ebenfalls die Schriften Agobards, die uns hiervon das Andenken erhalten haben. „Du berichtest mir", schrieb er an Barthelemi, Bischof von Narbonne, „daß es an gewissen Orten große Volksaufläufe gibt, und besonders in einer Kirche von Uzes, die dem heiligen Firminus geweiht ist. Ich kannte schon diese Einzelheiten durch einen Brief unserer ehrwürdigen Brüder. Du sagst mir, daß man dort Leute zur Erde fallen und sich nach Art der Epileptiker und derjenigen herumwälzen sieht, die das Volk als Besessene betrachtet und Dämonische nennt; du fügst bei, daß man häufig Brandmale an den Gliedern dieser Fallsüchtigen bemerkt, und daß sie in der Tat Schmerzen zu fühlen scheinen. Jeder beeilt sich, wie du sagst, an diese Orte Opfer und Gaben zu bringen, und du fragst mich, was ich von all dem halte. Ich glaube, daß es ein Unsinn ist. Was die Wunder betrifft, so erkenne ich hierbei nicht einmal einen Schein von Wundern, weil keine Heilungen gewirkt werden."

Auf diese Meinungsäußerung hin verbot der Bischof von Narbonne die Zusammenkünfte, was die Täuschung verscheuchte und den Gemütern die Ruhe wiedergab.

Aber die *Konvulsionäre* hielten sich nicht für besiegt; es ist ein so süßes Geschäft, sich öffentlich zur Schau zu stellen und Opfer und Gaben in Empfang zu nehmen, wie ein Heiliger. Sie verlegten den Schauplatz ihrer Heldentaten und begannen bald aufs neue, wie wir aus einem Brief Amulons,[24] Nachfolger des heiligen Agobard erfahren, der genau denselben Rat an Thiebault, Bischof von Langres, bei Gelegenheit des Zusammenlaufs erteilte, der zu St. Benigne von Dijon stattfand.

Man sieht, der Satan macht nur geringe Fortschritte in der Kunst, Wunder zu wirken; die satanische Wissenschaft geht in einem durch die Zeit tief ausgefahrenen Gleis und der größte Teil der Gauklereien späterer Jahrhunderte sind nur neu aufgefrischte alte Geschichten. Gleichwohl scheint nicht, daß ihm erlaubt sei, bei der menschlichen Gesellschaft zu weit vorzugehen; er schreitet nicht vor ihr her, sondern begleitet sie nur; er bewirkt nicht die Entstehung der Frucht, sondern er treibt sie nur, befördert das Wachstum und legt einen Wurm ein, der sie zernagt.

So werden wir sehen, wie er sich im elften und zwölften Jahrhundert in die Bewegung einmischt, welche einsichtsvolle Männer zu neuen Welten hinführt, wie er sich immer und überall als die einzige und unentbehrlich Triebkraft hinstellt, und alles auf sich bezieht. „Habt acht auf mich, denn ich bin Gott!" – Das ist das Geschrei, das man immer erschallen hört.

Das *elfte* und *zwölfte* Jahrhundert trägt ein eigentümliches Gepräge an sich: Treuherzigkeit und kindlicher Leichtsinn, Wißbegier und warme Begeisterung. Der menschliche Geist ist jener Schmetterling, der, sobald er nur einmal aus seiner Larvenhülle hervorgegangen ist, in dem Lustgarten, den er entstehen gesehen hat, von Blume zu Blume fliegt, auf jeder einen Tropfen Honig saugt, seine Flügel schließt und auf der letzten ausruht, bis der Wind ihn in eine andere Welt forttträgt.

Die ganze Heilkunde besteht noch in der Kenntnis einiger Arzneipflanzen und einiger Geheimmittel; die Physik in einer kleinen Anzahl Erfahrungen über Kälte und Wärme; die Geschichte in den biblischen Erzählungen; die Astronomie in der Bewegung der Planeten und der Sonne um die als Zentrum betrachtete Erde; die Philosophie in der Kunst des Raisonnements und den Vorstudien der Theologie. Mit zwanzig Jahren hat der junge Gelehrte das ganze Gebiet der menschlichen Kenntnisse durchlaufen: er besitzt die sieben freien Künste ebenso von Grund aus, wie seine Meister, und es bleibt ihm – das Werk zu krönen, nur übrig, sich in der Ausübung der Zauberei und Magie zu vervollkommnen. Die Magie ist das *non plus ultra* des menschlichen Geistes. Wer sich je so hoch erheben konnte, erfaßt die Keule des Herkules und wird unbesiegbar. *Mahomed* wandte keine anderen Geheimnisse an, um Wunder zu wirken, die ihn vor den Augen der Welt zu einem Gott gestempelt haben. Ein Schriftsteller jener Zeit schreibt:

> Geläng es nur, Astronomie,
> Die Freundin auch, Nekromantie,
> Die Physik dann, der Lose Zahl
> Zu kennen, und den „Spruch" zumal:
> Der würde klug und mächtig sein
> Und wirkte Wunder groß und klein
> Wie Mahomed, an Zeichen reich,
> Geehrt wie Er, dem Höchsten gleich.[25]

Und dieses Zeugnis drückt den Gedanken aus, der damals in der Welt gang und gäbe war. Ein anderer ebenfalls gleichzeitiger Schriftsteller spricht in ähnlicher Weise:

> Was in der Welt auch lebt und webt:
> Den Astronomen ist's enthüllt,
> Er schaut der Dinge Grund im Bild
> Und schafft gar viel, das hoch erstaunt,
> Das Volk als Wunder ausposaunt.[26]

Dreizehntes Kapitel

Elftes und zwölftes Jahrhundert –
Die Herrschaft des Satans über die Wissenschaft

Für viele Menschen, selbst für Gelehrte, ist das Ansehen der verflossenen Jahrhunderte in jeder Hinsicht der höchste Entscheidungsgrund; diese Art Hochachtung schlägt, weil sie zu weit getrieben wurde, in eine traurige Geistesverkehrtheit um. Viele andere können sich nie ganz lossagen von ihren wissenschaftlichen oder literarischen Vorgängern und bringen so überall Vorurteile mit, die sie auf dem Weg der intellektuellen Forschung aufhalten. Dies erklärt, warum so manche treffliche Geister beim Beginn des Mittelalters ihre Inspirationen der griechischen und römischen Literatur entlehnten, welche durchweg der Magie – oder auch der des achten und neunten Jahrhunderts, das der Dämonologie huldigte.

Warum will man nicht zugestehen, daß Papst Sylvester II., Albert der Große, der heilige Thomas, Peter von Ailly, Roger Bakon, Arnold von Villeneuve und einige andere berühmte Männer jener Zeit die geheimen Wissenschaften studierten und mehr oder weniger daran glaubten; oder warum will man ihnen ein Verbrechen daraus machen? Wenn Lanfrank, der heilige Anselm, Abälard, der heilige Bonaventura, der heilige Bernhard, Johann Gerson und mehrere andere sich nicht damit beschäftigen mochten und daran gut taten, welche Folgerung läßt sich daraus ziehen?

Es ist gewiß, daß die strenge und orthodoxe Theologie immer die Magie und jeden Verkehr mit den höllischen Mächten verdammte; aber es ist nicht minder gewiß, daß hervorragende Geister, Forscher, wißbegierige Männer die Magie studierten, ohne sich an jenen Bedenklichkeiten zu stoßen. Wer weiß auch nur, ob sie die Magie nicht für etwas der Menschheit nützliches und ruhmvolles betrachteten – gleichsam den Triumph der Religion, die Macht, sich die Gewalten der Hölle dienstbar zu machen und durch sie das Reich der Natur wiederzugewinnen, nicht in ihr erblickten?

Sehr reelle Wissenschaften, wie die Physik, Chemie, Mechanik, Algebra galten für Magie; gewisse Zweige der letzteren, wie die Kunst der Beschwörungen, die Sterndeuterei, die Kenntnis der Präservative und Amulette, galten für wirkliche Wissenschaften. Die kabbalistische und dämonische Geisterlehre machte einen Bestandteil der Metaphysik aus; alles war noch vermengt, verschmolzen und es bedurfte der Zeit und eines großen Talentes, um diese verschiedenartigen Elemente zu entwirren und jedem seinen Platz anzuweisen.

Während man Gerbert in Frankreich als Magier verfolgte, ließ man ihn als solchen in Italien ungefährdet wirken. Während gewisse Lehrer und gewisse Mönche die geheimen Wissenschaften verdammten, schickten sich andere Religiosen und andere Meister an, sie in Spanien zu studieren, wo man sie öffentlich lehrte.

Die Okzidentalen hatten die Flamme der Wissenschaft in ihren Händen erlöschen lassen; die Völker des Orients hatten sie genährt. Die Araber und Spanier zeichneten sich vor allen durch ihren wissenschaftlichen Ruf und tüchtigen Eifer für das Studium aus, wenn nicht zugleich durch ihre umfassenden Kenntnisse. Es gab zu Toledo, Sevilla, Salamanca berühmte Schulen, in denen man die positiven Wissenschaften und die Magie lehrte, welche die notwendige Ergänzung derselben bildete; dorthin begab sich eine große Anzahl Schüler aller Länder der Welt, sagt Cäsar von Heisterbach.[1] Die Summe der wirklichen Kenntnisse, welche den Gegenstand des Unterrichts ausmachte, war viel zu beschränkt, der Geist mußte – nachdem er ihre Quelle erschöpft hatte – bei den falschen Wissenschaften nach einem notwendigen Ersatz suchen. Die Schule Toledos hat sich bis zum Ende des fünfzehnten Jahrhunderts erhalten und die geheimen Gesellschaften Europas, besonders jene, die sich mit der Goldmacherkunst befaßten, hörten nicht auf, an ihren Arbeiten tätigen Anteil zu nehmen. Durch ihre Jünger wurden wir mit den meisten der chemischen Erfindungen der Araber bekannt. Es genügt den Alkaest, Alkali und Alkohol zu nennen und an die Alchemie zu erinnern, die uns mit einer großen Anzahl neuer Methoden und kostbarer Produkte bereichert hat.

Man muß sehen, mit welcher Miene und Überzeugung der unbekannte Fortsetzer des ehrwürdigen Beda, der während der Regierung Heinrich II., Königs von England, lebte, von der berühmten Schule zu Toledo und den magischen Wissenschaften redet, die einen besonderen Gegenstand seines Unterrichts ausmachten. Man muß ihn namentlich von den Geheimnissen der Alchemie reden hören, von dem Projektionspulver, das alles in Gold verwandelte; von der astrologischen Wissenschaft, von Standbildern, welche die Aufgabe hatten, Schätze zu hüten oder in rätselhafter Sprache solche zu verraten; von den Höhlen, in denen es goldene Reiter auf goldenen Rossen gab; und was man in dieser berühmten Akademie von den Kenntnissen des Papstes Gerbert alles geredet hat, den er mit Unrecht nach Wilhelm Malmesbury Johann XV. nennt.

Doch beruht es wohl auf Wahrheit, daß Gerbert, einer der ausgezeichnetsten, gelehrtesten und tüchtigsten Männer seines Jahrhunderts, einer der ersten Fortpflanzer der intellektuellen Bewegung in Europa, der Hugo Kapet das moderne Frankreich herstellen half, nachdem er es dem Kaiser Otto hatte geben wollen, in der Schule von Toledo seine Bildung geholt hat? Es liegen hierüber keine positiven Beweise mehr vor; aber er studierte sicherlich die geheimen Wissenschaften und unterhielt Verbindungen mit den Gelehrten der spanischen Halbinsel, wie dies sein Brief an Lupitus von Barcelona erweist, in welchem er um Mitteilung eines Traktats der Astrologie ersucht, den dieser eben übersetzt hatte.

Der Vorwurf der Magie ist selbst auf die hervorragendsten Männer dieser Epoche ausgedehnt worden. Naukler und Platinus haben alle Päpste ohne Ausnahme von Sylvester II. bis Gregor VII. einschließlich zu den Magiern gerechnet. Kardinal Benon, den man für gemäßigter hielt, reduziert die Zahl auf fünf, nämlich: Sylvester II., Benedikt IX., Johann XX., Johann XXI. und Gregor VII. Onuphrus zählt nur zwei: Sylvester II. und Benedikt IX., und es sind deren noch zu viel, wenn man mit dem Wort Magie den ärgerlichen schlimmen Sinn verbindet, den es heutzutage trägt.

Was hat man nicht alles von Albert dem Großen gefabelt? Man schreibt ihm die Ehre einer Sammlung zu – betitelt: Die wunderbaren Geheimnisse Albert des Großen, – ein elender Kram, in dem man alles findet, nur nichts vernünftiges. Man hat ihm noch eine andere Sammlung aufgebürdet, betitelt: „Der wahrhaftige Schatz des kleinen Albert", gefährlicher als der erstere. Man glaubte, ihm einen Bilderstein oder natürliche Kamee, mit einer Schlange gezeichnet, verdanken zu müssen, welche die Eigenschaft besaß, die Reptilien zu vertreiben. Man hat aus ihm einen großen Alchemisten gemacht, obwohl er nur die hermetischen Werke (d. h. über Goldmacherei und Auffindung des Steins der Weisen) studierte, um über nichts in Unwissenheit zu bleiben, was damals geschrieben wurde. Der Traktat „Büchlein der Alchemie Albert des Großen" ist nicht von ihm, ebensowenig als der Traktat „von den Geheimnissen und Tugenden". Es scheint dieser von Heinrich von Sachsen, seinem Schüler, zu stammen. Abt Trithemus hat das Andenken Albert des Großen von solchen Verleumdungen hinlänglich gesäubert.[2]

Da aber bewiesen war, daß Albert der Große einen Automaten oder redenden Kopf anfertigte, den der heilige Thomas von Aquin, sein Schüler, wie man sagt, mit einem Fußtritt zerschmetterte, da er ihn für einen Dämon hielt, so wäre es nicht nötig, um solch ein mechanisches Wunder zu erklären, mit den Dämonographen zur Macht des Satans oder mit den Astrologen und Wilhelm von Paris zum Einfluß der Gestirne seine Zuflucht zu nehmen. Die hydraulischen Orgeln und die anderen von Abt Gerbert entworfenen oder ausgeführten Maschinen waren weder weniger wunderbar, noch mehr dämonisch.

Arnold von Villeneuve, der Wiederhersteller oder vielmehr der Vater der modernen Heilkunde und der Naturwissenschaften, war in Wahrheit mehr Magier, denn er verfaßte ein Buch über die Auslegung der Träume, er beschäftigte sich mit Astrologie und sagte das Ende der Welt für das Jahr 1335 vorher. Die Erfindung oder vielmehr Verbreitung der Schwefel-, Salz- und Salpetersäure, des Alkohols und Terpentinöls ist für ihn ein Grund zu weit soliderem Ruhm.

Allein das Volk glaubte in seiner rohen Anschauungsweise an die Magie, und die Verfasser literarischer Hirngespinste nährten das Vorurteil. Es gab in der Welt eine zweite Macht neben Gott, deren beliebiger Verwalter der Magier war. Auf die Stimme des Zauberers schwieg der Sturm, die Wellen ruhten, das Schiff glitt von selbst auf der Oberfläche des Wassers; oder aber es entfesselten sich die Winde und wuchsen zu Stürmen an oder trugen auf ihren Flügeln den Herrn fort, der der Natur gebot. Ein Hauch rief Armeen ins Leben und machte sie kämpfen; ein Hauch ließ sie verschwinden. Auf die Stimme des Zauberers verloren die Tiger ihren Grimm, die Schlangen ihr Gift. Der Verfasser des Parthenopeus sagt uns von dem Magier Maruc:

> Die Natter wiegt er und die Schlang'
> In süße Ruh durch Zaubersang,
> Und deckt dem Wüstentier sogar
> Das offne Auge wunderbar.

Maruc läßt einige Freunde, die er in einen Wald geführt hat, den er vorher bezaubert hatte, auf der Promenade sehen:

> Die Bären, Leoparden, dann
> Der Schlangen Brut und andres Wild
> Im Wald und draußen im Gefild –
> Vom Meister so in Furcht gebannt,
> Daß nie ihr Aug mehr Schlummer fand.
> In Klüften birgt sich scheu der Bär,
> Im Fruchtgebüsch der Drachen Heer,
> Der Löw' entflieht ins Bergrevier,
> Ins Dickicht schleicht das Tigertier,
> Und ängstlich sucht in wankem Lauf
> Der Elephant die Wälder auf.[3]

Die Anwendung dieser Wunderkraft, die man in der Praxis kaum als ein Verbrechen ansah, und welche so viele Leute gewöhnlich mit der Magie und wahren Wissenschaft verwechseln, galt in der Spekulation nur mehr für ein bewundernswertes Werk, für die Vergötterung – sozusagen – des Verstandes und Talents. Der Verfasser der *Ymage du monde* ärgert sich ernstlich über diejenigen, die eine solche Wissenschaft zu schmähen sich erkühnten. Es sind Toren, sagt er, die sie nur herabsetzen, weil sie dieselbe nicht kennen, oder vielmehr weil sie gar nichts wissen.

> Verstänen sie die Weise nur,
> Sie schöpften all' aus der Natur
> Bereitem, übervollem Schoß
> Mit Glück und ohne Zauberlos.
> Doch weil ihr Wissen eitler Dunst,
> Bespötteln sie die hehre Kunst.
> Was zauberhaft ihr Aug' umflicht,
> Sie kennen dies und Bess'res nicht.

Am heiligen Feuer der Magie wollten Dichter und Erzähler ihren Geist erwärmen, Apollo, der Musen beraubt, war Zauberer geworden; indes war ihm vergönnt, mit der *Feensage* eine weniger strenge Form anzunehmen.

Während das zehnte Jahrhundert dem Anschein nach sehr unfruchtbar und in literarischer Hinsicht weit zurück war, traten die folgenden Jahrhunderte mehr in den Vordergrund. In den intelligenten Köpfen jener Zeit vollzog sich ein Umbildungsprozeß, Materialien für eine neue Literatur, neue Sitten, eine neue Verstandeswelt bereitete sich vor. Es war der Zwischenakt, während welchem das Theater eine andere Gestalt annahm: diese Veränderung aber ging hinter dem Vorhang vor sich.

Zwei Chroniken, voll Märchen und Teufelsspuk, die in diesem Jahr verfaßt wurden, dienten der Literatur der folgenden Jahrhunderte zum Ausgangspunkt; es war die des *falschen Turpin*, welche den zahlreichen Romanerzählungen über *Karl den Großen* zur Quelle dienten, und jene, welche *Gottfried von Montmouth* veröffentliche, aus welcher die noch zahlreicheren romantischen Erzählungen der *Tafelrunde* entsprangen.[4] Wenn man noch die Verherrlichungen *Alexanders* beifügt, die erst später gedichtet wurden, so ist alles aufgezählt.

Die Verfasser der ersten dichterischen Werke konnten nur die vorhandenen Materialien bearbeiten; (das Wunderbare wird nicht leichter erfunden als das übrige) die allein möglichen Stoffe aber waren: die Wunder, die Reliquien, die Dazwischenkunft der Engel, der Heiligen, der bösen Geister, lauter dem Christentum entnommene Vorwürfe, die Zauberei und Magie – der Lieblingsgegenstand der damaligen Periode, die traditionellen Riesen, die zur Mode gewordenen Zwerge, die Geistererscheinungen – ein zu allen Zeiten beliebtes Thema und die großen Kämpfe und Siege der Helden des Jahrhunderts.

Was die Götter des Olymp und des schwarzen Tartarus betrifft, so haben die Neuerer des elften und zwölften Jahrhunderts dieses Moment des Wunderbaren aus den schönen Epochen Griechenlands und Roms mit stolzer Verachtung zurückgewiesen. Man findet in ihren Schriften keine Spur hiervon. Benedikt von St. Maure, Verfasser des Romans „der trojanische Krieg" erklärt sogar, daß er die ganze Idee neu umgestalten wolle, weil dies Gedicht absurd sei. Wie lächerlich ist es in der Tat, sagt er, Götter gegen Menschen Krieg führen zu sehen? Die Athener glaubten dies selbst nicht, fügt er bei, und hielten Homer für einen Narren:

> Man sah's bei ihm für leeren Wahn
> Und wundervolle Narrheit an,
> Daß menschgeformt die Götterschar
> Bei Troja's Fall im Kampfe war.

Mitten in diesem großen Geschäft der Erneuerung entstanden zwei Strömungen, die einen Augenblick auseinandergingen und zuletzt sich wieder vereinten. In *Frankreich* herrschte anfangs die *Magie*; in *England* war es die *Feensage* und diese letztere verschlang die erstgenannte.

In Frankreich bieten uns die Chronik, die Legende, der Roman nur Zauberer und die widerlichsten dämonischen Gestalten dar. Die Erzählungen, die Fabeln, die Dramen, die Dichtungen der jetzt auftauchenden Minnesänger überhaupt beginnen, wie die Romane der zweiten und dritten Epoche mit ein wenig Feerei sich zu vermischen, wie um die Überreste des Teufelspukes, die sich darin befinden, verzeihlicher erscheinen zu lassen. Wir wollen den Gang des menschlichen Geistes in dieser doppelten Richtung aufdecken.

Erstlich die *Chronik*. Sagen wir ein Wort von der des falschen Turpin. Würde man sich wohl einbilden, warum und wie die Stadt Aachen gegründet wurde? Der große Kaiser hatte an seinem Hof eine Freundin, von der er sich nicht trennen konnte; sie war die Seele seiner Seele, so zwar, daß er, als diese Freundin starb, den Sarg an den augenfälligsten Platz in seinem Palast stellen ließ und sich nimmer entschließen mochte, von ihm zu scheiden. Der Erzbischof von Turpin vermutete ob solchen Benehmens ein Geheimnis, er untersuchte die Bahre und fand unter der Zunge der Toten einen Ring, den er mit sich nahm. Der Ring war verzaubert; dies bewirkte, daß Turpin der Gegenstand einer lächerlichen Umsessenheit wurde, und um sich derselben zu entledigen, warf er den Talisman in einen Teich. Den Kaiser aber erfaßte alsbald eine solche Liebe zu diesem Teich, daß er sich nicht entschließen konnte, von jetzt ab seine Ufer zu verlassen; so ließ er denn einen herrlichen Palast und dann die Hauptstadt des Reiches dort erbauen.

Die verzauberten Ringe spielten während des elften und zwölften Jahrhundert und noch später sogar eine große Rolle. Geoffroi, Prior von Vigeois, meldet uns in seiner Chronik, daß Gouffier von Lastour während der Belagerung Jerusalems einen ähnlichen Ring erwarb, dem man große Kräfte zuschrieb. Adhemar III., Graf von Limoges, zwang Gouffier, ihm denselben abzutreten. Gui, Neffe Adhemars, ererbte ihn und gab ihn seinem Bruder Adhemar, der zu Antiochien starb. Gui, der ihn zum zweiten Mal als Erbteil erhielt, brachte ihn ins Gebiet Limousin zurück und man findet ihn lange Zeit danach in den Händen Wilhelms Passavant, Bischof von Mans, wieder, ohne genau zu wissen, wie er dorthin gekommen ist.

Die *historischen* Werke, dem Anschein nach minder fabelhaft als die des Turpin, tragen nicht weniger dämonisches Gepräge: Wir heben als Beispiel nur die Chronik von St. Denis aus, die auf Befehl Sugers begonnen wurde; den Polikratikos von Johann von Salisbury; das „Speculum" von Johann von Beauvais, auf Befehl des heiligen Ludwig verfaßt, und die Chronik von Hirschau. Alle sind mit mehr oder weniger wahrscheinlichen Zügen dämonischen Spuks angefüllt.

Die Dämonologie bildet selbst die Grundlage der *asketischen* Bücher. Peter der Ehrwürdige erzählt in seinen Briefen folgenden Vorfall, der, wie er sagt, einem großen Plünderer von Kirchen und Klöstern, einem Gotteslästerer, Meineidigen und Verfolger der Mönche zugestoßen ist. Derselbe war von seinem Hof umgeben, als ein großer schwarzer Mann sich unvermutet ihm vorstellte mit der Bitte, ihm insgeheim Gehör zu schenken. Der Graf ging arglos mit ihm beiseite und hatte jedoch kaum die Schwelle überschritten, als der Unbekannte ihn ersuchte, ein schwarzes Pferd zu besteigen, das gesattelt und gezäumt ihn erwartete, das ihn dann hinter dem Zauberer her durch die Lüfte davontrug. Man hörte den unglücklichen Grafen um Hilfe rufen, laut aufschreien, um Gnade flehen, aber vergebens; fort ging's im unaufhaltsamen Lauf; – man sah ihn nicht wieder. Sein Sohn begab sich nach Clugny, wo er mit dreißig seiner Ritter Mönch wurde; dies Ereignis geschah im Jahr 1109 unter der Vorstandschaft des Abtes Hugo, dem Vorgänger des Abtes Peter, der es berichtet hat. Warum sollte man eine solche Geschichte nicht glauben, wenn sie glaubwürdig war?

Von der Erfindungsgabe Cäsars von Heisterbach haben wir bereits gesprochen. Wer kennt nicht ferner das „allgemeine Gut" des Thomas von Cantimpre, die „goldene Legende" Jakobs von Voragine, Erzbischof von Genua anno 1298? In diesem letzteren Werk findet man die Legende des heiligen Antonius, wie er von den sieben Hauptsünden in Gestalt sieben böser Geister angegriffen wurde, und einen Löwen, der seine Mönche verschlingen wollte, zwang, sieben Jahre lang als Laienbruder im Kloster zu dienen: ferner die vom heiligen *Patricius* und seinem berühmten Fegefeuer in Irland,[5] von der heiligen Margaretha, welche die bösen Geister mit Geißeln peitschte; vom heiligen Christoph, der der Knecht eines Dämons wurde, dem er viele Jahre in den Wüsten Äthiopiens diente.

Robert von Lincoln vermehrte noch die Wunder des unterirdischen Fegefeuers des heiligen Patricius in seinem Werk. Diese Legende: „Schatz der Seele" wurde hinwieder der Gegenstand weiterer Ausführung und neuer Zutaten, die viele Leute als Wahrheit hinnahmen. Wieviele Pilger zogen nicht dorthin und fragten, wo der Eingang zum berüchtigten Fegefeuer sei!

Zuletzt kommt das „Buch der heiligen Engel" von dem Franziskanerbruder Franz, gestorben im Jahr 1392, verfaßt. Man liest in demselben den sonderbaren Prozeß des Satans gegen Jesus Christus, der vor Salomon in kontroverser Weise gehalten und zur Appellation an die zu Schiedsrichtern gewählten Männer Aristoteles und Jeremias verwiesen wurde.

Der Bereich der eigentlichen Romanzendichter ist noch viel ausgedehnter; in ihren Erzählungen findet man das Sittengemälde der Zeit und das volle Bild der damaligen religiösen Anschauungen.

Der Roman „*Wunderbare Taten Virgils*"[6] ist eine der ältesten phantastischen Dichtungen des Mittelalters; er ging den Ritterromanen voran.

Der Held des Romans ist ein Sohn des Remus. Während er die Magie an der Akademie von Toledo studiert, will Romulus sich seines Erbes bemächtigen, aber der junge Magier, von seinen vertrauten Dämonen benachrichtigt, kommt zur rechten Zeit zurück und tritt den Plänen seines Onkels hinderlich in den Weg. Er hält ihn ein Jahr hindurch so trefflich zum Besten, teils indem er sich einschließt, teils indem er ihn selbst in unübersteiglichen Mauern von verdichteter Luft festhält, daß der Gründer Roms endlich genötigt ist, sich für besiegt zu erklären und Virgil in Frieden sein Erbe genießen zu lassen. Dieser bewegt sich nun in voller Freiheit und schafft sich Verbindungen in den entferntesten Ländern. Er heiratet die Tochter eines Sultans von Babylon und macht auf Luftbrücken, die über die Wolken geschlagen sind, mancherlei Reisen. Er gründet spielend die Stadt Neapel, errichtet dort eine Säule, auf deren Gipfel er eine verzauberte Mücke setzt, welche die Stadt vor jedem geflügelten Insekt behüten soll. Er stellt auf eines der beiden Tore zwei Statuen, von denen eine „Munter und Schön", die andere „Traurig und Häßlich" genannt wird. Wer durch die erste eintritt, dessen Geschäfte gelingen fortan; bei der zweiten findet das Gegenteil statt. Ein anderes ehernes Standbild hält eine Trompete an den Mund, deren schallende Töne die schädlichen Dünste von Puzzola gegen das Meer verscheuchen. Sie bläst ein ewiges Herdfeuer an, dessen Wärme die Einwohner gegen die Nachtfröste schützt. Eine eherne Statue mit einem Bogen bewaffnet und bereit, den Pfeil abzuschießen, wird die Glut auslöschen, sobald der Pfeil fortgeflogen ist, und er wird fortfliegen, wenn man ihn berührt. Er blieb lange Zeit an seiner Stelle; aber ein Narr berührte die Statue und der Pfeil flog dahin.[7]

Dies sind die Hauptzüge aus dem Leben des Magiers, ohne von dem Spiegel zu reden, in welchem alle Handlungen sich abbildeten, die in der Stadt geschahen, zum großen Mißvergnügen derjenigen, die einiges Interesse hatte, die ihrigen zu verbergen; von dem Pferd aus Bronze, das die kranken Pferde durch den bloßen Anblick heilte, von dem redenden Kopf, der den Magier über alles belehrte, was er zu wissen wünschte, und einiger anderer Wunderwerke ähnlicher Art, welche die Neapolitaner bis jetzt nicht vergessen haben, und von den Ciceroni den Fremden, die Neapel besuchen, erzählt werden.

Seit dem zwölften Jahrhundert war der Roman „Wunderbare Taten Virgils" zur Geschichte für die Neapolitaner geworden, wie man sich hiervon durch einen hierher bezüglichen Bericht Johannes von Salisbury und durch einige Einzelheiten aus dem Leben des heiligen Wilhelm, des Gründers der Abtei Montvierge überzeugen kann. Doch darf man den Helden des Romans nicht mit dem Dichter Montuas verwechseln wie viele Schriftsteller es getan haben, und diese Verwechslung ist schon im zwölften Jahrhundert, wenn nicht bei allen, so doch bei einigen vorgekommen.[8]

Das nämliche wäre fast auch in neuerer Zeit bei ähnlicher Gelegenheit eingetreten; ein Schriftsteller des sechzehnten Jahrhunderts ließ sich einfallen, mit dem Namen *Faust*[9] den Helden eines sehr abenteuerlichen und interessanten Zauberromans zu benennen, den ganz Deutschland auswendig wußte, und der noch nicht vergessen ist; das kurzsichtige Volk verstand es vom wahren Faust und das Andenken des Erfinders der Buchdruckerkunst ist noch nicht in den Augen aller Welt von einer so großen Schmach rein gewaschen.[10]

Es gibt noch zwei andere dämonologische Dichtungen, die gleichfalls zu einer entfernten Epoche zurückreichen und Frankreich eigentümlich angehören: die von *Richard ohne Furcht* und von *Robert dem Teufel*, angebliche Herzöge der Normandie. Jede Zergliederung wäre überflüssig; die

Erzählungen sind von der rohesten, oft abgeschmacktesten dämonischen Art. Man findet jedoch im ersten, obwohl dem älteren, einen Zug Feensage, der den neuen vom menschlichen Geist bereits ergriffenen Standpunkt charakterisiert. Bemerken wir noch im Vorbeigehen, daß dort von dem Geschlecht Hellequin, dem makkaronischen Namen des Teufels Erwähnung geschieht; der Held des Romans folgt ihm, am Zipfel eines Leichentuchs aufgehängt, von Rouen bis zum Berg Sinai durch die Lüfte, dann läßt er sich in einem Augenblick von dem Dämon, der ihn auf seinen Hals legt und dahinrennt wie alle Wetter, wieder zurücktragen.

Zwei Episoden dieser Dichtung, als geschichtliche Tatsachen von Bromton, Schriftsteller des zwölften Jahrhunderts, erzählt, beweisen ihr Alter.[11]

Sie beweisen auch, daß diese groben Vorstellungen, in Verbindung mit den Sitten und religiösen Anschauungen der Zeit sich tief in den Gemütern festsetzten; sie mußten hinwieder auf die Sitten und den Glauben zurückwirken und sie immer weiter in den Aberglauben hineinführen. Es waren nur Erzählungen, aber diese Erzählungen haben solchen Eindruck hervorgebracht, daß die Ruinen des Schlosses Moulineaux, das für den Aufenthalt Richards und Roberts gegolten haben, ein Gegenstand des Schreckens geblieben sind, so daß niemand es wagte, sich denselben zur Nachtzeit zu nähern.

Wir wollen die Dichtung des Papstes *Gerbert* mehr im einzelnen vorführen, weil die Dämonologie hier das Verdienst hat, weniger unschön und mehr mannigfaltig zu sein.

Der junge Mönch d'Aurillac, halb von satanischer Geburt, floh aus seinem Kloster, um die geheimen Wissenschaften an der Akademie von Toledo zu studieren. Schon vorgerückt in diesem Studium, mißbrauchte er das Vertrauen seines Meisters, und flieht aufs neue mit einem Buch über Magie, das er ihm entwendete. Der Lehrer, von dem Vorfall in Kenntnis gesetzt, nimmt seine astrologischen Kenntnisse zu Hilfe und verfolgt den Räuber, indem er der Angabe der Gestirne folgte: Gerbert nahm zur nämlichen Kunst seine Zuflucht, um zu entkommen, endlich aber auf dem Punkt, eingeholt zu werden, verbirgt er sich unter einem Brückenbogen, wo er zwischen Himmel und Wasser hängend verweilt, um seinem Lehrer die Spur zu entziehen, so daß dieser genötigt ist, auf die Verfolgung zu verzichten. Gerbert, nach Frankreich zurückgekehrt, gelangt vermittels seiner Kenntnisse und seines Buches zu höchsten Ehren und Würden. Er schließt einen Vertrag mit dem Satan, sperrt einen Dämon in einen redenden Kopf, der in Zukunft als Orakel dem einen zur Mitteilung, dem anderen zur Fragestellung dient.

Gerbert wurde also mit Hilfe des Satans Papst, aber unter der Bedingung, die Messe nie in Jerusalem zu lesen, eine Bedingung, die ihm um so leichter zu erfüllen schien, da er keine Lust trug, je dorthin zu gehen.

Mitten auf dem Marsfeld bei Rom stand eine Statue, welche die Inschrift auf der Vorderseite trug: Klopfe hier, und zugleich mit dem Finger nach einem entfernten Ort wies. Schon eine Unzahl Leute hatten an der

Statue geklopft und die Erde an verschiedenen Orten aufgegraben, ohne ein Resultat zu erzielen. Der Wahrsager, besser beraten, beobachtete den Platz, wohin der Schatten des Zeigefingers traf, grub dort in die Tiefe und fand einen unterirdischen Palast, ganz aus Gold gebaut, mit goldenen Möbeln versehen, mit goldenen Standbildern geschmückt. Ein wundervoller Karfunkel, glänzend wie ein Leuchtfeuer, erhellte ihn mit strahlendem Licht. Der gierige Gerbert hätte sich gerne ganz oder teilweise diese Schätze angeeignet, aber seine Kunst sagte ihm, daß dies unmöglich sei. Sein Gefährte versuchte nur ein kleines Möbel zu entwenden, als ein goldener Bogenschütze sogleich einen Pfeil gegen den Karfunkel abschoß, worauf sein Licht erlosch und so lang nicht mehr leuchtete, bis der Gegenstand wieder an seine Stelle gesetzt war. Die beiden Unvorsichtigen waren vor Schrecken mitten in diesen tiefen Finsternissen fast gestorben. Gerbert, genötigt, auf jeden Erfolg zu verzichten, ließ die Statue zerschlagen, und den Eingang der Höhle schließen, der seitdem nie mehr aufgefunden wurde.

Wenn dies wahr wäre, so müßte man bekennen, daß der große Zauberer nicht wohl beraten war; denn es hätte besser gefügt, den Eingang offen zu lassen, und mit einer Laterne dorthin zurückzukehren. Allein man denkt nicht an alles, und ein so bedeutender Schatz hätte große Verlegenheit bereiten können!

Übrigens endete dieses alles sehr übel, denn eines Tages, als Gerbert die Messe zu St. Johann von Jerusalem außer der Stadt gelesen hatte, erhob sich in dem oberen Teil des Gebäudes in dem Augenblick, als er in seinen Palast zurückzukehren sich anschickte, ein furchtbares Geschrei. Es waren die bösen Geister, die ihre Beute abzufordern gekommen waren. Der Papst, nachdem er den Namen der Kirche inne geworden, erkannte alsbald, daß er sterben müsse; um aber wenigstens seine Seele zu retten, befahl er seinen Dienern, sein Fleisch in Stücke zu hauen und als Futter den Reklamanten vorzuwerfen: was auch allsogleich geschah. So ertappt man gewöhnlich den Dämon, aber nur in Erzählungen und Romanen. Die Gebeine Gerberts wurden nach St. Johann von Lateran gebracht und in einen Marmorsarg eingeschlossen, dessen prophetische Ausschwitzung nicht aufgehört hat, der ewigen Stadt schon zum voraus, – sei's den Tod der Päpste, sei's ein anderes drohendes Übel anzukündigen.

Diese Legende, von welcher Kardinal Benon einige Züge, die bereits als historisch betrachtet wurden, in seinem „Leben des Papstes Hildebrand" – fast ein Jahrhundert nach dem Tod des wirklichen Gerbert berichtet, wird auch von Sigebert, gestorben im Jahr 1112, und noch weitläufiger von Wilhelm von Malmesbury, gestorben im Jahr 1141, angeführt. Im folgenden Jahrhundert gestaltete sie sich zur entschiedenen Wahrheit. Vincenz von Beauvais, Helinand, Alberik, Martin der Pole, tragen sie als solche ohne alles Bedenken vor.[12]

Verweilen wir hier, um einige Aufschlüsse über die *Mesgnies* zu geben, von denen erst die Rede war. Dieses Wort bezeichnet ein Gefolge, Gesinde.[13] Das *Gesinde Hellequin,* das bei dem Landvolk jetzt noch unter dem Namen der Jagd Arlequins oder Karl V. d. h. Karl des Kahlen berüchtigt ist, und an verschiedenen Orten dem Hugo Capet, Kain, Herodes, König Artus, dem heiligen Hubert, Eustach, den Teufeln, den Makkabäern zugeschrieben wird, war nicht minder schon im zwölften Jahrhundert bekannt. Orderic Vital[14] und Peter von Blois reden davon; der erste unter dem Namen: Jagd Hellequinus', der zweite unter dem: Jagd Herlinius'.[15]

Die Idee dieser *nächtlichen Jagden,*[16] die vielleicht an den Lärm sich knüpft, den Scharen von Wasservögeln bei ihrem Flug erzeugen, wenn sie zur Nachtzeit die Luft in einer Höhe durchkreuzen, wo das Auge sie nicht mehr bemerken kann, ist gewiß heidnischen Ursprungs und derselbe Aberglaube, der bei den Griechen der Göttin Diana den Beinamen der Jägerin und der Brüllenden gegeben hat. Oft befehligte auch die furchtbare Göttin eine Schar Geister, in welche sich oft unklugerweise auch Lebende eingemengt haben. Da aber diese Gemeinschaft für unrein angesehen wurde, so ließ sich nach dem Bericht des Plinius derjenige unter magischen Zeremonien ins Wasser tauchen, der am nächtlichen Tanz der Proserpina teilgenommen hatte, um so wieder rein zu werden.[17]

Die Nachtjagden werden von einem der bestunterrichteten Schriftsteller des Mittelalters mit folgenden Worten geschildert: Es war die Stunde, wo man die Jagd Hennequin zu hören glaubt, jene Rotte höllischer Geister, welche zwischen Himmel und Erde mit kläglichem Geschrei dahinziehen, das nur vom Lärm der wilden Jagdtiere und dem Hundegebell unterbrochen wird. Wenn jemand verwegen genug war, zu rufen: Ich nehme teil an der Jagd, so regnete es Blut auf sein Haupt, und es fielen Fetzen von Leichnamen auf ihn nieder, die von der Hexe Harpin aus den Gräbern gerissen und für die Gelage der Dämonen bestimmt waren, die sie in ihrem Gefolge mitschleppt. Oft auch machte ihr Brudemor die Lüfte streitig, er, dem 10 000 Meeradler – vielmehr schwarze Dämonen – folgten, deren Geschrei unendlichen Schrecken erzeugt. Brudemor ist in der Normandie das, was Knecht Ruprecht in der Pikardie, das Ungeheuer zu Toulouse, das Maultier in Orleans, der Werwolf zu Blois, König Hugo zu Tours und Forte-Epaule zu Dijon. Minder schrecklich, als diese finstern Ungeheuer, zeigte sich auch in der Nacht auf dem Feld beim Schein des Irrlichts „der *Kobold*".[18] Wenn er gereizt wird, so dringt er in die Häuser der Ammen, vertauscht die Kinder, legt den Sohn eines Hirten an die Stelle eines königlichen Prinzen. In den Momenten seines närrischen Humors nimmt er gern die Gestalt eines Reitpferdes an und verschwindet plötzlich unter den Beinen des Reiters, den er auf seinen Rücken genommen hatte.[19]

Diese abergläubischen Ideen waren in der Phantasie des Volkes derart eingewurzelt, daß die Bischöfe nicht aufhörten, sie zu bekämpfen, ohne daß es ihnen jedoch gelang, sie auszurotten. Wir haben oben eine kirchliche Entscheidung bezüglich der nächtlichen Fahrten Dianas erwähnt; wir können hier die Statute Augers II., Bischof von Conserans – veröffentlicht im Jahr 1280 –, die Verordnungen eines Konzils von Trier im Jahr 1310, die

Bußgesetze von Burkard, Bischof von Worms[20] und viele andere Dokumente anführen. Dennoch beziehen sich die Warnungen und Zensuren der Kirche auf Ideen und Tatsachen von verschiedener Gattung; auf das wütende Heer, auf die Sabbate und die angeblichen Entführungen von Menschen, durch den Teufel veranlaßt; denn man wähnte auch, daß der böse Geist sein Vergnügen daran fände, die Menschen durch die Lüfte fortzuführen, wenn man ihn nur ein wenig darum bäte. Der Mann, welcher am ersten eine derartige Reise gemacht haben soll, war der heilige Antidus, Bischof von Besançon,[21] der im Jahr 411 lebte. Er ließ sich vom Teufel nach Rom tragen. Ähnliche Sagen erzählt man vom heiligen Maximus aus Turin und vom heiligen Ambrosius. Die Geschichtsschreiber Wilhelm von Nangis und Polydor Virgil teilen die gleiche Begegnis dem berühmten Beranger, Erzdiakon von Tours zu; diesmal habe der Satan jedoch hierin nur einem Zauberer Folge geleistet. Die Deutschen bürden eine ähnliche Geschichte Johann dem Deutschen, Priester in Halberstadt im Jahr 1271 auf; in der Diözese Bayeux einem Kanoniker namens Johann Pataye; in der Diözese Coutance, einem Pfarrer von Nay, dessen Name unbekannt ist. Doch befindet sich im Gottesacker des Dorfes noch ein Grabstein, der ihm zugehören soll, zu welchem die Fieberkranken von mehreren Orten im Umkreis herströmen und sich darauf niederlegen, um durch die satanische Kraft geheilt zu werden. Sie nehmen auch nicht selten einige Abschabsel von dort mit, um sie zum nämlichen Zweck in den Trank zu mischen. Diejenigen, welche sich also fortführen ließen, mußten sich sorgfältig hüten, das Kreuzzeichen zu machen, obwohl der Satan sie oft dazu ermunterte, weil er sie sonst aus der Höhe der Lüfte hätte fallen lassen. Die Geschichtsschreiber wissen auch hiervon Beispiele zu erzählen.

Ein Schriftsteller, dessen Name ebensowenig bekannt ist, wie der des Helden des Abenteuers, nahm keinen Anstand, lange Nächte zuzubringen, um in folgenden Versen die verfängliche Einladung des Satans auszudrücken:

Signa te, signa, temere me tangis et angis;
Roma tibi subito, motibus ibit amor,

Worte, die ebensowenig Sinn, wie Poesie enthalten; die Hauptsache hierbei ist aber, daß man die Verse ebenso gut von der Rechten zur Linken, wie von der Linken zur Rechten lesen kann. Man schreibt die Erfindung der Kehrverse dem Johann Meschinot, Dichter des fünfzehnten Jahrhunderts zu. Auch diese könnten wohl von ihm herstammen, doch ist er nicht der Erfinder solcher Spielerei, weil schon Martial derselben erwähnt.[22] Wie dem immer sei, sie haben nichts Diabolisches an sich, nicht einmal in Hinsicht ihrer künstlichen Zusammensetzung.[23]

Viele literarische Hirngespinste der *zweiten* Epoche tragen ebenfalls satanisches Gepräge. Die Romane von Baudouin, Grafen von Flandern, des tapferen Jason und der schönen Medea, des kühnen und tapferen Herkules, von Raoul le Fevre könnten als Beispiele genannt werden. Amadis von Gallien, die Romane: Olivier von Kastilien und Gerard von Vevers haben zwar gleichfalls aber in minder roher Weise dämonischen Charakter. Die Magie und Zauberei spielen darin immer die Hauptrolle, aber die ersten Strahlen der Feensage werfen schon einigen Schimmer hinein.

Die Verherrlichung *Alexanders* in Dichtungen, wovon die ersten noch vor das Jahr 1300 fallen, haben in dieser Beziehung keinen höheren Wert; nichts ist plumper, als ihre Wunder, alles trägt magische und dämonische Färbung. Die Geschichte des edlen und tapferen Alexander des Großen, ehemals König und Herr der ganzen Welt, von Eustach verfaßt, ist in demselben Stil gehalten. Gleichwohl bildet sie darin eine merkliche Ausnahme, daß sie das Wunderbare vorzüglich aus der Kabbala entlehnt. Der Held verwandelt sich in verschiedene Gestalten, um mit den Salamandern in den Feuerteichen, in der Luft mit den Sylphen, auf der Erde mit den Gnomen und im Wasser mit den Wassergeistern zu leben. Auf diese Art gelingt es, alle Geheimnisse der Natur inne zu werden. Der Verfasser umgibt den persischen Hof mit Feuerteichen, in denen die Salamander sich vergnügen, wie die Fische im Wasser.

Die ersten Romane über Karl den Großen sind aus derselben Quelle geschöpft; der größte Teil derselben sind wahre Riesengefechte. In jenen der vier Haymonskinder, einem Bastardgeschlecht, der in einem gegen Frankreich feindlichen Sinn abgefaßt ist und in mancher Hinsicht mit den Romanen der Tafelrunde in Verbindung steht, beginnt die Feensage in anmutiger und schöner Gestalt aufzutreten; es genügt, an Ogier den Dänen zu erinnern. Sodann erscheint sie in ihrem vollen Glanz bei Cleomades und Parthenopeus von Blois. Es schlägt zwar immer die Magie vor, wenn man will, aber sie nimmt doch einen feinen Ton und zarte Manieren an. Sie hat sogar diesen häßlichen Namen mit dem der Nekromantie (Schwarzkunst) vertauscht. Auch der Verfasser des Parthenopeus, Dionys Piramus, ist ein englisch-normannischer Troubadour, der am Hof Heinrich III. gelebt hat. England schwamm in vollen Segeln in diesem Ozean, Frankreich aber ließ sich in das allgemeine Fahrwasser hineinziehen. Das Spiel der Laube von Adam de la Halle, die Wehklage Lanvals von Marie von Frankreich und einige andere Kompositionen derselben Gattung bezeichneten die ersten Schritte in der neuen Richtung. Immer ist es die Magie, wir bekennen es aus neue, aber sie wird zur Poesie und man bemerkt die Kralle des Satans nicht mehr; aus eben diesem Grund vielleicht sollte der Erfolg von keiner Dauer sein.

Sehr gelehrte Schriftsteller der Neuzeit haben den Ursprung der Feensage in allen Ländern der Welt und in allen möglichen Ideenfolgen gesucht; verlorene Zeit, vergebliche Versuche! Die letzte Magierin war die Mutter einer Zauberin und diese die älteste Schwester einer Fee. England ist das Vaterland der Feen; die Romane der Tafelrunde waren ihre Wiegen.[24]

In der Chronik Geoffrois von Montmouth ist Merlin[25] nur noch ein widerwärtiger Zauberer, ein Höllengesell; er erhält das Leben durch Hilfe eines Dämons; er redet, er wirkt Wunder von seiner Wiege an. – König Aurelius Ambrosius ließ eine Festung erbauen, die in dem Maß in den Abgrund sank, wie man sie in die Höhe baute. Die Magier wurden zu Rat gezogen, fanden aber kein besseres Hilfsmittel, als sie mit Blut zu mörteln. Merlin sollte das seinige zuerst hergeben, weil er von illegitimer Abkunft war. Doch er richtet sich in seiner Wiege auf und zeigt den Magiern, wie töricht, schändlich und nutzlos das Mittel ist, das sie ansagen. Der Turm den man baut, sagte er ihnen, ist auf eine Höhle voll Drachen gesetzt, welche den Grund benagen, weshalb das Gebäude in dem Maß einsinkt, wie es zur Höhe steigt, aber laßt mich machen. Er tötet die Drachen und läßt von Schottland her durch die Lüfte schwere Felsblöcke kommen, die von Riesen getragen werden, im Äther daherfliegen, nach dem Takt tanzen und von selbst sich ordnen und zusammenfügen, um die Festung zu vollenden und der Stadt Ambrosiopolis als Schmuck zu dienen. Das übrige ist nach Verhältnis nicht im mindesten feenhaft, gleichwohl kommt der Name Morgue, die älteste der Feen, darin vor.

Dann zeigt sich die *Feensage*, wiewohl noch scheu, neben den Zaubertränken, Zauberformeln in Gesellschaft der Magie und Nekromantie, in den Romanen von Perceval, dem Gallier, und Tristan von Leonois, Werken vom Ende des elften Jahrhunderts; deutlicher sodann im Lancelot mit dem Karren und endlich glanzvoll im Lancelot vom See, gegen das Jahr 1200 von Christian von Troyes, übersetzt und fortgeführt von seinem Schüler Gottfried von Lagny.

Die Übersetzer, zum geringsten Teil auch Verfasser, weniger begabt wie die Autoren dieser Werke und der Romane der Tafelrunde und des heiligen Gral im allgemeinen, der ein Zweig davon ist, waren im Sold Heinrich II., König von England. Diese Feensage erhebt sich in den Dichtungen des heiligen Grals zur nämlichen Höhe, wie in denen der Tafelrunde und man bemerkt erst am Ende, daß das Ritterwesen der Tafelrunde nur zur Aufsuchung des heiligen Grals eingeführt worden sei, der von den Feen verborgen wurde, und zwar zum Schutz der Feen selbst, welche das üble Verfahren gewisser unhöflicher Ritter gezwungen hatte zu fliehen und sich in ihrem Brunnen des Waldes von London zu verbergen.

Der heilige Gral oder Grès ist die irdene Schale, in welcher der Herr beim letzten Abendmahl den Wein darbrachte und die seitdem dem heiligen Joseph von Arimathäa zugehörte.

Doch lassen wir uns von unserem Thema nicht ablenken. Die Feensage war, wir müssen es sagen, satanischen Ursprungs; sie bekehrte sich aber zum Christentum und von dem Augenblick gehört sie uns nicht mehr an.

Und doch verlassen wir ungern – wir müssen es gestehen – diese anmutigen und poetischen Zauberinnen, die nichts Satanisches haben, deren Leben und Lieben mit dem Siegel der Keuschheit, Eleganz, der guten Sitte und Lebensart bezeichnet sind; diese Jungfrauen, mächtig wie Gottheiten, oft rein wie Engel, gewöhnlich wohltätig aber furchtsam und die ein übel klingendes Wort in die Flucht scheucht. Martin, der garstige

Martin, wird höflich und gesittet in ihrer Gesellschaft und fast ein Stutzer am Hof Vivians.

Es findet sich mehr Poesie, Erfindung und Anmut in diesem und jenem Roman der Tafelrunde als in der ganzen Mythologie; die Romane vom Buschjäger und Lancelot vom See sind mehr wert als die Iliade oder Äneide; und die Geschichte Melusinens oder Andianes, der Fee von Argouges ist schöner als die Pharsalis oder die Odyssee. Es fehlte ihnen nur, unter günstigen Umständen das Licht der Welt zu erblicken, d. h. nachdem die Sprache sich gefestigt haben würde, die Regeln gezogen und der Geschmack durch das Zartgefühl und den guten Ton einer schon geordneten Gesellschaft geadelt worden wäre.

Der Pfad schien gut, aber der Satan erlaubte der armen Menschheit nicht, ihm lange zu folgen; er würde den menschlichen Geist vermittels dieser Wiedergeburt, die man mehr einen Rück- oder Abfall nennen sollte, wieder zur Verehrung des Fleisches und zur schmutzigen unsauberen Mythologie der Griechen und Römer zurückführen. Man würde Jupiter, Venus und Merkur an der Spitze des Fortschritts erblicken und den Gang der verjüngten Jahrhunderte eröffnen sehen.

Während dieser Zeit klassifizierte die *Kabbala* ihre *Dämonen*. Johann Wier hat eine seltsame Probe hiervon in seinem Traktat „von den Wunderzeichen" eingeflochten, die er Pseudomonarchie nennt; so nennt er die Erklärung eines Gemäldes, das neunundsechzig Personen, die als die Häupter der höllischen Legionen galten, enthält. Einen Teil davon trifft man auch in dem vierten Buch der geheimen Philosophie von Corneillius Agrippa und in dem „großen Zauberbuch" an; man kann also die Authentizität des Gemäldes nicht in Zweifel ziehen.

Die Streitkräfte des Satans bestehen aus sechstausendsechshundertsechsundsechzig Legionen und jede Legion zählt sechstausendsechshundertsechsundsechzig Dämonen, eine geheimnisvolle Zahl, deren Schlüssel wir nicht suchen wollen, aber es ist die genaue Zahl Molinas und der Neukabbalisten. Alle diese Streitkräfte sind unter vier Fürsten geteilt, welche Könige des Orients, Okzidents, des Nordens und Mittags genannt werden.

Man sieht in dem Verzeichnis zwei- und dreiköpfige Geschöpfe, Bastarde, die einen garstiger als die anderen, und alle verschieden bewaffnet, gekleidet und beritten. Nichts ist wunderlicher als ihre Namen, von Asmodeus, Belial, Astaroth, bis Marchocias, Gomory, Glasialabolas. Weitläufigere Details über diese abscheulichen Zwerggestalten schienen uns zwecklos; man sich übrigens aus diesem einzigen Muster ein genügendes Urteil bilden: Baal-Berith wird unter dem Bild eines gekrönten Soldaten vorgestellt, der rot gekleidet, auf rotem Pferd reitet und am Finger einen Zauberring trägt. Er enthüllt denen, die ihn anrufen, die Vergangenheit und Zukunft, lehrt das Geheimnis, alles in Gold zu verwandeln und führt den Menschen auf Pfade, die Ehre bringen; doch muß man ihm mißtrauen, weil er der listigste und betrüglichste der Teufel ist. Baal-Berith ist der berüchtigte rote Drache der Schatzgräber und gemeinen Zauberer.[26]

Vierzehntes Kapitel

Zwölftes und dreizehntes Jahrhundert
Wiedererstehung des Gnostizismus – Direkter Satanskult

§ 1 *Manichäismus*

DIE MASSALIANER HATTEN EBENSOWENIG in Thrakien und mehreren anderen Provinzen des orientalischen Reiches zu bestehen aufgehört, wie die Pauliziner in Kappadokien. Letztere gründeten auf dem Berg Argeos eine Philosophenschule, Tephrigue genannt (d.h. Absonderung), welche die Niederlage und der Zufluchtsort aller verlassenen Menschen des Reiches wurde. Obwohl die Kaiserin Theodora deren mehr als hunderttausend hatte hinrichten lassen, fuhren sie doch lange Zeit fort, den öffentlichen Frieden zu stören und die Provinzen Asiens zu beunruhigen; in Europa war Bulgarien und Bosnien der Hauptschauplatz ihrer Ausschreitungen.

Die *Massalianer* Thrakiens hatten ihre Apostel oder Prediger, ihre Betenden (Eucheten) oder Erleuchteten (Illuminaten) und ihre Vollkommenen (Gnosten). Diese letzteren besaßen allein die Kenntnis der Mysterien und die Geheimnisse der Sekte. Die Massalianer feierten immer noch die alte Eucharistie der Gnostiker, die jedoch mit einer unsauberen Substanz, mit Blut und Fleisch kleiner Kinder vermischt wurde, zur Verspottung jenes Wortes des Erlösers im Evangelium: Wenn ihr das Fleisch des Menschensohnes nicht esset, und sein Blut nicht trinket, so werdet ihr das Leben nicht in euch haben. Ihre abscheulichsten Orgien feierten sie am Karfreitag.[1]

Sie teilten sich gegenseitig den heiligen Geist, d.h. die dämonische Anschwängerung durch die Kommunion, Berührung und Anhauchung mit. Die satanischen Erscheinungen fanden sehr häufig unter ihnen statt; die Eucheten verfielen in alle Arten von Entzückungen und die Vollkommenen belehrten ihre Schüler, daß Gott sich um nichts bekümmere, da er die Regierung der Welt seinen beiden Söhnen übertragen habe, von denen der jüngere im Himmel, der ältere auf Erden wäre. Dieser letztere ist der Satan, der Herr und Meister des Universums, ihr einziger und wahrer Gott, den man dadurch ehren muß, daß man sich von dem enthält, was das Evangelium vorschreibt, und das tut, was es verbietet.

Diese Einzelheiten wurden uns durch Psellus mitgeteilt, dem Lehrer Michael Ducas, der gegen das Jahr 1050 nach Elasona abgesandt wurde, um solchen Ärgernissen ein Ziel zu setzen. Kaum hatte er die Stadt Konstantinopel verlassen, als derjenige der Vorstände, den er festzunehmen beauftragt war, seinen Zuhörern die Verfolgung, die im Anzug war, und die nahe Ankunft des gegen sie entsendeten Kommissars ankündete. Er beschrieb ihn so genau, daß Psellus bei seiner Ankunft sogleich von jedermann erkannt wurde. Der Prediger von Elasona war, sagte er, von einem gewissen Alyto von libyscher Abkunft eingeweiht worden, der Salbungen an ihm vorgenommen, seinen Speichel ihm in den Mund getan und eine gewisse Pflanze ihn hatte kosten lassen. Nach dieser Zeremonie befand er sich in solch dämonischer Besessenheit, daß er sich nimmer davon losmachen konnte, selbst wenn er gewollt hätte; zum Ersatz aber waren ihm die bösen Geister untertänig und gehorchten seinen Befehlen. Er sagte dem Psellus für seine Rückreise allerlei Unfälle und mancherlei Gefahren vorher, welche die erzürnten Dämonen gegen ihn erhöben, weil er seine Verehrung störte, was auch wirklich zutraf.

Der *Manichäismus*[2] hatte auch in Italien nicht aufgehört zu bestehen, vorzüglich im Mailändischen.[3]

Durch Sendlinge der geheimen Gesellschaften nach Frankreich eingeschleppt, hatten sie, um sich dem Verdacht der Bischöfe leichter zu entziehen, das Mönchskleid genommen, und so verbreitete sich die Sekte gegen das Jahr 1010 mit rasender Schnelligkeit in Aquitanien.[4] Fünfzehn Jahre später hatte sie ihre Verwüstungen bis ins Orleanische[5] und in die Normandie ausgedehnt. Robert der Fromme durch Richard III:, Herzog der Normandie,[6] von diesen Vorfällen benachrichtigt, begann ein Prozeßverfahren gegen die Sektierer, infolgedessen dreizehn Personen zum Scheiterhaufen verdammt wurden; dies ist, sagt man, in Frankreich das erste Beispiel einer Ketzerhinrichtung. Allein diese Bemerkung ist nicht richtig; denn nicht wegen des Verbrechens der Häresie wurden diese dreizehn Unglücklichen verurteilt, sondern wegen der Verbrechen des Meuchelmords, der Gotteslästerung, der Satananbetung, der Magie und Freigeisterei, die bei ihnen herrschend war.

Überlassen wir es Adhemar, einem gleichzeitigen Schriftsteller, die Taten zu erzählen, welche auf die Manichäer *Orleans* Bezug haben. „Sie waren", sagt er, „durch einen Landmann verführt worden, der sich rühmte, die Macht zu besitzen, Wunder zu wirken und der die Asche von verbrannten Kindern bei sich trug; sie riefen den Dämon an, der ihnen in der Gestalt eines Menschen erschien, so schwarz wie die Bewohner Äthiopiens und danach unter der eines Engels im strahlenden Lichtglanz. Sie verpflichteten sich, ihm zu gehorchen, sagten sich von Christus los und befleckten sich täglich mit Lastern und Abscheulichkeiten, was sie nicht hinderte, vor der Außenwelt alle Frömmigkeit zu heucheln. Auch zu Toulouse fand man welche, die gleichfalls verurteilt wurden. Noch an mehreren Orten des Okzidents gab es welche, die sich sorgfältig verbargen, aber trotzdem ihre Lehren ausbreiteten."

Der Mönch Glaber bestätigte diese Angaben und fügt bei, daß die Stadt *Orleans* die Bildungsschule der Sekte wurde. Er sagt, daß diejenigen, welche zur Hinrichtung bestimmt waren, mit fröhlicher Miene den Scheiterhaufen bestiegen, in der Hoffnung, der böse Geist werde sie vor den Flammen behüten, wie er ihnen versprochen hatte; daß sie aber, als sie die ersten Verletzungen spürten, laut aufschrieen, sie seien betrogen worden, dann um Gnade baten und Buße zu tun versprachen. Es war unmöglich, sie zu retten, weil das Feuer schon allzu heftig war.

Der Manichäismus war nicht minder in den *nördlichen Provinzen* Frankreichs verbreitet, wie man aus den Akten einer zu Cambrai im Jahr 1025 gehaltenen Synode erkennt. Gerard aber, der Bischof jener Stadt, war glücklich genug, ohne Verfolgung die Schuldigen zu bekehren und von ihnen eine öffentliche Abschwörung ihrer Irrtümer zu bewirken.

Die Häresie trat solcherweise an sehr vielen Orten zugleich auf, sei es, daß die Missionare überall zu gleicher Zeit in Tätigkeit, überall auch Schüler gewonnen hatten, sei es, daß ihre Predigten die Überreste des Gnostizismus plötzlich wie nach langem Schlummer neu belebten. Wie dem auch sein möge; die Kirche hatte noch einmal zugunsten der Moralgesetze und der Lehren des Evangeliums zu kämpfen; die christliche Gesellschaft aber ihre in Gefahr gebrachte Existenz zu verteidigen.

Doch auch die Sendlinge der Paulizianer Armeniens und der Massalianer Thrakiens, ebenfalls mit dem Mönchskleid angetan, um den Verdacht leichter fernzuhalten, hatten in Bulgarien nicht geringere Fortschritte gemacht. Ihre Schüler nahmen dort den Namen *Bogomilen*,[7] d.h. Anrufer der Barmherzigkeit Gottes, an;[8] diese abscheuliche Ketzerei begann nach und nach eine beträchtliche Ausdehnung zu gewinnen.

Beim Beginn des zwölften Jahrhunderts trifft man sie in der Diözese Köln an,[9] dann bald danach in Flandern, wo die Anhänger jener Sekte ihren alten Namen *Katharer* wieder annahmen. So täten sie auch in Italien,[10] von wo sie eine lebhafte Verbindung mit ihren Brüdern in Flandern und denen des Südens von Frankreich unterhielten; diese nahmen ihn gleichfalls an und vermengten sich später mit den Waldensern oder Armen von Lyon.[11] In der Diözese Bourges nannte man sie Räuber und Mörder (Ruptarier); die der pyrenäischen Provinzen erhielten von dem alten Namen des Landes „Novempopulanien" den Namen Poplikaner und durch Verdrehung „*Publikaner*".[12]

Die englischen Geschichtsschreiber melden uns, daß diese letzteren eine Gesellschaft von dreißig Missionaren nach England sandten, die dort allsogleich verhaftet und sodann auf einer Synode zu Oxford[13] verdammt wurden.

Man sieht dieselben Publikaner, die Gascogne[14] vom Jahr 1181 bis 1198 überschwemmen, dann in letztgenannter Zeit zu Sens auftreten.[15] Man gab ihnen bald den Namen Bulgaren, was die Beziehungen andeutet, die sie mit ihren Brüdern in Bulgarien unterhielten.

Zu Narbonne und im umliegenden Bezirk kannte man sie unter dem Namen „gute Leute", obwohl dieser Name nicht für alle ohne Unterschied paßte, sondern nur für die Vollkommenen; denn sie waren auch dort in mehrere Klassen geschieden. Es waren wirkliche *Manichäer*, sagen die Väter des Konzils von Lombez,[16] von denen sie im Jahr 1165 verdammt wurden.

Ein Konzil zu Toulouse exkommunizierte im Jahr 1178 die nämlichen Häretiker unter dem Namen *Agenais*, der den Ort bezeichnet, von wo aus die Häresie in jene Stadt verpflanzt worden war.

Sie sind auch unter den Benennungen Patariner, Begharden, Brabansonen, Navarresen, Basken, Heinricianer, Leonisten, Aragonier, Petrobusier, Arnaldisten, Piffrer, Passagianer,[17] Trivardiner usw. bekannt. Einige von diesen gehörten speziell den Waldensern an, einige andere jener Namen geben einfach die von den Sektierern bewohnten Provinzen an, mehrere Bezeichnungen stammen von den Namen ihrer vorzüglichen Lehrer her. Die Sekte der Albigenser, die alle in sich schließt, wird immer die berühmteste bleiben. Da sie vorzüglich in der Provence und Languedoc verbreitet waren, so wurde die Stadt *Albi* ihr Hauptsitz. Obwohl durch die Konzilien von Toulouse im Jahr 1119 verdammt, verharrten sie dennoch bei ihren Irrtümern und abscheulichen Gebräuchen. Papst Innozenz III. sandte im Jahr 1206 eine aus den angesehensten Personen damaliger Zeit gebildete Deputation ab, unter welchen man Diego, Bischof von Osma, den heiligen Dominikus, Arnold, Abt von Citeaux und Peter von Chateau-Neuf, Bischof von Carcassonne, zählte, welcher mit dem Titel eines Legaten geschmückt war. Die Albigenser wiesen die Vorschläge, die ihnen gemacht wurden, entschieden zurück. Der Graf von Toulouse begutachtete selbst den Meuchelmord des Legaten. Ein derartiges Vorgehen war nur geeignet, auf ihr Haupt die furchtbarste Rache herabzuziehen, was auch wirklich eintrat. Der Pabst exkommunizierte den Grafen Raimund, ließ einen Kreuzzug gegen ihn predigen und beauftragte Simon, Grafen von Montfort, ihn ins Werk zu setzen. Es steht uns nicht zu, die Ereignisse dieses verderblichen Krieges zu erzählen, der im Jahr 1210 begann, sich bis ins Jahr 1228 verlängerte und zur Einführung der Inquisition im Jahr 1229 Veranlassung gab. Gleichwohl müssen wir hier bemerken, um Mißverständnisse zu berichtigen, daß die Inquisition keinen Gerichtshof für Hinrichtung und Folterung bildete, so lang sie rein kirchliches Institut war, d. h. bis die Staatsbehörde sich derselben zu Regierungszwecken bediente. Wir müssen auch hinzusetzen, daß die unglücklichen Häretiker immer selbst die Maßregeln zur Ahndung und Unterdrückung hervorriefen, denen sie unterliegen mußten, und die sie angriffen oder gegen die sie sich wehrten – nicht wie Menschen jedoch, sondern wie wütende Tiere, mit denen es unmöglich war, sich zu verständigen.

Im Jahr 1183 stürzte sich eine Rotte von 7000 jener Häretiker *(Ruptarier)* ins Gebiet „Berri", alles ohne Unterschied auf ihren Wegen durch Mord und Brand verwüstend.[18] Philipp August sandte alsbald ein Armeekorps ab, das sie vernichtete. Im Jahr 1234 erhoben sich die *Albigenser* mit einem Mal in Spanien und begannen einen ähnlichen Feldzug. Es bedurfte eines Kreuzzuges, um ihrer Herr zu werden.[19] Im Jahr 1230 warfen sich die deutschen *Stadingher*,[20] nachdem sie die Missionare, die zu ihnen gesandt worden waren, und die Legaten, welche sie zu den Sitten und dem Glauben des Evangeliums zurückzuführen suchten, gemeuchelt hatten, auf alles, was ihnen in die Quere kam.[21] Burkard, Graf von Oldenburg, nahm es auf sich, ihrem Wüten Einhalt zu tun, doch er verlor hierbei das Leben und den größten Teil seiner Armee. Die Grafen von Kleve und Holland, der Herzog von Brabant und der Herr von Mathan rächten ihn im Jahr 1234. Diesmal wurden die Stadingher vernichtet und ihre letzten Haufen nach allen vier Winden zerstreut, wie die Chronikschreiber erzählen.

Das dritte Konzil von Lateran, das in demselben Anathem die Brabonçonen, Arogonen, Navarresen, Basken, Ruptarier, Trivardiner mit inbegriff, wirft ihnen die nämlichen Greueltaten vor. Sie schonen – sagen die Väter – weder Geschlecht noch Alter, weder Ort noch Personen. Das Konzil von Tarascon spricht sich in gleicher Weise aus. Allein wir haben nicht ihre törichten Gelüste zu erzählen und wir möchten nicht versuchen, das Gemälde ihrer Sitten und Gewohnheiten zu entwerfen.[22] Es genügt uns vielmehr, auf die magischen Gebräuche Rücksicht zu nehmen, denen sie sich mit einer Hartnäckigkeit hingaben, die für ein Wunder gelte, wenn der Satan nicht einigermaßen mitgewirkt und ihnen seinen Geist eingehaucht hätte. Wollte uns aber jemand fragen, ob die Sitten, die ihnen speziell eigen waren, und die schändlichen Gebräuche der Dämonenverehrung nicht bloßer Zufall oder ein Köder für die Klasse der Neulinge war, so würden wir ohne Zaudern antworten: Nein! Das Böse war der Zweck, das Geheimnis und das Endziel. Es gab nie etwas Größeres oder Geringeres, als diese *dämonische Anschwängerung*, die sie in Wut versetzte und ihnen Sinne und Vernunft raubte.

Die englischen Schriftsteller bezeichnen immer, wenn sie von jenen reden, welche im Jahr 1166 zu Oxford verbrannt wurden, dieselben als Verfertiger von Zaubermitteln und als Anbeter des bösen Geistes;[23] sie tragen das Brandmal, welches das Kennzeichen der Hexerei ist, öffentlich auf ihrem Gesicht. Nach Alberich[24] verzauberten sie, was sie berührten, so sehr, daß – wer immer einmal von ihren Nahrungsmitteln gekostet hatte, sich gegen seinen Willen an sie anschloß, ohne sich mehr von ihnen trennen zu können.

Die *Stadingher* riefen den Dämon an; sie hatten Prophetinnen, sie verfertigten Wachsbilder und schändeten auf die schrecklichste Weise die heilige Eucharistie, indem sie dieselbe zur Zubereitung ihrer Zaubermittel verwendeten.[25]

Auf dem Konzil von Mainz im Jahr 1233 wurde erwiesen, daß die *Luziferianer*[26] der Stadt Köln ein Bild Luzifers, der ihnen die Stelle eines Orakels vertrat,[27] um Rat fragten und der Magie sich ergaben. Die belgische Chronik charakterisiert sie einzig als Zaubermittelverfertiger und fügt bei, daß es solcher, die deshalb in Deutschland den Flammen überliefert wurden, so viele gegeben habe, daß man sie nicht zählen kann. Sie sagt weiter, daß ein Professor der Schwarzkunst, der aus Toledo gekommen, eine Schule in der Stadt Utrecht gegründet habe.

Zwei Männer von der Sekte der Katharer, sagt Cäsar von Heisterbach,[28] wollten sich zu Besançon in der Absicht niederlassen, auch dorthin ihre Irrtümer zu verpflanzen. Sie hatten ein sehr asketisches Äußeres, gingen mit nackten Füßen einher, fasteten alle Tage und ermangelten nie, den nächtlichen Gottesdiensten in der Hauptkirche der Stadt beizuwohnen.

Sie begehrten von niemanden etwas und empfingen nur so viel Almosen, als ihnen zur Nahrung und zum Unterhalt unumgänglich nötig war. Wenn sie auf solche Weise das Vertrauen des Volkes gewonnen hatten, begannen sie die neuen Glaubenssätze – eine unerhörte Lehre – auszusäen. Dann beglaubigten sie ihre Predigten durch Wunder: sie ließen Mehl auf das Pflaster sieben und gingen, ohne Eindrücke zurückzulassen, darüber hin. Sie wandelten auf dem Wasser, ohne einzusinken. Sie verbrannten Kleider auf ihren Gliedern, ohne daß das Fleisch verletzt wurde. Wenn sie die Gemüter genügend vorbereitet glaubten, so fingen sie ohne allen Rückhalt zu predigen an, indem sie zum Volk sagten: Wenn ihr unseren Worten nicht glaubt, so glaubt unseren Werken. Bischof und Klerus dachten endlich darauf, dem Irrtum einen Damm entgegenzusetzen, aber es war schon zu spät. Das Volk war bereit, diejenigen zu steinigen, die sich den Neuerern entgegensetzen wollten. Doch als in der Folge nachgewiesen wurde, daß es Zauberer und Anbeter des Satans seien, wendete sich der allgemeine Haß gegen sie, und das Volk warf sie nun selbst auf einen Scheiterhaufen, den sie hatten anzünden lassen und den sie nimmer betreten wollten, nachdem man ihnen einen Pakt entrissen hatte, den sie unter der Achsel verborgen trugen. Wir werden uns hüten, die Einzelheiten aufzuwärmen, welche in den gleichzeitigen Schriftstellern und zahlreichen Prozessen der Inquisition von Toulouse gelesen werden. Solche Berichte würden nur Abscheu und Ekel erregen. Die *Bulle Gregor IX.* gegen die *Stadingher*[29] wird uns diese schändlichen Sektierer zur Genüge aufdecken. Der römische Oberhirt redet folgendermaßen von ihren Sabbaten und der Aufnahme der Novizen:[30]

„Wenn ein Neuling" – sagt er – „um Aufnahme in ihre Genossenschaft nachsucht, so reicht man ihm einen Frosch oder sogar eine Kröte hin. Sie küssen dieses Tier hinten und am Maul, legen seine Zunge in ihren Mund und saugen seinen Speichel ein. Sie bekommen davon, wie man versichert, einen ungeheuren Umfang – die Dicke einer Ente oder Gans, man sagt sogar, den Umfang eines Ofens.[31]

„Der Novize wird nach dieser Zeremonie eingeführt,[32] ein Mann von großer Blässe erscheint nun und umarmt ihn; diese Umarmung durchschauert ihn mit eisiger Kälte und macht ihn die Sätze des katholischen Glaubens vergessen."[33]

„Der Aufnahme folgt ein Festgelage, an deren Schluß man an einer Statue eine schwarze Katze herabsteigen sieht, so dick wie ein Hund von mittlerem Wuchs. Der Neuaufgenommene muß sie zuerst auf die abstoßendste Weise küssen. Der Großmeister tut das gleiche danach, dann jeder nach der Reihe. Am Ende neigt sich der Großmeister gegen die Katze und spricht zu ihr: Verzeihung! und bedeutet seinen zwei Beisitzern, ihm nachzuahmen; eine andere Person setzt hinzu: Wir versprechen dir Gehorsam. Dann löscht man die Lichter aus."

„Nachdem jeder seinen Platz wieder eingenommen hat, tritt plötzlich ein Mann vom Kopf bis zum Gürtel voll blendenden Glanzes und hinab bis zu den Füßen mit dichter und stachliger Haut bedeckt aus einem Versteck hervor, wie diese Ruchlosen deren so viele haben. Der Großmeister stellt ihm den neuen Schüler vor und bietet ihm zum Zeichen seiner Unterwürfigkeit einen Faden dar, der aus seinem Gewand gezogen worden ist. Der Feuermann nimmt ihn, gibt ihn zurück und empfiehlt dem Großmeister, seinen Eifer lobend, den neuen Genossen, hierauf verschwindet er wieder."

„Die Gottlosen gehen alle Jahre zu Ostern zur Kommunion und tragen voll Haß gegen den Erlöser die anbetungswürdige Hostie bei sich, um sie auf niederträchtige Weise zu mißbrauchen. Sie sagen, Gott habe Luzifer vom Himmel gejagt und ihn wider alles Recht in die Hölle gestürzt; aber Luzifer werde es ihm einst wieder vergelten, und dann würden sie mit ihm die ewige Seligkeit genießen. Demzufolge bemühen sie sich, alles zu üben, was der Schöpfer verbietet, und das zu unterlassen, was er befiehlt."

Die Gnostiker des Mittelalters waren also wohl wie die Nachkommen der alten Gnostiker; sie bildeten geheime Gesellschaften mit geheimnisvollen Aufnahmezeremonien; die Geschichte strotzt von Details über diesen Punkt.

Der Mönch Ivonnet spricht dies in entschiedener Weise aus.[34] Trithemus fügt bei, daß sie sich einer symbolischen Sprache bedienten und daß sie in drei Klassen geteilt waren: die Gläubigen, die Schüler und die Vollkommenen. Sie hatten ein Oberhaupt, das zu Mailand residierte, die ganze Genossenschaft leitete und dem sie einen Tribut bezahlten. Sie hatten Europa in Königreiche, Provinzen und Diözesen eingeteilt. Sie erhielten vom Häuptling Abzeichen und Losungswort, waren überall ausgebreitet und derart zahlreich, daß nach dem Geständnis mehrerer unter ihnen, die entdeckt und im Elsaß gegen das Jahr 1280 zum Feuertod verurteilt wurden, ein Mitglied des Bundes von Antwerpen oder London bis Rom auf Kosten der brüderlichen Gastfreundschaft reisen konnte, ohne eine andere Verlegenheit, als die Auswahl zu erfahren. Alles und zwar in allen Häusern stand denen zu Gebot, die sich als Genossen zu erkennen gaben. Jedes Haus trug ein konventionelles Zeichen, das für die Augen der Uneingeweihten unbemerklich war und Jahr für Jahr geändert wurde.

Diese Einzelheiten werden durch einen Brief eines Geistlichen von Narbonne[35] bestätigt, der – der Häresie angeklagt, entfloh und sich unter ihnen verbarg, indem er sich für einen verfolgten Bruder ausgab. Er erforschte ihre Geheimnisse, erfuhr aus ihrem Mund, daß sie eine tätige Propaganda organisiert hatten und in Frankreich eine bestimmte Anzahl Schüler unterhielten, von denen die einen die Aufgabe hatten, unter dem Vorwand, Handel zu treiben, alle Märkte und Messen zu besuchen, in Wahrheit aber ihre Lehren auszubreiten, andere wieder, bei Großen und Reichen sich einzuschmuggeln; noch andere in größerer Anzahl in Städten sich aufzuhalten, wo berühmte Schulen bestanden, namentlich zu Paris sich in der Dialektik auszubilden und die Zöglinge zu verführen. Ich bin, sagt der Verfasser des Briefes, der an Girard, Bischof von Bordeaux, gerichtet ist, durch alle Städte der Lombardei gereist, ohne erkannt zu werden, und so oft ich meine Herberge wechselte, händigte man mir ein Zeichen ein, mit dem ich mir in einem anderen Haus Aufnahme verschaffen konnte.

Im Jahr 1223 stellten sich diese Häretiker einen Gegenpapst mit Namen Barthelmi für die Provinzen Bulgarien, Kroatien und Dalmatien auf; dieser erbaute Kirchen und setzte Bischöfe ein.

Der Name *Katharer*, oder wie sie sich selbst nannten, *Patariner*, d. h. Verfolgte, galt besonders für jene in speziellster Weise, welche die Lombardei, Toskana, die Marken von Ancona und die Provence bewohnten – nach der Behauptung des Jakobiners Raynier nämlich, der es um so besser wußte, als er selbst ein Mitglied des Bundes war. Sie waren in vier Grade eingeteilt: die vom höchsten Rang führten die Titel Bischöfe, die vom zweiten majorenne, die vom dritten minorenne Kinder; im vierten waren die Diakonen, unter diesen stand der Troß der Schüler, die den Namen Christen, Christinnen trugen. Sie waren in sechzehn große Kirchen geschieden, welche die Welt umschlossen und von viertausend Priestern geleitet. Man zählte deren hundertfünfzig in Frankreich und der Lombardei, zweihundert in den Provinzen von Toulouse, Albi, Carcassonne und Agen; aber die verschiedenen Kirchen waren weit entfernt, in allen Punkten übereinstimmender Gesinnung zu sein; viele hatten sogar jede Gemeinschaft mit den übrigen abgebrochen. Die Schüler gelangten erst nach langen Prüfungen und verschiedenen Einweisungen zur vollen Kenntnis der tiefsten Geheimnisse.

Unter anderen bemerkenswerten Sonderbarkeiten bietet die Geschichte der Neugnostiker folgenden eigentümlichen Zug dar: Als gegen das Jahr 1120, sagte Guibert, Abt von Nogent,[36] vier manichäische Häretiker gefangen gesetzt und wegen verschiedener Verbrechen verurteilt worden waren, konnte man es nicht dahin bringen, ihren Häuptling zu ersäufen; denn er schwamm in der Höhe, wie ein leichtes Stücklein Holz, und es war nicht möglich, ihn unter dem Wasser zu erhalten. Die ganze Sekte stieß ein Freuden- und Siegesgeschrei aus. Was uns betrifft, fährt er fort, beeilen wir uns, diese Nachricht zum Konzil von Beauvais zu tragen, wohin wir uns begaben, um den Rat der Prälaten über ein so sonderbares Ereignis zu erholen.

Aber das Volk wartete die Antwort nicht ab, es stürzte in die Gefängnisse, ergriff die dort Festgehaltenen, führte sie zur Stadt hinaus und verbrannte sie, weil man sie nicht zu ersäufen vermochte.[37]

§ 2 *Waldenser, Pasturellen, Illuminaten*

Aus einer ganz verschiedenen und reineren Quelle entsprungen, verband sich mit den Neugnostikern bald die Sekte der *Waldenser*.

Man setzt ihren Ursprung in das Jahr 1157. Ein reicher Kaufmann namens Peter Waldus gab hierzu Veranlassung, indem er der Welt entsagte, um sich einer übermäßig strengen Lebensweise zu widmen. Er bekam bald Nachahmer und Schüler. Diese Leute, größtenteils tief unwissend und voll Stolz auf ihre Verdienste, wollten sich als Reformatoren der Kirche aufwerfen und begannen neue Glaubenssätze zu verkünden. Nachdem ihnen dieses verwiesen und sie sodann wegen ihrer Widerspenstigkeit von Johann von Schönhand, Erzbischof von Lyon, verdammt worden waren, wurden sie aus der Diözese verjagt. Dies veranlaßte ihre Ausbreitung und fügte in den Augen der Unwissenden und der Anhänger, ja wohl in ihren eigenen Augen das Verdienst der Verfolgung zu ihren anderen Verdiensten.

Sie wurden im Jahr 1170 durch Papst Gregor IX. verdammt und aufs neue von Innozenz III. im Jahr 1198. In jener Zeit waren sie in den Diözesen Dax, Narbonne, Auch, Embrun, Taraskon, Auxonne, Toulouse, Conserans, Castres, Begiers, Carcassonne, Nimes, Metz und sogar in Italien und Aragonien schon in großer Anzahl verbreitet. Eine heftige Verfolgung vertrieb sie auch aus diesem letzteren Land. Diese Verfolgung näherte sie den ebenfalls verfolgten Katharern; sie verschmolzen ihre Interessen und zum größten Teil auch ihre Lehren in eins zusammen, d.h. die Waldenser nahmen die abscheulichen Gebräuche der Katharer an und behielten als Erinnerung ihres Ursprungs nichts bei, als das abgetötete Aussehen und das Trugbild strenger Sitten, ein äußerer Schein, von dem sich sogar der beredte Abt von Clairvaux verblenden ließ, denn er nahm keinen Anstand, öffentlich ihr Lob zu verkünden.[38]

Im Jahr 1170 hatten sie schon als geheime Gesellschaft festen Bestand; ihre Schüler schieden sich in mehrere Klassen; sie hatten geheime Formeln im Briefwechsel und eigene Erkennungszeichen, von denen eins war: die Hand an das Ohr zu halten.

Man verwechselte bald Katharer und Waldenser, und diese letztere Bezeichnung wurde der allgemeine Name aller Häretiker jener Epoche, trotz der beträchtlichen Unterschiede zwischen den verschiedenen Zweigen der Häresie. Man gab ihn den Anhängern des Johann Huß, die ihn trotz der scheinbaren Übereinstimmung der Lehren und Sitten, die sie angenommen hatten, um sich mit den Waldensern zu vereinigen, immer mit Energie zurückwiesen.[39] Man gab ihn den Lollarden und den Schülern Wiklefs, die sich einander näherten,[40] man gab ihn den Albigensern, obwohl diese wahre Gnostiker waren.[41]

Die Waldenser waren gegen die Mitte des fünfzehnten Jahrhunderts[42] in Savoyen und der Dauphiné sehr zahlreich und es hat nicht den Anschein, daß ihre Zahl bis zum Jahre 1517 sich verminderte; denn Claudius Seyssel, Erzbischof von Turin, unternahm es, sie mit den Waffen der Vernunft zu bekämpfen. Die von Savoyen erhielten von der piemontesischen Regierung offizielle Anerkennung und Ansprüche auf Staatsbesoldung für ihre Prediger. Die Vollkommenen, auch Bärtige oder Beschuhte genannt, besaßen allein die höchsten Geheimnisse der Sekte. Wir wagen es nicht zu behaupten, daß der Name Bärtige *(barbes)*, der noch im achtzehnten Jahrhundert üblich war, und der den Reformierten der Dauphiné den Namen *barbets* (Pudelhunde) erschuf, einige Verbindung mit den Barbelioten hat, von denen wir früher geredet haben. Der Name Beschuhte oder Schuhträger kam von ihrem Brauch, in Sandalen einherzugehen, um, wie sie sagten, die Apostel nachzuahmen, und wie sie, den Leib und das Blut unseres Erlösers weihen zu können.[43]

Man behandelte sie während des vierzehnten Jahrhunderts in Frankreich nach dem Erachten des Papstes Gregor XI. mit allzuviel Schonung, denn er beklagte sich bei Karl V. im Jahr 1373 darüber, daß trotz der großen Zahl dieser Häretiker in der Dauphiné und den benachbarten Provinzen, die königlichen Beamten sich weigerten, die Diener der Inquisition in ihren Geschäften zu unterstützen. Ein zweiter Brief, den er im Jahr 1375 an Karl VI. richtete, beweist, daß der französische Hof den ersten gar nicht beachtet hatte.

Es ist gewiß, daß die meisten waldensischen Sekten *Magie* trieben. Es gibt gleichzeitige Schriftsteller, welche ohne Unterschied die Namen Waldenser und Zauberer wechselseitig anwendeten.[44] Dies war eine unvermeidliche Folge ihrer Vermischung mit den Neugnostikern, vor allem mit den Roncariern, einer der abscheulichsten Sekten des Gnostizismus. Man beschuldigte sie auch, daß sie die Hunde und Kröten verehrten und Sabbate hielten.

Diese schändlichen Roncarier, die Begharden, nicht minder unsauber, und die Luziferianer, haben ihre Existenz lange hinausgedehnt. Im Jahr 1450 gab es noch Luziferianer, welche Luzifer verehrten und als einen Bruder Gottes betrachteten, dem dieser widerrechtlich sein Erbe entrissen hat. Sie baten ihn um Reichtum und Schätze. Zu seiner Ehre opferten sie kleine Kinder. Denen, welche die Taufe erhalten hatten, wuschen sie das Haupt, um ihnen den Charakter des Christentums zu nehmen. Sie versammelten sich an unterirdischen Orten, um dort ihre unsittlichen Gottesdienste zu halten.[45] Die Luziferianer Italiens verbargen sich lange unter dem Namen Fraticellen, obwohl ihre Lehre eine ganz verschiedene war. Während des vierzehnten Jahrhunderts sandten sie zahlreiche Missionare nach Deutschland, vorzüglich nach Böhmen.[46]

Diese wurden die Väter und Lehrer jener *Lollharden,* welche gegen das Jahr 1320 in Österreich und Böhmen aufzutreten anfingen, dort die großen Unruhen hervorriefen und die Sitten verdarben. Sie predigten die Abschaffung der Heirat und Erlaubtheit des Lasters, die Nutzlosigkeit der Sakramente und jedes christlichen Gottesdienstes. Sie lehrten, daß der Satan und seine Engel ungerechterweise wären vom Himmel verstoßen worden, und daß sie es wären, die man anbeten müßte, weil sie einmal dorthin zurückkehrten, wenn die Zahl ihrer Getreuen groß genug wäre, um den heiligen Michael und die übrigen Heiligen daraus zu vertreiben, und sie an ihrer statt in die Hölle zu stürzen.

Die Lollharden beunruhigten sogar England, wo sie den Wiklesiten den Weg bahnten, mit denen sie später zur Zeit der Verfolgung ihre Interessen vereinigten, wie sie den Hussiten in Deutschland die Pfade geebnet hatten. Man kann sogar mit Moshein sagen, daß sie in England und Deutschland alle Überreste früherer dämonischer Sekten verschlangen, und daß der Name Lollharden mehr im allgemeinen gilt, als speziell einer Sekte Teufelsanbeter zugehört.

Wir werden zwar nicht von gewissen kommunistischen Gesellschaften in vollem Sinn des Wortes reden, die sich unter den Gnostikern und Waldensern bildeten, aber wir dürfen gleichwohl die *Illuminaten* nicht zu erwähnen vergessen, von welchen *Eon de l'Etoile* und Doucin die merkwürdigen Häupter waren.

Eon de l'Etoile benützte die Klangähnlichkeit seines Namens mit dem Wort *eum*, das am Schluß der Exorzismen der Kirche steht[47] und damals so ausgesprochen wurde, um seine Schüler glauben zu machen, daß er es wäre, der über Lebendige und Tote zu richten hätte. Es scheint übrigens, daß die Gnostiker in der lateinischen Sprache nicht sehr geübt waren, obwohl man allgemein Latein verstand und es sogar öffentlich redete; denn sie antworteten denjenigen, die ihnen ob der Häresie Vorwürfe machten: desto besser, denn der Erlöser hat gesagt: Selig die Häretiker; sie verwechselten nämlich das Wort *eritis* (werdet sein), mit dem Wort *haeretici*, was Häretiker – Ketzer – heißt.

Eon de l'Etoile trug einen Gabelstock und sagte, wenn er die beiden Spitzen zum Himmel erhebe, so verleihe er Gott die Herrschaft über zwei Dritteile des Alls; wenn er sie zu Boden senke, so nehme er sie für sich in Anspruch. Da er diese Unverschämtheit im Jahr 1148 vor dem Konzil zu Reims, von dem er gerichtet wurde, auskramte, gerieten die heiligen Väter in heitere Stimmung, die ihm zu Nutzen kam; denn statt ihn als Ketzer zu behandeln, verfuhren sie mit ihm, wie mit einem Narren. Abt Suger nahm es auf sich, ihn unschädlich zu machen, und ließ ihn für den Rest seines Lebens gefangen setzen. Keine Strafen konnten seine Schüler dahinbringen, ihren Irrtum einzusehen; lieber gingen sie in den Tod.

Diese Hartnäckigkeit allein schon dürfte beweisen, daß Eon de l'Etoile keine so lächerliche Person war, als man zu vermuten beliebte, weil er durch so starke Bande eine große Zahl Anhänger an sich zu fesseln imstande war. Er fiel in Ekstasen; er hatte Unterredungen mit Gott, er sprach, wie wenn er selbst eine Gottheit gewesen wäre. Alle Arten Blendwerke waren ihm geläufig; der Nutzen, den er daraus zog und ohne Zweifel auch die Plünderung der Kirchen und Klöster, verschaffte ihm die Mittel, mit königlichem Prunk zu leben und Hunderte von Anhängern zu unterhalten, die seine Person nie verließen. Der Anblick einer Kirche oder eines Klosters entflammte seine Wut. Er schien mehr zu fliegen, als zu gehen, so rasch waren seine Schritte und so unerwartet sein Erscheinen an den Orten, die er besuchte. Seine zahlreichen Schüler wandelten ihren Weg mitten in Pracht und Überfluß und geräuschvollen Vergnügungen.

Die Anhänger Eons de l'Etoile waren durch die Verfolgung keineswegs ausgerottet, denn allem Anschein nach waren es Überreste dieser Sekte, die – von Doucin gesammelt und als Gesellschaft neu gebildet, mit Beginn des vierzehnten Jahrhunderts in den Gebirgen der Alpen unter dem Namen Apostolische und Dulcinisten angetroffen werden. Eine neue Verfolgung zerstreute sie in Frankreich und Deutschland.

Doucin lehrte den absoluten Kommunismus und übte ihn aus, aber mit Rücksicht auf seinen Vorteil. In den Gebirgen von Bressan und Bergameske wurde er mit 3000 der Seinigen durch Mangel an Lebensmitteln gezwungen, sich zu ergeben und nach Novara geführt, wo er im Jahr 1307 unter den härtesten Qualen den Tod erlitt, ohne zu widerrufen oder ein Zeichen von Schmerz zu erkennen zu geben.[48]

Eon de l'Etoile hatte nicht eine neue Sekte, noch neue Lehren geschaffen; er hatte einen Teil der Elemente gesammelt, die so zahlreich im Schoß der Gesellschaft sich vorfanden. Sein Auftreten blieb auch nicht vereinzelt. Die Schilderhebung der *Pasturellen* unter der Anführung des ungarischen Mönchs Jakob, der aus dem Zisterzienserorden ausgetreten war, um den Turban zu nehmen, und den Turban wegwarf, um nach Europa in der Eigenschaft eines Propheten zurückzukehren, war eine andere Ausgeburt desselben visionären, erleuchteten und mit satanischem Zauber verstärkten Gnostizismus. Wie sein Vorfahrer verkehrte Jakob ganz vertraut mit Gott, der heiligen Jungfrau und den Engeln. Im Namen des Himmels redete er zu seinen Schülern, die ein elendes Gemenge von allem waren, was sich unsauberes in der Gesellschaft vorfand, und die man mit dem Namen Pasturellen (Hirten, Schäfer) bezeichnete, nicht weil die Hirten sich dabei in großer Zahl beteiligten, sondern sie auf ihren Fahnen gemalte Lämmer führten. Im Namen des Himmels gebot er ihnen die allgemeine Niedermetzlung von Priestern und Mönchen unter dem Vorwand, daß sie allein ob ihrer Sünden an der Gefangenschaft Ludwig IX. die Schuld trügen, und die er, wie er sagte, zu vertilgen berufen war. Im Namen des Himmels teilte er seinen Schülern die Gewalt mit, Sünden zu vergeben, selbst bevor sie begangen waren, eine Fähigkeit, die keineswegs dazu beitrug, die Zahl der Verbrechen zu vermindern.

Die *Pasturellen* gaben sich selbst für große Zauberer aus, und das Volk betrachtete sie als solche. „Gegen das Jahr 1251", sagt der verständige Tillemont,[49] „erschien ein Betrüger von ungarischer Abkunft namens Jakob, der früher im Zisterzienserorden gewesen war, das religiöse Leben verlassen hatte und Schüler der Gottlosigkeiten Mohammeds und Diener des Sultans von Babylon geworden war. Er besaß Redegewandtheit, aber vor allem war er in den Geheimnissen der Zaubermittel erfahren. Er war mager und bleich und trug einen großen Bart, so daß ihn das Volk wie einen Gesandten Gottes und einen Mann von außerordentlicher Enthaltsamkeit betrachtete."

„Dieser Häuptling, den man den ungarischen Meister nannte, behauptete, daß es die heilige Jungfrau war, die ihm die Sendung übertragen habe; er hatte immer die Hand geschlossen, wie wenn er erst die Befehlsurkunde erhalten hätte, die sie ihm gegeben habe. Seine Schüler brachten hierüber verschiedene Erscheinungen der heiligen Jungfrau und der Engel vor, die sie auf einer oder mehreren ihrer Fahnen darstellten und überall herumtrugen, um die Unwissenden zu täuschen. Der Führer hatte auf seine Fahne ein Lamm gesetzt, das ein Kreuz trug, was denn auch die übrigen nachahmten, deren Zahl sich auf 500 belief."

„Sobald diese Betrüger einem Landmann zuriefen, verließ dieser alsbald seine Schafe, seine Kühe und Pferde, und ohne weder bei seinem Gebieter, noch bei seinen Eltern um Erlaubnis zu bitten, folgte er ihnen zu Fuß, ohne sich um irgend etwas zu kümmern, mit einem Eifer oder vielmehr mit einer ebenso erstaunlichen als außerordentlichen Wut, und dies gab zu der Meinung Veranlassung, daß sie sich der Hexerei bedienten.[50] Man erzählte, daß ihr Häuptling, als er nach Frankreich kam, ein gewisses Pulver ausgestreut habe, wie um es dem Dämon zu weihen. So geschah es denn, daß überall, wo sie in den Dörfern und Flecken predigten, die Landleute ihren Ermahnungen folgten, wie das Eisen dem Magnet."

„Sie marschierten in Armeehaufen unter Hauptleuten mit je 100 bis 1000 Mann und hatten Fahnen bei jedem Korps. Sie gaben einigen von ihnen den Titel Meister. Man behauptete sogar, sie wirkten Wunder, und der Wein und die Speisen, die man ihnen servierte, verringerten sich nicht, sondern vermehrten sich gleichsam."

„Allein die Unordnung wurde bald unerträglich, denn es mischten sich unter diese Leute viele Diebe, Mörder, Zauberer, Magier, Weiber von schlechtem Lebenswandel, Verbannte, Flüchtige, Exkommunizierte; und gerade diese hatten den meisten Anteil an den Geheimnissen der Häuptlinge und der Leitung der anderen. Diese Zerrüttung begann im gegenwärtigen Jahre (1251) nach Ostern um jene Zeit, als Papst Innozenz II. Lyon verließ, um nach Italien zurückzukehren."

Man weiß, auf welche Art dieses unsinnige Beginnen ein Ende nahm. Jakob war an der Spitze von 30 – 40 000 Mann nach Paris gekommen, und Paris hatte nicht gewagt, ihn von seinen Toren fern zu halten oder aus den Mauern zu verjagen. In Orleans wie ein Prophet aufgenommen, ließ er trotz des Widerstrebens des Bischofs Wilhelm von Bussy den dortigen Klerus niedermachen. Von da begab er sich nach Bourges, wo seine Truppe sich teilte; aber die Regierung hatte Befehl gegeben, ihn zu verfolgen; er wurde samt den Seinigen zwei Stunden vor dieser Stadt bewältigt. Die übrigen Abteilungen seines Heeres hatten ein gleiches Geschick zu Aigues-Mortes, zu Bordeaux und anderswo.

Gleichwohl war der Illuminismus noch nicht als System gestaltet mit Prinzip und Methode. Es bedurfte sogar langer Zeit, bis er diesen Höhepunkt des Fortschritts erreicht hatte. Doch welcher Schwindelgeist herrschte damals auf der Erde! Woher die Verschlechterung und die Laster? Warum diese Fluch-Gesellschaften? Muß man alles auf Rechnung der Unwissenheit und Roheit der Sitten nehmen? Die Wilden in der Tiefe ihrer

Wälder sind noch hundertmal roher, unwissender und dümmer, und kennen doch diese Saturnalien des Lasters nicht.

Sehr groß ist demnach die geheimnisvolle Welt Ahrimans, der so mit der schwachen Menschheit spielt und die Gesellschaft bis vom untersten Grund aufwühlt, um den Schlamm auf die Oberfläche zu treiben! In regelmäßigen Zwischenräumen nach kurzen Perioden bilden sich ohne Aufhören neue Gewitter, die Barbaren erscheinen von Außen und Innen; es muß schreckliche Kämpfe absetzen. Vergebens strebt der Mensch nach vorwärts, umsonst treibt es ihn zur Vollkommenheit. Denn wenn es eine Macht gibt, welche zu den Wogen des Meeres spricht: Gehe nicht weiter, so gibt es eine andere, die zur Menschheit spricht: Erhebe dich nicht höher; so geht der göttliche aber schreckliche Ausspruch in Erfüllung: die Erde soll unter deinen Schritten verflucht sein.

§ 3 Sabbate

Die Sabbate der Neugnostiker[51] haben nichts gemein mit den Sabbaten der Juden, und stammen auch nicht davon ab, selbst nicht, was das Wort „Sabbat" betrifft. In der heiligen Sprache rührt dieser Ausdruck von der Wurzel *schab* her, was „Ruhe" bedeutet. In der dämonischen Sprache kommt es vom griechischen Wort Σαβαζιος *(sabadzios)* Bacchus, woraus die Worte σαβαζω *(sabadzo)*, sich den unziemlichsten Torheiten der Trunkenheit überlassen, σαβακοι *(sabakoi)* Bacchanten; σαβασμος *(sabasmos)* das Wutgeschrei der Bacchanten entstanden. Die Sabbate der Gnostiker sind demnach die Fortsetzung der abscheulichsten Mysterien des Heidentums.

Gewisse allzu oberflächliche Schriftsteller haben mit Unrecht die Existenz der Sabbate geleugnet. P. Malebranche sogar hat in seinem Buch von der Erforschung der Wahrheit eine romanhafte, wenig geistreiche Dichtung über die Hexerei und die Sabbate eingeflochten, die man ernsthafter genommen hatte, als sie verdient, und bewies dadurch, daß er weniger belesen, als philosophisch gebildet war, und mehr Verstand als Phantasie besaß.

Die Sabbate wurden mehr in Verstecken gehalten oder an Orten, die von besuchten Wegen weit entfernt lagen. Aus übergroßer Vorsicht setzte man ringsher Wachen mit dem Auftrag, die Vorübergehenden zu verscheuchen oder auf die Gefahr aufmerksam zu machen; was gleichwohl nicht hinderte, daß fremde Leute unversehens und zu ihrer eigenen großen Verwunderung, wie zu der der Beteiligten, mitten in die Versammlung gelangten.

Auf einem Altar thronte ein Götzenbild: eine Gans, eine Katze, ein Bock, ein Baumstrunk oder das Gefäß mit Kröten, oft ein Mensch als Bock verkleidet, mit menschlichem Gesicht an den Knien und anderwärts; manchmal ein Mann oder Weib ohne Maske, die man König oder Königin des Sabbats nannte. Die Namen mehrerer derselben wurden in den Hexenprozessen bekannt, wie die des Meisters Leonhard, Meisters Johann Mühle, Peter Daguerre. Wenn der Präsident verkappt war, trug die Maske drei Hörner mit einer Leuchte auf dem mittleren Horn. Mit Stäbchen bewaffnete Diener hielten die Ordnung aufrecht und stellten die Reihen zusammen. Jeder beeilte sich, bei seiner Ankunft den Vorstand oder das Götzenbild zu grüßen und ihm eine Gabe zu opfern, und wäre es auch nur einen Faden seines Gewandes. Beim Abschied empfingen alle Präsenzmarken, die in einer kleinen Scheibe von Leder, dünnem Eisen und Kupfer von der Größe einer Münze bestand. Diese Rechenpfennige, die auf geschickte Weise unter gültiger Münze in den Handel gebracht wurden, brachte das gemeine Volk auf den Glauben, daß das von Hexen berührte Geld sich in Lederscheiben verwandle, und daß sie dies direkt vom Teufel erhielten; diese Meinung ist bis jetzt noch nicht ausgestorben.

Die Eltern führten ihre Kinder hin, und wenn diese zu jung waren, um an dem Akt, den sie hätten verraten können, Anteil zu nehmen, setzte man sie an den Rand eines Baches oder neben Gefäße voll Wasser, gab ihnen Stäbchen und hieß sie ins Wasser schlagen, um Hagel zu bewirken.

Nicht alle Glieder dieser nächtlichen Zusammenkünfte waren zu gleichen Graden geweiht. Die Neuangekommenen mußten von verantwortlichen Paten bei Strafe grausamer Geißelung oder gänzlichen Ausschlusses vorgestellt werden. Der Aufnahme folgte eine neue Taufe, die mit höhnischen Zeremonien vorgenommen wurde. Die Kinder von bereits aufgenommenen Personen wurden nur dieser letzten Förmlichkeit unterworfen; alle aber, die sich ihr unterzogen, mußten Christo, der Salbung *(Chrisma)* und der Taufe widersagen – dies waren die geheiligten Ausdrücke – und als Schöpfer und Herr den bösen Geist anerkennen, der, aus Eifersucht Gottes vom Himmel verjagt, denselben einmal wieder erlangen und dort seine Anbeter versammeln sollte, nachdem sie die Heiligen daraus verjagt hätten.

Jene Mitglieder, die nicht vollkommen eingeweiht waren, glaubten den Satan selbst zu schauen, wenn sie das Götzenbild sahen, und dieser Götze, wenn es ein menschliches Wesen war, stieß ein heiseres Geschrei aus, um die Täuschung vollständiger zu machen, oder redete mit verstellter Stimme, um nicht erkannt zu werden. Er empfahl seinen Anbetern das Laster, und vor allem die Rache. Rächet euch! Rächet euch! Dies war gewöhnlich das Geschrei beim Schluß der Versammlung. Jeder küßte sodann den Götzen und diese Feierlichkeit geschah prozessionsweise mit Harz- oder ungebleichten Wachsfackeln – eine strenge Forderung, um die Zeremonien der Kirche ärger zu verhöhnen. Der Teufel verteilte sodann Gift, Puder, Salben und die Präsenzmarke.

Die jüngsten Mitglieder und solche, deren Eifer noch nicht erwiesen war, mußten ihr Bekenntnis ablegen; solche, die noch nicht schuldbeladen genug befunden wurden, erfuhren einen strengen Verweis oder sogar eine Züchtigung; Racheübung, Vergiftung von Menschen oder Tieren, Laster und Verbrechen jeder Art aber wurden gelobt und belohnt.

Nach den ersten Förmlichkeiten kam die possenhafte Darstellung des höchsten unserer Geheimnisse, die Taufe der Kröten; sodann die Ringkämpfe und andere gymnastische Übungen; dann das Festgelage, bei welchem – wie trauriger weise nur zu sehr bewiesen – bis auf unsere Zeit her das Fleisch kleiner Kinder aufgetragen wurde. Die in Deutschland geführten Prozeßakten stimmen in diesem Punkt, wie in allem übrigen, mit den von den französischen Gerichtshöfen niedergelegten Angaben vollkommen überein. Dann wurden die Sprünge, Rücken an Rücken, und verschiedenartige Tänze ausgeführt. An den Sabbaten waren vorzüglich drei in Gebrauch: der Walzer, der böhmische Tanz und der Dreher (Rundtanz, Kehraus). Letzterer wurde dadurch bewerkstelligt, daß man sich mit Bewegungen des Kopfes nach vor- und rückwärts, zur rechten und zur linken im Kreis drehte. Noch im sechzehnten Jahrhundert war er sehr gewöhnlich; er regte die Sinne im höchsten Grade auf. – Außerdem mußte jeder seine Kröte zum Sabbat mitbringen.

Wir wüßten die von den Hexenmeistern diesem unreinen und abstoßenden Reptil erwiesene Verehrung nicht zu erklären, wenn es nicht eine Reminiszenz, eine letzte Form des Ophitismus ist. – Die Mitglieder wetteiferten miteinander, die möglichst dickste Kröte aufzuweisen. Man ernährte sie in Gefäßen, die mit Kleie gefüllt waren; sie waren zahm und zutunlich und fraßen aus dem Mund ihrer Herren. Diese schmückten dieselben mit roten Bändern und Halsschnüren; man nannte sie in der Kunstsprache Marionetten, Mirmilloten oder einfacher mein Tier (ma bête). Man darf wohl glauben, daß der Name Marionetten einen verletzenden Hintergedanken an die heilige und ehrwürdige Mutter des Erlösers enthielt.

Wir haben gesehen, wie ein Papst den Stadinghern wegen des Krötenkults Vorwürfe machte. Zur Stütze dieser angeführten Tatsache gibt es eine Menge Beweise; das bleierne Buch, das der gelehrte Montfaucon den Gnostikern zuschreibt und von dem er zwei Blätter veröffentlicht,[52] stellt auf jener Seite, welche die zwölf Stunden des Tages angibt, eine Kröte als Sinnbild der zehnten Stunde dar. Bei der vierten, fünften und sechsten stehen Edelsteine mit eingegrabenen Zauberformeln *(abraxas)*, wie man solche auf den Kameen sieht. Serapis mit seinem Scheffel ist bei der siebenten.

Die Sabbate waren nicht nur die Bildungsschule für Sittenverderbnis, sondern auch eine Lehrschule für *alle Laster*.[53] Das Rachegeschrei, das dort ertönte, verrät eine Genossenschaft von Übeltätern, die wegen ihrer Lehren, Verbrechen und des Abscheus, den sie einflößen, von der menschlichen Gesellschaft zurückgestoßen, geächtet im Blut und in den Tränen ihres Nächsten den Haß zu stillen suchen, den sie gegen Gott und Menschen im Herzen tragen. Die ganze Menschheit ist ihrer Rache verfallen und in ihren Augen sowohl für die gerechte Ausschließung, die sie empört, als für die Gesetzgebung, die sie unterdrückt, solidarisch verantwortlich. Es sind wohl nur Überreste einer ehedem schon verworfenen und dem Zorn der Gesetze preisgegebenen Familie.

Bei den Sabbaten lernte man die gefährliche Kunst, jenes Gift zu bereiten und anzuwenden, das schnell tötet wie der Blitz oder allmählich abstumpft und langsam mordet; jenes Gift, das auf Felder gestreut, auf Wege gesät, in Ställe gebracht, die Tiere wütend macht oder tötet. Glücklicherweise ist dessen Bereitung ein Geheimnis geblieben und lernte man es nur aus dessen Wirkungen kennen. So blieb auch die Anfertigung jenes Pulvers von den Sabbaten unbekannt, das man Teufelspulver nannte. Man weiß nur, daß man Staub von verkalkten Kröten dazu nahm. Kivasseau redet auch von Staub aus ebenfalls verkalkten Katzen, Eidechsen und Nattern. Wir wagen nur beizufügen: es fanden auch Kinderermordungen und Schändungen heiliger Gegenstände statt.

Besser kennt man die Bereitung der *Salbe*,[54] mittels welcher die Hexen sich in jene Ekstasen versetzten, die ihnen die Vergnügen des Sabbats verschafften. Da sie schon durch die Gewohnheit die Voranlage zu dieser Art Visionen besaßen, wie konnten sie was anderes träumen? Und außerdem weiß man, daß der Charakter der durch die gleichen Substanzen bewirkten Sinnestäuschungen immer der gleiche ist. Es schien ihnen also, als ob sie ihren geliebten Versammlungen beiwohnten, als würden sie von ihrem Abgott, den sie anzubeten gewohnt waren, durch den Luftraum fortgeführt, und am anderen Tag fühlten sie sich beim Erwachen vor Mattigkeit erschöpft und von einem Alpdrücken entkräftet, das ihnen eine Realität dünkte, so daß die meisten, vielleicht alle vollen Ernstes daran glaubten. Den Hauptstoff jener Salbe, die schreckliche Salbe genannt, bildete stets das unschädliche Gummi. Der Eppich aber, das Bilsenkraut, der Schierling und Mohn gaben ihre gefährlichen Säfte dazu. Die Belladonna, der Nachtschatten, die Tollkirsche, der Wassermärk, das Fünfblatt, der Kalmus, die Knospen des Pappelbaumes wurden mit Ruß vermischt dazugesetzt, um Aussehen und Wirkung noch fürchterlicher zu machen.

Und wenn nach äußerlicher oder manchmal sogar nach innerlicher Anwendung solcher Substanzen der Tod gemeiniglich *nicht* erfolgte, so geschah dies, weil ihre Verbindung in bestimmten Verhältnissen eben die Frucht langer Erfahrungen und kluger Beobachtungen war. Der Chinese, der sich mit Opium oder Haschisch vergiftet, kennt auch die Quantität, der es bedarf, um dem Tod zu entgehen.

Das sind die durch den Teufel bewirkten Fahrten, wegen welcher eine große Anzahl Hexen in den Flammen endeten, da die Richter eben selbst das Eingebildete vom Wirklichen nicht zu unterscheiden vermochten, dann aber, als die Zeit der Einsicht gekommen war, vermochte man durch eine Unzahl von Beispielen festzustellen, daß die Ortsveränderung nicht statt hatte, und man mußte wohl wie sonst immer zu den Entscheidungen der Kirche zurückkommen. Die Fahrt der Zauberer zum Sabbat mit Hilfe des Satans beruht nur auf Einbildung. Paul Minucci, Rechtsgelehrter von Florenz, der im siebzehnten Jahrhundert lebte, Andreas Laguna, Arzt des Papstes Julius III., Bodin, Johann Baptist zu Porta, Alciat, Kardinal Cajetan, Peter Remy haben hierüber gediegene Nachforschungen angestellt. Der berühmte Gassendi sogar blieb dieser Sache nicht fremd,[55] und alle haben dieselbe Tatsache eines unnatürlichen Schlafes dargetan, der durch Schlummer erzeugende Salben bewirkt wurde.

Man kann diese Vorfälle mit der Erzählung des Apulejus bezüglich der Zauberin Pamphila vergleichen, die sich gewisser Salben bediente, um sich in eine Nachteule zu verwandeln und an jene Orte zu fliegen, wohin sie die süßesten Genüsse riefen. Man kann sie mit der Täuschung der Priesterinnen der Göttermutter in Vergleich bringen, welche in der Einbildung den fröhlichen Tänzen der Faunen beiwohnten und mit Entzücken die harmonischen Töne einer Musik einschlürften, die nicht existierte.

Doch darf man daraus nicht folgern, daß die Sabbate selbst erträumte Versammlungen waren; denn durch eine Menge Beispiele, durch gerichtliche Aussagen und Zeugnisse aller Art steht fest, daß es deren wirklich gegeben hat, daß sie bis auf eine sehr nahe gerückte Zeit herab an einer Menge von Orten, deren Namen bekannt sind, gehalten wurden, und daß die Mitglieder sich zu Fuß dorthin begaben und ebenso wieder heimkehrten.[56]

Es ist nicht minder gewiß, daß die Neuangekommenen dort selbst ein Zeichen mit einem warmen Eisen erhielten, und daß dieses Merkmal in verschiedenen Fällen erneuert wurde.

Eine nicht minder bewiesene Tatsache ist, daß die Hauptakteure eine *Maske* trugen.[57] In den Kapitularen sind die Namen Maske und Hexe gleichbedeutend.[58] Die Gesetze der Lombarden drücken sich in derselben Weise aus; und überdies erinnere man sich nur, daß die Maskeraden einen wesentlichen Bestandteil der Bacchanalien ausmachten und sogar der Mysterien Ägyptens – sagt Apulejus.

Gerichtsrat de l'Ancre, der so viele Hexenprozesse führte, faßt die Angaben, die er bezüglich der an den Sabbaten vorsitzenden Person erfahren hat, also zusammen: „Der Häuptling[59] hat ein bleiches und verstörtes Gesicht, große, runde, weit geöffnete Augen, einen Ziegenbart. Die Form des Halses und des übrigen Körpers übel gebildet; der Leib in Gestalt eines Mannes und Bockes. Seine Stimme ist schrecklich und ohne Klang mit der Haltung eines melancholischen und langweiligen Menschen;" es ist leicht, aus seinen Zügen eine maskierte Person zu erkennen, die ihre Stimme verstellt, um nicht erkannt zu werden.

Die Sabbate oder nächtlichen Versammlungen der Hexen gingen bis in die Zeiten des Heidentums zurück. Horatius bezeichnet sie mit dem Namen Cotitia, abgeleitet von *Cotys*, einer Göttin schmachvollen Andenkens.

Man findet sie auch im Gesetz der Barbarenvölker erwähnt oder wenigstens in einer Formel, in welcher dem Satan widersagt wurde, die durch Canciani am Schluß der Gesetze der Sachsen veröffentlicht wurde. „Widersagst du dem Satan und allen Gilden des Satans?" fragte der Diener der Religion. Ich widersage, antwortete der Katechumen.[60] Der Erklärer sagt, daß das sächsische Wort „Gilde" geheime Versammlungen bezeichne, die mit Unterhaltungen und Festgelagen begleitet sind, deren Mitglieder zu einem strengen Geheimnis verpflichtet waren; er stützt sich auf mehrere Autoritäten, um es zu beweisen.

Weiterhin setzen die nächtlichen Versammlungen Dianas, Bensosias, der Dame Habonda, – denn man findet sie unter diesen verschiedenen Namen von den Konzilien und Canonisten verboten – jene Sabbate bis ins dreizehnte Jahrhundert fort. Johann von Salisbury, Bischof von Chartres, Schriftsteller des zwölften Jahrhunderts, redet davon mit deutlichen Worten;[61] er erwähnt der nächtlichen Zusammenkünfte, der Schmausereien, verschiedener durch allerlei Personen vollzogener Verrichtungen, der Peitschehiebe, welche den einen erteilt, sowie der Lobsprüche, welche den anderen gespendet wurden.

Schon seit dem elften Jahrhundert waren die Sabbate in unzweideutiger Weise aufs neue zutage getreten – zur selben Zeit, als die Manichäer sich erhoben, die Robert der Fromme hinrichten ließ. – Ein Kartular von Chartres, vom Verfasser der Kirchengeschichte der Diözese Paris zitiert, teilt uns mit, daß diese Häretiker bei ihren nächtlichen Gesellschaften die Litaneien des Teufels[62] absangen, daß sie ihre Kinder am achten Tag nach der Geburt durch das Feuer reinigten, und daß sie deren einige ganz verzehrten, um aus ihrer Asche geheimnisvolle Heilmittel zu bereiten.

Endlich treten die Sabbate im zwölften Jahrhundert in dem Glanz auf, der ihnen eigen ist. Die Poesie bemächtigte sich derselben und leiht ihnen ihre Reize; die Novellenschreiber bringen sie in Erzählungen, die Maler stellen sie auf dem schönsten Velinpapier dar, die Bildhauer graben sie sogar auf die Mauern der religiösen Gebäude ein. Der Roman *Perceforet* (wilde Jäger, Buschmann) unter andern und das Gedicht *Fauvel* (Rotwild) enthalten reizende, ja allzu heitere Schilderungen hierüber. Der eine mit Beigabe kleiner Bilder schönster Arbeit, aber auch ebensowenig anständig, als der Gegenstand selbst. Wir haben nicht den Mut, Blumen auf diesem abscheulichen Gebiet zu sammeln; wir lassen sie lieber der Hand dessen, der sie gesät hat.[63]

In Italien erhielt der Nußbaum von Benevent eine große Berühmtheit durch diese Arten Zusammenkünfte. Der heilige Barbat, Bischof von Benevent, ließ ihn am Ende des siebten Jahrhunderts niederhauen, aber der Ort blieb nichtsdestoweniger berühmt.[64] In Frankreich erhielten der Berg Rhune im Baskenland und die portugiesische Kapelle St. Johann de Luz einen nicht geringeren Ruf unter den Satananbetern. Es gab kleine und große Zusammenkünfte und in den davon angesteckten Gegenden Pfarr- und Viertelversammlungen. Die großen Vereine wurden Sabbate genannt, die kleinen nannte man Esbats (Ergötzungen). Die feierlichste fand in der St. Johannisnacht statt.

§ 4 Der Werwolf[65]

Zu den gebräuchlichsten Maskeraden, die bei den Sabbaten stattfanden, muß man die Verkleidungen in Wolfsgestalten zählen.

Der Wolf war in Ägypten das Sinnbild der Sonne und des Jahres. Apollo als Wolf oder *Lycaeus* ist seit dem höchsten Altertum bekannt. Pausanias berichtet uns, daß Diana als Wölfin oder *Lycaea* in Korinth angebetet wurde.

Da nun die Feste dieser Gottheiten und die Mysterien, die sich darauf bezogen, mit ähnlichen Verkappungen gefeiert wurden, so gibt es alte Schriftsteller, die gesagt[66] und sogar viele, die geglaubt haben, daß solche Götzenanbeter wirkliche Wölfe wurden. Plinius und Varro zitieren derartige Exempel. Dennoch ist nicht zu glauben, fügt der erste bei,[67] daß ein Mensch sich in einen Wolf verwandeln kann; denn dann müßte man ebensogut ohne Prüfung alles zugeben, was uns das sagenreiche Altertum erzählt.

Diese Überzeugung war gleichwohl so allgemein und ist so tief im Geiste des Volkes eingewurzelt, daß sie noch besteht, und daß sie seit den frühesten Zeiten zu einer Art Raserei Veranlassung gegeben und die man mit dem Namen Wolfswahnsinn bezeichnet hat, während deren Dauer der unglückliche Geisteskranke sich in einen Wolf verwandelt glaubt, und so sehr er vermag, dessen Wesen nachahmt. Wenn Ausschweifungen aller Art irgendein Zufall oder die organische Disposition eine Verrücktheit herbeiführen können, so wird notwendigerweise eine vorgefaßte Meinung es sein, welche die Gattung derselben bestimmt.

Diese Krankheit, die in den verflossenen Jahrhunderten sehr häufig war, erlosch in dem Maße, als die Hauptursachen verschwanden, die sie hervorbrachten. Zahlreiche Beispiele hiervon gibt es im Mittelalter zur Zeit, wo die schlafbringenden Salben und die verschiedenen Gebräuche der Hexerei die Greuel des alten Heidentums erneuerten.

Gegenwärtig besteht sie nur mehr als Erinnerung und die Ärzte, die über diesen Gegenstand schreiben, müssen bis zu den früheren Jahrhunderten zurückgehen, um ihre Symptome zu kennzeichnen.[68] Es herrscht übrigens bezüglich der Natur der Krankheit kein Zweifel und die Heilmittel sind dieselben wie für alle Wutanfälle. Die Ärzte neuerer und älterer Zeit stimmen in diesem Punkt zusammen.

Man zweifelte an der Realität dieser Umbildungen weit weniger im Mittelalter, als ein oder zwei Jahrhunderte vor dem Christentum. Der gelehrte Peter Damian versuchte in eigener Person die Beweise in Gegenwart des Paptes Leo VII. zu liefern. Der gelehrte Trithemus scheint mit dem besten Glauben der Welt[69] der Ansicht gewesen zu sein, daß Bajan, der König von Bulgarien, sich in einen Vogel, Wolf und jedes andere Tier verwandelte, wie es ihm eben beliebte. Die Metamorphose eines jungen Mannes in einen Esel, die gegen das Jahr 1001 durch die Vermittlung zweier alter Weiber statt hatte, war im elften und zwölften Jahrhundert berühmt. Nur stimmen die Schriftsteller, die es berichten, weder bezüglich der Umstände, noch bezüglich des Schauplatzes miteinander überein. Wilhelm Tyr versetzt ihn auf die Insel Zypern. Er sagt, daß der junge Mann, an dem die Verwandlung geschah, ein englischer Soldat war, und fügt bei, daß man lange Zeit von dem Streich, dessen Opfer er war, keine Ahnung hatte, daß man es aber endlich an den Gebärden erkannte, die er in einer Kirche machte. Die Zauberer gestanden die Untat ein, und empfingen dafür die gerechte Strafe.[70]

Man trug sich mit dem Wahn, daß die Exkommunizierten zur Sühnung ihres Verbrechens und durch den Akt der Exkommunikation Werwölfe würden, und glaubte, man müßte, um ihnen die menschliche Gestalt wiederzugeben, sie zwischen den Augen derart verwunden, daß sie drei Tropfen Blut vergössen.

Keine Vorstellung hat sich je so tief in den Herzen der Menschen festgesetzt und so dauernd in ihr Gemüt eingeprägt, wie diese. In allen Ländern kennt man den *Varon* oder Werwolf, das zweihörnige Tier, den Hahnenfüßler und andere fingierte Wesen, gleichbedeutend mit einem Wolfmenschen. Die Zahl derartiger Erzählungen, die unter dem Landvolk zirkulieren, ist unglaublich groß. Das *bête bigorne* und der *galipode* sind die Wolfmenschen von Poitu, das *bisclavaret* ist *der* der alten Bretagne. Die Normannen sagten *garoual* und jetzt *garou*. Die Engländer sagen noch *were-wolf,* wie die Sachsen zur Zeit Burkards.

Es gab eine Zeit, – noch wenig fern gerückt – wo ähnliche Anschauungen so sehr als sicheres Urteil hingenommen wurden, daß man arme Wahnsinnige, welche von sich aussagten, daß sie in Wölfe verwandelt seien, lebendig schund, um zu sehen, ob sie nicht Haare *auf* der Haut oder etwa *unter* derselben hatten oder auch, wie man gemeinhin sagte, ob sie nicht die Haut umgekehrt trügen.

Die Demonographen gaben nicht einmal den Zweifel, noch, mit desto mehr Grund, die Besprechung über die Möglichkeit der Metamorphose zu. Ihre wenig erleuchtete Kritik stützte sich auf die Verwandlung Lycaons in einen Wolf, der Gefährten des Ulysses in Schweine, Nabuchodonosors in einen Ochsen, obwohl die Schrift in diesem Betreff sich nicht sehr genau ausdrückt. Dazu kam die Reihe der aus der Tagesgeschichte erhobenen Beispiele, von denen jedes eine Autorität bildete. Der Gelehrte Caspar Peucer, der lange Zeit gezweifelt hatte, ließ sich endlich durch so viele Gründe überzeugen; und Kaiser Sigmund, nicht minder ungläubig, ließ die Frage in seiner Gegenwart durch die geschicktesten Doktoren Deutschlands behandeln; er ergab sich auf ihre Beweise. Dennoch konnten sich einige Rechtsgelehrte nicht entschließen, eine wirkliche Verwandlung anzunehmen und hielten sie lieber für eine Sinnestäuschung, die an den Zuschauern bewirkt wurde, wie wenn hierdurch die Schwierigkeit aufgehört hätte, die gleiche zu sein.[71]

Der Werwolf, dem Anschein nach wenig tauglich, passenden Stoff zu poetischen Erzeugnissen herzugeben, schaffte dennoch der Maria von Frankreich das Motiv zur Wehklage des *Bisclavaret*, eine der anmutigsten Poesien der Troubadoure. Der Auszug, den wir hier liefern könnten, würde nur ein schwaches Bild geben und seine Reize vermindern; es fügt besser, es im Autor ganz zu lesen.

§ 5 Magische Archäologie

Diese Ausschreitungen in Sitten und Ideen findet man in den religiösen Denkmälern des zwölften und dreizehnten Jahrhunderts und teilweise des vierzehnten wiederholt dargestellt; dort – wie zu häufig geschieht, – eine christliche Symbolik oder Allegorien suchen, heißt eine falsche Fährte einschlagen und die Täuschungen seiner Einbildungskraft an die Stelle der Wirklichkeit zu setzen. Die Baumeister jener Zeit haben an solches nicht gedacht.

Ohne Zweifel trifft man nicht selten die Bildnisse der heiligen Dreieinigkeit, der Person des Erlösers, der Evangelisten, oder auch Stellen aus dem alten Testament, dem Evangelium und der Apokalypse, als Verzierungen der Denkmäler aus der romanischen Periode an; Allegorien oder von Lastern oder Tugenden, mystische Ideen – wenn solche sich finden, sind sie sehr selten! Überdies muß man achthaben, mit dem Bild der vier Evangelisten gewisse andere Darstellungen nicht zu verwechseln, die rein kabbalistischen Charakters, den ersten ähnlich sind. So lehrt uns das Buch Jetsirah, daß der geflügelte Löwe das Sinnbild des heiligen Evangelisten Markus, auch den Mittag vorstellt, die rechte Seite und daß es das Bild des Erzengels Michael ist. Die kabbalistische Darstellung unterscheidet sich von der ersten nur durch die Wellen und den Buchstaben *Jod*, die dort beigefügt sind. Der geflügelte Ochse, Sinnbild des heiligen Evangelisten Lukas, stellt unter dem Meißel der Kabbalisten den Norden, die Linke dar, und bezeichnet den Erzengel Gabriel; nur ist er noch von Flammen und den Buchstaben *he* begleitet. Der Adler, ein Sinnbild des heiligen Evangelisten Johannes, stellt nach der Kabbala den Osten, das Vordere, dar und ist das Bild des Engels Uriel; er muß mit Wolken und dem Buchstaben *resch* versehen sein. Der geflügelte Mensch, Sinnbild des heiligen Evangelisten Matthäus, bezeichnet den Westen, das Hintere, und stellt den Engel Raphael vor; er führt dann eine Kugel und den Buchstaben *keth* bei sich.

Was die Hauptsünden betrifft, die man überall zu erkennen glaubt, wo sich groteske Figuren zeigen, so folgen hier ihre wirklichen Symbole nach dem „geistlichen Buß- und Erholungsgarten" des Pater Creshet, der sich darauf verstehen mußte, weil er *ex professo* über dieses Thema geschrieben hat: Hoffart, ein Löwe; Geiz, ein Kamel; Wollust, ein Bock: Zorn, ein Wolf; Völlerei, ein Schwein oder Bär; Neid, ein Hund; Trägheit, ein Esel. Außerdem muß man für gewiß annehmen, daß der beträchtlichste Teil der Verzierungen mit Personen, die man an den Gebäuden des Mittelalters erblickt, schlimme Ideen oder böse Sitten ausdrücken. Manchmal sind es auch scherzhafte Zeichnungen und Künstlerfantasien von schlechtem Geschmack.

Die mystischen Interpretationen sind meistens unstatthaft. So hat Wilhelm Durando in dem Seil einer Glocke, das sich von der Erde gegen den Himmel erhebt, ein Bild des Glaubens gefunden; in den Hefthacken, welche die Glocke auf dem Balken festhalten, das Bild der guten Werke, die das ganze Gebäude des christlichen Lebens aufrecht erhalten; in der Flamme eine Kirchenlampe, umgeben von Ketten, die den Körper der Lampe mit dem Hängseil verknüpfen, ein Bild Jesu Christi in der Mitte seiner Apostel.[72] All dies ist sehr erbaulich, aber gewiß hat der Arbeiter, welcher zuerst ein Seil an die Glocke oder Ketten an eine Lampe gefügt hat, keine Ahnung davon gehabt, daß man hierin einst so viel Geist fände.

Die christliche Symbolik mag im Orient sehr gewöhnlich und reich sein; im Okzident ist sie viel ärmer und seltener. Es gibt deren mehr auf den alten Manuskripten, weniger auf den alten Bauwerken. Ein und derselbe Gegenstand nimmt nicht ohne Unterschied jedweden Platz in den religiösen Gebäuden ein. Das Giebelfeld ist in der Regel einem biblischen Thema gewidmet. Den Kapitellen sind Szenen aus dem öffentlichen Leben, kabbalistische, gnostische oder solche Motive zugeteilt, die man astronomische nennen könnte, wenn die Astronomie jener Zeit nicht in der Magie aufginge. Die Träger der Kranzleisten, welche als Stützen für die Fenster etc. dienen, werden für die schimpflichen Sabbate und die Ausgelassenheit der Sitten reserviert.[73]

Der Einfluß des Gnostizismus auf die architektonischen Zierate ist eine von den größten Meistern in der archäologischen Wissenschaft zugestandene Tatsache. Amperus hat es in seiner Literaturgeschichte klar dargelegt.[74]

Man darf nicht glauben, sagt der Verfasser der christlichen Bilderkunde in dem Kapitel, das er mit mehr Gottlosigkeit als Verstand „Geschichte Gottes" betitelt hat, daß die Kunst immer vollkommen rechtgläubig gewesen sei. Eine einfache Bemerkung wird genügen, das Gegenteil zu beweisen. Alle apokryphischen Bücher sind ohne Ausnahme zu wiederholten Malen verdammt worden. Nichtsdestoweniger sind die meisten auf Glasfenster gemalte oder über dem Portal unserer Kathedralen gemeißelten Legenden unverkennbar diesen apokryphischen Büchern entnommen. In Chartres ist das Leben des heiligen Evangelisten Johannes an der Südfront gemalt; die Lebensgeschichte des heiligen Thomas, des heiligen Jakobus, heiligen Simon, Judas, Peter und Paul, die an den Fenstern des Betplatzes glänzen, aus dem „Kampf der Apostel" gezogen, der als Märchenbuch verdammt wurde. Augustin tadelt die mit Unrecht behauptete Grausamkeit des heiligen Thomas,[75] und gleichwohl ist sie in der Kirche von Semur gemeißelt und in der Kirche von Bourges gemalt. Man muß erstaunen, wie viele aus anathematisierten, häretischen, überhaupt von Gnostikern verfaßten Büchern entnommene Gegenstände, auf Glas gemalt und in Stein gemeißelt wurden und noch werden und zwar mitten in unseren größten und altkatholischen Bauwerken.

Diese Bemerkungen werden übrigens durch die so oft auf den Konzilien erlassenen Verordnungen, derartige Bilder aus den Kirchen zu entfernen, vollkommen bestätigt. Ein Konzil von Mailand, gehalten im Jahr 1565, erneuerte noch die genannten Vorschriften.[76]

Wir beeilen uns, einem Einwurf vorzubeugen, der hier gemacht werden könnte. Wie – sagt man – konnten die ehrwürdigen Prälaten, welche unsere religiösen Bauwerke entworfen, und wie konnten die Mönche, die sie aufgeführt haben, die einen durch ihre Aufmunterung, die anderen durch ihre Arbeit zur Erneuerung und Verewigung häretischer Symbole und verderbter Sitten beitragen? Es würde statt aller Antwort genügen, auf die Sache selbst zu verweisen, die Sorge, sie zu erklären, dem überlassend, der sie übernehmen wollte. Allein man kann mit Recht entgegnen, daß die frommen Gründer hauptsächlich auf die Vollkommenheit der Kunst Rücksicht nahmen und sich nicht immer von dem Gedanken des Künstlers Rechenschaft gaben. Wenige Prälaten haben den heiligen Bernhard an Wissenschaft und Scharfsinn übertroffen. Dennoch gesteht er, daß diese Bilder für ihn unverständlich waren. Folgendes sind seine aus der apologetischen Schrift, die er an Wilhelm von Saint-Thierry richtete, buchstäblich ausgehobenen Worte: Was bedeutet diese lächerliche Ungeheuerlichkeit, diese erstaunliche und mißforme Schönheit oder diese schöne Mißform? Was bedeuten dort diese unreinen Affen, diese wilden Löwen, diese monströsen Zentauren, diese Halbmenschen, diese gefleckten Tiger, diese ringenden Soldaten, diese hornblasenden Jäger? Man sieht mehrere Leiber an einem Kopf oder mehrere Köpfe an einem Leib, hier bemerkt man Vierfüßler mit einem Schlangenschweif, dort Fische mit dem Kopf eines Vierfüßlers, da erwächst über der Brust eines wilden Tieres der Kopf eines Pferdes und endet mit dem Rücken und den Füßen einer Ziege; anderswo trägt die Brust eines Renners ein hörnerbewaffnetes Haupt. Wenn man aber, beim Himmel, sich solcher Albernheiten nicht scheut, warum scheut man wenigstens den Preis nicht, den sie kosten?[77]

Den Preis, den sie kosten! Sagt nicht dies Wort schon zur Genüge, daß die Mönche nicht die Verfertiger waren? Wären diese Albernheiten ihr Werk gewesen, so hätten sie nichts gekostet, als die Zeit, die man darauf verwenden mußte.

Es scheint auch, daß der heilige Lehrer, indem er hier eine Unwissenheit verrät, die ihm Ehre macht, aus der Pseudomonarchie der Dämonen, von der wir gesprochen haben, ein wichtiges Blatt ausgezogen habe.

Durch eine Menge Beweise wird nämlich dargetan, daß lange Zeit vor der Epoche, bei der wir angelangt sind, Korporationen von Baumeistern bestanden, deren Mitglieder unter sich durch Eide verbunden und in Klassen eingeteilt waren. Die Polizeivorschriften des heiligen Ludwig, welche den Pariser Statuten Gesetzeskraft gaben, bestätigen nach ihrem Wortlaut nur, was seit der Zeit Karl Martels in Übung war.[78]

In verschiedenen Provinzen waren zu gleicher Zeit verschiedene Bauschulen eröffnet worden. So tauchten in der Normandie, Maine, Poitu, die der gleichen politischen Macht untertänig waren, derartige Anstalten auf und mit geringer Abwechslung in Poitu, allwo sehr häufig die Feensage und besonders Melusinens Andenken herrschend blieb; die nördlichen

Provinzen, die durch eine gleiche Häresie beunruhigt wurden, hängen von einer einzigen Schule ab, die ihre Lehren aus den Dogmen dieser Häresie schöpft. Man könnte ein ähnliches Studium in bezug auf alle Provinzen Frankreichs – ja wohl für ganz Europa nachweisen; allein diese Frage ist zu umfassend, um vorübergehenderweise behandelt werden zu können. Man würde alsdann die Spuren der herrschenden Ideen in einer bestimmten Epoche auffinden: hier die Magie, dort den Schlangenkult, da die phantastischen Tiere der dämonischen Afterherrschaft; oft Romanblätter; den Magier Virgil, Aristoteles, Robert den Teufel, Theophilus und so viele andere eingebildete Helden unmöglicher Abenteuer. Die wirkliche Allegorie, die christliche Allegorie, erscheint gewöhnlich nur im Okzident mit gotischem Stil.

Die Maurergesellschaften befaßten sich jede mit einer besonderen Bauart. Die der Brückenbrüder, die man zu Avignon seit dem Jahr 1178 errichtet sieht, baute die Brücke jener Stadt und fast alle der Provence, der Auvergne und des Lyoner Gebiets. Andere erbauten die Kathedralen von Köln, Meißen, Valencia, des Klosters von Batalha in Portugal, des Klosters von Monte Cassino in Italien und in jüngerer Zeit die Kathedrale von Straßburg; welche letztere Schule durch das kaiserliche Diplom an die Spitze aller Brüderschaften Deutschlands gestellt wurde.[79]

Die beklagenswerten Ausschweifungen, denen sich die älteren Brüderschaften hingaben, waren vielleicht die Hauptursache, welche die Bildung neuer veranlaßte, die zu rein religiösen Zwecken gegründet wurden. Unter diesen letzteren scheint die Bruderschaft, welche im Jahr 1145 die Kathedrale zu Chartres erbaute, der Zeit nach die erste zu sein.[80] Die adoptierten aber führten in Frankreich einen neuen Stil ein, der sich auszubreiten begann und das doppelte Verdienst hatte, sich weit besser an die der christlichen Basiliken anzupassen und sich weniger den Launen einer ausgearteten Phantasie preiszugeben. Die plumpen Reliefe des Romanischen, was auch immer deren Gegenstand war, konnten weder auf die schlanken Säulen noch auf die sanften zierlichen Kapitelle des Gotischen übertragen werden. Gleichwohl wurden hierin Versuche gemacht, aber man mußte sie für mißglückt halten, weil sie immer in geringer Anzahl geblieben sind.

Der *achteckige Tempel* von Montmorillon, der gegen Beginn des zwölften Jahrhunderts im Gottesacker des Hospitals dieser Stadt erbaut worden, ist unleugbar eines der bemerkenswertesten Denkmäler des Gnostizismus in Frankreich. In der Tiefe befand sich eine Gruft, welche die Gebeine des Gottesackers zu sammeln bestimmt war, und darüber ein Leuchtturm oder eine Grableuchte, wie man solche damals in den großen Gottesäckern erbaute.[81]

Nichts ist merkwürdiger als die *achteckige* Form dieser Totenlaternen; ob sie wohl mit der Ogdoade (Achtzahl) der Gnostiker in Verbindung stand? Wir wagen es nicht zu behaupten. Dieser achteckige Bau einer großen Anzahl Denkmäler Frankreichs und Italiens, Grabmäler, Kirchen,

Taufsteine, Hauskapellen ist eine so bemerkenswerte Tatsache, daß die Anspielung auf die acht Seligkeiten zu ihrer Erklärung nicht immer genügt, hauptsächlich, wenn sie sich wie hier mit allen gnostischen Symbolen geschmückt findet, z. B. Statuen von empörender Unanständigkeit, mit zahmen Schlangen, Kröten oder geheimnisvollen Vasen in den Händen.

Nun aber befinden sich eben diese Darstellungen von Schlangen liebkosenden, säugenden oder mit Inbrunst küssenden Personen an vielen Orten dargestellt, namentlich zu St. Sernin in Toulouse, zum heiligen Erlöser in Dinan, zum heiligen Jouin zu Marne, zum heiligen Nikolaus in Angers, zum heiligen Hilarius in Melles, auf den Trümmern anderer Denkmäler, die in den Museen von Toulouse und Mans aufbewahrt werden, und dies beweist, daß sie keine isolierte Idee und Laune, sondern ein gebilligtes und ausgebreitetes System vertreten.

Die Altertumsforscher haben hierin bis jetzt die Abbildung verschiedener Laster oder das Bild eines von Vorwürfen zerrissenen Gewissens gesucht; allein dies ist ein eitler Gedanke; denn nichts kündigt in den Gebärden oder der Stellung der Personen die Reue oder den Abscheu an; vielmehr ist das Gegenteil der Fall.

Die Skulpturen der Seitenarkaden des heiligen Kreuzes in Bordeaux gehören ebenfalls dem Geist des Gnostizismus an. Die Schale und der Almosenbeutel, den die Altertumsforscher in den Händen verschiedener Personen zu erkennen glaubten, haben als Symbole des Gnostizismus eine ganz andere Bedeutung. Man gebrauchte etwas dem ähnliches in den nächtlichen Feierlichkeiten dieses abscheulichen Kults.[82]

Der Süden ist reich an derartigen Einzelheiten. Die Auvergne, Languedoc, Franche-Comté, Roussillon, das Land der Albigenser weisen eine Menge Denkmäler auf, die vom Gesichtspunkt der Geschichte aus das ernsteste Studium verdienen. Unglücklicherweise hat man sie bisher nur mit der Phantasie studiert, jede einzeln und jeder Verfasser mit seiner persönlichen Phantasie ohne weder auf das Ganze noch auf die Umstände Rücksicht zu nehmen, unter welchen diese Bauwerke zustande gekommen sind. So konnte man wohl das Wort eines Rätsels ausfinden, das die Autoren selbst den arglosen Leuten vorschwatzten, aber den wahren Sinn! Wozu doch all diese Reptile, die kein Fuß zertritt, die sich wie siegesgewiß emporstrecken und die jeder verehrt oder liebkost. Und welch ein Schmuck ist dies für das Innere eines christlichen Gebäudes.[83]

Weniger reich an Überresten des Gnostizismus haben die Provinzen des Westens mehr das Andenken an die Sabbate und die Magie bewahrt. An allen Stellen, wo der Stein sich in der Hand des Arbeiters fügsam zeigte, weisen die Sparrenköpfe fast immer Maskeraden und Sabbatszenen auf. Die Stadt Caen und ihre Umgebungen liefern hierin eine Menge Beispiele. Die Böcke und Kröten sind dort ebenso zahlreich wie die Katzen und Nachteulen. Auch die Schlange fehlt nicht und man sieht sie nur vereinzelt. Der Tanz der Sabbate, der Tanz des Wolfsmenschen, der Sonnengürtel, die Gestalt des Bogenschützen, die phantastischen Tiere schmücken oft diese Kapitelle.[84]

Nun ist aber zu bemerken, daß der Sonnengürtel sehr häufig auf den Abraxas getroffen wird, und daß der Bogenschütze an so vielen Denkmälern Frankreichs und Italiens eine aus dem Mithra-Kult entlehnte Figur ist. Einige Zeremonien dieses Kultes wurden fortwährend ohne Wissen der Bischöfe oder gegen ihren Willen in den christlichen Ländern bis auf das zehnte Jahrhundert herab gefeiert.[85]

Ein anderes Symbol, das um so mehr Aufmerksamkeit verdient, weil es sich fast überall findet, bilden zwei doppelfüßige Phantasiegestalten mit Drachenflügeln und einem Pfauen- oder Sperberhaupt, die beide aus einer Schale trinken, aus deren Mitte ein Feuerstrahl aufflammt. Die Altertumsfreunde suchen hierin gemeiniglich eine Allegorie des Glaubens und der Hoffnung, die sich in der Liebe berauschen. Allein die drei theologischen Tugenden sind nie durch solche Sinnbilder dargestellt worden. Endlich gehören diese Chimären einer Ideenordnung an, die wir bereits gekennzeichnet haben, und die flammende Schale ist bei den Gnostikern ein Bild sinnlicher Liebe.

Man darf also in diesen Bildern keine Moral suchen, sie ist hier ebensowenig vorhanden als in der des Narrenfestes, das in den Kathedralen von Straßburg und Mans gemeißelt steht, oder in dem Schwein, das spinnt, und in dem Esel, der auf der Leier oder Harfe spielt in den Kathedralen von Chartres und St.Paul zu Leon. Wenn man aber auf den christlichen Denkmälern niedrige oder lächerliche Szenen darstellen konnte, was man einräumen muß, warum will man nicht ebenfalls die nicht minder evidenten sinnbildlichen Darstellungen verschlimmerter Sitten und Glaubensmeinungen zugestehen?

Die spitzbogenförmigen Kirchen enthalten auch *dämonische Bilder*, wie wir gesagt haben, allein hier macht sich ein großer Unterschied bemerklich; die Dämonen sind *außen* am Tempel und dies ist ihre Stelle; wenn sich solche im Inneren finden, so spielen sie dort eine Rolle hinsichtlich der Moral, die ihr nicht zur Ehre gereicht. Die Dämonen der Kabbala und der heidnischen Mysterien sinnbilden die Macht und Kraft; die der Spitzbogenform die Bosheit und List – dies ist die christliche Idee.

Eine dämonische Legende, die an der Abside der nördlichen Front von Notre Dame zu Paris als Skulptur steht, stellt die Endgeschichte der heiligen Jungfrau dar. Am Portal des Transeptes der nämlichen Seite ist die dämonische Legende des Theophilus ausgehauen.[86] Sie verherrlicht die Siege Mariens über den Satan.

Eine Episode des Klagelieds von Aristoteles und die Wunderwerke Virgils stehen über den Kapitellen des Schiffes von St. Peter zu Caen; allein man kann sich nicht täuschen. Die klägliche Lage, in welche beide großen Männer jämmerlich gekommen sind, sagen dem Zuschauer: Traue nicht dem Zug der Leidenschaften, sondern erwäge die Torheiten, zu denen sie führen, und die Schmach, die sie auflegen.[87]

§ 6 Die Königin Pedoka – Die Cagots

An den Portalen der Kirchen St. Maria zu Nesle, St. Benignus zu Dijon, St. Peter zu Nevers, St. Pourcin zu Auvergne, sowie an der Kathedrale von Mans und einer der Kirchen von Toulouse sah man eine weibliche Statue mit einem Gänsefuß, welche das Volk die Königin Pedoka (gänsefüßige Königin) nannte. Aber wer ist die Königin, – eine Frage, die immer wiederkehrt, und die niemand gelöst hat.

Die Altertumsforscher haben über diesen Gegenstand die seltsamsten Hypothesen aufgestellt. Abbé Lebeuf, in der Regel besser unterrichtet, behauptete sogar, Pedoka sei die Königin von Saba gewesen, die durch ihre Beziehungen zu Salomon so berühmt geworden ist; eine Vermutung, die von der heiligen Geschichte in keiner Weise unterstützt wird. Ein Gelehrter der Neuzeit hat mit nicht mehr Grund geglaubt, Pedoka wäre die nämliche, wie Bertha mit den großen Füßen, die Mutter Karl des Großen, und als ob diese Meinung ohne Widerstreit Geltung haben müßte, fiel es ihm nicht ein, sie weiter zu erhärten. Bullet war mit mehr Wahrscheinlichkeit der Ansicht, daß es die Königin Bertha sei, die erste Gattin Robert des Frommen.[88] Er stützt sich hauptsächlich auf die Bemerkung, daß das Standbild des Monarchen zu St. Benignus zu Dijon auf einer Seite eben diese Königin, auf der anderen die Königin Constanze von der Provence neben sich hat.

Es ist wahrscheinlich, daß die Entstellung mit dem Gänsefuß der Statue beigeben wurde, wie um die Königin des Manichäismus zu beschuldigen; sei es nach der Idee des Volkes, das immer gegen entthronte Fürsten unhöflich ist, sei es durch die Eifersucht Constanzes, die wohl wußte, daß Bertha ihr in der Zärtlichkeit des Königs immer vorgezogen wurde, und die sich so eifrig und persönlich tätig in der Verfolgung der Manichäer von Orleans gezeigt hatte. Es ist wahr, die Geschichte erwähnt eine derartige Beschuldigung nicht, allein es bleibt ebenso gewiß, daß sie in bezug auf die verstoßene Königin ein peinigendes Stillschweigen beobachtet. So lakonisch sie jedoch sein mag, sie sagt genug, um die Beschuldigungen vermuten zu lassen, denn die damaligen Schriftsteller, unter anderen Peter Damiani, versichern, daß Bertha von einem Ungeheuer entbunden wurde, das den Kopf und den Hals einer Gans hatte.[89] Sobald dieses Wunder dem König, der noch zwischen seiner Neigung und den Zensuren der Kirche schwankte, berichtet worden war, entschloß er sich definitiv, von ihr sich zu trennen und dies war – aller Wahrscheinlichkeit nach – auch der Zweck, den man durch Erfindung einer solchen Fabel erreichen wollte; die Höflinge schienen weit mehr als er selbst verdrießlich zu sein ob der Folgen der Exkommunikation, die er auf sich geladen hatte, weil er diese Prinzessin trotz zweier kanonischer Hindernisse geheiratet hatte.

Man darf nicht vergessen, daß die Gans in den Mysterien Ägyptens eine wichtige Rolle spielte, sei's als obligate Begleiterin des Harpokrates oder als heiliger Vogel der Isis und als Symbol von Seb.[90] Sie figurierte häufig und mit Ehre bei den Sabbaten; man sieht sie nicht minder häufig auf den Denkmälern des zwölften Jahrhunderts abgebildet, oder sie schmückt die Pfeiler und bildet Ornamente, indem sie sich in Paaren gruppiert. Wenn man aus diesen Zusammenstellungen einen Beweis ziehen darf, so wird man vielleicht die Ursache finden, ob welcher sie eines der Symbole der Gnostiker wurde, das anfangs von ihnen selbst gewählt und ihnen dann zur Schmach zugeteilt wurde.

Das Merkmal eines Gänse- oder Entenfußes (*gui*, wie das Volk sagte) wurde schon von alters her das obligate Kennzeichen für eine gewisse Klasse von Individuen, *Cagots* (Frömmler) genannt, die ihren Ursprung gemäß dem Gnostizismus angehörten und allem Anschein nach in den dieser Sekte anhängenden Sitten den Keim einer abstoßenden und zu gleicher Zeit höchst ansteckenden Krankheit sich holten, wenn man nach den großartigen Vorsichtsmaßregeln hierüber urteilt, die zum Einhalt ihrer Verbreitung getroffen wurden. Sie mußten dieses Merkmal an ihren Kleidern und zwar auf die offenkundigste Weise tragen, sei's als eine Warnung für gesunde Personen, ihre Berührung zu fliehen, sei's als ein demütigendes Zeichen, sie an die Schmach ihrer Abkunft zu erinnern und in einem Zustand beständiger Knechtschaft zu erhalten. Die Stände Béarns baten noch im Jahr 1460 den Fürsten Gaston IV., daß die Cagots verpflichtet würden, das alte Zeichen des Gänsefußes wie früher zu tragen, allein der Fürst nahm keine Rücksicht auf diese Bitte. Damals war die Cagoterie rein erblich geworden. Diese Krankheit steckte die Provinzen Ober- und Niedernavarra, Guipuskoa, Biskaya, Gascogne, Béarn, Guyenne, Bresse, Bigorre, Labour, Soule, Armagnac, Marsan, Chalosse, Poitu, Maine, Bretagne an und hauptsächlich das Bistum St. Malo. Die damit betroffen waren, bezeichnete man mit dem Namen: Capots, Agots, Cahets, Gavos und Gaffots je nach den Orten. In Bretagne nannte man sie Cacoua oder Cacouac. In dieser letzteren Provinz nannten sie sich Cousin (Vetter), ein um so sonderbarerer Ausdruck, da er der bretonischen Sprache fremd und in gewissen Gesellenvereinen jetzt noch üblich ist; sonst überall nannten sie sich Christen *(Chretiens)*, und in den nördlichen Provinzen Chrestias oder Christias; das Volk nannte sie Kanards (Enten) und durch Verschlechterung Kagnards und Chaignards wegen des entehrenden Zeichens, das sie trugen. Man erinnere sich daran, was der Mönch Regnier, ehedem einer der ihrigen, sagt, daß die Katharer sich wechselseitig denselben Namen Christen gegeben haben.[91]

Es ist möglich, daß es einige Unterschiede zwischen den Cagots und Gahets, dann zwischen diesen und den Gaffots gibt. Die diesbezüglichen öffentlichen Akten scheinen in der Tat einen solchen aufzustellen, aber diese Unterschiede waren zufällig und sie erloschen nach und nach in dem Maß, als die Krankheit abnahm; so daß man mitten im fünfzehnten Jahrhundert die Cagots unter sich und sogar mit den Aussätzigen verwechselte. Eine Verordnung Ludwig XI. vom Jahr 1439 bezüglich der Kranken der Stadt Toulouse erwähnt, daß sie mit einer schrecklichen und schmerzhaften Krankheit behaftet seien, die man Aussatz und Capoterie (Siechtum) nannte. Im Jahr 1514 waren die Agots von Navarra ganz geheilt, was aus einer Bittschrift hervorgeht, die sie an den Papst richteten, um ihre Wiederaufnahme in den Schoß der christlichen Familie zu erwirken.

Bis da hatten in der Tat das Vorurteil und die allgemeine Scheu trotz der löblichsten Anstrengungen der geistlichen und weltlichen Obrigkeit die unglücklichen Cagots in einem vollkommenen Zustand der Isolierung erhalten. Die große Revolution von 1789 verwischte, indem sie ihr Niveau überströmte, diese Unterschiede, aber sie vertilgte nicht alle Vorurteile; sie blieben vielmehr bis in unsere Tage bestehend. Die Cagots hatten zum Eintritt in die Kirche eine besondere Tür oder vielmehr einen langen schmalen Gang; außerdem waren sie vom Volk durch ein Gitter getrennt, sie hatten einen eigenen Weihwasserkessel zu ihrem Gebrauch, in welchen niemand die Spitze seines Fingers tauchen mochte, und wenn einer von ihnen es gewagt hätte, sich dem gemeinschaftlichen Weihkessel zu nähern, so wäre er sehr übel behandelt worden. Sie gingen erst nach den anderen Leuten zur Kommunion und empfingen so das geweihte Brot. Man gab ihnen den Friedensgruß mit einem besonderen Instrument, man beerdigte sie in einen besonderen Gottesacker. Sie bewohnten abgeschiedene Dörfer, heirateten nur unter sich und trieben die niedrigsten Gewerbe. Sie waren von Steuern und Abgaben und dem Militärdienst frei.

Es gibt keine Menschenrasse, deren Ursprung zu mehr Nachforschungen Veranlassung gegeben hat; keinen Namen, dessen Ableitung verschiedenartiger erklärt worden wäre. Wir halten es für überflüssig, Vermutungen anzuführen, die sich gegenseitig selbst aufheben, in gleichem Grad unzulässig sind und weiter kein Licht auf den Ursprung der Krankheit werfen. Die *Gnostiker* sind die wahren Ahnen der Cagots, dies ist die älteste Meinung, die zugleich von den Bevölkerungen, in deren Mitte sie lebten, am allgemeinsten zugestanden und von den Schriftstellern, die zuerst über Cagotismus sprachen, angenommen wurde, die unter ihnen herrschte und mit denen sie selbst in der im Jahr 1514 an Leo gerichteten Bittschrift sich gleichstellten. „Unsere Vorfahren", sagten sie „gelten für Albigenser; wenn dem so ist, so fällt dies ihnen und nicht uns zur Last. Wir hingegen hängen mit Geist und Herz an der römischen Kirche, wir bekennen ihren Glauben und üben ihre Vorschriften aus." Allein diese Herleitung stimmt weder vollkommen mit dem Abscheu, den sie einflößten, noch mit der absoluten Ausschließung zusammen, in der man sie hielt; ihre Krankheit konnte wie bei allen Aussätzigen die Ursache davon sein. Die Cagutille, so nannte man sie, ward an dem üblen Geruch der Cagots erkannt, an der Blässe ihres Gesichts, an der fahlen Farbe ihrer Augen, an dem Mangel des Ohrläppchens; an den Malen auf den Rücken und den Knorpeln, womit ihre Zunge und ihr Angesicht bedeckt waren und die man Aussatzknoten hieß. Sie waren in regelmäßigen Zwischenzeiten den Anfällen von Verrücktheit oder Stumpfsinn ausgesetzt, und zwar besonders zur Zeit des Voll- oder Neumonds.

Wie ihre Vorfahren waren die Cagots große Zauberer, ihr Ruf blieb sich in dieser Hinsicht immer gleich. Und die Krankheit entwickelte in ihnen ein besonderes Phänomen, das mächtig dazu beitragen mußte, einen solchen Ruf zu bewahren; sie bewirkte nämlich unempfindliche Flecken an Händen und Füßen, die man so lange Zeit für Teufelsmale hielt. Ambrosius Pare und der größte Teil der Ärzte jener Zeit versichern, daß man ihnen Füße oder Sehnen durchstechen konnte, ohne daß sie die geringste Empfindung zu erkennen gaben.[92]

Die „Etablissements" der Stadt Marmande, die im Jahr 1396 abgefaßt wurden, befahlen noch den Cagots, auf ihren Kleidern das Zeichen des Gänsefußes zu tragen, das aus einem Stück roten Tuches geformt, die Länge eines „Lachsen" und drei Finger Breite haben sollte. Diese verschiedenen Andeutungen genügen, wie uns scheint, unsere Ansicht bezüglich der Königin Pedoka und der geächteten Rassen zu rechtfertigen, obwohl sie von den heutzutage herrschenden Meinungen abweicht.[93]

Fünfzehntes Kapitel

Vierzehntes und fünfzehntes Jahrhundert

§ 1 Verzauberung durch Wachsbilder – Vergiftungsversuche im Großen

DIE NICHTIGE, UNEDLE, DÄMONISCHE MAGIE hörte nicht auf, sich mit Verbrechen und verbrecherischen Versuchen zu nähren; die zahlreichen Prozesse, die während der Dauer des dreizehnten und vierzehnten Jahrhunderts sowohl an den geistlichen Gerichtshöfen als an den Laientribunalen[1] sich abwickelten, liefern hierfür den Beweis. Damals war die richterliche Gewalt in dieser Hinsicht noch nicht genau abgegrenzt. Kirche und weltliche Behörden stritten sich um das Recht zu richten oder übten es zu gleicher Zeit obwohl in verschiedener Weise aus. So verhielt sich's bis zum Jahre 1390, als das Parlament den Laienrichtern allein das Recht zusprach zu erkennen, um so die Angeklagten der Milde der kirchlichen Gerichte und dem Schutz zu entziehen, den sie in den Formen eines langsamen und regelmäßigen Prozeßverfahrens fanden; denn während man die anderen Verbrechen im Geist der Gerechtigkeit strafte, verfolgte man diese mit Haß und Rachsucht.

Die Kirche hat nie Todesurteile gefällt; ihre Diener leiteten und führten den Prozeß bis zum Akt der Verurteilung und übergaben ihn dann – sobald nämlich Grund vorhanden war, die Todesstrafe zu verhängen, die gewöhnlich für den Scheiterhaufen lautete – den Laientribunalen zum Aussprechen des Urteils; außerdem fällte das geistliche Gericht selbst die Sentenz, die nur auf kanonische Bußen entschied und nicht über Einsperrung hinausging.

Die Hauptbeschäftigung der Zauberer des vierzehnten Jahrhunderts scheint die Anfertigung von *Weih-* oder *Wachsbildern* gewesen zu sein, welche getauft und nach dem Namen jener Person, der man zu schaden sich vorgenommen hatte, benannt wurden und in deren Brust man Eisenspitzen einsenkte, mit der Willensrichtung auf eben jene Person, die, wie man glaubte, an der Verwundung sterben sollte. Volk und Regenten, Staatsmänner und Geistliche, alle Welt hatte große Scheu vor diesem Zaubermittel, dessen Name *(volts)* von Votum zu kommen scheint – in jener Bedeutung genommen, die ihm die römischen Gesetze gaben; d. h. eine der Zerstörung geweihte Sache. Hier nun vertrat eine Person die Stelle der Sache.

Der Versuch, durch Wachsbilder zu verzaubern, der bei *Aymar-Taille-Fer*, Graf von Angouleme, gestorben im Jahre 1218, angewendet wurde, ist einer der ältesten und merkwürdigsten, deren unsere Geschichte erwähnt. – „Da die Stadt und Kathedrale von Saintes", sagen übereinstimmend Adhemar und der anonyme Verfasser der Geschichte der Grafen von Angouleme,[2] „durch die Wut der bösen Christen (diese bösen Christen sind die Neugnostiker, von denen wir geredet haben) eine Beute der Flammen geworden war, so gab Graf Aymar bald die Absicht kund, eine augenfällige Rache ob solchen Frevels zu nehmen. Allein kurz darauf wurde er von einer abzehrenden Krankheit ergriffen, welche die Ausführung seiner Pläne verzögerte. Er ließ sich neben der Kirche des heiligen Andreas zu Angouleme eine Wohnung zurichten, um dem Gottesdienst beiwohnen zu können, ohne das Bett verlassen zu müssen. Die ganze Provinz besuchte ihn. Man zweifelte an seinem Aufkommen. Viele Leute glaubten, daß er verhext (d. h. durch ein Malefiz getroffen) sei, denn ein solcher Zustand schien nimmer natürlich, und man entdeckte wirklich, daß ein Weib Hexereien gegen ihn getrieben habe. Sie hatte aus Werg und Wachs eine gewisse Zahl Bilder gefertigt, von denen sie die einen in Brunnen geworfen, die anderen vergraben, diese unter Bäume verborgen, jene in Särge zu den Kadavern der Toten versteckt hatte. Da man von ihr das Eingeständnis des Verbrechens nicht auswirken konnte, so überließ man die Sache dem Gottesgericht und erwählte zwei Kämpfer, von denen der eine für sie, der zweite für den Grafen streiten sollte. Nachdem die Eide geleistet und die üblichen Formalitäten erfüllt waren, begaben sich am festgesetzten Tag, welcher der Montag der ersten Fastenwoche war, die beiden Kämpfer mit Schild und Stock bewaffnet auf eine Insel von Charente, dem für den Kampf bestimmten Ort außer der Stadt und schlugen sich lebhaft und lange Zeit in Gegenwart einer unzähligen Volksmenge. Der Kämpfer der Angeklagten namens Wilhelm hatte sich unter den Schutz gewisser Zauberer gestellt, die ihn behext hatten; er selbst hatte am Morgen einen Zaubertrank genommen. Der Kämpfer des Grafen namens Stephan, der nur die Hilfe des Allmächtigen angerufen hatte, blieb Sieger und verließ den Kampfplatz, ohne eine Wunde erhalten zu haben. Wilhelm widerstand von der dritten bis zur neunten Stunde; dann aber, von Beulen bedeckt, mit Blut überströmt und außerstande anzugreifen oder sich zu wehren, fiel er in Ohnmacht und spie die Präservativmittel, die er am Morgen eingenommen hatte, von sich. Er wurde halbtot von der Stelle getragen und es währte lange, bis er genas. Seine Verzauberer, die dem Kampf von einem entfernten Ort aus zusahen, wo sie fortfuhren, zu seinen Gunsten Beschwörungen vorzunehmen, flohen erschrocken davon.

„Dennoch wollte die Hexe nichts eingestehen; man konnte bei der Verhandlung auch nicht ein einziges Wort aus ihr herausbringen, so sehr bestärkte sie der Dämon in der Widerspenstigkeit; allein es war unmöglich, an ihrem Verbrechen zu zweifeln, um so mehr, da drei andere Weiber Zeugnis gegen sie ablegten, indem sie sich als Mitschuldige bekannten. Sie gruben in Gegenwart des Volkes mehrere verzauberte Bilder aus, die durch ihr langes Verweilen in der Erde schon in Verwesung übergegangen waren. Der Graf schenkte ihr das Leben und verbot, sie weiter zu beunruhigen."

Im Jahre 1305 starb Johanna von Navarra, Gattin Philipp des Schönen, wie man glaubte in Folge einer Verzauberung durch *Wachsbilder;* doch wurde es nicht bewiesen. Die Kinder dieser Fürstin kamen hierauf durch gegenseitigen Vertrag unter sich überein, sich wechselweise gegen diejenigen Hilfe zu leisten, die ihrem Leben durch solche Mittel nachstellen wollten. Der unglückliche Enguerrand von Marigny, Oberintendant der Kasse ihres Vaters, erlag bald als Opfer dieser Befürchtungen. Da er kurz nach dem Tode Philipp des Schönen unter dem Vorwand der Veruntreuung gefangen gesetzt worden war – in Wirklichkeit aber, um die Rache Karls von Valois zu kühlen, der auf ihn einen tödlichen Haß geworfen hatte, seitdem er von ihm in voller Ratsversammlung eine ehrenkränkende Beschämung erhalten hatte – so wurden Alix von Monts, seine Gemahlin, und die Dame Cantelen, ihre Schwester, der Verfertigung von Zaubermitteln zur Tötung des Königs, des H. Carl und anderer Barone und der Ausübung von Hexereien zur Befreiung der Gefangenen beschuldigt. In der Tat fand man in ihrer Behausung Zaubermittel und Wachsbilder.

„Und die Bilder waren derart angefertigt, daß, wenn sie länger bestanden hätten, die vorgenannten Könige und Grafen täglich mehr hingeschwunden, abgemagert und ausgetrocknet wären. Durch Gottes Willen aber wurde es bekannt und Karl von Valois mitgeteilt, der es höchst verwundert seinem Neffen erzählte" – sagt die Chronik von St. Denis. Die beiden Damen wurden mit dem Zauberer, der ihnen seine Dienste verkauft hatte, seiner Frau und seinem Bedienten ins Gefängnis gesetzt. Marigny hätte ohne diese traurige Affäre wahrscheinlich Gnade erhalten; er wurde zum Tode verurteilt und am 30. April 1315 zu Montfaucon an den Galgen aufgehängt. Der Zauberer desgleichen acht Tage danach. Die Frau Marigny's und ihre Schwester wurden auf ihre wiederholte Versicherung hin, daß sie den König nicht hatten töten, sondern nur sein Herz zugunsten der Gefangenen mild stimmen wollen, später freigelassen.

Graf Valois und sein Neffe bereuten ihre Grausamkeit. Letzterer testierte eine große Summe für die Familie des Verstorbenen; „in Anbetracht des großen Mißgeschicks, das sie betroffen hat!" Graf Valois gab beträchtliche Almosen und trug denen, die es austeilten, auf, zu den Armen zu sagen: Betet für die Seele des Herrn Enguerrand Marigny und für Karl Valois! So war das Andenken des unglücklichen Marigny wieder zu Ehren gebracht.

Zwei Jahre später, den 6. Oktober 1317, meldete Philipp der Lange, zweiter Sohn Philipp des Schönen, durch Eilbriefe dem Grafen Nevers, daß ein Zauberer namens Hugo von Boiszardin, der in seine Grafschaft geflüchtet war, verschiedene Personen zu töten suchte, sowohl durch Anrufungen und Verkehr mit dem Teufel, wie durch andere verbotene Mittel und *Wachsbilder*.[3]

Im Jahr 1319 beteiligte sich Margaretha von Belleville, die Hebamme genannt, die zu Paris als Zauberin in großem Ruf stand, ob ihrer Geschicklichkeit in Anfertigung von Weihbildern sehr berüchtigt, und „auch eine Zauberin war", mit fünf anderen Personen bei der Herstellung eines *Weihbildes* in der Absicht, die Königin Johanna von Burgund ums Leben zu bringen.

Papst Johann XXII. schenkte diesen frevelhaften Versuchen, die damals fast allgemein verbreitet waren, große Aufmerksamkeit. Am 27. Februar 1317 trug er dem Bischof Frejus und dem Doktor Peter Teissier auf, Untersuchung einzuleiten „gegen gewisse Magier, die sich in Särge legten, um die bösen Geister zu beschwören, die durch Zaubermittel an Menschen und Tieren mancherlei Krankheiten hervorriefen oder böse Geister in Spiegel oder Ringe einschlössen." Am 22. April desselben Jahres gab er dem Bischof Riez und dem vorgenannten Peter Teissier den gleichen Auftrag wegen einer auf ähnliche Art gegen ihn und das heilige Kollegium angezettelten Verschwörung; aber diesmal war die Gefahr bedrohlicher, denn Gifttränke mußten hier der Unwirksamkeit der Zaubermittel zu Hilfe kommen, weil befürchtet wurde, daß diese nicht zum gewünschten Ziel führen möchten. An dem darauffolgenden 27. Juli enthüllte er der christlichen Welt diese abscheulichen Umtriebe, bei welchen Magie, Vergiftung und Entehrung zu gemeinschaftlicher Tätigkeit sich verbunden hatten. Am 22. August 1320 schrieb Kardinal Wilhelm Godin, Bischof von Sabinum, seinerseits an eine Gerichtskommission: „Der Papst befiehlt euch, gegen diejenigen Untersuchung einzuleiten, welche dem Dämon Opfer darbringen, ihn anrufen, Verträge mit ihm abschließen; gegen die, welche *Wachsbilder* anfertigen und bei ihren schändlichen Hexereien die Sakramente der Taufe und Eucharistie entheiligen." Diese nachdrücklichen Klagen zeigen zur Genüge, wie allgemein das Übel war, und diese Eröffnungen beweisen, bis wie weit es sich ausgedehnt hatte.

Die erwähnten Zaubermittel sind so alt und allgemein, wie der Haß und die Feigheit; ihrer Anwendung begegnet man an allen Orten der Welt und zu allen Zeiten. Die Völker Nordamerikas gebrauchen sie vielfach. Die Orientalen – ob Muselmänner oder nicht – haben sie immer gekannt; den Heiden waren sie nicht fremd, denn Ovid zählt sie zu jenen Geheimnissen, in deren Besitz Medea war, und sie kommen in ähnlicher Form bei der Todesart vor, an welcher Meleager starb.[4]

Aber ihr Erfolg! Ist es also möglich, in der Ferne Schaden zuzufügen? Wir glauben, wir behaupten es; wir brauchen die Bedingungen nicht auseinanderzusetzen. Die Religion besitzt die Schutzmittel gegen diese Gefahren und die Hilfsmittel wider so großes Unheil.

Die Zauberer waren nicht die einzigen, welche die mißliche Regierung Philipp des Langen beunruhten. Die Juden und Aussätzigen vereinigten ihre Kräfte mit denen der Hexenmeister und brachten noch gefährlichere Malefizien zustande; sie sannen auf allgemeine Vergiftungen. Die Juden faßten den Plan; die Aussätzigen, unglückliche von der menschlichen Gesellschaft verstoßene Parias, gaben sich zur Ausführung ihrer Entwürfe her; sie fanden hierin die Befriedigung einer persönlichen Rache und das Mittel, in die Reihe der menschlichen Gesellschaft wieder einzutreten, wenn nämlich alle Welt, wie sie vom Aussatz angesteckt gewesen wäre.

Im Jahr 1320 und 1321 entdeckte man an vielen Orten und namentlich in Languedoc in der Tiefe der Brunnen und Quellen kleine Pakete mit unbekannten Stoffen gefüllt und an einem Stein befestigt, der sie unter Wasser zu halten diente. Es währte auch nicht lange. So zeigten sich schwere Krankheiten und – was auch immer deren Ursache gewesen sein mag – die Gerichte begannen Untersuchungen einzuleiten, denen eine Menge Geständnisse und auch zahlreiche Hinrichtungen folgten. Der König, von den Vorfällen in Kenntnis gesetzt, ordnete eine noch ausgedehntere Nachforschung an, in Folge deren zu Tag kam, daß sich der Mordversuch über mehrere Provinzen verbreitet und daß die Leprosen auf Anstiften der Juden[5] gehandelt hatten. Die Anschuldigung ging sogar bis auf den maurischen König von Granada zurück, den man als ersten Urheber des Verbrechens bezeichnete. Aus dem Geständnis der Beklagten erfuhr man, daß das Malefizium aus giftigen Säften, dem Urin von Aussätzigen, dem Blut und Geifer von Reptilien und einigen anderen Ingredienzien, die man nicht erforschen konnte, bestand, und daß es unter schrecklicher Entehrung des Heiligen angefertigt wurde.[6]

Viele Geschichtsschreiber führen die Berichte mit geringschätzendem Bedauern an, und wollen hierin, – ohne die Erneuerung dieser Schandtaten während der Regierung Karl VI. im Ländchen Chartrain[7] in Anschlag zu bringen – nur eine Ausflucht erblicken, welche Philipp der Lange in den Vordergrund stellte, um auf Kosten einer verachteten und unglücklichen Nation seinen Schatz zu füllen. Man könnte es glauben, wenn die Dokumente nicht so deutlich sprächen, und wenn die Juden nicht durch alle Jahrhunderte hin ihren unheilbaren Haß gegen den christlichen Namen durch eine Menge Frevel bekundet hätten. Zwar besaßen sie zahlreiche Gründe, sich über das Schicksal zu beklagen, das ihnen durch die menschliche Gesellschaft, aus deren Mitte sie unmöglich treten konnten, bereitet wurde, so daß die Gefühle des Hasses und der Rache unaufhörlich in ihrer Seele gären mußten. Und dies erklärt – ohne sie zu rechtfertigen – alle kriminellen Versuche, zu denen die Verzweiflung sie hintrieb. Das dreizehnte Jahrhundert liefert allein mehr als zwanzig Beispiele von Kreuzigungen, die am Karfreitag in den Synagogen an Christen vorgenommen wurden. Wir hüten uns wohl, auf diese Einzelheiten einzugehen; es genügt uns, auf das Werk des Satans hinzuweisen, wo es ans Licht tritt.

Allein jener ruchlose Versuch, jene vereinzelten und doch allzu schreienden Verbrechen, dann die übermäßigen Zinsen, die sie vom Volk, von den Großen, dem Monarchen selbst erhoben, indem sie nicht niederer als zu vier Pariser Sous für die Woche ausliehen, was auf mehr als hundert Prozent für das Jahr sich entziffert, ohne den Zinseszins zu rechnen – zogen ihnen so viel Haß zu und häuften so viele Vorurteile und solche Erbitterung auf ihr Haupt, daß eine Epidemie, welche Frankreich während der Regierung Philipps von Valois verheerte und die ihnen zur Last gelegt wurde, als Vorwand zu einer allgemeinen Niedermetzlung dienen mußte. Nur diejenigen entrannen, die sich verbergen oder in Eile entfliehen konnten.

Wie wenn dem unglücklichen Monarchen kein Schmerz hätte erspart werden sollen, mußte ein noch ärgerer Versuch der Verzauberung als die, von denen die Rede war, sein Herz betrüben, ohne von der Verschwörung eines Engländers, mit Namen Robert, zu reden, der von zwei deutschen Mönchen des Kollegiums St. Barbara unterstützt, ihn in einen Zauberkreis zu verstricken suchte, den sie im Garten der Gräfin Valois gezogen hatten.[8]

Robert von Artois, Schwager des Monarchen, ergab sich offenkundig der Magie und galt in den Augen seiner Diener für einen großen Zauberer. Wegen seiner Untaten vom Hof verbannt, zog er sich ins Schloß Namur zurück und widmete sich ganz dem Zaubergeschäft. Da er nicht mehr wußte, durch welche Mittel er sich am König rächen könnte, nahm er seine Zuflucht zur Hexerei; aber glücklicherweise ohne Erfolg. Die Magier, welche ihm nämlich die schwarze und rote, schlaferzeugende Dinte zusammensetzten, brachten es nicht dahin, den König und die Königin in einen längeren Schlummer als gewöhnlich zu versenken. Selbst die Bedienten des Schlosses, auf welche das Verfahren ausgedehnt worden war, verspürten keine Wirkung. Die Wachsbilder, getauft oder nicht getauft, ob sie auch in verschiedenen Ländern durch die geschicktesten Leute verfertigt wurden, machten keinen stärkeren Effekt. Der König und die Königin erfuhren erst durch die Verhandlungen des Kriminalprozesses, der wegen anderer Schandtaten eingeleitet worden war, das drohende Unheil, das der treulose Fürst gegen sie im Schilde geführt hatte.[9]

§ 2 *Satansbeschwörung – Neue Waldenserei*

Es hatte den Anschein, als ob keine Angelegenheit gelingen könnte, wenn man nicht zuvor den Teufel auf seine Seite gebracht habe. Man würde sich sogar einer großen Unklugheit angeklagt haben, wenn man vor dem Beginn einer wichtigen Unternehmung nicht ihn über die Sache um Rat gefragt hätte. Der Dämon war der Gebieter über das Schicksal der Welt, das Orakel der Erde. Welcher Fürst hätte eine Schlacht, welcher Ritter einen Kampf gewagt, ohne sich zuvor unter den Schutz der Gehilfen des Satans gestellt zu haben? So erklärte der Graf von Flandern den Krieg an *Philipp August* erst, nachdem er bei den Schwarzkünstlern[10] sich Rat erholt hatte. Mainfried verteidigt Sizilien gegen den Bruder des heiligen Ludwig erst, nachdem er den Dämon angerufen hat. Gui von Dampierre, der kluge General der Flamänder, liefert die Schlacht von Courtray erst dann, nachdem er in seinem Zelt alle Magier der Provinz versammelt und sein Kriegsheer unter die Hut der Hölle gesetzt hat. Auch entreißt ihm die Geschichte den größten Teil der Ehre dieses denkwürdigen Tages, indem sie das ungeheure Mißgeschick der französischen Armee den Dämonen zuschreibt.[11]

Der Teufel hat den Ausgang der Schlacht von Bouvines ziemlich gut vorausgesehen, wenn je das Orakel nicht nach dem Ereignis erst gegeben wurde; denn er soll den Bescheid erteilt haben: „Der König von Frankreich wird vom Pferd stürzen und mit Füßen getreten werden;[12] er wird kein Begräbnis erhalten; Ferdinand wird unter lautem Beifallsgeschrei des Volkes seinen Einzug in Paris feiern." Aber welchen Einzug und welche Zurufe! Ferdinand trug die Ketten an den Händen, und die Pariser sangen, nachdem sie dem Sieger die Vivats zugejubelt hatten, ihren lustigen Refrain:

> *Quatre ferranz très-bien ferrez*
> *Traînent Ferrand bien enferré.*[13]

So sind die Orakel zu allen Zeiten doppelsinnig gewesen und wer sich darauf gefaßt hielt, bei ihrer Erfüllung Beifall zu klatschen, bedauerte oft nach der Hand, nicht besser geraten zu haben.

Während der Regierung Karl VI. spielte die Hexerei ihre wichtigste Rolle. Die Herzöge von Orleans und Burgund hatten in ihren Palästen eine Zufluchtsstätte für alle Hexenmeister von einigem Ruf eröffnet. Sie wetteiferten gegenseitig, wer von ihnen den geschicktesten besäße. Da nun der Herzog von Orleans nicht dulden mochte, daß sein Onkel ihn hierin übertraf, so denunzierte er im Jahr 1398 einen H. Johann de la Barre, Beauclerc zugenannt, der als der gescheiteste von allen galt, die der Herzog von Burgund in seinem Sold hatte, bei dem Parlament und ließ an ihm die Strafe der Hinrichtung vollziehen. Der Herzog von Burgund rächte sich aber dadurch, daß er den Wahn des Volkes nährte, demgemäß die Verrücktheit Karl VI. von der Behexung durch seinen Bruder herrührte. Man sagte, der Herzog von Orleans habe den Plan gefaßt, die ganze königliche Familie durch Zauberei ums Leben zu bringen, er habe Waffen und einen Ring einem abgefallenen Mönch anvertraut, um sie dem Dämon zu weihen; man nannte die Orte, wo diese Weihe geschehen sein sollte. Seit den ersten magischen Operationen war der König vom Wahnsinn ergriffen und hatte Haare und Nägel verloren; so stark hatte das Zaubergift gewirkt. Ein zweites brachte ihn dem Tod nahe. Doch war Karl VI. nicht verzaubert, sondern durch einen Trank vergiftet.

Der unglückliche Monarch wähnte selbst, ein Opfer der Verzauberung zu sein. Er sah einen Degen, der ihm die Brust durchbohrte, und bat, ihn wegzunehmen. Nach seinen Anfällen schrie er schmerzlich: „Ach, wenn irgendwer aus meiner Umgebung an meinem Leiden die Schuld trägt, so beschwöre ich ihn im Namen Jesu, mich nicht weiter zu quälen; er lasse mich doch nicht länger hinschmachten, lieber töte er mich auf der Stelle!" Seinen Bruder von Orleans flehte er um Erbarmen an und ließ ihm sagen, seinen Degen doch wegzunehmen, von dem seine Brust durchbohrt sei.

Man berief einen Zauberer aus Guyenne, der geprahlt hatte, ihn mit einem einzigen Wort heilen zu können. Dieser Marktschreier brachte an den Hof ein Buch mit, dem er wunderbare Kraft zuschrieb, und das er Simagorad nannte. Er empfing es in geradem Weg von Adam, dem es Gott gegeben hatte, um ihn wegen des Verlustes Abels zu trösten; allein die ganze Kraft Simagorads scheiterte an dieser Krankheit. Nach sechs Monaten vergeblicher Bemühungen erachtete man die Proben für genügend und schickte den Zauberer wieder heim. Nun traten zwei Mönche an seine Stelle, denn viele glaubten, die Anwendung der Magie zu guten Zwecken sei erlaubt, nachdem die Gesetze Konstantins die bekannte Unterscheidung aufgestellt hatten. Sie machten tiefe Einschnitte in den Kopf des Monarchen, der sich darum nicht besser befand. Der Astrologe Jakob von Angers las in den Sternen, daß sie dem armen König nach dem Leben strebten, und die beiden Mönche wurden enthauptet.

Als der junge Herzog von Burgund den Herzog von Orleans hatte meucheln lassen, erneuerte er, um sein Verbrechen zu entschuldigen, die Anklage auf Magie, welche sein Opfer schon an ihm selbst versucht haben sollte.

Während Frankreich so traurige Zwiste, die zwischen den höchsten Fürsten sich entsponnen hatte, schauen mußte, während es über das Unglück des Königs und die öffentlichen Ärgernisse seufzte, während sein Schoß durch die rivalisierenden Parteien der Burgunder und Orleanisten zerrissen war, während dem von Steuern gedrückten und schrecklichen Plünderungen durch bewaffnete Rotten unterworfenen Volk nichts übrig blieb – weder Brot noch Schutz, kamen die schändlichen Überreste des Gnostizismus aufs Neue in Gährung.

Im Jahre 1411 erhob eine Sekte *Katharer,* welche den Titel erleuchtete Gesellschaft[14] annahm und die in den Provinzen Cambrai und Brabant durch einen Greisen namens Gilles le Chantre geleitet wurde, unklugerweise ihr Haupt. Sie wurde mit einer Heftigkeit unterdrückt, welche sie zwang, in die Dunkelheit zurückzukehren.[15]

Diese Ahndung machte die *Gnostiker Frankreichs* vorsichtig. Sie verhielten sich ruhig bis zum Jahr 1459. Dann aber ermutigt durch die Menge und die Anarchie benützend, der die Gesellschaft zur Beute geworden war, traten sie in Artois offen auf. Ihre schändlichen Sabbate wurden zum allgemeinen Ärgernis publik, die Behörden mischten sich ein, die Gefängnisse füllten sich, die Scheiterhaufen wurden aufgerichtet, und Herzog Philipp von Burgund, ebenso betrübt als geärgert ob der Nachrichten, die von seinem Land Artois ihm zu Ohren kamen, sandte Gerichtsdiener und Gendarmen mit dem Befehl dorthin, „alle die bösen Jungen, die ihnen in die Hände fielen, an den Bäumen aufzuhängen." Die Stadt Arras war der Herd dieser Freigeisterei, die allenthalben unter dem Namen *Waldenserei (Vaudoisie* oder *vauderie)* bekannt war. Artois war trostlos ob der Hinrichtungen, Erpressungen, der Prozesse und der Schmach, die einer Menge bis da geachteter Personen anklebte; viele verließen sogar das Land und änderten ihren Namen. Man glaubte eine Weile, daß die ganze Provinz vor Gericht erscheinen müßte. Die Sache hatte mit dem Prozeß eines Mannes namens Robin von Vaulx begonnen, der viele Mitschuldige verriet. Diese verrieten andere und so ging's fort. Das Volk war in Aufregung, die Richter, durch den Grafen d'Etampes unterstützt, waren in Wut und ließen sogar den Ritter Robert le Josne, Bürgermeister von Arras verhaften. Die Verfolgungen breiteten sich bis Tournay und Amiens aus. Dort aber ließ man die Gefangenen frei unter dem Vorgeben, daß diese Leute Narren wären, weil sie nicht alles zu bewirken vermochten, dessen sie sich gerühmt hatten. Wir werden öfter einer ähnlichen Erscheinung begegnen, welche, wenn nicht das Verbrechen, so wenigstens die dämonische Besitzung durch Ansteckung in sehr hohem Grad zweifelhaft macht.

Dreißig Jahre später, im Jahre 1458, erneuerten sich dieselben Exzesse in der nämlichen Stadt und die damaligen Chronisten reden in den gleichen Ausdrücken davon, aber das bei dieser Gelegenheit angewendete Verfahren hatte einen anderen Ausgang. Das Pariser Parlament leitete die Prozesse ein, ließ sie in die Länge ziehen und sprach dann durch ein Urteil vom 20. Mai 1491 die Angeklagten unter dem Vorwand frei, daß den Angaben viele Verleumdungen beigemischt wären. Dieser Ausspruch wurde auf die Appellation des Ritters Payen von Beaufort hin gefällt, der im Alter von zweiundsiebzig Jahren ins Gefängnis geworfen worden war und seine Unschuld vollständig darlegte.

Nie machte vielleicht der Satan eine reichere Ernte an Verbrechen, Ärgernissen und Greueln, als in diesem unglücklichen Jahrhundert. Die Kirche war durch das große Schisma gespalten, der berühmte Tamerlan an der Spitze seiner 800 000 Mongolen verwandelte die ausgedehnten Gefilde Asiens und einen Teil Rußlands in Einöden. Durch die Einnahme von Konstantinopel im Jahr 1453, welcher die Eroberung von Serbien, Morea, Albanien und des Reiches Trebizonda folgten, zerstörte Mohammed das Christentum im Orient vollends. Deutschland war von den *Hussiten* verheert, die weder Geschlecht noch Alter schonten und unter Anführung Johann Ziskas und Procopius einen ebenso langen als mörderischen Krieg gegen Kaiser Sigmund führten. Procop wurde endlich im Jahr 1434 zu Böhmischbrod besiegt, weil seine Armee in zu hohem Grad von jener satanischen Krankheit angesteckt war, welche die Gnostiker überall mit sich hintrugen, da sie viele *Pikarden* unter sich zählten. Dies ist der Name, den man ihnen gab. Und dieser Name rührt nicht von einem in Flandern gebürtigen und also genannten Individium – wie so viele Autoren geschrieben haben, sondern davon her, daß Gnostiker aus Flandern Artois und der Picardie sich unter jene gemischt und sie verdorben hatten. Der Eifer und die Strenge Ziskas reichte nicht hin, sie von diesem Aussatz zu reinigen; hier aber kämpften die Pikarden mit Mut, aber auch mit der Zügellosigkeit und Blindheit eines törichten Wahnsinns.

Es wäre schwer, die Zaghaftigkeit, den Schrecken und das Erstaunen der französischen Nation besonders in einer solchen Epoche zu schildern. Viele Leute, die aus Neugier oder Voreiligkeit in gnostische Versammlungen getreten waren, wurden von der dämonischen Krankheit so sehr angesteckt, daß sie nimmer von derselben los werden konnten. Die Behörden verfolgten mit Haß und Wut alles, was damit behaftet war, und in ihrer Blindheit rannten sie über das Ziel hinaus. Die Einsichtsvollen bemerkten dies, seufzten darob und kämpften für eine Reaktion in gegenteiliger Richtung; allein auch sie überschritten die Grenzen, weil sie sich bis zur Leugnung der Existenz der Magie hinreißen ließen oder ihre Ohnmacht und Unschädlichkeit behaupteten, wie es dem Verteidiger des unglücklichen Herzogs von Orleans begegnete, der von der Kanzel herab eine feurige Einladung an die Pariser Universität ergehen ließ, daß sie in diesem Punkt den törichten Sinn des Volkes zurechtrichten und begreiflich machen möge, daß „diese geheimen so gefürchteten Kenntnisse nichtig seien, die weder Wahrheit noch Kraft in sich tragen." Wirkliche Zauberer, d.h. Leute, die sich wahrhaft und wirklich den magischen Künsten gewidmet hatten, leugneten gleichfalls die Existenz der Magie, um sich vor Verfolgung zu sichern. Viele Richter ließen sich für diese Ansicht gewinnen, was ihre Kollegen über alle Maßen aufregte und sie in ihren Verfahren nur desto hitziger machte. Ja es erhoben sich sogar Schriftsteller, welche die Magie doktrinel rechtfertigten und ihre Ausübung als heiliges Werk empfahlen, wie dies aus einer Entscheidung der Sorbonne vom Jahr 1389 zu ersehen ist, welche solche Behauptungen zurückweist und die Magie in jeglicher Form verdammt.[16]

England und Deutschland waren nicht minder von denselben Ängsten gequält und von denselben Freveln heimgesucht. Im Jahr 1417 wurde die Königin Johanna wegen des Verbrechens der Magie eingekerkert. Bald danach wurde die Herzogin Gloucester beschuldigt, Zaubermittel zur Ermordung Heinrich VI. angewendet zu haben, und deshalb genötigt, einer öffentlichen Buße sich zu unterziehen, ihre Beihelfer aber wurden gehängt. Später klagte Richard III. die Königin bei dem Rat der Krone an, daß sie ihm den Arm durch Zauberkünste gelähmt habe. Die Richter traten in die Fußstapfen ihrer französischen Genossen.

In Deutschland waren die Rheinprovinzen im höchsten Grade angesteckt. Die Bulle Innozenz VIII. vom Jahr 1484, in welcher Sprenger und Justitor als Großinquisitoren in diesen Provinzen, wie in denen von Mainz, Köln, Trier, Salzburg und Bremen aufgestellt wurden, enthüllt den kläglichen Zustand, in den sie durch die Menge der Schwarzkünstler, Wüstlinge aller Art und Apostaten, welche Gott und der Taufe widersagt hatten, um sich dem Teufel zu ergeben, gebracht worden waren. Auch der Schrecken, die erste Voranlage zur dämonischen Ansteckung herrschte in allen Gemütern, und alle Übel, große und kleine, allgemeine und private, wurden der Hexerei zur Last gelegt.

Gleichwohl kehrte die Ruhe schnell wieder zurück, denn die Inquisitoren errichteten überall Gerichtshöfe, die nach den kanonischen Gesetzen verfuhren, d.h. vorschriftsgemäß, indem sie nur unangeschuldigte Zeugen annahmen, Warnungen ergehen ließen, den Schuldigen eine Gnadenfrist gewährten und nur solche dem weltlichen Arm auslieferten, welche Verbrechen gegen die menschlichen Gesetze verübt hatten, die verhärtet oder rückfällig waren, und zwar so wenige als möglich; – teils in Folge der natürlichen Nachsicht der Kirche, teils aus Eifersucht gegen die Laientribunale, denn die beiden Gerichtsbarkeiten suchten einander entbehrlich zu machen.

Die Inquisition ist an den Orten, wo sie ein kirchliches Institut blieb, weder das, wofür man sie ausgegeben, noch das, wofür man sie gehalten hat; in jenen Bezirken aber, wo sie ein politisches Werkzeug wurde, wie in Venedig, Spanien und Goa verhält sich die Sache anders.

§ 3 *Magische Gebräuche im besondern*

Die Verfasser der Chronik von Bordeaux – sagt Bodin in seiner Dämonomanie – berichten, daß die Stadt Bordeaux gegen das Ende desselben Jahrhunderts von einer Rotte Übeltäter, Zauberer und Hexenmeister beunruhigt wurde, die des Nachts mit verzaubertem Licht in die Häuser drangen und aus Kirchen und Privatwohnungen alles stahlen, was ihnen unter die Hände kam. Sie gruben die kleinen Kinder aus, um aus ihren Leibern Hexenmittel (Maleficien) zu bereiten. Sie gruben auch einen Priester aus, um dessen Kleider zu gleichem Zwecke zu verwenden. Aber das Gericht nahm sie fest, sie wurden in das Stadtgefängnis geführt und durch den Bürgermeister und die Geschworenen zum Strang verurteilt und hingerichtet.

Dieses verzauberte Licht ist nicht verschieden von der berüchtigten Ehrenhand, so viel gepriesen in den Annalen der Magie des Mittelalters. Es war die Hand eines Hingerichteten, die teils durch magisches, teils durch natürliches Verfahren ausgetrocknet worden war, und deren Finger als Träger für fünf Kerzen aus Jungfernwachs, d.h. ungebleichtem und magisch geweihtem, dienten. Überall, wo man sie trug, wurden die Leute, wie man wähnte, von einem lethargischen Schlaf befallen, solange die Kerze brannte.

Dieses Jahrhundert gehörte der Nekromantie, der Astrologie, der Alchemie und allen Arten von Hexerei an. Die Pariser Zauberer pflegten die unglücklichen Verurteilten heimlich vom Galgen abzulösen; sie bezahlten den Hebammen die tot geborenen Kinder, die ihnen diese verschaffen konnten. Am 10. Februar 1404 brachte der Stadtvogt in Paris eine Klage hierüber vor die Schranken des Parlaments, worauf im Einverständnis mit dem Bischof Nachforschung angeordnet wurde.[17]

In Ermangelung der Glieder oder des Stricks der Gehängten, was immerhin Glück brachte – denn nicht jedermann war verwegen oder reich genug, sich diese Trophäen eines schmachvollen Todes zu verschaffen, wendete man die Alraunwurzel an, die nicht minder im Ruf stand, glücklich zu machen, Schätze aufzudecken, die Reichtümer zu vermehren, vor Unfällen zu sichern, den Teufel günstig zu stimmen, den Donner abzuhalten, der Feuersbrunst zu wehren, die Herden zu schirmen, vor Pest zu behüten, das Leben zu verlängern, mit einem Wort, dem Geist, dem gesunden Verstand, der Urteilskraft, der Geschicklichkeit und dem Glück derjenigen aufzuhelfen, die an solchem Mangel litten. Es gab Kaufleute, die damit Handel trieben und die es verstanden, ihr jene halb menschliche Form vollends zu geben, welche die Natur bereits entworfen hatte.[18]

Sollte sie aber ihre volle Wirkung äußern, so mußte sie durch die Kraft des Galgens geweiht sein. Man sammelte sie neben den Todesbalken, und um der Gefahr zu entgehen, während des Jahres zu sterben – denn wer sie vom Boden aufhob, dem drohte nichts geringeres, als eben solch schrecklicher Unfall – band man einen Hund an dieselbe, nachdem man sie hinlänglich bloß gelegt hatte, und riß sie, indem man das Tier zu sich lockte, vollends heraus. Man bekleidete sie dann, pflegte sie wie ein Kind, bis der üble Geruch, den sie von Natur aus besitzt, infolge der Fäulnis unerträglich wurde; dann warf man sie weg, um sich mit einer frischen zu versehen.

Die beiden Tatsachen, die wir anführen werden, lassen genugsam erkennen, wie sehr der Gebrauch der Pflanze im fünfzehnten Jahrhundert unter dem Volk heimisch geworden war.

Dom Gissey sagt in seiner *Histoire du Puy en Velay*, daß ein gewisser Bruder Bazile im Jahr 1451 mehrere Reden auf dem öffentlichen Platz dieser Stadt gehalten hat, und daß seine Worte auf die Menge eine solche Wirkung hervorbrachten, daß jeder für einen Augenblick seinen Lieblingsneigungen entsagte, und daß „diejenigen, welche sich der magischen Kunst ergaben, ihm ihre *Alraunwurzeln*, Amulette, Zaubermittel, Denkzettel und die Bücher gaben, deren sie sich zur Hexerei bedienten." Diese Erzählung bedarf keines Kommentars.

Das „Journal eines Pariser Bürgers", während der Kriege der ersten Regierungsjahre Karl VII. geschrieben, bringt eine ähnliche Tatsache vor, die mehr ins einzelne geht. Im Jahr 1429, sagt der Verfasser, kam Bruder

Richard, ein Franziskanermönch, nach Paris, der durch seine Predigten Wunder wirkte. Man sah ihm, wenn er im Burgfrieden predigen wollte, 5000–6000 Menschen folgen. Zu Paris hatte er immer eine viel größere Anzahl Zuhörer um seine Kanzel versammelt, die unter freiem Himmel errichtet war. Seine Reden begannen um 5 Uhr früh und dauerten gewöhnlich bis 10 oder 11 Uhr. Männer und Weiber opferten auf sein Wort allen weltlichen Putz hin; Zauberer und Hexen warfen die Zaubermittel und Alraunwurzeln in den Fluß und gestanden, daß, seit sie dieselben führten, sie von Tag zu Tag ärmer geworden waren, denn „viele bewahrten Alraunwurzeln in ihrer Schlafstelle, in schöne Seiden- oder Leinentücher eingewickelt, als Geheimmittel, sich zu bereichern."

Dieser Franziskanermönche, der ein glühender Royalist war, hütete sich wohl, seine politischen Ideen zu Paris kundzugeben; da aber die Pariser nach seinem Abgang erfuhren, daß er es mit den Anhängern des Königs hielt, ihm mehrere Städte gewonnen und aus allen Kräften die Partei des Regenten untergrub, kehrten sie voll Ärger zu ihrem Schmuck und zu ihren Alraunwurzeln zurück, warfen die geweihten Medaillen, die er ihnen am Ufer des Flusses gegeben hatte, weg und ersetzten sie durch Wehrgehänge, die mit dem Kreuz von Burgund verziert waren.

Was taten doch die Gerichte solchem Gebaren gegenüber? Vergaßen sie etwa, daß alle Arten Magie durch göttliche und menschliche Gesetze verpönte Verbrechen sind? Nein, sie vergaßen es nicht; aber sie hatten mit den Gottesschändern, Teufelsanbetern, Wüstlingen, Menschenmördern und Besessenen zu tun genug, welch letztere übrigens nicht in ihren Wirkungskreis gehörten, da die Besessenheit, sogar die freiwillige, kein strafbares Verbrechen ist.

Die Verordnung Karl VIII., erlassen im Jahr 1490, welche verfügt: S. M. will und gebeut, daß alle Zauberer, Wahrsager, Anrufer böser Geister nach der Strenge des Gesetzes bestraft werden sollen, weil diese Untaten Gott und dem katholischen Glauben geradezu widerstreiten, – belebte aufs neue ihr Wachstum und dehnte das Feld und die Kräfte jener Wirksamkeit noch weiter aus. Wir werden bald die großen Übel zu berichten haben, welche aus den Übergriffen ihres Eifers resultierten. Bis da aber und noch später war das Gebiet, auf dem sich ihre Tätigkeit ausbreitete, mit vielen Hindernissen umstellt, die bei ihren eigenen Vorurteilen den Ausgangspunkt nahmen.

Wie hätten die Behörden in der Tat allerwärts gegen ein allgemeines Übel kämpfen können, dessen Beispiel vom Thron herabkam. Man hat gesehen, wie sich in dieser Hinsicht die Fürsten betrugen, die während der Krankheit Karl VI. Frankreich beherrschten. Ähnliche Beispiele wiederholten sich unter der Regierung Ludwig XI. namentlich bei Gelegenheit des Todes der Herzogin von Montfaucon und dann bei Gelegenheit des Todes des Herzogs von Berry.

Da nämlich dieser, immer in Unfrieden und häufig in offener Feindschaft mit seinem Bruder lebend, frühzeitig gestorben war, so erließ sein

Verbündeter, der Herzog von Burgund, Karl der Kühne, ein Manifest, in welchem er Ludwig XI. anklagt, seinen Bruder „durch Gift, Malefizien, Zaubermittel und Satansbeschwörungen getötet zu haben." Dies waren um drei Stücke zu viel; das Gift allein hätte genügt.

In einem, so vielem Aberglauben preisgegebenen Staat mußte auch für die *Boëmen* eine Stelle sich finden. Sie traten auf und hielten sehr viele zum besten. Im Jahr 1427 kam zu Paris eine Kolonie an, die aus einem Herzog, einem Grafen, zehn Rittern und hundertzwanzig Propheten bestand. Das Stadtamt beherbergte sie in der Kapelle St. Denis, wo die ganze Stadt sie besuchen, sich Glück verkünden lassen und der eine seine Börse, der andere sein Taschentuch einbüßen konnte, denn sie übten mit einer bis dorthin wenige bekannten Geschicklichkeit die Taschenspielerkunst aus. Sie waren Schwarzkünstler, Wahrsager aus den Händen, Gaukler, Zauberer, Zeichendeuter, Magier, Hexenmeister, zuletzt alles, nur keine rechtschaffenen und aufrichtigen Leute (Zigeuner).

Sie gaben sich für einen ägyptischen Volksstamm aus, heilig ihrer Herkunft nach, aber zu ewigen Wanderungen verurteilt, weil ihre Voreltern der heiligen Jungfrau und dem Jesuskind die Gastfreundschaft verweigert hätten. Diese Erzählung fand Glauben; ebenso verhielt sich's in England, wo man sie noch *gypsies* nennt; in Spanien, wo man sie *gitanos* heißt, in mehreren Gegenden Deutschlands, wo man sie unter dem Namen Pharaonepech, d.h. Ägypter und Volk Pharaos kennt. Sie verbreiteten sich gleichzeitig, obwohl von verschiedenen Seiten her fast über ganz Europa; die alten Gesetze, die sie betreffen – denn sie wurden gar bald ausgewiesen und fortgejagt, zuerst aus Paris noch im nämlichen Jahr und aus Frankreich durch die Stände von Orleans im Jahr 1560 – bezeichnen sie mit dem Namen Ägyptier. Ihr Name „*Boëmen*" und nicht Böhmen, denn sie stehen in keiner Verbindung mit den „Böhmen", bedeutet die Behexten oder Hexenmeister.

Ihre Sprache ist ein in Folge ihrer langen Abwesenheit von der Heimat verdorbener hindostanischer Dialekt. Ihre Stammesgenossen treiben ganz dasselbe Gewerbe in Indien, wo sie sich aus schlechten Subjekten aller Klassen rekrutieren, ohne selbst eine Kaste zu bilden, weil sie eine Stufe unter den Parias stehen, die, obwohl selbst von allen ausgeschlossen, sie doch nicht aufnehmen.

Sie verließen Indien zur Zeit der Verwüstungen durch Tamerlan, d.h. in den Jahren 1408 und 1409 und kamen im Jahr 1417 nach Ungarn, 1418 in die Schweiz, 1422 nach Italien, 1427 nach Frankreich. Seit langer Dauer gibt es deren überall, sogar in der Türkei und in Rußland.[19]

Aber all diese Tatsachen sind geringfügig und sozusagen bedeutungslos im Vergleich mit dem verbrecherischen Leben *Egidius' v. Laval, Marschall von Retz*.[20]

Egid v. Laval, Herr von Retz, erwarb sich schon in früher Jugend durch seine Tapferkeit und militärischen Talente das Zutrauen Karl VI. Im Jahr 1427 nahm er die Festung Lude mit Sturm. Ebenso entriß er den Engländern die von Rennefort und Malincorne in der Maine. Er zeichnete sich im Jahr 1429 bei der Belagerung von Orleans, der Einnahme von Jargeau aus und wohnte zu Reims der Salbung des Königs bei. Karl der VII. übertrug ihm, um ihn für seine glänzenden Verdienste zu belohnen, die Würde eines Marschalls von Frankreich, welche damals nur vier der angesehensten, reichsten und vornehmsten Edelleute des Königreichs gegeben wurde. Hier endete die glorreiche Laufbahn seines Lebens, er zählte ungefähr vierundzwanzig Jahre; der Rest war nur ein Gewebe von Verbrechen.

Zu seinem Herd zurückgekehrt, gab er sich einem zügellosen Luxus und so übermäßiger Verschwendung hin, daß sein ganzes Vermögen darauf ging, so ungeheuer es auch war. Seine Verwandten, mit Recht darüber entrüstet, erwirkten eine königliche Verfügung, die ihn unter Kuratel stellte und die in Orleans, Nantes, Tours, auf seinen Besitzungen und an allen Orten seiner Gerichtsbarkeit unter Trompetenschall bekannt gemacht wurde.

Als er so in die Lage versetzt war, seine Verschwendung nicht weiter forttreiben zu können, nahm er zu den geheimen Wissenschaften seine Zuflucht, um seine Kasse wieder zu füllen und dem ärgerlichen Verbot zu trotzen; aber umsonst. Die Reichtümer, die seinen Händen entschlüpft waren, kehrten nicht mehr zurück. Die Alchemisten, die er auf große Kosten aus Deutschland, Italien und allen Ländern berief, wo sich deren von einigem Ruf befanden, richteten ihn vollends zugrunde, statt sein Vermögen zu restaurieren. Die einen veranlaßten ihn zur Ausgabe großer Summen für Experimente, die anderen machten sich mit ihrem Sold und den Geschenken flüchtig.

Nachdem die Unmacht der Alchemisten erwiesen war, stellte er sich den Schwarzkünsten zur Disposition. Ein Italiener namens Franz Prelati und ein Arzt von Poitou namens Corillon wendeten wiederholt die Teufelsbeschwörung an, ohne daß der Teufel je ihrem Ruf Gehör gab. Sie hießen ihn einen Vertrag mit dem Blut seines kleinen Fingers unterzeichnen, zogen Kreise in seinem Zimmer und bedeckten sie mit magischen Zeichen. Sie erfanden alle möglichen Arten von Salben und Talismanen; alles war umsonst.

Diese frevelhaften Zauberkünste leiteten ihn auf andere, noch viel greulichere Dinge. Seine Magier brachten ihn nämlich auf den Glauben, daß er, um den Beherrscher der Finsternisse seinem Willen zu unterwerfen, ihm kleine Kinder zum Opfer bringen, ihm Weihrauch aus ihren Herzen und Lebern bereiten, mit ihrem Blut den Pakt unterzeichnen, und daß außerdem, um dem Dämon angenehm zu sein, diese Opfer vorher seiner würdig gemacht werden müßten. Er entschloß sich, diese neuen Mittel anzuwenden, denn er war auf dem Pfad der Verbrechen zu weit vorgeschritten, um rückwärts zu gehen. Vertraute Diener, unter anderen sein Kammerherr Henriot und ein Page namens Ponton wurden nun beauftragt, Kinder beiderlei Geschlechts im Alter von acht bis vierzehn Jahren und schwangere Frauen durch Gewalt oder List in seine Schlösser zu bringen. Bei seinen Gängen durch die Felder oder sogar mitten in den Städten machte er diejenigen mittels eines Zeichens kenntlich, die ihm zu seinen Zwecken tauglich schienen. Er fand an dieser doppelten Ruchlosigkeit Geschmack, und bald konnte er sich nicht mehr Rechenschaft geben, ob er der Schwelgerei oder dem Blut den Vorzug erteilen sollte. Es traf oft zu, daß er eines mit dem anderen verband. In der Chronik der Verbrechen und in den Annalen der Verrücktheit steht dies Beispiel einzig in seiner Art da.

Seine Leute lockten verräterischerweise arme Kinder in seine Schlösser, aus denen man sie nicht mehr herausgehen sah. Seine Sendlinge durchliefen beim Sinken des Tages die Straßen der Städte, steckten diejenigen, die zu diesen greulichen Mysterien bestimmt waren, in einen Sack und knebelten sie. Dieses unheimliche Verschwinden verursachte so viel Schrekken, daß das Volk von Nantes und Retz die Erinnerung hieran jetzt noch bewahrt und man sprichwörtlich von Einsackern redet, die auf die gleiche Stufe mit den Hexen und Werwölfen gesetzt werden.

Endlich erreichten so große Verbrechen ihr Ziel. Das Gericht trat trotz des Ranges und der Macht des Schuldigen dazwischen. Er wurde auf Befehl des Herzogs der Bretagne, Johann V., im Monat September des Jahres 1440 verhaftet und in das Schloß Nantes abgeführt, wo sein Prozeß zu gleicher Zeit durch die geistliche und weltliche Behörde eingeleitet wurde. Peter de l'Hospital, Senneschal von Rennes und Universalrichter des Landes und Meister Joh. Blouyn, Official von Nantes und Glaubensinquisitor, präsidierten bei den Verhandlungen.

Egid von Laval wurde wegen Verbrechen der Häresie, Hexerei, des Lehenfrevels und Meuchelmords zum Feuertod verurteilt.

Er mußte sich mit der Feierlichkeit des Prozeßverfahrens und der Hinrichtung, sowie mit dem Aufsehen trösten, das seine Verurteilung und seine Verbrechen machten. Die Nähe des Todes erschreckte ihn nicht, und da er bis zum Ende eine heuchlerische Frömmigkeit beobachtete, die ihn nie, selbst nicht mitten in seinen schuldvollen Ausschweifungen verlassen hatte, so begehrte und erhielt er die Vergünstigung, durch den Bischof von Nantes in Prozession an den Ort der Hinrichtung geführt zu werden. Er zeigte übertriebene Gefühle der Reue, ermahnte seine beiden Mitschuldigen, die mit ihm verurteilt wurden, zur Buße und bat das Volk, das er geärgert, und die Eltern, deren Kinder er geschlachtet hatte, um Verzeihung. Der Herzog der Bretagne gestattete, daß der Schuldige auf dem Scheiterhaufen erwürgt wurde, bevor man Feuer daran legte. Der Körper, kaum durch die Flammen geschwärzt, wurde den Verwandten übergeben, die ihn in der Kirche der Karmeliten beerdigen ließen. Die Hinrichtung fand am 25. Okt. 1440 in der Ebene von Biesse statt.[21]

Sechzehntes Kapitel

Fortsetzung der Geschichte des fünfzehnten und
Geschichte des sechzehnten Jahrhunderts

§ 1 *Astrologie*

Seit dem Jahre 1216 war Frankreich durch *Renault de St. Aignan* in die Geheimnisse der Astrologie eingeweiht worden, ein Meister, in dessen Fußstapfen mehrere Schüler mit großem Eifer traten. Renault war mit Ludwig IX. sehr genau bekannt, der ihm gleichwohl kein absolutes Vertrauen schenkte, da er trotz seinem Abraten den ersten Kreuzzug unternahm. In derselben Epoche tat sich auch Nikolaus von Lyra hervor und erschien am Hofe des genannten Fürsten. Von dieser Zeit an gab es kein einziges wichtiges Ereignis, worüber nicht einer oder mehrere Astrologen zuvor oder danach die Prognose gestellt hätten. Zu den berühmtesten Prognostikern jener Periode rechnet man Simon v. Neuville, Dekan von Langres; Simon v. Chateaudun, Erzdiakon von Dünois; Bruder Raymund Lulle und Andreas v. Laubespine. Philipp der Schöne hielt sich einen eigenen Astrologen an seinem Hof; ferner war es ein Astrologe, der die Flamänder zur Empörung gegen ihren Herrn aufhetzte. Diese beiden Tatsachen allein schon dürften die Wichtigkeit beweisen, welche die Astrologie sich zu verschaffen gewußt hat. Die Söhne Philipp des Schönen hatten wie ihr Vater besoldete Astrologen. Angesehene Doktoren, Mönche und Prälaten sah man mit großem Fleiß die genannte Wissenschaft pflegen. Die Prediger beriefen sich auf sie in ihren Reden. Die weltlichen Beamten bedienten sich ihrer zur Ergötzung, sogar die Päpste begünstigten sie.

Um das Jahr 1370 gründete der weise Karl V. zu Paris das Kollegium Meisters Gervais, auch unter dem Namen Kollegium Notre Dame de Boyeux bekannt; die Leitung desselben legte er in die Hände Gervais Chretiens, geboren zu Vendes in der Nähe von Bayeux, „Hauptarzt und Astrolog auf eigene Faust", wie Simon von Phares in seiner Sammlung der berühmtesten Astrologen Frankreichs sagt. Jener Monarch errichtete auf seine Kosten die nötigen Gebäude, stellte ein Observatorium her, versah die Anstalt mit Büchern und Instrumenten und stiftete Freiplätze für unbemittelte Zöglinge, die in der Medizin und Astrologie Unterricht erhielten. Zu denjenigen Astrologen, welche vom Hof am meisten begünstigt wurden, muß man Errard von Conti, Leibarzt des Königs, zählen; dann Wilhelm von Loury, dem die Aufgabe zugefallen war, dem König Johann während seiner Gefangenschaft die Zeit zu verkürzen; Peter von Valois; Andreas von Sully, der aus den Gestirnen die Geburtszeit der größten Herrscher erschaute, wie unter andern die Karl VI., des Herzogs von Orleans und des Herzogs von Burgund.

Nach dem Beispiel des Königs wollten auch hochgestellte Personen und fürstliche Häuser Astrologen in ihren Diensten haben. So erwählte sich

Karl von Blois den Astrologen Michael von St. Mesmin, der, wie man sagte, all seine Kräfte anstrengte, die unglückliche Schlacht von Auray abzuwenden. Zur Seite Bertrands von Guesclin stand Yves von St. Brandin, der ihn bei seinen Unternehmungen selten verließ, und wenn Tiphagne Raguenel die Ehre erhielt, die Gesellschafterin des Bretagnerhelden zu werden, so verdankte sie dies nicht minder ihren Kenntnissen in der Astrologie, als ihrer Tugend und Schönheit. Tiphagne hatte die Astrologie in der Schule Yves Darriaus und Dinans studiert. Das Haus Orleans unterhielt den Astrologen Gilbert von Chateaudun. Nikolaus von Pagnika und sein Gefährte Johann Laurent standen beim Herzog von Burgund in hohen Gnaden. Sie alle zeichneten sich dadurch aus, daß sie die Diener der Gerechtigkeit auf die Spuren der Diebe und Giftmischer leiteten. Auch zur Ausführung der kitzlichsten Geschäfte wurden Astrologen beigezogen. So war es Michael Trubert von Angers, der auf Befehl des Herzogs von Anjou mit Clemens VI. bezüglich der Expedition nach Sizilien das Übereinkommen traf; und Jakob von St. Andrä, Kanoniker von Tournay, wurde nach England gesandt, um die Freilassung König Johanns auszuwirken.

Astrologie und Wahrsagerei aller Art vermengte sich aufs innigste mit den verschiedenen Begebenheiten des Lebens.[1] Es gab bald nicht einen großen Mann mehr, dessen Geschichte nicht schon zum voraus war verkündet worden. Eine Klosterschwester hatte in der Hand und auf dem häßlichen Gesicht Bertrands von Guesclin gelesen, daß er einmal Frankreichs Erretter werde, und seine Heldentaten prophezeit, als er kaum noch die Wiege verlassen hatte. Ein Schwarzkünstler von Toledo hatte mehrmals verkündet, daß Heinrich von Transtamare König von Spanien würde – lange Zeit, ehe Heinrich selbst nur daran dachte.[2]

Und doch war nichts nutzloser als diese Prophetien. Alles war durch die Wahrsager vorausgesehen, ohne daß aber irgend etwas verhindert wurde. Es schien, daß die von den verheißenen Übeln bedrohten Leute ihrem Geschick selbst entgegenrannten. Wenn sie an die Voraussicht der Propheten nicht glaubten, warum nahmen sie zu ihnen doch ihre Zuflucht, und wenn sie daran glaubten, warum trafen sie nicht ihre Vorsichtsmaßregeln?

Eine alte Hexe von Granada hatte Peter dem Grausamen vorhergesagt, daß er sich der Ermordung einer der tugendhaftesten Frauen schuldig machen und infolge dieser Bluttat sein Königreich verlieren werde. Er erinnerte sich daran, als es zu spät war. Vom Thron gestoßen, nahm er aufs neue zur Wahrsagerei seine Zuflucht, und der weise Kleriker, an den er sich wandte, verhieß ihm nach einem der Kartenschlägerei ähnlichen magischen Verfahren, daß er sein Königreich wiedergewinnen, sich nicht bessern und das zweite Mal mit dem Thron auch das Leben verlieren werde. All dies ging auch in Erfüllung; wozu nützte ihm aber die Kenntnis der Zukunft?

Es scheint nicht, daß das Ansehen der Astrologie während der Regierung des Nachfolgers Karl V. gesunken wäre. In der Tat liest man in der

Chronik des Mönchs von St. Denis:[3] Es war noch kein Monat, daß Karl von seinem Zug nach Flandern zurückgekehrt war, als ein englischer Ritter, der durch seine Tapferkeit berühmt, unter dem Namen Peter von Courtenay bekannt und bei dem König von England früher sehr beliebt war, die französische Ritterschaft in der Person des Guy de la Tremoille beleidigte und mit Genehmigung des Königs zum Zweikampf herausforderte. Guy de la Tremoille nahm die Herausforderung an; da er aber das Unglück von seiner Seite ablenken wollte, wandte er sich, wie die Weltleute bei allen wichtigen Vorfällen zu tun pflegten, an die Hofastrologen, um von ihnen den günstigsten Tag und die Stunde zu erfahren. Als sie nach den Regeln ihrer Kunst den Himmel erforscht hatten, bezeichneten sie einen Tag, verhießen die Niederlage des englischen Ritters, und hellen Sonnenschein zur Verherrlichung des Kampfes. Am festgesetzten Tag erschien die Sonne keinen Augenblick am Himmel, und ein Regenstrom ergoß sich unausgesetzt aus dem finsteren Gewölk; der Kampfplatz war derart durchgeweicht, daß das Wettgefecht unmöglich stattfinden konnte. Es wurde deshalb vertagt und endlich durch Vermittlung Karl VI. ganz verhütet. Der Monarch hatte vielleicht befürchtet, daß die unter so düsteren Vorzeichen verpfändete Ehre Frankreichs einen Stoß erleiden möchte. Solche Gedanken darf man ohne Gefahr einem Fürsten zumuten, der nichts unternahm, ohne die Astrologen um Rat zu fragen, und der durch den glücklichen Ausgang des Flamänder Feldzuges in seinem Aberglauben bestärkt werden mußte, da er denselben aufgrund eines Traumes unternommen hatte, der ihm den Sieg verkündet hatte.

Doch glaubte man nicht, daß der Zufall den Astrologen immer so übel mitgespielt hat, wie bei dem obigen Ereignis; mehr als einmal kam ihnen ein glücklicher Umstand wohl zustatten. Jakob von Tortona, Astrologe und Arzt Karl des Bösen, hatte diesem Herrscher vorhergesagt, daß er an übergroßer Hitze sterben werde; nun aber starb er – lebendig verbrannt in einem mit Branntwein getränkten Tuch, in das man ihn zur Mehrung seiner Kräfte eingewickelt und dem man unvorsichtigerweise das Licht nahe gebracht hatte. Als Karl VI. den berühmten Hirschen erlegte, der ein Halsband mit der Inschrift trug: *Caesar hoc me donavit*, und aus dessen Veranlassung die Könige Frankreichs ein Hirschgeweih als Träger ihres Wappens nahmen, da hatte ein Astrologe namens Michael Tournerok den Tag und die Stunde der Jagd ausgewählt. Ein solcher glücklicher Zufall genügte, einen Astrologen für sein ganzes Leben berühmt zu machen.

Gleichwohl fehlte es nicht an Leuten, welche sich ungescheut über die astrologische Wissenschaft lustig machten. Der Verfasser des „Traumes des alten Pilgers" – Philipp von Maizieres oder Raul von Presles – bewies, daß Thomas Pisaner, auch Thomas von Florenz genannt, Vater der berühmten Katharina aus Pisa, – nachdem er ihn grausam verspottet hatte – in seinen Vorhersagen sich fast immer getäuscht habe. Nikolaus Oresme hatte *ex professo* gegen die Astrologen geschrieben.

Karl VII., sonst so vernünftig, war in dieser Hinsicht nicht klüger als sein Vater. Er zog häufig einen Astrologen zu Rat, der zu Orleans geboren war, Johann Kollemann hieß und für den er eine besondere Hochachtung hegte. Johann Kollemann verlegte sich viel auf Beobachtung und schrieb wenig, woraus hervorgeht, daß er ein Mann von Verstand war. Dennoch sagt Phares, daß er durch allzu sehr fortgesetzte Beschauung des Mondlaufes gefühllos geworden war. Er fügt bei dieser Gelegenheit an, daß das Mondlicht das Gehirn bedeutend vermindere, und daß es nicht gut sei, allzu aufmerksam und allzu anhaltend ihn zu betrachten. Simon von Phares hatte ihn wahrscheinlich öfter betrachtet; man bemerkt deutliche Spuren davon in seinem Werk.

Außer diesem hatte Karl VII. einen Astrologen mit 400 Pf. Gage, der Ludwig Delangle hieß, und der die Arzneiheilkunde gemeinschaftlich mit der Astrologie betrieb. Diese beiden Wissenschaften ergänzten sich wechselseitig. Ludwig Delangle, Verfasser mehrerer Werke und vorzüglich einer Übersetzung des Traktates über die Nativitäten von Johann von Sevilla, sagte, wie man versichert, den Sieg zu Formigni und die Pest zu Lyon vorher. Er konnte sein Leben als Astrologe nicht besser beschließen, als indem er sich selbst seinen Tod prophezeite, und sich durch religiöse Übungen, die vierzehn Tage dauerten, darauf vorbereitete. Er starb, erzählt man, am fünfzehnten Tag, und die Wahrheit des Berichtes ist um so natürlicher, als ein derartiges Zutreffen nicht das einzige in der Geschichte der Astrologie ist. Alle Arten von Überhebung und Dünkelhaftigkeit können zum Selbstmord führen. So urteilt Erasmus, der die Astrologen gut kannte. Auf ähnliche Weise hat Hieronymus Cardan seinen Tod auf den 21. Sept. 1576 angekündet, von seinen Freunden während der drei vorangehenden Tage Abschied genommen, und sich dann – in einem Alter von fünfundsiebzig Jahren ausgehungert, um seine Vorhersagung zu bewahrheiten.

Es wäre zu verwundern, wenn der abergläubische *Ludwig XI.* sich nicht blindlings in die Träumereien der Astrologie gestürzt hätte; und in der Tat blieb er hierin nicht zurück. Er hielt wenigstens zwei Astrologen in seinem Sold; den berühmten Florentin von Billiers, Botaniker, Arzt und Talismanverfertiger, der zu Lyon eine öffentliche Schule der Astrologie gründete, die sogar Karl VIII. zu besuchen nicht unter seiner Würde hielt, und den nicht minder berühmten Italiener Angelo Catto, früher im Dienst Karl des Kühnen, den er mit Grund von seinem Zug gegen die Schweizer abhalten wollte. Ludwig zog ihn an seinen Hof und gab ihm das Bistum Vienne in der Dauphiné. Man kann nicht genau bestimmen, wie weit seine Kenntnisse in der Astrologie sich erstreckten; doch rühmte er sich, wenn wir der Aussage Philipps von Commines[4] Glauben schenken, Ludwig XI. die Niederlage und den Tod Karls von Nancy fast in dem Augenblick gemeldet zu haben, da diese Vorfälle eintraten. Als er nämlich am Dreikönigstag diesem Monarchen in der Kirche St. Martin in Tours, das von Nancy zehn Tagesreisen entfernt liegt, während der Messe den Friedensgruß gab, sprach er zu ihm: Sie haben den Frieden, denn Ihr Feind ist tot und seine Armee geschlagen! – Es wäre gut, wenn es wahr wäre, oder vielmehr es ist besser oder – schlimmer, weil es ein Beweis jener Inspirationen ist, die in das Gebiet der satanischen Ekstase gehören. Nicht anders verhält es sich mit dem, was man von Johann Spirinx erzählt, der dem Herzog von Burgund jene Niederlage vorhersagen sollte, denn es bedurfte nur wenig gesunden Verstandes, um das Ereignis vorauszusehen, und nur wenig Kühnheit, es zu verkünden.

Die Astrologie mußte mancher Dreistigkeit als Deckmantel und als Ausflucht und Hilfsmittel für manche wichtige Nachricht dienen, wovon die Regenten nicht immer gehörigen Nutzen zogen. Die Hofastrologen verrieten nicht und durften nie die Quelle verraten, wo sie ihre Kenntnisse der Zukunft schöpften; da sie aber vermöge ihrer Verbindungen mit allen Parteien, mit dem Monarchen und den Höflingen, die alle bei ihnen sich Rat erholten, in die meisten Geheimnisse eingeweiht waren, so gewannen sie reiche Einsicht in mancherlei Verhältnisse und kamen oft in die Lage, die wichtigsten Dinge zu leisten. So konnte Dionys Anjorrand dem König Johann die Invasionspläne voraussagen, mit denen der Hof Englands umging. Er gab vor, sie in den Gestirnen gelesen zu haben; aber der vom König pensionierte Astrologe Martin le Normand, der ebenfalls in den Sternen las, konnte nichts dergleichen entdecken.

Durch eben dieses Mittel fand Dionys von Vincennes, Astrologe von Montpellier das Versteck, wo Karl V. seinen Schatz verborgen hatte. Als er dies Ludwig von Anjou mitteilte, der zu seinem italienischen Kriegszug Geld nötig hatte, gab er ebenfalls vor, es am Himmel gelesen zu haben. Doch war es kaum notwendig, so hoch aufzuschauen, weil Errard von Savoisy und vielleicht noch mehrere Personen um das Geheimnis wußten. Dieser Schatz belief sich, sagt man, auf siebzehn Millionen und war im Schloß Melun zwischen zwei Mauern verborgen, die nur als eine erschienen. Savoisy ließ sich mit der Todesstrafe bedrohen und gab erst in Gegenwart des Henkers nach – ein Beweis, daß der Astrologe nur einen Teil des Geheimnisses wußte.

Der Connetabel de la Cerda, der auf Befehl Karl des Bösen in einem Gasthaus zu Laigle gemeuchelt wurde, war durch den Astrologen *Wilhelm von Loury* vor den Anschlägen des Königs von Navarra gewarnt worden. Der Herzog von Burgund, der auf der Brücke von Monterau ermordet wurde, bereute zu spät, den Rat mißachtet zu haben, den ihm ein dem Tod naher jüdischer Astrologe gegeben hatte.

Die Juden, die unaufhörlich hin und her gehetzt und überall zu Hause waren, blieben nicht leicht mit den Entwürfen der Großen unbekannt. Ihre Beziehungen zu dem hohen Adel, der zur Unterhaltung seines Luxus und Bestreitung seiner kostspieligen Unternehmungen fortwährend aus ihrer Kasse schöpfte, setzten sie wohl auch instand, ihre Geheimnisse innezuwerden.

Mainfried von der Jordansinsel, apostolischer Vikar, war ein erfahrener Arzt und geschickter Astrologe; wer wollte es auf die Bestätigung seiner Zeitgenossen hin in Zweifel ziehen? Gleichwohl war er in der Kenntnis der Gestirne zu wenig bewandert, als daß er Philipp den Schönen auf den ausgelassenen Wandel seiner beiden Schwiegertöchter Margaretha und Blanka von Burgund und ihren unerlaubten Umgang mit Philipp und Walther von Aunoy aufmerksam hätte machen können. Die königliche Familie allein blieb hierüber in Unkenntnis.

Und als ob die beiden Brüder dadurch, daß sie die Leichfertigkeit der zwei Gattinnen mißbrauchten, noch nicht zu viel gewagt hätten, ward ihnen außerdem bewiesen, daß sie den Gatten den Tod anzuhexen versucht hatten; deshalb wurden sie denn lebendig geschunden, und zuletzt auf einer frisch gemähten Wiese zu Tode geschleift. Eine unnütze und schreckliche Rache, die nichts wiedergutmachen konnte und die Grenzen der Gerechtigkeit überschritt.

Die Regierung Philipp des Schönen hatte auch den berühmten *Johann von Meun* in seiner Blüte gesehen, der wegen seiner ungleich langen Beine der Knapper *(Clopinel)* genannt wurde, Alchimist und Astrologe, und in beiden Fächern ziemlich unglücklich war, aber durch seine Erfolge in der Poesie unsterblichen Ruhm erwarb. Warum war er auch nicht so klug, sich mit dem Versmachen zu begnügen?

Es gibt in dieser Periode kein wichtiges Ereignis, an das sich nicht der Name eines Astrologen knüpft. *Johann von Sizilien* sagte die Wahl Kaiser Sigmunds vorher. Von demselben Johann von Sizilien erfuhr Boucicant die von Franz Luzarbo und dem Marquis von Montserrat angezettelte Verschwörung, infolge deren die Republik Genua das Joch Frankreichs abschüttelte. *Gui Bonati,* ein renommierter Astrologe, hatte die Gestirne befragt, um in dem Krieg, der auf die sizilianische Vesper folgte, den günstigsten Augenblick zu einem Ausfall gegen die Franzosen zu erfahren, welche Forli belagerten.

Die Astrologie stand damals in höchster Blüte; wer nicht an sie glaubte, galt für einen Schwachkopf und erbärmlichen Klügler. Wenn irgendeine freie Stimme zugunsten der gesunden Vernunft zu protestieren wagte, so ward sie deshalb von dem Geschrei der Menge übertäubt. Der berühmte *Johannes Gerson* machte hierin eine bittere Erfahrung. Da er nämlich den Versuch sich erlaubte, das Buch der Nativitäten von Johann von Meun in einem bescheidenen Traktat, den er „Astrologie vom Gesichtspunkt der Theologie" betitelte, zu verdammen und so einigermaßen die Gewalt dieser Herrscherin des Tages zu beschränken, erregte er einen solchen Sturm von Schmähungen, daß er darob „ganz verwirrt und erschreckt war", sagt Simon von Phares. Und doch hatte er große Schonung angewendet und der Wunsch, mit den Astrologen nicht geradezu zu brechen, hatte seinem Gewissen peinliche Opfer auferlegt.

Zu jeder Zeit hielt der große Haufe sich fest an ein Wort, statt an eine Sache, und dieses Wort hüte man sich anzutasten, denn er wird dasselbe mit einem Eifer verteidigen, wie man einen Abgott zu schützen pflegt. Man kann den Gegenstand seiner Verehrung ändern, aber man wird vergebens ihn zu unterdrücken den Versuch machen. Ob Religion, Politik oder Vorurteil gilt hier gleich. Die Klügsten gehen dem Lauf des Stromes aus dem Weg; er reißt diejenigen mit sich fort, die ihm Widerstand leisten.

Man rechnete es Gerson als zu große Verwegenheit an, andere Meinung zu hegen als sein Lehrer, der berühmte Kardinal Peter d'Ailly, der keinen Anstand nahm, in Verbindung mit Rutilianus und nach dem Beispiel Albert des Großen sogar das Horoskop Jesu Christi zu stellen, um durch so ein gewichtiges Exempel die Zuverlässigkeit der astrologischen Wissenschaft darzutun. Diese Gelehrten hatten in den Stellungen, welche Mars und Jupiter bei der Geburt des Erlösers einnahmen, die genaue Zahl der Dämonen gefunden, die er aus den Leibern der Besessenen austreiben, und die Todesart erkannt, die er erleiden sollte.

Obwohl Peter d'Ailly in so hohem Grad von der Astrologie angesteckt war, so sind doch – offen bekannt – seine astronomischen und kosmologischen Arbeiten nicht zu verachten. Ihm vielleicht verdankt man die Idee, welche zur Entdeckung der neuen Hemisphäre führte. Christoph Kolumbus hatte sein Werk „Bild der Welt" eingehend studiert und seine eigenen Bemerkungen am Rande beigefügt.

Doch kehren wir zu Ludwig XI. zurück, den wir schon zu lange aus den Augen verloren haben. Wenn dieser Regent, der die ganze Welt zum besten hielt, je verdient hat, auch hinwieder genarrt zu werden, so ward diese Ehre einem Astrologen zuteil. Derselbe hatte nämlich den Tod einer Dame vorhergesagt, welcher Ludwig sehr zugetan war; da nun die Folge seine Voraussage rechtfertigte, berief der König, außer sich vor Ärger, den Astrologen und legte ihm die Frage Domitians vor: „Wenn du alles weißt, weißt du auch, wann du sterben wirst?" Aber der neue Askletarion zog sich geschickter aus der Schlinge, als sein Vorgänger; er antwortete: „Es ist dies ein Geheimnis, das mir meine Kunst nicht vollkommen enthüllt hat; doch glaube ich in den Sternen gelesen zu haben, daß ich drei Tage vor Euer Majestät sterben wäre." So bewirkte er, daß ihn Ludwig XI. am Leben ließ.

Karl VIII. teilte, wenn nicht die Todesfurcht, so doch die Schwäche seines Vaters bezüglich der Astrologie. Er bezahlte einen Himmelsglobus, den Wilhelm von Carpentras verfertigt hatte, mit zweitausend Talern. Auch vermied er es, in der Verordnung, die er gegen die Hexenmeister und Wahrsager erließ, der Astrologen Erwähnung zu tun. Diese letzteren wiesen als Jünger einer respektablen Kunst, die sich tiefen Studien und gelehrten Spekulationen ergaben, jede Berührung mit der Magie weit von sich; und als später die Kirche ihre Vorhersagungen und Schriften verdammte, so geschah dies nicht ohne große Verwunderung und Entrüstung von ihrer Seite.

§ 2 Invasion der Franzosen in Italien – Vorbedeutungen und Vorhersagungen

Da nun die Geister von solchen Ideen eingenommen waren, konnte es nicht fehlen, daß die Astrologie und Magie auch in den Kriegszügen der französischen Herrscher nach Italiens Gebieten eine wichtige Rolle spielten – jenen ruhmreichen Epochen nämlich, die mit Blut geschrieben den alten Kreuzzügen glichen, und als Resultat in ganz Europa den Samen einer neuen und lebenskräftigen Zivilisation ausstreuen mußten, die Italien für sich allein behalten zu wollen schien. Es gefiel sich in seinem kecken Übermut und bezeichnete voll Verachtung die übrigen Völker als Barbaren, ohne zu bedenken, daß es in der Bestimmung der ungebildeten Nationen liegt, sich allenthalben in die Wogen der Zivilisation zu tauchen.

Die italienischen Feldzüge wurden auf die nichtigsten Vorwände hin beschlossen, gegen alle Regeln der Politik und folglich auch der Klugheit unternommen und mit der kläglichsten Leichtfertigkeit ausgeführt. Doch was liegt der Vorsehung an Vorwänden, Entwürfen und der Weisheit der Menschen? Sie läßt diesen schwachen Werkzeugen in den Händen der Allmacht ihre Beweggründe und bedient sich ihrer Leidenschaften, um sie zu jenem Ziel zu führen, das sie selbst gesteckt hat.

Wenn die ganze Menschheit durch den Zauber eines Wortes in Aufruhr gerät, das sehr häufig von niemand im gleichen Sinne verstanden wird, wenn, von einer neuen Idee begeistert, ganze Nationen sich wie ein Mann erheben und auf das Schlachtfeld stürzen, wo die Zukunft fast immer auf eine Art zur Entscheidung kommt, welche nur wenig mit den Wünschen derer überstimmt, die hierzu das Signal gegeben haben, selbst dann, wenn sie Sieger im Kampf geblieben sind, so ist eben die Vorsehung, welche ihre erhabenen Pläne zur Reife bringt, ohne sie zuerst irgendwie erkennen zu lassen. Ihr Wirken, das in der Zeit sich erfüllt, schreitet langsam, feierlich, majestätisch, unwiderstehlich vorwärts, denn es hat seinen Ausgang in der Ewigkeit. Der Mensch setzt sich einen Zweck vor, den er in einem Tag, in einem Jahr zu erreichen hofft; kaum aber glückt es ihm, demselben nahe zu kommen, so bemerkt er, daß es nur ein Ruhepunkt in dem progressiven Lauf der Menschheit ist, der in eiligem Schritt dahinstürmt, aber nie stillsteht – gleich dem Tagesgestirn, welches das Auge des Beobachters an keiner Stelle des Raumes ohne Bewegung zu erblicken vermag.

Karl VIII. ergriff, um sich eine Bahn mitten über die Alpen zu brechen, mit der einen Hand das Schwert Karl des Großen, der die Pyrenäen überschritten hatte, mit der andern den Pilgerstab, um, wie er meinte, die Höhe des Ölbergs leichter zu erklimmen. Er sah weder Jerusalem, wo er beten, noch Konstantinopel, wo er anhalten sollte, und machte sich nur in Italien bemerklich. Aber er teilte der Welt eine gewaltige Erschütterung mit, die alle Nationen in gegenseitige Berührung brachte. Aus dem heftigen Zusammenstoß sprang ein Funke hervor, dieser entfachte die Flamme, welche bestimmt war, das Jahrhundert der Renaissance zu erhellen, und es leuchtete die Morgenröte eines herrlichen Tages, – wenn der Satan ihn nicht mit den düstersten Wolken verdunkelt hätte.

Die Expedition Ludwigs von Anjou im Jahre 1384 ist durch einen sonderbaren Zug von Zauberei gekennzeichnet, den Froissard folgendermaßen erzählt:[5] „Adonk, ein Zauberer und Meister der Schwarzkunst, kam zum Herzog von Anjou und sprach zu ihm: „Mein Herr, wenn sie wollen, so bin ich bereit, die Burg de l'Oeuf und die in derselben sind, nach Ihrem Belieben in Ihre Gewalt zu bringen." Ludwig von Anjou fragte, durch welche Mittel dies geschehe. Ich werde die Luft über dem Meer so dicht machen, antwortete der Hexenmeister, daß es der Garnison des Schlosses vorkommen wird, als wäre eine Brücke, so breit, daß zehn Mann in Frontlinie dieselbe passieren können, zwischen der Insel und dem Festland geschlagen. Ob dieses Anblicks wird die Burg aus Furcht, erstürmt zu werden, notwendigerweise sich alsbald ergeben. Der Herzog nahm diese Rede mit großer Verwunderung auf, berief seine Ritter, den Grafen von Bendosme, den Grafen von Genf, den H. Johann und Peter von Beuil, H. Moritz von Mauny und die anderen, und trug ihnen vor, was jener Zauberer gesagt hatte. Alle wurden darob höchlich erstaunt und stimmten dahin, daß man ihm Glauben schenke. Aber, wendete der Fürst ein, könnten meine Leute, guter Meister, nicht selbst über diese Brücke schreiten, um die Burg anzugreifen? Herr, erwiderte der Zauberer, ich möchte nicht dafür gut stehen; denn wenn einer der Soldaten etwa das Kreuzzeichen machen würde, so verschwände die Brücke unter ihren Füßen und alle zusammen stürzten ins Meer. Wir machen es gewiß nicht! riefen alle jungen französischen Offiziere sogleich mit lachendem Mund. Gewiß nicht! Herr! Versuchen wir's doch, wenn's beliebt, das mag interessant werden! – Ich will mich darüber beraten, sagte voll Ernst der Herzog von Anjou. Hierauf sandte er nach dem Grafen von Savoyen, der bei der Konferenz nicht zugegen war. Als dieser die Sachlage vernommen hatte, erkannte er bald, daß dies der nämliche Zauberer war, der sich rühmte, schon Karl dem Friedfertigen die Burg de l'Oeuf durch ähnliche Mittel in die Hände gespielt zu haben, um sich gefürchtet und geehrt zu machen. Da er nicht wollte, daß es mit Ludwig von Anjou ebenso gehe, ließ er sich den angeblichen Zauberer vorführen. „Ich will", so sprach er zu ihm, „Herrn Karl dem Friedfertigen zu wissen tun, daß er groß Unrecht hat, wenn er Sie fürchtet; denn er soll versichert sein, daß Sie nie mehr eine Zauberei ausüben, um ihn oder andere zu betrügen." In der Tat – er rief bald einen Kriegsmann herbei und ließ dem Zauberer das Haupt abschlagen.

Es ist vielleicht schade, daß das Abenteuer eine so unsanfte Lösung erfuhr; die Gelegenheit war schön, die Macht des Zauberers zu erproben.

Im folgenden Jahrhundert war der Feldzug Johannes von Anjou durch einen anderen weit abscheulicheren Zauberakt gekennzeichnet. – Eine französische Besatzung ward in der Stadt Sessa durch eine Abteilung spanischer Truppen, die im Dienst König Ferdinands standen,[6] belagert und verschmachtete fast vor Durst, denn die Sonne brannte glühend heiß und die Stadt war ohne Wasser; da sah man Zauberer in geistlicher Kleidung ein Kruzifix mit tausend Beschimpfungen und Verhöhnungen durch die Straßen dahinschleifen. Endlich warfen sie es in eine Schlammgrube und entweihten die heilige Eucharistie auf so schändliche Weise, – daß wir es nicht zu erzählen wagen. Bald darauf erhob sich ein heftiger Sturmwind, der Regen fiel in Strömen nieder, man füllte alle Zisternen und die Spanier waren demgemäß genötigt, die Belagerung aufzuheben.

Es ist geradezu notwendig, ähnliche Tatsachen – trotz des Abscheus, den sie einflößen, der Vergessenheit zu entreißen, um die Magie vom Gesichtspunkt der Moral und Religion aus besser würdigen zu können. Gleichwohl muß man gestehen, daß so geartete Ereignisse das Volk in dem verwerflichsten Aberglauben verhärteten, denn Leute von schwachem Verstand schließen immer, daß das nachfolgende Ereignis das Resultat der vorangegangenen Tat selbst dann ist, wenn gar keine Beziehung zwischen der Ursache und ihrer vermeintlichen Wirkung stattfindet: *post hoc, ergo propter hoc*. Manche Schriftsteller würden sagen: Der Satan ist der Fürst der Welt und Gott gibt ihm die Befugnis, seine Macht zur Verhärtung derjenigen zu gebrauchen, die ihn durch so große Frevel beschimpfen. Vielleicht! Wer weiß? Wer möchte es wagen, sich über die besonderen Pläne Gottes mit Bestimmtheit auszusprechen?

Solch abscheuliches Gebaren blieb auch in Frankreich nicht unbekannt. Bodin versichert, daß er Beispiele hiervon in Gascogne gesehen und daß man dort diesem Verfahren den Namen *tire-masse* (Wasserzieher) gegeben habe. Er fügt an, daß im Jahr 1557 jemand alle Kruzifixe und Heiligenbilder, die er finden konnte, in einen Brunnen warf, ebenfalls in der Absicht, Regen zu erwirken. „Es ist dies", sagt er, „eine markierte Gottlosigkeit, aber man duldet sie ohne Widerrede."[7]

Dem Feldzug Karl VIII. gingen Wunder aller Art voraus: Prophezeiungen, Geistererscheinungen, Himmelsphänomene; es fehlte nichts der Art. Nach dem Bericht Guichardins hatte man in Pouilla drei Sonnen gesehen, von Donner und Blitz begleitet. Zu Arezzo hatte man große Reiterscharen in den Lüften erblickt, man hatte den Lärm ihres Marsches und den Schall ihrer Hörner vernommen und dieses Schauspiel hatte ernste Befürchtungen in den Herzen erweckt.

Es waren Prophetien aller Gattung im Umlauf, durch welche dem König von Frankreich die Herrschaft über Italien, Griechenland und Judäa zugesprochen wurde. Ganz Europa kannte sie; die Muselmänner waren in Furcht vor deren Erfüllung. Konstantinopel war in höchster Aufregung. Pius II. spielte darauf an, als er Ludwig XI. zu einem neuen Kreuzzug aufmunterte und ihm hierbei schrieb, daß die Gottheit den Königen Frankreichs die Ehre aufbehielt, die Türken zu besiegen und die heiligen Orte zu befreien.[8] Seit dem Jahr 1326 ließen sich die beiden Andronike von dem Gerücht in Schrecken setzen, das sich in bezug auf einen zur Wiedereroberung Jerusalems projektierten Kreuzzug verbreitet hatte.

Italien war nach der Aussage Paul Joves am Ende des fünfzehnten Jahrhunderts auf große Ereignisse gefaßt. Jedermann bezeichnete Karl VIII. als denjenigen, der die Verheißung dadurch erfüllen sollte, daß er die Reiche des Orients und Okzidents oder vielmehr die ganze Welt unter seinem Szepter vereinigen würde. Der Gesandte Ludwig des Mohren, der den jungen Herrscher zur Eroberung Italiens anspornte, spiegelte seinen Augen diese rühmliche Bestimmung vor. „Fürst!" sprach er, „glauben Sie den Orakeln! Sie werden an Ruhm und Macht Karl dem Großen, Ihrem erhabenen Ahnherrn, gleichkommen. Die Stimme aller Völker ruft Sie zum heiligen Krieg. Sie werden Konstantinopel, jene Hauptstadt, wo Ihre Vorväter herrschten, den Händen der Barbaren entreißen, von denen sie entehrt und unterdrückt wird. Sodann werden Sie zum Grab des Erlösers eilen und es befreit der Pietät der Christen übergeben; das sind keine eitlen und trügerischen Mutmaßungen, es sind alte Orakel, dem Munde derer entflossen, die durch die Gotteskraft ihres Geistes die Geheimnisse der Zukunft zu durchdringen wußten."

Zur nämlichen Zeit predigte der Dominikaner *Hieronymus Savonarola*, dessen gewaltige Rede die Massen aufregte, wie der Sturm den Ozean aufwühlt, gegen Papst Alexander VI., noch mehr gegen seinen Prunk und wider die Ausschweifung der Sitten, wozu der Hof von Florenz das anstößige Beispiel gab. Er prophezeite Italien die ärgsten Bedrängnisse und die Reform der Kirche durch das Schwert Frankreichs. Er kündete in begeisterter Sprache den Feldzug Karl VIII. an, sogar lange Zeit, bevor davon in Frankreich die Sprache war: Weh dir, o Rom, weh dir, Florenz, rief er aus; ich sehe die Alpen mit Wolken von fremden Völkern bedeckt, die sich auf Italien wie Raben auf ein Aas stürzen. Welch Blut, großer Gott, welch Blut in den Straßen der Städte! Ich höre die Stimme des Totengräbers, der da ruft: Wer hat Tote – Tote? Der eine bringt ihm seinen Vater, dieser seine Gattin, jener seinen Sohn. O Italien, hülle dich in Trauergewand!

Savonarola ward empört bei dem Anblick, daß die heidnische Kunst unter allen Formen wieder auftauchte, daß die Götter des Parthenon und des Kapitols ihre Piedestale wieder bestiegen, in den Theatern glänzten und in Büchern und auf Denkmälern sich breit machten. Er sann darauf, eine rein christliche Kunst zu schaffen; er gründete Kunstschulen und bildete Künstler heran. Er arbeitete an einer großen Reform; sein gewaltiges Genie war einer solchen Aufgabe jedenfalls gewachsen; aber er rechnete zuviel auf die Unterstützung eines erregbaren und schon zu sehr verweichlichten Volkes. Dieses Volk wagte es nicht, ihn gegen die Polizei von Florenz in Schutz zu nehmen, als sie ihn in Banden schlug. Die Menge wohnte teilnahmslos seiner Hinrichtung bei, die am 23. Mai 1498 statt hatte. Der Satan triumphierte: die Renaissance, einmal von ihrem Pfad abgewichen, blieb heidnisch.

Von seiten Frankreichs schien der Krieg gesetzlich und die Eroberung leicht; so viele Prophezeiungen versprachen überdies eine derartige Folgenreihe von Siegen und Wundern, daß es unmöglich war, von ihren

Stimmen und dem lauten Schall der Orakel sich nicht hinreißen zu lassen. Karl unternahm also den Feldzug. Man kennt seinen Verlauf und Ausgang. So trat es neuerdings zutage, daß ohne Mitwirkung der Gottheit jede Prophetie nur eine andere Form der Lüge ist.

Sogar Alexander VI., der bis zum Ende mit stoischer Philosophie den Prophezeiungen Trotz bot und vielleicht durch dieselben mehr geängstigt war, als er zu verraten wagte, Alexander VI., der an Bajazet appelliert hatte, um ihre Erfüllung zu verhindern, verlor all seine Besonnenheit ob einer Voraussagung; auf die Nachricht, daß bei der Annäherung der Franzosen eine Mauerwand Roms von der Länge einiger Klafter zusammengestürzt sei, floh er erschreckt in die Engelsburg und wünschte zu kapitulieren.

Paul Jove hat das Andenken eines anderen ebenso unbedeutenden aber nach den Ideen der Zeit sehr wunderbaren Ereignisses aufbewahrt. Während die Schweizer Novara belagerten, sagt er, verließen die Hunde die Stadt und mengten sich unter die Belagerer, um sie gleichsam durch ihre Liebkosungen zur Vertreibung der Franzosen einzuladen. Die gegen letztere ausgelegte Vorbedeutung erfüllte sich alsbald. – Warum versuchten sie nicht, dieselbe zu ihren Gunsten zu erklären? Wilhelm der Eroberer, der im Augenblick seiner Landung in England hart zur Erde fiel, war geschickter. Er rief: Ich nehme Besitz von dem Land, und er blieb Sieger.

§ 3 *Aberglaube und eitler Glaube*

Die Astrologen, im allgemeinen befähigter als die Wahrsager und auch angesehener als diese, verknüpften zuletzt so viele Bedingungen mit ihren Orakeln und bedienten sich einer so künstlichen und verhüllten Sprache, daß das Ereignis vorhergesehen war, was sich auch immer zutragen mochte. Sie hüteten sich nur vor allzu groben Verstößen gegen Zeit- und Raumverhältnisse. Die Kometen, Sonnenfinsternisse, die atmosphärischen Feuer wurden ihr letzter Anker; hier bot sich ihnen ein weites Feld für vage Prophezeiungen. Das Übel an sich war nicht groß, aber es entsprang daraus eine Menge falscher Ideen und Befürchtungen, deren Herrschaft noch lange sich dem Ende nicht nähern wollte. Überall fragte man noch, was der Komet bedeute, man erschrak ob einer Nebensonne, man fühlte Bangen wegen der Zukunft, wenn ein Nordlicht erschien und unglücklicherweise ließ die Deutung nicht lang auf sich warten, denn immer sind es Unfälle, was die Vorhersager ankünden; und die Übel folgen einander in dieser armseligen Welt auf dem Fuß.

Niemand war diesen nichtigen Ängsten mehr zugänglich, als die Königin *Louise von Savoyen*. Man erzählt, daß sie auf einer Promenade im Gehölz vom Romorantin in der Nacht des 28. August 1514 beim Anblick eines Kometen am nordwestlichen Himmel ausrief: Ah, die Schweizer! die Schweizer! und der festen Überzeugung blieb, daß ihr Sohn einen großen Strauß mit ihnen zu bestehen habe. Die Schlacht von Marignan rechtfertigte ihre Furcht. Wie sollte man demzufolge nicht an die Astrologie glauben? Im Jahr 1531 setzte sie drei Tage vor ihrem Tod die Erscheinung eines anderen Kometen in solchen Schrecken, daß es unmöglich wurde, ihre Einbildungen zu heilen, oder eine leichte Unpäßlichkeit, die sie ans Bett fesselte, durch irgendein Mittel zu entfernen. „Dies ist ein Zeichen", sagte sie, „das Gott den Leuten niederen Ranges versagt, großen Männern und Frauen aber zuweilen erscheinen läßt. Ich muß mich bereit halten!"[9] Sie starb aus Angst und verdiente es wohl. Welche Torheit, sich einzubilden, daß wir das einzige Wesen sind, für das Gott seine Sonne leuchten läßt.

Der großherzige Sohn Louisens von Savoyen wäre unter solchen Verhältnissen kein Held gewesen. Nie verachtete jemand mehr die astrologischen Vorhersagungen als er; in dem Maß, als Karl V., sein Gegner, ihnen beim Volk Verbreitung und sogar beim französischen Hof Eingang verschaffte, gab er *Franz I.* Stoff zum Lachen. Solcher Aberglaube gehörte damals in Spanien zum guten Ton, und der schwache Karl V. glaubte daran, er liebte sie und bezahlte sie gut; er schenkte ihnen all sein Vertrauen und es war auch eine trefflicher als die andere. So war es eine astrologische Vorhersage, durch die sein Großkapitän, der berühmte Anton von Leve ihn zur Ausführung des Kriegszugs in die Provence bestimmte, der für Spanien so unheilvoll endete. Und eine andere astrologische Kunde vermochte den Marquis von Saluzzo, die Partei Frankreichs zu verlassen und der des Kaisers zu folgen, wodurch er sein Marquisat verlor.[10]

Nach der Unterzeichnung des Madrider Vertrags sandte der Hof die beiden Söhne des Königs als Geiseln nach Spanien. Karl behandelte sie mit der nämlichen Strenge wie die gemeinen Verbrecher; kaum daß ein Sonnenstrahl durch ein hochgelegenes Fenster in ihr Gefängnis eindringen konnte. Franz hatte seinen Huissier Bodin abgesandt, um sich vom Tatbestand zu überzeugen und Nachrichten über das Befinden seiner Kinder einzuholen. Bodin fand den Dauphin gewachsen und wollte seine Größe messen. Unmöglich – der Kerkermeister stellte sich wie eine Mauer zwischen sie; es ward ihm nicht gestattet, die Gefangenen zu berühren, noch ihnen zwei Samtkäppchen zurückzulassen, die er mitgebracht hatte. Der Hof ließ sogar den Gast auf einem anderen Weg bis zur Grenze geleiten, ohne ihm zu erlauben, etwas aus Spanien mitzunehmen. Würde man wohl den Grund solcher Vorsichtsmaßregeln erraten? Man befürchtete, daß die Prinzen entflögen. Ein deutscher Magier hatte Franz I. angeboten, sie in den Wolken zu ihm heimzuführen. Der französische Monarch hatte ihm lächelnd geantwortet, daß ihm diese Art zu reisen nicht recht sicher dünke und daß er sich nicht darauf einzulassen wage. Der spanische Hof kannte diese Einzelheiten und war darum nicht wenig beunruhigt. Wie viele ähnliche Züge könnte man aufzählen!

So hatte denn der hochherzige Fürst seinem Hof und folglich auch ganz Frankreich einen solchen Ekel vor der Astrologie und allen Arten Hexerei eingeflößt, daß sie ganz erloschen wäre, wenn nicht seine Schwiegertochter, die Italienerin *Katharina von Medici* dieselbe auf einen Augenblick wieder in Mode gebracht hätte.

Sie hatte in ihrem Gefolge eine große Anzahl Magier und Astrologen; unter anderen den allzu berüchtigten Grafen Ruggieri aus Florenz, den sie trotz seiner Untaten oder vielleicht wegen derselben mit besonderer Protektion ehrte und dem sie die Abtei St. Mahe in der Bretagne verlieh, um ihn für die Leiden einer Gefangenschaft zu entschädigen, die er wegen Verfertigung von Wachsbildern erduldet hatte, mit denen er Karl IX. und der Königin Margaretha den Tod anzuhexen beabsichtigte.

Sie erbaute das Schloß zu Soissons und ließ dort die Sternwarte errichten, die man noch in der Mehlhalle schauen kann. Von der Höhe dieses Turms aus verfolgte sie in der Nacht den Lauf der Gestirne, um sie über den Gang der Angelegenheiten des folgenden Tages zu erforschen; sie hatte sich auch dort die Baustelle erworben, um nicht länger mehr in der Pfarrei St. Germain-l'Auxerrois bleiben zu müssen; denn diese war ihr, wie der Palast der Tuilerien selbst, der doch ihr Werk war, ernstlich verhaßt, seitdem ihr ein Astrologe vorhergesagt hatte, daß sie an einem Ort – namens St. Germain sterben werde.

Alle Astrologen standen bei Katharina in hoher Gunst. Lukas Gaurik erfreute sich ihres Wohlwollens. Auger Ferier widmet ihr seinen Traktat: Urteile der Astronomie über die Nativitäten. Warum dachte sie doch nicht an die Voraussage dessen, der bei ihrer Kindheit schon in der Stellung der Planeten gefunden hatte, daß, wenn sie je einen Thron bestiege, sie ihrem Volk Unglück brächte! Warum wollte sie den Sinn eines Epigramms nicht verstehen, das aus Veranlassung der kindischen Angst, die sie ob der Erscheinung eines Kometen zu erkennen gab, ganz Frankreich durchlief? Wenn das Schweifgestirn uns Unheil verkündet, o Königin, sagte man, so fürchten Sie nichts; Sie werden dann lange leben.[11]

Auf der Brust trug sie beständig die präparierte und mit Zauberziffern versehene Haut eines Kindes. Lukas Gaurik verfertigte ihr einen Zaubergürtel, der sie vor jedem Unfall zu bewahren die Fähigkeit besitzen sollte.

Ferier war wie alle seinesgleichen mehr ein geistvoller Mann als ein Prophet, denn er hatte Heinrich II. vorhergesagt, daß er Kaiser werden und ein hohes glückliches Alter erreichen würde, wenn er die Gefahren, welche sein sechsundfünfzigstes und vierundsechzigstes Jahr bedrohte, beseitigen könnte. Nun aber wurde Heinrich II. nie Kaiser und starb vierzig Jahre alt.

Lukas Gaurik war glücklicher oder vielmehr er war besser unterrichtet, als es sich um ein Komplott handelte, dessen Ausführung nicht ferne war, und er Peter Ludwig Farnese, Herzog von Parma, benachrichtigte, daß die Gestirne sein Leben bedrohten. Der Herzog, dem diese Mitteilung nicht deutlich genug schien, bat den Propheten um genauere Aufklärungen, worauf jener nur erwiderte: Nehmen Sie sich vor den Buchstaben in acht, welche das sechste Wort der Umschrift Ihrer Münze bilden.[12] Farnese aber, statt das Rätsel mühsam zu entwirren, machte sich darüber lustig; doch tat er Unrecht, denn bald darauf wurde er meuchlings getötet. Dies geschah im Jahr 1547.

Katharina von Medici brachte die Astrologie sowohl am Hof als im übrigen Frankreich derart in Mode, daß die meisten Damen einen Astrologen im Sold hielten, den sie ihren Baron nannten und den sie nicht leicht jeden Morgen zu Rat zu ziehen versäumten. Es wäre schwer, ein Verzeichnis all jener prophetischen Almanache zu liefern, die während ihrer Regentschaft erschienen. Johann Vostet, Toinot Arbot, Meister Edmund, Michael Nostradamus der Jüngere, Maria Coloni zeichneten sich als die fruchtbarsten und kühnsten Prognostiker aus. Im Jahr 1574 ließ Nostradamus seine Sammlung der „Vorhersagungen merkwürdiger Begebenheiten" erscheinen, die bis zum Jahr 1585 reichten.

Wenn wir hierin der Aussage Pasquiers glauben dürfen,[13] so war die Fürstin der Schwarzkunst nicht minder ergeben als der Astrologie. „Der verstorbenen Königinmutter" sagt er „welche begierig war, zu erfahren, ob alle ihre Kinder eine hohe Stellung im Staat erhielten, zeigte ein Zauberer in Schloß Chaumont in einem Saal innerhalb eines Kreises, den er gezogen hatte, alle Könige Frankreichs, die regiert hatten und noch regieren werden, und alle machten ebenso viele Gänge um den Kreis, als sie Jahre geherrscht hatten oder herrschen sollten; und als Heinrich III. fünfzehn Umläufe gemacht hatte, trat der verstorbene König fröhlich und vergnügt in den Kreis und machte zwanzig vollständige Touren, und als er die einundzwanzigste vollenden wollte, verschwand er. Nach ihm kam ein kleiner Prinz von acht bis neun Jahren, der siebenunddreißig oder achtunddreißig Kreise beschrieb, und darnach ward nichts weiter gesehen, weil die verstorbene Königinmutter nichts mehr zu schauen begehrte."

Wenn diese Geschichte nicht erst nach der Hand erdichtet wurde, wie dies zur Zeit, da Pasquier schrieb, leicht ausführbar war, so hatte sich der Magier in bezug auf die Regierung Ludwig XIII. um einige Jahre geirrt, was nicht von Bedeutung wäre.

Mit all den Anlagen für Magie, mit denen Katharina von Medici reichlich ausgestattet war, verband sie noch die Fähigkeit, sich in *prophetische Verzückungen* zu setzen. Die Königin Margaretha redet hiervon mit ganz kindlicher Selbstgefälligkeit: „Den Gemütern, die sich durch ungewöhnliche Vorzüge auszeichnen, gibt Gott", sagt sie, „geheime Winke über die bösen oder guten Zufälle, die ihnen bevorstehen, wie der Königin, meiner Mutter, in der Nacht vor dem unglücklichen Turngang träumte, sie sähe meinen Vater am Auge verwundet; sie teilte ihm dies mit und bat ihn zu wiederholten Malen, an jenem Tag nicht auszureiten."[14] – „Als sie zu Metz gefährlich krank lag", fügt die Königin von Navarra hinzu, „und König Karl, meine Schwester, mein Bruder von Lothringen und mehrere Damen und Prinzessinnen um ihr Bett standen, so schrie sie, wie wenn sie die Schlacht von Jarnak hätte auskämpfen sehen: Seht, wie sie vor meinem Sohn fliehen! Sieg! Sehen Sie in dieser Hecke den Herzog von Condé tot? Alle, die zugegen waren, glaubten, sie träume; aber die Nacht darauf brachte ihr Herr von Losses die treffende Nachricht. Ich wußte es wohl, sagte sie. Habe ich es nicht schon vorgestern geschaut? So erkannte man, daß es kein Fiebertraum war, sondern eine spezielle Kunde, die Gott den berühmten und auserlesenen Personen mitteilt, und was mich betrifft, so muß ich gestehen, daß mir nie weder glückliche noch unglückliche Zufälle von Bedeutung zugestoßen sind, von denen ich nicht im Traum oder sonst wie immer Kenntnis hatte, und ich kann mit Grund den Vers auf mich anwenden:

‚Stets ist mein Geist von meinen Wohl und Weh mir das Orakel.'"

Wenn aus dieser Erzählung nur wenig Bescheidenheit herausleuchtet, und wenn zu befürchten ist, daß Margaretha ihrer Mutter mehr Scharfsinn zuschrieb, als sie in Wirklichkeit besaß, so scheint es gleichwohl wahr, daß diese ihren Gemahl wiederholt anging, sich in dem Turnier, das für ihn so unheilvoll wurde, keiner Gefahr auszusetzen. War dies ein Vorgefühl oder bloße Meinung? Die grausame Rache, die sie danach an Montgomery nahm, dürfte leicht die Vermutung nahelegen, daß sie in ihm die Ursache des Mißgeschicks erkannte.

Hier folge auch, was d'Aubigne von derselben Fürstin erzählt:[15] „Auf das Wort des Königs hin", sagt er, „beteure ich die Wahrheit dieses wundersamen Vorfalls, den er mir wiederholt kundgegeben hat. Als nämlich die Königin einmal, früher als gewöhnlich, sich zu Bett gelegt und unter anderen hohen Personen der König von Navarra, der Erzbischof von Lyon, die Damen von Retz, von Lignerolles und von Sauve, von denen zwei dieses Gespräch bestätigt haben, an ihrem Lager standen und sie diesen hastig gute Nacht gesagt hatte, warf sie sich zusammenschaudernd auf ihre Kissen, bedeckte das Gesicht mit den Händen, und rief mit einem gewaltigen Schrei diejenigen zu Hilfe, die um sie her standen; zugleich wollte sie ihnen am Fuß des Bettes den Kardinal zeigen, der ihr die Hand reichte, und mehrmals schrie sie auf: Herr Kardinal! Ich habe nichts mit Ihnen zu schaffen! Der König von Navarra sandte sogleich einen aus seinen Edelleuten in die Wohnung des Kardinals, der alsbald mit der Nachricht zurückkam, der Kardinal sei in eben diesem Augenblick verschieden."

Gleichwohl haben die Ekstasen Katharinas von Medici nie zu so vielen Abhandlungen Veranlassung gegeben, wie die berühmte kabbalistische Medaille, die ihr der Arzt Fernel zum Geschenk machte, um ihr eine Fruchtbarkeit zu verschaffen, auf die sie nach zehn Ehejahren nicht mehr zählte. Katharina ist hier in der unanständigsten Haltung dargestellt, von vielfachen hieroglyphischen Zeichen umringt, zu ihrer Rechten und Linken die Sternbilder des Stiers und Widders, zu ihren Füßen den Namen Ebuleb-Asmodäus, einen Wurfspieß in der einen und ein Herz in der anderen Hand. Als Inschrift liest man den Namen Oxiel.[16]

Abgesehen von all dem, was man hierüber gesagt hat, erbten die Söhne Katharinas von Medici die Neigung ihrer Mutter zur Magie ebensowenig, wie deren Leichtgläubigkeit. Wenn man als wahr hinnehmen wollte, was der Haß der Protestanten auf Rechnung *Karl IX.* ersann, so hätte dieser Fürst alle Morgen eine volle Stunde damit zugebracht, daß er sich in Gegenwart seines ganzen Hofs und gemeinschaftlich mit seinen Höflingen in reißender Schnelle auf seiner Ferse im Kreis herumdrehte, weil ein Zauberer ihm vorhergesagt, daß er so viele Tage leben werde, als er Kreisbewegungen zu machen imstande wäre.[17] Wenn man alles glauben dürfte, was der Haß der Verbündeten (Liguisten) Übertriebenes Heinrich III. zur Last legte, so hätte dieser Regent im Louvre Unterricht in der Magie gegeben, und seine Lieblinge wären alle Magier – und die Bevorzugten lauter satanische, in Menschengestalt verhüllte Geister gewesen. All dies entbehrt der Wahrheit, doch ist gewiß, daß seine Feinde gegen ihn die verwerflichsten diabolischen Mittel anwendeten, denn sie verstiegen sich bis zu Sakrilegien. Da ihre Todanhexungen, Zauberbeschwörungen, die zugleich behexten und geweihten Kerzen, die sie in Prozession umhertrugen und durch rasches Umkehren auslöschten, nicht zum gewünschten Ziel führten, so bedienten sie sich sogar des Messers des Jakob Clemens.[18]

Wir haben bis jetzt von einer der größten oder vielmehr von der erheblichsten astrologischen Berühmtheit unserer modernen Zeiten noch nichts erwähnt – nämlich von *Nostradamus.*

Michael *Nostradamus* wurde am 14. Dezember 1503 gerade zu Mittag im Dorf Saint-Remy in der Provence als Kind einer bekehrten Judenfamilie geboren.[19] Er richtete seine ersten Studien auf die medizinische Wissenschaft, von der die Astrologie noch einen notwendigen Bestandteil bildete und hatte als Lehrer und Führer seinen Großvater von mütterlicher Seite. Als Arzt erzielte er mit Hilfe einiger geheimen Mittel, wovon er später in seinen „Fardements" das Rezept veröffentlichte, so große Erfolge, daß sie die Eifersucht seiner Kollegen, dann ihren Haß und eine Menge Neckereien hervorriefen. Sie behaupteten, daß er in der Heilkunde vollkommen unwissend war, was leicht richtig sein konnte. Überdrüssig seines Standes, zog er sich nach Salon zurück und begann Kalender zu schreiben, in welche er Bemerkungen über die für verschiedene Feldarbeiten passenden Zeiten und unbestimmte Prophetien über die Staatsangelegenheiten und den Tod der Großen einflocht. Ihre Anwendung konnte um so leichter geschehen, da sie sehr vage gehalten waren; und der Prophet, der solch großes Aufsehen, das er mit so geringer Mühe errang, nicht verhoffte, verlor darüber den Kopf. Er hielt sich wirklich für inspiriert und stellte sich, als glaubte er es selbst, schloß sich mit seinen Büchern ein und machte sich den gemeinen Leuten unsichtbar. Das Volk von Salon lebt noch in der Überzeugung, daß er lebendig in eine Gruft hinabgestiegen sei – samt Büchern, Federn, Tinte, Papier und einer nie verlöschenden Lampe, und daß er jeden mit dem Tod bestrafe, der es wagen wollte, seine Einsamkeit zu stören.

Von da an änderte er seinen Namen und ließ sich Nostradamus nennen, worauf ein Gelegenheitsdichter, wahrscheinlich Jodell nach einigen Autoren aber Bourbon, Beza oder Karl Uttenhofen das allbekannte epigrammatische Wortspiel verfertigte, das den Propheten so treffend charakterisiert.²⁰ Da er zur selben Zeit die Prosa mit den Versen vertauschte, so begann er seine Vorhersagungen über alle Arten von Gegenständen oder vielmehr seine Träumereien über nichts in vierzeiligen Strophen herauszugeben. Er bediente sich dabei einer so rätselhaften Ausdrucksweise, daß ihn niemand verstehen konnte, woran keineswegs die Ungeschicklichkeit die Schuld trug. Da er die Astrologie der Kalenderschreiber nicht mehr seiner würdig hielt, so erschwang er sich zur hohen Astrologie und setzte sich in den Kopf, die Geschichte des Weltalls von seiner Entstehung bis zum Jahr 3797 zu verfassen, wie er selbst versichert. Er teilte sein Werk in Centurien, von denen die sieben ersten zu Lyon im Jahr 1555 erschienen. Der Beifall, den sie erhielten, bestimmte ihn, die drei letzten in der nämlichen Stadt im Jahr 1558 zu veröffentlichen.

Dennoch behaupten seine Genossen in der Astrologie, wie vordem seine Kollegen der Medizin, daß er nur ein Stümper sei und bewiesen es, ohne widerlegt zu werden. Sein Kalender für das Jahr 1557 unter anderem ist voll der gröbsten und lächerlichsten Fehler. Einer seiner Kollegen, namens Lorenz Vidal war grausam genug, sie aufzudecken und verschwendete bei dieser Gelegenheit an ihn die Titel: Dummkopf, Esel, Erzvieh und ähnl.²¹

Katharina von Medici und Heinrich II. beriefen ihn an ihren Hof und besoldeten ihn reichlich. Der König bezahlte im zweihundert Goldtaler und bat ihn nach Blois zu gehen und seinen Kindern Besuch abzustatten. Der Herzog von Savoyen und Margaretha von Frankreich, seine Gemahlin, befragten ihn bezüglich der Schwangerschaft der Herzogin, die bald nachher Mutter des berühmten Karl Emmanuel wurde. Der Gouverneur Heinrich IV. führte ihm diesen jungen Prinzen zu, und der Astrologe prophezeite ihm, daß der Knabe König werden und lange Zeit regieren werde. Der zweite Teil der Vorhersage sollte sich zum Unglück für Frankreich nicht erfüllen.

Er ahnte seinen Tod voraus, denn er schrieb über die Ephemeriden von Johann Stadius nur wenige Wochen vorher: Hier naht der Tod; aber er hatte sich hierin zu seinem Nachteil um siebzehn Monate geirrt. Auf einer Rückreise nach Arles, die er im Geleit Karl IX., dessen gewöhnlicher Arzt er war, machte, schrieb er in seine Weissagungen für den Monat November 1567:

> Ich kehre heim; dort stehn die Ehrenpreise.
> Nicht weiter mehr! Zu Gott geht jetzt die Reise!
> Und neben Bett und Bank in todesbleichen Zügen
> Sieht mich der teure Freund, Genoß und Bruder liegen.

Man fand ihn am 2. Juli 1566 auf einer Bank am Rande seines Bettes tot hingestreckt. Dies war die deutlichste seiner Prophezeiungen.

Dieses Jahrhundert war eine vollständige Beute der magischen Künste. Man sprach nur von *Nestelknüpfern* für alle möglichen magischen Zwecke:²² um eine Heirat zu hintertreiben, ein Pferd im vollen Lauf anzuhalten, den Gang einer Mühle zu hemmen, die Hunde an dem Ergreifen des Wildes zu hindern u. dgl., auch trug man alle Sorten Amulette, wendete allerlei Mittel an, wie, daß man die Hunde durch ein Hühnernetz gehen ließ, um sich gegen diesen gefürchteten Zauber zu schützen. Statt für eine zufällig entstandene Krankheit ein geeignetes Mittel zu suchen, nahm man zum Nestelknüpfen seine Zuflucht; und alles war noch durch den Umstand verschlimmert, daß sich die Justiz einmischte. Es geschah eines Jahres, daß alle Hunde und Katzen der Umgegend von Riom von der stillen Wut befallen wurden; man vermutete ein Nestelknüpfen, und ein armer Klosterbruder bezahlte es mit seinem Leben. Der Oberrichter de l'Ankre rühmt sich, eine Menge Nestelknüpfer dem Scheiterhaufen überliefert zu haben.

An die Nestelknüpfer reihten sich die Spender von *Zaubertränken*.[23] Friedrich III., der Schöne genannt, römischer König, starb im Jahr 1330 durch einen Zaubertrank vergiftet, den ihm eine der Hofdamen in der Absicht gab, ihrem Gatten die Zuneigung des Monarchen zu erhalten. Valentina von Mailand vergiftete solcherweise den unglücklichen Kaiser Karl VI., dessen Verrücktheit achtundzwanzig Jahre dauerte, was für Frankreich viel Unheil herbeiführte.[24] Kaiser Karl VI. starb an einem Liebestrank, den ihm seine Gattin, die Herzogin von Cleve gegeben hatte. Peter Lotichius, einer der besten Dichter Deutschlands, gestorben 1560, der berühmte Graveur Heinrich Gaud von Utrecht, blieben infolge ähnlicher Philtren für immer blödsinnig. Durch einen noch frevelhafteren Mißbrauch als jener Versuch an sich war, mischten die Magier, die solch gefährliche Säfte zu bereiten verstanden, zum Überfluß noch die heiligsten Dinge bei. Wenn das Gericht nicht genug Scheiterhaufen besaß, so hat die Hölle gewiß Feuer genug und der Satan darf zufrieden sein.

Gegen diese Zaubergewalt gab es auch gewisse Präservativmittel, aber nur kindische statt heilkräftige. Nach dem Bericht des Julius Capitolinus wußte Kaiser Antonin ein wirksameres zu finden, um Faustina von ihrer törichten Liebe zu einem gewissen Gladiatorenlehrer zu heilen. Er ließ seinen Nebenbuhler enthaupten und befahl der Kaiserin, zwischen seinem Haupt und Rumpf hindurchzugehen.

Rechnet man hierzu all die Vorhersagen, Prophetien, Weissagungen über das *Ende der Welt*, über eine zweite Sintflut, über die nahe oder bereits eingetretene Geburt des Antichrists,[25] so erweist sich, daß das Volk in beständiger Aufregung gehalten war. Albumazar hatte die Jahre 1355 und 1376 als sehr gefahrdrohend für die Welt bezeichnet. Arnold von Villeneuve nahm diese Daten – das erste für die Geburt des Antichrists, das zweite für den Untergang der Welt an. Da aber diese Jahre harmlos verflossen, erneuerte ein deutscher Astrologe namens Johann von Lübeck die Berechnung und fand, daß der Antichrist am 10. März 1504, sechs Uhr, vier Minuten abends geboren werden sollte.[26]

Regiomontanus kündigte für das Jahr 1524 eine zweite Sintflut an und für das Ende der Welt bestimmte er das Jahr 1588. Hieronymus Savonarola benützte diese Prophezeiung und schleuderte sie mitten unter das ob der französischen Kriegsrüstungen zitternde Volk Italiens. Johann Stofler und Kaspar Bruck beuteten sie nach ihrer Weise aus, und brachten sie in Verse. Savonarola nahm sie in sein Wunderbuch *(Liber mirabilis)* auf, das eine reiche Sammlung der gefahrdrohendsten und für die italienische Einbildungskraft aufregendsten Weissagungen war. Das Wunderbuch wurde zu Paris im Jahr 1520 gedruckt, im Jahr 1523 und weiter im Jahr 1524 wieder aufgelegt. Die Almanachschreiber sammelten all dies abgeschmackte Zeug und vermehrten es noch nach Gutdünken. Unruhe und Schrecken griffen überall um sich. In verschiedenen Gegenden Europas sah man die vernünftigsten Leute Barken ausrüsten, und sich mit Lebensvorrat versehen, um der neuen Sintflut Trotz zu bieten. Blasius von Auriol, Professor des Rechts an der Schule zu Toulouse, bewahrte eine solche mit voller Einrichtung unter einem Schirmdach bis zu seinem Tod im Jahr 1540.

Dies ist die Herrschaft des Satans und sein Werk mitten in der Welt: er lügt, um zu täuschen, und täuscht, um zu verführen; er vermehrt die Unruhe, um die Gemüter von nützlichen oder heiligen Dingen abzulenken, die Törichten auf die Pfade zu leiten, die zu Verderbnis, zu Menschenmord und Schändung des Ehrwürdigen führen; er erzeugt frevelhafte Hoffnungen, nährt sie durch überspannte oder schädliche Mittel; er regt die unglückliche Menschheit ohne Rast und Ende auf, kümmert sich ebensowenig um seine Freunde wie um seine Gegner und mißbraucht sogar seine Anhänger nur zu deren Untergang.

Dies aber ist gleichwohl noch die schöne Seite seiner Regentschaft; es bleiben uns noch schrecklichere Dinge zu enthüllen.

Siebzehntes Kapitel

Fortgesetzte Einwirkung des Satans auf die Menschheit

§ 1 *Verbindungen, Verbrüderungen und satanische Sekten*

WÄHREND DES FÜNFZEHNTEN JAHRHUNDERTS vermehrten sich die satanischen Gesellschaften in Frankreich oder vielmehr in ganz Europa auf ungeheure Weise. Der Erlaß von 1490 gegen die Zauberer, infolgedessen der Stadtvogt von Paris einen zweiten mit großem Gepränge im Jahr 1493 herausgab, ließ die Tiefe der Wunde in der Hauptstadt und den Orten seines Bezirks erkennen, denn durch die Aussicht auf den vierten Teil der Geldstrafen war der Eifer der Angeber bedeutend gespornt worden, und so liefen denn von allen Seiten Enthüllungen und überzeugende Beweise ein. Die Gerichtsbeamten wagten es nicht, die Mißbräuche zu dulden, aus Furcht, sich den Schein des Einverständnisses zu geben, die Personen, welche den Ausschreitungen fremd waren, aber sie gleichwohl kannten, wagten nicht länger zu schweigen, aus Besorgnis, für Mitschuldige angesehen zu werden. Auch Stadtbehörden übten während dieses und des folgenden Jahrhunderts das schrecklichste Geschäft aus, das jemals in Vollzug gekommen ist.

Ein Schreiben des Papstes Pius II. an den Clerus von Treguier vom Jahr 1459 beweist, daß die ganze Bretagne damals von jener Krankheit ergriffen war. „Es ist zu unserer Kenntnis gekommen", sagt der oberste Kirchenfürst, „daß der größte Teil der Einwohner des Herzogtums Bretagne sich den Verführungen des Dämon preisgegeben hat. Es gibt in dieser Provinz, fügt er bei, eine Menge Leute, die sich damit beschäftigen, die Zukunft zu enthüllen und Krankheiten durch die Kraft von Zaubermitteln zu heilen oder zu erzeugen. Nicht zufrieden, ein solches Gewerbe auszuüben und sich den tadelnswertesten Handlungen zu widmen, machen sie jedermann die Ehelosigkeit zur Pflicht, wie wenn sie zum Heil unumgänglich wäre." Diese unzweideutigen Worte lassen uns hier die nämlichen Gnostiker erkennen, die seit den ersten Zeiten des Christentums und im Widerstreit mit ihm bestanden haben; und die so ausgebreitete und wahrscheinlich sehr frühzeitige Verbreitung des Gnostizismus in der Bretagne erklärt uns dort das Dasein der *Cacuac*, die wir oben gekennzeichnet haben; so nannte man daselbst die Cagnard und die übrigen Glieder des verworfenen Gezüchtes.

Im achten und neunten Jahrhundert mißdeuteten die *Gnostiker Italiens*, um ihre Ausschweifungen zu rechtfertigen, die Stelle des Evangeliums: „Alle Sünden des Menschen entspringen aus dem Herzen" und zogen daraus die Folgerung, daß keine in anderer Weise vollführte Handlung eine Sünde sei. Im zehnten und elften Jahrhundert stützten sich die Gnostiker der Provinzen Champagne und Brie, um ihre Irrtümer zu begründen, auf die vom Evangelium gegen das Fleisch ausgesprochenen Verwünschungen und schlossen daraus, daß das Fleisch das Werk der Sünde und die Geburt eines Menschen deshalb wenn nicht die einzige, so doch die größte aller Sünden sei. Im vierzehnten und fünfzehnten Jahrhundert verdrehten die Lollharden jene biblischen Stellen bezüglich der Sünden, welche auf der Oberfläche der Erde begangen werden, dahin, daß sie lehrten, Gott kümmere sich um solche nicht, welche unter derselben geschehen.

Man wird in unseren Tagen nur ungern glauben, daß eine so plumpe und gemeine Lehre die Menge zu verführen imstande war und als Lebensregel – kaum als Vernunftlehre – Geltung gewinnen konnte; und doch bezeugen dies die Tatsachen der Geschichte. Die dämonische Imprägnation, durch die Berührung mitgeteilt, breitete sich weiter und weiter aus und rief eine Art Trunkenheit der Sinne und des Verstandes hervor und ist die einzige plausible Erklärung einer solchen Erscheinung.

So waren also jene tausend und tausend Unglücklichen, die auf allen Punkten Europas den Flammen übergeben wurden, keine Verbrecher, sondern Kranke, welche die Heilkraft und die geistlichen Hilfsmittel der

Kirche zur Vernunft hätte zurückbringen können? Das ist in vieler Hinsicht unsere Meinung und wir glauben, daß die gegen sie geführten Kriege nur dann vernünftig und klug waren, als die menschliche Gesellschaft sich in Gefahr befand. Man veranstaltet eine Treibjagd gegen die Wölfe, man würde gegen den Aufruhr der Narren in einem Tollhaus die Waffen ergreifen; für Richter aber gab es hier nur ganz geringes Geschäft.

Diesmal war auch das Übel von *Italien* her[1] nach Frankreich gedrungen, oder wenigstens wurde es von Italien unterhalten und neu belebt. Die Distrikte von Como, Bergamo und Brescia waren im höchsten Grad davon ergriffen. In der Tat waren all jene Magier Anhänger des Gnostizismus, denen Papst Leo X. in der Bulle *Honestis* die Verbrechen der Lossagung von Gott, von Christus und der Taufe, der Schlachtung kleiner Kinder, der Anbetung des Dämon unter einer sichtbaren Gestalt, sowie Hexereien und Zaubereien aller Art vorwarf. Als Bernhard von Retegno, der im Jahr 1505 von Papst Julius II. als *Inquisitor* in diese Provinzen gesandt worden war, dort seinen Richterstuhl aufgeschlagen hatte, wies er nach, daß die Verfolgungen schon seit mehr als einem und einem halben Jahrhundert andauerten, ohne dem Übel vollkommen gesteuert zu haben. Und das Übel war dort, sagt Spina, so bedeutend, daß der Inquisitor und seine sechs Gehilfen alljährlich tausend Personen den Prozeß machen mußten und außerdem jedes Jahr mehrere Hundert dem weltlichen Arm überantworteten. Nun aber darf man nicht aus den Augen verlieren, daß die Inquisitoren dem weltlichen Gericht nur diejenigen Angeschuldigten übergaben, welche solche Verbrechen verübt hatten, die durch die bürgerlichen Gesetze verpönt waren, und dabei sich unverbesserlich zeigten, und daß sie nur jenen Sündern den Prozeß machten, welche die vierzig Gnadentage nicht benützt, um sich mit einem geheimen Indulgenz- oder Ablaßbrief zu versehen, oder welche denselben mißbraucht hatten.

In der Grafschaft Burbia bei Como wurde nachgewiesen, daß diese Nichtswürdigen bei ihren Gelagen das Fleisch kleiner Kinder verzehrten. Der Inquisitor von Como leitete aus dieser Veranlassung einen Prozeß ein, infolgedessen einundvierzig Personen den Flammentod erleiden mußten. Eine größere Anzahl entging demselben nur durch die Flucht nach Tirol.[2]

Tirol selbst und besonders das Tal Oglio waren nicht minder angesteckt. Da der Inquisitor Bartholomäus Homat mit dem Podesta Mandrisio und dem Notar der Inquisition in einer Nacht einer Sabbatfeier beiwohnte, um über derartige Vorgänge gründlicher Rechenschaft geben zu können, so wurden diese drei von jenen Elenden der Art mißhandelt, daß sie wenige Tage darauf starben.[3] Das einzige Zeugnis, das sie vor ihrem Tod ablegen konnten, war, daß sie eine Menge Personen jeden Alters und den bösen Geist gesehen hätten, der sich von ihnen anbeten ließ.

Im Jahr 1517 geschahen weitere Verfolgungen und eine große Zahl der Bewohner des Tales Oglio waren den Flammen übergeben worden. Dies erweckte eine Empörung und neue Verfolgungen wegen des Aufruhrs.

Bald aber besaß das Gericht nicht mehr die Gewalt, sich Achtung zu verschaffen und die Verhaftungen in Vollzug zu setzen. Der Gerichtshof der Zehn zu Venedig nahm die Sache in die Hand und stellte die Ruhe wieder her, ohne jemanden zu bessern, denn im Jahr 1523 und auf Befehl Leo X. gab es noch Verfolgungen in der Umgebung von Como – immer gegen die nämlichen Sektierer, welche die Taufe verwarfen, den Satan als ihren Herrn und Meister anerkannten und auf Menschen und Tier Lose warfen.

Der heilige Karl Borromäus, Bischof von Mailand, hielt in eigener Person eine Mission für jene Betörten im Tal Mesolieno im Graubündnerland. Durch die Kraft seiner Predigten, durch Geduld und Ausdauer brachte er eine große Anzahl Abgefallener zurück und stellte die Ordnung wieder her, ohne jedoch elf alte Weiber, die hartnäckiger als die übrigen waren und sich schon ganz und gar in die Bande des Satans verstrickt hatten, und außer diesen noch den Stadtvogt von Roveredo selbst gewinnen zu können, so daß er diese dem Inquisitionsgericht überlassen mußte.[4]

Wir haben schon erwähnt, in welchem Zustand sich die deutsche Schweiz und die Rheinprovinzen im Jahr 1488 befanden und haben auch der Verwüstungen der Lollharden in Österreich und Böhmen gedacht. Das Unheil dehnte sich bis nach *Franken* aus, denn es wurden dort noch im Jahr 1627 und in zwei folgenden Jahren hundertachtundfünfzig Personen wegen Verbrechens der Zauberei und der Anbetung des Satans den Flammen überliefert.

In Friesland, Mecklenburg und Ostrußland – im Herzen des Protestantismus sogar – verzehrten während des fünfzehnten und sechzehnten Jahrhunderts die Scheiterhaufen jeden Tag neue Opfer.

Diese ansteckende religiöse Fäulnis drang bis in die Gebirge *Skandinaviens* und brach zuerst im Distrikt Elffdal aus.[5] Im Jahr 1559 zeigte sie sich zu Mohra und in den umliegenden Gegenden. Die makellos gebliebenen Bewohner baten selbst die Regierung zu raschen und kräftigen Mitteln zu greifen, um dem Unwesen Einhalt zu tun. Man ordnete also eine aus Geistlichen und Laien gebildete Kommission ab, um die Prozesse einzuleiten und die nötigen Maßregeln zu treffen; demnach wurde erwiesen, daß der einzige Marktflecken Mohra siebzig Hexen zählte und daß sie dreihundert Kinder mit dem Zauber oder der dämonischen Anschwängerung belastet hatten. Achtunddreißig von jenen und diesen erlitten die Todesstrafe, sechsunddreißig Kinder wurden mit Ruten gepeitscht und zwanzig andere wurden zu einer öffentlichen Buße verurteilt.[6]

Zu diesen großen und allgemeinen Wehen fügte die Schilderhebung der *Reformatoren* nur noch viel größere. Die Reform war ein Gedanke, der alle Bereiche durchflog, den man mit der Luft einatmete, ein Wort, das auf jeder Zunge schwebte, ob in gutem oder üblem Sinne, zuletzt aber doch auf allen Zungen. Reformieren – aber was denn? Die Kirche reformieren an Haupt und Gliedern, nach der allgemeinen Redeweise, d.h. jedermann, von dem Papst bis zum Schuhflicker des Dorfes – kurz die ganze

Welt. Ohne Zweifel eine große und um so schwierigere Aufgabe, als jedermann den Reformator spielen und niemand reformiert werden wollte. Was weiter? Das christliche Dogma? Jede Reform in dieser Hinsicht war, ist und wird immer unmöglich sein; die geringste Reform würde es vernichten. Von dem Augenblick, da es in einem einzigen Punkt reformabel wäre, würde es kein göttliches, sondern ein menschliches Dogma und infolgedessen nicht mehr das Christentum sein. Ob es die stolze Vernunft zugibt oder nicht, wofern sie nur an einem einzigen Dogma rüttelt, so bleiben nichts mehr als Trümmer in den Händen. Die Sitten reformieren? Hier gab es reichen Stoff, aber gerade hier war es, wo ein jeder am anderen die Reform anwenden wollte.

Eine untergeordnete Frage – über den Mißbrauch der Ablässe – die durch den verletzten Ehrgeiz eines Mönches aufgeworfen wurde, der mit der Verkündung der neuen Gnadengabe nicht betraut worden war, brachte die Mine zum Losbruch. Wie ein Lauffeuer schlängelte sich das Verderben seit dem Jahr 1518 über Europa hin. Alle Reformatoren, die sich gegenseitig selbst und auch die Kirche anfeindeten, die jeder von seinem Standpunkt aus zu reformieren beabsichtigte, verbanden sich gleichwohl zu gemeinschaftlicher Verneinung, die sie durch ein einziges Wort: *Protestantismus* ausdrückten. Sie protestierten alle von verschiedenen Gesichtspunkten aus, aber alle gegen dasselbe Objekt, nämlich die katholische Kirche. Seit drei und einem halben Jahrhundert ist der Protestantismus geblieben, was er anfangs war – eine tausend- oder millionenfältige Verneinung der Haupteinheit des Christentums – der Kirche. Allererst gruppierten sich die Negationen in einzelne Fächer, jetzt gehen sie auseinander, zersplittern sich und treten isoliert auf. Desto besser! Da, wo die Allgemeinheit des Bekenntnisses zu bestehen aufgehört hat, gibt es keine Armee zu bekämpfen, sondern vereinzelte Soldaten.

Die Geschichte des Protestantismus gehört nicht hierher; es genügt, seine Entstehung gezeigt zu haben und an die Ströme Blut zu erinnern, die er vergießen machte. Wie viele Ruinen hat er aufgetürmt, wie viele Unordnungen in den Staaten erregt, wie viele blutige und erbitterte Kämpfe hervorgerufen! Wieviel Haß, Rache und Morde im einzelnen und großen hat er veranlaßt! Und welch grenzenlose Feindschaft, welch blinder gegenseitiger Widerwille, der bis auf unsere Tage herabreicht und bis auf unbestimmte Zeit fortwährt, ward zwischen den Kindern desselben Vaters gestiftet, der Gott ist, den Schülern desselben Meisters, Jesus Christus, den Schiffern, die nach dem gleichen Hafen steuern, dem Himmel! Welch reiche Ernte für den Satan! Welche Triumphe für seine Sache! Welch ein Glück für ihn, wenn er, selbst bei der Betrachtung der Übel, die er der Menschheit zugefügt hat, glücklich sein könnte!

Man glaube ja nicht, daß der Protestantismus die Menschheit frei machte und der *Vormundschaft des Satans* entzog. Er bewirkte das Gegenteil; – daß er die Sitten reformierte, indem er die satanischen Gebräuche aufhob; das Gegenteil; – daß er die Hexenprozesse unterdrückte, die Beweisformen änderte, die Rechtspflege milderte, – das Gegenteil, das direkte Gegenteil! Nie befaßte man sich mit dem Satan mehr, als in der Anfangszeit des Protestantismus; nie war die Rechtspflege mitleidloser, erbitterter und schroffer.

Gleich anfangs war Luther der erste, welcher den Satan in den Vordergrund stellte. Alles, was seiner so veränderlichen Anschauungsweise entgegentrat, war diabolisch; alle seine Widersacher galten ihm als Gesellen des Satans; er äußerte, der Teufel habe den Oekolampadius erwürgt, was die Schweizer sehr ärgerte; im Jahr 1533 veröffentlichte er seine Konferenz mit dem Teufel über die Messe.

Der Satan stieg, durch den Protestantismus aufgerufen, aus der Hölle hervor und der ganze antike Glaube der Christen wurde für satanisch erklärt: Messe, Sakramente, Zeremonien und Liturgie, Bilder und Heilige, himmlische und irdische Hierarchie, Bücher und Theologie – kurz alles. Vom Papst und den Kardinälen bis zum Ausspender des Weihwassers in den Kirchen, das Weihwasser selbst und der Sprengwedel – alles wurde ein Werkzeug des Satans und diabolisch. Der Papst wurde als Antichrist und Rom als das siebenköpfige Tier proklamiert.

Die Hexenprozesse kamen also in der vernünftelnden, emanzipierten Kirche nicht in Abfall; weit entfernt. – Von einem ganz frischen und kräftigen Haß gegen die katholische Kirche und gegen den Satan beseelt, bewaffnete sie sich mit dem zweischneidigen Schwert und entwickelte eine von der Inquisition ganz verschiedene Tätigkeit; wir werden sogleich die Beweise hievon sehen. Der geistliche Gerichtshof wurde durch ein Laientribunal weltlicher Richter ersetzt, die noch heftiger auf die Hexenmeister Jagd machten, und wenn irgendwer dabei gewann, so war es der Satan, denn sein Name wurde vor der Vergessenheit bewahrt und Hekatomben von Menschenopfern wurden ihm geschlachtet.

Fast zu gleicher Zeit mit den Protestanten traten die Wiedertäufer auf und vermehrten all diese Greuel durch andere, wahrhaft satanische Frevel.

Die meisten Schriftsteller betrachten die Wiedertäufer als eine Frucht des Protestantismus; die Protestanten aber weisen dieselben als Fremdlinge zurück, die ihrer Familie nicht wert waren und mit denen sie nie Gemeinschaft gemacht haben. Sie haben recht in Wort und Tat; und Mosheim sagt mit vollem Grund: Die Wiedertäufer sind keine Protestanten. Die Schilderhebung des Protestantismus veranlaßte die des Anabaptismus; das ist alles. Wenn der Ursprung dieser Sekte so dunkel ist, so rührt dies daher, weil sie die Wälder, Ruinen und Höhlen zu ihren Wiegen haben, wo die Lollharden und die übrigen Freunde satanischer Werke ihre Mysterien verheimlichten.

Thomas *Münzer* und Nikolaus *Storch*, die Gründer der Wiedertäufersekte waren eine Zeit lang Zuhörer Luthers, doch säumten sie nicht lange, sich von ihm zu trennen, unter dem Vorwand, daß seine Lehre nicht genug vorgeschritten sei. Sie war es für sie auch in der Tat nicht, denn vom ganzen Christentum wollten sie nur die Taufe der Erwachsenen beibehalten und auch diese nicht als Mittel der Wiedergeburt, sondern nur als Zeichen der Einweihung gelten lassen. Vermittels dieses Zeichens und des Glaubens war das Heil gesichert, wie auch immer die Werke beschaffen sein mochten; hinsichtlich des Glaubens erklärten sie weder den Sinn, noch den Umfang dieses Wortes.

Die Wiedertäufer breiteten sich rasch in Westfalen, Mähren, in der Schweiz, in Thüringen, Schwaben, Franken und den Niederlanden aus; auch in Italien tauchten welche auf. Überall, wo sie sich in großer Anzahl fanden, predigten sie die absolute Freiheit von allem Gesetz und aller Autorität; überall, wo sie Macht besaßen, empörten sie sich und predigten die Vernichtung der irdischen Gewalten besonders der Fürsten, Adeligen, der weltlichen Obrigkeiten, Bischöfe, Priester und Mönche und schritten unverweilt zur Ausführung. Bald waren die Länder mit Blut und Trümmern bedeckt. Doch ließ die Unterdrückung nirgends lange auf sich warten. Dies wurde dann für jeden einzelnen und für alle insgesamt die Losung zur gesetzlichen Abwehr.

Von allen Seiten wie wilde Tiere gehetzt und umzingelt, scharten sie sich endlich in drei Heerhaufen mit einem Effektivstand von mehr als 40000 Mann zusammen. Graf Waldburg vernichtete einen zu Lippe im Jahr 1525. Die Überreste desselben vermengten sich mit dem zweiten Korps, bemächtigten sich Weinsbergs in Franken, wo sie sich der schrecklichen Plünderung ergaben und den Klerus, die Behörden und Adelige niedermetzelten. Der nämliche Graf Waldburg eilte dorthin und vertilgte auch diese. Endlich vernichtete er auch das dritte Korps bei Engelstadt in der Nähe von Würzburg.

Diese Niederlagen entmutigten die Wiedertäufer Thüringens keineswegs, sie reizten vielmehr ihre Wut noch stärker auf. Münzer selbst unterhielt von Mühlhausen aus, wo er seine Residenz aufgeschlagen hatte, und nährte ihre Kampfeswut, indem er ihnen Wunder verhieß. Der Graf von Mansfeld begann damit, ihnen eine erste Schlappe beizubringen, worauf die Armee der verbündeten Fürsten sie am 15. Mai desselben Jahres zu Frankhausen einschloß, 7500 davon tötete und den Rest in der nämlichen Stadt Frankhausen, wo sie eine Zufluchtsstätte gesucht hatten, zu Gefangenen machte. Münzer wurde dort ergriffen und bald danach mit zwei Führern der Empörung enthauptet.

Nach diesen Unfällen zerstreuten sie sich in die Schweiz, Nieder-Deutschland, Westfalen, Friesland und Holland. Zur selben Zeit fiel eine Rotte von mehr als 30000 Köpfen ins Elsaß ein und verheerten es mit Feuer und Schwert. Der Herzog von Lothringen rückte ihnen mit mehr als 6000 Mann entgegen, und bewältigte zu Saverne 2000; die gefangen wurden, verhöhnten die Soldaten, in deren Gewalt sie gekommen waren; diese aber hieben sie schonungslos zusammen. Zwei Tage zuvor, den 18. Mai hatte Graf von Guise ein Heer von 6000, die im Flecken Lauffenstein eingeschlossen waren, bewältigt und niedergemacht. Der Kurfürst von der Pfalz vertilgte ein anderes Korps zu Petersheim bei Worms.

Doch – wir können nicht alle Einzelheiten dieses langen und fürchterlichen Schauspiels erzählen; sie gehören weit mehr der allgemeinen Geschichte an. Wir sollten noch von dem blutdürstigen Johann von Leyden reden, der nach Münzer das Haupt der Wiedertäufer war, sich der Stadt Münster bemächtigte, wo er sich zum König erklären ließ, von wo aus er seine Missionare nach den verschiedenen Punkten der deutschen Länder entsandte, und wo er nach der Einnahme der Stadt, welche am 24. Juni 1535 geschah, hingerichtet wurde, nachdem er eine Belagerung von sechzehn Monaten ausgehalten hatte. Sagen wir vielmehr, was die Wiedertäufer waren.

Wahrhafte *Werkzeuge des Satans*, wirkliche Gnostiker, die auf den höchsten Gipfel dämonischer Anschwängerung gelangt waren, und für die es weder Vernunft noch Beweisgrund, weder Gefühl noch Scham, weder Zaum noch Zügel mehr gab. Man sah ganze Truppen die schamlosesten Entblößungen vornehmen und damit großtun; ganze Banden und Dörfer die tierische Vermischung als ein Heilmittel ausüben; ganze Scharen – Menschenblut in ihr Getränk mischen, um sich durch einen gemeinschaftlichen Bund zur Vertilgung all derer aufzuregen, die nicht so dachten wie sie. Verwüstung, Freiheit in Rede und Tat, Gemeinschaft aller Güter und Personen, und den Himmel zur Belohnung, das war ihr Glaube, ihre Moral, ihr Ziel.

Aber waren dies etwa lauter Räuberhorden? Keineswegs! Sie waren überzeugt, vollkommen überzeugt, solcherweise das Reich Gottes zu gründen, und sie gingen mit gutem und ganz aufrichtigem Glauben ans Werk. Wäre es anders gewesen, so hätte man nicht die Beobachtung machen können, wie nach der Schlacht von Engelstadt mehr als dreihundert sich in Höhlen aushungerten und dabei den Himmel durch ihre gewohnten religiösen Übungen anriefen in der Hoffnung, daß die Engel kämen, sie zu speisen, oder daß sie wenigstens als Märtyrer stürben. Man hätte nicht dreihundert andere einen Berg bei Appenzell besteigen und den Himmel auf gleiche Weise anflehen sehen in der Erwartung, daß sie von da mit Leib und Seele erhoben würden. Man hätte sie nicht in den meisten Gefechten ohne Waffen, halb oder nur mit Stöcken ausgerüstet dem Feind entgegenziehen sehen unter dem Vorwande, daß dies apostolische Kriege seien und daß Gott für sie stritte. Die zu Frankhausen kämpften, hätten nicht den Glauben gehegt, daß dieser Häuptling alle Büchsenschüsse in seinem Ärmel auffinge.

Johann von Leyden verfiel häufig in Ekstase; er hatte Verzückungen, die oft drei Tage andauerten. Münzer war ein großer Ekstatiker; der heilige Erzengel Michael hatte in ihm Fleisch angenommen. Storch erfuhr viele Ekstasen. Gott hatte ihm den Erzengel Gabriel als zweite Seele gegeben. Balthasar Hubmeyer, der in der Schweiz das Evangelium verkündete, geriet oft in ekstatischen Zustand. Pfiffer, der Adjudant Münzers, war nicht minder häufig verzückt. Desgleichen auch Kaspar Schwenkfeld, welcher behauptete, die ganze Schrift, das Evangelium inbegriffen, sei nichts als ein toter Buchstabe seinen Visionen und Offenbarungen gegenüber.

Aber war dies auch ihr Ernst? Gewiß, sie glaubten es fest, außerdem hätten sie ihre Vorsichtsmaßregeln getroffen und nicht alle Torheiten begangen, die sie selbst und die ihrigen der Vernichtung entgegenführten. Man hätte sonst unter ihnen nicht Rotten von zwei- bis dreihundert Personen gesehen, die plötzlich in Ekstase fielen und gleich Besessenen ohne Zweck und Ziel wahrsagten.

Die Wiedertäufer waren wie die alten Gnostiker in drei Klassen geteilt: Die einfachen Gläubigen oder Pneumatiker, die sich durch den Geist und nicht durch den Buchstaben der Schrift leiten ließen; es war dies der Geist ihrer eigenen Eingebungen; die Reiniger oder vielmehr Gereinigten, auch Katharer genannt, für welche nichts Sünde war, und endlich die Enthusiasten oder Eucheten, wahre Propheten, die übernatürliche Gesichte und göttliche Offenbarungen genossen. Um aber auf diese Stufe zu gelangen, bedurfte es klarer und triftiger Beweise der Anhänglichkeit an die Sekte, harter Proben, langer Fasten, abschreckender Entbehrungen und endlich die Auflegung der Hände und Einhauchung des Geistes. Auch vor dem Auszug und vor den Schlachten legten sie sich wechselseitig die Hände auf und hauchten sich den Geist ein, wiewohl in geringem Grade, immer aber hinreichend, um außer sich, und gleichsam eine Beute blinder Raserei geworden, ins Gefecht zu stürzen; doch war dieser Zustand nie von langer Dauer.

Die Wiedertäufer schieden sich in rivalisierende Sekten, die sich gegenseitig ausschlossen. Es gab auch viele Anhänger der Lehre vom tausendjährigen Reich.

Die Wiedertäufer unserer Tage haben mildere und reinere Sitten, sie sind weniger satanisch als ihre Vorfahren, doch fördern sie noch immer die Kunst der Ekstase und haben keine anderen Prediger, als ihre Verzückten, noch andere Glaubenslehren als ihre Gesichte.

Als es sich darum handelte, diese Ausschreitungen mit Waffen in der Hand zu bekämpfen; da waren die Schranken gezogen und die Unterscheidung leicht; als es jedoch darauf ankam, sie gerichtlich zu unterdrücken, da gestaltete sich die Sache ganz anders. Wir wollen jetzt die christliche Gesellschaft auf diesem zweiten Pfad verfolgen.

§ 2 *Kirchliche Rechtspflege in bezug auf das Hexenwesen*

Bezüglich des Anteils, den die Kirche in dem gerichtlichen Verfahren gegen das Hexenwesen zu nehmen berufen war, herrscht ein großer Irrtum. Man legt ihr gerne die Strenge zur Last, deren Opfer die Zauberer wurden. Gleichwohl bleibt aber wahr, daß sie sich nicht darein mischte, wenigstens in Frankreich seit langer Zeit nicht, d.h. seit dem vierzehnten Jahrhundert, einer Epoche, in welcher die Parlamente sich selbst ausschließlich die Kenntnis dieser Rechtsfälle zusprachen. Der Kirche standen nichts weiter als kanonische Strafen zur Verfügung und ihre Tätigkeit erlosch zur selben Zeit, als diese in Abfall kam.[7]

Nur die römischen Staaten machten hierin eine Ausnahme, weil dort die Gerichtshöfe und Gesetze in einem so hohen Grad bürgerlicher und religiöser Natur zugleich sind.

In den Ländern, wo die *Inquisition* tätig war, erkannte das heilige Offizium über verschiedene Grade des Verbrechens der Magie. In den Kirchenstaaten, zu Venedig, in Spanien, Portugal und zu Goa gehörte dieses Verbrechen zu ihrer Gerichtsbarkeit bis zur lebenslänglichen Einsperrung einschließlich. Was darüber war, ging die weltlichen Behörden an. Der geistliche Gerichtshof lieferte ihnen die Schuldigen aus, flehte ihre Nachsicht an, besonders was die Todesstrafe und Verstümmelung betraf; allein dies war nur eine nichtssagende und rein herkömmliche Formel.

Doch darf man keineswegs die Inquisition als einen *kirchlichen* Gerichtshof betrachten, obwohl sie sehr häufig aus geistlichen Personen gebildet war; ihre Dienste gehörten der weltlichen oder sogar der politischen Gesellschaft viel mehr als der Kirche an, und die Bischöfe aller Teile der Welt schauten immer mit Mißvergnügen auf ihre Tätigkeit. Zu Goa wurde die Inquisitionsanstalt in merkantilem Sinn angewendet: nämlich die Handelskonkurrenz Englands und Hollands zu beseitigen; zu Venedig diente sie zu Aufsichts- und Polizeizwecken; die Inquisitoren wurden von den Zivilbehörden ernannt, mehrere wurden aus den Laien genommen und der Gerichtshof sollte in vollständiger Unabhängigkeit vom römischen Hof bleiben. In Spanien und Portugal war der Zweck ebenfalls weniger religiös als politisch: es handelte sich darum, alle Ursachen der Uneinigkeit und Aufregung, welche die Religion zum Gegenstand hatte, im Keim zu ersticken. Und diese verschiedenen Zwecke wurden überall auf die vollkommenste Weise erreicht.

Es scheint, daß die Inquisition in Deutschland ihre Wirksamkeit auf die Fälle der *Häresie* beschränkte. Jakob Sprenger, im Jahr 1484 mit Heinrich Justitor für die Diözesen Bremen, Mainz, Köln, Trier, Salzburg und für Oberdeutschland ernannt, tadelt sogar seine Genossen in Spanien und Portugal nachdrücklich, daß sie sich vom Zweck ihres heiligen Instituts entfernen, indem sie andere Verbrechen zur Strafe ziehen.[8]

Es ist wahr, daß dieser Vorwurf von den Ausdrücken der Einführungsbulle[9] und des Glaubensedikts beträchtlich abweicht,[10] die doch allen Inquisitoren als Norm dienen sollten, und deren Vorschriften durch öffentliche Anzeigen beim Beginn ihrer Wirksamkeit bekannt gemacht wurden. Sprenger beweist dann den Bischöfen, daß sie jeden Prozeß bezüglich des Verbrechens der Magie dem Laiengericht aufbürden könnten; er rät ihnen, es zu tun, und gibt ihnen die Mittel an, die darin beständen, zur kanonischen Disziplin der Kirche zurückzugreifen. Im übrigen sollten sie – damit schließt er seine Vorschläge – nach Belieben verfahren, da es sie zunächst berührt, ihn aber (und den niederen Klerus) dies nichts angehe; doch entwirft er nichtsdestoweniger die Regeln, die in ähnlichen Fällen zu befolgen wären.

Die Inquisitionsanstalt hatte in der Tat einen anderen Ursprung gehabt. Anfänglich in Toulouse eingeführt, um, wie ihr Name besagt, *Nachfor-*

schung und einzig nur Nachforschung nach den *Albigensern* zu pflegen, die ähnlich den Manichäern, ihren Vorfahren, sich mit großer Sorgfalt unter dem erlogenen Schein des Katholizismus verbargen, um der Verfolgung zu entrinnen – war ihre Aufgabe deutlich begrenzt und genau bezeichnet. Nur durch Erweiterung ihres Wirkungskreises konnte man ihr in der Folge auch Fragen anderer Art überlassen.

Solchem Ursprung entsprach auch die Art des Verfahrens bei der Inquisition, denn sie konnte ihr Werk nur ausführen, wenn sie zur geheimen Anklage aufforderte und die strengste Verschwiegenheit beobachtete. Der uranfängliche Zweck war, den Häretikern auf die Spur zu kommen, um sie zu bekehren, und nicht, sie zu verfolgen. Allein von der erlangten Gewißheit, daß diese oder jene Person der Häresie verdächtig sei, war der Schritt zu ihrer Verhaftung, um sie zu verhören und den Gefahren ihrer bisherigen Umgebung zu entziehen, sehr schlüpfrig; und von da zu einer Buße, dann zu einer mehr oder minder strengen Strafe für solche, die sich halsstarrig oder rückfällig zeigten, war die Bahn noch abschüssiger; um so mehr, als die Edikte der ersten christlichen Kaiser, welche auf die Häresie die Strafe körperlicher Züchtigung verhängten, noch immer in Ansehen standen oder vielmehr nie aufgehört hatten, überall als stets brauchbare Gesetze zu gelten, wo sie nicht förmlich abgeschafft waren. So war also ein eigener Gerichtshof mit ausgebildeter Rechtslehre und bestimmtem Wirkungskreis vollständig formiert.

Mehrere christliche Fürsten beeilten sich, sie in ihren Staaten einzuführen, denn es muß bemerkt werden, daß die Initiative nicht vom römischen Hof ausging, ungeachtet des großen Einflusses, den das heilige Offizium durch die Berufungen der Inquisitoren und der direkten Appellationen von ihrem Gerichtshof an den obersten Kirchenfürsten, dem Papsttum verschaffen mußte. So war es Friedrich II., der zuerst durch ein Edikt vom Jahr 1224 die Inquisitoren gegen die Häretiker in besonderen Schutz nahm, damals schon, als die Inquisition noch nicht definitiv errichtet war. Sie wurde es erst im Jahr 1249 zu *Toulouse* auf Verlangen des Grafen Alphons, des Bruders des heiligen Ludwig. Auch *Venedig* begehrte Inquisitoren und schloß zu diesem Zweck im Jahr 1289 mit dem Papst ein Konkordat ab. Ferdinand führte sie im Jahr 1483 in Spanien aufs neue ein, nachdem er von dort die Mauren vertrieben hatte, und schlug selbst den berühmten Thomas von Torquemada dem Papst zur Ernennung vor. Seitdem beanspruchte der römische Hof nie andere Rechte, als das, den ernannten Großinquisitor zu bestätigen, der sodann seine Beisitzer in der ganzen Monarchie direkt auswählte und ernannte.[11] Auf Andringen König Johann III. führte Papst Paul III. im Jahr 1535 die Inquisition in *Portugal* – nach demselben Maßstab wie in Spanien ein. Es ist bekannt, daß Philipp II. die vereinigten Staaten verlor, weil er jenes Institut mit Waffengewalt in den *Niederlanden* einführen wollte.

Die gerichtliche Prozedur des heiligen Offiziums war dieselbe, wie die unserer Untersuchungsgerichte, nur mit mehr Strenge in den Formen und mit mehr Vorsicht gehandhabt, um zur Kenntnis der Wahrheit zu gelangen. Der Untersuchungsrichter weiß, daß über ihm ein Gericht besteht, das seine Fehler verbessern oder die Untersuchung ergänzen kann. Der Inquisitor brauchte sich in allem nur auf sich selbst zu beziehen, man wird gegen seine theologischen Vorurteile und seinen Parteihaß sich tadelnd aussprechen können, aber man möchte es nie wagen, über seine Gewissenhaftigkeit als Richter und katholischer Priester zu rechten. Man ist gewohnt, die Inquisitionsgefängnisse als schreckliche Kerker zu bezeichnen, und doch waren sie in Wahrheit nicht greulicher als die anderen Gefängnisse jener Periode; es fand vielmehr das Gegenteil statt. Aber wer war je gern in Gefangenschaft? Die spanische Inquisition bildete von der allgemeinen Regel eine klägliche Ausnahme durch ihre außerordentliche Strenge, ihre grausame Rechtspflege und den religiösen Anstrich seiner Auto-da-fe; allein sie war die Frucht der Politik, deren allzu serviles Werkzeug sie geworden war.

Der Inquisitor begann sein Untersuchungsgeschäft entweder auf Grund eines öffentlichen Gerüchts oder der Offenkundigkeit der Tatsachen oder auch zufolge geheimer Anklagen. Die Verhaftung des Angeklagten trat erst ein, nachdem der Richter einen auf die Aussagen von *mehr als zwei unverwerflichen Zeugen* – den Angeber nicht inbegriffen – gegründeten Beweis erhoben hatte. Zwei Zeugen begründeten nur einen Verdacht. Unverwerfliche Zeugen nannte man solche, deren Glaube und Sitten nie Gegenstand eines Tadels gewesen waren. Die Angabe verwerflicher Zeugen, die der Eltern, Diener oder Feinde, bildeten nie mehr als einen einfachen oder starken Verdacht. Das Zeugnis des Hauptfeindes ward nicht angenommen. Der Diener wurde zugelassen zum Behuf, Auskunft zu geben und um *für* den Angeklagten – die Gatten und Kinder, um gegen denselben Beweisgründe vorzubringen. Wer seinen Haß durch Gewaltakte oder Drohungen kundgegeben hatte, oder wer triftige Ursachen zur Feindschaft haben konnte, wurde als Hauptfeind angesehen. Daher traf es sich, daß die Person der Zeugen selbst einer nicht weniger strengen Untersuchung als die Angeklagten unterworfen war.

Der Angeber verpflichtete sich, die Tatsachen bei Strafe der Wiedervergeltung zu beweisen, oder er gab sie als einfache Berichte hin. In beiden Fällen mußte er sowohl als die Zeugen – alle einzeln verhört und zwar die einen ohne Wissen der anderen – die Angaben unterzeichnen; die Anklagen wurden durch einen Notar unter Beisitz eines Gerichtsschreibers, zweier aus den angesehensten Personen erwählter Zeugen und in Gegenwart eines Gliedes des heiligen Offiziums aufgenommen. Alle fünf mußten unmittelbar nach der Vernehmung unterzeichnen.

Der Angeschuldigte wurde zum Behuf der Verteidigung vernommen. Man teilte ihm die Anklagepunkte unter Verschweigung der Namen mit. Er hatte das Recht, sich einen Prokurator oder Anwalt zu wählen; aber derselbe mußte vom Richter genehmigt werden. Diesem wurde eine Abschrift der Verhandlungen mitgeteilt, die Namen der Zeugen jedoch blieben unbekannt, wenn diese deren Nennung nicht selbst gestatteten. Durch so strenge Beobachtung der Verschwiegenheit glaubte man viel vollständigere Eröffnungen zu erhalten; auch wollte man der persönlichen Rache jene Zeugen entziehen, zu deren Beschützung die Inquisition kein Mittel besaß; denn es verhielt sich nicht überall wie in Spanien, wo feste Gefängnisse, zahlreiche Schergen und in Fällen der Not Waffengewalt zu Gebote stand. Der Prokurator oder Anwalt konnte mit dem Angeschuldigten verkehren, Zeugen verweigern, sowie ihm auch gestattet war, deren Namen zu mutmaßen oder bestimmt inne zu werden. Es war ihm erlaubt, die Anklagepunkte zu besprechen und nachzuweisen, daß die im Prozeß wegen Magie vorgehaltenen Tatsachen rein natürlich oder zufällig wären.

Wenn die Inquisition die Folter[12] anordnete, wenn sie die Strafe der Einkerkerung oder Verbannung, die Geißelung und Einziehung der Güter verhängte, so geschah die Ausführung von seiten des Instituts auf Grund bürgerlicher Gesetze und in seiner Eigenschaft als Gerichtshof gemischter Natur; aber man enthielt sich – ob des geistlichen Standes der Richter – Blut zu vergießen. Die Verweisung vor ein Laiengericht wurde nur im Fall eines Menschenmordes ausgesprochen. In Ermangelung dieses Verbrechens lautete das Urteil auf Einsperrung und bloße kanonische Strafen, wenn der Angeklagte nur sehr schwer verdächtig war, d.h. wenn der Richter eine vollkommene Überzeugung von der Schuldbarkeit gewonnen hatte, ohne aber durch die gebräuchlichen Mittel und Verfahrensarten dem heiligen Offizium den juristischen Beweis vorlegen zu können.

Der nur leicht Verdächtige wurde außer Anklagestand gesetzt.

Jedem schwer Verdächtigen war gestattet, sich durch Eidschwur und Beweise von gut beleumundeten Zeugen zu reinigen. Das freisprechende Urteil erklärte nie die Unschuld der Beklagten, sondern nur den Mangel an Beweis, so daß der Prozeß wieder aufgenommen oder je nach Umständen wieder fortgesetzt werden konnte. Im Fall der Appellation an den obersten Gerichtshof des Papstes revidierte der Richter, der das Urteil gefällt hatte, selbst den Prozeß, um zu entscheiden, ob ein hinlänglicher Grund zur Appellation vorhanden sei; und hierin besteht vielleicht eine der gröbsten Unvollkommenheiten der Rechtspflege des heiligen Offiziums, denn niemand ist befähigt, über seinen eigenen Ausspruch zu richten.

Nach den Konstitutionen Leo X., Sixtus V., Gregor XV., Urban VIII.,[13] welche die Grundlage der Rechtslehre in Sachen des Hexenwesens und der Zauberei bildeten, luden sich die Schuldigen die Note der Infamie auf und mußten zu öffentlicher Buße verurteilt werden. Der Rückfall in die nämlichen Verbrechen zog die Strafe der Exkommunikation nach sich – mit Vorbehalt der Degradation und des Verlustes aller Rechtswohltaten für den Kleriker, sowie der Leibesstrafen, so oft sie statt hatte, d.h. so oft mit der Magie sich die Entweihung heiliger Dinge oder die Beschädigung eines anderen verband. Die Schuldigen mußten ihre Buße an gewissen Festtagen an der Kirchentür – in Leinwandröcke gekleidet, vorn und hinten mit einem drei Spannen hohen und zwei Spannen breiten Kreuz von rotem Stoff bezeichnet, erstehen.

Übrigens hat dies alles keinen Bezug auf *Frankreich*,[14] denn die Inquisition wurde dort nie ernstlich eingeführt, ausgenommen zu Toulouse für die Provence allein. Zwar wurden während der Regierung Franz I. und Heinrich II. einige weitere Versuche gemacht, aber ohne Erfolg. Das Pariser Parlament bat nämlich mehrere Bischöfe um Verweser-Dekrete zugunsten einiger seiner geistlichen Räte, die sodann als Inquisitoren des Glaubens aufgestellt und in dieser Stellung durch ein Breve Clemens VIII. im Jahr 1525 bestätigt wurden. Heinrich II. erließ ein Edikt zur Bewährung eines anderen Breves, das die Inquisition in Frankreich ebenso einrichtete, wie in den päpstlichen Staaten; aber die Bürgerkriege und Friedensedikte hinderten die Ausführung jener Maßregel. Der Kardinal von Lothringen und der Herzog von Guise, sein Bruder, drängten Katharina von Medici zu schärferem Vorgehen in dieser Hinsicht, ohne einen anderen Erfolg zu erzielen, als die Veröffentlichung des Ediktes von Romorantin, das dem Prälaten die Erkenntnis über Verbrechen gegen den Glauben und den weltlichen Richtern die Anwendung der durch die Schuldigen verwirkten Strafe vorschrieb.

Wohl gab es in gewissen Diözesen einen oder zwei Kleriker, die mit dem Titel Inquisitoren des Glaubens bekleidet waren; aber ihre Funktionen beschränkten sich darauf, Bücher zu begutachten oder zu verwerfen und Zufälle von dämonischer Besessenheit zu erkennen; dieser Titel war einige Mal durch die Bischöfe selbst verliehen worden, gleich als machte dies einen Teil ihres Berufes aus. Und es war ein Punkt der Freiheiten – man sollte hier sagen, der Beschwerden – der gallikanischen Kirche, die seit dem Ende des sechzehnten Jahrhunderts in Aufnahme gekommen, in Frankreich keinen Gerichtshof der Inquisition zu besitzen, und daß kein Inquisitor seine Urteile und Einkerkerungen ohne Beistimmung der weltlichen Macht vollziehen durfte.

Im siebzehnten Jahrhundert war die Inquisition nur durch einen Prediger-Bruder vertreten, der mit dem Titel eines Glaubensinquisitors beehrt, eine bescheidene Pension bezog, die damit verbunden war und keine der zu seiner Stellung gehörenden Funktionen ausübte. Und der Bischof von Perpignan trug auf seinen Pontifikalkleidern ein weiß und schwarzes Kreuz zum Andenken an das heilige Offizium. Dies waren die einzigen und letzten Reste der Inquisition.

Die Bischöfe besaßen allezeit das Recht, die Fälle über Zauberei in Untersuchung zu ziehen; die weltlichen Richter aber, die allein die Gewalt hatten, das Gesetz in Vollzug zu setzen, nahmen nur auf ihre eigenen Untersuchungen Rücksicht; sie bewilligten nur, daß ein Glied des geistlichen Gerichtshofs ihnen sich beigeselle, wenn der Angeklagte ein Kleriker war und verwiesen die Sache mehrmals dem kirchlichen Tribunal, wenn sie kein anderes qualifiziertes Verbrechen fanden, was fast einem Hohn glich, weil es in Frankreich zum Grundsatz geworden war, daß die Macht der

Kirche weder über Leib und Leben noch über die Güter der Gläubigen sich erstrecke.[15]

§ 3 Vorurteile bezüglich der Hexerei

Diese entsetzliche Zerrüttung in der öffentlichen Sittlichkeit wurde nur durch die Zerrüttung in den Ideen, die damals herrschten, übertroffen. Die Menschen waren so weit gekommen, daß sie sich sogar über das nicht Rechenschaft geben konnten, was vor ihren Augen geschah. Die wiederkehrenden Erscheinungen dämonischer Anschwängerung, die Gewalt zu schaden, die sie denen mitteilte, die damit behaftet waren, der üble Gebrauch, den sie manchmal davon machten, ihre ekstatischen Gesichte, die sie als wirkliche Tatsachen ausgaben und hinnahmen, die Übertragung der Imprägnation durch Berührung – all dies verrückte den Sinn und das allgemeine Urteil. Die abscheulichen Sitten jener Menschenklasse, ihre Gott entehrenden Gebräuche, ihre nächtlichen Sabbate, die Erfahrung vieler in der Kunst der Giftmischerei – ihre Lossagung von Gott und der Taufe, ihre an den Satan gerichteten Gebete flößten Abscheu und Haß ein. Die wirklichen, aber dämonischen Wunder, die sie manchmal wirkten, machten sie dem Volk mehr zu einem Gegenstand des Schreckens als der Bewunderung.

Die meisten verstanden ihren Zustand selbst nicht, und hielten die Träume ihrer Einbildungskraft für Wirklichkeit. Man sah, wie in Frankreich, Spanien, Italien, dann zu Würzburg und Ingolstadt viele sich anklagten, Leuten in bester Gesundheit den Tod gegeben zu haben, wie sie das Geständnis sogar auf dem Scheiterhaufen in Gegenwart der vermeintlichen Opfer erneuerten, welche gekommen waren, um der Hinrichtung beizuwohnen. Man hat andere behaupten gehört, daß sie vorige Nacht zum Sabbat gegangen sind, daß sie Fleisch kleiner Kinder gegessen haben und daß, um dies zu tun, der Teufel ihnen die Fuß- und Handeisen abgenommen, sie selbst aber fort- und zurückgetragen habe. Sie nannten die Personen, bei denen sie sich befunden, mit denen sie getanzt hatten; und was am meisten befremdet, es geschah oft, daß die Personen in ihren Aussagen miteinander übereinstimmten und diese Einzelheiten bestätigten. Nun aber war der Unglückliche während der Nacht in seinem Gefängnis durch die Wärter und manchmal sogar durch Beamte, in seinem Haus aber durch die Zeugen überwacht worden und hatte sich nicht von der Stelle bewegt oder irgendwie gerührt, die krampfhaften Zuckungen eines ekstatischen Schlafs ausgenommen, die durch Salben hervorgerufen wurden und oft auch ohne dieselben eintraten. Und wenn man demselben versicherte, daß er sich keinen Augenblick von seinem Ort entfernt habe, antwortete er: Der Teufel hat euch getäuscht, wie er immer in ähnlichen Fällen zu tun pflegt; er hatte statt meiner ein Scheinbild hingestellt; denn sie waren überzeugt und versicherten fest, diabolische Menschen zu sein.

Auch die Behörden hatten – so gut wie das Volk den Verstand verloren. Um dies zu erkennen, genügt es, auf die juristischen Abhandlungen den Blick zu werfen, welche von de l'Ancre, Heinrich Boguet, Nikolaus Remy, La Roche-Flavin und Florimond von Remond über diese Frage verfaßt worden sind; dann auf die Dämonomanie von Bodin und noch mehr auf die „merkwürdigen Urteilssprüche", die von de l'Ancre gesammelt wurden. Welch ein Unverstand, welche Grausamkeit machte sich hier bei der Ausübung der Richtergewalt geltend! Die Kirche, der man dieselbe entzogen hatte, war nur zu sehr gerächt.

Es war unmöglich, eine Anklage auf Zauberei irgendwie zu entkräften und seine Unschuld darzutun. Wenn der Beschuldigte mit Sicherheit und Festigkeit antwortete, so war dies ein starker Beweis gegen ihn, denn der böse Geist allein verlieh ihm solche Kühnheit; wenn er – die Augen zu Boden gesenkt – Antwort gab, – so geschah dies, weil der Richter, der ihn zuerst mit den Blicken fixiert hatte, seinen Einfluß auf ihn ausübte und den des Dämons aufhob; sprach er leise, so war dies gar der Hauptbeweis: man nannte dies in der dämonischen Rechtssprache „zwischen den Zähnen murmeln." Wenn der Beklagte gar nicht antwortete, so war der Beweis noch triftiger; er hatte mit dem Satan einen Bund zu schweigen geschlossen, um sich zu retten; aber die Richter wußten guten Rat. Er wurde geschoren, ja sogar geschunden, um diesen Pakt aufzufinden, der auf ein fast unmerkliches Papierfleckchen geschrieben sein konnte, und wenn man es nicht entdeckte, so hatte es eben der Hexenmeister verschluckt. Weinte der Angeklagte, so war dies ein Beweis seiner Straffälligkeit: er erkannte also sein Vergehen. Weinte er nicht, so war er aus noch stärkerem Grund straffällig: denn der böse Geist, dessen Natur aus Feuer besteht, vertrocknete ihm die Quelle der Tränen.

Heinrich Boguet, Oberrichter in der Grafschaft Burgund beschwört in seinem Buch, *Greuliche Gespräche der Hexen* betitelt und im Jahr 1603 gedruckt, die Behörden, diese Menschenklasse nicht zu schonen; er versichert ihnen, daß auf hundert Anklagen wegen Verbrechens der Hexerei kaum eine unwahr erfunden werde; er empfiehlt ihnen, den Angeschuldigten gleich nach seiner Verhaftung zu verhören, weil so der böse Geist, der aus Furcht vor den Häschern die Flucht ergriffen hatte, keine Zeit zurückzukehren gewinne. Er will nicht einmal, daß man die Kinder dieser Zauberer schone, weil ein Hexenkind auch Hexe sei und nur weil diese armen Geschöpfe nicht schuldbeladen sind, gestattet er, daß man sie erdrossele, statt sie zu verbrennen.

Als der gelehrte Pigray, Arzt Heinrich III., mit mehreren Amtsgenossen vom Hof nach Tours abgesandt wurde, um den Geisteszustand von vier unglücklichen Verurteilten zu prüfen, zugunsten derer an das Parlament appelliert worden war, versicherten sie in ihrem Sitzungsbericht, daß sie keine gefährlichen Übeltäter oder Verbrecher, sondern „arme Leute mit zerrütteter Einbildungskraft gefunden hätten, von denen die einen dem Tod gleichgültig entgegengingen, die anderen ihn sogar wünschten, und daß es zuträglicher wäre, sie zu heilen, als sie zu verbrennen."[16] Das Parlament jedoch wagte nicht, dem Ausspruch, der sie verurteilte, die Bestätigung zu verweigern. Der erste Präsident aber trug Sorge, dem Urteil beizufügen, daß diese Entschließung für die Betreffenden zwar gut, aber keine Richtschnur für die Zukunft sei, und daß man in ähnlichen Fällen große Behutsamkeit anwenden müsse.

Konnte die Gerichtsbehörde in der Verstandlosigkeit noch tiefer herabsteigen? Ja, denn sie ließ die Angeklagten *wiegen*, um durchs *Gewicht* diejenigen herauszufinden, welche Hexen waren und jene, die es nicht waren. Ein Hexenmeister, der mit satanischer Substanz, die gleich der Flamme leicht ist und zur Höhe emporstrebt, angeschwängert ist, muß minder schwer sein, als ein ehrlicher Mensch von gleichem Körperumfang. Das war der Vernunftschluß. Wenn sie gewogen worden waren, *badete* man sie aus größerer Vorsicht; denn es bedurfte noch dieser zweiten weit wichtigeren Prüfung; sie müssen nämlich auch leichter sein als Wasser, und überdies ist das Wasser eine reine Substanz, sie scheut das Unreine und folgerichtig muß sie auch die satanische Unreinheit von sich stoßen.[17]

Das ist der Beweis, den man mit offenen Augen für die dämonische Anschwängerung bei solchen Unglücklichen gelten ließ, die man mit dem Namen Hexen belegte; ein solches Beweismittel ist aber gewiß höchst sonderbar, und die Todesstrafen, die man über jene verhängte, welche mehr Opfer als Verbrecher waren, sind noch beklagenswerter. Überdies brachte dieses Verfahren die unglaublichsten Resultate hervor.

Man band den Angeklagten Arme und Beine kreuzweise zusammen; die Daumen der Hände verknüpfte man mit den großen Zehen, und warf sie so ins Wasser. Nun aber traf es sich, daß die meisten wieder an die Oberfläche kamen, ohne untertauchen zu können, wie sie sich auch immer bestreben mochten, denn es lag im Interesse eines jeden, zur Tiefe zu sinken. Man bemerkte, daß ganze Familien aus Vorsicht, oder um sich von jedem Verdacht zu reinigen, sich in genannter Weise badeten, dann aber den Behörden angezeigt wurden, und mit Schande und allgemeiner Verachtung überhäuft aus dem Lande flohen.

Eine sehr merkwürdige Probe dieser Art hatte im Jahr 1594 zu Dinteville in der Champagne statt. Sie machte so viel Aufsehen, daß das Parlament Kenntnis davon nehmen zu müssen glaubte; nachdem es alles geprüft hatte, verwarf es auf den Bericht des Generalanwalts Serdin die schon gefällten Sentenzen und verbot zugleich allen Richtern, in Zukunft solche Mittel in Anwendung zu bringen. Allein das Verbot machte keine Wirkung; denn während des ganzen Jahrhunderts fuhr man fort, die Hexen zu baden. Eine große und feierliche Wasserprobe in Gegenwart des Notars und der Gerichtsschreiber wurde noch im Jahr 1696 zu Montigny-le-Roi bei Auxere auf die Bitte mehrerer Personen veranstaltet, die sich durch dieses Mittel von jedem ehrenrührigen Verdacht zu reinigen glaubten, jedoch nur in um so größere Schande gerieten, weil der Versuch gegen sie ausschlug. Die Sache gewann eine solche Wichtigkeit und machte solches Aufsehen, daß der Regentschaftsrat genötigt war, sich hiervon Kenntnis zu verschaffen. Er erklärte den Verbalprozeß für null und nichtig und verbot unter den strengsten Strafen, ihn wieder aufzunehmen; den zahlreichen Familien aber, welche ausgewandert waren und den Namen geändert hatten, konnte er die verlorene Ehre nicht zurückgeben.

Derartige Gebräuche waren durch den deutschen Arzt Johann Wier und durch die Veröffentlichung seines Buches „Blendwerke der Dämonen", das im Jahr 1568 erschien, in Frankreich bekannt geworden. Sie existierten schon seit langer Zeit in Deutschland, wo sie bereits diejenige Weihe an sich trugen, welche der Streit der Gelehrten allen guten und üblen Gebräuchen verleiht. Bezüglich der Hexerei war es unmöglich, den vollen Beweis der Tatsachen aufzubringen; gleichwohl wimmelte die christliche Gesellschaft von Hexen, was für jedes beteiligte Mitglied eine allgemeine und persönliche Gefahr zu gleicher Zeit hervorrief; denn was tun und wo natürliche Unterscheidungsmittel auffinden? Diese sonderbare, unerklärliche oder wenigstens bis jetzt unerklärte, aber seitdem oft genug – vorzüglich durch Plater hinsichtlich der Ermordung von Kindern und durch Esquirol in bezug auf dämonische Narren – nachgewiesene Erscheinung war stets bemerkt worden; man nahm sie also für ein Anzeichen der Hexerei.

Johann Reick, Magistrat von Bonn, bewies in einem gelehrten Werk, daß Gott, der das Recht und die Richter beschützt, zu ihren Gunsten dies Unterscheidungsmittel angeordnet habe. Adolph Scribonius, paracelsischer Arzt, kam ihm zu Hilfe. Ich habe mehrmals solchen Versuchen, sagt er, beigewohnt; ich habe die Resultate festgestellt und den natürlichen Grund gesucht, aber nicht gefunden; offenbar gibt er nur einen, weil der böse Geist seine flüchtige leichte Natur auch seinen Gesellen mitteilt. Hermann Neuwalds antwortete Punkt für Punkt auf alle Gründe. Peter Ostermann aber faßte die Sache von einem anderen Standpunkt auf, und behauptete, auf die Wundmale der Besessenen sich fußend – eine andere Erscheinung, von der wir bald reden werden – daß Gott den Behörden die Bahn vorzeichnete, indem er sie durch fühl- und wahrnehmbare Mittel erleuchtete. Endlich trat Johann Jourdan, Kanoniker von Bonn und ausgezeichneter Theologe auf den Kampfplatz und bewies den Richtern, daß eben sie und nicht die angeblichen Zauberer es seien, die mit dem Dämon einen stillen Vertrag schlössen, indem sie Beweise einer außerordentlichen Ordnung in den Tatsachen einer natürlichen Ordnung suchten. Wie konnte man eine derart gestellte Frage erledigen und wie daraus hervorgehen?[18]

Man hätte entweder sich selbst eingestehen müssen, daß man im Finstern wandelte, oder man mußte den Vorschriften der Kirche folgen; von der Kirche aber hatte man sich abgewendet. Die Sorbonne hatte in einem feierlichen Dekret vom 15. Sept. 1391 als wahre Basis jedes guten Gerichtsverfahrens – die Materie oder Tatsache hingestellt. Es darf nicht geschehen, äußerte sie den Behörden gegenüber, daß eure Meinungen oder Vorurteile als Rechtsgründe in Anwendung kommen. Laßt eher einen Schuldigen frei, als daß ihr einen Unschuldigen verdammt. Aber, werdet ihr sagen, das Gericht wird solcherweise seiner Aufgabe nicht nachkommen. Nicht doch! Nicht das Gericht ermangelt der Pflichterfüllung, sondern der Richter ermangelt des Beweises. *In impunitis non jus, sed probatio deficit.*

In Holland wurden die Hexen auf einer Waage gewogen. Diejenigen, welche weniger als dreizehn bis fünfzehn Landpfunde wogen – je nach ihrer Körperstärke – waren hinlänglich überwiesen. Der Hinzutritt des Satans wurde als eine Minderung des Gewichts angesehen und durch einen zweiten Irrtum verwechselte man die Besessenen mit den Hexen.

Die Probe mit kaltem Wasser war in England nicht weniger allgemein als in Deutschland und wurde dort bis zum Jahr 1712 angewendet. Damals verbot sie der Oberrichter Parker bei Gelegenheit des Todes einer armen Frau, die auf solche Weise ertränkt wurde, und demnach – obwohl sie schuldlos war – zugrunde ging. Sie war schuldlos, weil sie untergetaucht werden konnte. – Man wird uns diese Einzelheiten verzeihen, sie enthüllen im Grunde nichts neues, weil es allgemein bekannte Tatsachen sind.

§ 4 *Der Krieg gegen die Hexen*

Wir haben eben gesagt, mit welchen Vorurteilen und in welcher Gemütsverfassung die Behörden den Richterstuhl bestiegen, und daß sie ein Geschäft ausübten, so furchtbar, daß schon die Erinnerung daran Schauder erregt. Wir wollen nichts von den tausend Privatprozessen sagen, die an den tausend Gerichtshöfen in den verschiedenen Gebieten Frankreichs und der anderen Staaten Europas hingeschleppt wurden und fast immer mit dem Scheiterhaufen endeten. Es wäre unmöglich, die Zahl derselben zu berechnen.

Der gelehrte Nikolaus Remy, der in Lothringen im Anfang des sechzehnten Jahrhunderts die Funktionen eines Richters ausübte, rühmt sich, im Zeitraum von fünfzehn Jahren neunhundert Hexen verbrannt zu haben, ohne diejenigen zu zählen, die einer gleichen Verurteilung durch die Flucht oder durch ihre Standhaftigkeit, bei den Verhören nichts einzugestehen, entrannen. Gregor behauptet, daß das Parlament von Toulouse im Jahr 1577 wenigstens vierhundert Hexen hinrichten ließ und eine Menge anderer zu geringeren Strafen verurteilt wurden.[19] De l'Ancre fügt in seinen „Merkwürdigen Rechtssprüchen" bei, daß der Eifer der Behörden seitdem nicht erkaltet sei und der Hof fortgefahren habe, die Magie mit solcher Hitze zu verfolgen, wie kein französisches Parlament. Das einzige Jahr 1606 sah in der Stadt Douay fünfzig Hexen verbrennen.

Kein Beamter wendete vielleicht je einen glühenderen Eifer gegen das Hexenwesen an, als Peter de l'Ancre selbst. Mit dem Präsidenten d'Espagnet im Jahr 1669 beauftragt, das Ländchen Labour[20] von Hexen zu reinigen, ließ er deren wenigstens fünfhundert verbrennen. Bei der Ankunft der Kommissäre ward die ganze Gegend von gewaltigem Schrecken erfaßt, und eine Menge Leute, die durch ihre Teilnahme an den ärgerlichen Versammlungen sich bloßgestellt hatten, flohen nach Spanien. Als sie wieder heimkehrten, fielen sie dem Gericht in die Hände. Die Angst verdoppelte sich nun. Die durch jene verruchten, mit aller Strenge verfolgten Zauberer eingeflößte Furcht gesellte noch zu dem Schrecken, den die Richter einjagten, und man sah ganze Dörfer sich zusammenrotten, um die Nacht in den Kirchen zu verbringen aus Besorgnis, daß der böse Geist sie gegen ihren Willen zum Sabbat fortnehme. „Wir haben", sagt der Richter, der diese Befürchtungen hervorrief, „sehr viele Unglückliche gesehen, die uns ihre Kinder brachten, welche die Zauberer mit Hilfe des Satans des Nachts aus ihren Armen wegnahmen, um sie zum Sabbat zu führen; sehr viele Knaben und Mädchen, welche die Nacht hindurch in den Kirchen wachten, sehr viele Dörfer, die in gleicher Angst sich befanden und dieselben Klagen vortrugen!"

Während der Präsident de l'Ancre und der Rat d'Espagnet in Frankreich dieses Werk zu Ende führten, entwickelte auch die spanische Inquisition, durch ihr Beispiel und ihre Aufmunterung herausgefordert, einige Tätigkeit. Sie übergab ihnen das Verzeichnis der Flüchtigen und Verdächtigen, welche im Distrikt Labour zurückgeblieben waren. Sie begann auf eigene Faust die Beklagten zu verfolgen und man sah zu Logrono im Jahr 1610 ein Auto-da-fe, in welchem dreiundfünfzig Personen vertreten waren, sowohl Tote als Lebendige: denn man zog noch fünf Verstorbene in den Prozeß und verbrannte ihre Gebeine. Man verbrannte sie zugleich mit sechs lebenden Personen, an deren Spitze eine gewisse Maria de Rocaia stand, welche die Oberdirigentin der satanischen Künste in der Provinz und die Heldin aller Sabbate war. Die zweiundvierzig anderen schieden sich zur Hälfte in Büßende, die ihre Bekehrung im Gefängnis beenden, und bekehrte Büßer, die mit einer Papiermütze auf dem Kopf frei wurden, nachdem sie dem schrecklichen Zeremoniell beigewohnt hatten. All das ist grauenhaft; aber gleichwohl weniger als die weltliche Rechtspflege, wo kein Pardon gegeben wurde.

Ein anderer Beamter, Florimond von Remond, schrieb fast zur selben Zeit seine Abhandlung über den Antichrist, in welchem er aus Veranlassung dessen, was zu Bordeaux unter seinen Augen sich zutrug, also sich ausdrückt: „Die für Verbrecher bestimmten Bänke an unseren Gerichtshöfen werden nur von Leuten besetzt, welche der Zauberei angeklagt sind; die Richter sind nicht in genügender Anzahl vorhanden, um die Prozesse alle einzuleiten. Unsere Gefängnisse sind überfüllt. Es vergeht kein Tag, ohne daß unsere Gerichtshöfe von Todesurteilen widerhallen, die wir aussprechen müssen, und ohne daß wir in unsere Wohnungen zurückkehrten – außer Fassung gebracht und erschreckt durch die fürchterlichen Geständnisse, die wir unserem Amt gemäß anhören mußten. Und der Teufel ist ein so trefflicher Meister, daß er, wie groß auch die Zahl seiner Sklaven ist, die wir den Flammen übergeben, gleichwohl aus ihrer Asche immer aufs neue eine hinreichende Anzahl erweckt, um die Lücke zu ergänzen."

Doch gab es auch weniger düstere Beispiele und man traf viele Gerichtshöfe an, welche der allgemeinen Verblendung maßvoll entgegentraten. Gegen Mitte des siebzehnten Jahrhunderts verhaftete das Volk, das an allen Punkten Burgunds sich erhoben hatte und den Mißwachs und die Ungunst der Jahreszeiten den Malefizien der Hexen zuschrieb, alle fremden und verdächtigen Personen, machte sie nieder oder warf sie schonungslos in die Flüsse. Ein junger, fast blödsinniger Hirte, der kleine Prophet zugenannt, spielte bei diesen grausamen Exekutionen eine wichtige Rolle. Man führte ihm von allen Seiten die Verhafteten zu, und indem er ihnen ins Auge sah, entschied er, ob sie Zauberer wären oder nicht. Die Verrücktheit des Volkes war so groß, daß viele Leute in dem Wahn, behext zu sein, ohne irgendwelche Besorgnis ihn um Rat fragten, um zu wissen, woran sie sich zu halten hätten. Die Diener der Gerechtigkeit wagten geraume Zeit nicht, gegen dieses Vorurteil anzukämpfen, aus Furcht, massakriert zu werden; endlich aber traten sie selbst in den reißenden Strom, um ihn zu lenken, und es gelang ihnen, eine große Zahl Unglücklicher der Volkswut zu entreißen, indem sie dieselben unter dem Vorwand, den Prozeß gegen sie einzuleiten, ins Gefängnis setzten; in Wahrheit aber, um den Augenblick abzuwarten, wo es dem Parlament in Dijon gestattet wäre, sie ungefährdet aus der Haft entlassen zu können.

Unter so vielen Prozessen gibt es kaum einige, die sich durch hervorstechende oder interessantere Züge unterscheiden; einer gleicht dem anderen, alle aber sind geeignet, den tiefsten Ekel zu erregen. Man begegnet nur Sabbatszenen, Vergiftungen und unglaublichen Verbindungen mit dem Satan. Wir werden nur zwei oder drei davon erwähnen, die mehr Aufsehen machten oder merkwürdige Einzelheiten darbieten.

Im Jahr 1571 ward der des gefürchteten Hexenmeisters *Trois-Echelles* durchgeführt, welcher wie immer mit einem Todesurteil endete. Trois-Echelles war schon einmal mit dem Scheiterhaufen bedroht worden, wußte aber durch Schlauheit sich demselben zu entziehen. Sein Name widerhallte in ganz Frankreich; Karl IX. wollte ihn sehen; der Zauberer führte in Gegenwart des Monarchen mehrere Kunststücke aus. Unter anderem ließ er eine goldene Kette, die in einiger Entfernung sich befand, Glied für Glied in seine Hand gleiten. Als man sich endlich überzeugte, daß die Kette nicht mehr an ihrem Platz war, fand man sie im Gegenteil wieder an der vorigen Stelle, was den Hof sehr in Erstaunen setzte. Karl IX. begnadigte den Zauberer unter der Bedingung, daß er seine Mitschuldigen nenne. Trois-Echelles, der mit den geheimen Gesellschaften in enger Verbindung stand und seine Kollegen nur dadurch retten konnte, daß er eine große Anzahl Unschuldiger hineinzog, griff zu diesem Entschluß; er gab fast zweihundert Personen an und erklärte, daß es deren im übrigen Frankreich noch mehr als 30000 gebe. Die Gefängnisse füllten sich; aber da es unmöglich war, das, was die vermeintliche Enthüllung verwickelt, je zu entwirren, so mußte man endlich alle zusammen freilassen zum großen Verdruß gewisser Beamten und besonders Boudins, der sich darob empörte, daß man mit ihnen nicht nach Gebühr verfahre, „da dies doch Leute wären, die so fürchterliche Gottlosigkeiten eingestanden, daß die Luft davon verpestet wurde."[21]

Trois-Echelles war trotzdem nur ein Schüler in Vergleich mit dem berüchtigten und unglücklichen Desbordes, Kammerdiener des Herzogs Karl IV. von Lothringen.

Desbordes holte eines Tages aus einer kleinen Büchse mit dreifachem Boden ein reiches Mittagessen für seinen Gebieter und dessen Leute hervor; dies geschah bei Gelegenheit einer Jagdpartie; ein anderes Mal befahl er drei Gehenkten, vom Galgen herabzusteigen und die Gesellschaft zu grüßen, was diese auch alsogleich taten. Bei einer anderen Veranlassung gebot er dreien auf eine Tapete gemalten Personen, sich von derselben loszumachen, mitten in den Saal zu treten und dem Herzog die schuldige Ehrfurcht zu bezeigen, was ebenfalls sogleich geschah.

Zuweilen kommt es dem sehr teuer zu stehen, der sich durch seine Geschicklichkeit einen gewissen Ruf verschaffen möchte. Desbordes machte diese traurige Erfahrung. Als die Mutter Karl IV. auf eine allgemein überraschende Weise gestorben war, erhob sich der Argwohn, daß hier Zauberei mit im Spiel gewesen sei, und der Name Desbordes wurde im stillen genannt. Es zeigten sich ansteckende Krankheiten, deren Wesen die Ärzte nicht verstehen konnten; man ermangelte nicht, auch hier Hexerei zu riechen, und die Hand Desbordes zu vermuten.

Der Herzog von Lothringen gehörte nicht zu den leichtgläubigsten, aber Desbordes war durch die öffentliche Stimme bloßgestellt; er ließ der Untersuchung freien Lauf. Übrigens gab es bei diesem Prozeß eine Intrige, die schwer ins Gewicht fiel. Desbordes unterhielt innige Freundschaft mit einem Herrn Lavallee, Großkantor der Kathedrale zu Nancy. Nun aber war dieser zur selben Zeit einiger Frevel anderer Art beschuldigt, die ihn auf das Schaffot führen mußten, ohne eine entferntere Ursache jedoch diese düstere Lösung nicht veranlaßt hätten. Karl IV., von flatterhaftem Charakter, lebte nämlich mit seiner Gattin in getrübten Verhältnissen und wollte sich scheiden lassen. Es gab keinen Grund, die Ehe für nichtig zu erklären; um nun einen solchen zu schaffen, gedachte er, die Taufe der Herzogin unter dem Vorwand zu entwerten, daß sie durch den lasterhaften und ruchlosen Kantor vollzogen worden sei. Da ihm dies nicht gelingen wollte, so trennte er sich selbst von ihr und ließ Desbordes verurteilen. Dies geschah im Jahr 1628.

Am Ende jenes Jahrhunderts machte ein anderer Prozeß in gleichem Betreff nicht geringeres Aufsehen: der der zwei Hirten von Brie, namens *Hocque* und *Bras-de-Fer*; denn die Hirten übten die Kunst der Zauberei auf ganz besondere Weise aus. Die von Berry vor allen machten öffentlich von ihr Gebrauch, sie boten ihre Dienste mit der Bedingung an, daß sie die Herden vermittels der Zauberei vor den Wölfen schützen wollten; jene von Brie verstanden sich außerdem dazu, für das geraubte Vieh Schadenersatz zu leisten. Sobald die Viehseuche in eine Herde einriß, berief man sogleich den Hexenmeister, der den Zauber heben konnte. Gewöhnlich wurde dieser Bannlöser durch den Viehhirten, den Urheber des Maleficiums, selbst bezeichnet. Er kam, verrichtete seine Gebete und Beschwörungen und übte Fasten und andere Bußwerke aus. Die Sterblichkeit hörte dann auf, um anderswo oder ein wenig später an demselben Ort wieder zu beginnen. Inzwischen hatten sich die Komplizen in den ausbedungenen Lohn geteilt. Man kam sogar auf die Meinung, daß die Pächter sich scheinbar ruinierten, um die Feldung für einige Jahre gegen billigeren Pachtzins zu erhalten unter dem Vorgeben, sie wieder in Aufschwung zu bringen.

Im Jahr 1687 hatte ein Pächter von Pacy seinen Hirten, Peter Nikolaus *Hocque* mit Namen, fortgejagt. Alsbald brach eine arge Seuche in seinen Herden aus. Hocque, der dieses Verbrechens beschuldigt ward, wurde durch den Gerichtshof von Brie zum Feuertod verurteilt. Da aber die Sache vor das Pariser Parlament zur Appellation kam, verbesserten die Richter den Urteilsspruch und verwandelten die Strafe des Scheiterhaufens in lebenslängliche Galeeren. Als jedoch die Seuche nicht aufhörte, so wurde ein Kettengefährte durch Geld gewonnen, und dieser löste Hocque, während er vor seiner Abreise noch zu Tournelle inhaftiert war, die Zunge, und letzterer erklärte nun, jenen Zauber angewendet zu haben, den man die neun Beschwörungen nannte; doch bereute er bald seine Torheit, fiel in tiefe Verzweiflung und versicherte, er sterbe in dem Augenblick, wo der Zauber gehoben würde. Auf diese Angabe hin hatte ein anderer Hirt des Landes, *Ludwig Bras-de-Fer* mit Namen, wenig Mühe, das Gift zu finden. Er hob es auf und warf es in den Strom. Im nämlichen Moment starb Hocque im Gefängnis von Tournelle unter den schrecklichsten Zuckungen.

Hocque hinterließ Kinder und Freunde, die sein Andenken rächen wollten; die Sterblichkeit verdoppelte sich nun an Stärke und breitete sich auch über andere Herden aus. Es entstanden deshalb neue Prozesse mit zahlreichen Wechselfällen; der merkwürdigste aber ist der, durch welchen jetzt Bras-de-Fer in Untersuchung gezogen, zu den Galeeren verurteilt wurde und so seine Laufbahn als Zauberer endete. Das Fahrzeug nämlich, das ihn mit anderen Schuldigen weiter schaffte, blieb angesichts der Küsten Spaniens plötzlich stehen. Die Matrosen, welche die Windstille den Zauberern, die sie transportierten, zur Last legten, belohnten sie für ihre Kunst mit harten Schlägen. Bras-de-Fer bat um Gnade und versprach, das Schiff wieder in Bewegung zu setzen. Kaum war er losgebunden, so drehte er mit seinem Fußende einen Stein, der sich auf dem Verdeck befand, herum; der Wind erhob sich und das Schiff segelte wirklich weiter; aber der Unglückliche war derart mißhandelt worden, daß er des anderen Tages starb. In der Meerenge von Gibraltar nahmen die Wellen seinen Leichnam auf.

Diese letztere Begebenheit wird jedoch nur durch ein Memorandum für die Zivilakten bestätigt; die erste aber bezüglich des Todes des Hirten Hocque ist gerichtlich erwiesen.

Ein Prozeß, ähnlich dem von Trois-Echelles hatte zu Lüttich im Jahr 1595 gegen einen Klostermönch von Stablo, namens *Johann von Vaux*, stattgehabt, doch mit dem Unterschied, daß Johann von Vaux ein Opfer satanischer Anschwängerung und kein Verbrecher war.[22]

Dieser Mönch war an den Schultern mit den diabolischen Wundmalen bezeichnet; er hatte Geistergesichte, Ekstasen; er besaß die Gabe des Fernsehens, klagte sich aller Verbrechen an und entschuldigte sich vor seinen Richtern wegen aller mißlichen Zufälle, die ihnen nahe oder ferne zustießen, als ob er dabei zugegen gewesen wäre. Weder ich noch mein Dämon, sprach er zu ihnen, hat dies verursacht. Er verriet mehr als fünfhundert Zauberer oder angebliche Mitschuldige. Andererseits schrieb man ihm alle düsteren Unfälle zu, alle Krankheiten und jede Sterblichkeit, mit der das Land heimgesucht wurde, und er gestand oft, daß dies sein Werk gewesen sei. Dennoch sagte er mehrmals zu seinen Richtern: Gehen Sie nicht zu weit, noch zu schnell vorwärts. Ich sage Ihnen gewiß die Wahrheit und gleichwohl scheint mir, daß es ein Traum ist. Ich war da und dort, ich tat dies und jenes, und bin doch gewiß, nicht aus meinem Kloster getreten zu sein; wie geht dies zu? Ich verstehe nichts davon.

Johann von Vaux befliß sich in seinem Gefängnis während der fünf Jahre, die sein Prozeß dauerte, einer bewunderungswürdigen Frömmigkeit. Doch wurde er auf Grund seiner eigenen Geständnisse enthauptet. Die Richter aber wagten im Hinblick auf die von ihm denunzierten Gefährten nicht, die Verfolgung fortzusetzen. Ein überzeugender Beweis aber konnte weder gegen ihn noch gegen die anderen erhoben werden.[23]

Die Diözese *Trier* war weder ruhiger noch weniger angesteckt. Nachdem die Richter eine große Anzahl jener Unglücklichen, die man mit dem Namen Hexen belegte, verbrannt hatten, wurden sie selbst auch verbrannt; so unter anderen Flade, Rektor der Universität und einer der eifrigsten bei der Hetzjagd im Jahr 1586. Bürger, Schöffen, Kanoniker, Pfarrer, Dekane bestiegen den Scheiterhaufen. In zwei Dörfern blieben einmal nur zwei Weiber übrig. In weniger als sieben Jahren verbrannte man aus zwanzig ganz nahe an der Stadt gelegenen Dörfern 368 Personen.[24]

In nicht geringerem Grad war *England*[25] von den Hexenleuten aufgeregt, beunruhigt und gequält, wie die Akten des Parlaments vorzüglich von 1541–1682 dartun, da man noch zu Exeter drei der verruchtesten Hexen verbrannte. England hat in dieser Hinsicht das Festland um nichts zu beneiden. Es scheint vielmehr, daß die Reformmänner sich der Zauberer und Ekstatiker in ihren nächtlichen Versammlungen bedienten, um ihrer Sache Vorschub zu leisten. Von der Parlamentsakte Heinrich VIII. im Jahr 1541, bis zu denen der Königin Elisabeth von Jahr 1562 und 1569 war die Zahl der Prozesse und Hinrichtungen unberechenbar. Aber der Eifer der

Behörden erlosch auch jetzt nicht. Ein Jahrhundert später – den 20. Januar 1647 schrieb Howel an Spencer: „Seit dem Beginn dieser unmenschlichen Kriege setzen ganze Wolken von Zeugen die Existenz der Zauberei außer Zweifel. Nur allein in zwei Jahren erschienen vor den Gerichtshöfen in den Grafschaften Essex und Suffolk fast dreihundert Hexen beiderlei Geschlechts und fast alle wurden hingerichtet. Schottland ist mit solchen Leuten angefüllt, und jeder Tag sieht dort Personen von achtungswertem Stand mit der Hinrichtung bestraft werden. Das lange Parlament sandte Hopkins in dieses Land ab, welcher daselbst in weniger als einem Jahr sechzig Personen hängen ließ. Seine übertriebene Grausamkeit kehrte sich endlich gegen ihn selbst, denn auch er ward der Hexerei verdächtigt und derselben Probe mit kaltem Wasser unterworfen, die er bei so vielen anderen vorgenommen hatte; er schwamm oben und wurde gehängt."
Gray behauptet in seiner Ausgabe von Hudibras, eine Liste von mehr als 3000 Personen zu besitzen, die während des langen Parlaments wegen Verbrechen der Magie hingerichtet wurden. Man darf hierin der Berechnung Barringtons Glauben schenken, wenn er in seinen Bemerkungen über das zwanzigste Statut Heinrich VI. die Zahl der seit diesem Statut Hingeschlachteten auf 30000 angibt; – es war dies kurz vor der Reformation bis zum Jahr 1736, wo das Verbrechen der Magie aus der Reihe der durch Zivilgesetze strafbaren Delikte gestrichen wurde. So entziffert sich denn genau jene Summe von Opfern, welche für den gleichen Zeitraum und für beide Weltteile der Inquisition – mit Recht oder Unrecht vorgeworfen wird.

Schottland erhielt bei jener großen Hinmordung satanischer Opfer den Ehrenpreis.

Als im Jahr 1590 König Jakob, in Schottland der Sechste, in England der Erste, bei seiner Rückreise von Dänemark, von wo er die Prinzessin Anna, die Tochter Friedrich II., die er durch Prokuration geheiratet hatte, sich heimholte, sehr auffallendes Mißgeschick auf dem Meer erfuhr, bürdete er den Magiern die Schuld auf. Das königliche Schiff hatte beständig ungünstigen Wind, indes der Rest der Flotte vortrefflich dahin segelte; jenes Schiff, das die Geschmeide der Königin trug, versank zwischen Leith und Kinghorn. Nach der Landung kamen sonderbare Gerüchte in Umlauf, die einen Prozeß veranlaßten, der große Berühmtheit erlangte. Ein Weib, namens Geillis Dunkane, wurde in Verhör genommen und machte Geständnisse; sie nannte viele Mitschuldige, unter anderen den Doktor Fian, welcher der Sekretär des Teufels im Königreich Schottland war. Eine der Komplizinnen, namens Agnes Sampson, enthüllte bei der Tortur so eigentümliche Dinge, daß der König selbst, welcher zugegen war, sie der Betrügerei zieh; um ihn jedoch zu überzeugen, erzählte sie ihm, was in der Brautnacht von ihm und der Königin in geheimster Vertraulichkeit gesprochen worden war. Es schien also unmöglich, ihr nicht zu glauben. Der König erfuhr durch sie, daß zweihundert Hexen unter der Leitung Fians sich am Vorabend vor Allerheiligen in einem Siebe eingeschifft hatten und der Flotte des Königs entgegensteuerten, um eine Katze ins Meer zu werfen. Geillis, aufs neue ins Verhör genommen, bestätigte diese Angaben.

Man braucht nicht lange zu fragen, ob die Hexenprozesse in Schottland von diesem Augenblick an in Aufnahme kamen. Jedes Jahr gab es mehr als fünfzig und zwar vom Jahr 1571-1625, dem Datum des Todes Jakob VI. Der Oberrichter von Schottland, Lord Ballantyne, starb während einer Geisterbeschwörung vor Schrecken auf seinem Richterstuhl in Gegenwart des versammelten Rates. Sogar der Reformator Knox wurde der Magie angeklagt und sein Sekretär wurde darüber verrückt, aus Furcht, in Untersuchung gezogen zu werden.

König Jakob schrieb mit eigener Hand eine Abhandlung über Zauberei um die Ungläubigsten zu überweisen. Er stellte darin die Wirklichkeit der übermenschlichen Gewalt der Zauberer fest und nahm nur diejenige aus, durch ein Schlüsselloch zu schreiten; denn dies gleiche, wie er sagt, allzusehr der Transsubstantiation der Papisten. Derjenige, welcher die Transsubstantiation in solcher Weise auffaßt, verdient wenigstens, der Spielball der Zauberer zu sein. Im siebenten Kapitel des zweiten Buches räumt er ein, daß wenn es bei den Papisten mehr Gespenster gibt, unter den Protestanten gewiß mehr Zauberer anzutreffen sind, was man, fügt er bei, durch Englands Beispiel beweisen kann. In der Tat waren in jener Periode derartige Prozesse zahllos, und auch während der Regierung der Königin Elisabeth waren sie zahllos und von dem größten Aufsehen begleitet.

Die dämonische Epidemie führte die größten Verwirrungen herbei und veranlaßte während des dreißigjährigen Krieges die größten Zerrüttungen in Deutschland[26] – zu einer Zeit, da alles im Zwist lag, überall Zügellosigkeit herrschte, und die Obrigkeit ihre Gewalt nicht hinreichend ausüben konnte. Wir begnügen uns, eine einzige Begebenheit vorzuführen.

Im Jahr 1616 begann in *Württemberg* der Krieg gegen die Hexen durch den Prozeß einer alten Frau namens Brogruth, auch die Hexenmutter geheißen, welche die greulichsten Eröffnungen machte, und der man aufs Wort glaubte, ohne nur die Frage zu stellen, ob ihre Verbrechen auch wirklich geschahen und ob sie überhaupt möglich waren. So soll sie eine Menge Gewitter erregt und eine Unzahl Erwachsener und wenigstens vierhundert Kinder dem Tod überliefert haben, ohne daß je eine Klage oder ein Verdacht gegen sie laut geworden sei. Auf ihr Geständnis hin verhaftete man vier andere Weiber, welche alles bestätigten und außerdem versicherten, daß im ganzen Distrikt Gerolshofer sich höchstens sechs Personen befänden, die nicht mit den nämlichen Lastern sich befleckt hätten. Man verhaftete zuerst drei Personen, dann fünf, dann zehn, dann vierzehn, dann sechsundzwanzig; alle erlitten die Todesstrafe. Da aber die letzten immer eine noch größere Anzahl Mitschuldige namhaft machten, so befahl der Herzog von Württemberg, auf dem Marktplatz ein permanentes Schafott zu errichten, und dort regelmäßig alle Dienstag fünfzehn bis fünfundzwanzig Personen – nie aber weniger als fünfzehn zu verbrennen. Die Henker waren nämlich für so viele Köpfe besoldet. Man findet auf der Liste: Ausländer, Kinder von neun Jahren, Geistliche, Adelige und Kinder von Senatoren.

Doch erweckte dies eine unheimliche Reaktion; denn die unglücklichen Opfer rächten sich in gleicher Weise an denjenigen, die sich unbarmherzig gegen sie gezeigt hatten; ihre Aussagen wurden angenommen und es war unmöglich, der Beurteilung zu entrinnen, da alles als Beweis gegen den Angeklagten Geltung gewann; seine Frömmigkeit wie seine Verzweiflung, sein Leugnen wie sein Geständnis.

So redet ein Augenzeuge, der Jesuite Pater *Spee*,[27] welcher im Jahr 1631 diese Greueltaten in einem Buch: *Cautio criminalis* betitelt, vor den Augen Europas und der Kirche bloßlegte. Dieser mutvolle Schritt hätte ihn den größten Gefahren ausgesetzt, wenn er zu seinem Schutz nicht die Gesellschaft Jesu hinter sich gehabt hätte. Schon früher hatte einer seiner Mitbrüder P. Tanner das Gewissen der Richter durch eine theologische Abhandlung aufzuklären gesucht; doch hatte er meist nur Drohungen zusammengeschrieben. Ein protestantischer Schriftsteller *Mayfart*,[28] Direktor des Collegiums zu Coburg, behandelte danach dieselbe Frage und redete mit seinen Religionsgefährten die ihnen eigentümliche Sprache. Endlich gewann der gesunde Verstand die Oberhand; der Grimm und die Wut sank. Richter und Henker ließen in ihrem Eifer ein wenig nach. Doch was! Ein halbes Jahrhundert später war der menschliche Geist in die entgegengesetzte Richtung geraten. Die Söhne der Richter und Henker leugneten die Existenz der Magie, ja sogar die Existenz des Satans selbst. Dies war ein Hauptstreich von seiner Seite, denn indem er sich vertuschte, hoffte er durch gleichen Schlag und in denselben Gemütern den Glauben an Gott zu vertilgen, was auch gelang.

Selbst der oberste Rat der *Inquisition* ward voll Unruhe über jene Vorfälle. Er gab im Jahr 1657 eine Instruktion an seine Gerichtshöfe heraus, aber mehr mit Rücksicht auf die Laientribunale, auf welche er keine Wirksamkeit zu üben hatte. In jener Instruktion stellte er den Richtern alle Vorschriften des Rechts und der Vernunft vor Augen und suchte ihren übertriebenen Eifer auf das rechte Maß zurückzubringen. „Nie soll man", sagte die heilige Versammlung, „jemand einkerkern oder nur beunruhigen, ohne sicher zu sein, daß ein augenscheinlicher handgreiflicher Beweis und wenigstens sehr schwere Verdachtsgründe gegen den vermeintlichen Urheber vorliegen. Jene, die als Zauberer gelten, sind die Zielscheibe für Verdächtigungen und Gehässigkeiten, denen man mißtrauen muß, und es wäre unklug, das Zeugnis ihrer Feinde gegen sie anzunehmen. Warum bringt man aber bloß scheinbare Tatsachen zur Untersuchung, die um so betrüglicher sind, je leichter sie vorkommen können?

Wo ist z. B. ein Weib, das nicht eine verlorene, verborgene oder vergessene Nadel hat, die sich nicht eines Salbentopfes bedienen muß oder unter dessen Effekten man nicht einen verbergen kann? Warum fragen die Beschwörer nicht den bösen Geist, und warum geben die Richter auf ihre

Fragen nicht Antwort? Der böse Geist hat nicht aufgehört, der Vater der Lüge zu sein. Man wende weder Überredungen noch unehrliche Mittel, noch Torturen bis zum Zerbrechen der Glieder oder Blutvergießen an. Man prüfe, ob die Geständnisse auch mögliche Dinge offenbaren, und ob man einen Beweis hierfür erhalten kann; ein Geständnis oder eine Versicherung, die des Beweises entbehrt, ist wertlos. Man bediene sich der Folter nicht, ohne die triftigsten Anzeichen zu besitzen, noch, um schon gefällte Urteile zu bestätigen. Die Inquisitionsgerichte sollen dieselbe nie gebrauchen, ohne vorher die Genehmigung des heiligen Collegiums erhalten zu haben." Der oberste Rat fährt in dieser langen Instruktion fort, in ähnlicher Weise alle Übergriffe der Behörden zu durchgehen und die vernünftigsten Rechtsgrundsätze klar und methodisch auseinanderzusetzen; er erinnert endlich seine Gerichtshöfe, daß dies immer ihre Mahnung und die den Inquisitoren gegebenen Vorschriften waren, und trägt ihnen auf, sich danach zu richten.

In *Frankreich* kamen die Gemüter früher zur Ruhe. Man leitete zwar noch viele Hexenprozesse ein, sie waren aber wenigstens vereinzelter, persönlicher Natur und entsprangen aus erwiesenen und öffentlichen Tatsachen und Ärgernissen, und als die Bescheide zur Appellation vor das Pariser Parlament kamen, unterwarf man sie einer strengen Revision, um greifbare und auffallende Verbrechen zu suchen, wie Schmähung der Religion, Schändung heiliger Gegenstände, Vergiftung und beträchtlicher, durch ebenfalls wahrnehmbare Mittel verursachter Schaden; zuletzt aber gewann der gesunde Verstand doch die Übergewalt. Die Parlamente in den Provinzen waren im allgemeinen nicht so vorangeschritten. Das Verbrechen der Zauberei, mit welchem sie die dämonische Besessenheit verwechselten, war für sie immer der Hauptfeind. Mittlerweile erschien im Jahr 1670 und bei Gelegenheit zweier Prozesse in gleichem Betreff, mit denen das Parlament der Normandie sich angelegentlich beschäftigte – der eine bezüglich der in Haye-dü-Puits, Diözese Coutance, gehaltenen Sabbate, in welchen fünfundzwanzig Personen verwickelt waren, der andere wegen ähnlicher in Pont de l'Arche gehaltener Zusammenkünfte – eine *Ordre* vom Rat des *Königs*, jede Verfolgung und die Vollstreckung der schon ausgesprochenen Urteile zu unterlassen. Das Parlament machte hingegen die kräftigsten Vorstellungen; aber die Regierung beachtete sie nicht. Zwanzig Monate danach erschien eine Verfügung, welche den Auftrag enthielt, die Türen der Gefängnisse allen denen zu öffnen, die bloß wegen Hexerei inhaftiert waren mit dem Verbot, neue Prozesse einzuleiten; und endlich im Jahr 1682 eine gesetzkräftige Erklärung, welche das Verbrechen der Zauberei aus dem Strafkodex definitiv ausmerzte und dem Wirkungskreis der Behörden nur diejenigen Verbrechen und Vergehen zuwies, welche als solche und unter diesem Vorwand gegen die Religion oder Privatpersonen begangen wurden, mit dem ausdrücklichen Befehl, daß alle, welche die nichtigen und betrüglichen Künste der Wahrsagerei und angeblichen Zauberei ausübten, das Königreich verlassen sollten.

Es blieb immer das gleiche, sagten sie alten Räte und die halsstarrigen Leute. Doch nein! Denn der Geist des Gesetzes war ein anderer geworden. Der Begriff: Sünde, deren Unterscheidung und Bestrafung Gott allein zusteht, war aus dem Kodex der menschlichen Gesetze gestrichen. Das öffentliche Gewissen, die Religion, das Leben und persönliche Eigentum war durch die Unterdrückung jener Handlungen, die sie verletzten und in jener Sparte, welche der weltlichen Behörde zusteht, hinlänglich geschirmt. Die Zauberei aber ist ein Verbrechen, das der Abgötterei ähnlich und vielleicht eine größere Sünde als diese ist; doch was wird das Gesetz vermögen, wenn dies persönliche Recht oder öffentliche Gewissen nicht verletzt worden ist?

Der Satan betrieb mit diesem Werk zugleich ein anderes, und in dem Maße, als das eine in Abfall kam, schien das andere sich zu heben: das Werk der *Besitzungen im Großen* vermittelst Ansteckung. Wir werden sogleich davon reden; doch ist vorher anzumerken, daß, wenn die Kenntnis des Satans und seiner Werke solcherweise aus den Gemütern der Gebildeten im Staat zu verschwinden schien, was weder dem christlichen Glauben noch der Moral irgend Vorteil brachte, dies aus geistigem Trotz und Verschlagenheit geschah und gleichsam der erste Schritt war, der zum Unglauben gegen Gott und nicht gegen den Satan führte; die Beweise hiervon werden wir am Ende des achtzehnten Jahrhunderts sehen; damals glaubte man insbesondere sehr stark an jenen Satan, über den man sich öffentlich lustig machte und ob auch die angesehensten Männer laut erklärten, daß die angebliche Zauberei nichts ist, fragten sie doch insgeheim den Satan und die Zauberer um Rat. Es war ja das Jahrhundert der Voisin und Vigoureux.

Katharina Deshays, Witwe *Montvoisin*, beim Volk unter dem Namen *la Voisin* bekannt, betrieb, da sie mit dem Geschäft als Hebamme nicht so viel Geld gewann, als sie wünschte, das einer Kartenschlägerin und Zauberin. Ekstasen, Gesichte, Offenbarungen – nichts fehlte ihr. Die vornehme Welt strömte ihr dermaßen zu und bezahlte sie so gut, daß ihr in kurzer Zeit möglich war, sich ein Hotel zu bauen und Lakaien und Equipagen zu halten. Die Hauptstadt hatte sich noch kaum von der Angst erholt, welche ihr die Verbrechen der Gräfin de Brinviliers verursacht hatten, als schon alle Greise vor dem Successionspulver zitterten: so nannte man ein unbekanntes Gift, das, wie man glaubte, der Teufel bereitete, und das die zahlreichste Nachkommenschaft ins Leben rief. La Voisin wurde mit mehreren Komplizen im Jahr 1678 verhaftet und durch eine eiferglühende Kammer, die im Arsenal zu Gericht saß, verurteilt. Sie wurde dem Scheiterhaufen, ihre Mitschuldigen den Galeeren übergeben; man wagte aber nicht, den Faden der Verbrechen zu verfolgen, zu deren Verübung sie mitgewirkt hatte; *zu* viele hohe Familien und *zu* angesehene Personen wären auf schreckliche Weise kompromittiert worden.

Nicht so verhielt es sich bei einer zweiten Angelegenheit, die mit der vorerwähnten in Verbindung stand; eine zweite Zauberin namens *la*

Bigoureux, welche die Zukunft vorankündete, Salben zu verschiedenen Zwecken verkaufte und den Leuten den Teufel sehen ließ, wurde als Mitschuldige der la Voisin zu gleicher Zeit mit dieser verhaftet. Dieser zweite Prozeß, separat durchgeführt, brachte eine große Anzahl Personen auf die Bastille, unter andern eine ganze Familie aus Italien, mit Namen Trovato. Leute vom höchsten Rang waren in diesen Prozeß verwickelt. Man verhaftete zwei Nichten des Kardinals Mazarin, die Gräfin Soissons, die Marquise d'Alluye, die Prinzessin Polignak. Man lud die Fürstin Tingri, die Marschallsgattin la Ferté, die Gräfin von Roure vor Gericht. Die Herzogin von Bouillon und die Marquise d'Alluye wurden verbannt; die Gräfin von Soissons ging selbst in Verbannung; der Herzog von Luxemburg war nahe daran, auf die Galeeren geschickt zu werden. Nachdem er vierzehn Monate in einem Kerker zugebracht hatte, ließ ihn ein Polizeidiener frei, führte ihn fort und ließ ihn auf der Straße stehen, ohne Urteil und jede andere Erklärung, mit Schande bedeckt und außer sich vor Ärger. Dies ist alles, was er durch seine Verbindung mit dem Satan gewann. War wohl die Religion, deren Gebräuche die vornehme Welt zu bespötteln begonnen hatte, hinreichend gerächt?

Achtzehntes Kapitel

Dämonische Besessenheit

§ 1 *Unfreiwillige, durch Ansteckung bewirkte Besessenheit*

Von alters her – und vielleicht zu allen Zeitperioden – zieht sich über Europa nach Art der Epidemien ein Hang zum Dämonischen hin und teilt sich durch Ansteckung jenen Orten mit, wo der erste Keim seine Wurzeln zu schlagen imstande war. Wir zweifeln nicht, daß diese Krankheit in ihrem Ursprung ganz natürlich ist, wie andere z.B. die Cholera oder die Pest, die isoliert oder in Masse verheerend wirken; aber sie hat das eigene, daß sie dem Dämon den Zutritt öffnet; diese Krankheit ist nicht die Dämonomanie oder dämonische Verrücktheit, die nur Ausschreitungen hervorruft, sondern eine wirkliche Besessenheit, die von all jenen außernatürlichen Symptomen begleitet ist, welche zu ihrer Charakterisierung dienen können.

Die Besessenheit im Kloster zu *Prémontré* zur Zeit des heiligen Norbert ist eines der ältesten Beispiele, die wir gefunden haben.[1] Es war im Jahr 1124. Der heilige Norbert war auf Missionen gegangen, als er inne wurde, daß in seinem Haus zu Prémonté die größte Verwirrung herrsche. Die meisten Mönche waren verzückt, Visionäre, Propheten, Schwärmer geworden; das Haus war mit Geistern erfüllt, gegen die sie sich Tag und Nacht wie unsinnig mit Schwert und Stock wehrten; wenige nur, die mit der Gabe des Forschens ausgestattet waren, gaben sich damit zufrieden, das zu schauen, was an entfernten Orten sich zutrug. Norbert verließ seine Mission, kehrte heim und heilte seine Mönche durch Fasten, Gebet, Exorzismen und Auflegung der Hände.[2]

Blickte man zur grauen Vorzeit zurück, so würde man mehr derartige Ereignisse in der Geschichte der Einsiedler und Asketen Ägyptens und des Orients antreffen, die allzusehr mißachtet, weil zu wenig begründet sind.

Treten wir nur vier Jahrhunderte weiter hinauf, so ist eine der in die Augen springendsten Begebenheiten, die sich darbieten, der *Tanz von Epternach* im Jahr 1374. Er zeigte sich anfangs in dieser Stadt – sagt zu gleicher Zeit die Chronik von Spanheim, die von Limburg und die große belgische Chronik[3] – und verbreitete sich längs des Rheins und der Mosel. Die unglücklichen Kranken hielten rasende Tänze, machten die höchsten Sprünge, ohne Rücksicht auf die Gesetze des Anstandes, und sangen die Litaneien des Teufels und zwar in Truppen von mehr als hundert Personen; ein einziger Tänzer setzte alle anderen in Bewegung. Hierauf fielen sie in die schrecklichsten Zuckungen; man mußte ihnen den Bauch und die Brüste zusammenpressen oder sie stark mit Seilen binden; in diesem Zustand gerieten sie in Ekstase, hatten Gesichte und prophezeiten.

Eine unerklärliche Neigung zog sie nach den Städten Aachen und Lüttich. Man sah zu Lüttich während der Monate September und Oktober mehr als 2000 auf einmal. Es wurde sogar eine große Menge der Stadtbewohner davon ergriffen. Auch verbreitete sich das Gerücht, daß das Übel davon herrührte, daß das Volk schlecht – nämlich durch lasterhafte Priester getauft worden wäre; daraus entspann sich ein wütender Haß gegen den Klerus, Komplotte und Rachepläne tauchten auf, die auf nichts geringeres abzielten, als auf Ausrottung der Priester und Mönche und Zerstörung der Kirchen. Die Priester aber ließen sich herbei, jeden Kranken ohne Unterschied des Alters oder Ranges einzeln zu exorzieren. Dadurch war diesen Hilfe und Linderung, früher oder später, aber allen ohne Ausnahme, und alle kehrten geheilt zurück. Gleichwohl kamen in dem Maße, als diese das Land verließen, neue Kranke an, und der Zufluß dauerte fast vier Jahre.

Nähern wir uns noch um ein Jahrhundert, so finden wir die Epidemie der *Nonnen*, eine ähnliche ansteckende Krankheit, welche die Frauenklöster in einem großen Teil Deutschlands, hauptsächlich in Sachsen, Brandenburg und Holland ergriff. Es genügte, daß eine einzige Nonne in einer Genossenschaft betroffen war, und das Übel erfaßte alsbald einen Teil ihrer Gefährtinnen. Die Unglücklichen kletterten an den Mauern, liefen auf den Dächern, tobten wie Bacchantinnen, ahmten den Laut aller Tiere nach. Sie redeten fremde Sprachen, kannten die Gedanken, entschleierten die Geheimnisse der Gewissen und schauten die Vorgänge in den entlegensten Orten.

Im Jahr 1490 war das Kloster *Querch*[4] in Belgien vollkommen besessen und die Besessenheit dauerte vier Jahre. Die Nonnen wurden in die Lüfte fortgetragen, wie leichte Körper von den Winden dahingerafft werden; sie kletterten mit erstaunlicher Leichtigkeit an den Mauern hinauf, sie sahen, was in großen Entfernungen geschah und erkannten alle Geheimnisse. Sie wurden vom Bischof von Chambrai exorziert, wobei ihm Gilles Rettelet, Dekan der Kathedrale, beistand.

Kurz darauf brach die Besessenheit im Kloster *Kentrop*, nicht weit von Hamm aus;[5] der Anfall einer der Besessenen teilte sich den andern mit und bald waren alle in gleichem Zustand; die Krankheit dehnte sich auch außer dem Kloster über mehrere Städte und Dörfer der Umgebung aus. Eine Schwester, die Küchenmeisterin des Klosters, selbst besessen, ward für die Urheberin der Besessenheit als Folge einer Behexung gehalten; sie gestand es, leugnete es, um es in ihrem Zustand der Raserei neuerdings einzugestehen. Man nahm mehr Rücksicht auf ihre Geständnisse als auf deren Zurücknahme; sie starb im Gefängnis.

Bald darauf zeigte sich die Besessenheit im Kloster *Wertet* in der Grafschaft Hoorn.[6] Eine Dame aus der Stadt, fromm und heilig, die Wohltäterin der Armen, welche eine Katze zu den Nonnen gebracht hatte, die fast allsogleich aus dem Haus verschwand und nicht mehr gefunden ward, wurde der Verhexung beschuldigt und von allen Besessenen im kritischen Zustand als die Quelle der Besessenheit angegeben. Sie starb unter der Folter. Die Besessenheit dauerte drei Jahre.[7]

Diese Epidemie herrschte mehr als ein Jahrhundert hindurch über Belgien, Holland, Luxemburg und Brabant. Johann Wier wurde gegen das Jahr 1560 von seinen Mitbrüdern auf den Schauplatz dieser sonderbaren Ereignisse abgesandt, um deren Natur zu studieren und seine Sorgfalt den Kranken zu widmen, was ihm Gelegenheit bot, sein Buch „Blendwerke des Satans" zu verfassen, ein Hauptwerk, – einige Mängel abgerechnet – bemerkenswert für die damalige Zeit und einer großen Beachtung wert.

Die Besitzungen, die im Innern der Klöster vorgingen, hatten als Zuschauer ein nur so wenig zahlreiches Publikum, als möglich; anders aber war es bei der Krankheit der *Waisenkinder in Amsterdam* im Jahr 1565.[8] Diese unglücklichen Kinder, siebzig an der Zahl, von beiden Geschlechtern, abgesondert in einer Anstalt jener Stadt auferzogen, waren schrecklich und widerlich anzusehen. Sie entsprangen den Mauern, durchliefen in Rotten die Stadt, drängten sich überall ein und warfen den höchsten Personen ihre geheimsten Übeltaten vor, enthüllten die Angelegenheiten und Pläne der Privatleute und des Stadtrates; sie verfielen in gegenseitigem Wetteifer in schreckliche Krämpfe; sie verstanden und redeten fremde Sprachen.

Alle stimmten darin zusammen, daß sie eine arme alte Frau namens Bamatie, die, fromm und gottesfürchtig wie sie schien, ihre Zeit in den Kirchen zubrachte, übrigens sehr häßlich war, die sie aber vielleicht nie gesehen hatten, – als Anstifterin ihrer Besessenheit bezeichneten. Wir notieren diese Tatsache bezüglich einer heiligen und hervorragenden Person, die stets in solchen Fällen als Urheberin und satanische Helferin mit der Ausführung des Frevels verflochten erscheint, weil wir das nämliche auch in Frankreich antreffen werden.

Dieses Königreich war ebenfalls von der Epidemie der Nonnen ergriffen worden. Gegen das Jahr 1515 war das Kloster *St. Peter zu Lyon* in voller Besessenheit. Pater Adrian von Montalembert, Kapuziner und Almosenier Franz I. wurde abgesandt, um die Ordnung dort wiederherzustellen. Die Besessenheit wich nur langsam, und die Ruhe begann erst nach mehrere Monate langen Exorzismen zurückzukehren. Der Dämon, der aus dem Mund der Ärgsten aller Besessenen – einer jungen Nonne von achtzehn Jahren namens Antoinette von Groslee – redete, erklärte, die Seele einer der jüngst verstorbenen Nonnen des Hauses zu sein. Er forderte Messen und Gebete, zuletzt erklärte er sich befriedigt, von den Peinen des Fegefeuers erlöst, aber noch nicht zum Himmel zugelassen. Wir merken diese Tatsachen an, weil wir sie bei Gelegenheit der drehenden Tische wiederfinden werden. – Der Satan bleibt sich immer gleich und hat nicht nötig, Lügen zu wechseln, weil ihm dieselben genügen, um die armen Menschen fortwährend zu hintergehen.

Pater Montalembert prüfte nicht lange, ob dieser Ausspruch einer Seele, die eine andere in Besitz genommen hat und die nach ihrem Urteil weder im Himmel noch in der Hölle, noch im Fegefeuer ist, mit dem christlichen Glauben und der gesunden Vernunft sich verträgt, und verfaßte ein Buch über all dies, ebenso ungeheuerlich, wie das, was er gesehen und ebenso unvernünftig, wie das, was er aus dem Mund der Besessenen gehört hatte, und dieses Buch, in lebhaften Farben und aufregendem Ton gehalten, wurde wie ein Gegenstand der Pietät in allen Klöstern verbreitet und verschlungen, wo es durch den Schrecken die Einbildungskraft für die Aufnahme der dämonischen Ansteckung empfänglich machte.

Abgesehen von diesem Umstand vermehrten sich die Fälle der Besessenheit, traten aber in Frankreich mehr vereinzelt auf. Die merkwürdigste und auffallendste aller dieser Besitzungen einzelner Individuen war die der *Nikola Aubry* von Vervins im Jahr 1566.[9] Nikola Aubry betete auf dem Grab ihres Vaters und wähnte den Geist des Gestorbenen aus der Erde steigen und sich mit ihr verkörpern zu sehen. Sie fiel in schreckliche Krämpfe; sieben oder acht der kräftigsten Männer waren nicht imstand, ihren Bewegungen Einhalt zu tun, sie verstand fremde Sprachen, erkannte die Gedanken, eröffnete die undurchdringlichsten Geheimnisse und hatte die Gabe des Fernsehens. Sie war von der Seele ihres Vaters besessen. Die Exorzismen dauerten schon lange Zeit mit nur vorübergehendem Erfolg, als Johann Dubourg, Bischof von Laon, selbst sie zu exorzieren anfing, um ihrem Zustand besser auf den Grund zu schauen.

Da er sich demgemäß durch eigene Erfahrung überzeugte, daß die meisten dieser Erscheinungen außernatürlicher Art waren, führte er sie zur bischöflichen Stadt, um sie öffentlich mit großem Pomp zu exorzieren und so einen augenfälligen Beweis von der Wahrheit des Katholizismus zu liefern. Auf seinen Befehl wurde in der Kathedrale eine Bühne errichtet; von allen Punkten Frankreichs und selbst vom Ausland her strömte man zum Schauspiel herzu. Eine große Menge Protestanten, unter ihnen der berühmte Florimond von Remond, Verfasser der Geschichte der Häresie, bekehrte sich in der Tat beim Anblick der so außerordentlichen Erscheinungen und besonders der Heilung der Besessenen, die nach drei Monate währenden öffentlichen Exorzismen erzielt wurde. In ähnlicher Weise wie Montalembert faßte ein Geistlicher von Laon über all diese Tatsachen einen Bericht ab, der allmählich über ganz Frankreich verbreitet und sogar in mehrere Sprachen übersetzt wurde.

Die Besessenheit im Großen aber trat aufs neue im Jahr 1590 in der Pfarrei *Matincourt* in Lothringen zu Tag; damals wurde der ehrwürdige *Fourier*, Reformator des Augustinerordens, davon geheilt. Ein Viertel der Einwohner der Pfarrei waren von der sonderbarsten Tobsucht ergriffen; sie heulten, bellten und krümmten sich in den schrecklichsten Konvulsionen; all dies konnte noch als Krankheit gelten, allein es gesellten sich hierzu einzelne Züge von so unleugbar dämonischer und übermenschlicher Ordnung, daß es nicht möglich war, die Besessenheit zu mißkennen. Der ehrwürdige Pfarrer hätte vielleicht durch seine eigene Kraft die satanische Gewalt zu bändigen vermocht; unglücklicherweise mischte sich das Gericht darein, das nichts dabei zu tun hatte; die Gefängnisse füllten sich mit armen Leidenden; eine Hexe behauptete unter Bekräftigung durch einen Eidschwur, die Besessenen auf dem jüngsten im Land gehaltenen Sabbat gesehen zu haben, was wohl wahr sein konnte, und sie selbst ins Gefängnis hätte führen müssen, wohin sie gleichwohl nicht gebracht wurde; ein Zauberer eines benachbarten Dorfes brachte das Zeugnis seines vertrauten Dämons bei und auf diese und andere minder wichtige Angaben hin wurde das Urteil gefällt und die Verdammung zu verschiedenen Strafen ausgesprochen, die des Scheiterhaufens mit einbegriffen.[10] Die Überlebenden genasen von selbst in den Gefängnissen.

Im Jahr 1611 kam die Reihe an die *Ursulinerinnen von Aix*. Die erste Nonne, die von der dämonischen Affektion ergriffen wurde, hieß *Magdalena de la Palud*;[11] sieben bis acht ihrer Gefährtinnen wurden in verschiedenen Graden angesteckt; eine derselben namens Louise Copeau kam der Magdalena fast gleich hinsichtlich der Stärke ihrer nervösen Krämpfe, der Überspanntheit ihrer Ideen und Ausdrücke, der Außerordentlichkeit ihrer Gesichte, der Klarheit ihres Geistes im Zustand der Krise, mit einem Wort der Großartigkeit der dämonischen Erscheinungen.

Drei Exorzisten, die Väter Romillon, Michaelis und Franz Domps, Doktor von Louvain, vereinten ihre Kräfte, ihre Beschwörungen, ihr Wissen und ihre Gebete, um die Gewalt des Dämons zu brechen, ohne jedoch mehrere Monate lang irgendeinen Erfolg zu erzielen. Die Besessenen wurden in die durch ihre Heiligkeit berühmtesten Orte und sogar nach St. Baume geführt, doch alles umsonst. Die Dämonen hatten sich im Leib der Besessenen vervielfacht und gaben sich die sonderbarsten Namen, sie ließen die armen Opfer tausend Torheiten und Unanständigkeiten sagen, die ärgsten Gotteslästerungen und die schönsten Gebete sprechen, wie auch die schönsten und rührendsten Erklärungen der christlichen Lehre vortragen.

Der Name eines heiligen und verehrten Priesters der Pfarrei Accoules zu Marseille, der Jugendfreund Magdalenas von Palud, der sie zur ersten Kommunion vorbereitet hatte, wurde ebenfalls – man weiß nicht von wem – als Beteiligter genannt.[12] Dies war ein Strahl satanischen Lichtes; er sollte der Urheber der Besessenheit sein. Die beiden Angeklagten beschuldigten ihn all der Greuel, des Besuchs der Sabbate und der Verbrechen aller Art, die sie ihrer Aussage nach in Gemeinschaft mit ihm verübt hätten. Das Parlament der Provence nahm die Sache in die Hand, und nunmehr ward es dem Klerus und Bischof von Marseille unmöglich, ihn zu retten – trotz der kräftigsten Einsprachen, der rühmlichsten Zeugnisse und der angestrengtesten Bemühungen. *Gofridi* war ein Mann, schwach an Körper und Geist, von großer Milde und geringem Verstand. Unter der Folter gestand er alles und nahm es danach wieder zurück; die Besessenen lachten nach ihrem Geheul und ihren kühnen Anschuldigungen den Behörden ins Angesicht und riefen: Welche Lügen, welche Dummheiten haben wir gesagt! Allein dies war in den Augen der Richter ein Spiel des Satans, der immer falsch und trügerisch ist, wenn er Gutes redet, es blieb also nur das Üble, die Anklagen und Geständnisse. Sie versuchten, dieselben wenigstens durch einige Nachweise zu erhärten, allein nicht das leiseste Anzeichen ähnlicher Laster konnte in seinem Leben, seinen Sitten, seinen Angaben, seinen Büchern oder unter seinen Effekten gefunden werden, man zerschlug sogar seine Agnus (geweihte Bilder eines Lammes aus Wachs geformt und zur Privatandacht bestimmt) um deren Inhalt durchzustöbern.

Gleichwohl war es unmöglich, das Zeugnis von sechshundert Dämonen, die aus dem Mund der Besessenen redeten, zu verwerfen, um so mehr, da die Exorzisten den kläglichen Satz als Dogma aufgestellt hatten, daß der Teufel, gehörig beschworen, gezwungen ist, die Wahrheit zu sagen, und daß man deshalb auf seine Behauptungen einen richterlichen Spruch basieren dürfe.

Gofridi, demgemäß einer Menge eingebildeter, nach menschlichen Begriffen größtenteils unmöglicher Verbrechen überführt, wurde also zum Scheiterhaufen verdammt. Er erlitt am 30. April 1611 in Gegenwart einer unermeßlichen Menschenmenge, die schreckenerfüllt, durch die Furcht aber in Schranken gehalten, geärgert und ungläubig war, die Todesstrafe. Der Skandal war ebenfalls ungeheuer.

Einige Unglücksfälle, welche der großen Masse zustießen, veranlaßten dieselbe, die Richter zu schmähen; anderes Unheil dann, das fast unmittelbar darauf über mehrere Familien hereinbrach, erweckte einen lauten Jubel unter dem Volk.

Nach dem Tod Gofridis wichen die Teufel, welche die Besessenen zu verlassen versprochen hatten, keineswegs. Magdalena Palud, durch ihre eigenen Geständnisse ehrlos geworden, wurde aus dem Kloster gejagt und blieb für das Volk ein Gegenstand des Abscheus und Schreckens. Die Exorzisten verließen des Kampfes müde den Schauplatz dieser Ärgernisse. Die Richter verhängten, um ihr richtiges Urteil beim ersten Prozeß zu beweisen, ein zweites über einen armen Blinden im Land, den Palud als mit den Malzeichen des Teufels behaftet, verraten hatte, und der sie in der Tat auch besaß. Er wurde lebendig verbrannt. So ist der Mensch. Statt sein Unrecht einzusehen, beharrt er darin und erschwert es, um zu beweisen, daß er Recht gehabt hat.

Pater Michaelis hatte über alle diese Begebenheiten ein Buch verfaßt, schrecklich wie diese selbst, das alsogleich in den Klostergemeinden verbreitet wurde und auch dorthin das allgemeine Entsetzen übertrug. Er gab ein zweites ganz ähnliches, bei Gelegenheit eines Vorfalles, von dem später die Rede ist, heraus; dann ein drittes, um diese seine Werke gegen die Zensuren der Theologen zu verteidigen. Doch schon übten die Exorzisten dasselbe Geschäft im Kloster der *Brigittinerinnen* zu *Lille* aus, wo die Besessenheit sich offen gezeigt hatte. Die Wütendste der Besessenen *Maria Desains*[13] erklärte sich als die Genossin und Teilnehmerin an all den Verbrechen der Palud und Gofridis, von der sie niemals – ausgenommen an den vermeintlichen Sabbaten und seitdem sie das Buch von Michaelis gelesen – gehört hatte. Sie sagte, daß der Antichrist an einem Sabbat geboren wurde und daß sie ihn gesehen habe. Sie zählte damals drei Jahre und war schon das ungestümste aller entsetzlichen Kinder. Sie klagte sich an, Kinder nach Hunderten und von allen Sorten getötet und den Löwen und Tigern zum Fraß überliefert zu haben. All dies wäre geschehen, ohne daß sie aus ihrem Kloster trat, wohin keine Kinder kamen und wo es weder Tiger noch Löwen gab. Der Erzbischof von Mecheln, der bei diesen Geständnissen gegenwärtig war, sagte, er habe nie so etwas Abscheuliches gehört; er hätte auch sagen sollen, nie so etwas Törichtes. Eine Menge Teufel sprachen durch den Mund der armen Besessenen, schüttelten sie, bogen sie zusammen und krümmten sie, wie der Sturm ein schwaches Rohr beugt. Alles was in Aix vorkam, traf man auch hier wieder. Gebete und Gotteslästerungen, Irrtum und Wahrheit, Kenntnis der Sprache und die Gabe des Fernsehens, Eindringen in die Gedanken anderer und Ortsversetzung von Personen und Sachen, die Stigmata des Teufels und Starrsucht.[14]

Stigmata oder Male des Teufels nannte man unempfindliche Zeichen, der Farbe und Dürre nach einem vertrockneten Leder ähnlich, die mit Unterbrechung an verschiedenen Teilen des Leibes der Besessenen beiderlei Geschlechts vorzüglich an Händen und Füßen erschienen.[15] Man konnte sie mit eisernen Spießen durchstechen, und so die Hand oder den Fuß durchbohren, ohne einen Schmerz zu erzeugen oder Blut fließen zu machen. Dieselben Male zeigen sich öfter bei gewissen rein physischen Krankheiten, wie z. B. bei den Krämpfen.

Auch hier zogen sich die Exorzisten, des Kampfes müde, zurück, und die Besessenen genasen allmählich allein, als man sie aus der Gemeinschaft ausgeschlossen hatte und sich niemand mehr mit ihnen befaßte.

Eine eigentümliche und offenbar dämonische Erscheinung, die oft bei Besitzungen und namentlich hier vorkam, ist die durch Besessene bewirkte Nennung anderer bei ihren Namen und Vornamen und die Kundmachung der geheimsten Male, die sie auf den Gliedern haben konnten, und zwar von Personen, die sie nie zuvor gesehen hatten. So hatte Maria Desains eine Magd mit Namen Simona, die zu Valenciennes wohnte, als Genossin aller ihrer Verbrechen und als solche bezeichnet, die ebenfalls das Malzeichen des Teufels trüge. Man stellte Nachforschung an und führte sie ins Kloster; sie fand sich gezeichnet, wie gesagt worden war, sie verfiel in Besessenheit und gestand alles, was die anderen Besessenen ihr zur Last legten; als man sie dann zwei Tage danach fragte, ob sie auf ihren Geständnissen beharre, antwortete sie: „Ich wage nicht, nein zu sagen, und doch, wenn ich ja sage, scheint mir alles wie ein Traum, und es kommt mir vor, als ob ich lüge." Als sie ganz zu sich gekommen war, stellte sie alles entschieden in Abrede.

Im Jahr 1632 kam die Reihe an das Kloster der *Ursulinerinnen von Loudun*.[16] Während der ersten fünf bis sechs Monate machten die Exorzismen nur wenig Aufsehen. Aber bald dehnte sich die Besessenheit auf mehrere Personen außerhalb des Klosters aus. Johanna von Belfiel war die stärkst betroffene; eine dieser Nonnen namens Clara von Sazilly war es fast im gleichen Grad. Viele andere folgten nach.

Mittlerweile kam ein Staatsrat namens Jakob Martin von Laubardemont, der schon durch den Prozeß des unglücklichen Cinq-Mars eine traurige Berühmtheit erlangt hatte, nach Loudun; er war der Pate der Johanna von Belfiel. Clara von Sazilly war das Patenkind des Kardinals Richelieu. Laubardemont hatte in der Angelegenheit Cinq-Mars eine absolute Anhänglichkeit an den Kardinal bewiesen. Die Klostergemeinde bestand meist aus Gliedern der angesehensten Familien Frankreichs. Außer der Oberin aus der Familie der Kosse waren zwei Damen dabei, – Barbezieux – aus dem Haus Nogaret, zwei Damen – Escableau – aus dem Haus Sourdis.

Nun aber war im Kirchspiel St. Pierre du Marché-Neuf ein Pfarrer namens Urban *Grandier,* der vermöge seiner Universitätsgrade in die Diözese eingetreten, dem Bischof aber mißliebig war, auf welchen die Aufmerksamkeit des Volkes sich lebhaft richtete. Er war schön, mit vorzüglichen Talenten begabt, etwas weltlich gesinnt, gegen seine Widersacher hart, voll Selbstgenügsamkeit, die man vielleicht Stolz nennen konnte; einige gerichtliche Prozesse hatten ihn berühmt gemacht; er besaß viele Feinde in allen Ständen; man schrieb ihm eine Schmähschrift gegen den Kardinal zu, „die Franziskanerin von Loudun" betitelt, deren Verfasser er jedoch nicht war. Es ging wenigstens unter dem Volk das Gerede, daß er für die Direktion des Klosters der Ursulinerinnen bestimmt wäre; vielleicht hätten sie ihn selbst gewünscht. Allein es scheint, daß er nie in geringster Verbindung mit diesem Haus stand und keine der Nonnen ihn kannte. Sein Name wurde von einer der Besessenen genannt, es geschah dann dasselbe wie zu Aix, alle fingen an, laut zu verkünden, daß Grandier der Urheber der Besessenheit sei.

Ein Blumenstrauß sollte von außen her in den Garten des Klosters geworfen worden sein, sagten alle Besessenen; aber diese Tat wurde nie bewahrheitet; durch den Geruch jenes Bouquets sollte die Oberin dämonisch geworden sein; die Blumen waren verzaubert und Grandier war es, der sie hereingeworfen hatte.

All dies begab sich ohne zu viel Aufsehen; als am 6. Dezember 1633 Laubardemont mit der vollen Befugnis wieder zu Loudun erschien, die Sache in die Hand zu nehmen, Exorzisten auszuwählen, den Prozeß einzuleiten und eine Gerichtskommission niederzusetzen. Er verstand sich darauf und blieb nicht auf halbem Weg stehen. Der Schein sprach gegen den Angeklagten, der Richter konnte sich vom Gegenteil nicht überzeugen, und so verharrte er denn fest bei seiner Ansicht. Von diesem Augenblick war Grandier verloren. Er verschmähte zu sehr, seine Vorsichtsmaßregeln zu treffen, oder bei Zeit sich aus dem Staub zu machen; er wurde eingekerkert. Die warme Protektion und offene Verwendung des Erzbischofs von Bordeaux, Heinrich Eskublo von Sourdis, konnte ihm um so weniger nützen, da er seinen eigenen Bischof, Heinrich Ludwig Chataignier de la Roche-Posay, gegen sich hatte. Die Bewohner Louduns versammelten sich mit großer Feierlichkeit im Rathaus und unterzeichneten einen Protest, der dem Hof übermittelt wurde; doch nichts konnte den Gang der Verhandlung aufhalten. Den Besessenen selbst war nicht mehr gestattet, zu reden oder zu widerrufen; sie mußten auf Befehl in Zuckungen treten oder sich ruhig verhalten; jede persönliche Einsprache wäre mit augenblicklicher Einkerkerung bestraft worden. Der schreckliche Kommissar hatte überall seine Späher, er ließ öffentliche Gebete in allen Kirchen der Stadt und des Burgfriedens halten und zu Chinon einer Besessenheit nachspüren, die mit der obigen in Verbindung stand.

Die ausgezeichnetsten Persönlichkeiten kamen nach Loudun und gewannen die entgegengesetzte Überzeugung. Der berühmte und überaus gelehrte P. Joseph, Rat und Freund des Kardinals, kam dorthin, gab aber seine Ansicht nicht kund. Der Oberintendant Des-Roches erschien mit den Bischöfen von Chartres und Nimes. Sie sahen dem Exorzismus zu und exorzisierten selbst zu Loudun und Chinon. Das bei ihrem Besuch abgefaßte Protokoll beweist, daß sie nicht überzeugt waren.

Der Teufel zeigte sich in der Tat so abgeschmackt, so gemein, so machtlos und in manchen Fällen so lächerlich, daß die Versammelten zweifelnd die Achsel zuckten. Wenn die Gesellschaft aus anderen Gliedern bestand, dann traten die großen Krisen ein, es kamen wahre Wunder vor, Kenntnis der Sprache, Auflösung der schwierigsten Rätsel, Enthüllung der Geheimnisse, Kundmachung der Gewissen und augenblicklicher Vollzug der in Gedanken erteilten Befehlen von seiten solcher Besessenen, die vom Ort der Exorzismen entfernt waren. Man sah sie aus entlegenen Gärten, ja sogar aus der Stadt herbeieilen, – denn es gab deren auch unter den

Weltleuten – und das ausführen, was man in ihrer Abwesenheit angeordnet hatte. Sie unterschieden mit wunderbarer Geschicklichkeit die in einer Büchse eingeschlossenen Gegenstände (nach Art der Magnetisierten), manchmal jedoch hielten sie Kaninchenhaar für Reliquien. Man konnte es nicht glauben, nicht begreifen. Der Satan machte die Verwirrung vollständig. Ein sehr zahlreicher gewichtiger Teil der Zuschauer stimmte für die Verneinung; hier war das Mitleid im Spiel; ein nicht minder beträchtlicher Teil erklärte sich bejahend; hier war aller Zweifel ausgeschlossen. Eine der Besessenen, *Clara von Sazilly*, verstand alle Sprachen, in welchen das Publikum mit ihr zu reden beliebte: Italienisch, spanisch, deutsch, griechisch, sogar die Mundarten der Wilden Amerikas; sie führte einen ganzen Nachmittag lang ein sehr wechselvolles Gespräch in griechischer Sprache. Man lese die von beiden Gesichtspunkten aus erhobenen Berichte und man wird sich eine Überzeugung bilden, die auf die eine oder die andere Seite neigt; vereinigt man sie aber und vergleicht damit die noch Manuskript gebliebenen Verbalverhandlungen, so tritt das Doppelspiel des Satans offen zutage.

Indes nahm der Prozeß gegen Grandier seinen Fortgang. Alles was mit ihm im Gefängnis vorging, eröffnete ein Besessener alsbald dem Publikum in der Kirche. – Das Haus war mit Vertragsbriefen, Leinen- oder Papierstücken angefüllt, die man mit großer Umständlichkeit aufsuchte und dann am bezeichneten Ort fand, und die nicht betrügerischerweise dorthin gebracht worden waren, weil sie sich in Mauern verschlossen, unter Erdhaufen versteckt und an Stellen befanden, die seit Menschengedenken nicht berührt worden waren. Grandier bat, die Besessenen selbst exorzisieren zu dürfen, aber er wurde von ihnen mit solchem Geschrei, solchen Drohungen, solcher Wut und solch empörenden Äußerungen empfangen, daß er ganz verdutzt war und sich voll Schrecken zurückzog.

Es geschahen in Folge dieser Phänomene auffallende Bekehrungen; unter anderen die des Lord Montaigü, der seine Abschwörung des Protestantismus in die Hände des Papstes niederlegte und ihm die Wunder erzählte, von denen er Augenzeuge war; sowie die an Herrn von Queriolet, Rat beim Parlament der Bretagne, dem eine der Besessenen öffentlich die geheimsten Ausschweifungen seines Lebens vorwarf und ihn an die ebenso geheimen Versprechen erinnerte, die er Gott gemacht, aber nicht gehalten hatte.

Mittlerweile hatte Laubardemont eine Kommission von zwölf Richtern, die aus den Beamten der Provinzialgerichte ob ihrer Frömmigkeit und Tadellosigkeit gewählt worden waren, eingesetzt, allem Anschein nach ward aber hierbei auch auf ihre leicht zu erratende Ansicht und ihre früheren Urteile Rücksicht genommen. Die Gerichtskommission stellte die Tatsachen umständlich fest, nahm Kenntnis von den Protokollen und bereitete sich dann durch religiöse Zeremonien und öffentliche Gebete zur Fällung des Urteils vor. Grandier wendete alle Mittel an, die ihm die Rechtswissenschaft an die Hand geben konnte. Er verteidigte sich mit Würde und Entschlossenheit, allein nichts vermochte ihn zu retten; er wurde zum Scheiterhaufen verurteilt, verbunden sogar mit dem Zerbrechen der Beine – zur Bestätigung des richterlichen Ausspruches – bei der Folter, bei der er nichts gestand, da er nichts zu gestehen hatte; er erlitt seine Strafe am folgenden Tag, nämlich am 18. August 1634.

Man kann nicht sagen, daß Grandier ein achtungswerter Priester war, aber man muß doch einräumen, daß, abgesehen von den Behauptungen der Besessenen, die nicht eine einzige beweisbare Übeltat vorbrachten, sich in den bändereichen Akten dieses Prozesses weder ein Beweis, noch ein Beweisgrund, noch ein Anzeichen vorfindet, daß er je einen Verkehr mit dem Satan gepflogen hat oder irgendwie in die Besessenheit verstrickt war.

Die ersten Exorzisten waren durch andere von der Wahl Laubardemonts – acht an der Zahl – ersetzt worden; der Stiftslehrer von Poitiers und ein Minorit namens Frater Laktanz, vier Kapuziner, die Väter Tranquillus, Lukas, Protais, Elisäus und zwei Karmeliten, die Väter St. Thomas und St. Mathurin.

Es ging denn wie zu Aix. Der Tod Grandiers, der der Besessenheit ein Ende machen sollte, beendete nichts. Die Besessenheit verdoppelte vielmehr ihre Heftigkeit und ergriff sogar die Beschwörer. Ein Monat nach der Hinrichtung Grandiers starb Pater Lactantius unter den heftigsten Konvulsionen; Pater Tranquillus, der jetzt befallen wurde, ging davon und schleppte vier Jahre das elendeste Leben hin; ein junger Exorzist, der gekommen war, ihn zu ersetzen, geriet in Schrecken, wurde besessen und blieb es den ganzen Rest seines Lebens. Der berühmte und streng fromme Pater Surin, ein Jesuit, der den Pater Lactantius zu ersetzen gekommen war, wurde ebenfalls von der Besessenheit ergriffen. Der Dämon wanderte während der Exorzismen abwechselnd von der Oberin zu ihm und von ihm zu der Oberin; er erfuhr die schrecklichsten Krisen, in einer derselben wurde er aus seinem Zimmer durch das Fenster auf das Pflaster geworfen, man hob ihn mit zerschmettertem Bein auf; er wurde nie von der Wunde noch von der Besessenheit vollkommen geheilt. Der Chirurg Manouri und der Zivil-Leutnant Chauvet, die an dem Prozeß teilgenommen hatten, wurden und starben verrückt.

Das Ereignis des 18. August wiederhallte in ganz Frankreich und vermehrte die traurige Berühmtheit des Klosters Loudun. Die angesehensten Personen begaben sich auf den Schauplatz und verstärkten sich alle in jener Meinung, die sie dorthin geführt hatte. Die Katholiken bestanden auf dem Vorhandensein wahrer Wunder, die durch authentische Nachweise vergewissert wären; die Spötter, die Protestanten, die Ungläubigen, welche den Satan mehr und mehr auf einer übel berechneten Torheit und Schwäche ertappten, kamen mehr und mehr auf den Schluß, daß alles reine Betrügerei und die Besessenen nur Heuchler wären.

Kardinal Richelieu hörte endlich auf, den Exorzisten ihren Sold zu bezahlen; auf dieses hin zerstreuten sie sich und die Besessenen, zu sich selbst gebracht, kamen allmählich wieder zu Ruhe und Vernunft zurück. (Siehe Anhang: Bem. A.)

Es verhält sich ebenso mit der dämonischen Raserei, wie mit jeder Verrücktheit; je mehr man sich mit den Kranken abgibt, desto mehr Ungereimtheiten treiben sie; da die Narrheit oder irgendeine organische Störung das Mittel ist, dessen der Satan sich in ähnlichen Fällen bedient, so wird die Besessenheit unterdrückt, sobald das Mittel entfernt ist.

Die Besessenheit zu *Chinon*, die sozusagen ein Seitenzweig der oben genannten war, endete auf andere Weise. Nach der ernstlichen Prüfung zweier ärztlicher Kommissionen, die von den Fakultäten zu Paris und Montpellier abgeordnet worden waren, und nach der nicht minder strengen Prüfung der Bischöfe von Angers, Nimes und Chartres, wobei der Kardinal von Lyon den Vorsitz führte, blieb es festgestellt, daß mehr Verstellung als Wirklichkeit vorhanden war. Der Exorzist wurde in ein Kloster gesperrt, die beiden Hauptbesessenen eingekerkert und die sechs anderen in verschiedene Klöster zerstreut, wo sie bald wieder die frühere Ruhe gewannen.[17]

Ein Kloster zu Nimes und ein anderes zu Rouen wurde ebenfalls von der Besessenheit ergriffen, doch trat sie daselbst minder heftig auf und währte nicht lange.

Nicht so verhielt es sich zu *Louviers*.[18] Dort erneuerte ein Kloster vom dritten Orden des heiligen Franziskus, im Jahr 1616 gegründet und seit seinem Beginn schon tief zerrüttet, alle Greuel, die man zu Aix und Loudun gesehen hatte; es war im Jahr 1643. Achtzehn Nonnen zeigten sich von der Besessenheit ergriffen; die eine von ihnen, *Magdalena Bavent*,[19] erneuerte die Rolle der Palud und Maria Desains. Sie klagte sich der größten Abscheulichkeiten sowie des Besuchs der Sabbate an und legte eben diese Verbrechen dem ehemaligen Direktor des Klosters Maturin Pikard zur Last, der in der Kapelle begraben war, ebenso seinem Vikar Boule,[20] der noch gut am Leben, sodann mehreren anderen Priestern und einem Bischof, den sie ohne zu nennen bezeichnete, ferner vier Schwestern ihres Klosters und der Mutter Simona Gaugain zu Paris, mit Ehren gekannt unter dem Namen Franziska vom Kreuz und Gründerin der zwei Hospitalhäuser am Platz Royal und Roquette. Man nahm auf ihre Angaben nur zu sehr Rücksicht, doch fügte sie zur Milderung bei: „Wenn dies sich wirklich so zugetragen hat, was ich nicht selbst zu beurteilen wage, so sind es große Abscheulichkeiten und zu gleicher Zeit auch große Wunder."

Was am klarsten zutage trat, war eine wütende Besessenheit mit den charakteristischen Kennzeichen der Anwesenheit des bösen Geistes und schrecklicher Konvulsionen, bei denen man nicht selten sah, wie diese unglücklichen Opfer den Kopf mit Gewalt bis zu den Fersen hinabbeugten.

Bischof von Evreux, Franz von Perikard, Abbe Delaunay, sein Stiftslehrer und P. Esprit de Boscroger, Provinzial der Kapuziner, strengten sich an und bemühten sich unendlich, zu exorzisieren, den Zauber zu heben; – ein Teufelsspuk, dem man zu viel Wichtigkeit beilegte – um die Angelegenheit zu Ende zu führen. Sie wurde sehr kitzlich und ungemein skandalös.

Rücksichtlich der Angaben der Bavent leitete das geistliche Gericht von Evreux einen Prozeß gegen das Andenken Pikards ein, der auf Begehren des Satans ausgegraben und auf den Schindanger geworfen wurde. Der Dämon sollte hierauf weichen, er wich aber nicht. So entspannen sich nun vier Prozesse auf einmal oder sogar fünf, wenn man den des geistlichen Gerichtes mitzählt. Die Familie hat Einsprache, ebenso das weltliche Gericht und das Parlament vermittelte, so daß man über diese klägliche Angelegenheit zu Rouen, Louviers, Evreux und Pont de l'Arche plädierte. Am Ende des Prozesses wurden Pikard und Boule, der eine lebendig, der andere tot – obwohl gegen sie keine andere Klage, als die von Bavent widerrufenen Behauptungen und zum Beweis gewirkten dämonischen Wunder aufgebracht werden konnten, mit großem Aufsehen auf dem öffentlichen Platz zu Louviers verbrannt, das Kloster wurde auf Befehl des Gerichtes aufgehoben und die Nonnen zerstreut. Dieses Urteil rief allgemeines Erstaunen und Entrüstung hervor und bereitete der Simona Gaugain große Verlegenheiten, denn das Parlament ließ sie zu Paris verfolgen und selbst die Protestation des französischen Hofes konnte sie nicht schützen. Bald darauf ward sie mit einer gravierenden Anklage auf Magie beunruht, ins Gefängnis gesetzt, aller Obergewalt über die Häuser, die sie gegründet hatte, beraubt, zwanzigmal öffentlich vor die Richter geschleppt und vom Pöbel verhöhnt, bis sie endlich nach Verlauf von acht Jahren ein Urteil auf Verbannung erhielt.

Bei fast allen diesen Possessionen zeigte sich eine sonderbare und unerklärliche Erscheinung. Die meisten Besessenen erbrachen nämlich sehr häufig fremdartige Körper:[21] Hafenscherben, Glasstücke, Kugeln von Pferde- oder Menschenhaaren, Näh- und Stecknadeln, Wachs, Leinwand- und Tuchlappen, lebende Kröten und Frösche, und zwar in großen Quantitäten; nun hatte man sie aber nie solche Gegenstände verschlingen gesehen, und meistenteils wären sie nie imstande gewesen, sich dieselben zu verschaffen. Und wenn man fragt, warum die Beschwörungen nicht immer ihre Wirkungen machten, so sagen wir, es geschah allem Anschein nach aus Schuld der Exorzisten selbst, welche statt ernstlich dem bösen Geist zu gebieten, ihn zu oft in seiner Anwesenheit provozierten und von ihm Zeichen begehrten, um den Ungläubigen zu beweisen, was sie zu beweisen sich vorgesetzt hatten, indem sie also an ihn glaubten, sein Wort als den Ausdruck der Wahrheit hinnahmen, sich dessen wie eines gerichtlichen Zeugnisses bedienten und sich vergnügten, mit ihm in allen Sprachen und über alle möglichen Gegenstände zu konversieren. Sie ließen ihn gern mit sich spielen. Der heilige Hieronymus erzählt in dem Leben des heiligen Hilarion, daß, als ein Diener des Kaisers Konstantius, der häufige Anfälle der Besessenheit hatte und zu diesem heiligen Einsiedler geführt worden war, der Dämon ihm in mehreren Sprachen die Gründe und Ursachen auseinanderzusetzen begann, warum er diesen Menschen besitze. Allein Hilarion unterbrach ihn und sprach voll Ernstes: Ich frage dich nicht, warum du gekommen bist, sondern ich befehle dir, zu entweichen. Und der Besessene wurde im Augenblick geheilt.

Außerdem waren im Kloster *Auxonne* im Jahr 1662 achtzehn Klosterfrauen von der Besessenheit ergriffen.[22] Es zeigte sich solche zu *Bully,* einer Pfarrei in der Gegend von Rouen, die sich über einen großen Teil der Bevölkerung ausdehnte; eine in der Pfarrei Landes, Diözese Bayeux, wovon sieben bis acht Personen im Jahr 1732 und die folgenden Jahre plötzlich ergriffen worden waren. Da sie all denen gleichen, von welchen wir geredet haben und sich nicht auf tragische Weise lösten, so begnügen wir uns, sie nur zu erwähnen.[23]

Die Besessenheit zu Bully hatte gleichwohl das Merkwürdige, daß die Besessenen ähnlich den heulenden Derwischen und den Aissaua das Feuer, die glühenden Kohlen und das erhitzte Eisen mit Wollust liebkosten; das Feuer hatte alle Kraft gegen sie verloren. Man sah hauptsächlich Kinder Kohlen in ihren Kleidern tragen, ohne daß ihnen deshalb der mindeste Unfall zustieß. Die Besessenheit erstreckte sich sogar auf Kinder von sechs bis sieben Jahren.

Doch damit sind die Fälle epidemischer Besessenheit noch nicht zu Ende. Im Jahr 1673 wurde das Waisenhaus der Stadt *Horn* davon befallen.[24] Alle Kinder wurden angesteckt, man mußte sie ihren Familien zurückgeben; nur dann und nur durch Vereinzelung gewannen sie die Ruhe wieder. Zwei oder drei Männer waren oft nicht imstande, die Bewegungen einer jungen Waise zu mäßigen. Im Jahr 1670 hatte das zu *Lüttich* durch die allzu berühmte Verzückte, Antoinette *Bourignon,* gegründete Waisenhaus das nämlich Schicksal. Die Behörden ließen die Anstalt schließen, aber viele arme Kinder blieben den Rest ihres Lebens durch mondsüchtig. Im Jahr 1692 verheerte eine große Besessenheitsepidemie die Städte Salem, Andover und Boston in Neu-England. Sie kostete einer großen Menge Leute die Freiheit und sogar das Leben, denn die Besessenen beschuldigten immer wieder neue der Magie, und die Behörden waren nur zu sehr bereit, ihnen Glauben zu schenken und die Bezeichneten ins Gefängnis zu setzen; nun aber gestanden die Festgenommenen – eine sehr sonderbare, jedoch schon mehrfach beobachtete Erscheinung – das vermeintliche Verbrechen ein und gaben die Einzelheiten an. Die vermeintlichen Verbrecher wurden also zu fünf, sechs oder zwölf gehangen. Es kam vor, daß Richter, nachdem sie andere hatten hinrichten lassen, selbst angeklagt und hingerichtet wurden, und als ganz sonderbare Ausnahme ergriff die Krankheit sogar die *Tiere.* Einige erfuhren die größte Störung in ihren Gewohnheiten und in ihrem Instinkt. Es scheint, daß sie sogar die Richter ansteckte, denn es wurden Leute hingerichtet, obwohl die Beweise mangelten und kein Eingeständnis statt hatte, andere dagegen trotz ihrer Geständnisse freigelassen wurden.

Man zählte schon neunzehn Hinrichtungen, mehr als fünfzig Schuldbekenntnisse, hundertfünfzig Personen waren in Haft und zweihundert waren vorgeladen, als die Behörden den Klerus über diese sonderbare Erscheinung zu Rat zogen. Die Geistlichen zur Synode vereinigt, entschieden, daß der Satan ganz leicht in Gestalt von guten wie von bösen Leuten erscheinen könnte, und daß ohne Zweifel er es wäre, den die armen Kranken unter der Gestalt so vieler ehrenwerter Personen gesehen, und die sie als die Urheber dieser Übel angeklagt hatten. Auf diese Entscheidung hin öffneten die Behörden die Gefängnisse; Richter und Geschworene baten wegen ihrer Irrtümer Gott und die Hinterbliebenen derjenigen, welche die Opfer derselben geworden waren, schriftlich um Vergebung. Dies geschah im April 1693. Der Sturm der gerichtlichen Verfolgung hatte sechzehn Monate gedauert; die Ruhe stellte sich wieder her, nachdem der Satan wieder anerkannt worden war.

Im Jahr 1738 erfuhr das Kloster *Unterzell* noch eine Besessenheit in Masse. Zehn Nonnen wurden davon erfaßt, und alle bezeichneten als Urheberin ihrer Übel eine ihrer Mütter, *Renata Sänger,* von erbaulichem Lebenswandel, welche fünfzig Prozeßjahre zählte und lange Zeit mit großer Weisheit die Vorstandschaft geführt hatte.[25] Die Unglückliche war zuerst von einer großen und unbesiegbaren Traurigkeit befallen worden, die sie nimmermehr verließ. Sie gestand allerlei schon in der Kindheit vermeintlich geübte Verbrechen und die fortgesetzten und unmöglichsten Verbindungen mit dem Satan. Es war schrecklich zu hören für die, welche ihr glauben mochten. Die geistlichen Richter schenkten ihr Glauben und degradierten sie, die weltlichen dann verurteilten sie zum Feuertod. Aus besonderer Gunst gestattete der österreichische Hof, daß man ihr das Haupt abschlug, bevor sie verbrannt wurde. Das Volk schmähte über das Urteil, die Gnade und Hinrichtung.

Beim Beginn dieses Jahrhunderts war Napoleon gezwungen, auf dem Feld von Boulogne eine Warte zu zerstören, in der alle Wochen Selbstentleibungen vorkamen. Kurz danach war der Marschall Serrurier, Kommandant der Invaliden genötigt, eine Tür der Anstalt vermauern zu lassen, an welcher sich zwölf Invaliden in der Zeit von vierzehn Tagen aufgehangen hatten.

Im Jahr 1841 brach in Schweden durch ein junges Mädchen von sechzehn Jahren eine Sucht zu predigen aus und überflutete fast das ganze Königreich. Im Zustand der Krise hatten die Predigerinnen kein Bewußtsein mehr von sich selbst und nichts konnte sie hindern, eine oder zwei Stunden lang Reden zu halten. Da sie sich unterfingen, den Klerus zu verunglimpfen, so entstanden sehr ernste Unruhen und Gefahren für das Leben seiner Mitglieder. Die Polizei mischte sich ein, das Militär trat dazwischen, aber die Säbel- und Bajonetthiebe vermehrten nur die Aufregung des Volkes, und das Übel wurde immer stärker. Der Erzbischof von Upsala fand ein besseres Mittel. Er stellte sich an die Spitze dieser Predigten, um sie zu leiten und die Sucht erlosch nach drei Jahren.[26] (Siehe Anhang: Bem. B.)

§ 2 Besessenheit, durch magischen Zauber bewirkt

Unter den Besessenheitsfällen, von denen wir eben geredet haben, konnten viele wohl in der Tat von einem magischen Zauber herrühren, wie man dies auch damals glaubte. Der Zauber entsteht entweder unmittelbar aus einer absichtlich vollbrachten Handlung, einer Berührung oder einem einfachen Blick durch den, welcher den satanischen Charakter besitzt, und zwar gegen den Feind, dem er schaden will, oder aber mittelbar durch Hilfe eines zu diesem Zweck imprägnierten Gegenstandes. Die Beweise sind so zahlreich und so sicher festgestellt, daß kein Zweifel statthaben kann, abgesehen davon, daß vom andern Standpunkt aus eine genügende Erklärung unmöglich wäre.

Die Pasturellen standen unter dem Zauber des Meisters aus Ungarn, wie sie ihn nannten, als sie ihm voll Begeisterung folgten; ebenso die Gefährten Eon's de l'Etoile. Die Rotten der Coterets und Albigenser waren bezaubert, als sie auf ihrer Wanderung alles mit Feuer und Schwert ohne Grund und irgendeine Aufforderung verheerten. Die Wiedertäufer lagen unter dem Zauber, als sie alles zur größeren Ehre Gottes vernichteten. Die Meuchlerhorden Indiens, welche die Küsten des Ganges verwüsteten, und die nicht ausgerottet werden können, weil sie sich unaufhörlich wieder erneuern, rekrutieren sich vermittels des Zaubers. Ihre Spießgesellen verbreiten sich unter der Landbevölkerung, ja sie drängen sich sogar in den Schoß der Städte und Marktplätze, sie berühren die jungen Leute, die ihnen geeignet erscheinen und machen ihnen einige magnetische Striche. Und diese folgen nun unwiderstehlich obwohl ohne Zwang ihren Schritten. Man merkt die Wirkung des Zaubers an ihrem unsicheren, abgestumpften, niemanden und nichts mehr kennenden Blicke. Diese Künste sind in ganz Asien bekannt, und die Priester Buddhas verstehen diese Art Bezauberung wieder zu heben.[27]

Hören wir Daniel Eramart in seiner Kirchengeschichte von Pommern im 52. Kap. des III. Buches: „Im Jahr 1593, sagte er, ereignete sich in der kleinen Stadt *Friedberg* bei Neumark eine schreckliche Begebenheit; mehr als sechzig Personen jeden Alters und Geschlechtes wurden vom Dämon besessen und erfuhren zu verschiedenen Zeiten fürchterliche Anfälle – sogar in der Kirche. Ein Pfarrer wurde davon ergriffen, während er auf der Kanzel predigte. Dies dauerte sechs Monate. In dem Augenblick, wo die Sucht zu Friedberg ihr Ende zu erreichen schien, d.h. während der Monate November und Dezember 1594 überkam einige vierzig Personen, die meisten in der Blüte des Alters, in *Spandau* bei Berlin ein ähnlicher Anfall. Die Zuckungen waren so stark, daß es fünf oder sechs robuster Männer bedurfte, um einen einzigen der Besessenen zu halten. Man fand anfänglich einzelne Gold- oder Silberstücke, die da und dort hingelegt oder verloren worden waren; wer sie aufhob, wurde allsogleich von der Krankheit befallen." Diese Gold- oder Silberstücke waren also der Zauber, d.h. das satanische Hilfsmittel, welches die Besessenheit mitteilte.

Zwanzig Jahre danach verurteilte das Parlament von Bordeaux fünf Zauberer, welche das Übel *Layra*[28] auf andere übertrugen, so genannt von der gleichnamigen Pfarrei bei Dax. Wenn jemand ihnen mißfiel oder mit ihnen in Zwist geriet, so wurde er von einer rasenden Sucht, zu bellen, erfaßt, das oft zufällig, hauptsächlich in den Kirchen und bei der sogar unbewußten Annäherung der Zauberer wiederkehrte. Die Behörden nahmen die Gelegenheit wahr, es mehrmals festzustellen, und außerdem gestanden es die Übeltäter ohne viel Mühe ein. Wenn ein Kranker zu bellen begann, so heulten die in der Nähe waren einstimmig mit. Die Krankheit dauerte zwei Jahre, nämlich bis zum Tod der Urheber des Zaubers.[29]

Allein dieser Vorfall machte bei weitem das Aufsehen nicht, wie jener der Madame de *Ranfaing* im Jahr 1622.[30] Maria Elisabeth Ranfaing, Witwe Dubois, geborene Remiremont, war ebenso ausgezeichnet durch ihre Tugend, wie durch ihre Schönheit. Ein Apotheker, namens Poiret, ein Mann von sehr üblem Ruf, der mit ihr eine zweite Verbindung eingehen wollte, brachte ihr in Form von Medikamenten einige Tränke bei, die eine große Störung in ihren Sinnen bewirken mußten. Er hoffte hiervon zu seinen Gunsten Gebrauch machen zu können. Die junge Witwe wurde von den schmerzlichsten Krämpfen befallen; Poiret beeilte sich, ihr neue Arzneimittel zu geben, in Folge deren sich eine wütende Besessenheit bei ihr entwickelte. Man sah sie oft augenblicklich von einer totalen oder partiellen Geschwulst befallen, die ebenso schnell wieder verschwand. Es befiel sie ein zeitweiliges, konvulsivisches Zittern, ein Teil ihrer Glieder brannte in glühendem Fieber, während der andere eiskalt blieb. Mehrere Männer hatten große Mühe, ihre Bewegungen zu zähmen, sie schnellte empor und machte mehrere Wendungen um sich selbst, dann fiel sie wieder zurück; sie kletterte an den Mauern und lief mit Behendigkeit auf den Dächern. Sie antwortete auf alle Fragen, die an sie gerichtet wurden, gleichviel in welcher Sprache, ja sie verbesserte sogar die Fehler, die man beim Sprechen fremder Zungen machte. Sie entdeckte die verborgensten Geheimnisse und las versiegelte oder mehrfach eingewickelte Briefe. Sie erzählte die Einzelheiten von Ereignissen, denen sie nicht beigewohnt hatte, und wußte, was in der Ferne vorging.

Trotz all dieser Symptome wurde die Frage der Besessenheit von einigen Ungläubigen widerstritten und die Exorzismen blieben ohne Erfolg. Der Bischof von Toul ließ die Kranke nach Nancy führen, um dort durch eine ärztliche Kommission geprüft zu werden; die Ärzte konnten sich nicht verständigen. Der Bischof versammelte eine zweite Kommission, die aus Prälaten und Theologen zusammengesetzt war. Diese schlossen mit Rücksicht auf die Unschlüssigkeit der Ärzte notwendig auf Besessenheit; sie war übrigens offenkundig. Mehrere Protestanten bekehrten sich angesichts so außerordentlicher Erscheinungen. Die Exorzismen erhielten sodann ein auffallendes obwohl vorübergehendes Resultat. Die drei Töchter der Besessenen wurden von konvulsivischen Krisen befallen, als sie die ihrer Mutter sahen, jedoch nur im geringen Grade.

Herzog Heinrich II. von Lothringen ließ den Apotheker verhaften und setzte, um ihn zu richten, eine Kommission von vierundzwanzig Zeugen nieder, von denen die eine Hälfte aus französischen Rechtsgelehrten gewählt wurde. Sie verurteilten Poiret als vom Verbrechen der Zauberei angesteckt und überführt einstimmig zum Tod. Sein Bedienter, der bei der Ausführung des Frevels als Vermittler tätig war und außerdem den schlechten Ruf seines Herrn teilte, wurde ebenfalls eingezogen und auf seine eigenen Geständnisse hin zu gleicher Strafe verurteilt.

Maria Elisabetha Ranfaing genas mit der Zeit. Nach dem Ende dieser fürchterlichen Krankheit nahm sie den Plan wieder auf, den sie, als sie Witwe geworden war, gefaßt hatte, sich Gott zu weihen. Der Bischof von Toul gab ihr das Nonnenkleid am 1. Januar 1631 und sie stiftete nun mit ihren Töchtern unter dem Namen Maria Elisabeth vom Kreuze die Zufluchtsstätte von Notre-Dame für büßende Mädchen.

Wir könnten leicht eine Menge Tatsachen ähnlichen Charakters anführen, deren Zuverlässigkeit darzutun ebenso unschwer gelänge, als die Beweise hierfür beizubringen; da sie aber mit den übrigen in keiner Verbindung stehen, so werden wir uns mit den zwei folgenden begnügen, welche von erheblicher Bedeutung sind.[31]

Am 18. April 1705 durchschritt *Dionys Milanges de la Richardiere*, Sohn eines Advokaten beim Parlament in Paris das Dorf Noisy-le-grand bei Paris, als sein Pferd plötzlich anhielt. „Kehren Sie um, das Pferd wird nicht weiter gehen!" sagte ein Hirte von üblem Aussehen, der sich in der Nähe befand. Keine Anstrengung war in der Tat imstande, das Pferd zum Weitergehen zu zwingen; er mußte nach der Weisung des Hirten umkehren. Zu Hause angekommen, wurde Dionys Milanges von so auffallender und außerordentlicher Erschlaffung befallen, daß die Ärzte der Hauptstadt endlich genötigt waren, ihre Ohnmacht einzugestehen und auf die Heilung des Übels zu verzichten.

Alsbald wurde der Kranke von dem Schatten seines Hirten obsidiert und unter einem Druck fast erstickt, der ihm weder Tag noch Nacht irgend Ruhe ließ. Eines Abends zog er, einer solchen Verfolgung überdrüssig, sein Messer und brachte seinem lästigen Schatten mehrere Hiebe ins Gesicht bei. Er behauptete, daß dieser Hirte sich Dionys nenne, obgleich er ihn nie sonst gesehen, noch seinen Namen nennen gehört hatte.

Nach acht Wochen schrecklicher Leiden stellte die Familie eine neuntägige Andacht an und ersuchte um gleiches Gebet mehrere religiöse Genossenschaften. Zuletzt machte der Kranke eine Wallfahrt nach St. Maur des Fossés und fühlte sich während der Messe plötzlich geheilt; in diesem Augenblick wanderte der Schatten des Hirten zum letzten Mal an ihm vorüber. Einige Tage danach bemerkte er, als er zu Noisy jagte, den Hirten in einem Weinberg und zwar diesmal den wirklichen Dionys. Sich auf ihn stürzen und ihm einen kräftigen Hieb mit dem Flintenkolben beibringen, war das Werk eines Augenblicks. Ach, Sie töten mich, schrie der Hirte; Gnade, Gnade! Am andern Tag kam er unerwartet zur Familie Richardiere und bat um Verzeihung. Er gestand, ein Los auf den jungen Mann geworfen zu haben, sagte ferner, daß das Los ein Jahr dauern sollte, und daß es in dem Augenblick auf ihn selbst zurückgefallen sei, als der Kranke durch die Kraft des Gebetes geheilt worden sei. Er war im Gesicht mit fünf Messerhieben gezeichnet, die seinem Schatten beigebracht worden waren. Die Familie Richardiere verzieh ihm großmütig und ließ für ihn die Gebete erneuern, welche sein Opfer erlöst hatten. Allein diese Vorfälle wurden ruchbar und das Parlament ordnete eine Untersuchung an. Dionys sah ein, daß er verloren sei; er wechselte die Tracht und verließ das Land; kurz darauf erfuhr man, daß er zu Torcy elend sein Leben endete, wohin er sich unter fremdem Namen zurückgezogen hatte.

All dieses wurde von den Ereignissen des *Presbyter in Cideville* im Jahr 1851 noch weit übertroffen. Der Pfarrer dieses Kirchspiels hatte von seinen kranken Pfarrkindern einen Pfuscher von sehr üblem Ruf entfernen wollen. Dieser besaß in der Nachbarschaft einen Freund namens Thorel, seines Gewerbes ein Hirte und nicht minder übel berüchtigt. Der Pfarrer hatte zwei Zöglinge bei sich, die er im Latein unterrichtete. Nun aber näherte sich eines Tages Thorel bei einer Jahrmesse einem dieser Zöglinge und berührte ihn im Vorbeigehen. Von dem Augenblick an geschahen bei dem Geistlichen die sonderbarsten und entsetzlichsten Auftritte von der Art, wie wir eben erzählt haben. Zimmergeräte entflogen durch ein Fenster und kehrten durch das andere wieder zurück. Fensterscheiben zerbrachen plötzlich, Pulte, Tische erhoben sich angesichts der Leute, richteten sich auf und fielen senkrecht wieder zu ihren Füßen nieder. Schläge ertönten an verschiedenen Orten des Hauses; die Zuschauer kommen nun in Betreff einer Sprache mit dem Klopfgeist überein, und er antwortet durch die verabredete Anzahl Schläge auf alle Fragen, die man ihm stellt. Indes erfährt der Knabe erschreckliche Erstickungsanfälle. Er fällt in Ohnmacht und Starrsucht, welche mehrere Stunden andauert. Er zeigt mit dem Finger auf einen Mann in Blouse, man glaubt in der Tat einen flüchtigen grauen Schatten zu sehen, er erscheint oft wieder; wenn man ihn aber erfassen will, so verdichtet er sich und entweicht durch die Türspalten. Endlich erinnern sich einige Leute, daß diese Art Schatten Eisenspitzen scheuen. Man bewaffnet sich also mit langen Spießen und schlägt dorthin, wo der ungreifbare Schatten erscheint oder der Lärm sich hören läßt. Einer dieser Schläge bewirkt, daß aus der Mauer eine Flamme spritzt, welcher ein dichter Rauch nachfolgt. Man muß das Fenster öffnen, und nachdem der Rauch verschwunden ist, beginnt man die Arbeit mit den Spießen aufs neue; einige glücklichere Hiebe veranlassen ein deutlich vernehmliches Seufzen, einem letzten folgt eine verständlich ausgesprochene Bitte um Gnade. – Ja wir verzeihen dir, gibt man zur Antwort, aber komm morgen und bitte den Knaben um Vergebung. Am andern Morgen kommt Thorel. Er hat das Gesicht mit Wunden bedeckt, deren Ursache er anzugeben sich weigert. Er fällt vor dem Knaben auf die Knie, bittet ihn um Verzeihung und berührt ihn. Von jetzt an werden die Auftritte im

Haus des Geistlichen immer schrecklicher und die Krankheit des Knaben immer bedenklicher. Bei einer Begegnung auf dem Stadtamt wirft sich Thorel vor dem Geistlichen dreimal auf die Knie nieder und bittet ihn um Vergebung, schleicht sich aber beständig zu ihm hin und sucht ihn zu berühren. Der Pfarrer, gegen eine Mauer gedrückt und ohne Mittel, anderswie zu entrinnen, bringt ihm drei Stockschläge auf dem Arm bei. Deshalb erhob nun Thorel vor dem Friedensgericht zu Nerville Klage auf Entschädigung und Ersatz wegen Schlägen und Gewalttätigkeiten. Dieser Prozeß, in welchem zahlreiche Zeugen verhört wurden, zog auch eine Menge Zuschauer an, unter denen sich ausgezeichnete Rechtsgelehrte befanden. Er wurde von den Advokaten beider Parteien gründlich durchgeführt; aber der Friedensrichter beendete ihn durch ein Abweisungserkenntnis und sprach den Pfarrer von der Klage frei, in Anbetracht, daß er im Falle der gesetzlichen Notwehr gehandelt habe. Dieser Vorfall trug sich zwischen dem 26. November 1850 und 15. Februar 1851 zu.

Der Bischof von Rouen erteilte die Weisung, die Kinder heimzusenden und alsbald trat alles in die frühere Ordnung zurück. Dies war übrigens der vom Hexenmeister eingestandene Zweck, der solcherweise gegen den Pfarrer Rache üben wollte, indem er ihn einiger Einkünfte beraubte.[32]

Diese nämlichen fast ungreifbaren Gespenster, dies Getümmel, diese Schläge, dieser Verkehr mit geheimnisvollen Wesen, diese Anwendung von Spießen und Degen mit ähnlichem Erfolg kommen öfter in den Hexenprozessen vor, von denen wir geredet haben, unter andern zu Aix und Louviers.

Auf solche Beispiele hin, die mehr als zur Genüge bewiesen sind, erhalten die Erzählungen des Mittelalters und die von den heidnischen Schriftstellern vorgebrachten Wunder mehr Glaubwürdigkeit, ja sie finden teilweise darin ihre Erklärung.

§ 3 Besessenheit durch freiwillige Hingabe an den Satan (Imprägnation)[33] – Schwärmerei in den Cevennen – St. Medard

Lukas von Tuy meldet in seinem Traktat über die Irrlehren der Albigenser, daß seit dem dreizehnten Jahrhundert in der Nähe der Stadt Leon Zusammenkünfte und ähnliche Auftritte statt hatten, wie die waren, welche im achtzehnten zu Paris bei einem berüchtigten Grabe sich zeigen sollten. Der Verfasser redet zwar nicht von Besessenheit, aber sie scheint aus seiner Erzählung hervorzugehen. „Dort befanden sich", sagt er, „die Gräber eines gewissen Ketzers und eines Mannes, der wegen Mord eingezogen und verurteilt worden war. Nun aber strömte alsbald eine Menge Leute aus allen Ländern zusammen, um Zeugen der Wunder zu sein, die dort geschahen; allein die angeblich wunderbar Geheilten waren bestochene Menschen, die sich blind, andere hinkend, diese krank, jene besessen stellten. Sie tranken nämlich aus einer Quelle, die von jenem Orte floß und schrien dann; oh Wunder! Ich bin geheilt!"[34]

Wenn auch die Besessenheit hier nicht in augenfälliger Weise auftritt, so verhält sich dies anders bei den *Illuminaten* von Sevilla am Ende des sechzehnten Jahrhunderts. Diese Illuminaten, in Spanien unter dem Namen Allombrados bekannt, waren im Jahr 1575 in den Diözosen Sevilla und Cadix sehr verbreitet. Sie hauchten sich gegenseitig den *Geist* in den Mund, dann fielen sie in Ekstasen und Entzückungen, während welchen sie Gott in seiner Glorie zu sehen und sich wesentlich und unzertrennlich mit ihm zu vereinigen wähnten, so daß sie derart mit der Gottheit verbunden nicht mehr sündigten, was immer für Werke sie auch üben mochten. Mehrere schwitzten Blut und viele waren mit Wundmalen bezeichnet. Ein Gnadenedikt mit dreißig Tagen Frist zugunsten derer, die sich bekehren wollten, welches der Inquisitor Andreas Pacheko bei dieser Gelegenheit erlassen hatte, meldet diese Einzelheiten und läßt uns in den Allombrados die Abkömmlinge einer gnostischen Sekte erkennen.[35]

Viele von denen, die sich nicht bekehren wollten, flohen nach Frankreich, um der Verfolgung zu entgehen. Sie breiteten dort ihre Lehren und Gebräuche aus und bildeten jene Guerineten, die sich die Vertilgung der Könige, Beamten und Priester zum Zweck setzten und die Ludwig XIII. mit bitterer Strenge von 1630 bis 1640 verfolgen ließ.

Eine Epidemie der nämlichen Gattung, die sich auf gleiche Art unter den *Juden* fortgeerbt hatte, verheerte beim Beginn des achtzehnten Jahrhunderts die Städte Gaza, Samaria, Adrianopel, Thessalonich und fast ganz Syrien und erstreckte sich bis Konstantinopel. Ein Jude namens *Sabbathai Zewi*, der sich für den Messias, den Sohn Davids ausgab, versuchte dies auch durch Wunder zu beweisen. In diesem Geschäft wurde er durch einen Juden aus Gaza namens *Nathan* unterstützt, der ihm als Vorläufer diente. Nathan hauchte seinen Schülern den prophetischen Geist zugleich mit der Vollmacht ein, ihn gleicher Weise anderen mitzuteilen. Syrien füllte sich in kurzer Zeit mit Propheten und Prophetinnen, selbst Kinder des zartesten Alters blieben nicht verschont. Man sah sie den Epileptischen gleich plötzlich zur Erde niederstürzen, sie gerieten in Zuckungen und kündigten in verschiedenen Sprachen, die sie nie reden gehört hatten, außerordentliche Dinge, Geheimnisse und Mysterien an, die sie auf natürliche Weise nie hatten erfahren können, und jede ihrer Prophezeiungen endete unvermeidlich mit den Worten: „Sabbathai Zewi ist der wahre Messias vom Hause Davids, dem Krone und Reich gegeben worden sind."[36]

Diese Auftritte und die aufrührerischen Zusammenrottungen, welche die Folge davon waren, wurden von der türkischen Polizei mit der ihr eigenen Rohheit aufgelöst und hatten das nämliche Geschick, machten aber weniger Aufsehen, als die der *Cevennen* am Ende desselben Jahrhunderts.[37] Berichten wir diese in Kürze:

Vorhersagungen des Priesters Jurieu, welche das Ende des Katholizismus für das Jahr 1690 ankündeten, hatten schon eine gewisse Gärung unter den Protestanten hervorgerufen, allein die Aufregung beruhigte sich, ohne daß der Zweck erreicht wurde. Der Prediger nahm dann einen Glasfabrikanten vom Berg Peyrat in der Dauphiné, namens Düserre, zu Hilfe. Dieser wählte sich darauf einen jungen Mann namens Gabriel Astier und eine junge Hirtin namens Isabella Vincent, später unter dem Namen der schönen Isabeau und der Hirtin von Cret bekannt, zu Gehilfen. Nachdem sie ihre ekstatische Bildung vollendet hatten, hauchte ihnen Düserre den Geist in den Mund und sandte sie ab, damit sie den Geist des Prophetenamts ausübten. Jurieu wurde eines der ersten Opfer Isabeaus, er verdiente es; diese Liebe machte ihn lächerlich, und er verdiente auch dies.

Bald war die Dauphiné voll Propheten, *„voll kleiner Propheten"* wie man zu sagen pflegte, obwohl es deren von jedem Alter gab, vom zartesten Kind bis zum ältesten Greis. Sie fielen in Ekstasen, die mehrere Stunden, selbst ganze Tage andauerten; sie waren aufgeregt, unempfindlich, erstorben für alles, was sich um sie begab, sie predigten, gestikulierten und schrien: Bekehret euch! Babylon fällt unter dem Hauche des Zornes Gottes! Weh Babylon! Erbarmen, Erbarmen! Bereuet die große Sünde, daß ihr zur Messe gegangen seid! Steh auf, o Herr, und vernichte deine Gegner.

Die Krankheit kündigte sich mehrere Tage zuvor durch Gähnen, Ohnmachten und Visionen an, dann im Augenblick des Anfalls schwoll der Unterleib, es hob sich die Brust, die Kehle verengte sich. Dem Anfall folgte eine lange Erschöpfung und übermäßiger Schweiß. Beim Erwachen blieb im Gedächtnis keine Erinnerung von dem zurück, was sich zugetragen hatte.

Diese Predigten, begleitet von Wahrsagungen über den Fall des Papstes am festgesetzten Tag und über die Bekehrung des Fürsten, die Zerstörung der Kirchen und Klöster, machten auf das Volk einen ungeheueren Eindruck. Es entstanden Tumulte, Gewaltszenen, finstere Pläne, Mord und Brand. Das Gericht mischte sich darein, die heftigsten wurden gefangen gesetzt, die schöne Isabeau vor allen zuerst. Sie hatte geschworen, sich nie zu bekehren, aber sie bekehrte sich doch und verlor bei dem Bekenntnis die ekstatische Fähigkeit und alle Prophetengaben, die sie in so hohem Grade besessen hatte. Da die Haufen auf solche Weise zerstreut waren, so hielten sie ihre Versammlungen bei Nacht auf den Bergen in den Wäldern. Man hörte während der Nacht ein anhaltendes Rufen um Erbarmen von Berg zu Berg, von einem Ende der Provinz zum andern und sogar einige Male während des Tages.

Gabriel Astier hatte in Vivarais ähnliche, nicht minder rasche und vielleicht noch ausgedehntere Erfolge erzielt. Die Krisen waren dort stärker, die Konvulsionen zahlreicher und greulicher, der Tumult größer, die Morde, Totschläge und Brände an der Tagesordnung. Die Ortsrichter füllten umsonst die Gefängnisse zu Privas und das Schloß Ventadour mit Propheten an. Die Überbleibenden, durch die Verfolgung aufgebracht, verbargen sich im Dickicht der Wälder und entflammten ihren Haß noch ärger gegen die Behörden und den katholischen Klerus.

Die Regierung war nun genötigt, ins Mittel zu treten. Sie schickte fünf bis sechs Kompanien Dragoner ab, um das Land zu beruhigen; allein die Soldaten, die mit Steinwürfen, mit Flintenschüssen, von Bäumen herab, aus Gebüschen und oft gerade gegenüber gefeuert, empfangen wurden, waren nur zu oft genötigt, von ihren Waffen Gebrauch zu machen. Massen von Weibern und Kindern und Personen aller Stände stürzten sich auf sie, hauchten sie an und schrien „Tartara, Tartara!" und spießten sich selbst an die Lanzen, welche die Soldaten ausstrecken mußten, um sich vor ihnen zu schützen. Die armen Betörten waren der Meinung, daß, wenn sie Tartara riefen und auf die Soldaten hauchten, sie dieselben in Rauch aufgehen sehen würden. Diese Vorfälle begaben sich zwischen den Monaten Juni 1688 und März 1689; nun war das Land ruhig, wenigstens oberflächlich. Viele Leute waren bezüglich der Propheten enttäuscht. Die anderen wagten sich nicht mehr zu rühren.

Die meisten der Propheten zu Vivarais hatten bei ihren Anfällen Schaum am Mund nach Art der Fallsüchtigen. Kein Schmerz, Eisen, Feuer oder Gliederbruch, nichts konnte sie aus der Ekstase bringen. Man sah Haufen von zwei- bis dreihundert in einer einzigen Nacht auftauchen. Es gab Dörfer, die nur Propheten zu ihren Einwohnern hatten. Die Epidemie dehnte sich bis nach Hoch-Languedoc aus. Eine große Anzahl Katholiken, durch die Berührung der Konvulsionäre von den nämlichen Zuckungen ergriffen, begann wie diese gegen die Sakramente, Priester und Messe zu prophezeien, obwohl sie keine Lust hatten, sich zum Protestantismus zu bekehren.[38]

Diese Ausschreitungen waren seit langer Zeit sogar in dem Land vergessen, wo sie ihren Ursprung genommen hatten, als ein Bauer – ein Enthusiast namens *Abraham Mazel* sie vierzehn Jahre später im Jahr 1701 in den Bergen der *Cevennen* wieder ins Leben rief: dort nahmen sie einen viel wühlerischen Charakter an. Die Bergbewohner bewaffneten sich, steckten Psalmen singend Schlösser und Kirchen in Brand, die Feinde Frankreichs begünstigten den Aufruhr, die Ansteckung wurde noch allgemeiner; sie dehnte sich sogar auf Greise und Kinder in der Wiege aus. Man hörte die letzteren tobend auf den Armen ihrer Mütter schreien: Erbarmen, Erbarmen! Bekehrt euch; das Ende der Welt ist nahe; ich sage dir, mein Kind, ich sage dir, das Ende der Welt ist nahe! Die im Alter vorgerückten Personen hatten Zuckungen und Ekstasen von sechsunddreißig Stunden Dauer. Es gab deren, – und dies Beispiel erneuerte sich sehr häufig – die blutige Tränen vergossen. Überall, wo der *„Geist"* sie ergriff, *„fielen"* die Propheten, nach dem unter ihnen gebräuchlichen Ausdruck. Sie schrien, schäumten, hantierten mit unbeschreiblicher Lebhaftigkeit. Alle diese Bauern, die immer nur die Mundart ihrer Berge geredet hatten, drückten sich jetzt in französischer Sprache aus; die Kinder, die nur den Dialekt ihrer Eltern vernommen hatten, sprachen ebenfalls französisch.

Bald formierten sich die aufrührerischen Bauern, denen man anfangs den Schimpfnamen Camisarden gab, in Divisionen, wählten sich Anführer, von denen die meisten eine gewisse Gewandtheit und noch mehr Kühnheit besaßen. Cavalier, Roland, Catinat, Ravanel, Elias Marion und Abraham Mazel waren die sechs Häuptlinge; der erste aber verdunkelte schnell seine Kollegen. *Cavalier,* geboren im Jahr 1679 im Dorf Ribaute bei Anduze, übte das Handwerk eines Bäckerjungen aus, als der *Geist* ihn zum Führer der Empörung bestimmte. Er nahm diese gefährliche Ehrenstelle mit Begierde an und zeigte bald, daß er derselben auch würdig war. Er bewies es durch längere und außerordentlichere Ekstasen, als die seiner Kollegen waren, durch mehr erhitzende Prophetien, wütende Ermahnungen und überhaupt durch ein höheres entschiedeneres Talent.

Wenn er daran war, die Kommunion zu erteilen, denn die Häupter der Rotten warfen sich als Diener der Religion auf, so verkürzten sich seine Arme gegen seinen Willen vor den Unwürdigen und diese waren genötigt, sich schmählich zurückzuziehen, um abseits zu beten und den heiligen Geist um Verzeihung zu bitten. In allen Angelegenheiten von einiger Wichtigkeit geriet er sogleich in Ekstase und trat mit Gott und den Heiligen in Verbindung. Seine Ekstasen kamen immer zur rechten Zeit. Wenn seine Autorität durch eine Widerspenstigkeit in Frage gestellt wurde, so war er klug genug, seine Verteidigung nicht selbst zu übernehmen: dafür geriet dann eine Prophetin, die große Marie genannt, die ihn nie verließ, in Zuckungen und sprach gegen den Widersetzlichen ein Urteil, oft auf Tod lautend, aus, dessen Vollzug nicht lange auf sich warten ließ. All dies geschah im Namen des heiligen Geistes.

Die prophetische Inspiration breitete sich mit erstaunlicher Schnelligkeit aus. Ihr erstes Auftreten datiert vom Jahr 1701. Im Jahr 1703 waren die ganzen Cevennen, das Belay und Nieder-Languedoc mit Konvulsionären angefüllt. Die Brüder fielen, wenn sie die Krisen ihrer Schwestern sahen; die Väter und Mütter, wenn sie ihre Kinder pflegten; die Katholiken, wenn sie die Protestanten ansahen. Es gab deren, welche mehrere Krisen an einem Tag hatten. Die Bewegungen der Konvulsionäre waren so heftig, daß nicht immer zwei Menschen hinreichten, um die der kleinen Kinder zu unterdrücken. Die Unempfindlichkeit der Kranken erprobte sich besonders durch das Feuer: Einer von ihnen namens Clary achtete die Flammen nicht und verließ den Scheiterhaufen heiter und gesund, als das Feuer hellauf brannte.

In der ersten Zeit glaubten die Behörden allein und ohne Hilfe den Strom hemmen zu können. Sie sperrten die hartnäckigsten Konvulsionäre ein, hingen oder verbrannten sie – allein vergebens. Nachsichtiger mit den Kindern gaben sie sich zufrieden, mit ihnen die Gefängnisse zu füllen. Sie hofften ohne Zweifel, diese Strenge möchte genügen, sie wieder zur Vernunft zu bringen. Es war ein Irrtum, und sie sahen sich in größter Verlegenheit, als der Augenblick gekommen war, einen Entschluß zu fassen. Sie riefen die medizinische Fakultät von Montpellier zu Hilfe, um zu erfahren, was von solchen Zuständen zu halten sei. Die Fakultät sandte einige ihrer Mitglieder in das Gefängnis von Uzes, das dreihundert solcher armer Kinder enthielt. Die Kommission meinte, es seien Fanatiker; die Fakultät sprach es aus; der Name blieb, und das war alles, denn das Verhör hatte nichts gefruchtet.

Endlich schritt die Regierung mit Waffengewalt ein. Beim Beginn des Oktobers 1703 erschien Marschall Montrevel in den oberen Cevennen und wütete mit Feuer und Schwert, sagen die protestantischen Schriftsteller; aber er blieb nur einige Tage, da er plötzlich abberufen wurde, um die Landung einer englischen Flotte zu verhindern. Er wurde durch Marschall von Villars ersetzt, mit welchem die Häupter der Empörung die ehrenvollsten Kapitulationen schlossen, auf die sie nicht hoffen durften. Sie waren gewandt genug, diese Verträge den Fanatikern als Befehle der Gottheit plausibel zu machen und sie zur Annahme zu bereden, ohne daß sie in den Augen ihrer Anhänger irgendwie verloren. So wurde das Land fast ohne Blutvergießen wieder zur Ruhe gebracht.

Elias Marion erschien im Jahr 1705 aufs neue in den Cevennen und fachte dort abermals die Flamme des Bürgerkrieges an; doch eine einzige Schlacht genügte, sie zu ersticken. Dieses Mal zeigte sich die Regierung streng gegen die Aufrührer. Galgen, Galeeren und Scheiterhaufen bekamen eine große Anzahl der Schuldigen.

„Ich habe Dinge gesehen, die ich nie geglaubt hätte, wenn sie nicht unter meinen Augen sich ereignet hätten", schreibt Marschall Villars. „In einer ganzen Stadt schienen alle Weiber und Mädchen ohne Ausnahme vom Teufel besessen, sie zitterten und prophezeiten öffentlich in den Straßen."[39] Die Zahl der prophezeienden Kinder stieg in den Cevennen und Languedoc auf fast achttausend. Alle Kinder und Greise gaben zu, daß sie einer mächtigen Gewalt gehorchten, die sie unterjochte und sich ihrer Glieder bediente, um ohne ihr eigenes Zutun zu handeln, und ihres Mundes und der Zunge, um ohne ihre Mithilfe zu sprechen.

Dieser Fanatismus, in ein System gebracht, schied sich in vier Stufen. Die Ankündigung, der Hauch, die Prophetie und die Gebete. Jede Rotte hatte einen Propheten an ihrer Spitze; sie plünderten, mordeten die Priester und verbrannten Häuser und Kirchen. Daher kam der Schimpfname „Camisarden", der aus zwei languedokischen Wörtern gebildet ist: *camasards*, Häuser-Verbrenner. In dem einzigen Jahr 1704 wurden viertausend Katholiken und achtzig Priester von ihnen erwürgt.[40]

All dies war schon mehr als zwanzig Jahre vergessen, als im Jahr 1727 die berühmten Konvulsionen in dem Gottesacker *St. Medard* auf dem Grab eines Jansenisten begannen, der in Verborgenheit, aber in Strenge gelebt hatte, *Franz von Paris* sich nannte und Diakon und Sohn eines Rates beim Parlament war. Er hatte auf alle Güter der Welt aus Liebe zur Buße verzichtet und aus Demut seinen Unterhalt durch Strumpfweben gewonnen.

Einige zufällige Krampferscheinungen, die an den Andächtigen durch die Kälte des Grabsteins, auf den sie sich gelegt hatten, erzielt wurden, hatten die Aufmerksamkeit der Führer der Sekte erweckt, es entstand daraus ein Werk über die Wunder, die der selige Franz von Paris gewirkt haben sollte, das mehr Aufsehen machte, als je ein ähnliches bis zum Jahr 1731 hervorbrachte, – trotz des fortwährenden und beträchtlichen Zusammenlaufs von abgehausten Leuten und schlecht beleumundeten Mädchen. Endlich aber am 27. August geriet eine von diesen in wirkliche Konvulsionen, die Sache begann immer größere Fortschritte zu machen und überstieg bald die Erwartung derer, die darauf gebaut hatten. Die Konvulsionäre vermehrten sich, die Zuckungen steigerten sich bis zu einer unerhörten Heftigkeit. Lassen wir einen Freidenker und Augenzeugen davon reden.

„Diese Mädchen fielen oder schienen wenigstens plötzlich in ein Zittern, eine Art Schauder, in Beklemmung und eine Sucht zu gähnen, zu fallen; sie warfen sich zur Erde, d.h. auf Matratzen oder Kissen, die man ihnen bereitet hielt, da beginnen nun ihre heftigen Hin- und Herbewegungen, sie wälzen sich, schlagen sich und quälen sich ab, ihr Kopf dreht sich nach allen Seiten mit äußerster Schnelligkeit; sie verdrehen oder schließen die Augen, ihre Zunge tritt oder hängt über die Lippen oder zieht sich tief in den Schlund zurück, ihr Hals schwillt, ihr Magen bläht sich auf, ihr Bauch geht in die Höhe, ihr Atem ist beschwert, sie haben Erstickungsanfälle, sie seufzen, sie stoßen Geschrei und Zischtöne aus, sie bellen wie Hunde, sie krähen wie Hähne. Man bemerkt an ihren Gliedern Stöße und Verkrümmungen, sie heben sich bald von der einen, bald von der anderen Seite, sie machen Gebärden, welche das Schamgefühl beleidigen, sie bewegen sich heftig ohne Rücksicht auf die Gesetze des Anstandes oder der Sittlichkeit, sie bleiben wie tot ganze Stunden, ja Tage lang; sie werden, wie man sagt, taub, blind, stumm, gichtbrüchig, unempfindlich, und alles scheint in ihnen ohne sie selbst vor sich zu gehen."[41]

Diese Einzelheiten sind wahr, aber zu abgeschwächt; die Bedenklichkeit ist zu groß: die anderen Zeugen reden mehr ungezwungen und ohne Rückhalt und Schwanken; allein ein Freidenker ist der wenigst freie Mensch bezüglich der Äußerung seiner Gedanken; der Strom reißt ihn mit fort und er weicht immer ein wenig ab.

Die Sonderbarkeit des Schauspiels, die Glut der Andacht von den einen, das Feuer, mit dem die andern Psalmen singen, die so mannigfaltigen Erscheinungen der Ekstase, diese große Menge, dies Drehen, diese Bewegungen, dies Geschrei machten auf die Zuschauer einen tiefen Eindruck. Viele ließen sich gewinnen, bekehren oder durch eine stärkere Macht als sie beeinflussen und wurden gegen ihren Willen konvulsionär; Honoré Carré von Montgeron, Rat beim Parlament, ein reicher und angesehener Mann, ließ sich als einer der ersten bekehren und wurde für den Rest seines Lebens der Apostel des Werkes. Keine Verfolgung, nicht eine lange währende Gefangenschaft, noch der Verlust seiner Stelle konnte ihn abwendig machen; er blieb bei seiner Überzeugung. Viele Protestanten hohen Ranges bekehrten sich nicht zum Katholizismus, sondern zum Jansenismus. Der ältere Bruder Voltaires, Armand Arouet, Schatzmeister des

Rechnungshofes und gleicher Religion wie sein Vater, wurde ein strenger Jansenist; Fontaine, Kabinettssekretär Ludwig XV., ein Ungläubiger und Spötter, wie er war, wurde einer der gewandtesten Dreher: Er drehte sich auf seiner Ferse sechzig Mal in der Minute. Der Anfall ergriff ihn alle Morgen um neun Uhr und dauerte eine bis zwei Stunden. Die Weiber waren im allgemeinen noch flinker, sie kreisten, tanzten und sprangen zu gleicher Zeit mit einer Heftigkeit, die allem Anstand Hohn sprach. Eine Witwe Thevenet sprang bis an die Decke, und ihr im vollen Sinne herumgeworfenes Haupt schlug während der Dauer des Tanzes mit wunderbarer Schnelligkeit auf eine und die andere Schulter, die Brust und den Rücken.

Andere Konvulsionäre blieben in ähnlichem Zustand, das heißt, in vollkommener Abwesenheit des Gefühls und der Sinne durch den Zeitraum von zwei bis drei Tagen.

Wieder andere stürzten sich in glühende Kohlen und Flammen, wo sie ohne Verletzung und ruhig, wie auf einem weichen Bett verblieben. Ein Mädchen, Sonnet, Salamander genannt, blieb dort bis zum Erlöschen der Glut. So gab es nahe an fünfhundert Unverbrennbare.

Einige lehnten den Rücken an die Mauer und ließen sich als Linderungsmittel mit einem Scheit fünfzig bis hundert Streiche in die Gegend der Herzgrube geben. Zwei oder drei der stärksten Männer ermüdeten dabei. Dies war die geringere Linderung: die große Hilfeleistung erforderte kräftigere Maßregeln. Johanne Mouler, ein junges Mädchen von zweiundzwanzig Jahren, empfing solche Hilfeleistung mittels eines Feuerbocks, der dreißig Pfund wog, und sie erhielt damit gegen hundertfünfzig Streiche. Eine andere empfing diese Hilfe vermittels eines Steines, der fünfzig bis sechzig Pfund wog und mit einem eisernen Ring versehen war, den ein Beihelfer mit aller Kraft seiner Arme aufhob, ihn über seinem Haupt, so hoch er nur konnte, schwang und auf den Kopf, die Brust und den Bauch niederfallen ließ, bis er außer Atem war. „Ach, wie gut ist dies, wie tun Sie mir wohl! Das ist *nan nan*", sagte sie; dies Wort bedeutete Gerstenzucker im Dialekt der Wundermenschen.

Eine andere ließ sich ein langes Brett auf den Bauch oder die Brust legen und zehn bis zwölf Männer stampften darauf eine Stunde lang herum. Jene ließ sich durch zwei oder drei starke Packknechte die Füße an den Kopf binden und einen halben Tag an der Mauer oder der Decke wie einen Warenballen aufhängen. Einige ließen sich unter den Stiefelfersen die Zunge, die Hand, die Nase zermalmen. Ach, wie gut, wie gut ist dies, sagten sie. Andere ließen sich die Brustwarzen mit Eisenzangen winden, bis die Gabeln zerbrachen. Mehrere stießen die Brust gegen die Spitze von einem halben Dutzend Degen, bis sie diejenigen, die sie hielten, selbst zurückzogen.

Überdies gab es in den Ecken des Gottesackers fünf oder sechs eingerichtete Säle und das Geschäft ging den ganzen Tag lang fort; in den benachbarten Häusern gab es Zimmer, die zu diesem Gebrauch vermietet waren.

All diese Wunder – denn man nannte sie so – sind über alles Maß nachgewiesen; jedes hat sich hundertmal wiederholt und zwar in Gegenwart von Tausenden von Zuschauern, Freunden, Feinden und Gleichgültigen; sie sind in allen Berichten damaliger Zeit schriftlich niedergelegt und wurden nie widerstritten.

Nicht so verhält es sich mit den ebenfalls sehr zahlreichen Heilungen von Schwächen und Krankheiten, wovon Carré von Montgeron eine reichhaltige Sammlung von vier Bänden veranstaltet hat, mit Beweisen, Aktenstücken, Zeugenaussagen und Unterschriften versehen. Es ist im Gegenteil vielfach nachgewiesen, daß die angeblichen Krankheiten trüglich oder die Heilungen sehr zweifelhaft waren. Der Verfasser sagt nichts von Konvulsionären, die ob ihrer Konvulsionen starben.

Unter diesen so sonderbaren Erscheinungen waren die Kreuzigungsszenen nicht die wenigst eigentümlichen. Man sah Weiber, die sich sogar fünfzehnmal kreuzigen ließen, nachdem sie jedesmal drei Stunden am Kreuz geblieben waren.

Die Polizei mischte sich endlich darein und hob die Zusammenkünfte auf. Die Starrköpfigsten und die Rädelsführer wurden ins Gefängnis gesetzt. Man füllte die Bastille und das Arsenal mit Verhafteten an. Die Regierung ließ den Gottesacker schließen, aber umsonst. Die Versammlungen wurden heimlich gehalten und verteilten sich in alle Quartiere der Hauptstadt. Diese Szenen gingen manchmal auf dem öffentlichen Platz vor sich, wo sie mehr Neugier und Lachen als Interesse erregten und dies brachte die Sache allmählich in Mißkredit.

Nun aber breitete sich die Sucht über ganz Frankreich aus. Überall, wo sich Gegner der Bulle *Unigenitus*, welche die Ursache all dieser Verwirrung war, befanden, hatte man Erdenstaub vom Grab des Franz von Paris oder Wasser vom Brunnen des Gottesackers hingesandt, und dort organisierten sich Versammlungen, in deren Mitte die konvulsionäre Kraft in all ihrer Stärke auftrat. Man sah fast überall, wie bei Paris, Konvulsionäre, welche im Zustand der Ekstase versiegelte oder eingewickelte Briefe lasen, auf den Gedanken eines anderen antworteten und bei fernen Ereignissen zugegen waren. Man sah überall die zeitweilige Stigmatisation, den blutigen Schweiß, die unter hundert verschiedenen Gegenständen schnelle und sichere Bezeichnung eines solchen, der vom heiligen Medard oder von Port Royal gekommen war.

Endlich aber ward das Publikum dieser Wunder müde, da sie ohne bedeutenden Erfolg blieben, wenig Göttliches an sich trugen und keineswegs bewiesen, daß Franz von Paris ein Heiliger oder die Bulle *Unigenitus* häretisch sei. Das Werk sank nach sieben bis acht Jahren in Vergessenheit; jedoch nicht ganz, denn es gab noch eine Versammlung der Zuckenden im Jahr 1759 zu Estrapade bei St. Etienne des Grecs. (Siehe Anhang: Bem. C.)

Alle diese Wunder waren übrigens keine neue Erfindung. Die Montanisten, die gnostischen Sekten aus verschiedenen Perioden, die Wiedertäufer, die Quäker oder Zitterer, die Skaker oder Kreisler, die Spiriten, die alten und neuen Methodisten haben zu allen Zeiten solche Krümmungen, diese Krämpfe, diese schrecklichen Hiebe aufgewiesen, wovon die Gemeinden der Katholiken nie etwas ähnliches bieten konnten. Es ist dies der Zustand der Besessenen des Christentums, der drehenden und heulenden Derwische, der Aissaua des Islams, der büßenden Fakire Indiens und Chinas, der Lamas in Tibet, der Zauberer in Lappland, Amerika und Australien. Jamblichus weist sie uns im antiken Heidentum nach. *Es ist das Werk des Satans.*

Allein der Satan begann bald seine Technik und seine Pläne zu ändern, obwohl er die gleichen Waffen behielt. Er fing an, sich zu verbergen, zu verschwinden, sich leugnen zu lassen, diese erschrecklichen Kundgebungen zu unterdrücken, die Bitten seiner Anhänger zu verfeinern, die geheimen Gesellschaften zu veredeln, ihnen gegen das Christentum einen gelehrten und methodischen Haß einzuflößen, neue, weniger abstoßende Ekstatische zu schaffen. Das ist die Tätigkeit, in der wir ihn während der Dauer des achtzehnten Jahrhunderts verfolgen wollen.

Neunzehntes Kapitel

Achtzehntes Jahrhundert

𝒟AS WERK DES SATANS TRÄGT WÄHREND der Dauer des achtzehnten Jahrhunderts einen ganz eigentümlichen Charakter an sich – sagten wir eben. In der Tat tritt der Satan jetzt als *Enzyklopädist* und *Freimaurer* auf.

Die Freimaurer jeden Grades und Ranges sind – ob sie es zugestehen oder nicht – Söhne von Gnostikern und ihre Entstehung verschmilzt mit denen der satanischen Genossenschaften des Mittelalters. Gott verhüte, daß wir ihnen nur in einem einzigen Punkt und nur einen Augenblick die Sitten und Gebräuche solcher Ahnen zur Last legen. Sie sind Söhne von Nichtswürdigen, aber sie sind verfeinert und große Herren geworden.

Man hat die Freimaurerei mit Adam, Noe, Salomon, Zoroaster, Merkur, Trismegistos, Romulus, Karl dem Großen, Gottfried von Bouillon, Jakob Molay und Cromwell in Verbindung bringen wollen. Man hat ihren Ausgangspunkt bei der Erbauung der Arche, des babylonischen Turms, des Tempels zu Jerusalem, von St. Paul zu London, der Kathedrale zu Straßburg, der Kirche eines Dorfes in Schottland namens Kilwilning gesucht, allein dieses alles ist nur Staub in die Augen – das Wolffußpuder, dessen die Freimaurer sich bedienen, um ihre Anhänger zu blenden, es sind Sagenmotive für ein Zeremoniell, das keinen Bezug auf den zu erreichenden Zweck hat. Die Freimaurer selbst sind sehr unwissend in bezug auf ihren Ursprung und befassen sich nicht leicht damit; sie sehen das Ziel vor sich und gehen darauf los, rüsten für den morgigen Tag, ohne an den Vorabend zu denken.

Wir sind der Meinung, wagen es aber nicht, eine Behauptung daraus zu machen, daß der Ursprung der Freimaurerei bis ins zwölfte Jahrhundert zurückgeht, eine Zeit, wo sich christliche Gesellschaften von Baumeistern bildeten, welche fast mönchischen Regeln unterworfen, mit Gnaden und Indulgenzen bereichert waren im Gegensatz gegen die alten Korporationen, die sittenverderbt durch die Frivolität ihrer Werke, die Laszivität ihrer Gebräuche und die Unkirchlichkeit ihrer religiösen Ansichten in Mißachtung gekommen waren. Die Geschichte weist uns die Kathedrale von Chartres als das erste Werk auf, das aus den Händen der neuen Verbrüderungen hervorging. All jene Glieder der alten Vereine, die nicht den Mut fühlten, in die neuen einzutreten, oder die hierzu nicht würdig befunden wurden, blieben draußen unter dem Namen *freie* Maurer, d.h. nicht verbrüderte, – das Wort findet sich seit jener Epoche oder kurz danach in der italienischen, französischen, englischen und deutschen Sprache – und bildeten unter sich geheime Verbindungen, welche die Überlieferungen ihrer traurigen Vergangenheit noch ein oder zwei Jahrhunderte in ihren Bauwerken, in ihren Sitten aber immer fortpflanzten.

Wie es mit dieser Abstammung auch beschaffen sein mag, die übrigens durch eine Menge historischer Daten gestützt werden kann: es bleibt gewiß, daß eine geheime Freimaurerei beim Beginn des fünfzehnten Jahrhunderts in England existierte. Den Beweis hierfür besitzt man in einem Schriftstück der bodlyennischen Bibliothek, das durch den berühmten Locke ans Licht gezogen wurde; es ist dies ein Verhör, das Heinrich IV., noch minorenn, mit einem Freimaurer vornehmen ließ, um sich über den Zweck und die Mittel der Freimaurerei aufzuklären.[1]

Im Jahr 1595 zeigte *Johann von Vaux*, Mönch von Stablo, der zu Lüttich wegen Verbrechens der Magie verfolgt worden war,[2] seinen Richtern an, daß es neun Logen in jener Landschaft gebe, die unter sich vereinigt und einer Hauptloge untergeben seien, wo die allgemeinen Versammlungen gehalten wurden, die aus den Direktoren der übrigen Logen bestanden;[3] dies ist nun eben jene Freimaurerei, die wir endlich ans Tageslicht treten sehen.

Daß sie sich in früherer Zeit aus den Überresten des Templerordens, vorzüglich in Schottland und England rekrutierte, wo die Ritter trotz der allzu bewiesenen Ausschweifung ihrer Sitten mit so viel Milde behandelt wurden, ist sehr wahrscheinlich und noch offenbarer, daß die neuen Verbündeten ihr Werk umformten und ihm eine neue Einrichtung gaben, den Namen jedoch beibehielten. Dennoch ist es unmöglich, den Beweis hierfür beizubringen, und die Schriftstücke, die man seit einem Jahrhundert veröffentlicht hat, um als Nachweise der Verwandtschaft und der Gründungsakte zu dienen, sind willkürlich fabrizierte Piecen. Wie dem auch sei; als die Freimaurerei beim Beginn des achtzehnten Jahrhunderts vor die Augen der Welt trat, war sie in ihren Sagen, Gebräuchen, ihrer Sprache und Form ganz nach Art des Templerordens gebildet.

Eine geheime Gesellschaft, anders eingerichtet, aber nur mit dem Vorwurf behaftet, daß sie die magischen Wissenschaften pflegte, bestand seit unbekannter Zeit in Deutschland und trat mit Beginn des siebzehnten Jahrhunderts unter dem Namen Brüderschaft der *Rosenkreuzer* ans Licht. Ein rücksichtsloses Mitglied, Johann Valentin Andreas, veröffentlichte die Statuten derselben im Jahr 1614 bei Johann Bringern, Buchdrucker zu Frankfurt. Dieses Werk machte ein ungeheures Aufsehen in der Welt. Die Brüder parierten, so gut sie konnten, diesen unerwarteten Schlag und stellten sogar ihre Existenz in Abrede. Man hätte ihnen am Ende geglaubt und sie vergessen, als man im Jahr 1622 klar inne wurde, daß sie zu Amsterdam, Haag, Nürnberg, Hamburg und anderen Orten Logen hatten. Ein anderer, nicht minder unbesonnener Bruder, Peter Mornius, enthüllte sie vollständig im Jahr 1630, indem er sich geradezu an die holländischen Stände wendete, um ihnen die geheimen von den Rosenkreuzern gekannten Zaubermittel anzubieten, wodurch es ihnen gelänge, über die Feinde der Republik zu triumphieren. Öffentliche Anzeigen mit der Einladung, sich in die Verbrüderung aufnehmen zu lassen, Plakate in Paris im Jahr 1623, riefen eine ähnliche Überraschung in Frankreich hervor. Gabriel Naude, Bibliothekar des Kardinals Mazarin, kehrte in einem Buch, betitelt: „Mitteilung an Frankreich über die Brüder der Rosenkreuzer" alles ins lächerliche; allein dies war nur ein Kunstgriff – er war selbst Mitglied.

Alle Gelehrten damaliger Zeit waren Teilnehmer: Michael Meyer, Bako von Verulam, Robert Fludd, Elias Ahsmoll, Cornelius Agrippa waren Mitglieder. Auch Kenelm Digby, den das sympathetische Pulver so berühmt machte, war Mitglied. Das sympathetische Pulver bestand aus verkalktem Vitriol. Er wandte es bei Bäumen, Pflanzen, leicht verwundeten menschlichen Gliedern an, und es heilte die Wunde auch in der Ferne, je nach der Willensmeinung, mit der es angewendet worden war. Es bewirkte zahlreiche, wahre, unwiderlegliche Wunder, aber es war unmöglich, es kunstgemäß anzuwenden, nach Belieben es wirksam oder überhaupt nützlich zu machen. Man lachte zuletzt darüber und vergaß es. Das Werk des Satans ist nie vorteilhaft oder von Dauer.

Unter die Verbündeten muß man auch noch den visionären Mystiker und protestantischen Geistlichen Peter Poiret zählen, Zögling und Beschützer der allzu berühmten ekstatischen Antoinette Bourignon.

Die Rosenkreuzer verlegten sich mit gleichem Eifer auf die Theosophie, mittels Visionen und Offenbarungen auf das Studium der Kabbala und die Kunst, Gold zu machen. Sie trugen als Abzeichen in ihren Logen ein blaues Band mit einem Kreuz und darüber eine Rose. Die Ekstatischen hatten ein schwarzes Band.

Zweck und Religionslehre der Rosenkreuzer, die wohl bekannt und außerdem von ihnen zugestanden sind, können in die Worte gefaßt werden: Haß gegen den Papst, Abschaffung des äußeren Kults mit Vorbehalt der beiden Sakramente der Taufe und des Abendmahls.

Während dieser Zeit organisierten sich ihrerseits die reinen *Kabbalisten* in Gesellschaften von Forschern, welche zur Kenntnis der natürlichen und übernatürlichen Wahrheiten durch die Vereinigung der Ekstase mit den Zahlen zu gelangen wähnten. Sie hatten seit langer Zeit ihre Gesichte in systematische Ordnung gebracht und entwickelten daraus die Sätze: die vier Elemente Luft, Erde, Wasser und Feuer sind mit Millionen lebender Wesen bevölkert, die mit Vernunft begabt, von englischer Natur und Diener und Freunde des Menschen sind. Es gibt sonst keine Engel im Himmel, noch Dämonen in der Hölle, noch Götter des Heidentums.[4]

So muß man die Schriften des alten und neuen Testaments auffassen: In der Luft wohnen die Sylphen, im Wasser die Wassergeister, in der Erde die Gnomen, im Feuer die Feunaten oder Salamander. Jesus, Ormuz, Zoroaster, Abraham, sind Sylphen, die sich den Menschen geoffenbart haben. Die Nymphe Egeria ist eine von Noe, dann von Numa geehelichte Sylphide. Der Satan und Ahriman sind Feunaten, hoch erhaben und Freunde des Menschen. Und so ist die ganze Schrift, der ganze christliche Glaube und die ganze Geschichte behandelt.

Um mit den Sylphen und Sylphiden in Gemeinschaft zu treten, muß man sich geraume Zeit von der Wollust enthalten, lange fasten und sehr strenge Kasteiungen üben, welche die Handbücher vorschreiben, bestimmte Andachtsformeln beten und sich der Betrachtung widmen, bis die Ekstase erfolgt. Die ersten Mitteilungen geschehen im ekstatischen Zustand, die andern werden im vertrauten Umgang erteilt. Der Abscheu, den die Gnostiker gegen die Ehe empfanden, findet sich auch hier, aber mehr verhüllt.

Um den Verkehr mit den Wasser-, Erde- und Feuergeistern (Undinen, Gnomen, Salamandern) zu genießen, welche stoffreichere und mehr sinnliche Geister sind als die Bewohner der Luft, muß man elementare Erde mit elementarem Wasser mischen, es in eine Glasflasche bringen, die man hermetisch verschließt, und vierzig Tage lang den glühendsten Strahlen der Sonne aussetzen, welche das elementare Feuer ausmachen. Wenn man dann eine Prise von jener Mischung alle Morgen nimmt und dabei gewisse Gebetsformeln herspricht, so offenbaren sich alsbald die elementaren Geister durch Ekstasen und Entzückungen; allein sie sind für den Menschen von geringem Vorteil, denn sie lehren ihn nur die Geheimnisse der natürlichen Dinge.

Abbé Villars, Geschwisterkind des berühmten und gelehrten Bernhard von Montfaucon deckte im Jahr 1670 diese Geheimnisse und alle, die hierher gehören, in einem launigen Buch auf, betitelt „der Graf von Gabalis", das viel Lachen erregte und noch mehr Gelächter erregte hätte, wenn man es mehr für eine Offenbarung als für einen Scherz gehalten hätte. Abbé Villars, ein unerschrockener Forscher, war Mitglied einer kabbalistischen Gesellschaft; aber seine Rücksichtslosigkeit kostete ihn das Leben; er wurde im Jahr 1673 am hellen Tag auf der Hauptstraße von Lyon durch eine stets unbekannt gebliebene Hand ermordet. Da er sonst keine Feinde besaß, so vermutete man immer, es sei einer der Kabbalisten gewesen.

Joseph Franz Bori machte im Jahr 1681 dieselben Enthüllungen für Italien in einem mehr ernsthaften Buch, betitelt: *„la Chiave del gabinetto"* (Der

Schlüssel des Kabinetts). Die Herausgabe dieses Schlüssels, der zu den Mysterien die Pforte öffnete, hätte ihm beinahe dasselbe Schicksal zugezogen, wenn die päpstliche Polizei ihn nicht in die Engelsburg hätte einschließen lassen, weil er Kabbalist, Enthusiast, Heresiarch, ein falscher Prophet und Verschwörer war. Er starb dort im Jahr 1695.

All diese Lehren waren keine neue Erfindung, weil sie in dem Thisbi des Rabbi Elias, in der kabbalistischen Pneumatologie des Rabbi Abraham und in den Werken des Paracelsus enthalten sind.

Die eigentliche Freimaurerei bestand in ihrem Namen, ihrer Einrichtung, ihren Mysterien in England schon seit unbekannter Zeit, als die politischen Flüchtlinge vom Gefolge Jakob II. sie in Frankreich einführten. Sie bildeten bereits unter sich eine organisierte Loge unter der Leitung des Lord Dervent-Water, der deshalb der Ehrwürdige hieß. Er gründete eine zweite im Jahr 1721 zu Dünkerke, dann eine dritte zu Paris im Jahr 1725. Im Jahr 1732 waren schon eine große Anzahl weiterer Logen zu Paris, wie auch zahlreiche Werkstätten in der Provinz errichtet: es ist dies die blaue oder elementare Freimaurerei, auch die *adoniramitische* genannt, weil die symbolische Sage sich auf die Erzählung vom Tode Adonirams fußt, der der Erbauer des salomonischen Tempels ist, durch drei böse Gesellen gemeuchelt wurde und dessen Rache man betreiben muß. Sein Symbol ist der Akazienzweig der Mysterien Ägyptens; es ist dies wohl eine Fortsetzung oder Reminiszenz der Isiaden? Wir wissen es nicht, die verschiedenen desfalls gemachten Hypothesen und Vergleichungen sind keine Beweise. Ist Andoniram derselbe, wie Jakob Molay, Großmeister der Tempelherren, und die drei bösen Gesellen die nämlichen, wie Philipp der Schöne, Clemens V. und Foulgues von Villaret, Großmeister der Anstalt, und ihre Nachfolger, die Päpste, die Könige Frankreichs und die Ritter vom heiligen Johann zu Jerusalem, die Erben der Tempelherrengüter? Vielleicht verhält sich's so; vielleicht aber ist es nur Schein.

Da Lord Ramsay, der Freund und Günstling Fenelons, diese Freimaurerei für ungenügend fand, den politischen Zweck zu erreichen, nach welchem alle Flüchtlinge strebten, nämlich die Wiedereinsetzung Jakob II. auf den Thron Englands, so verband er damit die rote Freimaurerei oder „mit dem Schwert", und dies waren dann die ersten hohen Grade, auch die schottische Freimaurerei genannt.

So war man fern vom Ursprung und gegen ein Ziel getrieben, das von dem der Gründung sehr verschieden war. Allein so geht es jeder geheimen Gesellschaft, die ausschließlich sich selbst angehört; sie geht, wohin sie will, oder wohin der Wind und die Umstände des Augenblicks sie treiben. Ernste Männer, christliche Gläubige wie Dervent-Water, Ramsay und ihre Genossen konnten sich wohl unter sich vereinen und mit anderen Männern in Verbindung treten zu einem Zweck, den sie für gesetzlich hielten, aber keineswegs zu den Orgien der Freidenkerei. Die vom Mittelpunkt entfernten Logen jedoch, die weder den nämlichen Zweck vor Augen, noch dieselben Interessen hatten, folgten nur dem Reiz der Neuheit und Heimlichkeit und blieben so ohne feste Leitung, und deshalb der Willkür des satanischen Geistes überlassen, wenn nur sein Hauch darauf hinwehte, was auch geschah. Unter solchen Auspizien begann das achtzehnte Jahrhundert.

Die Freimaurerei ging Schritt für Schritt *vorwärts* bis zum Jahr 1789; damals zählte man in Frankreich mehr als zweitausend Logen. Sie emanzipierte sich von der englischen Freimaurerei im Jahr 1756. Die große Loge von Paris nahm den Titel: große Loge von Frankreich an und leitete die Arbeiten bis 1799, da sie sich mit einem Nebenzweig vereinte, dem großen Orient, und so ihr Todesurteil unterzeichnete. Dem Lord Dervent-Water folgten als Großmeister Lord Harnouester im Jahr 1736, Herzog von Antin im Jahr 1738, Graf von Clermont 1743 trotz der Konkurrenz des Prinzen Conti und des Marschalls von Sachsen; endlich im Jahr 1773 Herzog von Chartres, seither Herzog von Orleans.

Zu dieser Zeit erhob sich das Mißtrauen von allen Seiten gegen die Freimaurerei. Der König verbot im Jahr 1737 den Mitgliedern den Hof. Die Polizei zerstreute, wo sie konnte, ihre Versammlungen. Der Klerus nahm an den lebhaften Gegenwirkungen der päpstlichen Kurie Anteil; das Parlament wütete gegen die Freimaurer im Jahr 1737, 38, 44 und 45. Clemens XII. erließ im Jahr 1738 die Bulle *In eminenti*, welche die Freimaurerei bei Strafe der Exkommunikation ipso facto verbietet. Benedikt XIV. erneuerte dieses Verbot in Jahr 1751, allein die Parlamente verweigerten den Bullen die Anerkennung und außerdem war der Geist des Jahrhunderts für die Unabhängigkeit; das Gefühl der Achtung bestand nicht mehr; viele Leute glaubten, daß man recht gut Christ bleiben und doch der Kirche widerstehen und sich von ihren Gesetzen lossagen könne. Der Geist des Jahrhunderts wehte über die Logen und erwärmte sich hier wie an eben so vielen Feuerherden; es war der Geist des Spottes, der Unabhängigkeit, der Erniedrigung aller sozialen Größen, der Denkfreiheit, der Gottlosigkeit und des Unglaubens. Die Revolution, die Proklamation der Menschenrechte, die Nationalversammlung, die Abschaffung der Königswürde und der Königsmord, das Wegwerfen jedes religiösen Zügels, die Verfolgung des Klerus, all dies und ihre unsauberen Anhängsel lagen dem Keim nach in der Freimaurerei. Die Logen wußten es selbst kaum und wünschten nur eine einschläfernde, eine muntere, freundliche und elegante Revolution. Sie glaubten, ein Lamm groß zu ziehen, es fand sich aber, daß es ein Wolf war.

Außerdem waren – abgesehen von dieser Freimaurerei in Jabots und lackierten Stiefeln, unter ihrer Decke und ihrem Namen eine Menge seltsamer Gebräuche aufgetaucht, die in anderer Weise gefährlich wurden. Die schottische Freimaurerei prahlte, den Templer-Orden ins Leben zurückzurufen; die neuen Ritter – Erfinder ihrer Titel und Schöpfer ihrer Rechte – griffen wieder zum Schwert und wohnten den Versammlungen nur mit dem Degen an der Seite bei. Zum Andenken an den Tod Molays und seiner Genossen tapezierten sie die Logen schwarz, nahmen Gebeine und Köpfe von Toten als Symbole und Auszeichnungen an und führten bei der Aufnahme neuer Mitglieder schreckliche Szenen und düstere Zeremonien ein. Siegen oder sterben war ihr Losungswort, Rache ihr Feldgeschrei. Der Kandidat, der zum Grad der Neun oder vollkommenen Maurer erkoren war, mußte einen gekrönten Gliedermann erdolchen. Wenn er zum weiteren Grad Perignans oder der Fünfzehn aufsteigen wollte, mußte er sich zu Totenskeletten einschließen und Totenköpfe in seinen Händen tragen. Um kleiner oder großer Architekt zu werden, mußte er sich mit Ketten und den Strick um den Hals vorstellen. Bis da war es nur Aufgabe, die Vernichtung eines Ordens zu beklagen, im letzten Grad, dem des Ritters vom Orient, handelte es sich darum, von ihren Ruinen sie zu erheben; der Neophyte zerbrach seine Ketten und begehrte kühn von Cyrus, der Gefangenschaft ein Ende zu machen.

Es war ein Schwelgen in Blut und Schrecken, noch greulicher gemacht durch furchtbare Schwüre und fürchterliche Verwünschungen gegen sich selbst, wenn man es an der nötigen Rücksicht, an Verschwiegenheit oder Mut fehlen lassen sollte.

Diese Freimaurerei, die schottische genannt, war gleichwohl noch zu milde, sie unterstellte sich dem Schottismus, einem Bastardzweig, der bald stärker wurde als der Stamm, eine Maurerei mit dreißig Graden, nicht mehr mit Schwertern, sondern mit Dolchen bewaffnet, die sich wieder in vier andere Zweige teilte: der ursprüngliche Schottismus mit dreiunddreißig Graden, der philosophische Schottismus mit zwölf Graden und der Ritus Heredoms von Kilwinning, im Jahr 1785 erfunden, mit fünfundzwanzig Graden; ohne von dem eigentlichen Templer-Ritus mit acht Graden zu reden. Die Exkommunikationen regneten nun auf alle Logen und alle Arten Freimaurerei herab, aber ohne Erfolg, es waren Steine in die Wellen geworfen, die weder das Aufbrausen des Gewässers, noch sein Andrängen gegen das Ufer verhinderten.

Wollte man behaupten, daß es damals auf dem Gebiet Europas eine Million Freimaurer aller Art und Färbung gegeben hat, so wäre dieses zu wenig gesagt; denn hierher verloren sich alle Lebenskräfte der menschlichen Gesellschaft, dahin zogen sich alle tätigen, unternehmenden, mit der Gegenwart unzufriedenen Menschen, die eine andere Zukunft, jeder nach seinen Begriffen begehrten. Die Beamten, die Armee, die Kaufmannschaft, die Finanzwelt, der Adel, alles gehörte der Freimaurerei an – angesichts der großen Sintflut, die der Satan vorbereitete, und von der niemand ahnen konnte, wie sie sich wohl gestalten würde.

Die Rosenkreuzer, wahre Forscher in den Geheimnissen, in der Goldmacherkunst, nach dem Unsterblichkeitstranke, nach einem allgemeinen Auflösungsmittel, Förderer der Ekstase und der außernatürlichen Mitteilungen blieben nicht untätig, auch sie besaßen überall Logen, sogar in Amerika und auf den Antillen.

Die Rosenkreuzer-Freimaurerei, wie sie im Jahr 1760 bestand, zählte drei Einweihungsgrade, oder sie teilte sich vielmehr in drei Zweige ab: der *christliche* Ritus, wie man ihn nannte, war eine Analyse der blauen Freimaurerei: der Ritus der *Gießer*, welche zwei Arten Handwerker in sich begriff, die Forscher nach Geheimnissen und die Kabbalisten: der Ritus der *Naturreligion*, welche die Vernichtung der je geoffenbarten Religion und die Herstellung einer philosophischen Republik an der Stelle der christlichen Gesellschaften bezweckte. Der Orden ging mit dem Gedanken um, sich der Insel Malta zu bemächtigen, um von dort aus die Grundsteine zu diesem unausführbaren Plan zu legen; allein der Versuch blieb erfolglos. Als endlich Ludwig XVI. alles Ernstes den Philosophen die Realisierung dieses Planes anbot, war es zu spät; denn auf dem ganzen Gebiet Europas – mit Frankreich beginnend, führte die Maurerei ihre Entwürfe aus.

Der Grad Kadosch bildete die Krone aller *hermetischen* Maurerei oder, wie man damals sagte, der philosophischen. Man mußte, um dazu zu gelangen, schreckliche Proben bestehen. Man beschuldigte die Anhänger, daß sie sich zum Krieg gegen Gott und die Fürsten durch fürchterliche Eidschwüre verpflichteten. Er war zu Lyon im Jahr 1743 zugunsten der irreligiösen Philosophen erfunden worden, denen man diese Lockspeise anbot, um sie für die Freimaurerei zu gewinnen. Allein sie traten nicht ein, folgten ihrem Gutdünken gemäß einer parallelen Linie und ließen sich nicht von ihm verschlingen. Der Grad Kadosch wurde ein Grad mit Dolchen, wie der vom Ritter der Sonne im Ritus der Naturreligion. Es gab auch rein kabbalistische Logen, die auf Wiederherstellung des persischen Dualismus hinarbeiteten. Man nannte sie Logen der Koens. Sie suchten die physische und moralische Erneuerung des Menschen zu bewirken. Nach den Koens kamen die Unsichtbaren, welche einen Eid darauf leisteten, in gewissen Fällen und bei Gefahr ihres Lebens sich selbst zu töten: dann die Fürsten des Todes, welche schwören, mit Lebensgefahr jeden zu meucheln, der ihnen vom Tribunal des Ordens bezeichnet worden war.

So war die hermetische und kabbalistische Freimaurerei im Jahr 1775 beschaffen. Bald jedoch ergoß sie sich zum größeren Teil in die Swedenborgs, von der wir sogleich reden werden. Doch darf die des allzu berüchtigten Grafen Saint-Germain und Cagliostros, von der wir ebenfalls reden werden, nicht übergangen werden.

Saint-Germain hatte mehrer Logen, von denen die erste die zu *Ermenonville* war, die man des Adamitismus anklagte. Sie hatte ihr Fehmgericht und ihre rote Liste. Der unglückliche Ritter Lescure machte hierin traurige Erfahrung, wenn man sich auf einige Worte verlassen darf, die er, an Gift sterbend, ausgesprochen hat. Die Schwachköpfe, welche von Saint-Germain aus geleitet wurden, glaubten nicht ans Evangelium, aber sie glaubten fest an die 1500 Jahre, die ihr Ehrwürdiger seit seiner Auferstehung gelebt haben soll. Mesmer und ein Kartenschläger namens Etteila, anagrammatisch für Aliette, wie sein wahrer Name lautete, traten jetzt in den Vordergrund und gründeten – der eine den Magnetismus, der andere die Kartenschlägerei – Evangelien derjenigen, die kein Evangelium mehr hatten, und diese waren zahlreich genug. Voltaire kehrte zu gleicher Zeit wie Mesmer nach Paris zurück.

Emanuel *Swedenborg*, Sohn eines lutherischen Bischofs von Skara, geboren zu Stockholm im Jahr 1688, zeigte von Kindheit an große Begabung für die mathematischen Wissenschaften, in denen er sich zur ersten Stufe erhob, ohne die übrigen Zweige menschlicher Kenntnisse zu vernachlässigen. Allein auch er war ein Forscher; er durchreiste Europa, um etwas neues zu ergründen, und ließ sich mit allen Freimaurerbünden verbrüdern, um dort jene Geheimnisse zu finden, die sie selbst suchten, und in die geheimen Gesellschaften von allen möglichen Namen aufnehmen. Wenn er auch das nicht fand, was er suchte, so fand er doch, was er nicht suchte, nämlich die dämonische Anschwängerung. Seine erste ekstatische Vision geschah in einer Taverne zu London, wo er allein zu Mittag aß. Wenn man die Erzählung davon liest, würde man sie für ein durch Fieber oder Narrheit erzeugtes Gesicht halten; doch war es keine Verrücktheit, weil daraus ein neues System, halb christlicher, halb satanischer Glaubensanschauung hervorging, eine Religion von mystischen Sätzen und frommen Übungen, begleitet von Erscheinungen, von Engeln der Finsternis, umformt in Engel des Lichts: ein Punkt für Punkt so eng gegliedertes System, daß Theologen, ja ganze Kirchengemeinden davon verführt werden konnten, und daß es die Stelle des evangelischen Glaubens im Herzen von Tausenden sonst gelehrter und gutgesinnter Personen einnehmen konnte. Der Urheber dieses Systems gibt in zwei Werken, betitelt: „Wunder des Himmels und der Hölle" und „das himmlische Jerusalem" von seiner ersten Vision und den ihr folgenden Gesichten Rechenschaft.

Er teilt das himmlische Jerusalem in drei Himmel: die Engel, welche den dritten bewohnen, sind die vollkommensten unter den Geistern; sie empfangen unmittelbar den Ausfluß der Gottheit, den sie von Angesicht zu Angesicht sehen und der ihre Sonne ist. Die Bewohner des zweiten Himmels, weniger vollkommen, sehen Gott mittelbar durch die Reflektion des Lichts, das ihnen von den Engeln des oberen Lichts zukommt. Die Bewohner des unteren Himmels erhalten das Licht erst durch eine zweite Reflektion. Ihre Wohnung ist ein Himmel ohne Sterne.

Die verschiedenen Gebiete sind von zahllosen Geisterscharen, männlichen und weiblichen bewohnt, welche unter sich Bündnisse schließen und sich in Königreiche und Stämme teilen und Kunst und Handwerk treiben. Es gibt Engel des Wein- und Feldbaues, des Handels und der Kunst. Es gibt Schulen für die Kinder der Engel, einen Börsenpalast für die Engel des Geldwechsels, es gibt Messen, Märkte und Boutiquen; es gibt Berge, Täler, Wälder und Wiesen, wie auf der Erde. Der Sektenstifter setzt Engel in den Mond und die Planeten. Er beschreibt ihre Formen, Sprache und Gewohnheiten; unter dem Himmel und gegen die Gebiete des Mondes ist das Paradies der menschlichen Seelen ein Probeort, aus dem sie als Engel oder Teufel hervorgehen.

Die Taten dieses Lebens kommen weder als Tugend noch als Laster in Betracht. Die menschliche Seele, Gott und die Engel sind materielle Geister der Natur des Lichts. Die Seele ist die zufällige Form des Körpers, der Körper ist ein Bild des Universums und dieses ein Bild Gottes.

Das Endziel des ganzen Systems ist also eine durch die Kabbala und die Leugnung des moralisch Guten und Bösen verstärkte Gnosis. Der Satan ist doch immer derselbe.

Swedenborg ersann eine neue Freimaurerei, um hier dies neue Evangelium zu hinterlegen, und die swedenborgischen Logen vermehrten sich schnell in Schweden, Dänemark, England und Frankreich. Diese Maurerei pflegte die Kunst der Ekstase als Verbindungsmittel mit der Welt der Erkenntnisse, um durch ihre Beihilfe das Vergangene, Gegenwärtige, die Zukunft und alle Geheimnisse der sichtbaren und unsichtbaren Dinge zu erfahren.

Während Swedenborg von dieser Seite die satanische Erleuchtung fand, die er für eine göttliche hielt, fand sie *Martinez Paskalis* von einer anderen Richtung und gründete die Maurerei der Koens. Er führte sie in mehreren Logen zu Marseille im Jahr 1754 ein. Dann stiftete er sie zu Toulouse, Bordeaux und endlich zu Paris im Jahr 1767. Zu Bordeaux war es, wo er den berühmtesten seiner Schüler aufnahm, den gefeierten Saint-*Martin*, Offizier beim Regiment Foix, der aufs leichteste die erhabensten himmlischen Mitteilungen erhielt, dem Illuminismus großen Vorschub gab und unter dem Namen eines unbekannten Philosophen eine große Zahl Werke in die Öffentlichkeit einführte; ihre undurchdringliche Dunkelheit hinderte anfangs ihre Verbreitung, man lachte über diese Schriften, allein Saint-Martin schrieb nur für die Adepten und es genügte ihm, von diesen verstanden zu werden. Der Martinismus zählte unter seinen Anhängern auch den berüchtigten Düchanteau und Baron Holbach, Verfasser „des Systems der Natur". Von Lyon, wo das Zentrum der Gesellschaft war, verbreitete er sich reißend schnell über die Hauptstädte Frankreichs, Deutschlands und sogar in Rußland. Endlich kam der Benediktiner Pernati, Physiologist, Alchimist und Visionär, der die Stiftung Swedenborgs seinen eigenen Ideen akkommodierte und zu Avignon im Jahr 1760 den hermetischen Ritus gründete, eine andere Freimaurerei, deren Hauptzweck war, durch höhere Offenbarung das Geheimnis der Goldmacherkunst zu erlangen. Dieser Ritus fand in Schweden, Deutschland, Italien und sogar in Martinique Eingang. Die Goldmacherkunst hatte sich nicht nur die Umwandlung der Metalle zum Zweck gesetzt, sondern auch die Herstellung des Lebens-Elixiers und eines Universal-Heilmittels. Im Jahr 1766 modifizierte Chastanier den Ritus Pernetis und stiftete die theosophischen Illuminaten. Im Jahr 1783 entkleidete der Marquis Tance, wie er sagte, die swedenborgische Lehre ihrer unnötigen Überschwenglichkeiten und führte den swedenborgischen Ritus nach der alten Observanz ein. Im Jahr 1780 hatte Baron Blaerfindi einen kabbalistischen Illuminatismus gegründet fast ähnlich dem vorigen, genannt vom Ritus des Pythagoras, der sich „Akademie der hohen Meister des Leuchtringes" betitelte.

Im Jahr 1773 gründeten Savalette von Langes, Graf von Tavannes, Court von Gebelin, Präsident Herikourt, Marquis Saint-James und der Prinz von Hessen zu Paris den Illuminaten-Ritus der Philalethen, der die physische und moralische Wiedergeburt des Menschen und den Fortschritt der geheimen Wissenschaft zum Zwecke hatte. Aber kaum gegründet, sah sich diese Freimaurerei durch den Ritus der Philadelphen reformiert, der zu Narbonne im Jahr 1780 errichtet wurde und sich „ursprüngliche Regierungsform" betitelte; die einen und anderen schlossen sich an die Rosenkreuzer an und entlehnten bei Saint-Germain, bei Cagliostro und Mesmer ihre Kniffe und Geheimnisse. Schon der Mesmerismus oder Magnetismus hatte beträchtliche Fortschritte in dem Gebiete des Illuminatismus gemacht, aber er verbarg sie vor dem Publikum und enthüllte bis da nur die physischen Resultate seiner Versuche.

Saint-Martin brachte so die Unterschiede der durch verschiedenes Verfahren erzielten Erfolge zutage. Der Martinismus erhielt Offenbarungen von dem Reich des Geistes auf dem sensiblen Weg, der Swedenborgionismus analoge Kundgebungen auf dem sentimentalen, der Mesmerismus ebenfalls wirkliche Offenbarungen, aber von einer niederen sensiblen Ordnung.

Man kann nicht sagen, daß diese Hunderttausende intelligenter, unterrichteter, lernbegieriger, forschender Leute alle von einer gleichen Narrheit oder epidemischen Blindheit angesteckt gewesen wären, daß sie nichts gesehen, nichts erwirkt und bei keiner Erscheinung von außernatürlicher Ordnung beigewohnt hätten; nimmt man aber auf die fremdartigen Mittel Rücksicht, die sie anwendeten, auf den Zweck, den sie erreichen wollten, die Spaltung und Verwirrung in ihren Schulen, das eigentliche Nichts der Resultate, so kann man hierin weder Wunder noch göttliche oder engelhafte Offenbarungen erkennen. Dazu noch die weitere Folge, daß all diese Menschen, welche Offenbarung suchten, kühn die Offenbarung leugneten! War die Zerrüttung groß, war sie vollständig genug? Konnte eine andere Hand als die Hand des Satans den menschlichen Geist ablenken und eine so große Verwirrung hervorrufen? *Cagliostro* aber, Scharlatan der niedrigsten Stufe, weniger gelehrt und weniger aufrichtig, als all diese, der nie so große Resultate erzielte, zog bereits die öffentliche Aufmerksamkeit auf sich, und konzentrierte sie mehrere Jahre hindurch fast ausschließlich auf sich allein; er besaß übrigens eine Kühnheit sondergleichen und eine vollendete Gewandtheit.

Durch eine Menge Diebstähle und Betrügereien reich geworden, was ihm lange Zeit erlaubte, den großen Herrn zu spielen, eingeweiht in alle Freimaurereien, gründete Cagliostro eine neue, die er den ägyptischen Ritus betitelte, und deren Haupt er unter dem Namen Groß-Kophta blieb. Ihr Ziel war ebenfalls die physische und moralische Regeneration des Menschen. Die physische gewann man durch Fasten und Reinigungen, die niemand zu Ende führen konnte, weshalb auch niemand jene Wiedergeburt erlangte; die moralische durch Gebete und Opfer, die von Gott angenommen wurden, eine Annahme, die nicht leicht bewiesen werden konnte. Die Pracht der Dekorationen in den Logen, der Glanz eines bezaubernden Lichtes, die tiefe Dunkelheit, auf welche eine unheimliche Nacht folgte, die Feierlichkeit der frommen Gesänge und christlichen Gebete, die weiße Farbe der Kostüme, die Mithilfe des noch wenig gekannten Magnetismus, die Geistererscheinung selbst, die wenig gepflegt war, Orgeln mit Glasröhren, deren Töne so tief auf das Nervensystem wirken, die Elektrizität, deren Entdeckung noch neu war, Taschenspielerei, worin Cagliostro eine tüchtige Fertigkeit besaß, all diese Mittel geschickt miteinander verbunden, von einem Anflug dämonischer Anschwängerung begleitet, – ein Grundzug des Handwerks sozusagen – machten aus Cagliostros illuminater Maurerei das Leuchtgestirn, an welchem die Forscher nach Geheimnissen in Opposition mit dem Christentum sich eine Zeit lang sonnten.

Wir wissen nicht, ob diese oder jene Geisterbeschwörungen, deren Berichte noch vorhanden sind, nur Spiele aufgeregter Phantasie und Blendwerk oder satanische Wirkungen sind. Diese Frage wäre schwer zu entscheiden; nicht so jedoch verhält es sich mit jenen Erscheinungen, welche vor den Augen der „Mündel und Tauben" vor sich gingen, indem sie mit festem Blick in mit Wasser gefüllte Flaschen schauten, die er zwischen neun durch mystische Zeremonien geweihte Kerzen setzte.[5]

Er nannte Pupillen oder Mündel junge Knaben, und Tauben junge Mädchen von unbescholtenem Ruf, weiß gekleidet, die durch religiöse, von ihm eingeführte Zeremonien eingeweiht und der Anhauchung und Auflegung der Hände d. h. der dämonischen Imprägnation unterworfen wurden, die dann die *Wasserflaschen* fixierten und dort mancherlei Szenen, welche in der Ferne oder am folgenden Tag oder in naher Zukunft geschahen, ebenso erkannten, wie der vor einem Hohlspiegel sitzende Zuschauer alles sieht, was um ihn her in einem Park vor sich geht, jedoch mit dem Unterschied, daß der vor einem Hohlspiegel sitzende das Haupt abwenden kann, wann ihm beliebt, und er nur das erblickt, was in eben dem Augenblick sich zuträgt, während jene Knaben und Mädchen, wenn sie einmal die Blicke fixiert hatten, durch eine stärkere Macht als ihr Wille war, dieselben nicht mehr abkehren konnten und nur jenes Ereignis sahen, um das sie gefragt wurden, und zwar ein vergangenes oder ein noch künftiges oder was bezüglich des Ortes vom Schauplatz selbst weit entfernt sich begab.[6]

Wir sagen, daß diese dämonischen Beratungen mittels der mit Wasser gefüllten Gefäße nur die Anfangsgründe jener Kunst waren; sie fanden in der Tat zu allen Zeiten und überall statt: man sieht sie im heidnischen Altertum ausgeübt. Jamblichus erwähnt derselben im vierzehnten Kapitel seines dritten Buches über die Mysterien. Sixtus V. erwähnt sie in seiner Bulle *„Coeli et terrae"* vom 9. Januar 1586 ausdrücklich und bezeichnet sie als ein Attribut der Zauberer niedersten Ranges. Jamblichus vermeint, diese Erscheinung dadurch erklären zu können, daß er sagt, das Wasser sei eine Substanz, welche zur Aufnahme natürlichen Lichtes vortrefflich geeignet ist und sich demnach auch dem göttlichen Licht empfänglich machen kann. Allein dies ist ein Irrtum. Es bedarf keines Wassers, selbst nicht eines glänzenden Körpers, um diese Art Geister zu erwecken. Jeder Punkt, auf welchen der dämonische Einfluß konzentriert wurde und den eine dem nämlichen Einfluß unterworfene Person fixiert, wird für sie leuchtend: ihr Fuß, ihre Hand, ihr Nagel, was immer für ein Gegenstand, das mit einer Kohle oder Kreide in einem Kreis beschriebene Stück eines Zimmerbodens; und sie sieht dort wie in einem Spiegel den Vorfall, der tausend Stunden entfernt sich zuträgt, vorausgesetzt, daß man ihr denselben bezeichnet. Und es fällt ihr auch schwer, die Aufmerksamkeit abzulenken, oder von ihrem Platz sich loszureißen, bis die Vision vorüber ist – ebenso schwer, als es sein mag, einen Strauch auszureißen, dessen Wurzeln tief in den Boden sich gesenkt haben. Herr de Pontis meldet uns in seinen Memoiren, daß Nostradamus einen solchen magischen Spiegel besaß; gleichwohl ist die Sache nicht vollkommen verbürgt, aber der Magnetiseur Dupotet hat durch die einzige Wirkung einer fortgesetzten Magnetisation die nämliche satanische Erscheinung hervorgebracht. Wenn einmal der Imprägnierte seine Blicke fest auf den Mittelpunkt des mit Kohle gezogenen Kreises richtet, so wird seine Aufmerksamkeit ausschließlich von den Gesichten fortgerafft, die dort zum Vorschein kommen und die ihm die lebhaftesten und sonderbarsten Äußerungen des Erstaunens, des Schreckens, der Wut, Heiterkeit, der Teilnahme oder des Abscheus entreißen. Es ist schade, daß man ihm nie gesagt hat: sieh, was sich an jenem Ort begibt, rufe vor dein Aug das Bild jenes Ereignisses, bei welchem *du nicht* gewesen bist und bei dem *wir* zugegen waren. (S. Anhang: Bem. D.)

Von dieser Kunst jedoch war Leon de la Borde Zeuge in Kairo im Jahr 1827; er kaufte das Geheimnis und hat es seitdem zwanzigmal wiederholt.[7]

Ein Zauberer aus Algier namens Achmed unterstellte nicht selten Kinder dem magischen Einfluß und diese erblickten in ihrer Hand die Personen, die man ihnen in entfernten Ländern bezeichnete – zu London oder Konstantinopel und beschrieben dieselben mit einer Genauigkeit, daß es denen, die sie kannten, unmöglich war, sie nicht wiederzuerkennen. Sie gaben zu gleicher Zeit die Handlungen an, die sie eben verrichteten, allein hier war der Nachweis der Wahrheit nicht mehr möglich. „Ich kann nicht einräumen", sagt der gelehrte Verfasser, „daß man mich getäuscht hat, und daß ich mich selbst über die Tatsachen täuschte, die zwanzigmal unter meinen Augen – durch meinen Willen, vor einer Menge verschiedener Zeugen, an zwanzig verschiedenen Orten, bald zwischen den vier Mauern meines Zimmers, bald unter freiem Himmel oder in meiner Barke auf dem Nil vor sich gingen."

Die Bulle Sixtus V. beschreibt im Detail diese verschiedenen Verfahrensarten, um dämonische Visionen zu erzielen, was beweist, daß weder die

Mittel noch die Erfolge neue Entdeckungen sind. Man könnte seit dem Jahrhundert des Moses leicht hundert solche Beispiele zählen; aber wer möchte daran glauben? Die Wissenschaft ist selbst von den Gelehrten noch nicht genug entschleiert und die Unwissenheit hat so viele Vorurteile.

Der Groß-Kophta und die von seinem Hauch dämonisch angeschwängerten Meister und Meisterinnen beriefen also die Engel und Heiligen, ja Gott selbst, und durch die sonderbarste Ideenverrückung machten sie sich über Gott, die Heiligen und Engel lustig, stellten sich, als glaubten sie nicht daran, und ließen Alembert von der anderen Welt wiederkommen, um darzulegen, daß es keine andere Welt gebe. Dies war der absoluteste Umsturz des christlichen Glaubens und christlichen Kultus, denn man weihte Meisterinnen nach dem Ritus ein, der von der griechischen Kirche für die Einweihung ihrer Prälaten angewendet wurde, man sang beim Beginn das Veni Creator und am Schluß das Te Deum. (S. Anhang: Bem. E.)

All diese mystisch heterodoxen, nach Grund und Form, mehr oder weniger *swedenborgischen Maurereien* waren schnell ins Gebiet des Satans hinübergestreift. Sie erzielten vom Anfang gleich die Geistererscheinungen, die Besessenheit der Leiber, das Schweben in freier Luft, die Verrückung der Personen, Möbel, Effekten aller Art von einem Ort zum anderen, ohne irgendeine sichtbare bewegende Kraft; die augenblickliche Beischaffung von Gegenständen, die fern aus Afrika oder Amerika zum Beispiel gebracht wurden, das auf Befehl eintretende Fließen oder Stillstehen des Blutes einer Wunde und viele andere augenfällig dämonische Erscheinungen, die sie für göttliche hinnahmen, die es aber nicht sein konnten, weil Gott selbst einen Kult für solche Zwecke nicht eingesetzt hat, und weil derjenige, den sie anwendeten, weit entfernt, rein zu sein, mit ungeheuren Irrtümern gegen die Vernunft und den christlichen Glauben besudelt war.

Sie mischten in alle ihre Geisterberufungen, sowohl bei denen in Stockholm, als in der Loge zu Paris, bei welcher die Herzogin von Bourbon den Vorsitz führte, und in denen von Lyon und Avignon, heilige Gesänge, die Rezitation von Hymnen und Psalmen und die brünstigsten Gebete, um den Dämon zu entfernen, vor seinen Täuschungen und Listen bewahrt zu bleiben. Es gab nichts Innigeres, nichts Frömmeres dem Anschein nach. „Allmächtiger Gott, gütiger Gott, der du die Unermeßlichkeit der Welten, die du erschaffen hast, erfüllest und regierst, dein Name werde gelobt, dein Wille geschehe; alles, was deinen unsterblichen Odem empfängt, beachte und befolge dein Gesetz. Bewahre mir die Gesundheit des Geistes, damit ich nicht aufhöre, dich zu verherrlichen, und die des Körpers, um die meinigen zu nähren, meinem Nächsten zu helfen und meinem Vaterland nützlich zu sein …"

So lautet das Gebet des Leiters der mystischen Loge zu Avignon. Es ist sehr schön, aber die Einfachheit des Pater noster ist noch viel schöner. Man rezitierte endlich noch das Veni Creator, den Psalm Exurgat Deus, dann noch andere Gebete.

Der Direktor hauchte dann den Geist dem Jünger ein, indem letzterer durch die Öffnung der Glasröhre sah, und der Schauende rezitierte bereits dies Gebet: „Engel des Lichtes, himmlische Jungfrau, unsterbliche Geister, Vollzieher des Willens meines Gottes, kommt zu mir; ich rufe euch an, helfet mir, leitet meine Unerfahrenheit und bewahret mich vor den durch den bösen Feind auf der finsteren Straße ausgelegten Schlingen. Und du, den der Himmel mir insbesondere zum Schutze gegeben, Schutzengel, mein Freund, mein treuer Führer, lenke und halte mich auf dieser mühevollen Reise durch die Wüste ..."

Alles gut; aber was willst du in dieser Wüste treiben und warum wagst du dich hinaus auf die finsteren Pfade? Gott hat dir nichts verheißen. –

Der Vorstand konzentrierte seinen Einfluß aufs speziellste und der Schauende fügte bei: „O du, durch den alles gemacht worden ist und durch den alles zerstört werden wird, um zu seiner ersten Quelle zurückzukehren, Prinzip, dem Schoße des Ewigen entflossen, Seele der Welt, göttliches Licht, du bist es, den ich zu Hilfe rufe, ja komme schöpferisches Fluidum, komm, meine erstorbenen Sinne zu durchdringen ..."

Was soll man hiervon sagen? Wenn dies nicht der Gnostizismus, der reine Satanismus ist, so ist es nichts. Und man sage nicht, daß dieser Gallimathias von so sonderbarer Form an Jesus Christus gerichtet wurde, nein, denn der Schauende fuhr fort: „Und du einziger Sohn, gleich dem Vater, der du mit dem heiligen Geiste in der Einigkeit eines einzigen Gottes herrschest ..." Sieh hier den Satan neben Jesus und vor ihm gesetzt.

Wer wird auf solche Anrufungen antworten? Wenn ein glänzender Lichtengel den Blicken sich zeigt, wer wird dieser Engel sein? Wenn eine Lotusblume des Nils auf die Knie der Betenden oder in die Hände des Betenden sich niedersenkt, wer brachte sie her?

Wenn Flamme und Kerze auf dem Tisch vor den Augen aller verschwinden, ohne daß je mehr eine Spur davon gefunden wird, wer trug sie fort? Wenn das Pendel auf Kommando geht und stehenbleibt, wer wirkt das Wunder? Und solch schöne Wunder in der Tat, ganz gotteswürdig!

Und was taten während dieser Periode die Philosophen, die Literaten, die Gelehrten? Sie untergruben Thron und Altar, leugneten alles, Gott und Satan, spotteten über alles und unterdrückten vor allem die Traditionen der Vergangenheit.[8]

Und die Könige, die Fürsten, die Großen, die Reichen, die ganze vornehme Welt mit einem Wort, was taten sie? Als starke Geister ließen sie sich von der Mode lenken, heuchelten öffentlich Haß gegen Gott und fragten im stillen den Teufel um Rat. Die ganze hohe und niedere Welt zu Berlin ließ sich durch einen Strumpfwirker namens Weißleder heilen, der den Titel Doktor des Mondes annahm und alle Wunden und Schmerzen dadurch heilte, daß er ein Gebet zwei Minuten lang hersagte, worauf er das kranke Glied dem Mond zeigte. Dies war im Jahr 1780 und 81.

Der abergläubische und ausschweifende *Friedrich Wilhelm III.*, König von Preußen, der Geäffte von Wilner, Bischofswinder und dem Schauspieler Fleury, die ihm seinen Onkel Friedrich II., Moses, Jesum, Cäsar erscheinen ließen, besaß keinen Glauben für Religionssachen, aber im Überfluß und bis zum Lächerlichen für alles, was der Religion entgegen war.

Im Jahr 1792 verkaufte man auf der Messe zu Leipzig Westen, genannt Berliner-Jesus, die dazu bestimmt waren, diese Schwachköpfigkeit unsterblich zu machen. Die Nachäffer der leichtgläubigen Majestät hatten ihm einmal eine Erscheinung Jesu Christi angekündigt; Friedrich der Große, der ihn nicht zu sehen vermochte, fragte: Wie ist er gekleidet? In einer Scharlach-Weste mit schwarzen Einfassungen und goldenen Tressen, antworteten sie ihm.

Friedrich der Große, sein Onkel, der Zögling Voltaires, tat selten einen Schritt, ohne die Magier zu befragen; Friedrich III. zog sie noch mehr zu Rat. Am 17. März 1792 durch Ankarström gemeuchelt, hatte er drei Tage zuvor eine alte Hexe namens Harvisson um Rat gefragt, die ihm sagte, sich für den Monat März vorzusehen und der ersten Person zu mißtrauen, die ihm begegnen würde; es war Baron Ribberg, das Haupt der Verschwörung. Dazu also gaben sich die satanischen Warnungen her, und dazu dient der dem Satan gebrachte Kult.[9]

In Frankreich waren die Großen der Welt nicht klüger. Ein Herr, Andreas Dübuisson, wurde im Jahr 1749 in die Bastille gesperrt, weil er dem Herzog von Orleans um Geld „den Teufel sehen gelassen." Der Marschall Richelieu, da er Gesandter in Wien war, wollte ebenfalls den Teufel sehen; er bezahlte einen Scharlatan mit teurem Lohn und machte sich vollkommen lächerlich. Da er einst voll Dünkel vor Ludwig XV. sagte, die Bourbonen fürchteten den Teufel, so antwortete der Monarch: Weil sie ihn noch nicht gesehen haben, wie Sie. Die Marquise von Pompadour ging zu einer Hexe namens Bontemps, um sich von ihr aus dem Eiweiß oder dem Kaffeeabsud das eigene Geschick oder das des Staates wahrsagen zu lassen. Der Dichter Guimant de Latouche, der sie einmal dorthin begleitete, starb nach drei Tagen vor Schrecken ob der Vorhersagungen, die ihm gemacht wurden, während er in eine Flasche mit Wasser blickend ein junges Mädchen betrachtete. Als Graf St. Germain, man weiß nicht woher, mit einer prunkenden Masse Reichtümer erschien, deren Quelle man nie erfuhr, gerieten Hof und Stadt in Verwunderung ob solcher Wunder. Niemand wagte mehr seine Teilnahme bei der Hochzeit zu Kana und der Schlacht bei Marengo in Zweifel zu ziehen. Cagliostro fand einen ebenso aufrichtigen Glauben im Jahr 1779 zu Straßburg und zu Paris im Jahr 1785. Er beschäftigte die tausendstimmige Fama mit sich allein. Alle, die nicht ans Evangelium glaubten, glaubten desto fester an Cagliostro und die Wunderzahl seiner Tage, deren letztabgelaufene Periode 5587 Jahre zählte.

Aber der stärkste Zug ging zur *Freimaurerei*. Als Voltaire in der Loge Neun-Schwestern in der Straße St. Sulpice, Dienstag den 7. April 1778 – unter der Vorstandschaft des ehrwürdigen Hieronymus de la Lande, des Astronomen, Aufnahme fand, wurde er durch den Abbé Cordier von St. Firmin vorgestellt. Eine erbauliche Vaterschaft von seiten eines Würdenträgers der Kirche, der sich als Bürgen stellte für die Würdigkeit Ecrlins. Voltaire unterzeichnete „Ecrlin", was sagen will: Vertilget den Niederträchtigen *(Écrasez l'infâme!)*; der Niederträchtige war Jesus. Dort befanden sich an jenem Tag noch Graf Alexander Stroganoff, Kammerherr der Kaiserin von Rußland, Graf Ossun, Fürst Emanuel von Salm-Salm, Graf Milly, Graf Turpin-Crissé, Fürst Camillo von Rohan, Marquis von Saisseval, Graf Sesmaisons, Graf Jouy, Marquis de Lort, Ritter Villart, Graf Noe, Präsident Meslai. Was suchten doch diese großen Herren dort? Sie wollten gegen Gott, das Königtum und ihre Adelstitel in Gesellschaft der Condorcet, Diderot, d'Alembert, Cabanis, Dupaty sich verschwören; dem schwachen Curt Gebelin, dem Doktor Guillotin, der ihnen eine Hinrichtungsmaschine anfertigte, dem Bruder Chik, ersten Violonisten des Kurfürsten von Mainz, den Musikern Salantin, Caravoglio, Olivet den Ritterschlag geben. Wie gut waren sie an ihrem Platz, besonders da ihnen die Abbés Bignon, Renny und Pangré zur Seite standen.

Voll Bereitwilligkeit, das Schurzfell des Helvetius, des Gründers der Loge, umzuschnallen, brachte Voltaire diese Reliquie ehrerbietig an seine Lippen, dann wurde er von Larive, Schauspieler der Comedie francaise, mit Lorbeeren gekrönt.[10]

Als endlich die Zerrüttung in Sitten, Glauben und Ideen ihren Höhepunkt erreicht hatte, erweckte der Satan den Gelehrten *Weishaupt*, um rasch die Konsequenzen an den Tag zu legen. Weishaupt, Professor des kanonischen Rechts an der Universität zu Ingolstadt, eröffnete am 1. Mai 1776 die erste Loge einer neuen Maurerei eigener Erfindung, die er „erleuchtete" nannte, die aber mit dem Namen Illuminatismus nichts gemein hatte. Es war das allgemeine Verschwörungssystem gegen jede göttliche und menschliche Autorität und so klug ausgedacht, wie bis da noch keines die Welt gesehen hatte. Der Stifter setzte sich nichts geringeres vor, als die Abschaffung Gottes, des Kultus, der Fürsten und Gesetze, und die Aufrichtung des Reiches der Vernunft. Er grub eine Mine unter die Grundlagen der ganzen sozialen Ordnung und lud sie mit unerhörter Stärke, in der Erwartung, daß der Funke sie alsbald in die Luft sprengen werde.

Wir haben dieses höllische Werk nicht in seinen Einzelheiten und Entwicklungen zu verfolgen, obgleich es vom Satan eingegeben ist, weil es mehr der politischen Geschichte als uns angehört. Abbé Barruel hat es in seine Memoiren über den Jakobinismus aufgenommen, wo es besser an seinem Platz ist.

Im Jahr 1790 war ganz Deutschland und Frankreich in der Manier Weishaupts erleuchtet. Die französische und die alte Maurerei, erleuchtet oder nicht, war überholt, über Bord geworfen, fast gänzlich aus den Logen verbannt. Alle Maurer waren von nun an heftige Verschwörer, die sich von einem Ende Europas zum anderen die Hand reichten. Die französische Revolution brach endlich eines Tages los und bedeckte Europa mit Blut und Ruinen. Man kennt ihre Geschichte. Aber der entfesselte Löwe erwürgte seine Ernährer; die Urheber der Revolution selbst wurden ihre Opfer.

Im Jahr 1790 gab es noch hundertfünfzig Logen in Paris, obwohl schon viele, vom Adel verlassen, ihre Arbeiten eingestellt hatten. Im Jahr 1796 gab es deren nur mehr drei. Die revolutionären Häupter hatten die Logen in den Provinzen schließen lassen. Das Gesetz bezüglich der Verdächtigen hatte die Maurer nicht übersehen; die Parteihäupter, die nach und nach zur Herrschaft gelangten, ließen sie nacheinander guillotinieren. Im Jahr 1797 sprach man weder von Freimaurerei noch von Illuminismus mehr, aber es blieben noch da und dort einige Trümmer zurück, einige rauchende Brände, die der Satan sammelte.

Glaubten wohl diese furchtbaren Streiter, welche Gott den Krieg erklärt hatten, an nichts, weder an den Teufel noch an was immer für eine Irrlehre, noch an die Offenbarung, woher sie auch kommen mochte? Es fand das Gegenteil statt.

Zwar war es nicht möglich, die Kunst der Kartenschlägerei, Wahrsagerei aus der Hand und Totenbeschwörung öffentlich auszuüben, oder vor aller Welt die in dieser Art Wissen kundigen Leute um Rat anzugehen, weil man befürchten mußte, als Verschwörer oder Verdächtiger dem grausamen Komitee für das Staatswohl angezeigt zu werden; allein im Geheimen nahmen die Dinge ihren Fortgang nicht minder. Die Bürgerinnen wußten die Kartenschlägerei für sich und ihre Freunde wohl zu gebrauchen; eine Menge Eier wurden zerschlagen, deren Weißes nur der Neugierde zur Nahrung diente; da dies Mittel die Zukunft zu erforschen am wenigsten Verlegenheit brachte, so bediente man sich desselben sehr häufig, selbst hitzige Mitglieder der Nationalversammlung, die Brutusse jener Zeit, verschmähten es nicht. Und erst die Träume! Glücklich, wer sie zu deuten verstand; glücklicher noch, wer einen guten Interpreten auftrieb.

Das *Wunderbuch*, in der Nationalbibliothek, man weiß nicht durch wen, entdeckt, rief fast eine Konterrevolution hervor; da nämlich die Prophetie von Johann Preche-guerre, d.h. Savonarola für das Jahr 1510 die buchstäbliche Angabe der Ereignisse enthielt, die sich damals begaben, so tauchte in den Lesern das Verlangen auf, die Fortsetzung davon im Rest der Sammlung zu suchen; die Zahl der Neugierigen wuchs über die Maßen an, man machte Abschriften, die man sich mit Lebensgefahr mitteilte, die Dinge nahmen ihren Fortgang, als das Direktorium, von der Gefahr unterrichtet, in welche die Republik geriet, das Buch unter Siegel legen ließ, wo es lange Zeit bleiben sollte.

Eine Verzückte namens *Susanna Labrousse* hatte kurz vorher hohen Orts große Aufmerksamkeit erregt. Dom Gerle, Mitglied der konstituierenden Versammlung, rühmte sie überall. Er bat sogar die Versammlung um Erlaubnis, sie vor die Schranken führen zu dürfen, um sie über die Zukunft der Republik reden zu lassen, allein die Mitglieder traten vor einem so großen Skandal zurück; sie gingen zur Tagesordnung über. Die Herzogin von Bourbon, die immer einen Vorrat von Bewunderung und Leichtgläubigkeit besaß, und die beiden konstitutionellen Bischöfe Pontard und Fauchet machten sie zu ihrem Orakel. Sie selbst war so sehr von der Göttlichkeit ihrer Gesichte, ihrer Offenbarungen und ihrer Sendung überzeugt, daß sie sogar eine Reise nach Rom unternahm, um den Papst und das heilige Kollegium zu bekehren. Allein sie wurde in der Engelsburg gefangen gesetzt.

Susanna Labrousse hatte eine Nebenbuhlerin in Katharina Theot. Diese gab sich für eine neue Eva aus, bestimmt, das durch die Sünde der ersten verderbte Menschengeschlecht zu erneuern. Sie ließ sich die Mutter Gottes nennen und gab ihre Visionen in einer Dachstube der Straße Contrescarpe zum besten. Sie herrschte umgeben von einem götzendienerischen Kult.

Sie verkündete das größte Unheil für die Welt, ihre Anhänger ausgenommen. Eine Menge Kranker belagerte Tag und Nacht ihr Haus, um sich heilen zu lassen. Sehr hochgestellte Personen hatten unter ihren Schülern Platz genommen, und es wäre auffallend gewesen, nicht auch Dom Gerle und die Herzogin von Bourbon unter ihnen anzutreffen. Letztere hatte ihren Arzt, Doktor Lamothe, in jenen Verein aufnehmen lassen. Die Marquise Chastenay und Robespierre waren unter der Zahl ihrer Zöglinge; sie würdigte sich sogar, Robespierre mit dem Namen „mein lieber Sohn" zu beehren.

Katharina Theot küßte den Kandidaten an sieben Orten des Gesichtes und strich ihm die Zunge über die Lippen, um ihm den heiligen Geist mitzuteilen. Robespierre unterzog sich ehrerbietig diesen Zeremonien, die Gesellschaft knüpfte mehrere politische Intrigen mit den Emigranten, besonders mit dem berühmten englischen Minister Williams Pitt an. Allein gegen das Ende des Monats Mai 1794 kam der Kommissar Senart in Begleitung von Polizeiagenten und machte der Sache rasch ein Ende, indem er plötzlich inmitten der Versammlung erschien, die ihn keineswegs erwartet hatte. Er warf die Prophetin, dann Gerle und die Hauptradelsführer ins Gefängnis. Viele Mitglieder gaben in der darauf gehaltenen Sitzung an, daß die einen von den Erleuchteten wunderbar geheilt worden seien, andere, daß sie Gott selbst – in weiße Kleider gehüllt, ihr ins Ohr sprechen, und den heiligen Geist auf ihrer Schürze hin- und herspringen, andere wieder, daß sie ihre Stirn mit einem goldenen Lichtkranz umflossen sahen. All dies wurde protokollarisch aufgenommen und von den Deponenten unterzeichnet.

Robespierre, ebenso verdrießlich wie beschämt über eine solche Lösung des Knotens, erschien von da an nicht mehr beim Komitee für das öffentliche Wohl und nur selten beim Konvent, allein das Abenteuer erwirkte für Frankreich wenigstens das berühmte Dekret über das Dasein des höchsten Wesens. Robespierre konnte an der Existenz Gottes nicht mehr zweifeln, weil er den heiligen Geist auf der Schürze der Katharina Theot umherspazieren sah.

Am folgenden 17. Juni unterhielt Bürger Vadier, berichterstattender Richter, die Behörde und das Publikum in einer pompösen Sprache mit der großen Verschwörung der Mutter Gottes; dann sprach man nicht mehr davon; die Ereignisse überstürzten sich zu sehr und überdies machte die Angeklagte durch ihren Tod in der Conciergerie fünf Wochen nach ihrer Verhaftung dem Prozeß ein Ende.[11]

Zwanzigstes Kapitel

Neunzehntes Jahrhundert

*B*EIM BEGINN DES NEUNZEHNTEN JAHRHUNDERTS war alles vertilgt: Religion, Moral, Königtum, Adel, Freimaurerei, die erleuchtete und die andere, der Glaube an Gott und an den Satan; nichts blieb mehr zum Schutz der Menschheit in Kraft, als bewaffnete Macht; ja die Waffengewalt rettete sie, und stellte sie auf neuen Boden und mit neuem Untergrund wieder her.

Auch die Freimaurerei lebte wieder auf und erweiterte ihre Ausdehnung durch zwei neue Zweige, den der *Neutempler* und der *Carbonari*. Es steht uns nicht zu, ihre Geschichte darzulegen, weil der Satan, wenn sein Geist hier noch atmet, sich nicht mehr offen zu erkennen gibt. Der satanische Illuminismus ist verschwunden, er hat sich in zwei Gestalten umgewandelt, in den *Magnetismus* und die *Klopfgeisterei*, wie man sich jetzt ausdrückt. Man hat keine so Kollektivbesessenheit mehr gesehen, wie in den früheren Jahrhunderten; dies wäre für das unsere viel zu plump.

Napoleon und der aristokratische Teil seiner Umgebung hatten noch einen Fuß im alten System, es bedarf keiner Frage, ob sie als Erbe einen Anteil herübergenommen haben. Außerdem betrachtete sich Napoleon selbst als Mann des Geschicks; er hätte sich mit weit mehr Recht als Mann der Vorsehung ansehen können; er bediente sich, um sein Geschick zu bezeichnen, eines astrologischen Ausdrucks, er sagte: „mein Stern". Eine Magnetisierte hatte ihm den Erfolg seines ägyptischen Feldzugs vorhergesagt, und in der Tat hatte der Ausgang die Vorhersagung gerechtfertigt; dies machte ihn noch abergläubischer. Er zog sehr oft einen Schwarzkünstler namens Moreau zu Rat, der sich danach wohl aus Grund rühmte, ihm sein Unglück prophezeit zu haben.

Josephine hinwieder war noch abergläubischer. Eine alte Negerin hatte ihr in der Kindheit schon, da sie noch die Kolonien bewohnte, aus ihrer Hand geweissagt, daß sie sich zum vollendetsten Glück und zur höchsten Ehre erheben werde; diese Erinnerung blieb ihr um so tiefer im Gedächtnis, als die Ereignisse ebenfalls die Prophezeiung rechtfertigten. Ihr tiefstes Vertrauen, ja fast ihre innigste Freundschaft schenkte sie einer Kartenschlägerin namens Lenormand, welche Dank dieser Empfehlung im ersten Abschnitt des Jahrhunderts eine wichtige politische Rolle spielte. Der

Ruhm Etteilas erbleichte trotz der verschiedenen Traktate, die er über dieses Thema im Jahr 1804 und danach veröffentlichte.

Maria Anna Lenormand, geboren zu Alençon im Jahr 1772 und in der Kindheit schon Waise geworden, suchte zu Paris in einem Alter von vierzehn Jahren ihr Glück zu machen. Mit unstetem Charakter, grübelndem und abergläubischem Geist ausgestattet, gierig nach allem haschend, was neu war, studierte sie die Werke Galls und versah nebenher die Stelle einer Comtoirdame bei einem Restauranten; allein diese Lektüre befriedigte den Drang ihrer Wünsche nicht; sie verließ ihr Geschäft und trat zu London mit dem Verfasser selbst in Verkehr. Dennoch gewinnt es den Anschein, als ob die Schädelkunde über die Kraft ihres Verstandes hinausging; denn sie gab dieses Studium wieder auf, um sich der Kartenschlägerei zu widmen.

Nach Paris zurückgekehrt, ließ sie sich in der Tournon-Straße Nr. 5 nieder. Ihr Haus wurde alsbald zur Sibyllenhöhle und zum Buchhändlerladen; denn sie gab zu eben der Zeit bald nacheinander ihre Prophezeiungen und Werke heraus, eine unverdaute Sammlung des mannigfaltigsten Inhalts. Um ihren Orakelsprüchen mehr Feierlichkeit zu verleihen, kleidete sie sich in phantastische und auffallende Tracht. Sie spielte durchweg die Inspirierte.

Indem sie durch Beschauung der Linien in der Hand, durch Prüfung des Eiweißes, durch Entzifferung des Kaffeeabsuds, durch Beiziehung der Eröffnungen mittels der Hahnenwahrsagerei und der Captromantie die Zukunft verkündete, suchte sie mit forschendem Auge die Wunden der Seele zu entdecken; es gelang ihr vortrefflich und sie wußte dieselbe durch milde einschmeichelnde Worte zu beruhigen. Die Hahnenwahrsagerei übte sie nur am ersten Tag des Mondes aus. Die Captromantie ist die Kunst, die Zukunft aus einem Tropfen Wasser herauszulesen, den man auf einen Venetianerspiegel fallen läßt.

Sie unterhielt mit allen hohen Personen der alten Monarchie (welche die Revolution geschont hatte), mit all denen, welche die Revolution und die neue Dynastie großgezogen hatte, mit denen der ersten und zweiten Restauration enge Verbindungen. Sie schlug allen Fürsten und Königen von fast ganz Europa die Karten. Höflinge, Schauspieler und Schauspielerinnen der Oper, Bürger, Soldaten, Finanzmänner, Minister, alle nahmen zu ihrem Wissen Zuflucht und dies geschah mitten im neunzehnten Jahrhundert.

Machte die Geschicklichkeit hier ihre ganze Kunst aus, oder glaubte sie wohl selbst daran, und half ihr der Satan zuweilen? Wir können diese Frage nicht lösen, aber wir haben derartige Experimente der Kartenschlägerei gesehen, daß wir dieselben und einige andere Fälle von der direkten Einwirkung des Satans unmöglich freisprechen können. Er allein kann den Zusammenhang unbekannter Einzelheiten des Kartenschlägers und des Rat Erholenden erkennen, gegenüberstellen und daraus die wahrscheinlichen und notwendigen Folgerungen mit Richtigkeit ziehen.

Maria Anna Lenormand lebte bis zum Jahr 1843. Sie starb von einem aus langer Zeit her erworbenen Überfluß umgeben, aber als Sibylle war sie längst vergessen.

Wir müssen hier noch einer anderen Berühmtheit derselben Gattung erwähnen, die in der gleichen Periode sich hervortat, und zwar auf einem größeren Schauplatz, der Baronin von Krüdner.

Juliana Viktinghoff, *Baronin von Krüdner*, geboren zu Riga um das Jahr 1766 brachte ihre Jugendjahre in Frankreich zu. Ihr Geist, ihre Talente, ihr Vermögen, ihre Reize lockten eine Menge Anbeter zu ihr, und die Schmeichelei verrückte ihr den Kopf. Sie hielt sich für inspiriert oder stellte sich, es zu sein, oder war es vielleicht wirklich. Man sah sie oft mitten in einem Gespräch über die Mode des Tages oder die jüngste Vorstellung der Oper plötzlich in Verzückung geraten. Ihr Angesicht glänzte, ihre Bewegungen wurden konvulsivisch; sie erstickte unter übernatürlichen Gaben; man beeilte sich, ihre Kleider lockerer zu machen; nun fing sie an zu moralisieren, zu katechisieren, zu dogmatisieren, zu prophezeien – mit Anmut, Kraft, Beredsamkeit und Poesie, indem sie die Bibel mit den Gesängen Ossians verflocht und aus Corinna und Velleda Piecen anführte. Sie wollte eine neue Religion gründen, eine Religion ohne Symbol und Moral, aber sie gewann nicht einen Schüler.

Mehr prahlerisch als inspiriert machte sie auch mehr Gepränge, um die Aufmerksamkeit auf sich zu lenken, als sie Erfolge erzielte. Die politische Rolle, die sie in den Ereignissen von 1814 und 1815 spielte und ihre vielfältigen Beziehungen zu den verbündeten Fürsten, welche mehr als einmal ihr Hotel mit ihren Besuchen beehrten, verschafften ihr eine reelle Wichtigkeit, allein in dieser Hinsicht kann sie hier keine Beachtung finden. Der satanische Illuminismus sollte von der Seite nicht wiederkehren. Der Mesmerismus oder tierische *Magnetismus* war es, der dessen Funken bewahrt hatte.

Im Jahr 1772 fühlte sich *P. Hell*, Jesuit und Professor der Astronomie zu Wien von einem scharfen Rheumatismus geheilt, während er sich mit Experimenten über den Magnet beschäftigte, und er glaubte seine Heilung der Wirkung des magnetischen Fluidums zuschreiben zu müssen. Er besprach sich hierüber mit Mesmer, Astrologe und Arzt, der seinerseits das Gestirnfluidum suchte, das den Geschöpfen Gesundheit und Leben gibt. Mesmer wiederholte die Experimente, gewann dieselben Resultate und glaubte sein Fluidum gefunden zu haben.[1]

Das Wort *Magnetismus* oder Einfluß des Magnets erhielt von da an neue Bedeutung. Bald aber bemerkte Mesmer, daß er selbst magnetisch war und daß er durch Bestreichen oder Berührung die nämlichen nervösen und heilsamen Wirkungen auf die Kranken hervorbringe. Der Magnetismus *ohne* Magnet nahm jetzt den Namen: *tierischer* Magnetismus an. Mesmer verkündete mit lautem Pomp in Deutschland „die große Entdeckung des tierischen Magnetismus, des Lebensprinzips aller organischen Wesen, der Seele alles dessen, was atmet." Auf diese Annahme gründete er eine

Heilanstalt, die keinen Erfolg hatte. Mißkannt von seinem undankbaren Vaterland ließ er sich im Jahr 1778 zu Paris nieder. Dort war ihm das Glück anfangs günstiger; ja seine Heilanstalt, die er auf dem Boulevard der Italiener errichtet hatte, füllte sich endlich so sehr mit Kranken, daß er wegen Mangel an Raum einen Baum des Boulevards magnetisierte, in dessen Schatten die Kranken, die nicht zugelassen werden konnten, wenigstens sich niedersetzten, um seinen Einfluß zu empfangen. Er begnügte sich nicht damit, alle diejenigen zu magnetisieren, die sein Lokal überhäuften, sondern brachte sogar an allen Ecken der Säle magnetische Kästen an, in die jeder ein Glasrohr steckte und dessen andres Ende er mit jener Stelle in Berührung setzte, wo der Sitz des Übels war. Der magnetische Kasten war mit Eisenfeilspänen, zerbrochenen Glasscherben und Flaschen voll Wasser angefüllt, die in einer kabbalistischen Ordnung aufgereiht waren.

Die Lachlustigen ergötzten sich viel an derlei Dingen, und es ist nicht gewiß, daß irgendwer geheilt wurde; mehrere Kranke starben, die Glasröhre in der Hand. Court Gebelin selbst starb am Rande eines Kastens; aber eine Menge nervöser Erscheinungen in allen Abstufungen von Intensität trat zutage, von der einfachsten Erschütterung bis zu den heftigsten Krämpfen und den rasendsten Krisen; man sprach sogar von Krisen so erotischer Natur, daß die Polizei sich einmischte. Die Szenen von St. Medard erneuten sich auf einem kleinen Schauplatz. Die Töne der Harmonika übten noch außerdem eine unberechenbare Macht aus. Ganz Paris kam ob der Fremdartigkeit des Schauspiels und der Eigentümlichkeit der Phänomene in Aufregung.

Die Harmonika, ein jetzt vergessenes Instrument, das in nichts dem gleicht, das man aus Glasblättern macht, war eine Art Orgel mit Glasröhren, die in verschiedenen Abstufungen mit Wasser gefüllt waren; wenn man sodann einer jeden den ihrer Stimmung entsprechenden Ton entlockte, so entstand daraus eine gewiß wenig angenehme Musik für das Ohr, die aber auf das Nervensystem der Zuhörer eine solche Erschütterung ausübte, daß es unmöglich war, ihre Wirkung länger als einige Minuten auszuhalten, ohne sich der Gefahr auszusetzen, ein Narr zu werden oder zu sterben. Die „erleuchtete" Loge der grimmigsten Verschworenen bediente sich bei der Aufnahme ihrer Neophyten ebenfalls derselben als Aufregungs- und Verführungsmittel.

Endlich kauften Advokat Bergasse und Bankier Kornmann im Jahr 1783 das Geheimnis Mesmers um den Preis von 340 000 Pfund, die durch Subskription aufgebracht wurden, und veröffentlichten es.

Seitdem magnetisierte man überall; überall fanden sich Liebhaber, Neugierige, Gesellschaften von Magnetisten, Magnetismussäle; sogar Offiziere der Armee legten die Waffenübung nieder, um ihre Soldaten zu magnetisieren. Unter allen Verehrern des Magnetismus aber erzielte Graf Puysegur zu Buzancy bei Soissons die meisten Erfolge. Er tat den ersten Schritt für die Wissenschaft dadurch, daß er im Jahr 1785 den magnetischen Somnambulismus fand. Aus Freude und Glück darüber hätte er fast den Kopf verloren. Der Somnambulismus pflanzte sich fort und erhob sich stufenweise bis zur Starrsucht. Das Jahr 1789 aber brachte Vorurteile anderer Art. Der Magnetismus stand still, wie alle anderen Zweige menschlichen Wissens. Überdies begann man dessen überdrüssig zu werden, um so mehr, als die gewonnenen Resultate immer genau dieselben blieben, immer unerklärlich und ohne vollkommen bewiesenes Merkmal irgendeiner Nutzbarkeit. Zuletzt blieben, ihn zu versuchen, nur einige müßige Liebhaber und einige Neugierige übrig, die ihn noch nicht erprobt hatten. In Ermangelung der Magnetiseure aber erhob sich eine große Anzahl Scharlatane, mehr Freunde des Geldes als der Naturkunde, die sich mit schlauen Köpfen vereinten, welche die Kunst verstanden, nach Belieben einzuschlafen und Krisen zu heucheln, die das Publikum weit mehr ergötzten, ohne ihm Schrecken einzujagen.

Doch hatte der prophetische Somnambulismus schon seine ersten Strahlen geworfen,[2] d. h. Somnambulen begannen sich mit anderen Personen, als der Magnetiseur war, in Rapport zu setzen, die verborgensten Geheimnisse zu erraten, und mit Leichtigkeit Karten zu spielen, trotz dreifacher Binde über den Augen.

Nach dem revolutionären Sturm nahm der Magnetismus wieder seinen *Fortgang*, anfangs jedoch mit Zaudern und Langsamkeit – man glaubte nicht mehr an ihn, dann aber stieg er zu solcher Höhe, daß man an seiner Natur unmöglich mehr zweifeln kann; sie ist vollkommen satanisch und wahrscheinlich schon an der niedersten Stufe. So urteilen übrigens die angesehensten Meister. Wir werden ihn in den vielfachen Einzelheiten seiner Geschichte nicht weiter verfolgen; denn diese Seite der Frage berührt uns nicht.

Als wir sahen, wie ein Magnetisierter die Stunde auf einer Uhr angab, die man ihm auf den Nacken gelegt hatte, einen verschlossenen, versiegelten und in mehrere Kuverts gehüllten Brief las, nachdem man ihn der Herzgrube nahe gebracht hatte, oder in einem geschlossenen Buch auf der bezeichneten Seite oder Linie las, wobei er nur die Hand auf den Umschlag legte, wie er das Alter, den Namen und alle zufälligen Eigenschaften einer abwesenden und unbekannten Person angab, indem er nur eine Masche seiner Haare rieb, wie er das Geld und die in einem Möbel versperrten Gegenstände angab, obwohl er hierzu nur den Schlüssel in Händen hatte, den Namen einer Straße und die Nummer eines hundert Lieu entfernten Ortes nannte, aufs kleinste ein Zimmer beschrieb, das er nie betreten hatte, mit der Feder griechische Buchstaben, die in dem Gehäuse einer Uhr eingeritzt waren und die er weder nennen noch aussprechen konnte, und ohne daß er diese Sprache studiert hatte, nachmalte, alle Wechselfälle einer Familiengeschichte, welche fünfzig Jahre früher und in einem entfernten Land sich begaben, aus einem Geschmeide entzifferte, das man ihm zu berühren gab, wie er während dieser Eröffnungen auf die Gedanken und Fragen einiger Zuschauer antwortete, die, um ihn irre zu machen, an fremde und von der Wahrheit abweichende Dinge dachten: da waren wir ob solch gewichtiger und schlagender Experimente von Bewunderung hingerissen, waren über die Anschauungskraft der menschlichen Seele, wenn sie sich von einem in Lethargie gefallenen Körper sozusagen isoliert und ihre eigene Natur – unabhängig von Raum und Zeit und jedem materiellen Hemmnis, wiedergewinnt, über die Maßen erstaunt, allein dies war eine eitle Bewunderung, ein nichtiger Gedanke, und all dies war nur der Magnetismus im Kleinen, der Magnetismus für Neugierige.

Ehe jedoch weiter vorgegangen wird, muß gleichwohl bemerkt werden, daß hier das nämliche perfide Spiel, das wir früher schon bei Gelegenheit der Besitzungen angeführt haben, sich geltend gemacht hat; mehr noch, daß neben diesen greifbaren Erfolgen, die man wahrhaft erstaunlich nennen kann, noch diesen so wohl ausgeführten Experimenten andere geschahen, besonders in Gegenwart von Spöttern und Ungläubigen, die so ungemein platt, so absolut unbefriedigend, so vollständig lächerlich waren, daß man notwendig die Achseln zucken muß, daß die eifrigsten Freunde Ekel daran bekamen, und den Ungläubigsten die Überzeugung sich aufdrang, wie dies alles nur Betrügerei ist und nichts Reelles hier zugrunde liegt.

So läßt sich der Satan erkennen und leugnen; er erscheint und verbirgt sich; er erscheint denen, die ihn kennen und suchen, deutlich genug, um den Ruhm und die Macht seines Namens aufrechtzuerhalten; er verbirgt sich denen, die seine Existenz in Abrede stellen, damit sie hierdurch auch die des Allmächtigen mißkennen und in ihrem Unglauben verharren; man sieht, was er bei diesem Doppelspiel gewinnt. Da aber die glänzendsten Erfolge nicht vor Mißgriffen sichern, so vernichten auch die unglücklichsten Versuche nicht die erzielten und unbestreitbaren Resultate.

Der Magnetismus machte bald noch weitere Fortschritte. Die Kraft der Striche, der Anhauchung oder des einfachen Blickes – denn diese drei Mittel wurden ohne Unterschied angewendet – versetzten den Magnetisierten in imaginäre Welten, und er sah dort alles, um was man ihn fragte; den Zustand eines am andern Ende der Welt verstorbenen Freundes, den er nie gekannt hat; das ewige Schicksal deines Vaters, deiner Schwester oder deines Freundes, die ihm nicht minder unbekannt waren. Wenn der Fragende eine religiöse Person ist, wird er die Person, die du ihm bezeichnest, in den reinen und heiligen Freuden des Himmels oder in den Peinen des Fegefeuers erblicken, und dich zugleich um die Wohltat des Gebetes oder das Opfer der heiligen Messe nach einer bestimmten Zahl angehen; nie aber in der Hölle. Der Satan redet nie von der Hölle. Wenn der Forschende ein leichtfertiger glaubensloser Weltling ist, so sieht der Magnetisierte die fragliche Person im Paradies an einem Spieltisch sitzen oder im Schatten ruhen oder seine Kleider wechseln oder gemütlich seine Zeitung lesen, Nektar oder Ambrosia trinken, oder an Wohlgerüchen und himmlischer Musik sich erfreuen, wohl so glücklich, wie man auf Erden glücklich ist, ohne Sorge oder Unruhe.

Fadigkeiten, wird man sagen, Niederträchtigkeit eines Magnetisierten, der sich auf deine Kosten lustig macht und sich den Anschein gibt, etwas zu erschauen, da er doch durchaus nichts erschaute.

Geduld! Nicht so schnell geurteilt! Wenn der Magnetisierte die Person sieht, die du ihm angibst, die er nie kennen konnte, und sie dir so beschreibt, wie nur du auf Erden sie gekannt hast, mit all ihren Unvollkommenheiten z. B. dem hinkenden Gang oder seinem Mal auf der Wange; wenn er sich mit ihr unterhält, und diese Person ihm in den ihr eigentümlichen Ausdrücken und zu ihren Lebzeiten üblichen Formeln antwortet, wenn er ihr aufträgt, dir ein Geheimnis zu entdecken, das sich augenblicklich bewahrheitet, was wirst du dann sagen? Sagst du wohl, daß der Magnetisierte nichts gesehen und über dich sich lustig gemacht hat?

Nicht er ist's, der dich genarrt, der Satan ist's, indem er die Täuschungen für Glaubensregeln und Hoffnungsgründe ausgibt. Vergleicht man diese sonderbaren Visionen mit denen Swedenborgs, dann sieht man, was aus dem evangelischen Glauben und der christlichen Moral wird. Halte das Ganze mit den heidnischen Begriffen über den schwarzen Tartarus und die elysäischen Felder zusammen, und wenn man aus diesen Zusammenstellungen nicht ein gleichförmiges System von Betrug und das Werk und die Hand des Satans erkennt, so stemmt man sich gegen seine eigene gesunde Vernunft.

Wenn man aus diesen Zügen im Magnetismus noch nicht das Werk des Satans erkennt, was wird man erst sagen, wenn man ihn fortgeschritten bis zur dämonischen Besessenheit hinan sich erheben sieht?

Doktor *Kerner* zu Prevorst in Westfalen war der erste, wie wir glauben, der diese Erscheinung im Jahr 1810 bei einer Dame namens Friederika *Hauff*, welcher er seit sieben Jahren sein ärztliche Hilfe angedeihen ließ, wobei er auch den Magnetismus anwandte, zutage treten sah.[3] Er bemerkte, wie sie zuerst in den Momenten ihrer Krise, dann im gewöhnlichen Zustand des normalen Lebens sich mit unsichtbaren Mittelpersonen unterhielt. Dann bekundeten diese fremden Gäste ihre Anwesenheit für ihn und die übrigen Personen des Hauses durch Geräusch, durch regelmäßig geordnete Schläge, sei's unaufgefordert, sei's als Antwort auf vorgelegte Fragen. Das war bis jetzt nur einfache Umsessenheit; bald aber zeigte sich die Besessenheit mit all ihren Zufällen. M. Hauff verfiel in Krisen von längerer Dauer, während welcher eine andere Seele in ihr ohne ihr Zutun tätig war und Handlungen und Bewegungen an ihr hervorrief, die ihrem Willen ganz entgegen waren, indem ihre Glieder auf erschreckliche Weise gekrümmt und zusammengedreht wurden. Sie war mit divinatorischer Fähigkeit begabt und berief und erkannte in Seifenblasen, Wassertropfen oder Spiegeln die Bildnisse abwesender Personen; sie schilderte dieselben mit solcher Genauigkeit, daß man sich hierüber nimmer täuschen konnte. Sodann geschahen um sie her die grauenhaftesten Dinge. Die Möbel, die in der Nähe waren, entfernten sich, von einer unsichtbaren Kraft gestoßen, mit rasender Schnelligkeit; die entfernten näherten sich in gleicher Weise.

Die Stühle, Leuchter, Teller und andere Möbel tanzten mitten in der Luft wie Blätter oder Strohhalme, die ein Sturmwind dahinrafft und in dieser Zerrüttung zeigten sich vor aller Augen greuliche Gespenster. Diese Vorfälle dauerten lange genug, so daß eine Menge Personen jeden Standes und Ranges von allen Punkten Deutschlands hereilen und sie studieren und erhärten konnten.[4]

Dreizehn Jahre später fand der berühmte Magnetiseur *Dupotet* nach zwanzigjährigen Experimenten am Ziele seiner Mühen gleichfalls die satanische Besessenheit. Schon hatten ihm seine magischen Spiegel, seine einfachen mit Kohle auf dem Zimmerboden gezogenen Kreise, in deren Mittelpunkt die sonderbarsten und für die Imprägnierten, welche ihre Blicke hinzurichten wagten oder auch für jene, denen ein Fremder sich selbst imprägnierte, schreckliche Dinge vor ihm und den zahlreich in seinen Sälen versammelten Zuschauern sich begaben, die Wirklichkeit und Vollgewalt der magischen Zirkel klar enthüllt, von welchen im Mittelalter so viel geredet wurde und welche das heidnische Altertum so gut kannte. Doch war dies nur ein Anfang von Besessenheit; da er zuallererst gewaltig über seine eigenen Wirkungen in Schrecken geriet, so hielt er mit dem Verfahren in dem Augenblick inne, wo die Szene einen grauenhaften Charakter annahm. Die Besessenheit gab sich endlich gegen seinen Willen kund und er wurde davon ergriffen.

„Wenn ein Wirbelwind", sagt er, „die Wohnung vernichtet und zerstäubt, hundertjährige Bäume entwurzelt und fortträgt, wer erstaunt jetzt hierüber?"

„Wenn aber ein Element, dessen Natur unbekannt ist, den Menschen schüttelt und krümmt, wie es der schrecklichste Orkan mit dem Schilfrohr macht, wenn es ihn fortschleudert, an tausend Orten zugleich schlägt, ohne daß ihm gestattet ist, seinen neuen Feind zu sehen und seine Schläge zu parieren, ohne daß ein Schutz ihn vor diesen Angriffen auf seine Rechte, seine Freiheit, seine Würde bewahren kann, und wenn dieses Element besondere Lieblinge besitzt, und gleichwohl den Gedanken, einer menschliche Stimme oder gegebenen Zeichen, vielleicht sogar einem Verweis zu gehorchen scheint, so kann man dies nicht begreifen, so weist dies die Vernunft zurück und wird es noch lange verwerfen; und doch glaube ich es, und nehme es für wahr hin, ich habe es gesehen, und ich sage es mit Bestimmtheit, es ist für mich immerhin feststehende Wahrheit."

„Ich habe die Angriffe dieser furchtbaren Macht selbst empfunden. Eines Tages, als ich von einer Menge Leute umgeben, durch neue Künste, die ich entdeckt hatte, ausgedehntere Versuche machte, regte diese heraufbeschworene Gestalt – ein anderer würde sagen – dieser Dämon mein ganzes Wesen auf; es schien sich ein leerer Raum um mich zu bilden und ich war von einem leicht gefärbten Dunst umfangen. Alle meine Sinne schienen gedoppelte Tätigkeit zu gewinnen, und was keine Täuschung sein konnte, meine Füße krümmten sich in ihrem Umschluß, so daß ich lebhaften Schmerz fühlte, und mein Leib von einer Art Sturmwind ergriffen ward, gegen meinen Willen gezwungen, zu gehorchen und sich zu biegen. Andere kräftige Personen, die sich dem Mittelpunkt meiner magischen Kreise – um als Zauberer zu reden – genähert hatten, wurden noch grimmiger angepackt; man mußte sie am Boden festhalten, wo sie sich gebärdeten, als wären sie daran, das Leben zu lassen."

„Das Band war geknüpft, der Pakt vollständig geschlossen, eine geheime Macht hatte mir ihre Beihilfe geliehen, hatte sich mit der mir eigenen Kraft geeint und gestattete mir, das Licht zu schauen."

„So habe ich den Weg zur wahren Magie entdeckt."

Bis dahin hatte es der Magnetismus zu Paris im Jahr 1853 gebracht und solche Vorfälle geschahen und erneuten sich vor Hunderten von Zuschauern mit der Möglichkeit, ja sogar Einladung an jeden, sich tatsächlich zu überzeugen.

Wenn wir diese Stelle mit dem Brief des P. Surin an P. d'Attichy in Vergleich bringen, dem er von seiner eigenen Besessenheit während der Exorzismen von Loudun Rechenschaft ablegte, so werden wir besser begreifen, was die Besessenheit sein kann. „Ich kann Ihnen nicht sagen, was in mir während dieser Zeit vorgeht", schrieb der fromme und gelehrte Exorzist; „noch, wie dieser Geist sich mit dem meinigen vereinigte, ohne mir Bewußtsein oder Freiheit zu rauben. Er ist da, wie ein zweites Ich, es scheint nun, daß ich zwei Seelen habe, von denen die eine des Gebrauchs ihrer körperlichen Organe beraubt, sich in der Entfernung hält und zusieht, was die andere tut. Die beiden Geister kämpfen auf demselben Schlachtfeld, das heißt in meinem Körper ... In dem nämlichen Augenblick fühle ich eine große Freude unter dem angenehmen Schirm Gottes und begreife nichts von jener Abstoßung, die mich andererseits drängt, mich von ihm zu trennen zum großen Erstaunen derer, die mich sehen. Ich bin zu gleicher Zeit mit Freude erfüllt und in eine Traurigkeit versenkt, die sich in Klagen und Jammerrufen erschöpft. Ich fühle in mir den Zustand der Verdammnis und ich fürchte ihn; diese fremde Seele, die mir als meine eigene erscheint, ist von Verzweiflung, wie von Pfeilen durchbohrt, während die andere voll Vertrauen diese Eindrücke verachtet und den, der sie hervorbringt. Wenn ich – angetrieben durch eine dieser beiden Seelen – das Zeichen des Kreuzes auf meinen Mund machen will, so zieht mir die andere den Arm mit Gewalt zurück und heißt mich meinen Finger mit den Zähnen fassen und ihn mit einer Art Wut zerbeißen. Mein Zustand ist so beschaffen, daß mir sehr wenig Handlungen bleiben, bei denen ich frei bin. Wenn ich reden will, empört sich meine Zunge, während der Messe bin ich oft plötzlich gezwungen innezuhalten, bei Tisch kann ich die Bissen nicht zu Munde führen. Wenn ich beichte, so entschlüpfen mir die Sünden und ich fühle, daß der Dämon in mir sich umtut, wie in seinem eigenen Haus, und wenn er durch den Mund anderer Besessener sich rühmt, daß er als Herr über mich gebiete, so kann ich es in der Tat nicht leugnen."

Gleichwohl fand der Satan in diesen Mitteilungen mit Hilfe des Magnetismus keinen genügenden Vorteil, denn er sollte sie nicht höher steigern.

Seit 1846 legte er den Grund zu einem andern ausgiebigen, ausgedehnten Mittel, das zum *Kreisen der Tische*, dann zum *Verkehr mit Geistern* führen sollte, womit man sich gegenwärtig beschäftigt; nämlich Unterredungen vermittelst vernehmbarer Schläge, deren Zahl bestimmt und über deren Weise man übereingekommen ist.

Bevor wir aber diesen letzten Bericht beginnen, haben wir erst zwei Bemerkungen zu notieren: die erste, daß die römische Kurie in ihren Antworten auf verschiedene Fragen, welche aus verschiedenen Punkten der katholischen Welt bezüglich des Magnetismus an sie gerichtet wurden, wieder einmal, wie sonst immer in den religiösen Fragen, recht gehabt hat: nach der Art und Weise, wie die Tatsachen bei der Beratung vorgelegt wurden, hat sie beständig geantwortet: *der Magnetismus ist ein Werk des Satans.*

Zweitens, daß diese Art Verkehr mit dem Satan mittels Schlägen, welche von ihm in übereingekommener Anzahl hörbar gemacht werden, nichts *neues* sind. Das Mittelalter und das heidnische Altertum kannte dieses Verfahren, aber vielleicht hatte man den Versuch nie so weit getrieben, wie diesmal, nie wenigstens wurden bedeutende Erfolge erzielt. (S. Anhang: Bem. F.)

Allein wie läßt sich, wird man sagen, begreifen, daß reine Geister die trägen Massen der Materie so in Bewegung setzen oder ein Geräusch hervorbringen können, das nur vom Zusammenstoß von Körpern in der Luftmasse und der daraus hervorgehenden Erschütterung entspringen kann? Diese Frage wird ewig ungelöst bleiben. Einer der jüngsten Dämonographen, Marquis von Mirville, hat versucht, sie durch die Hypothese zu lösen, daß die Dämonen mit Fluidum umwobene Geister sind. Diese Voraussetzung ist erstens rein willkürlich, (ungegründet) und sodann erklärt sie nichts, denn es ist ebenso schwer zu begreifen, wie die geistige Substanz des Dämon auf die materielle Substanz des Fluidums wie auf jede andere feste Substanz wirken kann; ferner verdoppelt sie die Schwierigkeit, denn ein unwägbares Fluidum kann auf einen festen Körper nicht wie ein Hammer schlagen, noch als Hebel oder Gegengewicht dienen, um ihn zu erschüttern. Ich weiß, daß meine Seele, ein ebenso immaterieller Geist wie der Satan, nach eigenem Belieben meinen Fuß oder meine Hand bewegt, die aus träger Materie besteht; ich weiß es, ich bediene mich ihrer, aber ich begreife es nicht weiter. Lassen wir also diese Erklärung beiseite.

Allezeit war jene direkte Einwirkung immaterieller Naturen auf materielle eine erwiesene Tatsache. Der Geist Gottes raffte den Propheten Elias dahin und man fand ihn nicht wieder. Der Engel des Herrn übertrug in einem Augenblick den Propheten Habakuk von Judäa zur Löwengrube nach Babylon. Der Satan hob Simon den Magier über die Höhe des Forums mitten in die Lüfte; diese Tat wird bestritten, aber nicht widerlegt. Die jetzt folgen, können jedoch nicht bestritten werden. Im Jahr 1475 zeigt sich eine Besessenheit zu Saminiato in dem Haus eines Advokaten namens Johann von *Bouromanis*,[5] Steine von großem Umfang werden durch unsichtbare Kräfte in das Haus geschleudert und dann auf die Vorübergehenden hinausgeworfen, alles wird im Innern der Wohnung zertrümmert; die schwersten Möbel werden durch die Fenster fortgerafft, wie wenn sie davonflögen; dann kehren sie ebenso wieder zurück; überall vernimmt man Schläge, sie ertönen an den Mauern, an den Kästen; sie verursachen den Personen einen heftigen Schmerz; das Getöse dauert fünf Monate angesichts aller Bewohner der Stadt und der von Florenz, das in der Nähe liegt. Das junge Mädchen des Advokaten, das Hauptziel des Ungestüms wird verrückt, dann besessen, zuletzt tobsüchtig. Ihre Eltern und Freunde, die sich verlobt haben, bringen sie mühsam nach Vallombrosa, dort wird sie nach dreitägigem Gebet geheilt.[6]

Gegen das Jahr 1760 sah ein protestantischer Pastor der Grafschaft Hohenlohe namens *Schupart*, der dann Rektor der Universität Gießen wurde, sein Haus auf ähnliche Weise bestürmt;[7] die Unruhe und Zerrüttung dauerte acht Jahre und hörte erst auf, nachdem er den Ort verlassen hatte. Nider führt zwei identische Tatsachen an, die zu seiner Kenntnis gekommen sind und sich in zwei Klöstern seines Ordens, einem Mannes- und einem Frauenkloster zu Nürnberg begaben.[8] Die Unruhe wich durch die Kraft der Exorzismen.

Im Monat Februar 1845 wurde ein Haus der Griechenstraße zu Paris durch umfangreiche Steine fast gänzlich demoliert, die – man weiß nicht woher – zu allen Stunden des Tages und der Nacht geschleudert wurden. Alles wurde im Inneren zerschlagen, Türen und Fenster wurden zertrümmert. Weder die Polizeiwächter, noch das Militär, das ihnen beigeben war, merkten je eine tätige Hand oder einen der Ausgangspunkte jener Störungen. Die Physiker und Mechaniker fanden es unerklärlich. Die tätigsten Polizeiwächter waren vierzehn Tage hindurch Tag und Nacht auf den Füßen. Alles war umsonst. Der Kaufmann, der es bewohnte, ärgerlich zuletzt und ruiniert zog sich zurück und das Gepolter hatte ein Ende. Wir wollen uns mit diesen Vorfällen begnügen.[9] Beginnen wir die Frage über das Geisterklopfen (Spiritismus).

Im Jahr 1846 wurden zwei Mädchen von Rochester in *Amerika*, die Fräulein Fox, dreizehn und fünfzehn Jahre alt, von *Klopfgeistern* angefallen, mit denen sie entschlossen in Verkehr traten; sie fragten, was sie wollten, und kamen mit ihnen über gewisse Methoden überein, mit deren Hilfe sie sich verständigen konnten. Es gesellten sich einige Freunde dazu und die Sache gelang vollkommen. Unterhaltungen des feineren Stils wurden angeknüpft und die Geister zeigten sich wie sie sind – scharfsinnig und kenntnisreich.

Dann aber gerät alles in Stockung und hört zuletzt ganz auf. Wie kann man das Gespräch mit diesen harmlosen geistvollen Gästen wieder anbinden, wie den Ungläubigen beweisen, daß man wirklich mit dem Besuch der Geister beehrt worden war? Man ruft sie an, man bittet sie: Kommt doch, klopft hier; man bezeichnet ein Möbel, man berührt es; o Wunder, das Möbel regt sich bei der Berührung, es klopft selbst, indem es seinen Fuß aufhebt und wieder niederfallen läßt. Wenn es nicht gehorchen mag, so legt man die Hand zu viert, zu zwölft darauf; endlich gibt es Antwort. Nun beginnt die Kreisbewegung, dann das *Hin- und Herrücken*, danach das Tanzen der Tische, der Schemel, Hüte, der Salzgefäße, der Möbel, die man in gewisser Weise berührt und auch die verständigen, manchmal boshaften Antworten nach einer verabredeten Methode auf Fragen aller Art, die mündlich oder schriftlich gestellt wurden, beginnen aufs neue. Das Geheimnis ist gefunden und das Werk nimmt seinen Fortgang.

Indes liefern die Gelehrten der Akademien schon beim ersten Fragepunkt verblüfft, mühsam den Beweis, daß dies so geschehen müßte und daß die Kreisbewegung der Tische von den elektrischen oder magnetischen Zirkularströmen herrühre, die sich durch eine Kette von menschlichen Händen entwickeln und deren beide Pole mit den Polen des Erdmagnetismus korrespondieren.

Allein der Tisch spaßt nur und macht sich über sie lustig; er dreht sich dahin und dorthin, macht Sprünge und Hüpfe in gerader oder verkehrter Linie; er antwortet, er scherzt, aber er hat immer weit mehr Verstand und Scharfsinn als diejenigen, die ihn befragen; der Tisch eines Akademikers ist beständig gelehrter als seine Bücher und sein Hut hat fortwährend mehr Geist als sein Kopf; denn man läßt auch Hüte kreisen.

Aber die Art und Weise zu konversieren ist langsam und beschwerlich. Endlich antwortet ein Tisch, der ungeduldiger und gebildeter als die anderen ist, in seiner alphabetischen Sprache: Gebt mir einen Stift. Man heftet ihm einen Stift an den Fuß, legt ein Blatt Papier darunter und er beginnt nun auf die Fragen, die man an ihn richtet, die geistreichsten Antworten zu schreiben. Ein anderer, der noch weiter vorgeschritten ist, gibt zu verstehen, daß der Stift ganz gut allein schreiben würde, vorausgesetzt, daß man ihn berührt. Man hängt nun einen solchen an einen Faden, stellt die Spitze auf ein Blatt Papier, berührt ihn oben mit der Fingerspitze und er schreibt nun mit seiner Endspitze in unerhörter Schnelligkeit die Antwort auf eine Frage, die an ihn gerichtet wurde. Darauf macht der Stift die Mitteilung, daß er des Fadens nicht bedarf und daß es besser vonstatten gehe, wenn zwei Finger ihn halten, statt daß ein einziger ihn berühre. (Mediums.)

Wenn nun jemand eine Feder oder einen Stift nimmt und auf das Papier setzt, so wird die Hand von einer konvulsischen Bewegung ergriffen, die nicht von den Fingern oder der Faust, sondern von der Schulter ausgeht und sie schreibt die Antwort auf eine gegebene Frage mit einer Raschheit und in so sonderbaren abgebrochenen Stößen, daß der ganze Körper vom Kopf bis zu den Füßen erschüttert wird und daß man ob des Anblicks nicht wenig in Schrecken gerät.

Doch vielleicht ist es die Person selbst, welche dir antwortet und mit deiner Leichgläubigkeit nur keckes Spiel treibt. Nein! denn sie antwortet dir in jener Sprache, in der du sie fragst und die sie nicht gelernt hat; sie entdeckt dir solche Geheimnisse, die sie nie gekannt hat, sie gibt dir eine Schrift, die du begehrst, z. B. die eines Notars, der vor dreihundert Jahren gestorben ist und dessen Akten du im Portfeuille trägst oder die deines Neffen, der vor zehn Jahren auf den Antillen gestorben ist und von dem du einen Brief in deiner Tasche trägst; sie wird mit einer gleichen Schnelligkeit die Unterschrift desjenigen deiner Ahnen nachmachen, den du ihr bezeichnet hast und den sie *nicht* kennen kann; sie gibt mit derselben Genauigkeit die sprichwörtliche Redeweise, die Sprach- oder Orthographiefehler einer Person wieder, deren Namen sie zum erstenmal hört. Wo bleibt da der Zweifel?

Nachdem nun derartige Erscheinungen *de actu et visu*, d.h. dadurch erwiesen sind, daß man sie selbst gesehen und bewirkt hat; und nachdem man sie durch eine große Menge Zeugen bekräftigen ließ, um sich zu versichern, daß man nicht der Spielball einer Täuschung ist, muß man sich allmählich, um sie in ihrer Erzeugung und ihren Resultaten zu beurteilen, auf einen doppelten Standpunkt stellen.

In bezug auf die erste ist zu bemerken, daß sie *nicht von Gott* ausgehen, denn Gott ist zu erhaben und zu heilig, um in solcher Weise uns zu unterhalten und zu vergnügen, uns auf wunderbare Weise die Stunde zu sagen, welche eine Uhr im benachbarten Zimmer zeigt, da wir selbst hingehen und sehen können, wenn es uns interessiert, uns über Niederträchtigkeiten unserer Nachbarn aufzuklären, die wir nicht zu wissen brauchen, Lästerreden zu führen, Spaß zu treiben und den lächerlichsten Einfällen Rede zu stehen. Nein, so handelt Gott nicht, sonst wäre mein Verstand größer und heiliger, als er, denn ich fasse ihn als ein heiligeres und größeres Wesen auf.

Sollten es seine heiligen *Engel* sein? Aber als Diener des höchsten Gottes können sie nur tun, was ihm gefällt und zu seiner Ehre beiträgt, er ist für ihre Werke verantwortlich, weil seine Heiligkeit dabei beteiligt ist; sie werden also weder etwas Böses noch etwas Lächerliches oder Unnützes tun.

So ist's also der *Satan* und die *Engel des Satans!* Zu welchem Zweck aber? Wir werden es sogleich sehen.

In weniger als einem Jahr war Amerika mitten im Strom des Tischrückens, die Wunder vervielfältigten sich. Pianos spielten, ohne berührt zu werden, Gespenster erschienen, sie nannten ihre Namen, sie gaben an, wie man sie berufen könne; man zitierte die Lebenden, die Verstorbenen, die Engel; aber es gab wie beim Magnetismus privilegierte Wesen, denen diese Geister der anderen Welt sich schneller, in reicherer Fülle und mit größerer Bereitwilligkeit offenbarten; man hieß sie Mediums. Und da Amerika in eine Menge religiöser und politischer Sekten gespalten ist, so legte man den Geistern eine große Zahl religiöser und politischer Fragen vor; sie antworteten auf alles, aber immer im Sinne des Fortschritts, der im Umsturz und in Revolutionen besteht: alles ist in Religion, Moral und Politik neuzugestalten, die Welt soll in eine neue Form umgewandelt werden.

Man stellte auch unzarte Fragen, denen perfide Antworten folgten, welche Meuchelmord, Selbstentleibungen, Duelle und Feindschaften in erschreckender Anzahl herbeiführten.

Es wurden drei oder vier Journale gegründet, um die Lehrsätze der Geister zu sammeln und zu verbreiten. Am 6. Juli 1852 wurde zu Cleveland ein allgemeines Meeting aller Geisterklopfer (Spiriten) Amerikas gehalten. Spiriten nennt man diejenigen, welche diese Art Wissenschaft betreiben. Was ist nun das Resultat des Kongresses und all dieser außernatürlichen Belehrungen? Nichts Nützliches, nichts Gutes, keine praktische Wahrheit, von was immer für einer Art; mit einem Wort – nichts. Nie hat ein Geist das Mittel angegeben, den geringsten Unfall auf der Eisenbahn zu verhüten, oder einen Schnupfen zu heilen! Und wenn je ein Anschein von plötzlichen Heilungen stattgefunden hat, so geschah es nur als Beweis der Macht des aufgerufenen Geistes und nicht als Wohltat für die Menschheit. Der Satan befriedigte seinen Stolz, leistete aber keine Dienste. Die Klopfgeister fanden Eingang in *England*, dann in *Frankreich*, in der *Schweiz*, in *Deutschland* und im Jahr 1853 in *Rußland*. Sie brachten den Magnetismus in Vergessenheit und begannen gleichwohl nur mit kleinen Wundern; allein bald tauchten die größeren auf. Die Pariser wurden wie für jede Sonderbarkeit im höchsten Grad dafür eingenommen, aber sie waren bezüglich der persönlichen Fragen rücksichtsvoller als die Amerikaner. Viele politische Fragen wurden an die Leuchtertischchen gerichtet, alle antworteten gehörig, allein boshafterweise benahmen sie den politischen Parteien alle Hoffnung. Daraus folgte, daß jeder die Antworten von Zirkel zu Zirkel weiter trug, und als so der Widerspruch an den Tag kam, fielen die redenden Tischchen in Mißkredit und blieben nur mehr ein Gegenstand der Neugierde. Man begriff, daß man sich auf ihre Aussagen nicht verlassen durfte.

Die Sozialisten allein schöpften Hoffnung für spätere Zeit, denn die Leuchtertischchen sprachen meist in ihrem Sinn und zeigten ihnen, daß die Gesellschaft in sehr üblem Zustand, wie sie ist, vom Grund bis zum Giebel neu aufgebaut werden müsse; sie diktierten sogar einem von ihnen, der ein Mitglied der gesetzgebenden Versammlung war und einen sehr geachteten Namen trug, einen vollständigen Plan zur Wiederherstellung der Gesellschaft und des religiösen Glaubens. Der arme Mann wurde ob seiner Berührung mit dem Satan verrückt; Verleumder fügten sogar bei, daß er besessen worden sei.

Es verhielt sich hier auch wie bei den Fällen von Besessenheit, die Tischchen gaben sich unglaubliche Namen, der eine nannte sich Äther, der andere Feuer, dieser antwortete im Namen des Lichtes, jener im Namen der Macht, die einen waren Engel des Himmels, die anderen Seelen der Verstorbenen, welche fromme Leute um Gebete angingen und den Ungläubigen viel Übles vom Fegefeuer zu sagen wußten. Dasselbe Tischchen war am Morgen eine büßende Seele, am Abend ein Engel des Lichtes, am andern Tag die Seele der materiellen Welt – sie hat keine andere – oder auch ein intelligenter Teil des Lebens-Fluidums, das jedes Wesen beseelt, das in diese Welt tritt. Und all diese Dinge haben wir mit Augen gesehen, so oft wir gewollt haben.

Weil aber die Neugierde in Paris schnell wieder erlischt, so geriet auch das Geschäft des Tischrückens in Verfall, als von England und Amerika große Mediums eintrafen, die sich mit den Geistern ohne Tische in Verkehr setzen konnten, die sie reden, erscheinen, Konzerte geben, plötzlich ein Zimmer erleuchten ließen; unter andern ein oder mehrere Herren *Hum,* der Aussage nach ein Amerikaner, den die ersten aristokratischen Salons begierig und um teuren Sold an sich zogen. Er oder sie erzielten manchmal schöne Resultate, zuweilen fielen sie auch in lächerliche Schlingen, denn man legte ihnen deren mehr als eine, und der Satan verließ sie oft, wie er es häufig mit seinen besten Freunden zu tun pflegt – zu ihrer eigenen Beschämung. Man überraschte sie auf mehr als einem listigen Betrug, woraus die Ungläubigen, immer beeilt, vom einzelnen aufs allgemeine zu schließen, die Folgerung zogen, daß eben dem Ganzen gar nichts zugrunde liege. Andere dagegen durch triftige Proben vollkommen überzeugt, begriffen endlich, daß es außer dieser greifbaren Welt noch eine andere gebe, traten vom Materialismus zum Spiritualismus, aber sehr wenige noch zum Christentum über. Die Bischöfe hinwieder, durch solche Vorfälle in große Unruhe versetzt, klärten ihre Diözesanen über die Täuschung und Gefahr auf, indem sie das Vorhandensein des Satans in allen diesen Manövern und angeblichen Offenbarungen im Gegensatz zu den christlichen Gebräuchen und dem christlichen Glauben nachwiesen. Die frommen Christen, d.h. die verständigen Leute verzichteten also auf die Anrufungen und das Tischrücken, die Gelehrten ebenfalls, nachdem die Realität jener Phänomene in ihren Augen konstatiert und unmöglich etwas anderes zu erweisen oder aus all diesem irgendein Nutzen zu ziehen war.

Aber es bildeten sich auch Gesellschaften von Forschern unter dem Namen *Spiriten,* welche fortfuhren und noch fortfahren, vom satanischen Licht sich erleuchten zu lassen, indem sie es für das wahre Licht hielten und es dem evangelischen Licht beifügten, obgleich es unter dem Vorwand, es zu ergänzen, erst vollständig verlöscht wird.

Die Geister und ihre Mediums bringen das alte Heidentum in seinem normalen Zustand zurück, nicht das grobe und unglaubbare Heidentum eines Hesiod, nicht das poetische eines Homer und Pindar, nicht das Heidentum mit der Götzenverehrung der Völker Latiums, sondern den süßlichen, faserigen und mystischen Heidenglauben der Neuplatoniker. Die „Revue-spirite" ist der fortgesetzte Kommentar der Abhandlungen über die Mysterien von Jamblichus, – nichts mehr und nichts weniger; das Verfahren sogar und die Mittel zu den Anrufungen, die Belehrungen, die Glaubenssätze und die Moral; wie bei Jamblichus sieht man hier Engel und Erzengel, Seelen von verstorbenen oder lebenden Helden, betrügerische Dämonen, denen man mißtrauen muß, aber keine bösen; Erscheinungen unter verschieden Gestalten, die mehr oder weniger gefügig, mehr oder weniger lichtvoll sind, je nach der Natur der aufgerufenen Geister; Geister, welche den Himmel, die Erde oder die Gestirne bewohnen, verschieden nach Formen, Macht und Charakter, wie bei Jamblichus, Swedenborg und den Neukabbalisten, die Geistigkeit und Unsterblichkeit der Seele, aber eine unbestimmte Zukunft, weder Himmel noch Hölle, allmähliche Wanderungen, Reinigungen und Wiedereinfleischungen, bevor man zum unbestimmbaren Glück gelangt. – Welches Glück? Das der reinen Geister! – Worin besteht es? Ein reiner Geist zu sein? – Wenn man aber ein reiner Geist ist, sieht man denn Gott, genießt man Gott? O nein, man genießt das Glück, ein reiner Geist zu sein.

So bildet also reine Metempsychose das Dogma der Spiriten, nicht die grobe Seelenwanderung der Chinesen und Hindu, welche den Menschen einen Hund, ein Pferd, eine Ente oder Schnecke werden läßt und zum Geisterhimmel führt, indem sie ihn durch den Leib einer Kuh gehen heißt, sondern die reinste Metempsychose des Pythagoras, der einen König in Gestalt eines Lastträgers, dann eines krätzigen siechen Kindes wieder aufleben läßt mit der Aussicht, als Akademiker, Philosoph oder Monarch in diese Welt wiederzukehren, um sich später als höckerigen Sklaven der bösen Xanthippe wieder zu erkennen.

Die Spiriten sind keine Götzendiener: pfui doch! Sie singen im Gegenteil in allen Tönen das schöne Lied ihres Meisters Jamblichus über die Nichtigkeit der Götzen. Kein Kirchenvater hat je in der Tat besser gesprochen. Allein sie kennen Jamblichus nicht und wissen nicht einmal, ob es einen gibt. Diese Leute sind nicht verständig; sie glauben, wie Cornelius Agrippa an die Eitelkeit der Wissenschaften, sie kennen aber sein Buch nicht und könnten es nicht erneuern, wenn sie es verlieren würden. Die Offenbarung genügt ihnen, sie sind damit zufrieden, doch wohl gemerkt, nicht die Offenbarung Mosis oder Jesu Christi, denn die wenigen Erinnerungen, die ihnen aus der Zeit geblieben sind, wo sie in ihrer Jugend zum christlichen Unterricht gingen, lassen sie von ihren Offenbarungsgeistern ableugnen oder umbilden.

Nehmen wir unser Beispiel aus dem Hauptwerk dieser Theologie, welches in eben diesem Jahr in die Hände des Volkes gegeben worden ist, unter dem Titel: *Livre des Esprits* – Buch der Geister – dessen Verfasser der pseudonyme Allen Kardek ist; (solche Werke unterschreibt man nicht), der auch die *Revue spirite* dirigiert – und wir werden den Beweis erhalten, daß diese vorgeblichen himmlischen Geister das ganze Christentum in Staub treten, das ganze Evangelium leugnen und das Heidentum predigen.

Lib. I. Ch. III. p. 18, zweite Ausgabe: „Wo waren die organischen Elemente vor der Bildung der Erde? – Sie befanden sich sozusagen im flüssigen Zustand, im Raum, inmitten unter den anderen Geistern oder in anderen Planeten und erwarteten die Schöpfung der Erde, um ein neues Dasein in einer neuen Welt zu beginnen. – Befand sich das Menschengeschlecht unter den organischen Elementen im Erdball enthalten? – Ja, und es ist zu seiner Zeit ans Licht getreten, weshalb man gesagt hat, daß der Mensch aus dem Stoff der Erde gebildet worden ist. – Hat das Menschengeschlecht mit einem einzigen Menschen angefangen? – Nein, der, den ihr Adam nennt, war weder der erste noch der einzige, welcher die Erde bevölkert hat." – Ist dies nicht eine volle und absolute Lähmung des ersten Kapitels der Genesis, eine Leugnung, auf welche hin alles zusammenstürzt? Gleichwohl nimmt sich der offenbarende Geist noch die Mühe, Stück für Stück abzukappen. Wir werden ihm in diesem Geschäft nicht folgen, dem einfachen Geschichtsschreiber genügt es, darauf hinzuweisen. Fahren wir fort.

Lib. II. ch. IV. p. 108. – „Wird sich die Seele unmittelbar nach ihrer Trennung vom Leib wieder einkörpern? – Zuweilen unmittelbar, am häufigsten aber nach kürzeren oder längeren Zwischenräumen. In den oberen Welten geschieht die neue Verkörperung fast immer unmittelbar, da die körperliche Materie weniger grob ist. Der inkarnierte Geist genießt dort alle seine geistigen Fähigkeiten, sein normaler Zustand ist der euerer hellsehenden Somnambulen. – Was wird die Seele in der Zwischenzeit der Verkörperung? – Ein irrender Geist, der seiner neuen Bestimmung entgegenstrebt und sie erwartet. Wie lang kann die Dauer dieser Intervalle sein? – Von einigen Stunden bis zu einigen tausend Jahrhunderten. Übrigens gibt es, genau gesagt, keine bestimmt gezogene Grenze für den Zustand des Herumirrens, der sich sehr lange hinziehen kann, aber gleichwohl nie ewig dauert. Der Geist wird immer wieder ein neues Dasein früher oder später anheben, das zu Reinigung seines ersten Lebens dient."

Ist dies nicht die absolute Verwerfung von Himmel und Hölle, ein Hauptglaubenssatz und das Endziel des ganzen Christentums, ohne welchen es keinen Grund zu leben gibt?

Und doch sind diese Ungereimtheiten mit den schönsten Maximen des Christentums, Ermahnung zu den heiligsten Übungen, Gebet, Anbetung des einzig wahren Gottes, Liebe gegen den Nächsten, Keuschheit, Einigkeit in der Ehe, Achtung der Kinder gegen die Eltern, ausgleichende Gerechtigkeit, vermengt. „Christus hat euch gesagt: Tut den andern, was ihr wollt, das sie euch tun", fügt der offenbarende Geist bei. (S. 369.)

Wenn man die Lehrsätze des Werkes befolgt, muß man auf Erden ein Heiliger werden; allein in Ermangelung des Himmels und der Hölle gibt es keinen Grund, heilig zu werden, es gibt sogar keinen Platz für die Heiligen. Sehr töricht müßte der sein, der sich irgend etwas entzöge, da es keine Belohnung für die freiwillige Entbehrung gibt, noch eine Strafe für den sündhaften Genuß.

Der Satan weiß gut, daß, ist das Dogma vernichtet, die Moral keinen Grund zum Bestand mehr hat, darum malt er sie so schön und predigt so beredt.

Die letzte Anrufung eines Geistes von seiten der Spiriten, welche zu Paris in der am meisten hierfür eingenommenen Gesellschaft der Hauptstadt geschah, fand erst seit einigen Tagen (wir schreiben dies am 7. Mai 1860) statt, und es war die Seele des heiligen und gelehrten Missionärs, des unermüdlichen Apostels, des geistvollen Schriftstellers, des Doktors der Theologie, des gelehrten Reisenden Abbé Huk, welche aufgerufen wurde, und sie kam und sagte – wer möchte es erraten? – Der heilige Vater, der fromme Apostel, der orthodoxe Lehrer hat große Angst auf seinem Sterbebett gefühlt, er erwartete Gott zu schauen, aber er hat nichts als ein glänzendes Licht erblickt, ein gleichwohl aufklärendes Licht, mittelst dessen er erkannt hat, daß seine „letzte Existenz" nur eine Täuschung gewesen war, mehr angenehm als unangenehm, weil er guten Glaubens gehandelt hatte. Endlich aber ist die Wahrheit des gegenwärtigen und zukünftigen Lebens nicht, was wir uns denken. Was die Wahrheit ist, sagt er uns nicht; er sagt uns nicht, wo er ist, doch ist er weder im Himmel, noch in der Hölle, noch im Fegefeuer; er erwartet sein neues Dasein, in welchem er sich vorsetzt, von dem Licht, das er halb geschaut hat, besseren Nutzen zu ziehen, um, wenn er kann, weiser zu sein und von Reinigung zu Reinigung zu wallen, bis Gott ihn abruft. Wohin wohl? Er sagt es nicht und scheint es auch nicht zu wissen.

Sind es wohl gute und redliche Leute, welche solche Dinge statt des Evangeliums oder vielmehr als fortgesetzte und überirdische Erklärung des Evangeliums annehmen; und was noch mehr ist, sind dies eifrige und tätige Christen?

Zu gleicher Zeit mit dem Protokoll dieser letzten Sitzung haben sie uns auch mit heiligem und tiefem Respekt eine glänzend geschriebene und köstlich eingerahmte Anempfehlung vorgeführt, welche ihre heilige und verehrungswürdige Mutter ihnen von der anderen Welt am Tag ihres Festes zu bringen gekommen war. Sie nannte sich Maria.

„Meine Kinder", hat sie ihnen gesagt, „seid gut, heilig, seid rechtschaffen, fromm gegen Gott, gerecht, gefällig und wohltätig gegen eure Nächsten! Bittet den Herrn, daß er euch mit göttlichem Licht auf den Pfaden des Lebens leuchte! Das Gute allein ist nützlich und heilsam!"

Wie schön ist dies, wie gut, wie bewunderungswert und heilig!

Ach nein! Es ist ein Ausfluß der Hölle, ein Geifer der alten Schlange, der Weg des Irrtums, der Verlust des Glaubens und folglich der Weg zur Verdammnis.

Gott wird dir nie Licht geben, wenn es auf solche Weise begehrt und für diese Pfade gesucht wird. Anstatt Gott wird nur der Satan sich darbieten und die Leuchte vor die hertragen. Gott hat eine andere Ordnung festgestellt – er wird nicht davon abgehen: die des Gebetes, der Sakramente durch Vermittlung seiner Kirche und in Vereinigung mit ihr. Außer ihr und den Wegen der reinen Vernunft gibt es kein Licht, kein Heil. Wir sagen, die reine Vernunft, weil sie in der göttlichen Ordnung für das Leben in dieser Welt genügt und mit dem Glauben zu Erreichung der ewigen Bestimmung beiträgt.

Anhang

Bemerkungen.

Bem. A. S. 259.

Während dieses Buch (in französischer Sprache) unter der Presse war, ist dem Publikum ein anderes, über den nämlichen Gegenstand aber in diametral entgegengesetztem Sinn geschriebenes Werk übergeben worden, betitelt: *„Die Geschichte des Wunderbaren"* von Ludwig Figuier (4 Bde. in 12. bei Hachette, Paris). Der Verfasser ist ein erklärter Gegner jedweden Geistes, ob gut oder böse, und vernichtet so mit einem Federstrich einen der Hauptzweige der menschlichen Kenntnisse – die Metaphysik.

Doch muß es wohl als üble Tat angesehen werden – den Materialismus lehren, und es heißt einen schlechten Teil erwählen, die Ideen J. B. Salgues und Euseb Salvetes fortführen; denn solchen Lehrern zufolge sieht man sich gezwungen, die evidentesten Tatsachen zu leugnen und sich vielfach lächerlich zu machen. Ein Beispiel in bezug auf jene Meister wird genügen; der Schüler wird danach an die Reihe kommen. Euseb Salverte, der das Wunder der Versinkung Kores, Dathans und Abirons aus natürlichen Ursachen erklären wollte, behauptete, daß Moses das Schießpulver erfunden und unter den Zelten jener Frevler eine Mine habe springen lassen. Mit derselben Kaltblütigkeit sagt er, um die Herabkunft des Feuers vom Himmel auf das Opfer Elias begreiflich zu machen, daß der Wunderwirker seinen Altar auf Kalk erbaut habe, dessen Eigentümlichkeit nur er kannte und dessen Benetzung hinreiche, den Scheiterhaufen in Flammen zu setzen.

„Die Kenntnis der Physiologie und Medizin genügen in den meisten Fällen – sagt weiter der Autor – die vorgeblichen Wunder zu erklären. Aus den folgenden Diskussionen wird, wie wir glauben, der Leser die vollkommene Überzeugung gewinnen können, daß keine übernatürlichen Kräfte (Agentien) existieren, und die Gewißheit sich ergeben, daß alle Wunder, welche zu verschiedenen Zeiten die Überraschung oder das Erstaunen der Menschen erregt haben, durch die einzige Kenntnis unserer physiologischen Organisation sich erklären lassen. *Die Leugnung des Wunderbaren* – dies ist also der philosophische Schluß, der aus diesem Buch zu ziehen ist."

Wie werden aber Kenntnisse, die nur in den *meisten Fällen* genügen, wohl hinreichen, *alles* zu erklären? Und warum überall die übernatürlichen Kräfte verwerfen, wenn die Einsicht in unsere physiologische Organisation in vielen Fällen ins Stocken gerät und auf Erscheinungen sich nicht anwenden läßt, die außer uns sich begeben? Erster Sophismus schon im Beginn! Er charakterisiert das ganze Werk.

Wir sehen uns demnach genötigt, einige Bemerkungen anzufügen und einige Zitate aufzunehmen, die wir anfangs auslassen zu dürfen glaubten. Der Verfasser wird uns selbst die Waffen gegen ihn in die Hand geben, und zu seiner Widerlegung wird es hinreichen, ihn zu zitieren.

Wir übergehen, was er von den Fanatikern der Cevennen und den kleinen Propheten der Dauphiné sagt, weil er auf den Grund der Frage nicht eingeht; ein ernstliches physiologisches Studium würde gegen ihn gesprochen haben. Er behandelt zuerst die Besessenheitsfälle im Kloster *Loudun*. Aubin hatte ihm die Pfade geebnet. Hören wir ihn; der Naturalist beweist nur gegen sich selbst.

„Eine erste unbezweifelbare Tatsache, die mit augenscheinlicher Klarheit aus der Geschichte der Teufel zu Loudun, wie aus den Memoiren jener Zeit hervorgeht, ist das wirkliche und ungeheuchelte Vorhandensein einer nervösen Krankheit bei den Ursulinerinnen. Diese Krankheit bestand in einer Hysterie, die mit Krämpfen und anderweitigen Zufällen verbunden war. In den Symptomen, denen diese Nonnen zur Beute geworden sind, findet man alle gewöhnlichen Anzeichen konvulsiver Hysterie: ihre lange Dauer, ihr Fortschritt unter dem Einfluß übel gewählter Heilmittel, die man dabei anwandte, ihr rasch ansteckendes Umsichgreifen und der außergewöhnliche moralische Zustand, der fast immer diese sonderbare nervöse Affektion begleitet."

„Der Arzt Pidoux, welcher die Besessenen in ihrem Kloster beobachtet und im Jahr 1634 seine *Exerzitationes* veröffentlicht hat, beschreibt den Zustand der besessenen Nonnen im allgemeinen also:

„Sie reden irre, schreien, lachen, klagen, heulen, strecken die Zunge weit heraus, reden Unflätiges, bringen Gotteslästerungen vor, erwehren sich der Kraft vieler Fäuste, drehen und wälzen sich auf der Erde herum, machen erstaunliche Bewegungen, wenden und krümmen sich konvulsivisch hin und her, fallen in allgemeine und örtliche Krämpfe, geraten in Entzückungen und antworten auf die vorzüglich in römischer Sprache vorgelegten und oft wiederholten Fragen in beigesetzter landesüblicher Sprache. Besonders aber üben sie alles nach Befehl des Priesters aus. Sie bleiben zuweilen unbeweglich, erstarren sogar, fühlen nichts, wenn sie mit Stichen verletzt werden und sind wie vom türkischen Haßlasch oder Opium eingeschläfert. Bisweilen atmen sie gar nicht, sondern liegen wie tot da. Einige aus ihnen bleiben eine bestimmte Zeit mit nach rückwärts gebeugtem Körper auf dem Boden wie angefesselt; andere, die auf der Erde lagen, erheben sich selbst, jedoch nicht Glied für Glied, sondern einem Baumstamm gleich oder wie ein starrer Körper."

„Aubin, der in sehr verächtlichen Ausdrücken von den Krämpfen der Ursulinerinnen redet, nennt sie oft ‚Gauklerstücke'; aber aufrichtig gesagt, sind die von Pidoux beschriebenen Erscheinungen etwa Forcekünste, wie sie die Taschenspieler und Seiltänzer ausführen? Wer hat je bei den Vorstellungen auf einer Messe etwas ähnliches gesehen, was in einer der Sitzungen vorfiel, bei welchen der Herzog von Orleans zugegen war?

Pater Surin exorzierte sie, anfangs betete die Oberin das heilige Sakrament unter Äußerungen der heftigsten Verzweiflung an. Endlich als der Pater seinen früheren Befehl wiederholte, fiel der Körper der Besessenen in eine schreckliche Konvulsion; sie streckte ihre Zunge, die furchtbar unförmig, schwärzlich und überknotet oder wie ein Marroquin gekörnt war, weit heraus, ohne daß sie jedoch von den Zähnen gedrückt wurde; überdies war sie so trocken, wie wenn sie nie Feuchtigkeit besessen hätte; das Atem holen war in keiner Weise erschwert."

„Das folgende, das für die schreckliche Krankheit der Ursulinerinnen weniger charakteristisch ist, dürfte auf einer Schaubühne noch weit schwieriger zu treffen sein."

„Man bemerkte nämlich unter anderen Stellungen eine solche Ausdehnung der Beine, daß man von einem zum anderen sieben Fuß Weite maß, obwohl das Mädchen nur vier Fuß groß war. Darauf warf sie der Dämon zu den Füßen des Paters nieder, der das heilige Sakrament in der Hand hielt. Da der Leib mit den Armen die Kreuzesform bildete, so drehte er zuerst die Fläche der beiden Hände in die Höhe, dann vollendete er die ganze Bogenwendung, so daß die Fläche jeder Hand den Fußboden berührte, führte die also gedrehten Hände wieder zurück, vereinigte sie dann auf dem Rückgrat und brachte hernach auch die Füße dorthin, so daß die beiden Handflächen das Äußere der Fußsohlen berührten. In dieser Stellung verharrte sie mit eigentümlichem Zittern sehr lange, indem sie hierbei die Erde nur mit dem Bauch berührte. Nachdem sie sich erhoben hatte, wurde dem Dämon geboten, nochmal das heilige Sakrament anzubeten. Nachdem er einige Worte vorgebracht hatte, wurde er noch rasender und bezeigte eine große Wut über das, was er gesagt hatte, indem er sich schrecklich in alle Glieder biß. Die Aufregung endete kurz hierauf; das Mädchen kam vollkommen zu sich selbst und hatte keinen unruhigen Puls mehr, gleich als ob ihr nichts außerordentliches begegnet wäre." (Geschichte der Teufel von Loudun 233-234).

„Wir ersuchen die Leser, auf diesen letzten Umstand, der in der Geschichte der Konvulsionäre von St. Medard sich fortwährend zeigte, acht zu haben. Nach ihren Krisen waren die Besessenen von St. Medard weder ermüdet noch unpäßlich – ebensowenig als von den greulichen „Hilfeleistungen oder Erleichterungen", die man ihnen zugewendet hat, worunter starke Streiche mit Stöcken oder Eisentrümmern zu verstehen sind."

„Unter den anderen Besessenen sah man welche nach rückwärts gebeugt, doppelt gekrümmt, das Genick an die Fersen geheftet, einhergehen."

„Ich sah einmal, sagt Pater Surin – was mich sehr verwunderte und gewöhnlich bei allen Besessenen stattfand – daß sie nach rückwärts gebeugt, ihr Haupt an die Füße gesetzt, also mit erstaunlicher Schnelligkeit und zwar sehr geraume Weile einherschritten. Ich sah eine andere, die, nachdem sie sich erhoben hatte, die Brust und Schulter mit dem

Kopf schlug, aber so rasch und heftig, daß es niemanden gibt auf der Welt, der, so gewandt er auch sein mag, etwas ähnliches ausführen könnte."

„Ein andermal – fügt la Menardaye, von anderen Nonnen redend, bei – zeichneten sie sich durch ihre Geschmeidigkeit aus; in ihrem Schlummerzustand wurden sie gelenkig und biegsam wie Bleistäbchen, so daß man ihren Leib nach allen Richtungen hin biegen konnte – nach hinten, nach den Seiten, bis er die Erde berührte, worauf sie in der Stellung, die man ihnen gab, so lange verblieben, bis man ihre Lage änderte." – *(De la Menardaye, Examen et discussion critique sur les diables de Loudun, p. 351, 479)*.

„Dies war auch der Fall bei Mad. de Sazilly, einer derjenigen, welche in Gegenwart des Herzogs von Orleans exorziert wurden."

„Der erste ihrer Dämonen, der sich auf Befehl des Pater Elisäus zeigte, hatte sie eingeschläfert und machte sie in der Tat so geschmeidig wie eine Bleischiene; darauf bog ihr der Exorzist den Leib nach verschiedenen Richtungen, nach vorn, nach hinten und den beiden Seiten; so daß sie mit ihrem Kopf fast die Erde berührte; der Dämon erhielt sie in dieser Stellung, bis man sie änderte; sie hatte während dieser Zeit keine Respiration durch den Mund, sondern hauchte nur schwach durch die Nase. Sie war fast unempfindlich, als der Pater ihre Haut am Arm faßte und sie mit einer Nadel durchstach, denn es trat kein Tropfen Blut heraus und das Mädchen verriet keinerlei Empfindung. Endlich erschien der Teufel Sabulon, rollte sie durch die Kapelle und krümmte sie in verschiedener Weise zusammen; er brachte fünf- oder sechsmal ihren linken Fuß über die Schulter zur Wange und hielt gleichwohl das Bein der nämlichen Seite umschlungen. Während aller dieser Bewegungen war ihr Gesicht mißgestaltet und häßlich, ihre Zunge angeschwollen, schwarzblau und hing bis über das Kinn herab; die Augen waren immer offen und unbeweglich." – (Bericht über die Vorfälle bei den Exorzismen in Gegenwart des Bruders Sr. Maj. des Königs: *Relation de ce etc.*)

Dies sind die Tatsachen, welche unser Schriftsteller zur Besprechung vorführt und als außerordentliche Proben in dieser überraschenden Geschichte zitiert; – es ist nicht der zwanzigste Teil von dem, was er hätte vortragen können und sind dies nicht einmal die merkwürdigsten Fälle; im Gegenteil z. B. die Unterredungen in der griechischen Sprache, das Ereignis bezüglich Querillots, dessen geheimste Lebensverhältnisse und heimlich Gott gemachte Versprechen in seiner Gegenwart – zu seinem größten Erstaunen und ohne sein Zugeständnis – aufgedeckt wurden; ferner das mit Raschheit ausgeführte Hinaufklettern an Mauern und Bäumen, von denen die Besessenen sodann mit Leichtigkeit kopfabwärts herniederstiegen, indem sie sich einzig der Arme und Hände bedienten, da die Füße mit dem Zusammenhalten der Kleider zu tun hatten; und hundert andere Vorfälle, die kein Turner oder Gaukler, geschweige denn arme Mädchen ausführen konnten, die von Kindheit an in Frömmigkeit und strengen Sitten aufgezogen worden waren.

Doch zitieren wir noch zwei oder drei Tatsachen, die unser Schriftsteller einige Seiten später vorbringt.

„Elisabeth Bastard war von fünf Dämonen besessen. – Es geschah nun, daß Johann Chiron, Prior von Maillezais, in seinem Glauben an Besessenheit bestärkt werden wollte und deshalb – es fand dies am 6. August 1634 statt – dem Kanoniker Blasius von Fernaison ganz still ins Ohr flüsterte, er wünsche, daß die Nonne ein Meßbuch öffne, das neben dem Gitter lag, und den Finger auf den Introitus einer Messe setze, der mit den Worten begann: *Salve sancta parens.* Der Exorzist befahl ihr, der Willensmeinung des genannten Herrn Chiron zu gehorchen. Nun verfiel sie in eigentümliche Krämpfe, stieß mehrere Gotteslästerungen aus, und obwohl sie jenen Herrn nie gesehen hatte, nannte sie ihn doch Prior von Maillezais. Nach mehreren, eine Stunde lang wiederholten Befehlen ergriff sie das Meßbuch, das auf einem Brett des Gitters war und sprach: Ich will beten, wendete die Augen auf die andere Seite, legte den Finger auf ein großes S, das beim Introitus einer Messe zur heiligen Jungfrau stand, der mit den Worten begann: *Salve sancta parens.* Als dies der erwähnte Prior sah, erklärte er, daß dies eben das von ihm begehrte Zeichen sei. – *(Pilet de la Menardière, la Daemonomanie de Loudun, IIe edit. p. 26.).*"

Einen ähnlichen Vorfall beobachtete man am 19. desselben Monats im Beisein des Advokaten zu Poitiers, Johann Filleau. *(Ibid. p. 27.).*"

„Man vernehme noch ein anderes Faktum, das im nämlichen Werk berichtet wird, und wobei Clara von Sazilly den Gedanken ihres Exorzisten, des Priors Morans erkannte, jenes Mannes, der mit anderen vom Bischof zu Poitiers zur Beschwörung der Besessenen abgeordnet worden war."

„Am 20. Juni 1633 hatte ein Priester von St. Jakob von Thouars einen Beweis von der Einsicht der Nonne in die Gedanken anderer zu erhalten gewünscht und sagte daher ganz leise zum Exorzisten, daß er durch die Besessene fünf Rosenblätter herbeibringen lassen möge. Der Exorzist befahl der Clara von Sazilly zu gehorchen."

„Die Nonne trat hinaus und ging in den Garten, wo sie zuerst eine Totenblume und einige andere Kräuter holte, sie am Gitter mit unbändigem Gelächter hinbot und zu Herrn Morans sagte: Ist's das, mein Vater, was Sie begehren? Ich bin kein Teufel, daß ich Ihre Gedanken wissen könnte. Hierauf erwiderte er einfach: *Obedias* (Gehorche). Sie kehrte in den Garten zurück, und nach mehrmals erneuerten Befehlen brachte sie einen kleinen Rosenzweig an das Fenstergitter, woran sechs Blätter waren. Der Exorzist sprach: *Obedias punctualiter sub poena maledictionis* (Folge genau bei Strafe der Verfluchung)! Sie riß nun eins der sechs Blätter ab, bot ihm den Zweig hin und sagte: Ich sehe wohl, daß Sie nur fünf wünschen, das andere gehört nicht dazu." Der Prior war auf dies hin dermaßen befriedigt und ergriffen, daß ihm die Tränen in die Augen traten. Über diesen Vorfall wurde sodann ein Protokoll aufgenommen. *(Ibid. p. 22.).*

„In demselben Werk findet man noch mehrere ähnliche Fälle verzeichnet. So kniet Schwester Clara auf den in Gedanken erteilten Befehl ihres

Exorzisten nieder; sie errät den Tag, an welchem Ritter von Mere das letzte Mal gebeichtet hat und wiederholt Worte, die der Exorzist allein gehört hatte; usw."

„Elisabeth Bastard, welche bei den vor Gaston von Orleans gemachten Exorzismen figurierte, befolgte ebenfalls die durch ihren Exorzisten in Gedanken erteilten Befehle."

„Es ereignete sich mehrmals, daß die Exorzisten eben diese Nonne Elisabeth Bastard in heimlicher Weise, manchmal stillschweigend und nur in Gedanken gerufen haben, ein andermal mit leiser Stimme, aber ohne von jemand gehört worden zu sein. Dieses Mädchen fühlte sich dann innerlich an jene Orte hingezogen, wo man ihr rief, und ahnend, woher dies rühre, legte sie sich auf die Erde, um ihrer Neigung zu widerstehen und nichtsdestoweniger gehorchte sie bei diesen Gelegenheiten fast immer." (Bericht über die Vorfälle bei den Exorzismen ec. *Relation etc.*).

„Fast das gleiche trug sich mit Gaston von Orleans zu. *Obedias ad mentem principis* (Gehorche dem Gedanken des Fürsten) sprach der Exorzist, und die Besessene kam und küßte die rechte Hand Gastons, der dann erklärte, daß dies sein Gedanke war." *(Ibid. p. 201.).*

Dies ist das Wichtigste, was unser Autor gesammelt hat; wir wollen uns damit zufrieden geben, indem wir gleichwohl darauf aufmerksam machen, daß unter den in der kaiserlichen Bibliothek im Manuskript aufbewahrten Protokollen viel bedeutsamere Vorfälle sich finden, und daß man auch unter den Weltlichen manche Besessene, die in den verschiedenen Stadtteilen wohnten, mit der nämlichen Pünktlichkeit den Befehlen gehorchen und ihren Aufenthalt verlassen sah, um jenen Anforderungen zu entsprechen, welche insgeheim von ihren Exorzisten an sie gerichtet wurden.

Nachdem nun unser Autor die Realität der Besessenheit so klar bewiesen hat, kommt er, um alle Erscheinungen auf den reinen Naturalismus zurückzuführen, zu nachstehender Schlußfolgerung.

Wenn man mit uns annimmt (ja, wenn man aber dies nicht annimmt), daß die Exorzisten von Loudun auf die Nonnen nur mit der Macht des Willens wirkten (wie kann man in die Ferne und ohne zu sprechen, auf jemand die Willenskraft wirksam ausüben?), der durch Fanatismus gesteigert war, (Arzt, was ist Fanatismus?) so wird man unschwer begreifen, daß die Exorzisten selbst oft die Opfer dieser geistigen Aufregung wurden und daß bei jenen Rasenden in Folge der unaufhörlichen Aufregungen, denen sie sich überließen, nervöse Krankheiten, Erschöpfung, ja sogar der Tod eintreten mußte. (Figuier, G. d. W.).

Dies will sagen, daß Männer hysterisch geworden sind, weil sie Frauen, die es waren, exorzisiert haben! *Risum teneatis amici!*

Wir halten die Krankheit für wahr und die Besessenheit für wahr; die Beweise der Besessenheit für gültig und die Beweise von zwanzig Betrügereien ebenfalls für gültig.

Wir halten für wahr, daß, als der Dämon für den anderen Tag versprach, Johanna von Belfiel zwei Fuß hoch zu erheben, er sie gar nicht erhob, daß sie aber, als sie es selbst tun wollte, sich nur dadurch grössere Höhe geben konnte, dass sie sich auf die Spitze eines Fusses stellte, was durch Personen bewiesen ist, welche den Saum ihres Gewandes aufhoben; dass, als der Dämon für den anderen Tag versprochen hatte, die Mütze vom Haupt Laubardements zu heben, dieser sich auf einen hohen Sessel setzte, um gesehen zu werden, und zwar unterhalb eines Loches im Gewölbe, durch welches zwei Männer einen an einem Faden befestigten Angelhaken herunterlassen mussten, dass sie aber in ihrer Arbeit durch zwei Neugierige gestört wurden, welche an dem Wunder zweifelten und dass demzufolge der Streich misslang. Wir gestehen ferner, dass die Worte Jesus, Maria, Joseph, Franz von Sales, welche die Oberin mehrere Jahre lang auf ihrem Vorderarm rot gezeichnet trug, uns sehr verdächtig sind, da dies jeder auch ohne Wunder bewerkstelligen konnte. Wir geben zu, dass der Dämon sich täuschte, als er freiwillig oder nicht freiwillig Kaninchenhaare für Reliquien hielt. Doch was verschlägt dies alles? Es gibt Wahres und Falsches, Reelles und Betrug; es gibt allerlei in dieser kläglichen Geschichte; aber die Beweise bezüglich einer Tatsache zerstören die Beweise nicht, welche in Hinsicht einer anderen im entgegengesetzten Sinn sich begeben haben.

Der Dämon machte sich eben über jedermann lustig, über Exorzisten, Volk und Besessene, er gehorcht immer ungern, tut oft das, was er nicht versprochen hat, überlässt sich oft dem Spott der Ungläubigen, die sich für schlimmer hielten, als er selbst ist, obwohl er hierin boshafter war als sie, erfüllt selten sein Versprechen, um die Besessenen zu eigener Ausführung zu ermutigen und sie dann dem Gelächter preiszugeben und ihre Exorzisten ausser Fassung zu bringen. Zuletzt – wenn man sich nicht mehr mit ihm beschäftigt, zieht er sich zurück: den Handel aber hat er gewonnen, weil er einen ungeheuren Skandal erregt hat.

Aber warum einen solchen Misserfolg? – Wer kennt das Geheimnis Gottes? Vielleicht tragen die Exorzisten die Schuld; vielleicht geschah es, „weil diese Gattung nur durch Gebet und Fasten ausgetrieben wird (Matth. 17, 20.)." Die Apostel legten bekanntlich einmal dem Herrn in ähnlichem Fall dieselbe Frage vor; „wegen eures Unglaubens", sprach er, „und weil diese Art Dämonen nur durch Gebet und Fasten ausgetrieben werden kann."

Bem. B. S. 263

Nachdem diese Krankheit in Upland erloschen war, tauchte sie bald in einer anderen Gegend wieder auf; denn die evangelische Kirchenzeitung von Berlin berichtete im Monat März 1846, dass sich im Jahr 1844 eine Epidemie zu predigen, in Verbindung mit Ekstasen und Gliederzittern in Småland, der ärmsten Provinz Schwedens gezeigt habe und noch andauere. Diese Predikanten, unter denen sich eine grosse Anzahl Knaben und

Mädchen befand, gaben sich selbst den Namen Rästars, d.h. Stimmen, als Anspielung auf den Titel, den sich Johannes der Täufer beilegte (Joh. 1, 23.), dessen Amt sie fortzusetzen behaupteten. Sie riefen wie er: „Tut Buße und glaubt an Jesum Christum!" Die Konvulsion dauerte zwei Stunden an, während welcher sie mit großer Lebhaftigkeit und Leichtigkeit Reden hielten. Verfolgung und Einkerkerung regten sie noch mehr auf; ihr Verweilen in Spitälern und die Heilmittel aller Art änderten in nichts ihren Zustand. Viele ihrer Verfolger und viele jener liebreichen Personen, die ihnen Hilfe brachten, wurden vom „Geist" ergriffen und wurden „Rästars" wie sie.

Bem. C. S. 276

Wir wollen von dem Buch, das wir schon angeführt haben, aufs neue einige Seiten abschreiben, weil sie deutlich genug – wiewohl kurz – die gewöhnlichen Szenen konvulsionärer Versammlungen schildern. Wir wollen den Verfasser durch ihn selbst widerlegen, was in bezug auf die Nichtigkeit seiner physiologischen Erklärung nicht schwierig ist.

Diese Auftritte verursachten zu der Zeit, da die vorfielen, einen großen Skandal, und es heißt den Skandal erneuern, wenn man sie wiederholt den Augen des Publikums vorführt; allein was tun? Ist es besser, sie als Speise einer Klasse von Lesern überlassen, die sich daran voll nährt und sie dann in Lästerungen gegen Gott verwandelt wieder ausspeit, als, daß man sie gibt, wie sie sind, damit jeder nach Belieben darüber urteilen möge? Es verhält sich mit den moralischen Giften wie mit den physischen; man muß sie kennzeichnen, so werden wenigstens nur die vergiftet, die sich vergiften wollen.

„Junge Leute stoßen sich den Kopf gegen die Mauern,[1] selbst gegen den Marmor, sie lassen sich die vier Glieder durch die stärksten Männer ziehen und sozusagen vierteilen, lassen sich Schläge erteilen, welche die Kräftigsten niederzuschmettern imstande wären, und zwar in so großer Anzahl, daß man darob in Schrecken gerät; denn ich kenne eine Person, die deren bis zu viertausend in einer Sitzung erhalten hat. Man gibt ihnen diese Streiche mit der Faust oder flachen Hand auf den Rücken oder Bauch. Man bedient sich manchmal zu diesem Zweck starker Stöcke oder Scheiter; man schlägt ihnen die Nieren und Schienbeine, um sie, wie man sagt, wieder zurechtzurichten. Es scheint nicht, daß sie durch dies Verfahren in besseren Zustand kommen; wenn ihnen damit aber auch wenig geholfen ist, so werden sie doch davon auch nicht zerschmettert. Es wird ihnen von mehreren Personen mit aller Kraft auf den Magen gedrückt, man tritt ihnen auf den Hals, auf die Augen, die Kehle, den Bauch, man setzt sich auf sie, zerreißt ihnen den Busen[2] … Einige stechen sich Nadeln in den Kopf, ohne irgendeinen Schmerz zu empfinden, und scheinen sich durchs Fenster auf die Straße stürzen zu wollen, was man nicht zugibt.

Ein solcher Konvulsionär trieb seinen Eifer so weit, daß er sich an einem Nagel aufhing, weil er gekreuzigt zu werden verlangte; das Kreuz, die Nägel, die Lanze, alles war in Bereitschaft."³ *(De Lan, Dissertation theologique sur les convulsions).*

Der Verfasser, den wir eben zitiert haben, spricht aus eigener Anschauung und man hat Grund zu glauben, daß er eher zurückhält, als die Tatsachen übertreibt, deren Zeuge er gewesen ist. Dom Lataste ergänzt in den folgenden Zeilen das vorhergehende Zeugnis.

„Man weiß, daß mehrere Konvulsionäre ganze Monate lang Zuckungen hatten, die 30 – 40 000 Scheiterschläge auf den Körper erforderten. Die heftigen Streiche, die man einem gebundenen Konvulsionär mit einem Scheit zu geben fortfährt, erschöpfen ihn jene acht- bis zehnmal, da er sie fordert, so wenig, daß sie im Gegenteil ihm Linderung schaffen." *(Dom Lataste, Lettres theologiques).*

„Schwester Scholastika war eine Konvulsionärin, welche die nahe Ankunft des Propheten Elias verkündete, die Notwendigkeit predigte, Buße zu tun, und sich einbildete, Gott habe ihr keinen anderen Beruf als diesen zugewiesen. Sie ersann eine ganz neue Art ‚Hilfe', welcher Name seitdem hier angewendet wird. Nachdem der Geist auf jene Weise geschlagen worden war, wie die Pflasterer die Demoiselle handhaben (so nennt man jenes gewichtige Instrument, das zum Einstoßen der Pflastersteine in die Erde dient), ließ sie sich ihre Röcke unter dem Knie zusammenbinden, sich selbst – den Kopf nach unten, die Füße nach oben – frei in der Luft halten und den Kopf unzählige Male auf das Pflaster aufstoßen."

„Eine andere Konvulsionärin krümmt sich mitten im Zimmer in Form eines Bogens, indes sie an den Nieren auf die Spitze eines Stockes gestützt ist, und in dieser Stellung beginnt sie zu schreien: Biskuit, Biskuit! Die Süßigkeit, nach der sie verlangte, war ein Stein von fünfzig Pfund Gewicht, der an einen Strick gebunden war, welcher um eine am Boden befestigte Rolle sich herumwand. Man erhob diesen Stein bis zur Decke des Zimmers und ließ ihn zu mehreren Malen auf den Magen der Konvulsionärin niederfallen, indes ihre Nieren immer auf dem Pfahl ruhten. Montgeron versichert gleichwohl, daß weder das Fleisch noch die Haut verletzt wurden und daß dieses Mädchen sogar – um recht zu beweisen, daß sie keinen Schmerz empfinde, unaufhörlich schrie: Stärker, stärker! weshalb man sich anstrengte, ihr zu genügen, insoweit es nur die Höhe des Zimmers zuließ."

„Das Mädchen Türpin begehrte zuerst auf die Stelle der Nieren und den Kamm der Hüften geschlagen zu werden, wo die Beine von wundersamer Dicke waren. Die Erfahrung hatte gelehrt, daß sie nur in dem Maße Erleichterung verspürte, als die Schläge, die man die Liebe hatte, ihr beizubringen, stark und heftig waren, und daß man also nie zu gewaltig schlagen konnte; man steigerte also nach und nach das Gewicht und die Größe der Instrumente, deren man sich bediente, und man kam zuletzt dahin, Scheiter von Eichenholz zu verwenden, wobei man einen Ast als

Handhabe benützte, um sie leichter führen zu können, und deren anderes Ende, das beim Hieb auf den Körper sich einsenkte, sieben bis acht Daumen im Umfang maß, so daß diese Stöcke wie kleine Keulen aussahen. Überdies mußte derjenige, welcher die Schläge erteilte, das Holzstück über seinem Haupt schwingen und mit aller Wucht auf die Kranke niederfallen lassen."

„Die Konvulsionärin Nisette oder Denise wurde auf das Haupt erst mit einem Scheit, dann mit vier Scheitern geschlagen, die ihr die Hirnschale ganz zerhämmerten, worauf sie sich bei den vier Gliedern ziehen ließ. Dies war der Anfang der Sitzung."

„Dann stiegen zwei Männer auf sie, hernach ein einzelner auf ihren Rücken; zwei andere zogen ihr die Arme in die Höhe und gaben ihr den Wippschwung. Man zog ihr Arme und Füße, indes eine Person auf ihrem Magen stand. Man hing sie an den Füßen auf, schwang sie bei den Armen und Beinen hin und her, indes ein Mann auf ihrem Rücken stand; dann ward sie wie ein Spieß gedreht, zuletzt an den vier Gliedern gezogen, während zwei Männer sie noch an den Schultern zogen. Dieses Reißen dauerte lange Zeit, weil sich nur sechs Personen hierbei beteiligen konnten. Endlich gab man ihr noch mal den Wippschwung *(estrapade)*, den Stoß an die Mauer, wie gewöhnlich, dann trat man mit den Füßen auf ihr herum – fünfzehn Personen auf einmal." *(Journal hist. des conv. P. 65.)*

„Nun folgt eine Szene, bei welcher Montgeron selbst das Geschäft eines ‚Helfers' ausübte, und er rühmt sich, es mit einer Unerschrockenheit vollführt zu haben, die Schauder erregt. Man hatte veröffentlicht, daß das Mädchen Johanna Muler sich bis an hundert Streiche mit einem Feuerhund auf den Bauch hatte geben lassen; und daß ein Bruder, der ihr sechzig beigebracht hatte, als er mit der nämlichen Kraft gegen eine Mauer schlug, dieselbe auf den fünfundzwanzigsten Streich durchhieb."

„Der Feuerhund, von dem hier die Rede ist, sagt Montgeron, ist ein sehr dicker Eisenbarren ohne irgendeine besondere Form; nur ist er an beiden Enden gebogen, vorn in zwei Teile gespalten, um die Füße zu bilden, und hat eine sehr geringe massive Erhöhung. Dieser Feuerbock wiegt neunundzwanzig bis dreißig Pfund. Mit diesem Instrument ließ sich die Konvulsionärin die fürchterlichsten Streiche erteilen, nicht nur auf den Bauch, wie der Verfasser der ‚*Vains efforts*' erwähnt, sondern auch auf die Magenhöhle."

„Da ich nicht erröte zu bekennen, daß ich einer derjenigen war, welche den Konvulsionärinnen am meisten nachgingen, so erkläre ich ohne Bedenken, daß ich es war, von dem der Autor unter dem Namen jenes Bruders redete, der an der Mauer erprobte, welche Wirkung solche Streiche, wie man sie dieser Konvulsionärin appliziert hat, ausüben würden."

„Ich hatte meiner Gewohnheit gemäß damit begonnen, der kranken Schwester erst sehr gemäßigte Streiche zu versetzen; durch ihre Klagen jedoch gewann ich die Überzeugung, daß die Beklemmung, die sie im Magen fühlte, nur durch die heftigsten Schläge gemildert werden konnte, und also aufgemuntert, verdoppelte ich die Gewalt meiner Hiebe; allein vergeblich wandte ich zuletzt all meine mögliche Kraft an. Die Konvulsionärin fuhr fort, sich zu beklagen, daß die Streiche, die ich ihr beibrachte, so schwach wären und ihr keine Linderung verschafften; sie nötigte mich sofort, den Feuerbock wieder in die Hände eines großen riesenstarken Mannes zu übergeben."

Allein auch dieser richtete nichts aus. Da man den vollen Beweis hatte, daß man ihr keine *zu* heftigen Schläge versetzen könne, hieb er so furchtbar auf sie ein – immer auf die Magenhöhle, daß seine Streiche die Mauer erschütterten, an die sie gelehnt war.

„Allsogleich ließ sich die Konvulsionärin die anfangs begehrten hundert Streiche in jener entsetzlichen Weise geben, indem sie die früheren sechzig, die ich ihr erteilt hatte, gar nicht in Abzug brachte. Ich ergriff nun den Feuerhund aufs neue und versuchte, ob die Streiche, die sie so schwach erfand, gar keine Wirkung hervorbrächten. Doch sieh! Auf den 25. Schlag zerbrach der Stein in der Mauer vollends, nachdem die vorhergehenden Schläge sie genugsam erschüttert hatten. Alles, was ihn festgehalten hatte, fiel auf der andern Seite der Mauer ab und es entstand eine Öffnung von ein halb Fuß Weite. Als die Streiche mit jener Heftigkeit geführt wurden, senkte sich der Feuerbock so tief in den Magen der Kranken, daß er bis auf den Rücken durchzudringen schien und daß es den Anschein gewann, als müßten alle Eingeweide samt und sonders ob der Wucht der Hiebe vernichtet sein; nun aber rief die Konvulsionärerin mit vollster auf ihrem Antlitz sich abspiegelnder Zufriedenheit: Ah, wie gut, ah wie wohl dies tut! Mut, mein Bruder, verdopple noch die Streiche, wenn du kannst." *(Montgeron, Idée des secours etc.)*

Eine der hauptsächlichsten Verfahrungsarten – nach denen, die bereits den Augen unserer Leser vorgeführt wurden – ist die mit dem „Brett", welche Montgeron auf folgende Weise beschreibt.

„Eine weitere Übung ward in *der* Art vorgenommen, daß man auf die mit konvulsivischem Leiden Behaftete – während sie auf der Erde lag, ein Brett ausbreitete, das sie gänzlich bedeckte und auf welches dann so viele Leute stiegen, als es zu fassen vermochte. Es muß hierbei bemerkt werden, daß man sich zur gegenseitigen Unterstützung die Hände reichte und die meisten deshalb auf das Brett nur einen Fuß setzten, der die ganze Last ihres Körpers zu tragen hatte; in solcher Weise sah man oft mehr als zwanzig Personen zu gleicher Zeit auf diesem Brett stehen, deren vereintes Gewicht durch den Körper einer jungen, an Konvulsionen leidenden Schwester getragen wurde; dennoch fühlte sie sich hierdurch keineswegs hart gepreßt, – es zeigte sich vielmehr, daß jene Last ungenügend war, die Anschwellung zu vermindern, die sie in ihren Muskeln verspürte."

Dies sind die Tatsachen, welche unser Autor in einem Bündel vereinigt, um sie sonach vom Gesichtspunkt des Naturalismus aus zu erklären. Wir werden sehen, wie er sich seiner Aufgabe entledigt. Diese Forcestücke fallen ins Gewicht; gleichwohl gibt es noch andere Tatsachen, an denen er absichtlich vorübergeht, und die noch viel unerklärlicher, obwohl anscheinend weniger bemerkenswert sind; wir meinen die Geschwüre, die greulich aus dem Mund heraushängenden Zungen, und die Geschwülste, die zum Zweck der Heilung mit Stiefelfersen niedergetreten wurden, wobei die Kranken keine Schmerzen empfanden. Wenn dies eine gute Heilmethode ist, so wende man sie doch öfter an!

Der Verfasser gibt anfangs die Wirklichkeit einiger Heilungen zu und dies um so lieber, als er über die von anerkannten Heiligen gewirkten Kuren spöttelt. Es sind ohne Zweifel, sagt er, Heilungen bei jenen Kranken eingetreten, welche zur Fürbitte des Diakon Paris ihre Zuflucht genommen haben; dies sind Tatsachen, die wir anerkennen, aber wie viele kann man von diesen Heilungen nennen, die authentisch erwiesen sind? Kaum daß man in dem umfangreichen Werk Montgerons deren fünfzehn oder sechzehn zählen kann.

Doch nein! Hundertmal nein! Nicht eine! Von allen Seiten her kommen bei Montgeron selbst die Gegenbeweise. Der Hof nämlich und die Diözesanbehörde stellten Untersuchungen an, und es war den Kommissaren vom Laien- wie vom Klerikerstand unmöglich, mehr als fünf oder sechs der angeblichen Wunder plausibel zu finden; ein solcher Ekel hatte sie bei der Beobachtung ergriffen, weil, wohin sie auch immer ihre Nachforschungen richteten, nichts die Probe bestand; und eben deshalb wurde Montgeron als Betrüger und Verbreiter von Lügen, die er wohl als solche erkannte, in die Bastille gesetzt.

Viele geheilte Kranke waren falsche Kranke. Viele wurden in Folge ihrer Konvulsionen noch leidender. Viele gaben sich für geheilt aus und glaubten vielleicht, es zu sein, sie, die nur eine Zeitlang sich krank gestellt hatten und eine solche Rolle nicht fortspielen konnten. Der Verfasser stützt sich, um all dies durch den Naturalismus zu erklären, auf die Autorität von Primerose, Boerhave, de Rhodes, die zwar von konvulsivischen Krankheiten geredet, etwas derartiges aber nie selbst geschaut haben; er vergißt Willis, der hierüber noch besser urteilt, von Hequet, der ähnliches nur teilweise gesehen, Calmeil und Montegre, die weniger bejahend sich aussprechen, Cabanis, dessen Autorität nicht mehr aufgerufen werden sollte, da er ans Lächerliche streift. Er schichtet sodann die Worte auf: Fanatismus, Hysterie, epidemische Wut, ansteckendes Beispiel, konvulsives dämonisches Leiden, Anschwellung des Unterleibs, Gebärmutterkrampf, Spannung der Fibern, Aufblähung der Fleischhüllen, moralische Überreizung, religiöse Schwärmerei, hysterische Tobsucht – von denen die einen sinnlos sind, die andern nicht genug sagen, um volle Aufklärung zu bieten.

„Das herrschende Übel bei den Konvulsionären war eine Sensibilität, welche, bis zur Raserei gesteigert, – ohne aufzuhören, natürlich zu sein, außergewöhnliche Anforderungen stellte und in wütender Weise solche Hilfsmittel begehrte, die nicht selten das Schamgefühl verletzten, deren

Anwendung aber aus der Physiologie und Anatomie leicht erklärt werden kann." – Nun, so erklären Sie doch! Wir sind neugierig, die Erklärung der hundertundsechzig Streiche zu erfahren, die von zwei Männern mit einem dreißig Pfund schweren Feuerbock in voller Kraft auf die Magenhöhle eines Mädchens geführt werden, das mit dem Rücken an die Mauer sich lehnt. Erklären Sie nur dieses allein anatomisch!

In bezug auf die Krämpfe geben wir Ihnen alles zu; aber erklären Sie uns die Scheiterhiebe auf den Kopf, die Stöße mit dem Kopf gegen die Mauer, die gleichen Stöße auf das Pflaster, die wie die Ramme eines Pflasterers ausgeführt wurden; die Verdrehung und Windung der Brüste mit eisernen Werkzeugen, das Herumstampfen auf den Geschwüren, die Zunge, das wiederholte Niederfallen eines Steines von dreißig bis sechzig Pfund auf die Magenhöhle, die Brust, den Kopf, ohne die Knochen zu brechen, ohne die Haut blutrünstig zu machen.

Ja es gab vielgeartete Zufälle, entsetzliche Erscheinungen lang andauernder Hysterie, welche zuletzt in der Wollust Ruhe gewann; aber wir behaupten entgegen, daß sie hier auf einen Grad sich erhoben haben, den die Natur allein nicht erreicht, und daß die Behandlung, wie sie da angewendet worden war, an Gewalt all das übertrifft, was die auf sich allein beschränkte Natur, ohne zu erliegen, nicht ausdauern kann. Und dieser Behauptung wird sicher jeder vernünftige Mensch – und selbst jeder Arzt – vollkommen beistimmen. Oder wo ist der Arzt, der seine kranke Tochter der Behandlung mit dem Brett oder Feuerbock unterstellen möchte?

Bem. D. S. 289
Düpotets Zauberspiegel

Der Zauberspiegel ist ganz und gar ein mit satanischer Kraft geschwängerter und zu magischem Gebrauch bestimmter Gegenstand, gleichviel ob er das Licht zurückstrahlt oder nicht. Zuweilen ist diese satanische Durchwohnung an die Person geknüpft, die ihn beschaut, und nicht an die Sache, die beschaut wird. Nichts war im Mittelalter so allgewöhnlich, als diese Art dämonischer Geräte, und in der Regel wendete man hierzu Kugeln von poliertem Stahl an. Cornelius Agrippa und Nostradamus waren im Besitz von Zauberspiegeln. Man kann sich eine Vorstellung von diesen aus überzinntem Glas gefertigten Kugeln machen, wenn man sich erinnert, daß sie zur Unterhaltung und zum Schmuck in den Gärten dienen mußten und daß aus denselben alle Einzelheiten und alle Vorgänge der Umgebung in mikroskopischen Bildern zurückstrahlten. Es ist überflüssig, genaueres zu notieren, da in den Blättern dieses Werkes Beispiele und Abarten hiervon zur Genüge anzutreffen sind. Die Zauberspiegel Düpotets aber heischen eine besondere Stelle. Wir wollen den Autor selbst reden lassen.

„Wir nehmen zu diesem Experiment ein Stück Kohle, ziehen damit einen vollständigen Kreis auf die Bodenfläche und tragen Sorge, daß alle seine Teile geschwärzt sind. Unsere Intention hat die bestimmte Richtung eingeschlagen, keine Unschlüssigkeit herrscht in unseren Gedanken; wir wollen entschieden, daß die Lebensgeister in diesen kleinen Raum berufen dort eingeschlossen bleiben, daß sie die umgebenden und ähnlichen Geister dorthin versammeln, damit sich ein Verkehr unter ihnen eröffne und daraus eine Art Verbindung entstehe. Ist derjenige, an dem das Experiment versucht wird, einmal gegen diesen Punkt hin angezogen, so muß eine beschauliche Durchdringung durch den Rapport entstehen, welcher zwischen den Geistern, die in ihm sind, und denen, die auf dem Zauberspiegel haften, eingetreten ist. Er muß alle Vorkommnisse erschauen und alles, was ihn interessiert, gerade wie wenn er in Ekstase oder in den höchsten Somnambulismus versetzt wäre, ob er gleich bezüglich seiner Fähigkeiten und seines Wesens vollkommen frei ist und nichts an ihm gebunden erscheint. Dies ist vielleicht nicht ganz unser Gedanke, allein es fehlen uns die Worte, um es besser auszudrücken."

„Der Operateur muß in einiger Entfernung bleiben und es darf von da an kein Einfluß von seiner Seite sich geltend machen oder zu dem hinzukommen, was anfangs geschehen ist. Dieser Versuch ist für uns, wie für die ganze Gesellschaft, die heute aus vierundzwanzig Personen besteht, vollkommen neu. Aller Augen stehen offen, es ist heller Tag und der Zimmerboden hat keine Zubereitung erfahren, ist mit keiner Tünche bekleidet und zeigt nichts, als den schwarz gezogenen Kreis; die Kohle, die hierzu gedient hat, liegt nun auf dem Kamin, wo jedermann sie prüfen kann. Kein Räucherduft, kein Wort – gar nichts als dieser Kohlezirkel und die geheime Gestalt, welche im Augenblick des Zeichnens dort sich niedergelassen hat, eine Zeichnung, die kaum fünf Minuten Zeit in Anspruch nahm. Während dieser kurzen Frist haben Strahlen unserer Intelligenz, von anderen Strahlen fortgestoßen, einen unsichtbaren aber tatsächlichen Herd gebildet. Wir merken seinen Bestand an der fremdartigen Aufregung, die wir empfinden, an der Erschütterung unseres ganzen Wesens und noch viel mehr an einer gewissen Erschlaffung, die aus der Verringerung der Summe unserer Kräfte hervorgeht. Man bemerkt hierbei folgendes:

Erste Tatsache. Voll Selbstvertrauen und der Unmacht dieser Magie versichert, nähert sich ein Mann von fünfundzwanzig Jahren diesem prophetischen Kreis und betrachtet ihn anfangs mit festem Blick, prüft die Umgrenzung, denn er ist ungleich gezogen, erhebt das Haupt, betrachtet einen Augenblick die Versammlung, dann wirft er seine Blicke wieder zur Erde. Nun bemerkt man den Anfang einer Wirkung: sein Haupt senkt sich tiefer, er wird über sich selbst unruhig, kreist um den Zirkel, ohne ihn einen Moment aus den Augen zu lassen; er neigt sich noch tiefer hinab, erhebt sich wieder, tritt einige Schritte zurück, geht wieder vor, zieht die Augenbrauen zusammen, wird finster und atmet mit Heftigkeit. Man bekommt nun die sonderbarste eigentümlichste Szene zu schauen. Der Bezauberte sieht ohne allen Zweifel Bilder, die im Spiegel sich abgemalt haben; seine Unruhe, seine Aufregung, noch mehr seine unnachahmlichen Bewegungen, seine Seufzer, seine Tränen, sein Zorn, seine Verzweiflung und Wut – alles beweist die Verwirrung und Qual seiner Seele. Es ist kein Traum, kein Trugbild, die Erscheinungen haben Wirklichkeit; es entrollt sich vor ihm eine Reihe von Begebenheiten, die durch Figuren dargestellt sind, nach denen er greift, denen er sich hingibt – bald fröhlich, bald voll Traurigkeit, je nachdem die Gemälde der Zukunft an seinen Augen vorüberziehen. Alsbald gerät er sogar in wahnsinnige Hitze; er will das Bild fassen, er wirft einen furchtbaren Blick auf dasselbe, er richtet sich empor und stößt mit dem Fuß auf den Kohlenzirkel; der Staub fliegt in die Höhe und der Operateur tritt heran, um diesem Schauspiel voll Aufregung und Schrecken ein Ende zu machen. Einen Augenblick befürchtet man, daß der Hellseher eine Gewalttätigkeit gegen den Zauberer ausüben möchte, denn er faßt ihn hart bei der Kehle und würgt ihn mit Macht. Einige freundliche Wort – und der magnetische Effekt verweht, die Seele des Träumers wird ruhig und die über die Ufer getretenen Lebensströme kehren in ihre Bahnen zurück."

„Man bringt den Bezauberten hierauf in ein benachbartes Zimmer; bevor er aber ganz zu sich selbst gekommen ist, benimmt man ihm die Erinnerung an das, was er geschaut hat, und beruhigt ihn vollends. Bald bleibt ihm nichts als ein Schmerz im oberen Teil des Gehirns, der nach einer halben Stunde von selbst verschwindet. Trotz all dem behält er eine unbestimmte Idee, eine Eingenommenheit des Geistes; er sucht sich zu fassen; er fühlt, daß etwas sonderbares mit ihm vorgegangen ist, aber was er auch beginnt – sein Gedächtnis erneut ihm keinen Zug, keine Gestalt; alles ist in ihm verwirrt und die zahlreichen Fragen, die er erfährt, führen zu keiner Entdeckung."

„Träumen wir? Sind wir selbst vom Zauber einer Täuschung umstrickt? Haben wir recht gesehen, was wir eben gesagt haben? Ja, ja, wir haben es geschaut in voller Ruhe und Besinnung. Alles ist wirklich, wir bleiben hinter der Wahrheit zurück und können sie in dieser Erzählung nicht ganz schildern, denn die Worte fehlen uns, obwohl unser Gedächtnis nicht untreu ist."

Zweite Tatsache. Da der schwarze Kreis teilweise ausgelöscht war, besserte man ihn an mehreren Orten aus, so daß er wieder vollkommen hergestellt war. Unentschlossen über die Wahl eines neuen Subjektes sucht der Operateur in der Versammlung nach einer Person, welche tauglich sein möchte, den geheimen Einfluß des Spiegels zu erproben und dessen Wirkungen zu bekunden. Während dieser momentanen Zögerung bietet sich von selbst ein junger Mann von ungefähr zwanzig Jahren an, der seit einiger Zeit den Handbewegungen des Operateurs gefolgt war und seine Augen fest auf die schwarze Zeichnung heftete. Alsbald erhebt er sich von seinem Sitz und verursacht ein allgemeines Erstaunen; er nähert sich langsam, stumm und bleich, er kreist mehrmals um den Zauberspiegel, betrachtet ihn aufmerksam, geht zurück, tritt näher, er beugt sich zur Erde. – Was schaut er in diesem schwarzen Zirkel? Niemand weiß es noch, aber er blickt unverwandten Auges hin. Es überkommt ihn ein unnachahmliches sardonisches Lächeln, seine Figur nimmt einen ernsten Ausdruck an; er wird unruhig, er zittert an allen Gliedern, dann wird er neuerdings still und ruhig. Verschieden vom erst Experimentierten malt sich keine Wut auf seinem Antlitz; ein Gefühl der Neugierde scheint ihn zu beherrschen und sein Blick ist unverrückt in den Spiegel versenkt. Wie könnten wir jetzt die Gebärden und Bewegungen dieses jungen Mannes beschreiben oder die auf seinem schönen Gesicht ausgeprägte Empfindung! Die ganze Versammlung war wie gebannt von Furcht und Hoffnung und schien die tiefe Erregung des Mannes zu teilen. So bleibt er zehn bis zwölf Minuten murmelnd und einige Worte lallend; im Augenblick jedoch, da er reden will, tritt der Operateur dazwischen. Da er aber als Fremder mit ihm zuvor nicht bekannt war, erfährt er einige Schwierigkeit, den Bezauberten vom Spiegel zu entfernen. Wie beim ersten benahm man ihm die Erinnerung ohne Wasser Lethes.

Die Priester der Isis waren also keine Betrüger; sie kannten ohne Zweifel die Existenz der magischen Kraft und bedienten sich derselben, ihre Wunder zu wirken. In gewissen Fällen erhielten sie von denen, welche die schrecklichen Prüfungen der Einweihung erstanden, solche Eröffnungen, die für ihre Leitung auf dem Wege des Lebens von Bedeutung waren. Um aber mehr Ehrfurcht einzuflößen, schrieb man den Göttern zu, was von Menschen selbst kam."

Und mit Recht; denn diese Dinge stammen nicht vom Menschen. – Wir haben nun die Tatsachen gesammelt; sie genügen uns. Wir werden dem Autor in seinen antiphilosophischen Kreuz- und Querzügen über das magnetische Fluidum nicht folgen; – ein unbekanntes Fluidum, das sich mit unsern Gedanken „bekleidet", und sie einige Zeit „bei sich gefangen hält". Anderswo dient das Kleid als Gefängnis und Hülle; kann man aber zwei verständige Worte sagen, wenn man die Körperlichkeit des Gedankens zugibt? Gleichwohl sah sich Düpotet in diese üble Lage gedrängt; er gestand endlich, daß das Übernatürliche sich zeigt, selbst wenn man dessen Existenz leugnen will und daß der Magnetismus „ein Wecker des Geistes Python ist."

Bem. E. S. 290

Man erweist *Cagliostro* allzuviel Ehre. Sein Jahrhundert begeisterte sich für ihn und fiel vor ihm wie vor einer Gottheit nieder. Das Jahrhundert, das Gott ableugnete, verdiente wohl eine solche Demütigung. Er war das nicht, für was man ihn hielt, weil es nur des Bücherschreibers Morand bedurfte, der von den Agenten des französischen Ministers Vergennes bezahlt war, um ihn zu London nach der Affäre mit dem Halsband, bei der er eine so törichte Rolle gespielt hatte, in Mißkredit zu bringen und zu nötigen, England mit dem Ruf eines lächerlichen Menschen zu verlassen, und weil er noch törichter – sich mit all seinen Papieren zu Rom ergreifen, verurteilen und in die Engelsburg einschließen ließ, wo er, man weiß nicht wann und wie, gestorben ist.

Der Brief an das französische Volk, aus London vom 20. Juni 1786 datiert, in welchem die Zerstörung der Bastille so genau vorhergesagt ist, ist nur teilweise wahr und stammt nicht von ihm, sondern vom Parlamentsrat Despremenil, einem der glühendsten Feinde des Hofes, einem der wärmsten Anhänger des Herzogs Philipp von Orleans, genannt Egalité, einem der kühnsten Mitglieder des Freimaurer-Ordens. „Die Bastille wird vom Grund bis zur Spitze zerstört werden, und der Boden, auf dem sie sich erhebt, wird ein Promenadeplatz werden." Dies war ein in den Logen lebhaft besprochener Plan; sie ließen die Bastille durch den Pöbel demolieren, obwohl dieser nichts von ihr zu befürchten hatte, weil sie nur für die Verschworenen von Stand sich öffnete.

„Es wird in Frankreich ein Fürst zur Herrschaft gelangen, (Philipp Egalité) der die geheimen Verhaftbefehle abschaffen, (er hatte gegründete Furcht davor) der die Stände von Frankreich (Klerus, Adel und Bürger) einberufen, (dies geschah durch Ludwig XVI.) und die wahre Religion (die Religion der Freimaurer) wieder einführen wird.

Cagliostro war ein Dieb und Bauchredner, was noch keinen Zauberer ausmacht; aber er besaß die satanische Imprägnation und teilte sie durch Auflegung der Hände mit. Man kann die Fähigkeit seiner Mündel und Tauben, in den Wasserflaschen Geistererscheinungen zu schauen und dabei auf gestellte Fragen eine gute und vernünftige Antwort zu geben, nicht in Zweifel ziehen. Aber es scheint, daß der Satan selbst sich zuletzt über ihn lustig machte, denn da er versuchte, seine Gewalt einigen Häuptern der Logen, die er zu Rom errichtet hatte, mitzuteilen, sahen die Pupillen und Tauben derselben nur Affen statt der erwarteten Engel – sagt sein Geschichtsschreiber, der aus den Akten des heiligen Officiums geschöpft hat.[4]

Aus einigen Briefen, die unter seinen Papieren gefunden und mit den Prozeßakten vom Inquisitionsgericht veröffentlicht wurden, ist ebenso erwiesen, daß in den unter seiner Großmeisterschaft eröffneten Freimaurerversammlungen einmal sein Geist erschien, dann unter andern noch im Enoch, Elias, dem heiligen Engel Michael; ferner hatten verschiedene Briefe der Freimaurer von Lyon den Zweck, ihm dafür zu danken, daß er sich gewürdigt, während ihrer Arbeiten mitten unter ihnen zu erscheinen und sie von der Höhe einer Wolke herab, „deren Glanz die junge Taube nicht aushalten konnte", gesegnet zu haben. „Sie sind – fügten sie bei – jetzt noch von den Worten durchdrungen, die Sie von der Wolkenhöhe an die Taube gerichtet, welche Sie für sich selbst und für uns anflehte; von den Worten: Sag ihnen, daß ich sie liebe und immer lieben werde."[5]

Allein dieser Brief verdient ganz angeführt zu werden, weil er besser als jede Analyse einen Begriff von dem geben wird, was sich damals zutrug und zugleich die klägliche Haltlosigkeit kennzeichnet, in welche diejenigen geraten können, welche die religiösen Wege, die zu Gott führen, verlassen, um auf unbekannten Pfaden nach Chimären zu haschen.

„Herr und Meister! Nichts kann Ihren Wohltaten gleichkommen als einzig das Glück, das sie uns verschaffen. Ihre Stellvertreter haben sich der Schlüssel bedient, die Sie ihnen anvertraut haben; sie haben die Pforten des Tempels geöffnet und uns die notwendige Kraft gegeben, Ihre große Macht glänzen zu lassen.

Europa hat nie eine höhere und heiligere Feier gesehen, aber wir wagen die Behauptung, sie konnte auch nie Zeugen besitzen, die von der Größe des Gottes der Götter mehr durchdrungen und für Ihre außerordentlichen Gaben erkenntlicher waren.

Ihre Meister haben den gewöhnlichen Eifer und jene religiöse Achtung an den Tag gelegt, welche sie alle Wochen zu dem inneren Geschäft unserer Loge mitbringen. Unsere Genossen haben große Begeisterung, edle und gemessene Frömmigkeit gezeigt und die Ausbildung zweier Brüder übernommen, die sie Ihnen vorzustellen sich beehren. Die gottesdienstlichen Verrichtungen haben drei Tage gewährt und durch ein merkwürdiges Zusammentreffen von Umständen waren wir der Zahl nach siebenundzwanzig im Tempel versammelt; seine Weihung war am 27. vollendet und es hatte eine fünfzigstündige Anbetung stattgefunden.

Heute nun hegen wir den Wunsch, den schwächsten Ausdruck unseres Dankes Ihnen zu Füßen zu legen. Wir wollen es nicht versuchen, Ihnen eine Schilderung jener göttlichen Feier zu machen, wozu Sie uns die Mittel in die Hände zu geben sich gewürdigt haben. Wir hoffen vielmehr, die Einzelheiten hierüber durch einen unserer Brüder Ihnen in Bälde mitteilen zu können, der sie persönlich Ihnen unterbreiten wird. Wir sagen Ihnen gleichwohl, daß im Augenblick, wo wir den Ewigen um ein Zeichen baten, das uns erkennen ließe, daß unser Begehr und unser Tempel ihm angenehm seien – während unser Meister mitten in der Luft schwebte – der erste Philosoph des Neuen Testamentes, ohne gerufen zu werden, erschienen ist. Er hat uns gesegnet, nachdem er sich vor der Wolke, deren Erscheinung uns zuteil geworden ist, sich niedergeworfen hatte, und er erhob sich auf dieser Wolke, deren Glanz unsere junge Taube von dem Augenblick an, als sie auf die Erde sich herabgelassen hat, nicht hatte ertragen können.

Die beiden großen Propheten und der Gesetzgeber Israels haben uns ähnliche Zeichen ihres Wohlwollens und ihrer Willfährigkeit gegen Ihre Befehle gegeben. Alles hat beigetragen, das Werk vollständig und vollkommen zu machen, insoweit wir unserer Schwäche gemäß zu urteilen imstande sind.

Ihre Söhne werden glücklich sein, wenn Sie sich würdigen, sie allezeit mit Ihren Flügeln zu decken und zu schützen; noch sind sie von den Worten durchdrungen, die Sie an die Taube, welche für sich selbst und für uns Sie anflehte, von der Wolke herab gerichtet haben: „Sag ihnen, daß ich sie liebe und immer lieben werde!"

Sie schwören Ihnen eine Hochachtung, eine Liebe, eine Dankbarkeit zu, die ewig währt, und vereinen sich mit uns, Sie um Ihren Segen zu bitten. Er kröne die Wünsche Ihrer ganz ergebenen ehrfurchtsvollen Söhne und Schüler." – Der ältere Bruder Alexander T... Den 1. August 556."

Kann man noch einfältiger sein? Allein, wer sich von Gott lossagt, verdient wohl, einem Cagliostro in die Hände zu fallen.

Übrigens waren die Tauben Cagliostros, seine Wasserflaschen und Geistererscheinungen nichts neues, so wenig als die Zauberspiegel auf dem Zimmerboden, auf dem Nagel oder in der Höhlung der Hand. Denn in der Bulle *Coeli et terrae* vom Jahr 1586 findet sich die Stelle: „Andere Gaukler, häufig sogar abergläubische Weiber beten in Flaschen, mit Wasser gefüllten gläsernen Gefäßen oder in Spiegeln bei brennenden Kerzen den Teufel an; oder flehen, indem sie jene Stücke auf den Nägeln oder in der flachen Hand tragen, zum Dämon, daß er zukünftiges oder verborgenes durch Spiegel und Bilderscheinungen ihnen kundtun möge. *(Cf. 1. c.)*

Bem. F. S. 305

Die Wahrsagung vermittels der *drehenden oder klopfenden Tische* war ein im Altertum sehr bekanntes Geheimnis. Tertullian redet davon im dreiundzwanzigsten Kapitel seiner Apologetik. Die Magier, sagt er, ahmen mit Hilfe der Kreise oder Ketten, die sie unter sich schließen, sehr viele Wunder nach. Es stehen ihnen Geisterboten und Dämonen zu Diensten, durch deren Mitwirkung die Stühle und Tische prophezeien. All dies ist etwas ganz gewöhnliches – fügt er bei.

Von drehenden Tischen ist während der Regierung des Valens bei Gelegenheit jener Beratung die Sprache, welche so vielen angesehenen Personen das Leben kostete. Ammian Marcellinus legt einem Angeklagten namens Hilar folgende Rede in den Mund: „Hochansehnliche Richter! Wir haben nach dem Vorbild des Dreifußes von Delphi aus Lorbeerzweigen und unter Beihilfe der Hölle diesen verhängnisvollen Tisch angefertigt, der hier vor Euch steht; und nachdem wir ihn der Vorschrift gemäß dem Einfluß mysteriöser Formen unterstellt und viele Stunden mit Beschwörungen und anderen üblichen Zeremonien zugebracht hatten, sind wir endlich dahin gelangt, ihn in Bewegung zu setzen."

Das ist also der dreibeinige Stuhl, der sich durch die Kraft des Zaubers wie von selbst in Bewegung setzt. In unseren Tagen läßt man ihn schreiben; das Verfahren schreitet vorwärts, und nicht ein Fuß ist es mehr, der die Buchstaben klopft, sondern ein an einem Faden aufgehängter Ring verrichtet dies Geschäft.

„Wenn man den Tisch über geheime Dinge befragen will" – sagt der Angeklagte, „so wird derselbe mitten in ein Zimmer gesetzt, das vorher mit arabischem Räucherwerk eingeweiht worden ist. Dann stellt man ein aus verschiedenen Metallen gefertigtes Becken darauf, an dessen innerem

Rand die vierundzwanzig Buchstaben des Alphabets eingegraben stehen. Über demselben schwebt ein an einem Faden hängender Ring. Ein Zauberer, der in Linnen gekleidet und ebenso beschuht ist, auf dem Kopf eine spiralförmige Mütze trägt, in der Hand aber einen Strauß von magischen Pflanzen hält und durch gewisse Gebete sich unter den Schutz des Gottes der Orakel begeben hat, teilt dem Ring eine Bewegung mit (während der Tisch kreist). Nun aber setzt dieser Ring durch das Berühren der Buchstaben vollkommen regelmäßige heroische Verse zusammen, welche denen der Pythia gleichen und den vorgelegten Fragen entsprechen." Damals berührte er die Buchstaben ΘΕΟΔ; man schloß nun auf Theodor und hielt inne. Es bedeutete aber Theodosius, an den man nicht dachte.

Seit jener fernen Epoche kam der wahrsagende Ring nie mehr in Vergessenheit. Die Glückverkünder und Wahrsager jeder Sorte hatten immer ein ähnliches Geheimnis im Gebrauch. Auch hier war es der an einem Faden aufgehängte und plötzlich in ein mit Wasser gefülltes Glas getauchte Ring, welcher in gleich- oder ungleichzähligen Schlägen – einmal oder öfter, je nach den zuvor festgesetzten Bestimmungen an den Rand klopft und solcherweise die Antwort erteilt.

Trotz der Gefahr, diese Bemerkung übermäßig auszudehnen, wollen wir doch aus neuester Zeit einige obwohl geringfügige Vorfälle, denen die Tagesjournale Berühmtheit verschafft und die Herr Mirville und Figuier durch ihre Bestreitung in den Vordergrund gedrängt haben, nicht gänzlich unbeachtet lassen.

Im Monat März 1847 geschah es zu Bayswater in England, daß bei den Eheleuten, Williams mit Namen, durch die Anwesenheit eines Kindes von neun Jahren, das von der Straße weg aus Liebe aufgenommen worden war, die Zimmergeräte von selbst hin und her zu wandern, den Händen, die sie berühren wollten, zu entfliehen anfingen, oft sogar zu Boden fielen und zerbrachen. Die Kerzen, die Teller tanzten auf den Tischen, selbst die schwereren Gerätschaften setzten sich in Bewegung. Hauptsächlich ist das Kind die Zielscheibe der sonderbarsten Neckereien; es kann weder essen noch trinken; die Nahrungsmittel samt den Schüsseln entweichen vom Tisch, sobald es nur die Hand daran legen will. Endlich ahnt man, daß das Kind selbst die Ursache dieser Verwirrung ist. Man schickt es nach einigen Wochen fort, und die Störung hat ein Ende. Das Journal (Douglas Jerrold) welches diese Tatsachen berichtet, sagt nicht, ob irgendein Verwandter vielleicht nach dem Erbe der beiden Alten gelüstete; es klagt viel lieber das Kind an, wie wenn jene Akte in seinem Interesse gelegen oder deren Ausführung ihm möglich gewesen wäre. Doch fügt es aufrichtig bei, daß der *modus operandi* unsichtbar geblieben sei.

Im Monat Dezember 1849 vernimmt man zu St. Quentin bei einem Kaufmann ein schreckliches Getöse. Die Glocken läuten allein, Schläge ertönen an zwanzig verschiedenen Orten gegen die Mauern, die Fernster zersplittern von selbst – all dies in Gegenwart zahlreicher Zeugen. Das Geschirr und Geräte wandelt durch die Kirche und den Speisesaal. Das

Getümmel wiederholt sich jeden Tag mehrere Male und zwar durch drei Wochen hin, ohne daß man weder die Kräfte noch die Mittel solcher Fortbewegungen ausfindig machen konnte. Endlich gerät man auf die Vermutung, daß eine erst seit kurzem in die Familie eingeführte Magd die unfreiwillige Ursache hiervon sein möchte. Man entläßt sie und alles kommt wieder in Ordnung. *(Gazette des Tribunaux 20 déc. 1849.)*

Am 15. Januar 1846 ward zu Montimer, Departement de l'Orne ein Mädchen von vierzehn Jahren und wenig entwickeltem Verstand, ihres Gewerbes eine Seidenhandschuhnäherin, der Gegenstand einer noch größeren Umsessenheit. Der Eichenblock, an dem ihr Nähkissen und das ihrer Gefährtinnen angeheftet war, rückt von der Stelle und entflieht. Von diesem Augenblick an kann Angelika kein Möbel mehr berühren, ohne daß es entweicht. Schon das Rauschen ihres Kleides verjagt die Sessel, Tische; die schwersten Geräte einer ländlichen Haushaltung, die Schaufeln, Feuerzangen, sogar die Kohlen. Zwei oder drei der stärksten Männer sind nicht imstande, den Sessel zu halten, auf den sie sich niederlassen will; er entflieht oder zerbricht in ihrer Hand. Sie setzen sich auf den Block, an dem sie ihren Nähfaden anheftet. Der Block tanzt unter ihren Füßen und schüttelt sie mit Ungestüm; sie ist genötigt, sich von allem zu isolieren und mitten im Zimmer stehenzubleiben. Um sie zu beschäftigen, gibt man ihr einen Korb mit Bohnen zum Aushülsen: sobald sie aber die Hand hineinsenkt, springen die Bohnen aus dem Korb und der Korb entweicht. Hunderte von Personen verschiedenen Ranges und Verstandes bestätigen diese Erscheinungen; im ganzen Land nennt man den Zauberer, der auf sie das Los geworfen hat.

Nach vielen schmerzlichen Tagen und manchen vergeblichen Versuchen sandte man das Mädchen nach Paris, um der Akademie der Wissenschaften zur Prüfung vorgeführt zu werden. Arago machte am 2. Februar, nachdem er selbst die Tatsachen festgestellt hatte, seinen Kollegen die diesbezügliche Eröffnung. Die Akademie ernannte eine Kommission. Doktor Tanchon, Berichterstatter, schickte sich an, einen Teil der Vorfälle zu bewahrheiten. Arago verlas in der öffentlichen Sitzung am 17. seine Erhebungen; aber von diesem Augenblick an hatten die Phänomene aufgehört. Die Akademie entschied, daß es nunmehr unstatthaft sei, sich weiter damit zu befassen. Die *Gazette des hôpitaux* und die *gazette médicale* erhoben gegen diese Abfertigung lebhafte Einsprache; aber umsonst. Die Akademie hatte das heilige Wort gesprochen und Angelika Cottin existierte für die Gelehrten nicht mehr.

Im Monat Dezember 1846 wurde eine junge Koloristenschülerin in einem Atelier der Straße Descartes die Beute eine Umsessenheit der gleichen Gattung. Der Tisch ächzt und regt sich, wenn sie ihn auch nur ein wenig berührt, die Pinsel entschlüpfen ihren Fingern, wenn sie dieselben erfassen will; das Pult verbirgt sich in einer Ecke des Zimmers oder richtet sich vor der Schülerin auf, der Sessel tritt zurück oder stiehlt sich davon, das Rauschen ihres Kleides jagt die Möbel in die Flucht, die Strümpfe fallen von ihren Beinen und legen sich von selbst wieder an. Sie wird von ihrem Sitz erhoben und fällt unwillkürlich wieder darauf zurück. Man sprach auch hier von Verzauberung und Behexung. *(Siècle.)*

Im Jahr 1846 Monat November verweigert zu Claire-Fontaine bei Rambuillet eine Magd einem Bettler das Almosen, weshalb dieser ihr beim Fortgehen droht. Von dem Abend an ist alles im Haus derart in Aufregung, daß die Bewohner in Verzweiflung geraten. Da sich die Magd an den Ort stellt, wo ihr gedroht worden war, wird sie von schrecklichen Konvulsionen ergriffen; der Kärrner des Hauses begibt sich geflissentlich auch dorthin und verfällt ebenfalls in Konvulsionen. Die Erscheinungen dauerten mit einzelnen Unterbrechungen lange Zeit fort. *(Revue de deux Mondes. December 1846.)*

Im Jahr 1849 Monat März war zu Guillonville bei Chartres im Haus eines Pächters namens Dolleans ein Brand ausgebrochen; ein Bedienter wurde der Urheberschaft geziehen; eine junge Magd, Adolphine Benoit zeugte gegen ihn. Er wird deshalb ins Gefängnis gesetzt und nach zweiunddreißig Tagen Untersuchungshaft freigelassen. Von dem Augenblick der Verhaftung an wird Adolphine die Zielscheibe absonderlicher Plackereien. Die Pelze und Bettdecken kommen von selbst herzu und hüllen sie, indes sie arbeitet, ein; ihre Taschen und ihr Schurz füllen sich mit Gassenkot, das Pferdegeschirr wandert an ihren Hals, die Öfen und Kasserolle heften sich an ihre Kleider. Die Riegel und Schlösser fliegen von den Türen; Dolleans haltet, das Gewehr in der Hand, das letzte Schloß. Ein Geräusch veranlaßt ihn, den Kopf zu wenden, und – das Schloß ist verschwunden. Am andern Tag hängte es sich der Magd auf den Rücken, während sie in Gesellschaft der Frau vom Haus ihr Gebet verrichtete.

Das junge Mädchen, das vor Schrecken krank geworden war, entfernt sich auf fünf Tage, und alles hört auf, aber nur, um bei ihrer Rückkehr mit um so ärgerer Wut wieder zu beginnen. Als Adolphine hierauf zu ihren Leuten zurückgesandt war, trat auf vierzehn Tage Ruhe ein. Jetzt aber war der Sohn des Pächters, ein Kind von drei Monaten, den schlimmsten Neckereien preisgegeben. Nichts vermochte seine Wiege vor den Möbeln zu retten, die mehr oder minder schwer von allen Seiten herzuströmten, sie zu bedecken; nicht einmal die Arme der Mutter gewährten Sicherheit. Endlich nahm M. Lefrank, Pfarrer der benachbarten Pfarrei Cormainville, im Auftrag des Bischofs von Chartres den Exorzismus vor. Alles hört augenblicklich auf. *(L'Abeille* 11. März 1849; Constitutionnel, 5. März 1849; Journal von Chartres, derselbe Monat.)

Im Dezember 1857 und Januar 1858 zeigten sich zu Haag, Departement: *Indre et Loire* bei einem jungen Mädchen namens Honorina Seguin fast dieselben Erscheinungen wie bei Angelika Cottin; diese aber, weniger schreckhaft als Angelika, gewöhnte sich an die Launen der Zimmergeräte und befiehlt ihnen keck und – sie gehorchen. Sie sagt zu einem Sessel: Stell dich hierher! Der Sessel gleitet auf dem Boden fort und stellt sich dorthin. Erhebe dich auf zwei Füßen; er erhebt sich; bleibe im Gleichgewicht; er bleibt; klopfe zehn Schläge mit einem deiner Vorderfüße; er klopft sie; gib den Takt zu meinem Gesang; er schlägt den Takt. (Figuier.)

Wir könnten leicht noch zwanzig ähnliche Fälle anführen, die uns persönlich und zwar sehr genau bekannt sind. Aber wozu? Es würde denen nichts nützen, welche glauben, und noch weniger denen, welche nicht glauben, und was hier bemerkt werden muß, ist dies, daß man bei solchen Phänomenen immer auf die Hand eines Zauberers hinweist.

Ist also der Teufel immer im Dienst des Erstbesten? Nein, sondern, wenn es sich darum handelt, innerhalb beschränkter Grenzen böses zu wirken, im Dienst eines jeden, der sein Zeichen trägt. Was werden die Feinde der Wunder, besonders der Verfasser der „Geschichte des Wunderbaren" auf diese Tatsachen antworten? Daß all diese Mädchen elektrische Mädchen sind, menschliche Zitteraale – Rochen-Naturen? Doch dies wäre eine neue Art Elektrizität; jetzt, da sie gefunden ist, handelt es sich darum, sie zu zergliedern, und dies kann dem Naturalisten nicht schwer sein?

Und der Hirte Hocque? Man beachte Danis; und Danis? Man denke an Hocque! – „Hier tritt der Fall ein, einen besser Unterrichteten erwarten zu müssen; warten wir!" In diesem Fall sehe man sich vor, denn man wird lange Zeit warten müssen!

Und der Geistliche von Cydeville? Was sagen Sie dazu? – „Der unglückliche Hirt hatte seine Stockschläge und zahlte Strafe, weil er von seinem Pfarrer geprügelt worden war." – Gut geantwortet! Die Schwierigkeit ist gehoben. Der Supernaturalismus existiert nicht und hat nie existiert! Weiter!

Die erste Lebensäußerung der Klopfgeister hatte im Jahr 1846 bei einem Mann namens Michael Weckmann statt, im Dorf Hydesville, Kanton Akadia, Grafschaft Wagne in den vereinigten Staaten. Durch den Lärm, der immer stärker anwuchs, bald genötigt, sein Haus zu verlassen, zog statt seiner die Familie Fox ein, fest entschlossen, an ein langweiliges Geräusch sich nach und nach zu gewöhnen. Die Demoisellen Fox – Katharina und Margareth gewöhnten sich so gut daran, daß sie sogar in kurzer Zeit dabei Vergnügen fanden und die Wahrnehmung machten, der Geist beliebe mit ihrem Gelächter und ihren Schelmereien Spaß zu treiben. Nun setzten sie mit den Kobolden oder Klopfgeistern ein Zwiegespräch in Gang. Madame Fox, durch die Kaltblütigkeit ihrer Töchter beunruhigt, mischte sich in das Gespräch. Wer macht diesen Lärm? – Stille. – Ist es eine lebende Person? – Stille. – Ist's eine verstorbene? – Ein Schlag. – Ist's ein unglücklicher Geist? – Ein Schlag. – Ist er unglücklich durch seine Schuld oder die seiner Familie? – Stille. – Welches Alter hat meine größere Tochter? – Vierzehn Schläge. – Und ihre Schwester? – Zwölf Schläge. – Alle sind beunruhigt, aber die Kunde breitet sich aus, eine Menge Besucher und Neugieriger strömt herbei, die Familie Fox, überdrüssig so vieler Besuche, verläßt Hydesville und läßt sich zu Rochester nieder. Die Geister folgen ihr auch dorthin. Nun wurde sie Rats, diese Erscheinungen als Erwerbsquelle sich zu Nutzen zu machen und gab zu diesem Zweck öffentliche Vorstellungen. Dies geschah im Monat August des Jahres 1848. Aber bereits klopften die Geister an allen Orten, und es bildeten sich ganze Gesellschaften von Neugierigen, welche darauf ausgingen, die Phänomene zu ihrem Vorteil auszubeuten.

So wäre die Sache ganz harmlos geblieben, wenn die Geister nicht über die Massen Verleumdung, Haß und üblen Rat ausgestreut hätten. So wurde von Hydesville her ein Partikulier beschuldigt, in diesem Haus einen Mord begangen zu haben, und es war die Seele seines Opfers, die hierher kam, Rache zu fordern. Der Unglückliche verlor ohne allen faktischen Beweis seine Ehre und konnte auch das Gericht nicht in Anspruch nehmen. Madame Fisch, die ältere Schwester der Demoiselle Fox, erhielt den Rat, sich von ihrem Gatten scheiden zu lassen, und sie verstand sich auch dazu. So war der Beginn; die Folge sollte nicht besser sein.

Bei dem Horchen auf die Geister und bei der Unterredung mit ihnen wurde eben die Bewegung der Tische entdeckt. Fünf Personen saßen zu Rochester im Saal der Madame Fox um den Tisch, die Hände nachlässig auf den Rand gelegt, und alle sehr aufmerksam auf die Konversation, als der Tisch sich erhob und sechs Fuß weit fortrückte. „Möchte der Geist wohl den Tisch wieder zurückbringen?" sprach jemand aus der Gesellschaft. Der Tisch kehrte zurück.

Voll Bewunderung über solch ein Begebnis fielen die Umstehenden auf die Knie und begannen ein geistliches Lied anzustimmen, indes der Tisch mit einem Fuß den Takt schlug.

Von diesem Augenblick an änderte sich die Art des Verkehrs mit den Geistern und wurde leichter und angenehmer; denn früher wurden sie oft böse über die Ungläubigen und es geschahen manchmal so heftige Schläge, daß das Haus davon erschüttert wurde und der Boden unter den Füßen schwankte, ein Streich, wie wenn eine Last von mehreren Tonnen von der Decke gefallen wäre.

Im Jahr 1852 waren die Demoisellen Fox zu St. Louis am Mississippi und dort suchten nun, wie bei ähnlicher Gelegenheit in Frankreich, die Gelehrten, Mediziner und Naturkundigen – denn die menschliche Albernheit herrscht überall und spricht lieber von Torheiten als von Religion – die Gelehrten und Naturkundigen sagen wir, suchten hier die Elektrizität auf der Tat zu ertappen. Da ihnen dies jedoch mißlang, so bekehrten sich viele aufrichtig zum Spiritualismus.

Auch hier wie in Frankreich und allerwärts wurde die große Frage gestellt: Gibt es ein anderes Leben oder gibt es keines? *„To be or not to be!"* Nun aber war es der Geist Franklins, La Fayettes oder irgendeines anderen berühmten Toten, an den man diese Frage richten zu müssen glaubte. Arme Betörte! Wenn die Seele den Körper nicht überlebt, und wenn es kein anderes Leben gibt, zu wem redet Ihr dann, und wozu ruft Ihr die Seelen der Toten auf? – Der Kopf eines Ungläubigen gleicht einer abspringenden Magnetnadel. – Gleichen Wert hat die hier in Frankreich an den

Satan selbst gerichtete Frage: „Was hat man von der Existenz des Satans zu denken? Und der geschriebenen Antwort: Ich existiere nicht! Unterzeichnet: Der Satan!" Oder auch jene andere an die Seele d'Alemberts – bei Lady Mantz – durch Cagliostro gestellte Anrufung: Gibt es eine andere Welt? Und die Antwort des Geistes: Es gibt keine andere Welt! – Und es fand sich niemand, sagt bei dieser Gelegenheit der Schauspieler Fleury, der hierauf erwidert hätte: Wenn es keine andere Welt gibt, woher kommst dann du?

Überhaupt zeigten sich die Geister von Cagliostro bis auf die Jetztzeit gegen jede geoffenbarte Religion und jede Hoffnung auf ein zukünftiges Leben immer sehr feindlich gesinnt, ausgenommen dann, wenn die Gesellschaft aus Dienern der Kirche bestand. Wir wollen aus Tausend nur das folgende sonderbare Beispiel ausheben. M. C. de la Roche-Heron schließt in einem im Jahr 1854 über die amerikanischen Mediums veröffentlichten Artikel die Erzählung eines Besuches, den er bei Madame Brown, der ehemaligen Madame Fisch in Gesellschaft eines Freundes machte, mit folgenden Worten:

Das eigentümliche Zwiegespräch, das wir mit den Geistern gehabt hatten, ließ in uns eine gewisse Unruhe zurück und wir verhielten uns schweigend. Madame Brown muntert uns auf, zu erforschen, ob dies wohl die Seelen unserer Verwandten seien; wir sollten sie deshalb über Begebenheiten fragen, welche den Vermittlern und der ganzen Gesellschaft unbekannt wären. Sie macht uns sogar darauf aufmerksam, daß wir, um uns vor jedem Betrug zu wahren, unsere Fragen aufschreiben und die Antwort von den Geistern erhalten könnten, ohne daß irgendeine anwesende Person lesen oder erfahren würde, um was wir uns erkundigt haben. Wir sprechen nun folgende Worte mit lauter Stimme aus: Will der Geist drei Schläge machen, wenn ich den Vornamen meiner Mutter schreibe? Wir nehmen dann ein Papier und schreiben fern von aller Augen fünf Taufnamen nacheinander hin, aber den nicht, auf den wir es abgesehen hatten. Alles bleibt still. Wir schreiben den ersten Buchstaben des Vornamens unserer Mutter. Sogleich lassen sich die drei Schläge hören, bevor auch nur das Wort vollendet war.

So stellen wir nach und nach ungefähr fünfzig Fragen über Vorfälle, Namen, Daten, von denen wir wissen, daß niemand in Amerika sie kennt. Wir erhalten durchweg befriedigende Antworten ohne irgendeinen Irrtum. Ebenso erhält unser Freund eine beträchtliche Zahl Antworten, die ohne irgendwelche Abweichung mit der Wahrheit zusammenstimmen. Dann – um den Schleier des Geheimnisses zu lüften, fragen wir mit lauter Stimme: Bist du von Gott gesandt? – Ja! – Bist du nicht vielmehr vom Teufel geschickt? – Nein! Möchte der Geist mir wohl sagen, welches die beste Religion ist. (In eben dem Augenblick bemerken wir, daß Madame Brown von dieser Frage unangenehm berührt wird.) Wir fragen: Ist es der methodistische Kult? Der papistische? Der katholische, der presbyterianische? Der Judäismus, der Islamismus? Volles Stillschweigen; keine Antwort, nicht einmal eine negative. Madame Brown sagt uns nun, daß die Geister es nicht lieben, über die Religion befragt zu werden und mein Nachbar, halbverrückt, sagt nun mit Leidenschaft – fast mit Wut: Wissen Sie, was dies Stillschweigen bedeutet? Es will sagen, daß alle Religionen schlecht sind. Ist's nicht so? fügt er bei, wie an die Geister sich wendend. – „Jeder Kultus ist absurd?" Drei grimmige Streiche lassen sich hören. „Genügt es, dem Rat seines Gewissens zu Folgen? – Ja! – Genügt es, die Geister zu hören? – Ja! – Jede Religion mit Priestern ist verwerflich? – Ja! – Wo es einen Papst gibt, ist sie schlecht? – Ja! – Wo es was immer für Diener Gottes gibt, ist sie nichts nütze? – Ja, ja, ja!" –

Die Zahl der Mediums stieg in Amerika bald auf mehr als 60000; sie gaben mehrfach Vorstellungen, die nicht selten reich vergütet wurden. Wie zahlreich mußten demnach erst die Verehrer sein! Im folgenden Jahr unterzeichneten 14000 Bürger eine Petition an den Kongreß in der Absicht, die Aufmerksamkeit desselben auf diesen Gegenstand zu lenken und die Bewilligung eines Fonds zur Ausführung gewisser Studien zu erlangen, um der Frage auf den Grund zu kommen; nämlich, von welcher Natur die Klopfgeister seien, waren und ob man ihrem Rat folgen müsse. Der Rat ging wohlweislich zur Tagesordnung über.

Diese Täuschung brachte jedoch den Eifer der Geisterklopfer nicht ins Stocken. Sie versammelten sich in den verschiedenen Städten der Union zu ungeheuren Meetings. Das erste hatte zu Cleveland im Monat Februar 1852 statt. Zur nämlichen Zeit schifften einige Mediums nach Schottland über, und die Manie ergriff England, Frankreich und Deutschland; erst im Jahr 1853 beschäftigte oder unterhielt sich vielmehr Paris allgemein damit, – denn für den Pariser ist alles Vergnügen. Er muß alles sehen, was es auch sei, muß alles erproben; ist der Versuch gemacht, so ist alles vorbei und er geht zu einem anderen Gegenstand der Neugierde oder des Studiums über. Eine Regierung, die Bestand haben will, muß alle zehn Jahre ihre Politik und ihr System ändern, oder sie ist nicht mehr zeitgemäß. Alles vergeht schnell, die Dinge noch schneller als die Menschen. Es gibt keinen Mann von fünfzig Jahren, der nicht auf fünferlei Art in seinem Leben sich kleidete, um in jedem elften Jahr nicht als Narr zu gelten.

Doch kehren wir zu den Tischen zurück. Nachdem sie gerückt, redeten sie, nachdem sie geredet, schrieben sie, nachdem *sie* geschrieben, schrieben ihre Mediums, dann schrieb der Geist des Mediums und er schreibt gegenwärtig noch ohne weitere Vermittlung, oder besser gesagt, er schreibt nicht mehr – er erleuchtet und besitzt die Spiriten. So weit steht jetzt die Sache.

Einen Umstand dürfen wir nicht übergehen; es ist der Zustand der einfachen Verrücktheit oder auch der dämonischen Narrheit oder sogar der Besessenheit, welche so oft als Resultat jener Experimente herbeigeführt wurde, wenn man sich mit allzu großem Eifer oder zu langer Dauer denselben hingab.

Die 14000 Bürger der Union schilderten diese Erscheinung dem amerikanischen Kongreß bei dem Beginn der Entdeckung folgenderweise: „Man darf wohl behaupten", sagen sie in ihrer Petition, „daß diese Phänomene sehr häufig dauernde Geistesstörungen und unheilbare Krankheiten im Gefolge hatten." Die amerikanischen Journale jeder Farbe und jedweder religiösen Richtung bestätigten diese Bemerkung. „Die meisten Mediums", sagt der Boston-Pilat vom 1. Januar 1852 „werden leutschen, blödsinnig, Narren oder Toren; ebenso verhält es sich mit vielen ihrer Zuhörer. Es vergeht keine Woche, wo wir nicht in Erfahrung bringen, daß einer der Unglücklichen seinem Leben durch Selbstmord ein Ende gemacht hat oder in ein Narrenhaus gebracht wurde. Die Mediums verraten oft aufs deutlichste Störungen in ihren Geisteskräften und einige nicht minder zuverlässige Anzeichen satanischer Besitzung." – „Sechs Personen sind im Laufe dieses Monats April in Indiana zufolge ihres Verkehrs mit den *spirit rappings* in die Irrenanstalt gekommen", meldete der *Courrier and Inquirer* vom 10. Mai desselben Jahres. Der „Herold" vom 30. April verzeichnete den Selbstmord eines Bürgers von Utica namens Junius Alkott, der sich in einem Anfall von Verrücktheit, die aus nämlicher Ursache entstanden war, unter ein Mühlrad gestürzt hatte. Zu Paris wurden viele Leute am Rand der drehenden Tische von einem Irrsinn erfaßt, der sie nach Bicetre oder Charenton führte, aber noch weit mehr wurden in privaten Irrenanstalten untergebracht. Madame Victoria d'Hennequin starb dort als Irre, ihr Gatte, der sich als Sekretär des Erdgeistes – der durch Vermittlung eines Leuchtertischchens redete – hatte gebrauchen lassen, starb dort zuletzt an dämonischer Verrücktheit.

Es ist gewiß, daß eine häufige oder lang andauernde Magnetisation in den Magnetisierten ein Übelbefinden, eine nervöse unangenehme und schmerzliche Erschlaffung hervorruft, manchmal auch eine Krafterschöpfung, die einen oder zwei Tage dauert. Ferner ist erfahrungsgemäß, daß eine langwährende oder zu oft wiederholte Anwendung des Tischrückens in derselben Weise oder noch mächtiger wirkt. Geschieht dies in Folge eines Verlusts des nervösen oder magnetischen Fluidums? Wer weiß dies? Wer hat je die Existenz dieser Fluida nachgewiesen? Dies sind Worte statt Dinge, die man nicht kennt, es ist der Schrecken vor der Leere im Hinblick auf die Entdeckung von der Schwere der Luft. Und darauf baut man Systeme, immerhin von Wert, wenn sie nur nicht religiös sind. Wir werden Proben hiervon zu sehen bekommen.

Daß diese Störung im Haushalt des Nervensystems eine krampfartige Krankheit herbeiführt, hat nichts Überraschendes. Es ist der Anfang der satanischen Erscheinungen in den Cevennen und der konvulsiven Phänomene von St. Medard; da die Ursache eine ähnliche ist, werden es auch die Folgen sein müssen. Daß diese Krankheit zum Irrsinn hintreibt, ist eine jener ganz natürlichen Konsequenzen, von denen die eine die Prämisse für die folgenden bildet. Daß der Satan – einmal aufgesucht, obwohl nicht unter diesem häßlichen Namen begehrt – durch seinen Herzutritt überrascht, sich unvermutet eindrängt und mit diesem krankhaften Zustand verbindet, um ihn in eine wahre Besessenheit umzuwandeln, all dies stimmt mit der Logik der Tatsachen und Schlußfolgerungen zusammen.

Aber bei welchem Punkt oder in welchem bestimmten Moment beginnt seine Wirksamkeit? Es ist nimmer möglich, es zu sagen. Jede natürliche Krankheit wird an den physischen und moralischen Symptomen erkannt, die jeder Mann von Verstand und noch besser der Arzt erkennen muß; die Besessenheit aber – an den außernatürlichen Erscheinungen, ob sie nun der physischen oder moralischen Ordnung angehören; worüber sich der vernünftige Mensch und der Naturkundige nicht Rechenschaft geben kann. Braucht's denn so viel Geist, um einzusehen, daß es z.B. in der physischen Ordnung nicht mehr natürlich ist, wenn ein träger Körper auf Befehl oder von selbst und ohne bewegende Kraft sich vom Ort entfernt, und in der moralischen Ordnung, daß man Sprachen versteht, die man nicht gelernt hat, daß man in den Gedanken eines anderen lese und den in Gedanken von einem entfernten Platz aus gegebenen Befehlen pünktlich gehorche.

Die Anhänger des Naturalismus leugnen all dies – wir wissen es wohl – und suchen überall Stützen und Leitdrähte. Doch wie könnte man sie überzeugen? Sie wollen nicht sehen. Folgt daraus, daß das, was sie verwerfen, auch gar nicht existiert? Es existiert für sie nicht, das ist alles. Sie werfen unaufhörlich den Gläubigen ein Wort Galileis ins Angesicht, ein Wort, das er nicht gesagt hat, wie sie es berichten; denn Galilei ist nicht durch die Inquisition verurteilt worden, – wenn sie es zugeben wollen; – wegen des Satzes: *„E pur si muove"*, (sie dreht sich doch!). Zu *ihnen* muß man sagen: „Und sie dreht sich doch!"

Es ist eigen und unterhaltend, die Mühe zu schauen, welche diese armen Naturalisten sich geben, um den Supernaturalismus aufzuhalten und in seine Ufer zu bannen, die er überflutet. So schreibt ein gewisser M. Philips, Verfasser eines Buches, betitelt: „Lebens-Elektro-Dynamismus" alle diese Erscheinungen dem Zustand der Elektro-Dynamie zu, die er auch Psychopathie, Suggestion, Biologie oder Boulito-Dynamie nennt. Worte und Worte statt Erklärungen. Mr. Figuier sagt Hypnotismus; andere sagen Bradismus, hergeholt von dem Namen eines gewissen Mr. Braid, eines Amerikaners, der diesen Zustand im Jahr 1843 entdeckte. All dies ist gleichwohl nicht dasselbe. Die Elektrizität hat hier keine Geltung und das weitere ist nicht neu; denn es ist der Zustand der Fakire Indiens, die sich in ein angenehmes Delirium versetzen, wenn sie mit festem Blick die Spitze ihrer Nase beschauen; es ist der Zustand der Omphalopsychen (Umbilikaner) am Berg Athos im Mittelalter, die sich Entzückungen bereiteten und in ein übermäßiges Licht versenkten, indem sie festen Blicks ihren Nabel betrachteten.

Halte einen glänzenden Gegenstand zehn bis fünfzehn Zentimeter von der Nase einer Person entfernt und laß sie denselben mit Beharrlichkeit fixieren. In einer halben Viertelstunde wird sie in Ohnmacht fallen, während welcher du sie an einem Glied operieren kannst, ohne daß sie es bemerkt oder irgendeinen Schmerz verspürt.

Dies ist der Hypnotismus oder Bradismus. Hier findet sich nur Natürliches. – Binde einen Hahn, so daß er nicht entfliehen kann, und lege ihn auf den Bauch und laß vor ihm eine Schnur ziehen, die an seinem Schnabel sich an- oder wohl auch über den Rücken fortsetzt, und trage Sorge, daß zwei Enden der Seile ihm über die Kehle gehen, und nach den beiden Seiten so hinlaufen, daß er sie sehen kann. Nach vergeblichen Anstrengungen sich loszumachen, fällt er in Hypnotismus. Binde ihn dann los und bringe ihn in die nämliche Lage mit einem Schnurende vor dem Schnabel oder einem Strohhalm auf der Kehle und der Hahn wird dort ruhen bleiben trotz aller Anstrengungen und Bemühungen ihn zu erschrecken oder fortzujagen. Dies ist ein Kinderspiel, das seit tausend Jahren bekannt ist. Aber was hat dies alles mit dem Hellsehen des Magnetisierten, dem handgreiflichen Zustand des Besessenen, dem Tischrücken und den Klopfgeistern zu schaffen?

Gib von zwanzig Personen jedem einen Knopf in die hohle Hand und zwing ihn, denselben festen Blickes zu beschauen. Nach zwanzig Minuten werden die einen in Ohnmacht gefallen sein, aber die Fähigkeit noch besitzen, zu verstehen und zu handeln. Sag zu dem einem: Sie haben kein Gedächtnis mehr, Sie wissen Ihren Namen nicht mehr; er wird ihn dir nicht sagen können. Hefte die Augen auf den anderen und sage zu ihm: Sie können die Augen nicht mehr öffnen; er wird es nicht können, wie sehr er sich auch anstrengen mag. Setze den dritten in einen Lehnstuhl und sag ihm: du bist an diesen Stuhl gefesselt, er wird die ärgsten aber nutzlosesten Anstrengungen machen, sich zu erheben. Wende dich zu allen und sage: Jetzt ist Ihnen die Freiheit wieder gegeben; und alle werden die Fähigkeit wieder erhalten, die sie ehe besessen. Dies ist die Biologie, auch Boulito-Dynamie genannt. Dies ist etwas Natürliches! sagt man. Mag sein. Es ist der Beweis, daß der Mensch seinen Willen auf einen anderen in der Weise übertragen kann, daß mit einer einzigen Willensäußerung die Kräfte des Leibes und der Seele aufgehoben zu werden vermögen. Hier ist diese Willensäußerung durch die Bewegung oder das Wort gegen eine Person ausgedrückt worden, die sich nicht mehr in ihrem normalen Zustand befindet. Es ist das Stroh auf der Kehle des hypnotisierten Hahnes. Der Hypnotismus ist um einen Grad erhöht, wenn man will; aber was hat dies doch mit den Erscheinungen des transzendenten Magnetismus gemein, mit der Enthüllung der Gedanken eines anderen, dem Fortrücken eines trägen, an sich bewegungsunfähigen Körpers, mit dem Spiel eines Piano, das niemand berührt, mit der Einsicht, die einem Kredenztischchen gewährt ist? etc.

Wenn man Haschisch genießt, so fällt man in eine rauschartige Verrücktheit; ebenso wenn man Opium raucht. Wenn man Napel leckt, wird man betäubt und erfährt seltsame Visionen. Wenn man sich mit Hexensalbe beschmiert, so nimmt man am Sabbat teil, ohne vom Platz zu rücken oder man hört eine köstliche Musik wie die Priester der Göttermutter. Wenn man sich der Magnetisierung unterzieht, verfällt man in tiefen Schlaf, ja wohl gar in Starrsucht. All dies ist natürlich. Sei's! Aber was hat dies mit den Erscheinungen zu tun, die uns hier beschäftigen?

Wenn ein Mann wie Cagliostro zu einem Kind spricht: Schau in diese Flasche und sag an, was sich fünf Stunden von hier in dem Haus jener Dame zuträgt, zu der es nie gekommen ist, und das Kind gibt dir solche Rechenschaft darüber, welche der Tatbestand als wahr und genau in all seinen Details erweisen wird, wirst du dann sagen, daß dies natürlich ist? Du wirst sagen, das Kind hat alles in der Einbildung Cagliostros gesehen und du findest es natürlich, in der Phantasie eines andern zu lesen, wie man etwa durch ein Fenster in einen Garten blickt. Welche Dosis von Glauben gehört doch dazu, um Naturalist zu sein? Aber weder Cagliostro noch jene Frau wußte, was sich dort zutrug. Wenn dir zu Kairo ein Jude in der hohlen Hand erschauen läßt, was sich eben in dem Augenblick in London zuträgt, und du findest bei deiner Rückkehr, daß die Vision vollkommen richtig war, wirst du behaupten, daß dies natürlich gewesen sei. Wenn in deinem Schlafzimmer das Tischchen die Zahl der Sekunden, Minuten und Stunden schlägt, welche die Salonuhr zeigt, und ein im Salon befindlicher und durch eine Glocke aufmerksam gemachter Mann dir die nämliche Zahl Stunden, Minuten und Sekunden angibt, kannst du darauf bestehen, daß dies natürlich ist? Denn es bedarf nicht, wie Figuier meint, acht oder zwölf Personen, um einen Tisch rücken zu machen; es genügen zwei, es genügt eine. Wenn die Hand eines Kindes von zehn Jahren dir die Schriftzüge, die Unterzeichnung und den Namenszug deines vor zwanzig Jahren verstorbenen Vaters, von dem es nie eine Zeile gesehen, mit vollkommener Ähnlichkeit nachahmt, sagst du, daß dies natürlich ist? Du antwortest nein? So rührt dies daher, weil du die Augen nicht öffnen wolltest, als sich dies zutrug. Aber es gibt so viele erwiesene Betrügereien? Ich gebe dir eine Million zu, stelle aber dieser Million eine andere Million nicht minder gut erwiesener Tatsachen entgegen.

Nun kommt Herr von Gasparin an die Reihe, der große Tischrücker mit seinem nervösen Fluidum, durch das er das Drehen zu erklären versucht. Seiner Ansicht gemäß entströmt den aufgelegten Händen ein Fluidum, erfüllt die Poren des Holzes und teilt zuletzt dem Gerät die Kreisbewegung mit. Sei's! Aber gibt es ein nervöses Fluidum? Wenn ein solches existiert, dreht es sich herum, und wenn es kreist, warum geht der Tisch manchmal in gerader Linie? Wie kommt's, daß er sich senkrecht erhebt, um mit seinen Füßen zu klopfen? Hat das nervöse Fluidum Verstand? Wenn, so beweise es! Wenn nicht, wie teilt es dem Tisch die Einsicht mit, die er in seinen Antworten an den Tag legt? Denn die Tische haben immer viel Intelligenz manchmal sogar Bosheit bis zur Grausamkeit – wir haben Beispiele hiervon gesehen.

Die Tische gehen manchmal in gerader Zeile sagen wir: erwähnt Herr Gasparin in seinem Journal nicht die Tatsache, daß sich ein solcher im Beisein seiner Freunde erhob, dem er die Hände aufgelegt hat? Der Tisch – in freier Luft und gleicher Entfernung vom Boden und ihren Händen schwebend, die immer auf ihm ruhten, folgte er nicht ihrem Gang? – Wenn der Lama eine halbe Stunde lang die Hände auf seinen Tisch gelegt hat, sieht er ihn nicht, sobald er selbst seine Hände erhoben hat, sich bis zur Höhe seines Gesichtes sich aufrichten dann gerade vor ihm herfliehen, wie ein Vogel – nach der Richtung des gestohlenen oder verlorenen Gegenstandes, um dessen Wiederauffinden es sich handelt? Dies erinnert an die Aktinomantie der Alten. Das nervöse Fluidum besitzt also wirklich Intelligenz. Und wieviel bedarf es hiervon, wenn der Tisch wie der des Herrn Gasparin mit einem Gewicht von vierundsiebzig Kilogramm (149 Pfund) und der Last eines der Tischrücker beschwert ist – dazu noch die Schwere des Tisches selbst?

Endlich noch Herr Chevreuil vom National-Institute, – der die Bewegung des Tisches aus der Anlage und Neigung (Disposition und Tendenz) zur Bewegung von seiten derjenigen Personen – erklärt, welche die Hände auflegen. Wenn ich in meiner Hand, sagt er, ein leichtes Gewicht, das an einem Faden hängt, halte, so gerät es unabhängig von meinem Willen in eine schwingende Bewegung. Jedoch – sobald ich nur will, kann ich ihn plötzlich anhalten, ohne die Hand ruhen zu lassen; es liegt also in meiner Hand eine Disposition zur Bewegung. Nein! Aber eine Pulsation des Blutes, welche hinreicht, die Bewegung einem leichten an einem Faden aufgehängten Körper mitzuteilen, die aber nicht hinreichen möchte, ihn einem Tisch mitzuteilen, der mit einem Gewicht von hundertfünfzig Pfund belastet ist und dessen vier Füße auf dem Boden ruhen.

Diese unbewußte Tätigkeit der muskulären Bewegungen kann wohl bei dem Kreisen des Ringes in den Händen eines Zauberers von Bedeutung sein. Der gelehrte Akademiker redet unverkennbar von etwas, das er nicht gesehen hat. Der Ring dreht sich trotz dem Zauberer und zerbricht, wenn er ihm entgegenwirken will.[6] Die Herren Babinet vom königlichen Institut und Faraday von der königlichen Akademie zu London machten sich über dieses System lustig, ohne ihm dafür besseren Halt zu geben. Selbst wenn man das Prinzip der unwillkürlichen Bewegungen und nervösen Einströmungen zugesteht, das gleichwohl in den meisten Fällen nicht genügen kann, so bliebe immer noch zu erklären, wie ein Tisch zu wissen vermag, was der nicht weiß, der ihn berührt.

Aber all diese Erklärungen kommen bei weitem derjenigen nicht gleich, welche durch einen M. Austin Flint, Professor an der medizinischen Klinik an der Universität Buffalo, abgegeben wurde. Nach seiner Ansicht und zufolge langer Experimente und einer genauen Prüfung entsteht das Geräusch unter dem Kleid der Madame Fox und zwar am Kniegelenk der jüngeren durch eine unwillkürliche Zusammenziehung der Muskeln, wodurch das Ende des Schenkelknochens auf das Schienbein gleitet und die Kniescheibe zurückprallt. – Und deshalb tanzen die Tische!

Im Monat April 1859 gab ein Herr Schiff in einer Sitzung der Akademie der Wissenschaften eine öffentliche Vorlesung über das System Herrn Flints. Indem er einzig durch Zusammenziehen der Muskeln seines Beines die Sehne des langen Seitenbeines gegen die beinige Oberfläche der Fußröhre schlagen ließ, brachte er ein ziemlich starkes Geräusch hervor, das noch in einiger Entfernung gehört werden konnte. Und sieh! Dies also verursachte ein Getöse, das dem Donner ähnlich ist, Schläge, so stark, daß das Haus davon erbebt, dies erzeugt ein glänzendes Licht ohne leuchtenden Körper, dies macht ein Piano spielen, ohne daß es berührt wird.

Und was hält Herr Figuier von den drehenden Tischen? Er hält diese Erscheinung für Hypnotismus. *(Tom. IV. pag. 317.)* Aber welche Ähnlichkeit besteht zwischen einem hypnotisierten Gehirn und einem entfliehenden Tisch, einem Kredenztischchen, das mehr Einsicht besitzt als ein Mann, mit Schlägen, die in einem benachbarten Zimmer mehr oder minder heftig klopfen, einem Block, der fünfzigmal in der Minute umkreist und drei oder vier darauf sitzende Männer sehr unlieb zu schütteln imstande ist? Doch was kümmert dies einen Gelehrten. Alles – selbst das Absurde oder Grundlose – findet eher Gnade als eine christliche Idee.

Fußnoten

Einleitung

1. Görres, Mystik B. IV. I. S. 1-412.
2. *Gruner,* Comment. de daemon. a Christo percuratis.
3. Num. V. 14. - III. Reg. XXII.23. - Luc. XIII. 11. - Act. XVI. 16.
4. Görres *Mystik,* Bch. VII., Kap. 27.
5. „Von den Mysterien." Absch. III. Kap. 26. Er redet hier von jener künstlichen Zauberei, die wir *gelehrte* Magie nennen; die eigentliche Zauberei, die allein Wirkung hervorbringt, hielt er für ein göttliches Werk.
6. Et profecto, si haec vera essent, nemo tutus esse posset ab inimico. At Deus hunc ordinem perniciosum tam facilem non posuit; sic sine armis exercitum Turcorum uno nutu deleremus. – Gut; allein wie! wenn die Türken ein Wunder im entgegengesetzten Sinne wirkten? Dies wäre die Geschichte von dem Hund und dem Fuchs in der Feenwelt, von denen der eine das Vorrecht hatte, immer zu packen, und der andere das, nie gepackt zu werden; nun aber geschah es, daß sie einander begegneten.
7. Deus intentator malorum est, ipse antem neminem tentat. (Jac. I. 13)
8. Von den Mysterien Abschn. III., Kap. 22.; – Absch. IV., Kap. 3. u. 4. Absch. VI., Kap. 5. usw.
9. Canon Episcopi. Ap. Baluse, tom. II. – Der Name Herodias bezieht sich hier auf gewisse, zum Teil heidnische Anschauungen jener Zeit, nach denen Tochter und Mutter zur Strafe für die Ermordung Johannes des Täufers verurteilt worden wären, bis an das Ende der Welt von Mitternacht bis zum Hahnenruf in den Wäldern umherzuirren. (cf. Görres VI. B. I. 3.)
10. Concil. III. Turon. capitul. XI.
11. Capitul. a Bernardo clarav. ad Eugen. II. delata.
12. Concil. Milan. 1586. – Tolos. 1590. – Burdegal. 1583. – Rothom 1581. – Trident. tit. de lib. prohib. regula IX.
13. Tertull. de Anima, cap. LVII. – Adv. Marc. 1. V. c. 16.
14. Chrysost. homil. XXI., et V. adv. Jud.
15. Epiph. Haeres. 1. I. tit. II. serm. III. – Aquin. II^a II^{ae} q. 96. a. 2. – Contra Gent. cap. CIV. et CV. – Ciruelo, Superstit. part. III. cap. 3. – Suarez, Relig. 1. II.
16. Origen. in Job. Vielleicht Johann von Jerusalem.
17. Augustin. de cura anima. – Tertull. De anima. – Athanas. oder der Verfasser der Untersuchungen, quaest. XI., XIII., XXXV.
18. Aquin. I. qu. CXVII. a. 4. – Benedict. XIV. De serv. Dei beatif. lib. IV. p. I. cap. XXXII.
19. Dan. II. 1-13.
20. Benedict. XIV. de serv. Dei beatif. lib. IV. pars I. cap. III. n. 7 et 11. – Aranco, Decis. moral. t. III. qu. 23. – August. ad q. q. Simpl. I. II. – Aquin. I q. CXVII. a. 4.

[21] De Maistre, Soirées de Saint-Petersb., XIe entretien.
[22] Fleury, Kirchengeschichte Bch. 98. cf. Dict. des sciences médicales, art. Contemplatifs. – Allat. De Eccles. I. II. cap. 17.
[23] Carver. Voyage dans l'Amérique sept. p. 200. – Nouv. Annales des voyages, tom. XXVII.
[24] Agrippa, geheime Philos. IV. Bch. – Mem. von Ramon in der Gesch. von Alph. v. Ulloa. – Acosta, Gesch. Westindiens, V. Bch. 26. Kap. – Scaliger, Exercit. CLIV. – Mathiol. Epistol. I. III. – Cardan, Subtil. lib. VIII.
[25] Schöfer, Gesch. Lapplands. – Olaus, Gesch. der Sitten nordischer Völker. – Johnson, A journey to the West-Islands of Scott. – Saxo, Hist. de Danemark.
[26] Hue, Reise nach Tibet, I. Bd.
[27] Castabala, eine zerstörte Stadt im zweiten Cilicien, im Patriarchat Antiochia.
[28] Jamblich. De Myster. sect. III. cap. 4.
[29] Görres, VIII. Bch. III. 1. e.
[30] Jamblic. de Myster. sect. III. cap. 5.
[31] Fontanella, Geschichte der Orakel – Baltus, Erwiderung auf die Geschichte der Orakel.
[32] Annuntiate nobis, quae ventura sunt, et sciemus, quia dii estis vos. (Is. XLIV.)
[33] Fransoz. de Divinitat. cap. II – Jaquelot. IVe Dissertation sur l'existence de Dieu.
[34] August. de Ecc. dogm. cap. LXXXI. – De Trinit. lib. III.; de natura daemon. – Anselm. in VI. Matth. – Cassian. Coll. VII. cap. 15. – Tertull. contra Mar. lib. V. – Theodoret. Exposit. X. in Daniel., in Ezech. – Aquin. 11e 11ae LXXXV. a. 6 et 7. – Chrysost. hom. VIII. in Joann. – Castro de Haeret. punit. 1. I. – Suarez de Relig. I. II. – Bei den Fällen von Besessenheit werden wir Beispiele im entgegengesetzten Sinn finden.
[35] Bened. XIV. De S. Dei beatif. lib. IV., I. pars, cap. XXVI. N. 7.
[36] Cyrill. Comment. in Isai lib. IV. orat. 2. – Prudent. in Apoth. – Justin. Quaest. et Resp. – Athan. de Incarnat.
[37] Stromat. lib. III.
[38] Cicer. de Divinat. – Juvenal, satir. VI. – Lucan. lib. V. v. 165. – Porphyr. apud Euseb. Praepar. lib. V.
[39] De falsis prophet. Inter opera J. Gerson.
[40] Justin. Apolog. – Tertull. Apolog. – De Spectac. cap. 19. – Lactant. de Divinis inst. lib. IV. cap. 27.; lib. II. cap. 15,; lib. V. cap. 21. – Cyprian. de Idol. vanit. – Contra Demet. – M. Felix, Octav. – Athanas. de Incarnat. – Euseb. Praep. Evang. – Hieron. Epist. XLIV. ad Marcell. – Arnob. – J. Firmic. de errore profan. relig. – Greg. Naz. – Uterque Cyrill. Cateches. sect. XIII. cap. 4. et contra Julian.
[41] Görres, Mystik, Bd. III. S. 301.
[42] Apulejus, Apologie, S. 288. Amsterd. Ausg. 1624.
[43] Görres, Mystik, Bd. III. S. 339.

Erstes Kapitel

1. Quid est homo, quod memor est ejus, aut filius hominis, quoniam visitas eum? Minuisti eum paulo minus ab angelis, gloria et honore coronasti eum, et constituisti eum, super opera manuum tuarum. Omnia subjectisti sub pedibus ejus. (Ps. VIII. 5.) – Der heilige Paulus scheint die obige Ansicht durch die Art und Weise zu bekräftigen, wie er diese Stelle im ersten und zweiten Kapitel seines Briefes an die Hebräer erklärt. Er stellt sich auf den Standpunkt der Synagoge und bezieht auf das göttliche Wort, was sie von dem ersten Sepphiroth, dem Glanz Gottes, der Form seiner Wesenheit sagt, der zugleich das Urbild des irdischen Adams sei. Nun aber sagt er, gebot Gott, als er ihn in die Welt einführte, seinen Engeln, ihn anzubeten; und im Hinblick auf dies hält er der Synagoge den 96. Psalm vor, den sie selbst als messianisch anerkannte.
2. Si enim Deus angelis peccantibus non pepercit, sed rudentibus inferni detractos in tartarum tradidit cruciandos, in judicium reservari ... (II. Petr. II. 4.) – Nescitis quoniam angelos judicabimus? (I. Cor. VI. 3.) – Ille antiquus hostis, qui Deo esse per superbiam similis concupivit, dicens: In coelum conscendam, super astra coeli exaltabo solium meum, similis ero Altissimo; dum in fine mundi in sua virtute relinquetur extremo supplicio perimendus, cum Michaele archangelo praeliaturus esse perhebitur, sicut per Joannem dicitur. (Gregor. papa, homil. 34. in Ev. N. 9.)
3. G. Myst. B. III. S. 6–12.
4. Deus creavit hominem inexterminabilem ... invidia autem diaboli mors introivit in orbem terrarum. (Sap. II. 23.) Homo sic fuerat creatus ut si vivere sine peccato voluisset, sine termino viveret. – (August. de Verb. apost. serm. 172.)
5. Gen. 3, 15.
6. Gen. 4, 9.
7. Gen. 4, 14.
8. Dixitque Lamech uxoribus suis Adae et Sellae: Audite vocem meam: ... quoniam occidi virum in vulnus meum, et adolescentem in livorem meum. (Genes. IV. 23.) Sed et Seth natus est filius, quem vocavit Enos: ille coepit invocare nomen Domini. (Genes. IV. 26)
9. Repleta est terra iniquitate a facie eorum, et ego disperdam eos cum terra. (Genes. VI. 13.)
10. Görres, Mystik, Bd. III., S. 12.
11. Die erstaunliche Masse der Trümmer des babylonischen Turms, über welche bald fünftausend Jahre dahin gegangen sind, und welche noch jetzt einen Berg bilden, gewährt die klarste Vorstellung von dem ungeheuren Umfange des Baues, der bereits zustande gekommen war.

Zweites Kapitel

1. Görres, Mystik, Bd. III. S. 616.
2. Görres, Mystik, Bd. III. S. 296.

³ Cf. Cureau de la Chambre: L'art de connaitre les hommes. – Montègre Diet. des sciences mèd. art. Chiromancie. – Virey. ibid. art. Main.
⁴ Quis posuit in visceribus hominis sapientiam? Vel quis dedit gallo intelligentiam? (Job. XXXVIII. 36.) – Qui in manu omnium hominum signat, ut noverint singuli opera sua. (Ibid. XXXVII. 7.) – Num quid conjugere valebis micantes stellas Pleiadas, aut gyrum Arcturi poteris dissipare? (Ibid. XXXVIII. 31.) Qui facit Arcturum et Oriona, et Hyadas, et interiora Austri. (Ibid. IX. 9.)

Drittes Kapitel

¹ Görres, Mystik, Bd. III. S. 616 ff.
² Ecce, qui serviunt ei non sunt stabiles, et in angelis suis reperit pravitatem. (Job. IV. 18.) Si fuerit pro eo angelus loquens, unus de millibus, et annuntiet homini aequitatem. (Ibid. XXXIII. 23.) Factum est autem, cum quadam die venissent filii dei, et starent coram Domino, venisset quoque Satan inter eos, et staret in conspectu ejus, ut diceret Dominus ad Satan: unde venis? Etc. (Job II.)
³ In horrore visionis nocturnae, quando solet sopor occupare homines, pavor tenuit me et tremor, et omnia ossa mea perterrita sunt; et cum spiritus me praesente transiret, et inhorruerunt pili carnis meae. Stetit quidam, cujus non agnoscebam vultum, imago coram oculis meis, et vocem quasi aurae lenis audivi. (Job. IV. 13.)
⁴ De civitatibus fecerunt viros gemere, et anima vulneratorum clamavit, et Deus inultum abire non patitur. (Ibid. XXIV. 12.) Vox sanguinis fratris tui clamat ad me de terra. (Genes. IV. 10.).
⁵ Nec est alia natio tam grandis, quae habeat deos appropinquantes sibi, sicut deus noster adest cunctis obsecrationibus nostris. (Deuter. IV. 7.)
⁶ Omnes dii gentium daemonia, Dominus autem coelos fecit. (Ps. XCV. 5.)
⁷ „Die Kretenser, weil Sklaven eines schändlichen Lasters, ersannen die Sage von Ganymedes, um sich mit dem Beispiel Jupiters zu beschönigen." (Plato, von den Gesetzen I. 8.) Auch behaupteten sie vielleicht aus diesem Grund, daß Jupiter ihrem Land angehöre.
⁸ Quia cum cognovissent Deum, non sicut Deum glorificaverunt, aut gratias egerunt; sed evanuerunt in cogitationibus suis, et obscuratum est insipiens cor eorum ... propterea tradidit illos Deus in passiones ignominiae (Rom. I. 21.)

Viertes Kapitel

¹ Görres, Mystik, Bd. III. S. 598.
² Malki-Saadik oder Melschisedech bedeutet König Saadik. (Gen. XIV. 18.)
³ Gen. XXXI. 33. ff.
⁴ Genes. XII. 1.; XIV. 18.; XX. 4.; XXVI. 28.; XXX. 27.; XXXI. 19, 30, 49.; XXXV. 1, 4.
⁵ Genes. XI. 1.; XLI. 1, 45.; XLIV. 5.

[6] Exod. III. 13.
[7] Ibid. XXXII. 4.
[8] Exod. XX. 3. (cf. Lev. XXVI. 1.; Deut. IV. 15.; Jos. XXIV. 14.; Ps. XCVI. 7.)
[9] Ibid. VII.11. Der heilige Paulus nennt die vornehmsten dieser Zauberer: James und Mambres. (II: Timoth. III. 8.)
[10] Num. XXII. 5. sequ.
[11] In Betreff der *Zauberkünste*, welche damals in Palästina und dem Land Kanaan geübt wurden, sehe man Levit. XIX. 26.; XX. 6, 27. – Deut. XVIII. 10. – Sap. XII. 4. In Betreff der *Bauchredner* Js. XXIX. 4. – Septant. Deut. XVIII. etc. – Augustin., De doctrina chr. sup. cap. XVI. Act. In Betreff der *Moloche* oder Öfen zum Verbrennen von Kindern Js. LVII. 5, 6. – II. Reg. XXII. 5. Hier scheint *torrentes* oder *torrere* zu kommen, und diese Erklärung stützt sich auf bekannte Gebräuche des Landes Kanaan, wovon zudem noch Denkmale vorhanden sind.
[12] Epiph. Haeres. I.
[13] Levit. XXVI. 30 – Js. XXVII. 9. – IV. Reg. XXIII. 5. – Os. X. 5. Soph. I. 4. Der heilige Hieronymus übersetzt dieses Wort auf verschiedene Weise, am gewöhnlichsten aber mit Baalstempel, was eben „Piräe" bedeutet.
[14] Herodot, Homer.
[15] Jamblich. Vit. Pythagor.
[16] Strabo XIV. Bch.
[17] Herodot VIII.; Pausan. X. 5.; Laërt.
[18] Philipp. IX. B.
[19] Der Schol. des Aristoph. Ad Pac. v. 1071.
[20] Herodot, I. IX. c. 92.
[21] Pausan. I. IV. c. 15.
[22] Diodor. I. XII. n. 9.
[23] Herodot. I. IX. c. 32.
[24] Pausan. I. III. c. 11.
[25] Canon, Narrat. VI, p. 249.
[26] Herodot. I. IX. c. 33.
[27] Meurs. ad Phlegon. Chap. IV.
[28] Aristophanes, in den Komödien *die Ritter* und *der Friede*.
[29] Böckh. Pindar, VI. Olymp. Gesg.
[30] Frèret. *Denkwürdigkeiten von den Sibyllen* und unsere Abhandlung über denselben Gegenstand. Der älteste Teil unserer heutigen sibyllinischen Bücher ist das Werk des Juden Aristobulus, zwei Jahrhunderte vor Christus.
[31] Herodot. VII. Philochor. in Ranis Aristoph.
[32] Ezech. 21, 21.

Fünftes Kapitel

[1] Görres, Mystik, Bd. III. S. 519-523.
[2] Kircher, Oedip. Aegip. – Bochart, Kanaan, Bch. I. K. 1. u. 12.
[3] Apollon. Argonaut. Bch. I. V. 915.

[4] Aelian, Bch. III. – Varro. Bch. II. – Servius, Aeneide, Bch. II. V. 325.

[5] In der koptischen Sprache bedeutet Osiris – Baumeister; daraus ersieht man, daß die Freimaurer nichts erfunden haben. Proklus behauptet in seiner Abhandlung über den Timäus, Bch. V., daß nach Orpheus, von dem er ein Bruchstück anführt, Osiris die tätige und Isis die leidende Kraft der Natur sei. All dies ist ganz schön, allein Proklus verwandelte als heidnischer Philosoph der neuplatonischen Schule die schmutzigsten Dinge des Heidentums in Allegorien. Man darf darum den Osiris*dienst* nicht mit den Osiris*mysterien* verwechseln.

[6] Pausan. Böot. c. XXX. – Herodot. lib. II., c. LXXXI.

[7] Plato de leg. lib. VI. – Freret Denkw. über den Bacchusdienst. Akd. Bd. XIII. Ältere Serie.

[8] Tit. Liv. Decad. IV. I. IX.

[9] Nisi meretricina continerent, cur non manifestarentur? (Clemens Alex.) – Qui male agit, odit lucem ... ut non arguantur opera ejus. (Ev. Joann. III. 20.)

[10] Jul.: Firmic. Profan. Relig. Ad lib. I. Theb.

[11] Varr. I. VI. c. 1. Cicero. De natura deor. c. 42.

[12] In Bactr.

[13] L. II. c. 51.

[14] In Protrep.

[15] In comm. antri. nimph. ex XIII. Odyss.

[16] Cf. Clem. Alex. Exhort. ad gentes. – Eusebius, Leben Const. – Jul. Firmic. Error. profan. relig. – Lucian, de Myster. Adonid. – Juvenal. Sat. VI. – Epiph. de Fide cathol. I. III. – Augustin. de Civitate 1. V. et VII. – Ptolem. Tetrad. 1. I. – Herodot. 1. II. c. 48. – Arnob. 1. V. – Aelius Arist. Orat in Bacch. – Tatian, Poema ad senatorem, inter opera sancti Cypriani.

[17] Dion. 1. XL.

[18] Valer. Max. 1. I. c. 3.

[19] Tacit. Annal. 1. II. – Dion. 1. LIV.

[20] Joseph. Antiq. Jud. 1. I. c. 5. – Sueton in Tiber. c. 36.

[21] Salve sponse, salve novum lumen.

[22] L. III. c. 6.

[23] De natura deorum, 1. III.

[24] Predigten, XII.

[25] Metam, 1. XI. Die Wolfsfußlampe der Freimaurer ist eine schwache Erinnerung daran, also kein Fortschritt! –

[26] Tertull. de Corona. – Idem de Praescript.

[27] Praepar. Evang. 1. I. c. 10.

[28] Apul. Metam. 1. XI. circa finem. Einige Stellen weiter enthüllt er auch die Zeremonien seiner Einweihung in die Mysterien der Isis und Osiris, jedoch mit der vorsichtigsten Zurückhaltung.

[29] Fréret, Mem. über den Bacchusdienst. – Brucker und Moshein haben diesen Gegenstand besser behandelt.

[30] Buch III. K. 58.

Sechstes Kapitel

1. Pausan., 1. X. – Plutar., Orac. Pyth. – Lucanus, Phars. 1. V. – Hesiod., Theogon. v. 50. – Cf. Thebaid. 1. IV. – Aeneid., cant. VI. – Plato in Menon. – Cicero de natura deor. – Aupulej., Metam. 1. II. – Jamblich., Myster. c. 25. – Plin., Hist. nat. lib. II. cap. 25.
2. Pharsal. 1. VI.
3. Epod. od. V.
4. Vit. Juliani, 1. III.
5. Orat. III.
6. Ille homicida erat ab initio, et in veritate non stetit, quia non est veritas in eo, cum loquitur mendacium, ex propriis loquitur. (Joann. VIII. 44.)
7. Damascus, ap. Phot. in Biblioth. cod. 242. – Jamblichus spricht davon in noch deutlicheren Worten, *de Myster.* Absch. III. K. 14. Er nennt diese Kunst eine göttliche Offenbarung.
8. Dan. 1. II. v. 2.
9. Quae omnia aetate nostra princeps Nero vana falsaque comperit ... immensum et indubitatum exemplum est falsae artis, quam dereliquit Nero (Plinius.)
10. Eurip. Iphigen. auf Tauris, V. 476.
11. Röm. I. 26. ff.

Siebentes Kapitel

1. Görres, Mystik, Bd. IV. 2. S. 50.
2. Ezech. c. VIII. v. 8-16.
3. Görres, Mystik, Bd. IV. 2. S. 7.
4. Offenb. 13, 17. u. 18.
5. Exod. XIII. 16. – Deuter. VI. 8. – XI. 18.
6. Scribesque ea in limine et in ostiis domus tuae. (Deuter. VI. 9.) Scribes ea super postes et januas domus tuae. (Deuter. XI. 20.)

Achtes Kapitel

1. Taceam de formidoloso et horribili cepe, et crepitu ventris inflati, qui pelusiaca religio est. (Hieron. in Is. Lib. XII. cap. 46.)
2. Man findet noch heute heilige Leichenstätten mit Tausenden von Mumien dieser im Dienste der Religion einbalsamierten Götter angefüllt.
3. Hi autem qui erant de Sepharvaim, comburebant filios suos igni Adramelech et Anamelech, diis Sepharvaim. (IV. Reg. XVII. 31.)
4. Levit. XX, 3. 4. – IV. Reg. XXIII, 10. – III. Reg. XVIII, 28. –
5. Wenn man es lieber von dem griechischen Wort Χαρις ableitet, so bezeichnet es noch weniger; denn dies bedeutet Heiterkeit und Anmut. Die Worte Tugend, Sitten, Nächstenliebe gehören ausschließlich dem Christentum an.

Neuntes Kapitel

1. Görres, Mystik, Bd. III. S. 523-42.

² Diodor. 1. III. – Aelian. de natura animae 1. X. c. 31.
³ Annalen der Verbr. des Glaubens, Bd. II., V.
⁴ Hue, Reise nach Tibet, 1. B.

Zehntes Kapitel

¹ Görres, Mystik, Bd. III. S. 27. ff.
² Cf. Matter. hist. du gnostic. – Massuet, Introduct. à saint Irénée. – Vitringius, Observat. sacr. 1. V. c. XII. – Acta erudit. Lips. anno 1712. – Hooper, de Valentin, haeres. conject. – Clement., Recognit. 1. I. c. II. – Nicephor., Hist. eccl. 1. II. c. XLVII. – Ignatii epist. ad Trall.
³ Clement Recognit. 1. II. – Nicephor. Hist. eccl. 1. II, c. XXVII.
⁴ L. I., c. XXV.
⁵ Histor. I. II.
⁶ 1. IV., c. VII.
⁷ Nicephor. 1. V., c. XXIV.
⁸ Görres, Mystik, Bd. III. S. 30.
⁹ Ibid.
¹⁰ Sozom. 1. VII., c. XI.
¹¹ Epiphan. Haeres. 1. I., c. 8. u. 9.
¹² Irenae., Haeres. 1. I., c. 8., 9. u. 15.
¹³ Görres, Mystik, Bd. III. S. 38.
¹⁴ Irenae. 1. I., c. 3. 8. 13. 1. XXV., c. VI. – Tertull. de Praescript. c. XLI. – Cypr. Epist. LXXV. – Epiph. Haeres. 1. I.; 1. XLII., c. 4.
¹⁵ Paßeri hält dies für ein ursprünglich ägyptisches Wort. – Joan. Bapt. Passerius de Gemmis stelliferis t. II. p. 222.
¹⁶

A	B	R	A	X	A	S
1	2	100	1	60	1	200
M	E	I	T	R	A	S
40	5	10	9	100	1	200

¹⁷ Iren. 1. I. – Epiphan. 1. I., c. 3. u. 45.
¹⁸ Görres, Mystik, Bd. III. S. 34.
¹⁹ Ibid. S. 29.
²⁰ Omnem illi honorem contulerunt faeminae, puta et barbam, ne dixerim caetera (Tertull. advers. Valent. c. 11.)
²¹ Görres, Mystik, Bd. III. S. 29.
²² Augustin. Haeres. VI.
²³ De Hammer, Mémoire sur deux coffrets gnostiques.
²⁴ Serpentem, fluctuosam intestinorum positionem imitantem, ostendere genitalem sapientiam ... (Theodoret. Haeretic. fabul. 1. I., c. 13.)
²⁵ Justin. Apol. II. – August. Haeres. – Cyrill. Hieros. Cath. XV. – Epiphan. Haeres. – Natalis Alex. sub. II. secul. art. II. et seq.
²⁶ Görres, Mystik, Bd. IV. S. 14. u. Bd. III. S. 29. ff.
²⁷ Augustin. Haeres. c. XLVI. et passim. – Epist. fundam.
²⁸ Signa oris, manuum et sinus. (Augustin.) – Manicheorum alter alteri obviam factus, dextras dant sibi ipsis signi causa. (Epiphan.)

[29] Epist. 91. ad Turb. episc. Hisp.
[30] Institut. Hist. christ. II^a pars. cap. 2. – Cf.: August. Haeres. cap. 46. – Bayle, Dict. crit., art. Manichée. – D'Heberlot, Bibl. orient., art. Manichée. – Matter, Hist. du Manich. sect. III. c. 3.
[31] Lex V. tit. VIII.; Lex VI.
[32] Lex III. tit. VIII.
[33] Novella LXV.
[34] Sulpit. Sever. Histor. sacr. 1. II. c. 46. – Iren. 1. I. c. 9. – Hieron. epist. XXIX. ad Theol.; advers. Pelag.; ad Ctesiph.
[35] Cf. Maimbourg. Hist. de St. Leon, 1. I. – Thomassin, de l'unité de l'Eglise, t. I. pag. 339. – Cod. Justin., lex. V. De haeret.
[36] Cedren. t. II. p. 480 et 541. – Bousset, Hist. des Var. 1. XI. N. 13.
[37] Bousset, Hist. de Var. 1. XI. N. 14.
[38] Lambert. Daneau, Notae in haeres. August. cap. 46. – Bayle, Dict. crit. art. Marcion.
[39] Haeret. fabul 1. I. c. 24.
[40] Görres, Mystik, Bd. III., S. 82.

Elftes Kapitel

[1] Θεων θεραπειαν (Verehrung der Götter.)
[2] Divinat. 1. I. c. 41.
[3] Hist. 1. V.
[4] Athénée 1. VI.; Strabo, Geogr.
[5] Görres, Mystik, Bd. IV. 2. S. 100.
[6] Frey, Admiranda Gall. c. X. – Plin., Hist. nat. lib. XXIX. c. 3. – Malouet, Voyage en Guayane, art. d'Iracubo.
[7] Görres, Mystik, Bd. III. S. 210-233.
[8] Canciani, Leges barbaorum antiquae, t. III. p. 91.
[9] Collect. de D. Bouquet, t. IV. p. 136. – Canciani, leges barbarorum antiquae. – Lindembrog, Codex legum antiquarum, in lege Salica, t. XXI., XXII., LXVII. etc.
[10] Nullatenus est credendum, nec possibile est, ut hominem mulier vivum intrinsecus possit comedere. (Lex Rotharic. c. CCCLXXIX.) – Görres Mystik, Bd. III. S. 60.
[11] Hereburgium. Görres, Mystik, Bd. III. S. 60.
[12] Ubi striae *cocinant*. Man findet auch die Lesart *cocinant* und sogar *concinant*. Es handelt sich hier um jenen Giftkessel, dem wir später wieder begegnen werden.
[13] Lex Ripuar. t. 88.
[14] Lex Wisigoth. 1. IV. et VI., t. 2. N. 1, 3, 4. – Görres Mystik, Bd. III. S. 60.
[15] Lebeuf, Mem. de l'Acad. des inscr. t. XVII. p. 723.
[16] Vita S. Eligii (par St. Ouen), II. part. c. 15.
[17] Görres, Mystik, Bd. III. S. 82.
[18] Ibid. S. 83.

[19] Diese Liste: Indiculus superstitionum paganicarum, betitelt, führt gegen dreißig abergläubische Gebräuche auf. Canciani hat sie sehr ausführlich erklärt; was er von ihnen sagt, ist ebenso interessant als geistreich und verdient gelesen zu werden.

[20] Görres, Mystik, Bd. IV. 2. S. 458.

[21] Capitul. Herardi, Turon episc. anni 858.; Baluz. p. 1288.

[22] Capitul. Pippini regis, apud. Baluz. p. 540.

[23] Capitul. Carol. Mag. anni incerti Baluz. p. 518.

[24] Capitul. Carol. Mag. pro part. Sax. cap. 6. Baluz. t. I. p. 251.

[25] Baluz. Capitul. reg. Franc. Carol. Mag. anni 769, p. 191; anno 805, p. 428; – 796, p. 220; – 789, p. 235; – incert. P. 518, 929, 1040; – tom. II, anno 799, p. 242; – 789, p. 254; – incert. p. 997, 1104. – Pippini reg. ann. 793, p. 539, 504; – incert. P. 1143. Hludov. Pii, ann. 827, p. 707; incert. p. 713, 961, 1104.- Caroli Calv. ann. 870, p. 230 etc.

Zwölftes Kapitel

[1] De Gest. Franc. 1. IV. c. 34.

[2] A la Bibl. nat. M. S. No. 2447, p. 134.

[3] Hist. gentis Anglorum, 1. V., c. 13.

[4] Hincmar. Epistol. t. II., p. 805.

[5] Delauony, Bd. II., Th. II., p. 324.

[6] Hist. univ. 1. VIII.

[7] Görres, Mystik, Bd. III., S. 90.

[8] Aymon 1. III. – Regino Prum. 1. I. – Siegbert. sub anno 585. – Heidfeld. in Spinge, c. XIV.

[9] Helinand, Chronic, 1. XIII.

[10] Chronic. S. Max. Bouquet, t. IX., p. 9. – Glaber-Radulph. Histor. 1. II. – Duchesne, t. IV. p. 7. – Collect. de Bouquet t. X., p. 271; XII., p. 3. – Ord. Vit. Hist. 1. I. et VII. – Bouquet. t. X., p. 470. et 496.

[11] Görres, Mystik, Bd. III., S. 47.

[12] Libr. contra vulgi opin. de grandine ... in bibl. vet. Patr. Marguerin de la Bigne, t. XIII.

[13] Görres, Mystik, Bd. III., S. 47.

[14] Görres, Mystik, Bd. III., S. 48. u. IV. 2., S. 458.

[15] De divort. Lotharii ... ad. XV. Respons.

[16] Görres, Mystik, Bd. III., S. 51.; Bd. IV. S. 2., S. 91.; 410 u. 460.

[17] Görres, Mystik. Bd. III., S. 115 Anmerk. 2. u. Bd. IV. 2., S. 69, 70.

[18] Trithem. Chronic. Hirsaug. t. I., ad. ann. 879.

[19] Hist. 1. X., cap. XXV.

[20] Apud Baluz. Append. ad capitul.

[21] Baluz. p. 1288.

[22] Sigebert. Chronic. sub anno 847. – Annal. Fuld. – Camerar. Medit. hist. c. III.: cap. 10. – Selhorn. Amaenit. litter. t. IX., p. 779.

[23] Mem. sur la Cabale, par de la Nause, dans les Mem. de l'Acad. des inscr.

[24] Epist. Agobardi ad Barthol. Narbon. – Epist. Amulonis ad Theobald. episc. apud. M. de la Bigne, t. II. – Lettres théol. de D. de la Teste sur les convulsions.
[25] Parthenopues de Blois, vers 4581 et suiv.
[26] Ymage du monde. (Bild der Welt.)

Dreizehntes Kapitel

[1] Illust. miracul. 1. V. c. 4.
[2] De Script. eccles., et Chronic. Hirsaug. t. II.
[3] Parthenopeus de Blois, vers 5873 et suiv.
[4] Görres, Mystik, Bd. III. S. 166.
[5] Görres, Mystik, Bd. III. S. 94. ff.
[6] Görres, Mystik, Bd. III. S. 116.
[7] Les faits merveilleux de Virgile. 8. Paris. Nivard. Der große d'Aussy behauptet, (Fabeln und Erzählungen 1. B. Note bez. des Klageliedes des Hippokrates) daß dieser Roman jünger ist, als das Klagelied des Hippokrates. Allein im Gegenteil hat der Erstgenannte vielmehr dem Klagelied des Hippokrates und dem des Aristoteles als Grundlage gedient.
[8] Scriptores Brunswic. op. Leibnitz, tom. II. p. 695. – Vita S. Guillelmi apud Bolland. t. V. Junii. – Walt. Mapp. ap. Wrigt. – Salisber. Polyerat. p. 14. – Du Méril, Mélang. Arch.
[9] Görres, Mystik, Bd. III. S. 127 ff. und S. 623 ff.
[10] „Wundersame und klägliche Geschichte von Johann Faust, dem großen und schrecklichen Zauberer und sein entsetzlicher Tod."
[11] Bromton, int. Script. decem, col. 856 et 857.
[12] Helinand, 1. XLVI. t. VII. Bibl. Cisterc. – Benon, Vita Hildebr. 1. II. – Siegebert, sub anno 995. – Vincent. Bellovac. in Specul. hist. P. IV. I. XXV. c. XCVIII, – Mart. Polon., Chronic. – Willelm. Malm., 1. II. c. 8. – Eximius Gerbert, injuriis ... liberatus, Thesis a Joann. Conrad. Spoerl, Altdort 1720, 4°.
[13] „A tant s'en va Joseph, luy et sa mesgnie" sagt der Verfasser des heiligen Grals. – „Tant mieux" sagt Nabon zu Tristan v. L. „Car tonjours portay hayne à ta maignée; à la mort ores es-tu venu."
[14] Görres, Mystik, Bd. III. S. 92.
[15] Order. Vital. Hist. univers. 1. VIII. – Petr. Blez. Epist. XIV.
[16] Görres, Mystik, Bd. III. S. 80, 88 ff.
[17] Plin. de superst.
[18] Görres, Mystik, Bd. III. S. 356-430.
[19] Demarchangy, Tristan le Voyageur, t. II. c. 35.
[20] Marten. Anecdot. t. IV. col. 257. – Ducange, Glossar, art. Diana et Suppl., art. Holda. – Burchard, lib. XIX., fol. 270, V°. – Görres, Mystik, Bd. III. S. 49.
[21] Tabourot, Bigarrures. – Chifflet. – Bodin. Demonom.
[22] Nec retro lego soradem cynedum.
[23] Des Accords, Bigarrures 1. IV. – Amélie Bosquet, La Normadie romanesque et merveilleuse, ch. XV.

[24] De la Villemerqué, Chants populaires de Bretagne. – Dumège, Monuments religieux des Volces. – De Lincy, Le livre des legendes, appendice V. – Walknàer Dissert. sur les contes n° 3. – Liquet, Hist. de Normandie t. I. etc.

[25] Görres, Mystik, Bd. III., S. 283.

[26] Wir möchten fast vermuten, daß all dies in den Bereich der Steganographie (geheime Zifferschrift) hinüberspielt. Diese Kunst aber ist eine Tochter der kabbalistischen Magie.

Vierzehntes Kapitel

[1] Clem. Rom, de Rebus gestis Petri. – Die Karpokratianer, Cataphrygier und Peputianer feierten die Eucharistie auf ähnliche Weise und dieser Ritus ging bis auf Simon den Magier zurück. (Epiph. Haeres. 27. et 48. – Augustin. Catalog. haeres.)

[2] Görres, Mystik, Bd. IV. 2., S. 23-50.

[3] Die ambrosianische Bibliothek enthält mehrere über dieses Thema geschriebene Abhandlungen, welche Muratori kommentiert hat.

[4] Adhemar. apud Labbe, Nov. Bibl. t. III., p. 167.

[5] Ibid. sub. anno 1025.

[6] Glaber Radulph. 1. III:, c. 8.

[7] Görres, Mystik, Bd. III., S. 30, 42.

[8] Petr. Sicul. in Bibl. Patr. edit. Lugd. t. XVI. – Harmenop., lib. De sectis in Bibl. Patr. edit. Paris. t. XI. – Concil. III. Lateran. Cap. 23. – Concil. Tolos. anni 1119 c. 3. – Eothym. Panopl. P. II., t. XXIII.

[9] Everv. Steinfeld. litt. ad Bernard Clarav. – Hug. Metell. – Godefr. monach. sub anno 1163. – Trithem. in Chronic., sub eod. anno.

[10] Bonacurs. Epist. ap. d'Achery in Spicileg. t. XIII., p. 63.

[11] Cesar Heisterbach. Illustr. miracul. 1. V., cap. 18. – Reyner in Summa.

[12] Radulph. Cogeshal. in Hist. – Wil. Neubridg. – Wil. Brito in Philipp. ap. Dachesne, t. V., p. 102.

[13] W. Neubrid, de Rd. Angl. 1. II., cap. 13. – Polyd. Virg. sub anno 1166. – Matt. Paris, sub eod. anno. – Petr. Monach. cap. 3.

[14] Monach. Altiss. sub eod. anno.

[15] Concil. Senon. ap. Marguerin de la Bigne.

[16] Apud Labbe t. X., p. 1470.

[17] Görres, Mystik, Bd. III. S. 31.

[18] Wil. Brito. De gestis Philippi Augusti, apud Duchesne, t. V., p. 72. Wil. Nangis sub anno 1183, in Spicileg. t. XI., p. 451.

[19] Matt. Paris sub anno 1234.

[20] Görres, Mystik, Bd. III., S. 51.

[21] Chronic. Belg. 1. XXII., c. 14. Albert. Stadt. Chronic.

[22] Vincent. Bellov. Specul. histor. 1. XXIX., cap. 26. – Guib. Novig. De vita sua 1. III., c. 16.

[23] Polyd. Virg. Hist. Angl. 1. XIII., No. 10. – Matt. Paris, sub anno 1166 No. 10.

[24] Alberic. Chronic. sub anno 1160.
[25] Albert. abb. Stadt. Chronic.
[26] Görres, Mystik, Bd. III. S. 52.
[27] Alberic. Chronic. sub anno 1233. – Trithem. Chronic. Hirsaug. sub eod. anno.
[28] Illustr. Mirac. 1. V:, cap. 48. – Epist. Heriberti monachi apud Mabillon, Analect. t. III., p. 467.
[29] Görres, Mystik, Bd. III., S. 51.
[30] Raynaldi, Annal. 1. XIII. p. 447. ad ann. 1234.
[31] Der Papst redet hier nach offenbar übertriebenen Berichten.
[32] Görres, Mystik, Bd. IV. 2., S. 270 ff.
[33] Das nämliche Gefühl eisiger Kälte findet sich in einer Menge Berichte über Ausübung der Magie erwähnt. Wäre dies wohl satanische Anschwängerung?
[34] Ivonnet in Summa, part. V., cap. II.
[35] Matt. Paris sub anno 1243 N. 40.
[36] Guib. Novig. De vita sua. 1. XIII.
[37] Hält man diese Tatsache mit dem Hexenbad zusammen, wovon später die Rede sein wird, so muß man gestehen, daß unter diesen Erscheinungen ein satanischer Charakter sich birgt.
[38] St. Bernard. sermo 65. in Cantic.
[39] Das von Ladislaus im Jahr 1506 übergebene Glaubensbekenntnis. – Ein zweites Bekenntnis vom Jahr 1573. – Die apologetische Schrift von 1532. – Der Brief v. Calvin v. 1560 unter dem Buchstaben Calv. N. 298.
[40] Balthasar Lydius, Waldensia. t. II. p. 117.
[41] Bossuet, Hist. des variat. 1. XI.
[42] Petr. Pilich. in Bibl. Patr. t. IV. P. II. p. 777.
[43] Eymer. in Direct. Inquisit. P. II. p. 278.
[44] Richard Roussat, Rapsodie d l'estat et mutation des temps. – Görres, Mystik, Bd. III. S. 58.
[45] Petr. Pilickdorf.
[46] Tritheme, Chronic. hirsaug. t. II.
[47] Per *eum*, qui venturus est judicare vivos et mortuos et saculum per ignem.
[48] Eccard, Scriptores med. aetat. t. II.
[49] Will. Nang. in Vita S. Ludovici, sub anno 1251. – Id. in Chronic. sub eod. ann. – Tillemont, Vie m. s. de St. Louis sous l'an 1551.
[50] Es war in der Tat die Hexerei in all ihrer Kraft.
[51] Görres, Mystik, Bd. IV. 2. S. 213 ff. und S. 248 ff.
[52] Antiquité dévoilée, 1. III. c. 8.
[53] Görres, Mystik, Bd. IV. 2. S. 218.
[54] Görres, Mystik, Bd. IV. 1. S. 198.
[55] Laguna, Comment. in Diosc. 1. LXXVI. c. IV. – Bodin, Démonom. 1. II. c. V. – A Porta, Prognostic. c. XXVI. – Alciat, Paraeagor. 1. III. – Cajetan, quaest. CVI. II^a, II^{ae}, art. 3. – Remy, Daemonol. 1. II. c. IV. – Gassendi, Physique, 1. VIII. ch. VIII. – Nider, Formicarium, 1. II. c. IV. – Godel-

mann, de Magis, lib. II. cap. 4. – De l'Ancre, liv. II. p. 97. – L'lorente, Hist. de l'inquisition, t. III.

[56] Bodin, Démonom. – De l'Ancre Incrédulite du sortilége. – De Saint-André. Lettres sur la Magie. – Spina, Fortalit. fidei. – Arréts du Parlament de Paris des 25 Octobre 1593, août 1603, 29 Avril 1608; 17 Novembre 1609, 4 Février 1615, 17 Mai et 10 Octobre 1616.

[57] Görres, Mystik, Bd. IV. 2. S. 213, 248, 282 ff.

[58] Capital. pro part. Sax. cap. VI. – Lex Longobard. – Ducange, Glossar. verbo Masca. – Ménage, Etymol.

[59] Görres, Mystik, Bd. IV. 2. S. 260 ff.

[60] „Abrenuncias diabolo et omnibus diabolo *gildis?* – Abrenuncio." Canciani, Collect., legum artiq. Barbar. t. III.

[61] Polycrat. 1. II. c. 17. – Du Cange, Glossa. art. Diana.

[62] Ad instar litaniae nomina daemonum declamabant.

[63] Li romans de Fauvel, Bibl. Nat. m. s. n° 6812 fol. XLIII., description du chalivali.

[64] Acta Sanct. Bolland. 19. Febr.

[65] Görres, Mystik, Bd. IV. 2., S. 471 ff. u. Bd. III., S. 264-273.

[66] Augustin. Civit. Dei, 1. XVIII., cap. XVII.

[67] Hist. nat. 1. VIII. cap. XXII.

[68] Encyl. art. Lycanthropie. Dict. des sciences méd. art. Lycanthr. – Nynold, Traité de la Lycanthropie etc.

[69] Chronic. Hirsaug. sub anno 970.

[70] Trithem. sub anno 1013. Bouquet, Collect. t. X. p. 261 etc.

[71] Bodin, Demonom. 1. II. Chap. VI. – Le Loyer, disc. des spectres etc.

[72] Rationale divinorum officiorum.

[73] Wir stellen diese Bemerkungen nicht als vollständig und ausnahmslos hin. Wollte man übrigens unsere letzte Behauptung in Zweifel ziehen, so wäre es leicht, sie zu erhärten, indem wir in dem Roman Fauvel, dem früher zitierten Klagelied auf die Personen und Masken hinweisen würden, die an vielen Sparrenköpfen mit dem vollständigen Kostüm ihrer Rolle an den Sabbaten gemalt sind.

[74] Historire littéraire de la France, t. I. p. 178.

[75] Legenda aurea de sancto Thoma ap°.

[76] Ne quid pingatur aut sculpatur, quod veritati scriptuarum, traditionum aut ecclesiasticarum historiarum adversetur.

[77] Opera S. Benedict. cap. XII., N. 29. apud Mabillon t. I., p. 539.

[78] Delamare, Traité de la police, t. IV. ord. de l'an 1268.

[79] Chapny et Jolimont, Les Cathedrales de France.

[80] In Annal. Benedict. Litter. Hug. rothom. arch. ad Theol. episc. Ambian – Ibid. Litt. Haimon. ad monach. Lutteberg. hujus sacrae institutionis ritus apud Carnotensem ecclesiam est inchoatus, sagt Aimon und fügt bei: Per totam fere Nortmanniam longe lateque convaluit.

[81] Der gelehrte Montfaucon täuschte sich in Betreff der Erbauungszeit dieses Bauwerkes, das weder gallischen noch romanischen, sondern den

Stil des elften oder zwölften Jahrhunderts trägt. Außerdem hat er es übersehen, daß er mit einer Totenleuchte ausgestattet ist. Montfaucon, Antiquité expliq. supl. t. II.

[82] Johannet, Notice sur Sainte-Croix de Bordeaux. – Bulletins de la Sociéte fr. pour la conservation des monuments, VIIe vol. No. 7. – XIe vol. No. 3. p. 127. Wir sind weit davon entfernt, den im genannten Werk ausgesprochenen Ideen des Verfassers in allen Punkten beizupflichten. – Ibid. n. 4.

[83] Als würdige Gegenstände zu solchen Studien wollen wir anführen die Kirche des heiligen Julian zu Brionde, Notre Dame du Port zu Clermont, die Kirche des heiligen Ägidius in Languedoc, die Abtei von Tournus in Hochburgund, die Kirche der Zitadelle von Perpignan, das Kloster der Kirche zu Elnes, die Kirchen von Cornelia, Coulonges, Villafranka, Custoja, Serrabone, der Abtei von St. Michael von Cura. Man kann davon eine schwache Vorstellung gewinnen, wenn man in die „malerische Reise von Nodier" in die Provinzen Auvergne, Franche-Comté, Languedoc, Roussillon einen Blick wirft. Der Mann mit der Katzenmaske und Schlangen liebkosend, zu St. Julian von Brioude und der Schlangenbezauberer der Abtei von Tournus sind in dieser Hinsicht bemerkenswert.

[84] In Rücksicht auf einige Einzelheiten sind die Kirchen zu Gournay, Boscherville, Grasville und Poissy zu erwähnen. Zu Caen und den umliegenden Landschaften sind die Sparrenköpfe an dem Gewölbe zu St. Nicolas, am Schiff der Frauenabtei, in der Burgkapelle der Kirche des heiligen Georg, an den Glockentürmen zu Vaucelles und Haute-Allemagne, an den Kirchenschiffen zu Matthieu, Cambes, St. Contaïs, zu Herouville in dieser Hinsicht sehr merkwürdig. Die Kirche zu Ros hat kleine Säulen mit Kapitellen, die einen Tanz von Adamiten und einen Reigen von Wolfsmenschen darstellen. Die Sparrenköpfe der Kirche von Blainville stellen die Szenen eines Sabbats dar; die Reihe wird durch eine Person eröffnet, welche eine Kröte küßt. – Die Säulen des Klosters St. Aubin zu Angers und die Kapitelle von St. Eutrope zu Saintes stellen eine Anzahl Phantasien dar, die wir nicht von jeder schlimmen Idee freisprechen möchten.

[85] Gally-Knight, Excursion monumentale en Normandie. – De Caumont, Cours d'antiquitès monum. IVe part. c. VI.

[86] Theophilus, Ökonom der Kirche von Adana in Cilicien, verkauft sich an den Teufel, um zu Reichtümern zu gelangen. Es gelingt ihm. Später jedoch von Reue erfaßt, gesteht er seine Schuld dem Bischof des Ortes, der ihm eine harte Buße auflegt. Am schwierigsten hielt es, den Pakt wiederzubekommen, den er mit dem Satan gemacht und mit eigenem Blut unterzeichnet hatte. Nach langen Beschwörungen zwang endlich die heilige Jungfrau den Dämon, ihn herauszugeben. Dies ist das Thema der Legende.
Der Diakon Paul ist wahrscheinlich der Verfasser dieser Geschichte, obwohl er behauptet, sie aus dem Griechischen übersetzt zu haben. Er

widmete sie Karl dem Kahlen. Es ist dies also eine Moralität aus der nämlichen Schule, von der wir früher geredet haben. Roswitha von Gandersheim brachte sie im zehnten Jahrhundert in lateinische Verse. Marbod, Bischof von Rennes, desgleichen im elften; Rutebeuf setzte sie im elften Jahrhundert in französische Verse.

[87] Der mächtige Magier *Virgil* läßt sich durch eine Hofdame verführen, die ihn all seiner Macht beraubt und an ihrem Fenster in einem Korb dem Gelächter des Volkes preisgibt.

Der gelehrte und weise *Aristoteles* läßt sich durch ähnliche Verlockungen fangen, und die elende Verführerin läßt ihn vor dem Hof Alexanders des Großen erscheinen – gesattelt und gezäumt und ihr als Reitpferd dienend. (Barbazan, Fabeln u. Erzähl.)

Wir behaupten keineswegs, daß solche Sittenlehren guten Geschmack verraten oder gar in einer Kirche an rechter Stelle wären, sondern wollen nur den Unterschied der Ideen festhalten, der in den Zieraten des Spitzbogens von denen des Rundbogens sich abprägt. Die unsauberen Bilder verschwinden im ersten gänzlich, bei letzterem sind sie im vollsten Maße vertreten.

[88] Paulin-Paris, *Berthe mit den großen Füßen*. – Bullet, Discours sur la mythologie francaise.

[89] Filium anserinum per omnia collum et caput habentem. Petr. Damian. Epist. 1. II. epis. 15.

[90] Ovid. Fast. 1. I. v. 454.; Herodot. 1. II. cap. XLV. – Montfaucon, Antiq. expl. 1. I. ch. XII. et passim.

[91] Seit den ersten Jahrhunderten versteckten sich die Gnostiker unter diesem Namen, sie nannten sich *chrestiani* und nicht *christiani*. In ihrem Sinn sollte *chrestiani* – vom Wort Χρηστος – „ausgezeichnete Leute" bedeuten.

[92] Ambr. Paré. Oeuvr. Compl. t. III. p. 277.

[93] Francisque Michel, histoire des races maudites. – Guy de Chauliac, la Grande Chirurgie. – De Marca, Hist. de Béarn 1. I. c. XVI: – Scaligeriana p. 38 – Collect. de Dissert. sur l'Hist. de Fr. XVIIIᵉ vol. – Ménage, Etym.

Fünfzehntes Kapitel

[1] Floquet, Histoire du parlament de Normandie, t. V. – Le registre des Olim, sub anno 1282.

[2] Labbe, Nova Biblioth. t. II.

[3] Registre criminel du parlament de Paris, reg. 51.

[4] Meleager, Sohn des Oenus, Königs in Calydon, und der Athäa. Sein Leben hing von einem ausgelöschten Stück Holz ab, das seine Mutter in Verwahrung hatte, und das sie einst aus Rachsucht verbrannte, worauf Meleager starb. *Ovid.*

[5] Görres, Mystik, Bd. IV. 2. S. 56–73.

[6] Gaguin, 1. VII.; Cont. Chronic. Will. Nang. in Spicileg. t. XI. p. 692.

[7] Chronic. Caroli VI. 1. II.

[8] Registre criminelle de Paris. Reg. V. f. 125.
[9] Mem. de l'Acad. des Inscript. t. X. p. 627. anc. série.
[10] Rob. Gaguin, sous l'an. 1211.
[11] Meyer, Chronic. 1. X.
[12] Rex ab equo multa juvenum vi stratus, equorum
Tundetur pedibus, nec eum continget humari
Altisonoque comes plausu, post praelia, curru
Vectus, Parisis a civibus excipietur.
(Guillelm. Brito. in Philippid.)
[13] Ein Wortspiel, dessen Sinn ist: Vier eisengepanzerte Schmiede schleppen den wohl gefesselten Ferdinand daher.
[14] Societas hominum intelligentiae.
[15] Baluz., Miscellanea, tom. II. p. 277 – Spond., Annal. – d'Argantré Collect. judic. tom. 1. p. 201 – Monstrel, Chronic. tom. III. – Meyer, Annal. fland. 1. XVI. etc.
[16] Einige Schriftsteller, unter welche Calmet gehört, geben als Datum für diese berühmte Entscheidung das Jahr 1318 an, andere sagen 1378; allein beides nur irrtümlich; sie datiert vom Jahr 1389, wie Joh. Gerson versichert.
[17] Registres criminels de la Tournelle, registre XII. p. 411.
[18] Die Alraunwurzel stellt die roh entworfene Gestalt eines Kindes vom Gürtel bis zu den Füßen dar.
[19] Pasquier, Recherches d'Antiq. – Crespet, de odio Satanae. – Grellmann, Hist. des Bohémiens. – Camerar., Meditat. hist, I. p. – Voyage pitt., Languedoc.
[20] Görres, Mystik, Bd. IV. 2. S. 462.
[21] Der berüchtigte Egid von Laval lebt jetzt noch im Andenken des Volkes; sein Name wird mit Schrecken und Abscheu genannt. Die Tradition kennt ihn unter dem Namen *Blaubart*, den Karl Perrault in einer seiner besten Erzählungen unsterblich gemacht hat, indem er sie an die Legende vom heiligen Trephimus und nicht an die Geschichte Heinrich VIII., wie man gewöhnlich sagt, anknüpfte. (Vgl. *Ch. Mourrain de Sourdeval, les Sires de Retz* etc. 1845 etc.)

Sechzehntes Kapitel

[1] Görres, Mystik, Bd. III. S. 598-615.
[2] Chronique de Bertrand du Guesclin, a. a. O.
[3] Chronic. Caroli VI. 1. VI.
[4] L. VIII. c. 26. Und bes.: *Preuves des Mémoires*, t. II. p. 203. Diese Piece ist zwar nicht von Commines; gleichwohl darf man nicht zweifeln, daß Angelo Catto sich mit Astrologie befaßte, denn Commines sagt in der Dedikation seiner Memoiren bezüglich seiner: Sie haben mir mehreres vorhergesagt, was nachher wirklich eingetreten ist; und an einem andern Ort: Sie haben mir mehrmals aufgrund der Astrologie die Versicherung gegeben, daß Friedrich König von Neapel würde. Dieser Fürst,

Onkel Ferdinand II. wurde in der Tat im Jahre 1496 – nach seinem Neffen – König von Neapel.
[5] Chroniques, II. part. ch. 89.
[6] Jov. Pontianus, Belli Neapol. 1. V.
[7] Demonom. 1. II. p. 113. – Diese markierte Gottlosigkeit ist ein Überrest des Heidentums. Jamblichus berichtet uns, daß die Magier sich derselben in gleicher Weise gegenüber den Götzen bedienten, wenn sie die Dämonen zur Gewährung ihrer Bitten zwingen wollten. (Myster. sect. VI. c. V. et VI.)
[8] Nam pugnare cum Turcis et vincere, et terram sanctam recuperare, Francorum regum proprium est.
[9] Brantome, Vie des Dames galantes, VI. disc.
[10] Dubelloy, Mem. liv. V. et VI.
[11] Spargeret audaces cum tristis in aethere crines,
Venturique daret signa cometa mali,
Ecce suae regina timens, male conscia vitae
Credidit invisum poscere fata caput.
Quid, regina, times? Namque hic male si qua minatur
Longa timenda tua est, non tibi vita brevis.
[12] P. Aloys. Farn. Parm et *Plac.* dux. Das Wort *Plac.* ist die Abkürzung von Placentia, der Ort, wo die Verschwörung ihren Ausgang nahm. Die Buchstaben, deren Verbindung dasselbe bildet, sind zugleich die Anfangsbuchstaben der Worte: *Palavicini, Landi, Anguiscioimi, Confalonieri,* welches die Namen der Haupträdelsführer der Verschwörung waren.
[13] Lettres de Pasquier, p. 10.
[14] Mémoires de la reine Marguerite.
[15] D'Aubigné, Hist. univ. 1. II. ch. XII. p. 719.
[16] Journal du règne de Henri III. t. II. – Bayle, Rép. aux Q. d'un Ps. t. I. etc.
[17] Curiosités de la litterature, traduit de l'Anglais p. Bertin, t. I. p. 249.
[18] Les sorcelleries de Henry de Valois. – De Thou s. l'an. 1589. – Mezerai. etc.
[19] Bouche, Essai sur l'histoire de Provence.
[20] Nostra damus cum falsa damus, nam fallere nostrum est.
Et cum falsa damus, nil nisi nostra damus.
[21] Déclaration des abus etc. p. L. Vidal, d'Avignon. A. Avignon 1558 in 8.
[22] Görres, Mystik, Bd. IV. Abt. 2. S. 448 u. 458-60.
[23] Görres, Mystik, Bd. IV. Abt. 2. S. 451 u. 57.
[24] Juvénal des Ursins, Hist. de Charles VI. – Bokelius, de philtris etc.
[25] Görres, Mystik, 1. c. S. 593 u. 607-12.
[26] Albumazar, de magn. conjonet. tract. II. diss. 8. – Liber prophetiarum, Mss. Biblioth. de l'Arsenal.

Siebzehntes Kapitel

[1] Görres, Mystik, 1. c. S. 110-12.
[2] Spina, Fortalit. Fidei. – Sprenger, Malleus, I. p. 105. – Folengo, Orlandino, X. 12.

³ Bernard. Com.
⁴ Giussano, Vie de St. Charles Borr.
⁵ Görres, Mystik, Bd. IV. Abt. 2. S. 354.
⁶ Glanvil, Sadducismus triumphatus. – Görres, Mystik, Bch. VIII. K. VII.
⁷ Vgl. Görres, Mystik, Bd. IV. Abt. 2. S. 509-514 u. 649-663.
⁸ Malleus maleficiarum, III. part. quaest. 1. – Vgl. Görres, Mystik, Bd. IV. Abt. 2. S. 585.
⁹ Bulla Summis desiderantes – am Anfang.
¹⁰ ... O s'ingiriscano in qual si sia esperimento di magia o negromanzia, incantesimi, o altre simili superstiziose azione, e massime con abuso di cose sacre. (Oder wenn was immer für ein Versuch der Magie, Schwarzkunst, Hexerei oder ähnliche abergläubische Dinge getrieben, und besonders wenn dazu heilige Gegenstände mißbraucht werden.)
¹¹ Fleury, Instit. au Droit. eccles. t. t. II. c. 9.
¹² Görres, Mystik, 1. c. S. 547.
¹³ Die Bullen Supern. Leos X.; Coeli et terrae, Sixtus V.; Omnipotentes Dei, Gregor XV.; Inscrutabilis, Urban VIII.
¹⁴ Görres, Mystik, 1. c. S. 589-91.
¹⁵ Vgl. Moreri, art. Inquis. – Sprenger, Malleus, III. p. 1. quaest. etc.
¹⁶ Pigray, Epitome, liv. VII. ch. 10. – Pasquier, 1. IX. lettre 15.
¹⁷ Görres, Mystik, 1. c. S. 544-47.
¹⁸ Rikius, de examine sagarum ... Ibid. Responsio Herman. Neuvald. Francfort, 1586 in 8. – Ostermanni Comment. de stigm. Colon. 1629 in 4. – Jordani Disp. br. de pr. stigm. Col. 1630. – Scribonius, de sag. natura, Marpurg, 1588.
¹⁹ Gregorius, Syntagma juris, 1. 34. c. 21.
²⁰ Görres, Mystik, 1. c. S. 101-5.
²¹ Trois-Echelles war kein Geistlicher, obgleich Mezeray (v. J. 1574) sich hierüber gegenteilig äußert, der ihn mit Unrecht „des Echelles" nennt. Voltaire nahm keinen Anstand, diese Verleumdung zu erneuern und infolge seiner Ignoranz, von welcher der angebliche Gelehrte so viele Beweise geliefert hat, nennt er ihn „Sechelles". (S. Henriade c. 5. Note II.)
²² Görres, Mystik, 1. c. S. 551.
²³ Gesta pontif. Leod. tom III.
²⁴ Gesta Trevir. tom. III. cap. 301.
²⁵ Görres, Mystik, 1. c. S. 598 u. 634.
²⁶ Görres, Mystik, 1. c. S. 589-91 u. 643-46.
²⁷ Görres, Mystik, 1. c. S. 646-47.
²⁸ Görres, Mystik, 1. c. S. 648.

Achtzehntes Kapitel
¹ Görres, Mystik, Bd. IV. Abt. 1. S. 290-93.
² Vie de saint Norbert ch. XI.
³ Gesta pontif. Leod. tom. III. cap. 9. – Trithem. in chron. Sub anno 1374. – Horst, Epist. medic. sect. VII. – Chronic. Belg. – Chron. Lindimb.

[4] Vergl. Görres, Mystik, B. IV. Abt. II. S. 369-70.
[5] Görres, Mystik, 1. c. S. 370-72.
[6] Görres, Mystik, 1. c. S. 372.
[7] Wier de Praestig. daem. – Molinet Chr. Belg. s. a. 1490.
[8] Görres, Mystik, 1. c. S. 375 u. 377.
[9] Görres, Mystik, Bd. IV. Abt. 1. S. 316-20.
[10] Vie du B. Fourier par le P. Bédel.
[11] Görres, Mystik; Bd. IV. Abt. 2. S. 593-599.
[12] Görres, Mystik, 1. c. S. 304-6.
[13] Görres, Mystik, 1. c. S. 468-70.
[14] P. Michaelis: Wunderbare Geschichte der Besessenheit und Bekehrung einer Büßenden. Wunderbare und wahrhaftige Geschichte der Besessenheit von drei Nonnen in Flandern. Pneumatologie oder Gespräche über Geister.
[15] Görres, Mystik, Bd. IV. Abt. 1. S. 208-10.
[16] Görres, Mystik, Bd. II. Abt. 2. S. 615-34.
[17] Man vergl. außer den zahlreichen über diese Besessenheitsfälle geschriebenen Werken: Mss. de la Bibl. imp.
[18] Görres, Mystik, Bd. IV. Abt. 2. S. 343-45 u. 615-34.
[19] Görres, Mystik, 1. c. S. 155-62 u. 286-93.
[20] Görres, Mystik, 1. c. S. 300-304.
[21] Görres, Mystik, Bd. IV. Abt. 2. S. 453 u. Bd. IV. Abt. 1. S. 386-94.
[22] Görres, Mystik, Bd. IV. Abt. 2. S. 234-41.
[23] Die genausten Details und die Angabe der betreff. Quellen bietet der von demselben Verfasser herausgegebene Dict. des Prophéties, art. Possessions (fausses).
[24] Görres, Mystik. 1. c. S. 377-80.
[25] Görres, Mystik, 1. c. S. 357-66.
[26] Bericht des Doktors Souder an die Akademie der Medizin zu Paris.
[27] Mesmerism. in India by James Esdaille. – De Mirville, Pneumatologie.
[28] Görres, Mystik, Bd. IV. Abt. 2. S. 355-57.
[29] Del'Ancre, Tabl. de l'incost. d. dém.
[30] Görres, Mystik, Bd. IV. Abt. 1. S. 257-60; Abt. 2. S. 455-57.
[31] De Mirville, Pneumatologie, ch. XI. § 5.
[32] De Mirville, Pneumatologie, ch. XI.
[33] Görres, Mystik, Bd. III. S. 727-737.
[34] Lucas, Tud. advers. albig. errores lib. III. cap. 4.
[35] Mereure français, tom. IX. a. 1623. – Encycl. method. art. Illuminés.
[36] Görres, Mystik, Bd. IV. Abt. 2. S. 55-56.
[37] Görres, Mystik, Bd. IV. Abt. 2. S. 150-54.
[38] Histoire du fanatisme, par Bueyes. Paris 162 in 8. etc.
[39] Leben Marschalls von Villars. S. 325.
[40] Gregoire, Gesch. der rel. Sekten. Bd. II. S. 117.
[41] Examen critique des convulsions (Bonnaire).

Neunzehntes Kapitel

1. Illustration of Macon by William Preston.
2. Görres, Mystik, Bd. IV. Abt. 2. S. 551-60.
3. Gesta pontif. Leodiens, tom. III.
4. Derselben Lehre begegnen wir jetzt beim Spiritismus. Der Satan wird nie zugestehen, daß er nur ein Dämon ist. „Gibt es Dämonen in dem mit diesem Wort gewöhnlich verbundenen Sinn? – Wenn es Dämonen gäbe, so wären sie das Werk Gottes, und könnte Gott gerecht oder gut sein, wenn er Wesen geschaffen hätte, die ewig bös oder unglücklich wären? – Der Kommentar zu dieser Antwort ist noch schlimmer, als der Text selbst. (Siehe das Buch der Geister S. 55) – „Ist der lasterhafte Mensch eine Inkarnation eines bösen Geistes? – Sage vielmehr eines unvollkommenen, sonst möchte man an immer böse Geister glauben; d.h. an solche, die ihr Dämonen heißt." (Ebend. S. 157.)
5. Mèm. de Fleury, de la Comédie franc. tom. III. ch. 3.
6. Görres, Mystik, Bd. III. S. 598-613.
7. Commentaire sur l'Exodlet Revues de deux Monds, Août 1840.
8. Billot, Recherches psychologiques, 2. vol – De Mirville, Pneumat. cap. 10.
9. Barruel, Mém. sur le jacobinisme, tom. V. c. 13. – De Segur, Décade historique, tom. 1. p. 72.
10. Le Globe I. vol. p. 76 et suiv.
11. Mémoires de Sénart, ch. 15. – De Gaulle, Hist. de Paris, tom. IV. – Le Moniteur universel 17 Juin 1794.

Zwanzigstes Kapitel

1. Görres, Mystik. Bd. III. S. 200-208 u. 220-26.
2. Görres, Mystik, Bd. III. S. 333-335 u. Bd. IV. Abt. 2. S. 203-206.
3. Vgl. Görres, Mystik, Bd. III. S. 190-208 u. 243-48.
4. Kerner, die Seherin von Prevorst. – Revue Britannique fevr. 1846. – De Mirville, Pneumatologie, ch. XI.
5. Görres, Mystik, Bd. IV. Abt. 1. S. 27-28.
6. III. B. d. Könige XVIII. 12. – Daniel XIV. 35. – Const. apost 1. VI. – Raggiolo, Miracles de St. Gualbert. liv. III.
7. Görres, Mystik, Bd. IV. Abt. 1. S. 10-13.
8. Verporten, de Daem. existentia. Nider, Formicarium, c. II.
9. De Mirville, Pneumatologie, ch. XI. § 5. – Vgl. Görres, Mystik, Bd. III. S. 356-416.

Anhang

1. Der Verfasser hätte beifügen sollen, daß sie Widdern gleich anrannten und zwar mit derselben Wucht, wie diese häufig gegeneinander stoßen.
2. Man „zerriß" den Busen keineswegs, sondern drehte ihn mit eisernen Zangen so lange um, bis die Hände erschlafften oder die Zangenarme unbrauchbar wurden.

[3] Es fanden keine Zurüstungen, aber mehr als zwanzig wirkliche Kreuzigungen statt. In den Briefen von Lakondamine kann man die sonderbarsten Einzelheiten von zwei Kreuzigungen lesen, welche am 13. April 1759 unter seinen Augen, jedoch nicht ohne Schmerz für die Beteiligten vollzogen wurden.

[4] Histoire de Cagliostro, ch. III. p. 151.

[5] Histoire de Cagliostro d'après la procedure de l'inq. p. 179 et 187.

[6] De la Baguette divinatoire et des tables tournantes, par. M. Chevrenil, in 8. Paris 1854. (Über den Zauberring und die drehenden Tische.)